Meinrad Schaab

Geschichte der Kurpfalz

Band 2: Neuzeit

Verlag W. Kohlhammer
Stuttgart Berlin Köln

Die Deutsche Bibliothek – CIP-Einheitsaufnahme

Schaab, Meinrad:
Geschichte der Kurpfalz / Meinrad Schaab. – Stuttgart ; Berlin ; Köln : Kohlhammer.
  ISBN 3-17-009878-0

Bd. 2. Neuzeit. – 1992
  ISBN 3-17-009877-2

Umschlagmotiv: Der »Ruhm des Hauses Pfalz-Neuburg«, unbekannter Maler zwischen 1708 und 1714. Original: Bayerisches Landesamt für Denkmalpflege, Außenstelle Schloß Seehof bei Bamberg. Foto: Uwe Gaasch, Bamberg

Alle Rechte vorbehalten
© 1992 W. Kohlhammer GmbH
Stuttgart Berlin Köln
Verlagsort: Stuttgart
Gesamtherstellung:
W. Kohlhammer Druckerei GmbH + Co. Stuttgart
Printed in Germany

Inhalt

Vorwort .... S. 11

Kapitel 10

Vorsichtige Konsolidierung 1509–1545 .... S. 13–22

Das Erbe Philipps des Aufrichtigen, Ludwigs V. (1508–1544) Anfänge, S. 13 – Die Kurstimme für Karl V. (1519) und ihr Lohn, S. 15 – Luther in Heidelberg und in Worms (1518/1519), S. 16 – Franz von Sickingen, die Ritterfehde (1522), S. 16 – Der Bauernkrieg 1525, S. 17 – Ludwigs V. späte Reichspolitik, S. 19 – Friedrich II., Heiratsprojekte, Statthalterschaft und Regierungsantritt 1544, S. 20

Kapitel 11

Lutherische Reformation 1545–1559 .... S. 23–34

Die Haltung Ludwigs V. und Friedrichs II. zur Reformation, S. 23 – Die Entwicklung der kirchlichen Verhältnisse, S. 24 – Friedrichs II. Übergang zu reformatorischer Kirchenpolitik, S. 25 – Der Schmalkaldische Krieg 1546, S. 26 – Versöhnung mit dem Kaiser, das Interim 1548, S. 27 – Friedrich II. bleibende Bedeutung für die Reformation, S. 28 – Ottheinrichs Persönlichkeit und Prägung als Herrscher von Pfalz-Neuburg 1522–1556, S. 29 – Reformation, Visitation, Bildersturm 1556/57, S. 30 – Klöster und Universität, S. 31 – Ungelöste Widersprüche in Reformationswerk und Außenpolitik, S. 32 – Ottheinrich als Kunstmäzen, S. 33

Kapitel 12

Das Haus Pfalz-Simmern, Übergang zum Calvinismus 1559–1576 . S. 35–49

Friedrich III., Persönlichkeit und Religiosität, S. 35 – Die Berater des Kurfürsten, S. 37 – Der Abendmahlsstreit 1560, S. 38 – Verschiebungen in der Führungsschicht, S. 39 – Heidelberger Katechismus und reformierte Kirchenordnung 1562/63, S. 40 – Die pfälzische Übermacht gegenüber den katholischen Nachbarn, S. 41 – Aufhebung der Klöster, Sinsheim und Neuhausen als Streitfälle, S. 42 – Friedrich III. auf dem Augsburger Reichstag 1566, S. 43 – Der Kampf um die Kirchenzucht, die Antitrinitarier (1569–1572), S. 44 – Der Einsatz für die Glaubensgenossen in Frankreich und den Niederlanden, S. 46 – Restpositionen des Luthertums, Adelsdörfer und Oberpfalz, S. 46 – Friedrichs III. Testament, Landesteilung im Interesse des Calvinismus 1576, S. 47

Kapitel 13

Gefährdung und Behauptung des Calvinismus, aktivistische Außenpolitik 1576–1618 .... S. 50–80

Die Brüder Ludwig VI. (1576–1583) und Johann Casimir (1577–1592), S. 50 – Wiederherstellung des Luthertums in den Kurlanden 1576/77, S. 51 – Die Konkordienformel 1578, S. 52 – Das Nebenland Pfalz-Lautern, S. 53 – Johann Casimirs militärische Hilfe für seine Glaubensgenossen, S. 55 – Regierungsleistung und Testament Ludwigs VI., S. 56 – Johann Casimir schaltet die Mitvormünder aus (1583–1589), S. 58 – Calvinistische Restauration, S. 59 – Johann Casimirs Innen- und Außenpolitik, S. 60 – Erneuter Streit um die Vormundschaft, Regierungsantritt Friedrichs IV. 1592, S. 62 – Führende Kräfte am Hof, Abwehrmaßnahmen gegen lutherische Vormünder, S. 64 – Sicherung des Territoriums durch Landesdefensionswesen und Kommissariat, S. 74 – Straßburger Kapitelstreit (1592/94), Union (1608), Jülich-Klevische Erbfolge (1609–1614), S. 75 – Erneute Vormundschaft, die Anfänge Friedrichs V., letzte Landesteilung (1610–1618), S. 78

Kapitel 14

Landesherrschaft und Untertanen im 16. Jahrhundert .... S. 81–108

Das Territorium, S. 82 – Leibeigenschaftsrechte, S. 83 – Rhein und Neckar S. 84 – Die Wälder, S. 85 – Lokalverwaltung, S. 85 – Weltliche Zentralbehörden, S. 87 – Schulden und Kommissariat, S. 89 – Der Staatshaushalt, S. 90 – Landeskirche und geistliche Behörden, S. 93 – Gesamtbevölkerung, S. 95 – Dörfer und Landwirtschaft, S. 96 – Städte und Gewerbe, S. 98 – Exulantenstädte und Festungen, S. 101 – Bildung und Hochschule, S. 106

Kapitel 15

Der Dreißigjährige Krieg 1618–1648 .... S. 109–123

Die böhmische Thronkandidatur 1619, S. 109 – Kriegsrüstung und Schlacht am Weißen Berg 1620, S. 113 – Der Pfälzer Krieg (1620–1623), S. 114 – Die Ächtung Friedrichs V., Exilpolitik und Friedensprojekte, S. 116 – Vorübergehende Restituierung durch die Schweden (1631–1633), Endphase des Krieges (1634–1648), S. 117 – Verwaltung, Bevölkerung und Konfession, S. 119 – Friedensbemühungen und Friedensschluß 1648, S. 122

Kapitel 16

Wiederherstellung und neue Gefährdung, die Spätzeit der Linie Pfalz-Simmern 1649–1685 .... S. 124–144

Karl Ludwigs Regierungsantritt 1649, Folgeregelungen aus dem Westfälischen Frieden, S. 125 – Die Familie Karl Ludwigs, S. 128 – Reichs- und Territorialpolitik zwischen Kaiser und Frankreich, Vikariats- und Wildfangstreit S. 131 – Finanzielle Konsolidierung, S. 134 – Wiederbesiedlung des Landes S. 136 – Verwaltung und Kirche, S. 138 – Heiratverbindung mit Frankreich 1671, S. 140 – Holländischer Krieg (1672–1679) und Reunionen (1679–1684), S. 141 – Kurfürst Karl (1680–1685) und der Erbvertrag, S. 143

Kapitel 17

Das Haus Pfalz-Neuburg, Pfalzzerstörung und Rekatholisierung
1685–1697 bzw. 1705/08 .... S. 145–160

Neuburg und die niederrheinischen Herzogtümer, S. 145 – Philipp Wilhelms Regierungsantritt in Heidelberg 1685, die französischen Ansprüche, S. 147 – Kriegsausbruch und Pfalzzerstörung (1688–1693), S. 149 – Der Ryswyker Friede 1697, Ende des Erbstreits 1702, S. 153 – Die Wende in der Konfessionspolitik während des Krieges, S. 154 – Simultaneum 1698, Religionsdeklaration 1705 und Kirchenteilung, S. 156 – Auswirkungen der Rekatholisierung, S. 158

Kapitel 18

Absolutismus und Hochbarock, die Pfalz zwischen Kaiser und Frankreich 1698–1742 .... S. 161–180

Wiederaufbau und künstlerische Bestrebungen, S. 161 – Reichs- und Außenpolitik Johann Wilhelms, S. 164 – Der Spanische Erbfolgekrieg (1700–1714), S. 166 – Johann Wilhelms territorialer Ausgleich mit den Nachbarn, S. 168 – Karl Philipps Laufbahn und Regierungsantritt 1719, S. 171 – Letzter Religionskonflikt (1718–1720), S. 173 – Residenzverlegung 1720 und Schloßbau in Mannheim, S. 174 – Die Reichs- und Außenpolitik Karl Philipps, Wittelsbachische Hausunion 1724 und Allianz mit Frankreich, S. 176 – Karl Philipps Territorialpolitik, S. 179

Kapitel 19

Kulturelle Blüte und Aufklärung, Machterweiterung und Resignation 1742–1789 .... S. 181–210

Die Linie Pfalz-Sulzbach und die Jugend Karl Theodors, S. 181 – Der Herrscher (1742–1799), seine Familie und Ratgeber, S. 182 – Außen-, Reichs- und Territorialpolitik bis 1777, S. 193 – Nachfolge in Bayern 1778 und Austauschprojekte, S. 195 – Regierungsziele, Aufklärung und Reformbestrebungen, S. 198 – Kirchen- und Religionspolitik, S. 201 – Bauwerke und bildende Kunst, S. 204 – Musik und Theater, S. 207 – Die Wissenschaften, S. 208

Kapitel 20

Verwaltung, Landesökonomie und Gesamtlande im 18. Jahrhundert .... S. 211–244

Hof- und Zentralbehörden, S. 211 – Staatsfinanzen, S. 214 – Lokalverwaltung und Gemeinden, S. 216 – Bevölkerung, S. 219 – Land- und Forstwirtschaft S. 225 – Gewerbliche Wirtschaft, S. 228 – Verkehr, S. 231 – Bildungswesen, S. 232 – Die Herzogtümer Jülich und Berg, S. 234 – Pfalz bayerische Gesamtlande seit 1778, S. 238 – Pfalz-Zweibrücken, Nebenland und Erbe, S. 241

Kapitel 21

Das Ende der Kurpfalz 1789–1803 .... S. 245–250

Das Land im Sog der Französischen Revolution, S. 245 – Die Kurpfalz im ersten Koalitionskrieg, S. 247 – Der endgültige Verlust des linken Rheinufers, S. 248 – Übergang der Regierung an Maximilian Josef 1799 und letzte Reformen, S. 249 – Der Reichsdeputationshauptschluß 1803, S. 250

Schlußbetrachtung .... S. 251–252

Stammtafeln

Stammtafel VII:	Das Kurhaus Pfalz-Simmern................	S. 253
Stammtafel VIII:	Pfalz-Zweibrücken und das Kurhaus Pfalz-Neuburg................	S. 254
Stammtafel IX:	Die Kurhäuser Pfalz-Sulzbach und Pfalz-Birkenfeld................	S. 255
Stammtafel im Text:	Die Kinder und Enkel des Winterkönigs...........	S. 130
	Die Verwandtschaft der Häuser Habsburg und Pfalz-Neuburg................	S. 165

Literatur und Anmerkungen .... S. 257–286

Siglen und Abkürzungen .... S. 257
Kapitel 10, S. 258; Kapitel 11, S. 259; Kapitel 12, S. 261; Kapitel 13, S. 262; Kapitel 14, S. 265; Kapitel 15, S. 268; Kapitel 16, S. 271; Kapitel 17, S. 274; Kapitel 18, S. 276; Kapitel 19, S. 278; Kapitel 20, S. 282; Kapitel 21, S. 285

Berichtigungen zu Band 1 .... S. 286

Foto- und Quellennachweis .... S. 287

Abkürzungen zu den Registern .... S. 288

Namenregister .... S. 289

Ausgewählte Sachbegriffe .... S. 321

Verzeichnis der Karten

Karte 38:	Das Territorium im 16. Jahrhundert................	S. 48
Karte 39:	Reformierte Lande in Mitteleuropa um 1612........	S. 61
Karte 40:	Die Teilung der niederrheinischen Herzogtümer im 17. Jahrhundert................	S. 77
Karte 41:	Größenvergleich pfälzischer Städte................	S. 99
Karte 42:	Die Vorbilder der Mannheimer Friedrichsburg........	S. 104
Karte 43:	Hanau vor dem Dreißigjährigen Krieg................	S. 104
Karte 44:	Die Lande des Winterkönigs 1619/20................	S. 112
Karte 45:	Kurpfalz und Pfalz-Simmern im 17. Jahrhundert........	S. 133
Karte 46:	Siedlungszerstörung 1689–1692................	S. 150

Karte 47:	Die Inspektionen der reformierten Kirche Ende des 18. Jahrhunderts	S. 158
Karte 48a:	Das Territorium im 18. Jahrhundert (Städte und Amtssitze)	S. 170
Karte 48b:	Das Territorium im 18. Jahrhundert (Ämtergliederung)	S. 171
Karte 49:	Pfälzisch-österreichische Tauschprojekte 1778–1786	S. 197
Karte 50:	Jülich-Berg im 18. Jahrhundert	S. 235
Karte 51:	Die Entwicklung der Stadt Düsseldorf bis zum Anfang des 19. Jahrhunderts	S. 237
Karte 52:	Die Lande der pfälzischen Wittelsbacher im 18. Jahrhundert	S. 240
Karte 53:	Die pfalz-zweibrückischen Lande im 18. Jahrhundert	S. 243

Verzeichnis der Textabbildungen

Abb. 11:	Portal des Ottheinrichsbaus am Heidelberger Schloß	S. 34
Abb. 12:	Gedenkblatt für Kurfürst Friedrich III.	S. 36
Abb. 13:	Kaiserslautern (1645)	S. 54
Abb. 14:	Pfalzgraf Johann Casimir	S. 57
Abb. 15:	Heidelberger Schloß und Garten (1645)	S. 79
Abb. 16:	Frankenthal (1645)	S. 102
Abb. 17:	Mannheim (1645)	S. 105
Abb. 18:	Friedrich V. und Elisabeth Stuart (1619)	S. 110
Abb. 19:	Kreuznach (1645)	S. 120
Abb. 20:	Simmern (1645)	S. 127
Abb. 21:	Zerstörung Heidelbergs durch die Franzosen 1689	S. 152
Abb. 22:	Düsseldorf (1729)	S. 163
Abb. 23:	Erstürmung der Stadt Neuburg 1703	S. 167
Abb. 24:	Mannheim (1756)	S. 175
Abb. 25:	Jesuitenkirche und Jesuitenkolleg Mannheim	S. 205
Abb. 26:	Heidelberg (1788)	S. 215

Verzeichnis der Tafelabbildungen

Ludwig V. 1535, Medaille	S. 65
Ottheinrich 1558, Medaille	S. 65
Amberger Kanzlei Friedrichs II.	S. 66
Friedrich II.	S. 67
Ludwig VI.	S. 68
Friedrich IV., Statue am Heidelberger Schloß	S. 69
Heidelberger Schloß, Friedrichsbau	S. 70
Wolfgang Wilhelm	S. 71
Karl Ludwig	S. 72
Johann Wilhelm, Reiterstandbild in Düsseldorf	S. 185
Karl Philipp	S. 186
Hirschjagd bei Neckargmünd	S. 187
Karl Theodor	S. 188
Schloß Mannheim um 1800	S. 189
Schloß Benrath, Östlicher Gartensaal	S. 189
Schloß Mannheim, Bibliothekssaal	S. 190
Schwetzingen Schloßgarten, Apollotempel	S. 191
Pfalzgraf Maximilian Josef	S. 192

Vorwort

Erleichtert und dankbar übergebe ich den zweiten Band meiner Geschichte der Kurpfalz der Öffentlichkeit. *Tandem gradatim*, um einen Wahlspruch Philipp Wilhelms zu gebrauchen, bin ich endlich Schritt für Schritt dahin gekommen, aufgemuntert von interessierten Lesern und einer im ganzen wohlwollenden Kritik. Auch diesmal wurde ich unterstützt durch zahlreiche Hinweise von Kollegen und das Entgegenkommen von Archiven und Bibliotheken, wie bereits im Band 1 vermerkt. Die Last der inhaltlichen Diskussion und der stilistischen Korrektur des Textes hat diesmal alleine meine Frau getragen. Beim Mitlesen der Fahnen und der Redaktion des Registers war Herr Gerd Borawski behilflich, einen Teil der Registererfassung hat Frau Johanna Appel übernommen. Auch dieser Band ist in seiner Ausstattung und in seinem Umfang das Ergebnis meist freundlicher Auseinandersetzung zwischen dem Autor und dem Verlagslektorat unter Frau Monica Wejwar. Für alles habe ich hier zu danken.

Tandem gradatim erreicht man auf diesem Felde, anders als auf der Medaille Philipp Wilhelms gemeint, nicht die höchste, sondern nur eine vorläufig oberste Stufe, und auch das nur in dem Bewußtsein, dabei viele Trittplatten benutzt zu haben, die von anderen gelegt wurden. Gerne hätte ich das in einem Anhang über die Forschungsgeschichte ausführlicher dargelegt. Die unvermeidlichen Anforderungen des Themas an den Buchumfang haben das angesichts der Verlagskalkulation unmöglich gemacht. So bleibt hier nur ein sehr allgemeines Gedenken an alle die Forscher, die vor und nach Ludwig Häusser soviele wesentliche Bausteine einer pfälzischen Geschichte zugerichtet und ganze Gebäudeteile aufgeführt haben. Um bei den jüngeren zu bleiben, sollen ohne Anspruch auf Vollständigkeit die Anstöße aus München, letztlich von Franz Schnabel her, die aus Bonn, die sich keineswegs auf die niederrheinischen Bereiche beschränkten, und die umfassenden landeskundlichen Forschungen der Mainzer Universität erwähnt werden. Ohne universitären Hintergrund hat die Pfälzische Gesellschaft zur Förderung der Wissenschaften, vor allem durch den Pfalzatlas, einen großen Beitrag geleistet. Die Heidelberger und Mannheimer Landesgeschichte hat Eingang in die Publikationen der Kommission für geschichtliche Landeskunde in Baden-Württemberg gefunden und setzt damit alte Traditionen aus der Zeit der Badischen Historischen Kommission fort. Nicht unerwähnt bleiben sollen die vielen wichtigen Ausstellungen über Themen der pfälzischen Geschichte, angefangen von Heidelberger Ereignissen der fünfziger Jahre bis hin zu den großen Präsentationen über die Wittelsbacher in München und Landshut und über die Bibliotheca Palatina in Heidelberg. Zu keiner anderen Zeit konnte ein Autor so viel lebendige Anschauung über diesen Gegenstand gewinnen.

Wilhelmsfeld im November 1991 *Meinrad Schaab*

Kapitel 10

Vorsichtige Konsolidierung 1509–1545

Die Nachfolger Philipps des Aufrichtigen übernahmen ein von Verwüstungen gezeichnetes, mit Schulden belastetes Land. Die Pfalz war auf ihren territorialen Grundbestand zurückgeworfen und hatte große Teile ihres politischen Einflusses verloren. Daß zunächst keine andere Wahl blieb, als sich mit den Nachbarn und dem Kaiserhaus zu arrangieren, leuchtet ein. Auch souveräneren Herrscherpersönlichkeiten, als es Philipps Söhne waren, wäre keine andere Politik geblieben. Indessen wußten auch sie die Position, die sie immer noch als Kurfürsten besaßen, und die natürlichen Reichtümer des Landes zu nutzen. Das erforderte Vorsicht und Zurückhaltung, auf die sie auch in der bald alles beherrschenden Frage des Glaubens setzten. Ausgleich und Vermittlung war aber wenig gefragt, wo längst allenthalben Engagement gefordert war. Allzu langes Taktieren bedeutete hier Verzicht auf eigene Initiative.

Das Erbe Philipps des Aufrichtigen, Ludwigs V. (1508–1544) Anfänge

Das Testament Kurfürst Philipps[1] war in der Regelung der Erbfolge ähnlich wie das König Ruprechts vom grundsätzlichen Primogenitur-Denken und der dazukommenden Fürsorge für seine Kinder bestimmt. Drei Töchter waren standesgemäß verheiratet, eine geistlich versorgt. Von sieben Söhnen waren zwei bereits Bischöfe in Freising bzw. in Regensburg. Für zwei weitere, die auf zahlreichen Pfründen saßen, ließ sich eine geistliche Karriere erwarten. Es war also nur noch für drei zu sorgen. Des unglücklichen Pfalzgrafen Ruprecht beide Söhne waren Herrscher der Jungen Pfalz (Pfalz-Neuburg). Philipps jüngster Sohn Wolfgang wurde wie die verheirateten Töchter mit einer Geldapanage abgefunden. Er erhielt zusätzlich die Kellerei Waldeck im Odenwälder Steinachtal, eine selbst für einen Ritter nicht gerade große Herrschaft.[2] Selbstverständlich folgte der älteste Sohn Ludwig V. im Kurpräzipuum nach. Alle anderen Lande sollten aber mit seinem Bruder Friedrich II. gemeinsam sein. Älter als Friedrich II. war Ruprecht gewesen. Also waren dessen Söhne Ottheinrich und Philipp der Streitbare in Neuburg nach der Goldenen Bulle die nächsten Erben. Philipp der Aufrichtige aber setzte diese Enkel im Rang hinter Friedrich II. und schloß sie vorläufig von jeder Teilhabe an seinem Erbe aus. War letzteres durchaus möglich, so war ersteres ein glatter Verstoß gegen die Reichsgesetze. Es wurde trotzdem allgemein akzeptiert, und die beiden jungen Prinzen hatten zunächst auch keine Möglichkeit dagegen anzukämpfen. Ludwig V. und Friedrich II. einigten sich 1508 auf eine gemeinsame Regierung, wie das im ganzen pfälzischen Spätmittelalter immer wieder versucht worden war, sich bisher aber noch nie bewährt hatte. Ludwig allein standen außer dem Kurpräzipuum auch noch die Pfandschaften der Bergstraße und das Kurfünftel der Vorderen

13

Grafschaft Sponheim zu. Nach neun Jahren sollte eine Realteilung möglich sein. 1513 legte der im väterlichen Testament vorgesehene Schiedsspruch des Würzburger Bischofs Lorenz von Bibra fest,[3] daß die Hofgerichte in Heidelberg und Amberg sowohl fürs Kurpräzipuum als auch für den beiden Brüdern gemeinsamen Besitz zuständig sein sollten. Dies ist der Beginn einer institutionellen Klammer für dan Zusammenhalt des Gesamtterritoriums trotz einer Teilung, wie es auch bei den in der Neuzeit noch folgenden zwei Teilungen praktiziert und verstärkt wurde.

Die beiden Brüder sind überraschend gut miteinander ausgekommen, obwohl sie, abgesehen von ihrer Vorliebe für Abwarten und Zurückhaltung, sehr gegensätzliche Naturen waren. Sie hatten schon eine verschiedene Ausbildung erhalten. Ludwig, der Kurprinz, war still und mehr verschlossen-schwerfällig. Eine gute humanistische Erziehung zeigte später wenig Auswirkungen. Allerdings basierte auf ihr seine erst jüngst erkannte schriftstellerische Sammeltätigkeit auf dem Gebiet der Heilkunst.[4] Ein Aufenthalt am französischen Hof hatte weder seine Gehemmtheit überwunden noch wirkliche Sprachkenntnisse vermittelt. Friedensliebe aus Erfahrung, vielleicht eine gewisse Scheu vor harter Auseinandersetzung und sicher ein ausgeprägtes Gespür für das Mögliche und die Argumente der Gegenseite machten ihn jedoch gerade am Ende des so katastrophal verlorenen Krieges zum geeigneten Vermittler. Mit dieser einmal übernommenen Rolle hat er innerhalb der Reichspolitik keine schlechte Figur gemacht. Er war in der Frühzeit der Reformation der Mann des Ausgleichs, wenn auch ohne sicheren Standpunkt und ohne persönlich geformte Religiosität. Das hat ihm den Namen des Friedfertigen eingebracht. Man darf das nicht zu aktiv sehen. Der päpstliche Nuntius, auch sonst kein Freund Ludwigs, bemängelte seine Regierungsführung, aber doch zu mißgünstig, wenn er ihm vorwarf, daß er auch in Zeiten, wo wichtige Entscheidungen anstanden, unerreichbar durch die ausgedehnten Wälder seines Landes streifte.

Ebenso groß wie seine Leidenschaft für die Jagd war die für das Bauen. Sicherheitsdenken und das Bedürfnis, den Rang der Pfalz zu repräsentieren, flossen beim großen Ausbau des Heidelberger Schlosses in eines. Es wurde jetzt zur Festung modernen Standes erweitert, aber auch mit großen Bauten im alten Innenhof komfortabler und als Residenz eindrucksvoller gestaltet.[5] Stückgarten, Nordwall, Dicker Turm und Wachtturm gaben in sehr gediegenem, sauber behauenem Quaderwerk dem Schloß neue Panzerung gegen die Bergseite. Zusätzliche Artilleriestellungen dienten der Kontrolle von Stadt- und Neckarfront. Die Brunnenhalle mit den Säulen vom Palast Karls des Großen aus Ingelheim, die Tor-Riesen mit der großen Wappentafel über dem Eingang und nicht zuletzt der Bibliotheksbau mit dem Schriftgewölbe auch für Archivschätze machten die Pfalz in ihrer geschichtlichen Würde sichtbar. Die Erweiterung der Soldatenunterkünfte und der Hofküche dienten mehr den gewachsenen Ansprüchen. Die Bauwut des Kurfürsten dokumentiert sich genauso in der Stadt mit dem großen Rechteck des Zeughauses unmittelbar am Neckar. Es war auch als Bollwerk an eine empfindliche fortifikatorische Nahtstelle zwischen der relativ gut bewehrten Alt- und der nur schwach gegen den Fluß hin geschützten Neustadt gesetzt. Sinnfälligster Ausdruck der Würde des Kurfürstentums ist im schriftlichen Bereich das prächtig ausgestattete, mit Wappen und Miniaturen versehene Lehnbuch Ludwigs V. geworden.[6]

Die Kurstimme für Karl V. (1519) und ihr Lohn

Schon 1509 hatte sich Ludwig den bayerischen Vettern politisch genähert, was 1511 zur Heirat mit der Münchener Prinzessin Sibylle führte. Diese Verständigung war gegen die habsburgische Übermacht gerichtet und fand ihren Rückhalt bei anderen Gegnern des Schwäbischen Bundes, so Hessen, Württemberg und Baden. 1513 wurde mit Württemberg, das eine Geldentschädigung für die Verluste von 1504 zugestand, Baden und dem Bischof von Würzburg ein förmliches Bündnis, der sogenannte Kontrabund, geschlossen. Er erfreute sich auch bei anderen Gegnern des Schwäbischen Bundes der Sympathie, und schließlich trat 1515 Kurfürst Friedrich der Weise von Sachsen bei. Im Hintergrund der pfälzischen Politik standen seit 1516 Bündnisverhandlungen mit Frankreich, auf der anderen Seite aber suchte Ludwig einen Ausgleich mit Habsburg. Kontrabund und die Verhandlungen mit Frankreich wurden hier als Druckmittel benutzt.

Im Zusammenwirken mit Maximilian war es Ludwig schon 1513 gelungen, den jüngeren Bruder Georg als Bischof dem Speyerer Domkapitel aufzudrängen,[7] obwohl der Speyerer Bischofssitz traditionell in der Hand des Niederadels war. Als Glücksfall für die Pfälzer erwies sich, daß 1518 eine Nachfolgeregelung im Reich bevorstand. Hatte Maximilian schon nach dem Landshuter Krieg sich durch eine versöhnlichere Haltung auch ein gewisses Wohlwollen der Pfalzgrafen gesichert, so verweigerte er angesichts noch ungelöster Gebietsabtretungen immer noch die Reichsbelehnung Ludwigs. Jetzt aber brauchte er jede ihm erreichbare Kurstimme, um mit der Wahl seines Enkels Karl dem Hause Habsburg auch fürderhin die Kaiserkrone zu sichern. Ließ Maximilian sich auch gelegentlich vernehmen, das Kaisertum sei nur eine Last und besser beim Kurfürsten von Brandenburg oder beim Herzog von Bayern oder gar beim König von England aufgehoben,[8] so hatte Pfalzgraf Friedrich bald erraten, daß das nur Koketterie und ein Spiel war, um Widerstand gegen eine habsburgische Kandidatur nicht zu früh zu versteifen. Friedrich war unbedingter Parteigänger einer Wahl Karls von Spanien und setzte sich bei seinem Bruder dafür ein. Ludwig neigte jedoch anfangs, mindestens aus taktischen Gründen, mehr einer französischen Kandidatur zu, zumal ihm Franz I. finanzielle Vorteile in Aussicht gestellt hatte. Schließlich einigte er sich 1518 mit Brandenburg, Mainz und Köln auf den Enkel Maximilians. Unmittelbare Frucht dieser Einigung war die Belehnung mit den Reichslehen. Ludwig erlangte zusätzlich erhebliche Geldzuwendungen und die förmliche Bestätigung der überterritorialen Vorrechte der Kurpfalz auf dem Gebiet des Wildfangrechts sowie von Zoll und Geleit.[9] Die Verbriefung alter, z. T. schon obsoleter und dem Territorialprinzip widersprechender Rechte über herrenlose Einwanderer fast im ganzen nördlichen Oberrheinraum eröffnete der Pfalz erneut die Möglichkeit, auf vielfache Weise in die schwächeren Nachbarterritorien einzuwirken.

Da Maximilian 1519 gestorben war, ehe er als Gegenleistung die Wahl seines Enkels erreicht hatte, übte Ludwig unbestritten das Reichsvikariat aus. Trotz der Thronvakanz kam, selbstverständlich nach weiterem zähen Ränkespiel und nur gegen die Zahlung von 80 000 fl, nachdem der Kandidat des Papstes Friedrich der Weise von Sachsen verzichtet hatte, die Wahl Karls V. am 28. Juni zustande. Jetzt waren alle Kurfürsten dazu bereit, sollte doch die Einrichtung eines Reichsregiments die ständige kurfürstliche Mitregierung sichern.[10] Dieses tagte zunächst unter Karls Bruder Ferdinand, in dessen Vertretung unter Friedrich II. von der Pfalz in Nürnberg, Esslingen und Speyer, ließ sich aber nicht durchhalten und ist letztlich an der Uneinigkeit der Kurfürsten und dem Widerstand der übrigen Fürsten gescheitert. Die neugefestigte Position der Pfalz zeigte sich 1521 darin, daß endlich der Vertrag mit Hessen zustandekam.[11] Dieses gab

Otzberg sowie die eroberten Kondominatsanteile der Kellerei Stein wieder heraus und begnügte sich im Amt Umstadt mit der Hanau abgewonnenen Hälfte, wo es fortan zusammen mit der Pfalz regierte. Einzig und allein der pfälzische Verzicht auf das Geleit zwischen Oppenheim und Frankfurt kam Hessen entgegen. Von hessischen Ansprüchen auf Kaub konnte keine Rede mehr sein. Ebenfalls erfolgreich war der Pfälzer in der Besetzung des Wormser Bistums. Sein Bruder Heinrich wurde dort 1523 zum Oberhirten gewählt.

Luther in Heidelberg und in Worms (1518/1519)

Die Reformation hat die Pfalz zwar früh mit dem persönlichen Auftreten Luthers erreicht, trotzdem blieben hier die Entscheidungen auffallend lange in der Schwebe, gewiß auch Ausfluß der politischen Lage und des Charakters Ludwigs V. Aufgrund der Kirchenreformbestrebungen Friedrich des Siegreichen und seiner besonderen Beziehungen zum damaligen Vikar der sächsischen Ordensprovinz Andreas Proles gehörte das Heidelberger Kloster der Augustinereremiten zur selben Provinz wie Wittenberg. Ausgerechnet 1518 tagte das Ordenskapitel in Heidelberg.[12] Luther erregte mit seiner Kritik an der scholastischen Übernahme des heidnischen Aristoteles und seiner Rechtfertigungslehre aus der Kreuzestheologie ungeheures Aufsehen. Sein theologischer Ansatz wurde von den jungen Heidelberger Theologen begeistert übernommen, unter ihnen die späteren Reformatoren Bucer, Brenz, Schnepf, Frecht und Billikan. Die Universität, noch auf zwei Jahrzehnte von den Dominikanern und der Scholastik beherrscht, wollte von alldem nichts wissen.

Der Kurfürst verhielt sich neutral. Er trat auch auf dem Wormser Reichstag des folgenden Jahres dafür ein, daß das freie Geleit für Luther tatsächlich nicht verletzt wurde, und erwies sich in diesem Falle als Verbündeter des sächsischen Kurfürsten. Mehr als dieser dürfte er in seiner Haltung auch durch einen antirömischen Affekt bestärkt gewesen sein. Jede Hinneigung zur Reformation wurde aber erstickt durch die Abhängigkeit von Habsburg, bald auch durch erschreckende Erfahrungen mit umstürzlerischen Bewegungen, die sich auf die Reformation beriefen.

Franz von Sickingen, die Ritterfehde (1522)

Erste krisenhafte Erschütterung im Bereich der Pfalz brachte die sogenannte Ritterfehde, auch wenn es verfehlt war, den Zusammenstoß Franz von Sickingens mit den Fürsten als eine allgemeine Erhebung des Rittertums im Gefolge der Reformation anzusehen. Gewiß war Franz von Sickingen[13] durch Ulrich von Hutten mit reformatorischem Gedankengut erfüllt und bot er seine Burgen den großen Reformatoren als sicheren Unterschlupf an. Sicher war Sickingen auch insofern Repräsentant des Rittertums, als er wie alle seine Standesgenossen die zunehmende Macht des Fürstenstaates ablehnte und zu verhindern suchte. Dabei war er zunächst als Verbündeter des Pfalzgrafen zu ersten Erfolgen gelangt, hatte in einer Art Stellvertreterkriegen die Stadt Worms und den Landgrafen von Hessen gedemütigt, schließlich auch Frankfurt eingeschüchtert. Dann war er aber immer stärker zum bewaffneten Arm Maximilians geworden und hatte geholfen, die Kaiserwahl in Frankfurt durch eine militärische Demonstration mitzuentscheiden. Anschließend war er für Habsburg an der Vertreibung Herzog

Ulrichs aus Württemberg beteiligt. Das Einschwenken auf die Seite des Kaisers schuf Distanz gegenüber dem einstigen Gönner Ludwig V., der sich auch durch den bündischen Zusammenschluß der elsässischen und rheinischen Ritter auf dem Landauer Rittertag unter der Hauptmannschaft Sickingens herausgefordert fühlte. Wenn Sickingen anschließend im Vertrauen auf seine ritterlichen Verbündeten und vage Abreden mit Erzbischof Albrecht von Mainz in die Händel zwischen der Stadt Trier und ihrem Kurfürsten eingriff, so gehört auch das in die vielen vor ihm betriebenen Fehden und darf nicht zu grundsätzlich bewertet werden. Freilich stellte Sickingen militärisch einen Machtfaktor dar und wußte seine Machtmittel, ein über das bei Rittern übliche Maß schon herausgehendes Kleinterritorium um Landstuhl, weit gestreuten Burgenbesitz oder Teilrechte an Burgen und beträchtliches Kapital, geschickt einzusetzen. Er soll in der Lage gewesen sein, bis zu 10 000 Mann aufzubringen. Der Angriff auf einen Fürstenstaat mußte die Gegner zusammenschließen. Hessen eilte selbstverständlich dem Kurerzbischof zu Hilfe, und auch der Pfalzgraf sah die Zeit gekommen, die großgewordene Macht des Ritters wieder zu beschneiden. Für diesen griffen keineswegs die Standesgenossen in größerer Zahl, wohl aber zwei schwäbische Grafen ein. Der Kaiser erklärte die Acht über den Landfriedensbrecher. Die Pfälzer täuschten einen Angriff gegen die Ebernburg an der Nahe vor, zogen jedoch tatsächlich zur Vereinigung mit einem erzbischöflichen Heer vor Landstuhl. Es war die gerade neu zur Festung vergrößerte, ganz auf das Bestehen eines Artilleriekampfes ausgebaute Hauptburg des Ritters. Allerdings war das Mauerwerk noch allzufrisch und konnte so dem Beschuß doch nicht ernstlich widerstehen. Überdies verletzte ein nach einem Geschoßeinschlag stürzender Balken Franz von Sickingen tödlich. So ergab sich Landstuhl, ohne bis zum letzten gekämpft zu haben. Die einziehenden Sieger trafen ihren Feind noch am Leben. Franz mußte sich die Vorwürfe des Lehenherrn anhören und seine Unterwerfung bekunden, ehe er starb. Sein ganzer Besitz wurde eingezogen und verblieb in den Hauptteilen für die nächsten beiden Jahrzehnten Ludwig V.

Wenn Sickingen im rheinischen Raum von seinen Standesgenossen isoliert war, so wurde auch mit einer gleichzeitigen Aktion des Schwäbischen Bundes in Franken zusätzliche Parteinahme für ihn abgeriegelt. Dort hatte Melchior von Rosenberg[14] von seinen Burgen Boxberg und Unterschüpf aus sich Übergriffe gegen den Landfrieden geleistet. Der Schwäbische Bund griff ein und brach die beiden Schlösser, um sie anschließend an die Pfalz zu verkaufen. Die Herrschaft Boxberg erstreckte sich über einen Teil des Umpfertales und des Schüpfer Grundes. Sie war vor allem deswegen für die Pfalz wertvoll, weil sie Ersatz für das Ende des 15. Jh. verlorene Lauda gewährte. Zwar war dieses der Ort des Tauberübergangs, aber auch Boxberg sperrte und sicherte die Straße, die von Mosbach dorthin strebte und die normale Verbindungslinie zur Oberpfalz darstellte.

Der Bauernkrieg 1525

Wesentlich aufwühlender als die Ritterfehde war der Bauernkrieg. Selbstverständlich waren die Bauern auch im Umkreis der Pfalz nicht einfach nur von reformatorischen Gedanken erfaßt, sondern ebenso von Ideen einer neuen Ordnung der sozialen und herrschaftlichen Verhältnisse. In den Quellen ist davon freilich wenig Eigenständiges aus dem Land des Kurfürsten zu fassen. Die Anstöße zur Erhebung kamen von außen, letztlich von Oberschwaben und vom Oberrhein her und erfaßten in einer Wellenbewegung die Ränder des Kurterritoriums und schließlich fast seine gesamten linksrheinischen Bereiche, während das Zentrum um Heidelberg ruhig blieb, weniger wohl aus mangelnder Sympathie für die Erhebung als deswegen, weil hier die Macht des Pfalzgrafen unmittelbar präsent war. Andererseits wagte es Ludwig V. nicht sofort, gegen die Bauern loszuschlagen, sondern versuchte es zunächst, seiner Natur entsprechend, mit Verhandeln und Kompromissen. Man hat den Eindruck, daß anfangs gegenüber der Massenerhebung äußerste Unsicherheit bestand und daß erst die Eskalation der Gewalt, dann die Erfolge der Gegenseite Ludwig und seinen Hof zum rigorosen Durchgreifen bewegten. Ein Gutachten Melanchthons[15] wirkte in die nämliche Richtung. Es ist wohl die Heidelberger Bewertung vom Ende her, wenn Peter Harer,[16] der Geschichtsschreiber des Pfälzischen Bauernkriegs, ihn nur für ein Ergebnis völliger Verblendung hält, aus der dann »onchristliche, unerbare, freventliche, mutwillige und arglistige Taten« entsprangen. Das ganze war für ihn ein Werk des Satans unter dem Schein des Evangeliums. Zunächst freilich sei Gegenwehr nutzlos gewesen; er vergleicht die Lage mit einem Bienenvolk, das ins Schwärmen geriet.

Als erster im Umkreis der Pfalz erhob sich Ende März 1525 der Odenwälder Haufen in den kurmainzischen, würzburgischen und adeligen Gebieten zwischen Odenwald und Tauber. Anführer war der Wirt Jörg Metzler aus Ballenberg. Die Odenwälder eroberten zusammen mit den Neckartälern um Ostern Weinsberg und jagten die überlebende adlige Besatzung samt dem Grafen von Helfenstein durch die Spieße. Diese Bluttat führte zu großer Entrüstung über die Bauern und mußte nachher die wesentlich umfangreicheren und mindestens ebenso grausamen Vergeltungsmaßnahmen rechtfertigen. Inzwischen hatte die Erhebung vom Elsaß aus auch auf die linksrheinischen Ämter Germersheim und Neustadt übergegriffen. Die Nußdorfer Kirchweihe wurde zum Ausgangspunkt. Die Bauern sammelten sich anschließend auf einem Berg bei Geilweiler am Hardtrand. Kurfürst Ludwig suchte sich mit den Bauern der Neustädter Umgebung zu arrangieren und verhandelte (10./11. 5.) mit ihnen über einen Landtag. Was im einzelnen damit gemeint war, wird nicht deutlich. Es scheint sich jedoch nicht nur um eine Zusammenkunft zur Abstellung der Beschwerden gehandelt zu haben, sondern wohl auch darum, daß die Bauern eine Beteiligung am pfälzischen Staat zu erreichen suchten. Das wäre immerhin ein Zug der bäuerlichen Erhebung, der sonst in der Pfalz nicht zu greifen ist, aber durchaus in das Gesamtbild des Bauernkrieges mithinein gehört. Anschließend erhoben sich auch die Bauern in den Ämtern Alzey und Kaiserslautern. Bei letzterem zeigte sich allerdings – eine seltene Erscheinung –, daß auch Bauern selbst sich dieser Erhebung entgegenstellten. Die Bewohner des kleinen Ämtchens Kübelberg ganz im Westen des Territoriums entwaffneten ihre Standesgenossen und nahmen ihnen die bereits gemachte Beute wieder ab. Der Kurfürst zeigte sich erkenntlich, indem er diese den treuen Bauern überließ.

Während so im linksrheinischen Gebiet Zeit gewonnen wurde und eine Entscheidung noch nicht unbedingt gefordert war, hatten sich die Dinge wenig südlich von Heidelberg im Territorium von Ludwigs Bruder Georg im speyerischen Bruhrain zugespitzt. Dort hatten sich die Bauern um Ostern erhoben und hinter den Weinbergen auf dem Letzenberg bei Malsch verschanzt. Des Bischofs Truppen liefen zu ihnen über, die reichen Weinkeller des Domstifts wurden geplündert. Die Stadt Bruchsal und schließlich die untere Markgrafschaft Baden schlossen sich der Erhebung an. Bischof Georg war zum Vertragschluß gezwungen, ein Bauernregiment etablierte sich in Bruchsal. Hiergegen richtete sich der erste Gegenschlag des Kurfürsten, nachdem er Trierer Hilfstruppen an sich gezogen hatte und auch der Schwäbische Bund mit der systematischen Niederwerfung des Aufstandes vorankam. Oberschwaben war bereits »befriedet«, und Georg Truchseß von Waldburg hatte als Feldherr der Bundestruppen die württembergischen Bauern bei Böblingen auseinander getrieben, als der Kurfürst von Heidelberg aus nach Süden aufbrach. Zunächst traf er auf keinen Widerstand. In Kislau mußte der von den Bauern eingesetzte Henker vier seiner Kameraden, Mitglieder der bäuerlichen Regierung, hinrichten. Bruchsal kapitulierte (25.5.). Der Pfaffe Eisenhut von Eppingen, Anführer der besonders radikalen Kraichgauer, wurde sofort enthauptet. Am anderen Tag fand ein Strafgericht über siebzig Rädelsführer statt, und es wurden noch einmal fünf von ihnen geköpft. Nach einem Marsch durch den Kraichgau vereinigte Ludwig seine Truppen mit denen des Schwäbischen Bundes bei Neckarsulm. Dem Heer wurde fortan unter täglichem Wechsel die Rennfahne der Pfalz und des Bundes vorangetragen. Im Marsch nach Nordosten eroberte man die kleinen Städte an Kocher und Jagst und näherte sich der Tauber. Dort stellten sich die Bauern, die auch über Artillerie verfügten, bei Königshofen zum Kampf, konnten den Gegnern den Flußübergang jedoch nicht verwehren und suchten, nachdem ihre Wagenburg einem Angriff ausgesetzt war, die Rettung in wilder Flucht. Zweitausend sollen dabei niedergehauen worden sein. Nach einem weiteren Sieg beim fränkischen Ingolstadt konnte die Marienburg bei Würzburg durch das Bundesheer und Ludwig entsetzt werden. Überall in Franken begann das Strafgericht. Truchseß Georg wendete sich nach Süden, während Ludwig über das Maintal seine linksrheinischen Lande erreichte. Bei Pfeddersheim (23.6.)[17] stellte sein Marschall Wilhelm von Habern die Bauern, konnte sie aus der Stadt hervorlocken und mit überlegenen Kräften besiegen. Die Stadt ergab sich, die Bauern wurden zum Gericht auf einen nahegelegenen Hügel herausbefohlen. Als auf dem Marsch dorthin einige davonliefen, war dies das Signal für die pfälzischen Reiter zum Angriff auf die bereits Wehrlosen. Achthundert sind nach Peter Harers Bericht dabei niedergemetzelt worden. Von den Überlebenden wurden noch dreißig hingerichtet. Die letzten Brandherde des Aufstandes wurden anschließend mit leichter Hand auf einem Zug bis an den Nordrand des Elsasses erstickt. Die Reichsstädte Worms und Speyer, die unter dem Eindruck der Bauernbewegung ihre Verfassungen geändert hatten, stellten rasch die alte Ordnung wieder her. Auch im Land des Bischofs Georg kehrten wieder geordnete Verhältnisse ein. Dort wie in der Pfalz wurde nur soviel an Strafen und Kontributionen eingezogen, wie die Bauern auch tatsächlich aufbringen konnten. Man war bemüht, daß nach den rigorosen Strafgerichten alsbald wieder normale Verhältnisse eintraten.

Entsprechend der allgemeinen Geographie des Bauernaufstandes war die Oberpfalz verhältnismäßig wenig betroffen. Der aus dem Hochstift Eichstätt hereindringende Mässinger Haufen wurde von Ludwigs Bruder Friedrich problemlos zurückgeschlagen.[18] Andererseits nutzte Friedrich die Tatsache, daß der Abt von Waldsassen durch die Forderung der Bauern in Schwierigkeiten geriet, zugunsten pfälzischer Territorialansprüche aus.[19] Das ausgedehnte Stiftsland von Waldsassen nördlich an die Oberpfalz anschließend und bisher zwischen Reichsunmittelbarkeit, böhmischem und pfälzischem Schirm schwankend, mußte sich nun ganz in pfälzischen Schutz begeben. So legte hier der Bauernkrieg endgültig die Eingliederung in die Pfalz und damit auch die spätere Reformation fest.

Ludwigs V. späte Reichspolitik

Die beiden letzten Jahrzehnte Ludwigs V. sind weniger dramatisch verlaufen. Die Distanz zur reformatorischen Bewegung war durch den Eindruck des Bauernkriegs verstärkt. Aber indem Ludwig im eigenen Land keine Entscheidung traf, haben diese Jahre der Ausbreitung evangelischer Tendenzen durchaus Raum gelassen. In die nämliche Richtung wirkte Ludwigs Verhalten in der Reichspolitik, wo er auf dem Speyerer Reichstag von 1526 wie auf dem Nürnberger von 1532 jeweils noch einmal einen Ausgleich zwischen beiden Parteien und Stillhalten bis zu einem allgemeinen Konzil vermittelte. Die Bemühungen Karls V., seinen Bruder Ferdinand zum König wählen zu lassen, boten Ludwig nochmals die Gelegenheit zu teilweiser Revion der Ergebnisse des Landshuter Krieges. Schon 1524 hatte er anläßlich eines Heidelberger Armbrustschießens verschiedene Fürsten für eine Kandidatur Herzog Wilhelms von Bayern interessiert. In den folgenden Jahren ließ er die Entscheidung für diesen oder den Habsburger offen. Dies mußte Ferdinand zum Entgegenkommen bewegen, zumal das Haus Habsburg seit der Vertreibung Herzog Ulrichs Württemberg besetzt hielt und also nahezu über alle 1504 verlorengegangenen Gebiete verfügte. Die Pfälzer suchten ihre Stimme an die Rückgabe von Möckmühl, Neuenstadt und Weinsberg sowie der Landvogtei im Elsaß zu binden. Diese Maximalforderungen waren freilich nicht durchsetzbar, und es blieb ihnen zuletzt nur die Landvogtei, und auch ihre Rückgabe war auf 25 Jahre befristet.[20] Trotz vieler Rücksichtnahmen blieb Ludwig auch weiterhin in gewisser Distanz zum Hause Habsburg. 1532 trat er der Rheinischen Einigung bei. In ihr schlossen sich die rheinischen Kurerzbischöfe, der Landgraf von Hessen und schließlich auch die Pfalz ohne Ansehen der konfessionellen Standpunkte zusammen, um den Einfluß Karls V. im Westen des Reichsgebiets zu begrenzen.[21]

Wie bisher konnte Ludwig durch geschickte Politik das Gewicht seines Landes steigern und einen Teil der 1504 verlorengegangenen Positionen wieder erreichen. Dies war das Hauptmotiv aller seiner Bestrebungen. Die Erfahrungen des Landshuter Krieges und der Einkreisung durch ein übermächtiges Bündnis ließen es geraten erscheinen, hier nur vorsichtig und mit diplomatischen Mitteln, nicht aber mit militärischer Drohung zu arbeiten. Vermutlich kommt daher auch die Zurückhaltung in der konfessionellen Frage. Es lag ja in der Heidelberger Tradition, theologischen Lehrstreit durch vom Landesherrn geübte Toleranz nach beiden Seiten zu entschärfen. Freilich konnte solche Zurückhaltung auch nur von einem Fürsten geübt werden, der sich nach seiner religiösen Veranlagung nicht zur Parteinahme gezwungen sah. In der Meinung, daß ein Ausgleich auf mittlerer Linie möglich sei, traf sich Ludwig mit politischen Ansätzen Karls V. In der Abstinenz von theologischer Diskussion ging er freilich in ganz andere Richtung und verfolgte das illusionäre Ziel, durch Ausschaltung der Theologen und die Verlagerung aller Probleme auf die politische Ebene noch einmal einen Konsens im Reich herzustellen. Als Vermittler und Schlichter hat er durchaus Erfolge gehabt, wenn es um Beilegung einzelner Händel ging. Echte Friedensstiftung auf konfessionellem Gebiet war freilich so unerreichbar. Trotzdem war es nicht nur höfischer Stil, sondern entsprach der Achtung und Meinung vieler Zeitgenossen, wenn seine Friedfertigkeit nach seinem plötzlichen Tod auf dem Speyerer Reichstag 1544 im kirchlichen Leichenbegängnis, im Volkslied wie in der Grabschrift zum Ausdruck kam.[22]

Friedrich II., Heiratsprojekte, Statthalterschaft und Regierungsantritt 1544

Über Ludwigs Nachfolger Friedrich II. sind wir außerordentlich gut durch die Biographie aus der Feder seines Vertrauten Hubert Thomas Leodius unterrichtet. Als französischer Sekretär hat er dem Herrscher lange Zeit gedient und offensichtlich sehr vieles von Friedrich selbst auch über die Zeit vor seiner Anstellung 1522 erfahren. Leodius blieb Anhänger des alten Glaubens, teilte jedoch mit seinem Herrn eine im äußerlichen kompromißbereite Haltung gegenüber den Forderungen der Reformation.

Er verlor Friedrichs Vertrauen, als dieser ganz zur evangelischen Seite hinüber wechselte.

Friedrich, 1483 geboren, kam 1501 an den burgundischen Hof in Brüssel und machte sich sehr bald bei Maximilians Sohn König Philipp dem Schönen beliebt. Hochgewachsen, breitschultrig und blondlockig, dazu leutselig und gewandt im Auftreten war er einer der besten Reiter und Turnierkämpfer seiner Zeit. Der frühe Tod des Königs brachte ihn, mindestens nach eigener Ansicht, um eine größere Hofkarriere. Der neue Herrscher, der spätere Karl V., war ihm nicht gewogen, hielt ihn für einen leichtsinnigen und wenig ernst zu nehmenden Menschen. So mußten Friedrichs Werbungen um seine Schwester Eleonore, die offensichtlich von ihm angetan war, scheitern.[23] 1521 kam Friedrich allerdings zur Statthalterschaft beim Reichsregiment in Nürnberg, gleichzeitig war er Statthalter seines Bruders in Amberg. Die Nürnberger verstanden es, ihn, wie später auch seinen Bruder, den Kurfürsten, zu solch aufwendigem Auftreten zu verführen, daß am Ende der Statthalterschaft der endgültige Verzicht auf die Rücklösung der 1504/09 für 32 000 fl verpfändeten Nürnberger Eroberungen in der Oberpfalz Lauf, Hersbruck und Altdorf stand.[24] Friedrich diente 1529 den Habsburgern als Reichsfeldherr gegen die Türken vor Wien. Sein Neffe Philipp der Streitbare hat hier auf sich aufmerksam gemacht, als er durch den Belagerungsring hindurch in die Stadt gelangte. 1532 war Friedrich Generaloberst in Ungarn und errang einigen Erfolg. Seine Devise »De Caelo Victoria« (»Vom Himmel kommt der Sieg«) hat dadurch Glanz erhalten.[25] Nach mehreren weiteren erfolglosen Bemühungen um eine fürstliche und reichdotierte Braut, u. a. auch um Karls V. verwitwete Schwester Maria von Ungarn, vermittelte König Ferdinand endlich die Heirat mit der jungen Dorothea von Dänemark, seiner Nichte, der Tochter des söhnelosen Christian II. Diesen allerdings hatten die Dänen 1534 vom Thron verjagt und Herzog Christian von Holstein zum neuen König gewählt. So mußte die Brautwerbung in Spanien stattfinden, und es konnten nur sehr vage Hoffnungen auf eine Mitgift gemacht werden. Auf dem Rückweg wurde Friedrich von König Franz I., der inzwischen die reiche Witwe Eleonore von Portugal, Karls V. Schwester und Pfalzgraf Friedrichs erste große Liebe, geheiratet hatte, freundlich empfangen. Die feierliche Verlobung fand am Hof der anderen umworbenen Kaiserschwester Maria von Ungarn in Brüssel statt. Friedrich führte seine Braut in prächtigem Zug nach Heidelberg zur ebenso großartigen Hochzeitsfeier. Dorothea betrachtete sich stets als Königin von Dänemark und hielt am Anspruch auf die Krone fest. Noch zehn Jahre mußte Friedrich als Statthalter in Amberg bleiben, bis er 1544 in Heidelberg die Nachfolge seines Bruders antreten konnte. Dorothea sollte auf ihn bestimmenden Einfluß ausüben, vor allem auf religiösem Gebiet, wo sie früher als ihr Gatte Sympathien für die Reformation zeigte.

Friedrichs Regierungsantritt verlief 1544 ohne Schwierigkeiten. Anläßlich eines Heidelberger Schießens hatten die beiden Neuburger Prinzen 1524 in die Sukzessionsordnung nach dem Testament Pfalzgraf Philipps[26] eingewilligt. Auch wenn sie später noch manchmal dagegen aufbegehrten, blieb das ohne Wirkung. Je älter Friedrich wurde und je weniger noch Aussicht auf einen leiblichen Erben bestand, desto eher konnte Ottheinrich den natürlichen Lauf der Dinge abwarten. Anders als zu Zeiten Friedrichs des Siegreichen duldete der Kaiser zunächst stillschweigend die Sukzessionsordnung, obwohl sie der Goldenen Bulle widersprach. 1539 stimmte er offiziell zu und wehrte die bayerischen Ansprüche auf die Kur vorerst ab. Es war für ihn eine relativ einfache Form, den Pfälzern gegenüber Dankbarkeit zu zeigen. Eine weitere kostenlose Gnade, die Friedrichs Biograph Leodius gebührend ironisiert,[27] erwies der Kaiser seinem Verwandten bei der Belehnung 1544, indem er ihm das Privileg verlieh, künftig im dritten, bisher leer gehaltenen Vikariatsschild seines Wappens den Reichsapfel zu führen. Die

Erbtruchsessenwürde war damit bildlich hervorgehoben, die Pfalz in ihrem Rang gegenüber Bayern nun auch heraldisch bevorzugt.

In der Außenpolitik unterstützte Friedrich den Kaiser in seinem vierten Krieg gegen Frankreich, wollte sich aber nach Friedensschluß das Wohlwollen König Franz I. erkaufen, indem er französische Werbungen gegen England unterstützte. Hinter all dem stand der Anspruch seiner Gemahlin auf die dänische Königskrone, obwohl der Kaiser längst seinen Frieden mit Christian III. geschlossen hatte. Friedrich ließ sich in die Pläne des Söldnerführers Hattstatt verwickeln, der angeblich mit schwedischer Hilfe einen Umsturz in Dänemark herbeiführen wollte. Doch auch Schweden schloß Frieden, und in Zukunft konnte Friedrich allein den dänischen Projekten nachhängen, die ihn noch auf längere Zeit in seiner Entscheidungsfreiheit sowohl gegenüber dem Kaiser als auch gegenüber Frankreich und gegenüber den deutschen Protestanten hemmten.

Kapitel 11

Lutherische Reformation 1545–1559

Infolge der Haltung ihrer Herrscher war die Kurpfalz bis 1545 nicht aktiv am Reformationsgeschehen beteiligt, was freilich nicht hieß, daß die konfessionellen Umbrüche dieser Zeit das Land nicht erreicht hätten. Im Gegenteil, die alte Kirche erlitt in diesen Jahrzehnten bereits eine entscheidende Schwächung. Die Möglichkeiten der Bischöfe von Worms und von Speyer, Gegenmaßnahmen zu ergreifen, waren viel zu beschränkt. Das lag an eigener Unsicherheit ebenso wie am bereits im Spätmittelalter ausgeprägten pfälzischen Landeskirchentum. Der späte Eintritt der Pfalz in offizielle reformatorische Maßnahmen bedingte, daß es hier in der Frühzeit zu keiner bekenntnismäßigen Ausprägung kam. Die dadurch angelegte Vielschichtigkeit der theologischen Ansätze sollte ein wesentlicher Grund für den häufigen Bekenntniswechsel werden, nachdem die Herrscher selbst zu gestaltender Reformationspolitik übergegangen waren.

Die Haltung Ludwigs V. und Friedrichs II. zur Reformation

Anfänglich hatte Ludwig V. reformatorische Tendenzen in seinem Land geduldet, ohne persönlich Stellung zu nehmen. Bis 1523 hatte er einen streng am alten festhaltenden Hofprediger Friedrich Groh, der dann an den Speyerer Dom berufen wurde. An seine Stelle traten nacheinander zwei Prediger mit evangelischen Neigungen, doch nach dem Bauernkrieg holte Ludwig den Friedrich Groh zurück, der sich allerdings im inzwischen geänderten Heidelberger geistigen Klima nicht mehr wohl fühlte und wieder ins damals noch konservative Speyer auswich. Sein Nachfolger wurde Heinrich Stoll aus Worms. Er hatte wegen seiner prolutherischen Gesinnung die Reichsstadt verlassen müssen und konnte jetzt in Heidelberg an der Schloßkapelle wie an der Universität wirken, obwohl letztere in ihrer Spitze antilutherisch war und der Hof keineswegs dem neuen zuneigte. Die Heidelberger Theologen sperrten sich selbstverständlich gegen ein humanistisches Reformprojekt, das von Straßburg aus Jakob Wimpfeling und sein Neffe Jakob Sturm vorgeschlagen hatten. Im Gegensatz zur Universität war die Stadtgeistlichkeit dem neuen gegenüber aufgeschlossen, hielt sich aber vorsichtig zurück. So konnte es damals heißen, man predige in Heidelberg das Evangelium lauter und rein, wolle aber dennoch nicht lutherisch sein.[1] Daß hinter Ludwigs V. Vorsicht mehr Opportunismus als Prinzipientreue zu vermuten ist, geht vielleicht aus einer Äußerung von 1528 hervor. Damals wollte sein Bruder in Amberg ein Predigtmandat herausgeben mit der Anweisung, das Evangelium unter Vermeidung aller Schmähworte klar, lauter und rein zu predigen. Der Kurfürst lehnte ab, da »die läuft voll geschwinder practica sein« und man nicht wisse »welchem teil der zufall beschehen mag«.[2] So hat man die Reformation zwar am offenen Durchbruch gehindert, aber unter der Oberfläche treiben lassen.

Wie anderwärts, so ist auch in der Pfalz die Sympathie für die Reformation sehr differenziert zu sehen. Nur wenige konnten die theologischen Auseinandersetzungen in ganzer Tiefe begreifen, selbst dann vermieden manche eine Stellungnahme. Ein allgemeines Bedürfnis nach Reformen, die Kritik an Rom, neue Äußerungen der Frömmigkeit, der Zugang zur Bibel, der Laienkelch und die Befreiung von der Höllenfurcht des Spätmittelalters wirkten zweifellos in größerer Breite. Dabei blieb vieles vom Althergebrachten in bunter Mischung mit dem neuen erhalten, ein konfessionelles Bewußtsein mußte sich erst im Laufe der Zeit herausbilden. Im Gegensatz zu Ludwig V. wissen wir über Friedrichs II. Gedanken zu dieser drängendsten Frage der Zeit etwas mehr. Er neigte zunächst wie auch Karl V. dazu, der Forderung nach Priesterehe und Laienkelch stattzugeben, und meinte, damit die ganze Bewegung im Rahmen der alten Kirche halten zu können.[3] Im Zugriff aufs Kirchengut war er entschlossener als sein Bruder und wandte sich schließlich doch der Reformation zu. Lange blieb er jedoch beim Grundsatz, dem einzelnen Gewissensfreiheit zu lassen, und trat auch im Reich für Ausgleich ein.

Die Entwicklung der kirchlichen Verhältnisse

Wie weit die regionalen kirchlichen Verhältnisse der Forderung nach Reformation besonderen Auftrieb gaben und wie weit sich trotz aller Mißstände kirchliches Leben innerhalb der alten Ordnung intakt gehalten hatte, läßt sich aus den vorhandenen Quellen nicht eindeutig beantworten. Die große Visitation der Wormser Diözese von 1495[4] zeigt das übliche Bild, daß die Mehrheit der Pfarreien zwar nicht vom Pfründeninhaber versorgt wurde, daß aber die stellvertretenden Geistlichen einigermaßen Ordnung hielten und wenig konkrete Mißstände in das Protokoll einflossen. In der Speyerer Diözese läßt eine ganz anders geartete und der frühen Reformation gleichzeitige Quelle, die *libri spiritualium*,[5] erkennen, daß die Geistlichkeit der Bischofsstadt selbst lange katholisch geblieben ist und selbst den Zölibat beachtete. Auf dem Land finden sich viele Mißbräuche wie Konkubinat, Verletzung der Residenzpflicht und einzelne Exzesse in Spielleidenschaft und Raufhändeln durch die Kleriker; vereinzelt gab es auch finanzielle Unterschleife bei der Verwaltung des Kirchenvermögens. Das Volk beantwortete Mißstände mit Fernbleiben vom Gottesdienst, und das war wohl mehr Kritik an der Person des Seelsorgers als eine Stellungnahme für die Reformation. Allerdings kamen verschiedene Bräuche in Mißkredit, die Teilnahme an den althergebrachten Prozessionen wurde in Speyer wie in Worms immer geringer. Die Geistlichen, die sich öffentlich zur Reformation bekannten, waren in der Minderzahl. Sie mußten vor allem, wenn sie heirateten, ihre Pfründen in den Diözesen aufgeben. In den Klöstern verringerte sich allmählich die Zahl der Konventsmitglieder durch Austritt, mehr noch aber durch Ausbleiben des Nachwuchses.[6] In größerer Geschlossenheit gingen die Augustinereremiten, Luthers eigener Orden, zur Reformation über. Ihre Klöster standen leer. Bald fanden auch vielfältige Formen des Täufer- und Schwärmertums Anhänger, gerade unter den religiös ansprechbaren Teilen der Bevölkerung.[7] Ein Bekenntnis dazu war nach Reichsrecht todeswürdig. Ludwig V. verhielt sich aber auch hier zögernd und ging erst rigoros vor, wenn er auf die Anführer selbst und besonders hartnäckige Wiedertäufer stieß. Später wird von 350 unter Ludwig hingerichteten Täufern berichtet, das ist wohl die übertriebene Zahl einer mährischen Märtyrerchronik. Zweifellos kam es jedoch zu einer ganzen Reihe von Bluturteilen. Zentren der Täuferbewegung blieben trotzdem die Umgebung von Alzey und die Gegend südlich von Heidelberg um Leimen und Nußloch. Geheime Zusammenkünfte in Mühlen, Ruinen, Feldkapellen und Wäldern sind durch Berichte, manchmal auch durch Flurnamen überliefert. So fanden sich 250 Täufer 1532 in der Flehinger Mühle zusammen.

Alle Äußerungen der Reformation als Volksbewegung bleiben im Bereich des statistisch nicht Meßbaren. Angaben über die Anzahl ihrer Anhänger sind auch in groben Schätzungen nicht möglich, gewiß ist nur die große Verunsicherung der Vertreter des alten Glaubens. In der Reichspolitik war inzwischen ohne Beteiligung der Pfalz der erste Zusammenschluß evangelischer Reichsstände durch den Protest beim Speyerer Reichstag 1526 erfolgt und 1530 die *Confessio Augustana* vorgelegt worden. Ihr Verfasser Philipp Melanchthon war zwar Wittenberger Theologe, aber Pfälzer Landeskind und behielt seinen Einfluß auf führende bürgerliche Schichten in der Pfalz, aus denen er selbst stammte. Sie neigten wie er einer vermittelnden Richtung innerhalb des Protestantismus zu. 1531 hatten sich in Schmalkalden die protestierenden Fürsten und Reichsstädte zu einem Defensivbündnis zusammengeschlossen, das zwar nie alle evangelischen Stände zusammenfaßte, jedoch ständig an Anhängerschaft gewann. Auch im Innern des Landes hatte reformatorische Gesinnung inzwischen mehr an Boden gewonnen. Nach einem Bericht des päpstlichen Nuntius[8] galt Heidelberg 1535 als eine der lutherischsten Gegenden Deutschlands. 1544 kam nur ein Viertel der Bevölkerung zur Kommunion und dieses verlangte vielfach das Abendmahl unter beiderlei Gestalten. Die Unterstützung pfälzischer Beamter und der Kraichgauer Ritter war der Reformation auf der lokalen Ebene sicher, in der Umgebung des Kurfürsten wirkten die beiden Kanzler Hartmann aus Eppingen und sein Nachfolger Christoph Prob im nämlichen Sinne.

Friedrichs II. Übergang zu reformatorischer Kirchenpolitik

Noch als Statthalter in der Oberpfalz konnte Friedrich II. auf Bitten der Landsassen und Städte 1538 dem Bruder einzelne Zugeständnisse in Richtung auf reformatorische Forderungen abringen. Diese gingen freilich immer noch in die Richtung äußerlicher Änderungen. So wurde jetzt evangelische Predigt und die Berufung lutherischer Prediger erlaubt, die Kommunion unter beiderlei Gestalten je nach dem Gewissen des einzelnen und ohne Verletzung hergebrachter Rechte gestattet. Allerdings hat der ausschließlich weltliche Gerichtsstand für angeklagte Priester das landesherrliche Kirchenregiment, dem das späte Mittelalter schon vielfach vorgearbeitet hatte, noch einmal stärker betont.[9]

Am Amberger Hof predigte zeitweilig Martin Bucer. Ihm und dem Einfluß Dorotheas wird es zugeschrieben, daß Friedrich 1543 noch in Amberg erstmals das Abendmahl unter beiden Gestalten empfing.[10] Dies wiederholte sich 1545 in der Heidelberger Schloßkapelle und anfangs 1546 auch in der Öffentlichkeit der Heiliggeistkirche. Unmittelbar anschließend wurde die deutsche Sprache für die Spendung der Sakramente vorgeschrieben, das Messelesen immer noch freigestellt. Die Stiftsordnung für Heiliggeist vom April 1546[11] brachte bereits die Abschaffung des Meßkanons und die Freistellung der Priesterheirat, bei beibehaltenem lateinischen Chorgebet und Unterdrückung ausgesprochen katholischer Bräuche. Eine Kirchenordnung[12] für das ganze Land lehnte sich an das Pfalz-Neuburger Vorbild an und dehnte im Grund die Regelungen der Stiftsordnung von Heiliggeist auf das Land aus. Trotz Abschaffung des Kanons blieb die Elevation der Hostie und des Kelches erhalten. Meßgewänder wurden untersagt, Chorrock und Chormantel aber beibehalten. Der kleine Katechismus und die Kinderlehre wurden eingeführt. Das bedeutete das Ende der bisher grundsätzlichen Freistellung und den Beginn landesfürstlicher Reformation, wenn auch die Klöster noch ihre Messe hinter verschlossenen Türen feiern konnten wie zum Beispiel die Heidelberger Franziskaner und Dominikaner. Im Mai rief man die Geistlichen zu einer allgemeinen Synode nach Heidelberg und setzte sich damit über die Rechte der Diözesanbischöfe von Trier, Mainz, Worms, Speyer, Straßburg und Würzburg hinweg. Eine allgemeine Visitation sollte durch Martin Bucer durchgeführt werden, kam aber nicht zustande. Auf Bucers Empfehlung wirkte nun Paul Fagius aus Rheinzabern als Prediger bei Hof.[13] Von ihm hieß es, er habe den Befehl, die Sakramentshäuslein auszuräumen und die Altäre abzudecken. Ende des Jahres wurden die Amtleute angewiesen, reformatorische Prediger für die Pfalz zu suchen.

Es war klar, daß sich Friedrich II. damit auf die Seite der Gegner des Kaisers gestellt hatte. 1546 waren beide noch einmal in Speyer zusammengetroffen, und Friedrich hatte auf Vorhaltungen beteuert, alle seine Maßnahmen hätten nur das Ziel, der öffentlichen religiösen Not im Lande entgegen zu steuern, er persönlich sei weiterhin altgläubig. Das waren Schutzbehauptungen, denn gleichzeitig verhandelte der Kurfürst bereits mit den Schmalkaldenern. Auch eine Adelsversammlung in Heidelberg hatte sich für die neue Lehre erklärt, während die Räte noch zur Vorsicht mahnten. Leodius wurde zu Franz I. nach Frankreich mit der Bitte um Unterstützung gegen den Kaiser geschickt. Einen offenen Anschluß an die Schmalkaldener konnte Friedrich nicht erreichen, weil er sowohl Schutz vor einem bayerischen Angriff auf seine Kurwürde als auch Einsatz für seine Erbansprüche in Dänemark von ihnen forderte. Letzteres war von vornherein unmöglich. Landgraf Philipp von Hessen wollte darüber hinaus eine Option für Bayern, weil auch dieses Gegner Habsburgs war, offenhalten.

Der Schmalkaldische Krieg 1546

Die Dinge drängten zur Entscheidung, nachdem das Trienter Konzil 1545 einberufen worden war und der über Frankreich siegreiche Kaiser im Bündnis mit dem Papst die Lage in Deutschland notfalls auch mit Gewalt bereinigen wollte. Er zog nun ausländische Truppen aus Italien und aus den Niederlanden ins Reich. Das war offener Bruch der Wahlkapitulation von 1519. Die Schmalkaldener entschlossen sich zum Losschlagen, solange der Kaiser sich noch ohne ausreichende Truppen in Regensburg aufhielt. Ihr Bundesheer versuchte den Italienern das Heranrücken über den Fernpaß zu versperren. Karl verschanzte sich bei Ingolstadt und wartete auf das Eintreffen von 17 000 Niederländern, die ihm Graf Max von Büren zuführte. Friedrich wollte es mit keiner der beiden Parteien verderben, obwohl sein Herz für die Protestanten schlug. Er ließ sich nicht von den Schmalkaldenern bewegen, dem Bürenschen Corps den Rheinübergang zu sperren, ja er lieferte sogar noch Verpflegung. Anderseits war er in Maulbronn mit Herzog Ulrich von Württemberg zusammengetroffen und hatte diesem Hilfe versprochen. Vom Adel gedrängt, schickte er anschließend aufgrund eines alten Beistandsvertrages dem Herzog ein Fähnlein Reiter und zwei Fähnlein Fußtruppen. Letztere blieben in Württemberg stehen, wie es dem Vertrag entsprach. Die Reiter zogen mit den Schmalkaldenern vor Ingolstadt und taten sich dort auch noch militärisch hervor. Im September trafen die Niederländer auf diesem Schauplatz ein. Die Schmalkaldener mußten den Rückzug antreten. Neuburg wurde von den Spaniern erobert und rekatholisiert. Ottheinrich kam in die Reichsacht. Während der Kaiser die Protestanten im süddeutschen Feldzug matt zu setzen versuchte, lehnte er Friedrichs

Bemühungen um Kontakt und Vermittlung ab. Nachdem sich durch den Einfall Moritz' von Meißen in Kursachsen die Lage völlig verändert hatte, brach der süddeutsche Feldzug zusammen.

Friedrich, der unmittelbar nach dem Abmarsch seiner Truppen gegenüber beiden Parteien seine strikte Neutralität erklärt hatte, konnte dem Zorn des Kaisers nicht entgehen. Daß gerade die zweimonatige Beistandsverpflichtung für Württemberg abgelaufen war, half nichts. Der in Heidelberg durchziehende Landgraf von Hessen bat die Kurfürsten vergebens um Vermittlung. Eine Begegnung mit Johann Friedrich von Sachsen, der über Heilbronn abmarschierte, vermied Friedrich. Ihm kam schließlich der Kaiser doch entgegen, um damit eine Koalition zwischen Frankreich, Dänemark, England und Schottland zu verhindern. Vor allem brauchte er Friedrichs Einverständnis zu einer Regelung mit Dänemark, damit er die großen Bündnispläne des französischen Königs durchkreuzen konnte. Ein weiteres Motiv zur Nachgiebigkeit bei Karl war der heftige von seiner Schwester, der Statthalterin Maria, unterstützte Protest der Niederlande gegen den kaiserlichen Wirtschaftskrieg gegenüber den oberdeutschen Städten. Er drohte zum Ruin der habsburgischen Provinzen im Nordwesten zu führen.

Versöhnung mit dem Kaiser, das Interim 1548

Friedrich eilte dem Kaiser nach (Schwäbisch) Hall entgegen und wurde erst nach längeren Verhandlungen mit Kanzler und Vizekanzler vorgelassen. Seine Entschuldigung war, daß ihn nur äußere Zwangslage in die Gegnerschaft zum Kaiser gebracht habe. Er verwies auf den Druck durch seine protestantischen Untertanen, auf seine Krankheit während des Regensburger Reichstags und auf das Schwinden aller Gelegenheit zum Vermitteln, das er doch so angestrebt habe.[14] Aber des Kaisers Räte waren nicht bereit, das zu akzeptieren. Am 27. 12. erhielt er Gelegenheit vor der beleidigten Majestät zu erscheinen. Der Kaiser hielt seinem um vieles älteren und ergrauten Verwandten eine Strafpredigt auf Französisch, die er vorher aufgesetzt hatte. Die Undankbarkeit des Pfalzgrafen wurde heftig verurteilt, aber schließlich drang doch die Hoffnung durch, daß derartiges künftig unterbleibe. Friedrich ließ sich auf die Vorwürfe nicht ein, sagte, er sei nur gekommen, die kaiserliche Gnade zu erflehen, und kniete, das Barett in den Händen, mit Tränen in den Augen vor Karl V. Der entließ ihn schließlich ohne Zeichen der Versöhnung. Erst am nächsten Tag nahm er ihn wieder in seine Gnade auf und stellte sogar die Verschonung des Landes vor durchziehenden Truppen in Aussicht. Inzwischen hatte der Graf von Büren Boxberg eingenommen und an den kaiserlichen Parteigänger Albrecht von Rosenberg, wiewohl ein Protestant, übergeben. Der pfälzische Vasall Graf Georg von Erbach mußte den gesamten Durchzug erdulden und überdies samt seinen Brüdern noch 12 000 Taler Kontributionen bezahlen, hatte er doch im pfälzischen Fähnlein vor Ingolstadt mitgefochten. Erst 1549 söhnte sich der Kaiser mit den pfälzischen Adligen aus. Friedrich hatte mit der Unterwerfung immerhin erreicht, daß von bayerischen Ansprüchen auf die Kur nicht mehr die Rede war.

Für das Land hieß diese Unterwerfung Anerkennung des Trienter Konzils, Abstellung der Reformationserlasse und volle Freiheit für den altkirchlichen Gottesdienst. Die Labilität des Kurfürsten wird durch nichts besser beleuchtet als dadurch, daß er auf dem anschließenden Augsburger Reichstag an allen katholischen Zeremonien teilnahm und sein Gefolge veranlaßte, zur Beichte zu gehen. Das auf diesem Reichstag beschlossene Interim wurde nun auch in der Pfalz durchgeführt. In ihm war die Rechtfertigungslehre undeutlich gefaßt, so daß sie auch Protestanten akzeptabel erscheinen mochte. Die Anerkennung der in ihrem Opfercharakter ebenfalls dogmatisch entschärften Messe wurde allgemein gefordert, Laienkelch und Priesterehe zugelassen, das Kirchengut mußte nicht zurückgegeben werden; das hatte jedoch für die Pfalz keine Bedeutung. In Heidelberg wurde das Interim durch den stets auf der Seite der Altgläubigen gebliebenen Rat Wolf von Affenstein am 17. August 1548 verkündet. Die Franziskaner öffneten voller Begeisterung ihre Klosterkirche. Der Kurfürst wohnte dort später einem feierlichen katholischen Hochamt bei. Selbst der Kraichgauer Adel, seit langem Vorkämpfer des Luthertums, war mit Ausnahme der Rechtfertigungslehre bereit, sich dem Interim zu fügen. Nur eine Minderheit der Geistlichen leistete Widerstand. Es ist für Friedrich kennzeichnend, daß das nur in den seltensten Fällen zur Ausweisung führte.

Friedrichs II. bleibende Bedeutung für die Reformation

Friedrichs Reformationswerk, an das er wohl nur zeitweilig selbst geglaubt hatte, war damit gescheitert. Trotzdem sollten einige seiner organisatorischen Regelungen große Bedeutung für die Zukunft haben, besonders im Bereich der Universität. Als erster unter den Kurfürsten hat er für eine schulische Vorbildung der künftigen Studenten gesorgt und das Pädagogium begründet.[15] Die dorthin, vor allem aus den Niederlanden, berufenen Lehrer sollten sich bald als Förderer der Reformation erweisen. Vom Papst erwirkte der Kurfürst 1551 die Genehmigung, zwölf mittlerweile leerstehende Klöster einzuziehen.[16] Sechs davon, die Zisterzienserinnenklöster Weidas und Daimbach bei Alzey, das Prämonstratenserstift Münsterdreisen, das weltliche Chorherrenstift Zell, auch beide im Oberamt Alzey, das Dominikanerinnenkloster St. Lambrecht bei Neustadt und das Antoniterhaus in Alzey wurden dem Vermögen der Universität zugeschlagen. Aus der Besitzmasse der Benediktinerklöster Lixheim und Graufthal an der Grenze zwischen Elsaß und Lothringen und der Augustiner in Alzey und Heidelberg wurde am Platz des letzteren Konvents das Collegium Sapientiae, die sogenannte »Sapienz« gestiftet. Zunächst diente es als Wohnheim für die Artistenfakultät, bald sollte es das eigentliche Predigerseminar der Theologen werden.[17] Das Wilhelmitenkloster Mariapforten im Nahetal und das Heidelberger Dominikanerkloster dienten einer Erweiterung der Altarpfründen in der Schloßkapelle. Die bessere Vermögenslage der Universität ließ Neuberufungen zu. Dabei wurden vorwiegend moderne, das heißt nicht mehr scholastisch, sondern humanistisch ausgerichtete Männer gewonnen. Auch sie wirkten im Grunde auf eine Verstärkung reformatorischer Gedanken ein.

Die dramatische Wende im Reich durch den Überfall Moritz' von Sachsen auf den Kaiser und damit den Passauer Vertrag von 1552 brachte in der Pfalz wieder die Möglichkeit zum Anschluß an die Reformation. Friedrich hat sich 1553 auf dem Heidelberger Tag,[18] der auf württembergische Initiative zustande kam, mit den Reformationsfürsten zusammengeschlossen und mit ihnen allerdings seine Reichstreue durch die Absage an eine Zusammenarbeit mit Frankreich bekundet. Auf kirchenpolitischem Gebiet nahm er keine Stellung und gestattete lediglich einigen Geistlichen im Land die deutsche Messe. Teilweise ging die Pfarrerschaft zur Selbsthilfe über. Nachdem der Augsburger Religionsfrieden 1555 den weltlichen Fürsten die Entscheidung der Konfessionsfrage übertragen hatte, dachte auch Friedrich wieder an den Erlaß einer neuen Kirchenordnung, wie es ihm Herzog Christoph von Württemberg nahelegte. Er kam nicht mehr dazu, nahm aber auf dem Sterbebett das Abendmahl wieder unter beiderlei Gestalt. So bleibt der erste Reformator unter den pfälzischen Herrschern ein Mann des

Schwankens und der immer wieder revidierten Entscheidungen. Kein Wunder, daß ihn die pfälzische Kirchengeschichtsschreibung nicht als Reformator gelten läßt und das Reformationswerk ausschließlich seinem Nachfolger Ottheinrich zuschreibt. Trotzdem wird man beim Rückblick auf Friedrichs Regierung sagen müssen, daß ohne die gewaltsame Intervention des Kaisers der Schritt zur Reformation von Dauer gewesen wäre und daß Friedrich selbst seine anfänglichen Neigungen zu einem Ausgleich und zur Freistellung der konfessionellen Entscheidung bereits zu Gunsten einer landesfürstlichen Reformation revidiert hatte.

Ottheinrichs Persönlichkeit und Prägung als Herrscher von Pfalz-Neuburg 1522–1556

Friedrichs Neffe und Nachfolger Ottheinrich war völlig anders geartet. Musisch und literarisch gebildet und interessiert, körperlich bald leidend, von ungeheurer Leibesfülle und vielfach auf Badekuren, war er doch ein Mann von Grundsätzen auf religiösem und politischem Gebiet, dabei auf letzterem oft nicht im Einklang mit den Realitäten. Ganz im Sinne seiner Zeit hatte er 1521 eine Wallfahrt ins Heilige Land[19] unternommen, an deren Eindrücken er auch über seine Bekehrung zur Reformation hinaus stets festhielt. Anschließend teilte er sich mit seinem Bruder Philipp in die gemeinsame Regierung des kleinen Neuburger Fürstentums. Seine Gemahlin wurde Susanna von Bayern, eine verwitwete Markgräfin von Brandenburg-Kulmbach, die Mutter des berüchtigten Albrecht Alkibiades. 1535 kam es auch in Neuburg zu einer förmlichen Teilung unter den beiden Brüdern. 1541 trat jedoch Philipp der Streitbare sein Gebiet an den Bruder ab und ist bald darauf, wohl an Magenkrebs, gestorben. Ottheinrich hat ihm einen bewegenden Nachruf: »Philippsen Klag«[20] gewidmet. Er zeigt das unstetige, in militärischen Diensten für das undankbare Haus Habsburg aufgehende und vom Oheim Friedrich äußerst karg unterstützte, von steter Geldnot bedrohte armselige Leben des Bruders. Haushalten war auch nicht Ottheinrichs Stärke; mit seinen noblen Leidenschaften wie Büchersammeln und Förderung der Kunst überforderte er die Leistungsfähigkeit seines Ländchens. Sein Jagdschloß Grünau bei Neuburg ist durchweg Zeugnis weltlicher, von der Renaissance geprägter Daseinsfreude. Die Schloßkirche in Neuburg dagegen bleibt eines der ersten in Konzeption und Durchführung sehr hochstehenden Beispiele evangelischen Kirchenbaus.[21] Die Büchersammlung Ottheinrichs, in der Heidelberger Zeit noch vermehrt, legte den Grund zum Ruhm der Palatina.

Unter dem Einfluß seines Rates Gabriel Arnold wandte sich Ottheinrich, ungeachtet der Warnungen des bayerischen Herzogs Wilhelm, seit der Jahreswende 1540/41 geistlichen Fragen zu. 1542 bekannte er sich öffentlich zur Lehre Luthers. Er berief den Reformator Andreas Osiander aus Nürnberg und ließ 1543 die von ihm ausgearbeitete, dem Nürnberger und Ansbacher Vorbild entsprechende Kirchenordnung[22] publizieren. Das Reformationswerk fand Zustimmung bei der Mehrheit seiner Landstände, trotzdem konnten diese Ottheinrich auf finanziellem Gebiet nicht mehr folgen. 1544 übernahm die Landschaft das Defizit und schickte Ottheinrich mit einer Jahresrente von 5000 fl außer Landes. Er behielt lediglich die offizielle Vertretung Neuburgs im Reich und wohnte seither teils in Heidelberg, teils in Weinheim, wo er trotz seiner geduldverheißenden Devise »Mit der Zeit« deutlich machte, daß er auf die Nachfolge in der Kur wartete. Ottheinrich, der es 1546 abgelehnt hatte, sich dem Kaiser zu unterwerfen, erhielt sein Land durch den Passauer Vertrag unmittelbar zurück. Besondere

Freundschaft verband ihn mit dem ebenso entschieden evangelischen, theologisch wesentlich gebildeteren und politisch-ökonomisch ganz überlegenen Herzog Christoph von Württemberg. Dieser konnte mit Mühe 1556 während Friedrichs Krankenlager Ottheinrich vor einem verfrühten und allzu peinlichen Erscheinen in Heidelberg abhalten.

Reformation, Visitation, Bildersturm 1556/57

Einen Monat nach seinem Regierungsantritt, auf einer ersten Rundreise durch sein Land, ließ Ottheinrich in Alzey eine neue Kirchenordnung verkünden.[23] Sie geht auf das brandenburgische Vorbild Osianders zurück, das für Neuburg 1544 durch den aus Speyer gekommenen Reformator Michael Diller noch ausgebaut worden war. In der Tendenz deckt sie sich mit der Ordnung Friedrichs II. von 1546, doch wird mit aller dort noch eingeräumten Duldung von Katholischem jetzt Schluß gemacht. Das Abendmahl wird unter beiderlei Gestalten im Rahmen einer noch traditionellen liturgischen Feier, aber ohne den alten Kanon ausgeteilt. Das Sakramentshäuschen, ewiges Licht und Altartuch werden abgeschafft, der Priester amtiert im Chorrock ohne Meßgewand, die deutschen Lieder des Wittenberger Gesangbuchs werden eingeführt, die Zahl der Feiertage reduziert. Die Beichte bleibt nahezu unangetastet, die Ehe gilt als bürgerlicher Vertrag, dem aber die kirchliche Einsegnung »fast nützlich« ist. Ottheinrich spricht die Überzeugung aus, daß er damit im Grunde keine Neuerung bringt, sondern den alten christlichen Glauben wiederherstellt und von papistischem Mißbrauch und Aberglauben befreit.

Für sein Reformationswerk erbat er sich von Württemberg die Theologen Brenz und Andreae. Das kam nicht zustande, auch das Pfälzer Landeskind Melanchthon und der im ernestinischen Sachsen führende Lutheraner Flaccius Illyricus lehnten Einladungen ab. So wurden aufgrund alter Verbindungen Straßburger Reformatoren berufen. Die Reichsstadt verzichtete zeitweilig auf den Vorsitzenden ihres Kirchenkonvents Johannes Marbach.[24] Der brachte den Prediger Johannes Flinner mit. Marbach, Diller, der Hofprediger und zeitweilige Universitätsrektor Stoll, dazu die weltlichen Beamten Walter Senfft von Sulburg, der Augsburger Jurist Christoph Ehem und der Sekretär Cirler bildeten den Kirchenrat, das oberste Gremium der neuen Landeskirche unter dem Superintendenten Stoll.

Im August begann Marbach mit der Visitation des Landes. Man ging amtsweise vor und rief in den Amtsstädten Geistliche, Ortsvorsteher und Kirchengeschworene zusammen. Diese drei Gruppen wurden einzeln nach Glaube, Moral und Disziplin in den Gemeinden befragt. Anschließend wurden die »untauglichen« Geistlichen ihres Amtes entsetzt, die schlecht gebildeten belehrt und die wenigen untadeligen als Superintendenten an die Spitze der einzelnen Dekanate gesetzt. Marbachs Zusammenfassung über seine Visitation[25] beschreibt eine höchst unterschiedliche Situation in den einzelnen Ämtern. Im Amt Heidelberg gelten die Pfarrer als ungebildet, arm und wenig grundsatztreu. Die Mosbacher kommen besser weg, hatten sie sich doch in größerer Zahl der Einführung des Interims widersetzt. Die Absetzung eines Verweigerers des Interims in Bretten hatte merkwürdigerweise zur Folge, daß dort ausgerechnet ein Zwinglianer seinen Samen ausstreuen konnte. Die Germersheimer Amtsgemeinden zeigten den »größten Unfleiß im Kirchgang«, Gottesdienste wurden teilweise nur noch von den Küstern gehalten und von wenigen alten Frauen besucht. In Kaiserslautern gab es zwar gebildete Pfarrer in der Stadt, aber unwissende und arme auf dem Land.

Alzey galt den Visitatoren als ein »voll nest doller und ungelahrter papistischer pfaffen«. In Bacherach und Kaub saßen zwar gute Geistliche, der Rat war jedoch papistisch, und das Volk wallfahrtete weiter zur Wernerkapelle.

Als allgemein verbreitet schildert Marbach den schlechten Kirchenbesuch, Verachtung des Sakraments und nahezu totalen Mangel an Katechismusunterricht. Für das Almosen wurde nichts mehr gegeben. Die Kirchen waren baulich in schlechtem Zustand. Meßgewänder und Altartücher waren allgemein aus dem Gebrauch genommen und verkamen, dagegen fanden sich fast überall noch »abgöttische bilder, altartaflen, creutzfahnen und dergleichen papistische ceremonien«, der »gemain pefel« (Pöbel) hing noch daran und trieb damit »superstition«. Während der Reformator für das niedere Volk und seine religiösen Gewohnheiten nur Verachtung hat, beklagt er, daß durch die Mißstände gerade die Verständigen zur Abkehr vom religiösen Leben gebracht wurden. Er erhofft sich Besserung von obrigkeitlichen Maßnahmen, Amtleute und Ortsvorstehen sollten auf Kirchenbesuch und Sakramentempfang drängen, der Kurfürst das durch ein scharfes Strafmandat und entsprechende Bußsätze zur Wirkung bringen, die Geldstrafen ebenso wie der Verkauf von Altartüchern und Meßgewändern sollten das darniederliegende Almosen aufbessern. Wichtig war ihm die Sicherung eines entsprechenden Einkommens für die Pfarrer bei gleichzeitiger Entlastung von der Verwaltung des Kirchenvermögens, die nur Konflikte in die Seelsorge bringen konnte. Die Armut habe die Pfarrer ebenso wie die Unwissenheit völlig verunsichert und ihr Ansehen bei den Gemeinden ruiniert. Dem Kurfürsten wird eindringlich klar gemacht, daß er sich solch großen Jammer und das ewigliche Verderben so vieler tausend Seelen zu Herzen gehen lassen solle, um so mehr, als ihn der barmherzige Gott mit soviel fürstlicher Tugend und Einsicht in seinen Willen ausgestattet habe.

Ottheinrich hat sich solchem Appell nicht verschlossen und das Reformationswerk in weiteren Erlassen vorangebracht. Am augenfälligsten war wohl sein Mandat vom Februar 1557,[26] das die Abschaffung von Bildern und Altären befahl und einen regelrechten Bildersturm auslöste. Im Gegensatz zu Luther stand hier Marbachs Sorge wegen der Bilder Pate. Ottheinrichs Vorgehen hatte schon ein Vorstadium in Neuburg und zeigt, daß er trotz dogmatischer Hinneigung zum Luthertum von der süddeutsch-schweizerischen Ausprägung der Reformation mitbeeinflußt war. Hatte er in Neuburg noch die heimliche Beseitigung der Bilder und Nebenaltäre »ohne gebolder und geschrey«[27] angeordnet, so ließ er sich in Heidelberg, auch um aller Gegendemonstration vorzubeugen, in der Sänfte nach Heiliggeist tragen und half eigenhändig mit, daß Gotteshaus vom »Götzenwerk« zu reinigen. Bei allgemein schlechter Überlieferung wird nur vom Widerstand des Deutschordenskomturs in Weinheim berichtet. Dieser konnte für seine Kapelle einen Aufschub erwirken und kostbare Ornate und Kelche in einem Faß nach Speyer schaffen, bevor Vogt und Schultheiß von Heidelberg alles Zurückgebliebene verwüsteten. Der alte Komtur, ein Landschad, wünschte sehnlich, daß sich das Blatt noch einmal wende und die Gewalttäter zur Wiedergutmachung des Schadens gezwungen würden, falls sie nicht der Teufel schon vorher geholt hätte.[28]

Klöster und Universität

Gegen die Klöster ging Ottheinrich noch nicht systematisch vor. Allerdings hat er zwei der bedeutendsten im Land doch schon säkularisiert. Die Prämonstratenserpropstei Lorsch war ihm besonders wichtig wegen ihrer Bücherschätze. Die Mönche wurden 1557 ausgewiesen. Johann Carpentarius, der von Friedrich II. eingesetzte Propst, blieb bis 1566 im Amt.[29] Die Bibliothek hat Ottheinrich an sich gezogen. Das Zisterzienserkloster Schönau erhielt spätestens 1558 einen kurfürstlichen Verwalter, der 1559 eine neue Bestandsaufnahme des Klostervermögens vorlegte. Man erkennt aus dessen Lagerbuch, daß sich damals keine Mönche mehr in Schönau aufhielten. Der letzte Abt Wolfgang Cartheyser hatte am 19. April 1558 einen Vertrag mit der Stadt Worms über seine bürgerliche Aufnahme geschlossen, also bereits außerhalb des Landes Zuflucht gesucht. Diese wurde ihm gewährt unter der Bedingung, daß er allen Rechtsstreit mit der Pfalz ohne Mithilfe des Rates austrage. 1563 ist der Abt in Worms verstorben, wie seine Grabschrift vermeldet, bis zu seinem Ende in der wahren katholischen Religion ausharrend. Auch das Heiliggeiststift in Heidelberg,[30] von Friedrich II. bereits evangelisch gemacht, wurde unter Ottheinrich aufgehoben. Die Stadt erhielt dadurch eine zweite Pfarrkirche. Die Pfründen blieben beim Universitätsvermögen.

Die Klöster in der Oberpfalz hatten schon unter Friedrich II. starke innere Einbußen und erste Eingriffe in die Vermögensverwaltung hinnehmen müssen. Ottheinrich hat hier konsequent mit einer allgemeinen Inventarisierung und der Bestellung von Klosterverwaltern durchgegriffen, ohne die Konvente, vor allem in den Nonnenklöstern, wo sie noch ganz lebendig waren, aufzuheben.[31]

Die Reformation der Universität[32] vollzog Ottheinrich auf der von Friedrich II. geschaffenen wirtschaftlichen Basis und mit dem Rat Philipp Melanchthons. Die alte Artistenfakultät gab nun die Propädeutik ganz an Institutionen außerhalb der Universität ab und wurde mit ihrem neuen, durch alte Sprachen und Philosophie beherrschten Lehrangebot gleichberechtigt neben den drei übrigen Fakultäten. Ottheinrichs Reform ist praktisch der Beginn der philosophischen Fakultät. Der bisherige konservative Rektor Keuler, der, obwohl im Konkubinat lebend, eine Heirat ablehnte, wurde von seinem Amt verdrängt. Als führender Theologe und neuer Generalsuperintendent kam auf Vorschlag Melanchthons Tilemann Heshusen von Wittenberg. Ganz im Gegensatz zu Melanchthon war er kompromißloser Lutheraner. Neben ihm lehrte unter anderem Peter Boquin, ein einstiger Karmeliterprior aus Bourges und Freund Calvins. Der Jurist François Baudouin muß ebenso zu den Calvinisten gerechnet werden. Der Mediziner Thomas Erast war in der Schweiz Zwinglianer geworden.

Ungelöste Widersprüche in Reformationswerk und Außenpolitik

Ebenso wie der Bildersturm und die Zusammensetzung des Kirchenrats zeigen diese Berufungen, daß Ottheinrich bei seiner Reformation durchaus nicht nur unter lutherischem Einfluß stand und offensichtlich die dogmatischen Unterschiede als nicht erheblich ansah. Entweder war er nicht willens oder auch gar nicht fähig, in diesem Punkt eindeutig Stellung zu nehmen. Verständnis wollte er sogar gegenüber den Sektierern zeigen, die er für arme Verirrte hielt. Auch nach einem fruchtlosen Religionsgespräch mit den Täufern zu Pfeddersheim hat er gegen sie zum Leidwesen seiner Theologen nicht durchgegriffen. Entsprechend forderte er in seinem Testament[33] den Nachfolger auf, zwar die Reformation zu vollenden, aber Glaubensfreiheit zu gestatten und den Religionsfrieden zu wahren.

Freilich war damit kaum Toleranz gegenüber den Katholiken gemeint. In der Reichspolitik lehnte Ottheinrich die Formel von der Gleichberechtigung der Konfessionen, wie sie schon der Passauer Vertrag 1552 gefunden hatte, ab, vor allem aber den geistlichen Vorbehalt des Augsburger Religionsfriedens. Er wollte das Reformationsrecht auch für die geistlichen Fürstentümer und versuchte seine protestantischen Standesgenossen zur Verweigerung der Türkenhilfe zu überreden, bis der Kaiser eingewilligt habe. Kompromißlos blieb Ottheinrich auch, als ihm der Kaiser die Verlängerung der Reichspfandschaft im Unterelsaß gegen Duldung der katholischen Religion in Aussicht stellte. Lieber trennte sich der Kurfürst von diesem reichen und für die Pfalz auch territorialpolitisch wichtigen Landstrich.

Bei aller Gegnerschaft gegen das Katholische stimmte Ottheinrich auf Vermittlung Melanchthons einem nochmaligen Religionsgespräch zu, das er allerdings auf dem Reichstag und ohne Theologen führen wollte. Schließlich mußten in Worms doch die Theologen sprechen.[34] Der Kurfürst sah darin von vornherein keine Aussicht auf Erfolg, sondern nur eine Gelegenheit zur Verkündigung seiner Haltung. Einen Vergleich hielt er für unmöglich. Tatsächlich wurde dieses Wormser Religionsgespräch aber zu einer Niederlage für den Protestantismus, weil es der katholischen Gegenseite unter dem Jesuiten Petrus Canisius nicht schwer fiel, die Uneinigkeit der Protestanten bloßzustellen. Melanchthon und Flaccius Illyricus verketzerten sich gegenseitig. Die Pfälzer vertraten mit den übrigen Oberdeutschen eine Position, die weit über Melanchthon hinausging.

Trotz solchen Zwiespalts gelang es Ottheinrich in der Frage der Wahl eines Nachfolgers für Kaiser Ferdinand die reformatorischen Kurfürsten zu einer Verzögerungstaktik zu bewegen, bis Ferdinand dann im Zusammenspiel mit Sachsen die Pfälzer doch überrumpelte. Auch Ottheinrichs Verhältnis zu Frankreich zeugte von geringem diplomatischem Geschick. Die Subsidien aus dem Westen brauchte er für seine weiterhin aufwendigen Kunstbestrebungen, brüskierte aber die Franzosen schon durch seine Haltung bei der Kaiserwahl, noch mehr durch die Aufnahme französischer Religionsflüchtlinge und schließlich dadurch, daß er auf Vermittlung Bezas einen Brief voller Vorwürfen an König Heinrich II. schrieb. Der verbat sich prompt die Einmischung in französische Angelegenheiten.

Ottheinrich als Kunstmäzen

Drei kurze Regierungsjahre lassen selbstverständlich kein Urteil über Ottheinrich als Landesfürsten und Politiker zu. Unumstritten ist neben seinem Reformationswerk sein Verdienst für Kunst und Wissenschaft. Der Ausbau der Bibliotheca Palatina durch die schon in Neuburg begonnene Büchersammlung und die kostbaren Handschriften aus Lorsch, antike Autoren und frühe deutsche Sprachdenkmäler umfassend, wurde schon erwähnt. Berühmt war Ottheinrichs Hofkapelle und sein Mäzenatentum für die Musik, die Heidelberger Tradition seit den Tagen Friedrichs des Siegreichen mit Neuburger Ansätzen verbanden.[35] Eigenes Interesse für antike Architektur, für Münzen und Astrologie ist in die Gestaltung des Ottheinrichsbaus[36] auf dem Heidelberger Schloß eingeflossen. Mit Hilfe des flämischen Bildhauers Alexander Colin entstand hier der eleganteste Profanbau der deutschen Renaissance. Der Bauherr ließ sich selbst oberhalb von antiken und biblischen Heldenstatuen und unterhalb der personifizierten Herrschertugenden mit deutlichem Bezug zur christlichen Caritas porträtieren. Flankiert wird sein Wappen von zwei Männern, von denen einer einen Löwen bezwingt, der andere von einem Löwen überwältigt wird. Das ist ein deutliches Bekenntnis zu aktivem Handeln und eine Absage an das Zaudern seiner beiden Vorgänger. Glaube, Hoffnung und Liebe, dazu Standhaftigkeit und Gerechtigkeit sind die im Figurenprogramm des Baus herausgestellten Tugenden, mit denen der Herrscher seine Aufgabe zu erfüllen suchte. Die Planetengötter darüber machen deutlich, daß solch christliches Pro-

Abb. 11: Portal des Ottheinrichsbaus am Heidelberger Schloß. Bauaufnahme von J. Koch und W. Seitz 1891.
Im Giebel Medaillon des Bauherrn zwischen Putten, von Rollwerk umrahmt. Darunter das kurfürstliche Wappen mit den drei Schilden. In den seitlichen Schrägen, die mit Löwen kämpfenden Männer. Das Tor selbst flankiert von Trägerfiguren. Reiche Renaissanceornamentik, Pilaster nach der ionischen Ordnung und Triglyphenfries.

gramm sich durchaus auch mit der Vorstellung von der Macht und dem Einfluß der Gestirne verbinden konnte. Ganz ähnlich war das vom Kurfürsten selbst noch in Auftrag gegebene, von den Franzosen 130 Jahre später zerstörte Grabmal in der Heiliggeistkirche[37] in einer Verquickung von christlichem Inhalt und antiken Sinnbildern gestaltet. Von diesen höchstens spärlich bekleideten Figuren erwarteten die Calvinisten heidnische, unsittliche und abgöttische Einflüsse auf das Volk, worüber sich der eifrige Lutheraner Heshusen lustig machte. Tatsache ist, daß der Kurfürst bereits zu Lebzeiten nachgab und für eine schamhaftere Verhüllung sorgte. Im selbstverfaßten Grabspruch bezeichnete sich Ottheinrich als letzter in der Nachkommenschaft Ludwigs III. Dieser hatte Hus auf den Scheiterhaufen geführt, und im Erlöschen seines Stammes sah Ottheinrich die göttliche Strafe. Trost lag für ihn allerdings darin, daß er der erste Wiederhersteller der Reinheit eines erneuerten Evangeliums war.

Kapitel 12

Das Haus Pfalz-Simmern, Übergang zum Calvinismus 1559–1576

Mit dem Erlöschen der Heidelberger Kurlinie fiel deren Erbe an den nächstältesten Seitenzweig aus der Teilung von 1410. Da Pfalz-Neumarkt am frühesten (1448) ausgestorben war, stand das Haus Pfalz-Simmern-Zweibrücken, die Nachkommenschaft Pfalzgraf Stephans, zur Sukzession an. Bereits unter Stephans Söhnen hatte sich dieses Haus 1459 nochmals zweigeteilt in die Linie Pfalz-Simmern mit dem Hunsrücker Besitz, dazu noch Anteile der Grafschaft Sponheim, und die Linie Pfalz-Zweibrücken, den einzigen bis ins 18. Jahrhundert überlebenden Sproß der pfälzischen Wittelsbacher. Vor ihr rangierte jedoch die Linie Simmern. Sohn des noch streng altgläubigen Pfalzgrafen Johann II. von Simmern (gest. 1557) war Friedrich III., der das neue Kurhaus begründete. Mit diesem Dynastiewechsel kam das 1410 verlorengegangene Territorium auf dem Hunsrück wieder an die Kurpfalz, wenn es auch noch zweimal für Seitenlinien abgeteilt wurde. Friedrichs III. Entscheidung für die Reformation im Sinne Calvins führte zu einer Umorientierung der pfälzischen Politik auf West- und Nordwesteuropa.

Friedrich III., Persönlichkeit und Religiosität

Friedrich III. hatte eine Erziehung an den katholischen Höfen zu Nancy und Lüttich, vorübergehend auch Brüssel, genossen, aber nicht wie seine Vorgänger Friedrich II. und Ottheinrich vor Antritt der Kur bereits langjährige Regierungserfahrung gesammelt. Seine Gemahlin Maria von Brandenburg-Kulmbach, die Schwester Albrecht Alkibiades und, wenn man so will, Stieftochter Ottheinrichs, hatte ihm für nur kurze Zeit die Verwaltung des Kulmbacher Landes eingebracht. Ottheinrich machte ihn 1556 zum Statthalter in der Oberpfalz, übertrug ihm also die traditionelle Aufgabe des Kurprinzen. Die Gemahlin, im Gegensatz zu ihrem Bruder eine sanfte und anhängliche Person, hatte solchen Einfluß auf Friedrich, daß er sich noch zu Lebzeiten des Vaters dem Luthertum zuwandte und daran festhielt, obwohl Johann II. das mit einer Reduzierung der ohnehin kleinen Geldrente beantwortete. Friedrich war ein Mann von religiöser Anlage und Überzeugungstreue. Die Probleme theologischer Dogmatik mußten ihm schon von seiner lateinarmen Bildung her verschlossen bleiben. Es entsprach ganz seinem schlichten Gemüt, daß er sich hier von anderen beraten ließ, im Grunde aber, wie auch sein Vorgänger Ottheinrich, jeder Theologenpolemik abgeneigt war. Die Bibel kannte der Fürst und las sie eifrig. Sie war ihm die einzige Richtschnur seines Handelns. Dafür mußte er auch während des Interims Konsequenzen tragen. Die Regierung in Heidelberg übernahm er mit dem Gebet um Gottes Gnade und den Beistand des Heiligen Geistes und im Bewußtsein, daß er vor dem Richterstuhl Christi jeden Tag Rechenschaft ablegen müsse. Im Sinn der reformatorischen Rechtfertigungslehre sah er sich nach seinem späteren Zeugnis (1563) als »ganz eigen meines lieben und

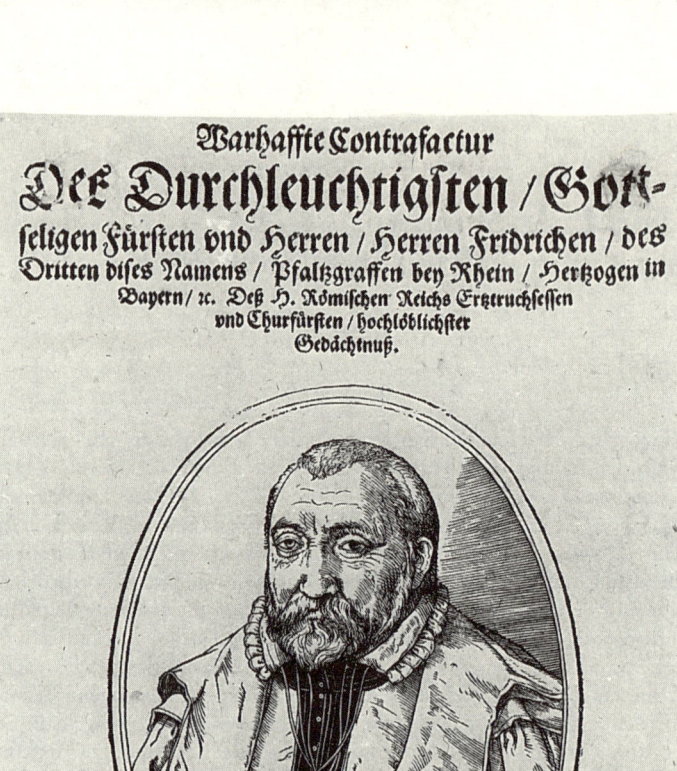

Abb. 12: Gedenkblatt auf den Tod Kurfürst Friedrichs III. Holzschnitt Heidelberg 1577. Unter dem fast schmucklosen Herrscherporträt in ovalem Rahmen die abgekürzte Titulatur F(ridericus) P(alatinus) C(omes) und ein Gebet in Gedichtform. Die Anfangsbuchstaben der Zeilen ergeben die Devise: „Herr nach Deinem Willen".

getreuen Heilands mit seinem teuren Blut erkauft, das der Teufel ... ohn Willen meins Vaters im Himmel das wenigste Härlein mir nicht krümmen will, geschweige ausraufen kann«. Entsprechend lautete seine Devise: »Herr nach Deinem Willen«.[1] Der französische Gesandte Bochetel, selbst Bischof, hielt den Kurfürsten für unglaublich einfältig,[2] ihm antwortete man nur mit Stellen aus der Heiligen Schrift, mit Offenbarungen und mit der Kraft Gottes, den man täglich um Erleuchtung anrufe, um danach seine Entscheidungen zu treffen. Das ist sicher sehr zugespitzt formuliert, aber gewiß boten die religiösen Neigungen des Kurfürsten und seine Regierungsunerfahrenheit viele Möglichkeiten der Einflußnahme. Doch darf man nicht vergessen, daß der Herrscher über einen starken Willen und selbst die Fähigkeit zum Taktieren verfügte, wenn er diese in den Rahmen seiner Frömmigkeit und charakterlichen Entschiedenheit einordnen konnte. Er verfolgte mit einem deutlichen Gespür für die Realitäten Ziele, von denen er sich zuvor hatte überzeugen lassen.

Die Berater des Kurfürsten

Die eigentlichen Entscheidungen für die Heidelberger Politik fielen in den jetzt voll ausgebildeten und in Permanenz tagenden Gremien des Oberrates und des Kirchenrates. Keiner der Herrscher der Reformationszeit war eine solch autonome Persönlichkeit, daß er nicht, freilich in unterschiedlichem Maße, entsprechenden Vorstellungen dieser beiden Gremien gegenüber zugänglich gewesen wäre. Allerdings haben sie alle bis auf Friedrich IV. ihre Führungsposition behauptet. Während wir hinsichtlich der Kräfte, die im Mittelalter Einfluß auf den Kurfürsten ausgeübt haben, nur auf wenige Hinweise und vage Vermutungen angewiesen sind, vollziehen sich die Entscheidungen des 16. Jahrhunderts in zunehmend deutlicherem Licht.

Der Adel, schon immer ein ausschlaggebender Faktor im Gefolge, dann im Rat des Pfalzgrafen, wurde im 16. Jahrhundert überwiegend durch die Kraichgauer Ritter repräsentiert. Die Grafen der Umgebung hatten gewiß einen angemessenen Einfluß, aber sie bekleideten nur wenige Stellen, und häufig wechselten die vom Kurfürsten besonders ins Vertrauen gezogenen Personen. Die Ritter waren dagegen stets in gehöriger Breite im Rat und in den zentralen Behörden vertreten. Im Gegensatz zu den Kraichgauern, die dabei auch geschickt ihre Position in der territorialen Schütterzone zwischen Pfalz, Württemberg und Baden ausnützten, erreichten die linksrheinischen Ritter seltener einflußreiche Positionen am Heidelberger Hof. Die Ritter aus dem Kraichgau waren, mit wenigen Ausnahmen, frühe Anhänger des Luthertums und samt und sonders nicht vom oberdeutschen, schweizerisch geprägten Protestantismus beeinflußt. Daß durch das Luthertum die Ritter als Obrigkeit in ihren Dörfern nun auch auf geistlichem Gebiet zuständig und autonom wurden, dürfte die primär religiöse Entscheidung gefördert haben. Mit einer calvinistischen Kirchenverfassung jedenfalls hätten sie nichts anfangen können. In die entscheidenden Jahre fallen zusätzlich die korporativen Zusammenschlüsse der Ritterschaft,[3] hier also im Kanton Kraichgau des Schwäbischen Ritterkreises. Dies erst sicherte die Kraichgauer gegenüber pfälzischen Ansprüchen auf Landsässigkeit.

Neben den Rittern spielte in der Zeit Friedrichs III. in der Zentralverwaltung die Familie der Grafen von Erbach[4] eine hervorragende Rolle. Im Grunde waren sie erst 1532 durch eine Standeserhöhung aus dem Kreis des Niederadels aufgestiegen. Der weitergeführte Schenkentitel wies sie immer noch als ursprüngliche pfälzische Ministerialen aus. Seit 1544 regierten nach einer Teilung des kleinen Territoriums im Odenwald die drei Brüder Georg, Valentin und Eberhard. Die Brüder hatten zum Teil über pfälzische Beamtenstellungen, aber auch durch ihr Studium Beziehungen zu Straßburg. Sie standen nicht nur mit Bucer, sondern auch mit Calvin in Kontakt und sind bereits damals als gemäßigte Calvinisten anzusehen. Graf Eberhard war noch unter Ottheinrich 1558 zum Großhofmeister, also zum höchsten Beamten, aufgestiegen, und Schenk Georg war mit Friedrichs III. jüngerer Schwester verheiratet. Dieser hatte zwei weitere, zur westeuropäischen Form der Reformation neigende Schwäger, den niederländischen Grafen Egmond und den Grafen von Hanau, während seine drei ältesten Schwestern Äbtissinnen blieben. Die Brüder von Erbach verhielten sich sehr geschickt. Trotzdem befürchtete die Kurfürstin Maria bald, wie sie ihrem Bruder, dem Markgrafen, schrieb, daß das zwinglische Gift, das sehr subtil sei, den Kurfürsten erreiche.[5]

Die Festigung der Heidelberger Zentralbehörden war unaufhaltsam mit dem Aufstieg bürgerlicher Juristen verbunden. Obwohl die Heidelberger Universität schon seit dem 15. Jahrhundert die Aufgabe hatte, Kräfte dafür heranzuziehen, war das einheimische Element nicht stark genug und füllten sich die Stellen der Pfälzer Beamtenschaft hauptsächlich mit Gliedern reichsstädtischer Familien aus Oberdeutschland, die überdies in verwandtschaftlichen und persönlichen Beziehungen untereinander verknüpft waren. Die Ansätze dazu liegen bereits in der Zeit Friedrichs II., Ottheinrichs Herkunft aus Neuburg mußte sie noch verstärken. Die Reichsstädte Oberdeutschlands waren aber vor dem Schmalkaldischen Krieg theologisch sehr stark von der Schweiz her beeinflußt; das Luthertum wurde ihnen erst nach dieser Katastrophe aufgezwungen. Die Heidelberger Beamtenschaft dieser Provenienz stammte noch ganz aus der Generation, die vor 1545 studiert hatte und die sich zunächst nach Zürich, bald aber nach Genf ausrichtete. Teilweise stand die neue Führungsschicht in verwandtschaftlichen Beziehungen zu den Heidelberger Honoratioren, die ebenfalls aus dem Beamtentum kamen und nicht etwa durch Kaufmannschaft eine selbständige Stellung errungen hatten. Einheimischer Exponent der Reformation war Philipp Melanchthon aus der Heidelberger und Brettener Schultheißenfamilie Schwarzerd. Obwohl seit seinem Studium Wittenberger, war Melanchthon keineswegs Lutheraner, sondern suchte einen vermittelnden Standpunkt gegenüber den Zwinglianern durch eine offenere Fassung der Abendmahlslehre, wie sie in die *Confessio Augustana Variata 1540* eingegangen war.

Der Abendmahlsstreit 1560

Ottheinrich war, wie gezeigt, trotz Festhaltens am lutherischen Dogma den oberdeutschen und von Melanchthon bestimmten (philippistischen) Einflüssen nicht unzugänglich. Vermutlich faszinierte ihn wie schon seine Vorgänger die Idee des Ausgleichs, jetzt allerdings nur zwischen den verschiedenen Richtungen des Protestantismus. Ihm fehlte wohl auch das letzte theologische Unterscheidungsvermögen. Nur so erklärt sich, daß er bereits westeuropäische Exulanten an die Universität zog und auch den Kirchenrat keineswegs einheitlich mit Lutheranern besetzte. Nur die Spitzenfunktion des Generalsuperintendenten Heshusen und des Kanzlers Minckwitz, die beide aus Sachsen herbeigeholt worden waren, befanden sich eindeutig in lutherischer Hand. In den Rängen darunter dachte man völlig anders und nutzte in Verbindung mit dem Großhofmeister angesichts des regierungsunerfahrenen Kurfürsten seine Chancen.

Im Grunde vollzog sich der Wandel recht schnell. In Abwesenheit des Generalsuperintendenten, der auch der führende Exeget an der Universität war, promovierte diese den Diakon von Heiliggeist Wilhelm Klebitz über Melanchthons Abendmahlslehre; der aber war Anhänger Zwinglis. Heshusen nahm nach seiner Rückkehr den Kampf gegen dessen Thesen in der üblichen Form einer wilden Kanzelpolemik auf. Obwohl das der Kurfürst wie alle seine Vorgänger nicht mochte, wollte sich Heshusen das Maul nicht verbieten lassen.[6] Friedrich suchte zunächst mit dem Rat anderer Theologen zu vermitteln. Man berief sich dabei auf die Abendmahlsformel der *Confessio Augustana Variata* von 1540, daß mit Brot und Wein der Leib und das Blut Christi dargeboten würden. Michael Diller verkündete das in der Predigt zu einem Versöhnungsgottesdienst. Heshusen ließ sich auf solche Kompromißformeln nicht lange ein. Schon drei Tage später bestand er wieder auf den gut lutherischen Abendmahlsdefinitionen. Er sprach unter wüsten Angriffen auf seine Gegner davon, daß »in und unter und mit Brot und Wein«[7] ein und dasselbe meinten, nämlich die Gegenwart Christi. Zwischen Klebitz und den Anhängern des Generalsuperintendenten kam es zu öffentlicher Beschimpfung und Prügelei auf dem Marktplatz. Der Kurfürst griff ein und entließ beide Streithähne. Das bedeutete, daß der Kirchenrat nun ohne Oberhaupt tagte. Von seinen sechs Mitgliedern war kein einziger mehr orthodoxer Lutheraner, neben zwei Vermittlungstheologen saßen vier Zwinglianer oder Calvinisten.

In der Abendmahlsfrage wurde nun Melanchthon um ein Gutachten gebeten. Er zog sich auf den paulinischen Begriff der Teilhabe (Consociatio, 1. Kor. 10, 16) zurück. Der Apostel spreche weder wie der Papst von Verwandlung, noch sage er wie Heshusen, das Brot sei der wahre Leib Jesu.[8] Bald danach starb Melanchthon (19. 4. 1560). Das Gegengutachten von Johannes Brenz traf verspätet ein und erlangte beim Kurfürsten keine Beachtung mehr. Friedrich ließ sich auch nicht durch die Vorstellung Herzog Christophs von Württemberg und seiner Zweibrücker Vettern von der einmal gefaßten Überzeugung abbringen. Er sah in ihr die unmittelbare Erleuchtung durch den Heiligen Geist. So war es auch ganz aussichtslos, daß die Hoftheologen seines ernestinischen Schwiegersohns, die dieser bei einem Besuch in Heidelberg aus Weimar mitgebracht hatte, mit ihrer Disputation noch etwas ausrichteten.

Verschiebungen in der Führungsschicht

Bereits am 12. August 1560 wurden die Pfarrer angewiesen, die Abendmahlsformel Melanchthons anzunehmen.[9] Wer sich weigerte, mußte das Land verlassen. Die freiwerdenden Stellen an Lehrstühlen und Pfarreien wurden durchweg mit auswärtigen Anhängern Zwinglis und Calvins besetzt, darunter vielen Flüchtlingen aus Westeuropa. Sie waren keineswegs Philippisten, trugen aber keine Bedenken, der Formel von der Teilhabe zuzustimmen. Führender Dogmatiker an der Universität wurde Emanuel Tremelius, ein italienischer Jude, der über den Katholizismus zum Calvinismus gefunden hatte. Auf Verwendung des Kurfürsten gab der Erzbischof von Trier Caspar Olevianus[10] frei, einen Bäckerssohn, der als Student in Bourges vergeblich versucht hatte, einem Sohn Friedrichs das Leben zu retten. Er wurde in Haft gehalten, seit er in seiner Vaterstadt eine calvinistische Erhebung gegen den Erzbischof angezettelt hatte. Als Calvinist mußte aus seiner Heimat Breslau Zacharias Ursinus (Beer) fliehen. Obwohl er in Wittenberg Theologie studiert hatte, fand er über eine Orientierung an Melanchthon schließlich zur Genfer Haltung. Eine wesentliche Verstärkung des westeuropäisch-calvinistischen Elements brachten die 1562 vom Kurfürsten in die Pfalz eingeladenen Religionsflüchtlinge, die vorübergehend in Frankfurt eine Bleibe gefunden hatten. Nun wurden ihnen die Klöster Frankenthal und Schönau zur Verfügung gestellt. Ihr Anführer Petrus Dathenus sollte bald ganz das Ohr des Kurfürsten haben und zum Hofprediger aufsteigen.

Der wichtigste Berater unter den Juristen wurde der Augsburger Dr. Christoph Ehem. Er diente sich in der Kanzlei hoch, kam als Protonotar in den Oberrat und sollte es schließlich 1574 zum Kanzler bringen. Als überzeugter Calvinist nutzte er seinen weitreichenden Einfluß dazu, die Pfalz in der westeuropäischen gegen Habsburg gerichteten Konfessionspolitik zu engagieren. Ehem hatte seinen Verwandten Wenzel Zuleger nach Heidelberg gezogen und bereits mit neunundzwanzig Jahren zum Kirchenratspräsidenten befördern lassen. Gegenspieler dieser Calvinisten war der zwinglisch gesonnene Thomas Erast, eigentlich Liebler, der in Heidelberg als Schweizer galt, obwohl er ursprünglich aus dem Süden der badischen Markgrafschaft stammte. Sein Ansehen beruhte nicht nur auf der Mitgliedschaft im Kirchenrat, sondern vor allen Dingen darauf, daß er Friedrichs Leibarzt und der führende Mediziner an der Universität war. Ebenso befand sich sein Gefolgsmann Cirler in der Doppelstellung des Sekretärs beim Kirchenrat und des persönlichen Sekretärs des frommen Friedrichs. Erast wußte seinen Einfluß noch dadurch zu verstärken, daß er den Prinzen Johann Casimir, den zweiten und Lieblingssohn Friedrichs III., für sich gewann. Die erste Wendung im dogmatischen Streit gegen Heshusen ist wohl von Erast eingefädelt worden, indem er Klebitz überhaupt den Weg zur Promotion ebnete und ihm den Rücken gegen den Superintendenten freihielt. Natürlich hat er ihn anschließend rasch fallen gelassen.

Folge der Heidelberger Entwicklungen war, daß die Lutheraner in den Führungspositionen schließlich selbst den Dienst quittierten, so 1563 der Kanzler Minckwitz. Auf ihn folgte nochmals Christoph Prob, der das Amt schon unter Friedrich II. innehatte. All das machte zwar die evangelischen Reichsfürsten mißtrauisch. Die Pfälzer konnten sie jedoch in Konferenzen zu Erfurt und Fulda noch einmal zur Solidarität bringen mit dem Hinweis darauf, daß es vor allem darum gehe, die Einladung zum Trienter Konzil abzulehnen und ein deutsches Nationalkonzil zu fordern.[11] Erstmals trat hier die Pfalz gleichsam als Wortführer der deutschen Protestanten auf, in einer Rolle, die von Ehem bereits zielstrebig angesteuert wurde.

Heidelberger Katechismus und reformierte Kirchenordnung 1562/63

Die dogmatische Entscheidung machte es unmöglich, den Katechismus Luthers weiter zu verwenden. Die Rücksicht auf die Verhältnisse im Reich verbot es aber, das entsprechende Werk Calvins einzuführen. Trotzdem war es wichtig, die neue konfessionelle Haltung auch unter der Bevölkerung zu befestigen. So gab der Kurfürst 1562 einen entsprechenden Auftrag an seine Theologen Ursinus und Olevianus. 1563 konnte der Heidelberger Katechismus[12] erscheinen. Zum Teil war er aus zwei Entwürfen des Ursinus, je einem für die Erwachsenen und für die Jugend, entstanden. Olevianus' Anteil ist umstritten. Alsbald wurde eine lateinische Version in Auftrag gegeben. Das Bekenntnisbuch hat sich rasch in den calvinistisch beeinflußten Kirchen in Deutschland, teilweise auch in den Niederlanden und in Ostmitteleuropa durchgesetzt und kam bald in zahlreichen anderen Sprachen heraus. Das Büchlein handelt vom menschlichen Elend, von der göttlichen Erlösung und von der Dankbarkeit dafür. Die Antworten werden mit Schriftstellen belegt und nach den Sonntagen des Jahres aufgeteilt. In der Abendmahlslehre blieb der Katechismus bei der *Confessio Augustana Variata*. In die zweite Auflage, die ebenfalls 1563 noch herauskam, wurde die berühmte achtzigste Frage eingefügt, worin die katholische Messe als »Verleugnung des eigenen Opffers und Leidens Jesu Christi und eine vermaledeite Abgötterey« bezeichnet wird.

Gleichzeitig mit dem Katechismus entstand mehr als Werk des Olevianus und der Theologen des Kirchenrats eine neue Kirchenordnung.[13] Laut kurfürstlichem Edikt sollte sie, nachdem der Katechismus Mängel und Unordnung im christlichen Unterricht abgestellt hätte, für Richtigkeit und Gleichförmigkeit auch in den Zeremonien bei der Verwaltung der heiligen Sakramente und anderen kirchlichen Übungen sorgen. Das Abendmahl wurde hier als gewöhnliches Brot gereicht. Ein einfacher Tisch sollte den Altar ersetzen. In großen Abschnitten handelte die Ordnung von Lehre und Predigt, von den Sakramenten, vom christlichen Bann oder der Bußzucht, vom Almosen, von verschiedenen Gebeten sonntags und zu den Tageszeiten, von der Eheeinsegnung, von Krankenbesuch, Sterbebegleitung und Begräbnis. Vieles davon hatte seine Entsprechung bei Calvin.

Mit dem Heidelberger Katechismus war offenbar, daß die Pfalz nunmehr vom Philippismus endgültig zur Zürich-Genfer Form der Reformation übergegangen war. Unausbleibliche Folge war eine heftige Literaturpolemik, an der als Gegner Heshusen und die Württemberger Brenz und Andreae teilnahmen. Besondere Blüten trieb des Flaccius Illyricus' Widerlegung »gegen den höllischen teuflischen Sauerteig«.[14] Die größeren evangelischen Nachbarn Hessen, Pfalz-Zweibrücken, Baden und Württemberg nahmen eindeutig Stellung und wiesen wie auch der Kaiser darauf hin, daß die Pfalz damit des Schutzes des Augsburger Religionsfriedens verlustig ging. Persönlich schwer wurde für Friedrich der Dissens mit Württemberg und Herzog Christoph. Er war auch nicht durch ein Religionsgespräch 1564 in Maulbronn zu beheben.[15] Vom 10. bis zum 15. April rangen dort die beiderseitigen Theologen miteinander um die Ubiquität Christi dem Leibe nach und daraus folgernd um die Frage, ob die Begriffe (Leib und Blut) im Bericht der Abendmahlseinsetzung wörtlich oder figürlich zu verstehen seien. Natürlich konnte man sich nicht einigen, und als die Pfalz gar ein einseitiges Protokoll im Druck herausgab, war die Verstimmung vollendet.

Die pfälzische Übermacht gegenüber den katholischen Nachbarn

Zum Konflikt mit den evangelischen Ständen, der sich bereits bis auf die Reichsebene auswirkte, kam eine harte Konfrontation mit den katholischen Nachbarn, weil Friedrich in der Anwendung seines Reformationsrechts rigoros die pfälzische Überlegenheit ausnützte. Der Augsburger Religionsfrieden hatte zwar das Reformationsrecht den Reichsfürsten zugesprochen, aber nicht klar definiert, mit welchem der vielen Einzelrechte von Territorialherrschaft das im Streitfall verbunden war. So gab es große Reibungspunkte in zahlreichen Randgebieten der Kurpfalz, wo ungeteilte Kondominate bestanden oder sich gar hohe bzw. Zentobrigkeit und Ortsherrschaft überschnitten. Im Gegensatz zur Visitation von 1556 hat sich die Pfalz nun überall durchgesetzt, auch da, wo die Rechtslage eigentlich zu Gunsten der anderen Herrschaft sprach. Dies hat ihr die katholischen Nachbarn vollends entfremdet, nachdem das Hegemonialsystem über Worms, Speyer und das Deutschmeistertum bereits in der Reformation Ottheinrichs zusammengebrochen war.[16]

Als Beispiel sollen hier nur einzelne Fälle aufgeführt werden.[17] Das Dorf Baiertal östlich Wiesloch war Kondominat verschiedener ritterschaftlicher Familien und des Deutschen Ordens. Die Kurpfalz besaß dort lediglich die Zenthoheit über die kaum besiedelte Osthälfte der Gemarkung. Die Kirche, im Westen gelegen, war Filiale der bischöflich speyerischen Pfarrei Dielheim. Trotzdem untersagten die Pfälzer 1566 dem Pfarrer von Dielheim das »Messifizieren« in Baiertal. Als er sich nicht daran hielt, wurde er eingetürmt und nur gegen die eidliche Verpflichtung, nicht mehr nach Baiertal zu kommen, entlassen. – Im hinteren Odenwald gehörten die Dörfer Robern, Balsbach und Wagenschwend zur kurmainzischen Pfarrei Limbach. Auch die drei Dörfer standen unter mainzischer Zenthoheit. Alle übrigen Rechte waren zwischen Pfalz und den lutherischen Herren von Zwingenberg geteilt. Die Beamten Friedrichs III. verwiesen die Einwohner nun in die reformierte Pfarrei Fahrenbach und zwangen den katholischen Eltern reformierte Paten auf, um die Jugend für ihre Konfession zu gewinnen. Hier wurden also genau die entgegengesetzten Rechte wie in Baiertal für die Durchsetzung der reformierten Konfession benutzt. Auch in den großen Kondominaten Sponheim und Landeck setzte sich die Pfalz über die Rechte des Mitherrn hinweg, ebenso in Ladenburg.[18] Dort waren sämtliche Rechte der Pfalz und dem Hochstift Worms zu gleichen Anteilen gemeinsam. Die Pfarrkirche St. Gallus unterstand allerdings allein dem Patronat des Bischofs. Der konnte noch 1552 einen lutherisch gewordenen Pfarrer absetzen. Die Pfalz wies diesem 1555 die Spitalkirche samt Pfründe zu. Ein Kammergerichtsprozeß darum kam nicht zum Abschluß. Schon unter Ottheinrich wurde in St. Gallus die gemeinsame Benutzung der Kirche für Katholiken und Protestanten eingeführt. Auch dabei blieb es jetzt nicht. Am Heiligen Abend 1564 hatte der protestantische Pfarrer samt Schülern und Lehrern die lateinische Vesper des Bischofs durch eine Demonstration mit deutschen Liedern unmöglich gemacht. Dieser wehrte sich handgreiflich und schlug dem Prediger das Buch ins Gesicht. Die Pfälzer nahmen dies nur scheinbar hin, drangen am Karfreitag 1565 gewaltsam in die Kirche ein, zerstörten alle Bilder und Altäre und verwüsteten das Sakramentshäuschen. In Zukunft duldeten sie nur noch ihren Gottesdienst. Die Katholiken wurden selbst daran gehindert, den im Bischofshof bestehenden Gottesdienst zu besuchen. Trotz solcher Schikanen hielten sich in nahezu allen Kondominaten Anhänger des alten Glaubens.

Gegen die Lutheraner ist man in ähnlich gelagerten Fällen nicht so streng vorgegangen. Während die Adelsdörfer im unmittelbaren Bereich des Oberamts Heidelberg reformiert werden mußten, war das im Unteramt Dilsberg und anderswo nicht der Fall. Hier setzten die Pfälzer nur dort reformierte Pfarrer ein, wo ihnen auch das Kirchenpatronat zustand.[19] Meist wichen dann die Einwohner in der Mehrzahl in die benachbarte lutherische Kirche aus. In dieser Regelung lag sicher auch die Rücksicht auf die am Hof und in der Regierung immer noch einflußreiche Kraichgauer Ritterschaft.

Die Aufhebung der Klöster, Sinsheim und Neuhausen als Streitfälle

Die Aufhebung der Klöster innerhalb des Landes, wie Otterberg, Frankenthal, Eußerthal, der Stifte in Neustadt und Mosbach und vieler anderer geistlicher Institutionen in den Jahren 1564–1568 war kein Problem.[20] In den Mannsklöstern scheint sich niemand widersetzt zu haben. Die letzten drei Mönche in Otterberg einigten sich mit dem Kurfürsten auf eine Pension, die sie im Otterberger Hof in Worms verzehren durften. Wer heiraten wollte, wurde ausgesteuert. In den siebziger Jahren folgten die restlichen Klöster jetzt auch im Kondominat Sponheim und in Pfalz-Simmern. Widerstand gab es eher bei den Frauenklöstern in Hochheim und Liebenau bei Worms.[21] 1561 lehnte die Äbtissin in Liebenau es ab, einen Prädikanten anzunehmen. Sie berief sich auf das Beispiel der Juden, denen man ja auch ihren Glauben lasse. Zunächst sperrten die Pfälzer

Beamten dem aus Worms zur Feier des Gottesdienstes ins Kloster kommenden Mönch den Zugang. Die Ordensfrauen waren aber bereit, ohne Sakrament zu leben und zu sterben. Der Kurfürst setzte ihnen jetzt mit Gewalt einen Prediger. Als die Nonnen erklärten, sie könnten ihn nicht annehmen und sich nicht »nach sovielerlei Glauben richten«, griff Friedrich III. persönlich ein. Er drang in die Klausur und bis ins Zimmer der Äbtissin vor und zerstörte dort eigenhändig ein Kruzifix. Die Schwestern wurden vertrieben und fanden im österreichischen Freiburg Aufnahme. Das Kloster- und Kirchenvermögen wurde von Friedrich, wenigstens in der Theorie, ausschließlich geistlichen Zwecken gewidmet. Nach einem länger andauernden Provisorium kam eine Ordnung darüber erst 1576 zustande (s. u. S. 94).

Unmittelbare politische Konflikte brachte die Klosterreformation da, wo die rechtlichen Voraussetzungen fehlten oder nicht zureichten. Besondere Streitpunkte stellten die Stifte Sinsheim und Neuhausen dar. Sinsheim[22] gehörte zwar unbezweifelt als Stadt zur Kurpfalz, aber der Bischof von Speyer behauptete einen besonderen Schutz über das Stift als Nachfolger des Klosters und klagte vor dem Kaiser gegen die Aufhebung. Wesentlich dramatischere Szenen als beim Bildersturm in Sinsheim spielten sich in Neuhausen bei Worms ab. Das Stift lag in einer eigenen Gemarkung unmittelbar an die Reichsstadt angrenzend und unterstand dem Bischof auch als weltlicher Obrigkeit. Die Pfalz aber stützte sich auf ein Schirmrecht, das sie über das gesamte Wormser Hochstift besessen hatte. Friedrich III. begab sich drei Wochen nach der Beschlagnahme von Sinsheim mit siebzig Reitern und einigen Handwerkern nach Neuhausen. Die Stiftsherren verweigerten die Annahme der Reformation. Der Scholaster zeigte sich den Pfälzer Theologen in einer Disputation gewachsen. Das half nichts, die Kirche wurde gewaltsam aufgebrochen, das Sakramentshäuschen durch Olevian aufgerissen, die Hostien von Hand zu Hand weitergegeben. Friedrich selbst zerbröselte einige Hostien und warf sie zu Boden. Olevian kommentierte das mit seinem Spott, »es sei nur ein Brotgott, ja ein bezauberter nichtiger Gott, der wann man ihn verreib sich nit wehren kunndt«. Die zerbrochenen und zerhackten Bilder verheizte man draußen am Feuer zum besonderen Vergnügen Olevians, Zulegers und des Alzeyer Landschreibers. Die Stiftsherren wurden mit fünfwöchiger Einschließung in Heidelberg mürbe gemacht. Ein Teil verzichtete gegen Pension auf den bisherigen Status und nahm wenigstens äußerlich protestantische Predigt an, die anderen verließen das Land. Der Bischof von Worms wahrte seinen Rechtsanspruch durch Protest beim Kaiser und Klage vor dem Reichskammergericht, doch war bis zum Dreißigjährigen Krieg gegen die Übermacht der Pfalz nichts auszurichten.

Friedrich III. auf dem Augsburger Reichstag 1566

Das alles hat Friedrich isoliert und in eine bedrohliche Lage gebracht. Der Kaiser ließ bereits im Januar 1566 das Problem des Pfälzer Calvinismus auf die Tagesordnung des Augsburger Reichstags setzen. Die Pfälzer versuchten es ihrerseits mit einer Initiative. Sie wollten eine Resolution aller Protestanten für die Freistellung der Reformation in den geistlichen Fürstentümern zustande bringen, holten sich dabei aber zunächst eine Abfuhr. Erst sollte Friedrich, der so kühn war, persönlich zu erscheinen, seine Abendmahlslehre widerrufen und Ausfälle der Pfälzer Prediger gegen die Lutheraner wegen ihres »brödernen Abgotts« abstellen.[23] Schließlich aber gaben die evangelischen Fürsten doch einer entsprechenden Resolution die Zustimmung, obwohl Friedrich natürlich nicht widerrufen hatte. Der Kaiser brachte gegen Friedrich ein Dekret vor, das von ihm vollkommene Wiederherstellung aller zu Unrecht durchgeführten Reformationen, besonders von Sinsheim und Neuhausen, dazu Schadensersatz gegenüber Worms und gegenüber Baden wegen der Übergriffe in Sponheim verlangte und auf der Abschaffung des Calvinismus, speziell des Heidelberger Katechismus und der Prädikanten, bestand.

Friedrich berief sich in seiner Antwort grundsätzlich auf seine Gewissensentscheidung, legte Protest dagegen ein, daß er lange kaiserliche Klageschriften in zu knapper Frist beantworten müsse und betonte, daß er nach dem Religionsfrieden gehandelt habe, zumal Sinsheim und Neuhausen unzweifelhaft auf seinem Territorium lägen. Seine Glaubenshaltung stellte er allein unter Gottes Gericht, sagte aber: »Und weil ich Calvini Bücher nie gelesen, wie ich Gott und meinem christlichen Gewissen bezeugen mag, so kann ich um so viel weniger wissen, was mit dem Calvinismo gemeinet.«[24] Er habe sich immer zur augsburgischen Konfession bekannt – er meinte natürlich die Variata –, sein Katechismus sei lediglich mit der Schrift armiert, so daß er »on Umstoß« bleibe. Er stellte sich nur einer Widerlegung aus der Schrift und befahl sich der kaiserlichen Gnade. Diese Haltung war mindestens, was die Kenntnis des Calvinismus betraf, doppelzüngig. Sie machte jedoch bei den evangelischen Ständen Eindruck, vor allem bei den philippistischen Räten Kursachsens, und da ihr Kurfürst die Reichspolitik grundsätzlich unter der Gegnerschaft zu den Ernestinern sah, lenkte er ein. Man berief sich in einem Konvent der evangelischen Reichsstände schließlich auf die gemeinsame augsburgische Konfession und sah nur geringe Verschiedenheit in der Abendmahlslehre. Das kaiserliche Dekret wurde nur als Verwarnung akzeptiert, und Friedrich war damit gerettet. Dazu hatte allerdings ebenso die Haltung der katholischen Kurerzbischöfe beigetragen, die aus antihabsburgischer Gesinnung sich einem Vorgehen mit dem Kaiser verschlossen. Die Pfälzer haben das schon vor Beginn des Reichstags richtig kalkuliert und Friedrichs Heldenrolle geschickt inszeniert. Dieser ließ anschließend in Heidelberg einen Dankgottesdienst feiern und reichte dabei Olevian demonstrativ die Hand.

Der Kampf um die Kirchenzucht, die Antitrinitarier (1569–1572)

Auch durch diese Ereignisse war in Heidelberg die calvinistische Richtung immer stärker zum Durchbruch gelangt. Selbst die Kurfürstin Maria war inzwischen überzeugt. Der Kurfürst stand ganz unter dem Einfluß Ehems, der selbst wieder von Zuleger und Olevian gesteuert wurde. So sah das wenigstens Ursinus.[25] Zwinglianer oder gar Philippisten unter seinen Räten konnten nichts mehr ausrichten. Am vollen Durchbruch des Calvinismus fehlte immer noch die Kirchenzucht, das heißt die Strafgewalt der kirchlichen Gemeinden gegen alle Formen von unchristlichem Lebenswandel durch Kirchenbann und Polizeistrafen. Obwohl die Kirchenordnung von 1564 schon Ansätze dazu zeigte, scheute man lange vor endgültigen Maßnahmen und einer entsprechenden Empfehlung an die Kirchenältesten (Presbyter) zurück. Philippisten und Zwinglianer waren sich ohnehin einig, daß man diese Kompetenzen der weltlichen Obrigkeit lassen müsse. Erast hatte dafür Schützenhilfe aus Zürich erhalten, und Sigmund Melanchthon, Philosophieprofessor und Neffe des Reformators, konnte sich noch weigern, Kirchenältester zu werden und solche Pflichten anzunehmen.[26] Vermutlich deckte sich diese Haltung mit jener der Mehrzahl der einheimischen Pfarrer und der bürgerlichen Familien.

Olevian und Zuleger allerdings fanden einen Ansatzpunkt, die Gegner zu entmachten, in theologischen Ideen, die vielleicht im Umkreis, sogar mit Wissen von Thomas Erast, Platz ergriffen hatten. Der gebildete Mediziner hatte in seinem Freundeskreis recht freidenkende Theologen vereinigt, die unter dem geistigen Einfluß der in Genf verfolgten Italiener standen. Man hatte bemerkt, daß die Lehre von der Trinität erst durch die Kirchenväter ausgebildet und in der Schrift jedenfalls nicht ohne weiteres greifbar war. Der aus Tirol stammende Johannes Sylvan(us), zuerst in Kaiserslautern, dann in Ladenburg Inspektor, und der Prediger an Heiliggeist Adam Neuser waren besonders weit gegangen. Insgeheim hatte Sylvan eine Bekenntnisschrift verfaßt vom uralten Glauben an den einzigen Gott und an den Messias Jesus und »wider den Drei-Persönlichen Abgott und den zweygenaturten Götzen des Wider-Christs«.[27] Überdies hatten beide Kontakte zu den siebenbürgischen Antitrinitariern geknüpft. In einem Brief an Blandrata, der 1570 bei der siebenbürgischen Gesandtschaft in Speyer weilte, drückte Sylvan seine Hoffnung aus, bald nach Siebenbürgen übersiedeln zu können und aus der Abgötterei erlöst zu werden. Olevian spielte diesen Brief dem Kaiser in die Hände, und Friedrich mußte nun handeln, um nicht in den Verdacht zu geraten, aus seiner konfessionellen Haltung erwachse schlimmste Häresie. Er ließ Neuser und Sylvan gefangennehmen und machte ihnen den Prozeß. Zu allem Unglück für Sylvan gelang Neuser die Flucht nach Konstantinopel, wo er zum Islam konvertierte. Er beschloß sein Leben als reisiger Knecht (Spahi) des Sultans, wie berichtet wurde, ganz dem Alkohol verfallen.[28] Sylvan wurde durch seine jetzt entdeckte Schrift überführt. Ihm half weder der Widerruf noch das Angebot auszuwandern. Olevian und der Theologe Zanchi, die aus Genf unmittelbar von Beza ihre Argumente holten, bewiesen dem Kurfürsten seine Pflicht, Gottes Gericht standhaft auszuführen und das Erbarmen allein Gott zu überlassen. Heidelberger wie Züricher Theologen gaben zwar Gutachten für die Begnadigung ab, aber Wittenberg stimmte in diesem Punkt mit Genf überein. So wurde Sylvan am Tag vor Heiligabend 1572 auf dem Heidelberger Marktplatz öffentlich geköpft. Der lange zögernde Kurfürst hatte das Urteil im Vertrauen auf den Heiligen Geist unterschrieben. Sylvan starb zur Genugtuung seiner Gegner mit dem Bekenntnis zum Calvinismus.

Das Vorgehen gegen die Antitrinitarier hatte in seinem Anfangsstadium 1569 bei Olevian und beim Kirchenrat den Sinn, jeden Widerstand gegen die calvinistische Kirchendisziplin auszuschalten. Prinz Johann Casimir mußte sich von seinem Hofprediger trennen, Erast hatte jeden Einfluß auf den Kurfürsten verloren. Seine Freunde gingen auf Distanz. Damit war auch der Widerstand im Oberrat zusammengebrochen. Erast wurde gar der Prozeß wegen seiner Ketzerei und wegen kritischer Äußerungen über die Verhältnisse am Hof und die Pfälzer Politik gemacht. Doch konnte er sich geschickt verteidigen. Gegen andere Zwinglianer wie den Diakon Vehe war der Kirchenrat gar mit einer Urkundenfälschung vorgegangen, indem er das Siegel des Oberrats mißbrauchte.[29] Die Sache kam heraus, und der Oberrat wie der Kanzler ermunterten Vehe zur Klage. Der Kirchenrat konnte ihn jedoch wegen seiner Verbindungen zu Sylvan verhaften und gegen den Schwur von Urfehde außer Landes verweisen.

Schon am 13. Juli 1570 wurde die Kirchenzuchtordnung[30] erlassen. Sie lag in Händen von sogenannten Verordneten, d. h. Presbytern, in der Gemeinde und der Classikalkonvente in den Inspektionen. Allerdings war ihre Macht noch dadurch gebunden, daß bei Exkommunikationen die weltliche Obrigkeit mitzuwirken hatte. Hinter diesem Zugeständnis an die Zwinglianer steht sicher auch das Bedürfnis des Territorialstaates, der sich keineswegs in eine ganz von der geistlichen Seite dominierte Verfassung nach Genfer Vorbild bringen lassen konnte. Staatliche Einheit und der Dokumentation der Rechtgläubigkeit nach außen diente auch die nach einem Religionsgespräch in Frankenthal einsetzende verschärfte Verfolgung der Täufer.

Der Einsatz für die Glaubensgenossen in Frankreich und den Niederlanden

Es war nur konsequent, wenn bei dieser Hinneigung zum Calvinismus Friedrich III. die bereits von Ottheinrich begonnene Unterstützung der in Frankreich und in den Niederlanden verfolgten Protestanten fortsetzte. Jetzt ging es allerdings nicht mehr nur um die Aufnahme von Flüchtlingen und diplomatischen Protest, sondern auch um direktes militärisches Eingreifen. Auch dafür war der Einfluß des Petrus Dathenus mitbestimmend. Bereits 1567 sandte der Kurfürst Zuleger nach Paris zu Bündnisverhandlungen gegen Spanien als den Bedrücker der Niederlande, aus denen freilich nichts wurde. Da im nächsten Jahr die Verfolgung der Hugenotten wieder einsetzte, schickte der Kurfürst seinen Sohn Johann Casimir mit 11 000 Mann nach Frankreich.[31] Die von den Hugenotten in Aussicht gestellten Soldzahlungen blieben zwar aus, doch konnten die Pfälzer einen freilich von der Gegenseite nur taktisch gemeinten Friedensschluß erreichen. 1570 unternahm der Lutheraner Wolfgang von Zweibrücken ebenfalls mit kurpfälzischer Unterstützung einen erneuten Zug und konnte sogar 16 000 Mann ins Feld führen. Nach seinem Soldatentod kam in Saint Germain wieder einmal ein Friede zwischen den Konfessionsparteien zustande. Wie die Bartholomäusnacht zwei Jahre später zeigte, allerdings ebenfalls nur ein Täuschungsmanöver. Als bald danach Heinrich von Anjou, der Bruder des französischen Königs, den Heidelberger Hof besuchte, erhielt er einen eisigen Empfang und mußte sich deutliche Vorwürfe anhören. 1576 wurde wiederum ein Frankreichfeldzug unter Johann Casimir ausgerüstet.[32]

Mit dem niederländischen Freiheitskampf war Friedrich bereits durch Familienbande verbunden, schon bevor er 1568 in zweiter Ehe Amalie von Brederode, die Witwe eines gegen die Spanier gefallenen Freiheitskämpfers und geborene Gräfin von Neuenahr, heiratete. Bereits 1568 ließ er auf dem Rhein bei Mannheim einen Geldtransport anhalten, der für Soldzahlungen an die Truppen Herzog Albas bestimmt war.[33] 1573 sprengte der Sohn Johann Casimir zusammen mit seinem Bruder Christoph einen Pulvertransport für die Spanier. Schließlich sandte er seinen jüngsten Sohn Christoph mit einem Aufgebot nach den Niederlanden. Beim Versuch, längs der Maas nach Holland durchzubrechen, ist er alsbald in der Schlacht auf der Mooker Heide (1574) neben Ludwig und Heinrich von Nassau gefallen, seine gesamte Begleitung wurde aufgerieben. Der Vater hat diesen Verlust mit großer Festigkeit des Glaubens getragen.

Restpositionen des Luthertums, Adelsdörfer und Oberpfalz

Wie auch in der Territorialpolitik die konfessionelle Haltung der Pfalz durchschlug, wurde bereits oben anläßlich der Reformationsbestrebungen in den Kondominaten gezeigt. Selbstredend ging es hier auch um Machtpositionen und nicht nur um die Gewissenspflicht der fürstlichen Sorge für die richtige Konfession. Gerade im Verhältnis zu den Kraichgauer Rittern zeigte sich dabei eine politisch motivierte Verständigungsbereitschaft. Aus ihr heraus ist auch der Zentvertrag zu verstehen, der 1560[34] mit den adligen Ortsherren – sie waren meist identisch mit den Kraichgauer Rittern – zustande kam. Er galt für die Stüber und Meckesheimer Zent und schrieb in diesem Bereich, dem sich langsam ausbildenden Unteramt Dilsberg, zwar die pfälzische Landeshoheit fest, beließ dem Adel aber die Ortsherrschaft und erwähnte das Reformationsrecht mit keiner Silbe. Daher konnte sich in diesem Bereich das Luthertum halten. Auch im Kaufvertrag über die Herrschaft Boxberg, die Albrecht von Rosenberg 1561 der Pfalz abtrat,[35] war von der Konfession nicht die Rede. Hier bedeutete das jedoch, daß die betroffenen Gemeinden dem pfälzischen Reformationsrecht unterworfen wurden.

Domäne des Luthertums blieb die Oberpfalz.[36] Friedrich III. mußte hier mit Rücksicht auf die Stände moderater vorgehen und sogar bereits angelaufene Aktionen wie einen Bildersturm abbrechen. Er setzte allerdings die Berufung reformierter Räte in die Regierung durch und drang der Stadt Amberg, die auf ihren Patronatsrechten bestand, einen reformierten Pfarrer auf. An der Stelle des aufgehobenen Franziskanerklosters in Amberg gründete er 1566 das Pädagogium mit Mitteln der aufgehobenen Oberpfälzer Klöster, deren Verpflichtungen zum Schulunterricht jetzt hier konzentriert wurde. Das Pädagogium sollte Pflanzschule des Calvinismus werden. Seine Schüler wurden auf das theologische Studium in Heidelberg vorbereitet. Dafür, daß diese Ansätze nur sehr wenig Frucht brachten, sorgte schon Kurprinz Ludwig als Statthalter. Er machte die Wendung seines Vaters zum Calvinismus nicht mit und konnte sich dabei auf die Landstände stützen. Gestärkt wurde diese Haltung auch durch die Nähe der lutherischen Reichsstädte Regensburg und Nürnberg sowie der lutherischen Territorien Brandenburg-Kulmbach und Sachsen. Völlig dem Einfluß Friedrichs III. entzogen war das Wittum der Kurfürstin Dorothea um Neumarkt und das Stiftsland von Waldsassen unter dem Administrator Pfalzgraf Reichart, Friedrichs Bruder. Auch der Adel vergab seine Patronate geschlossen an lutherische Geistliche.

Friedrichs III. Testament, Landesteilung im Interesse des Calvinismus 1576

Daher mußte sich Friedrich III. darüber sorgen, was aus dem Heidelberger Calvinismus würde, wenn nach ihm Ludwig dort zur Regierung gelangte. Zwar hatte nun Ehem die Stellung des Kanzlers erhalten, nachdem der alte Christoph Prob 1574 abgelöst worden war, und war als Großhofmeister Graf Ludwig von Wittgenstein, ebenfalls ein erklärter Calvinist, Vorsitzender des Oberrats geworden. Das war der Anfang einer Entwicklung, die immer mehr Wetterauer Grafen, also Verwandte und Gesinnungsfreunde der Oranier, in Heidelberger Führungspositionen bringen sollte und die Reichsritter zunehmend in den Hintergrund drängte. Friedrich suchte durch ein Testament[37] sein Werk trotz Nachfolge eines Lutheraners auf Dauer zu sichern. In Gebetsform und mit zahlreichen Schriftstellen mahnte er zunächst, jeden Streit unter den Kirchendienern zu unterlassen und einig zum Kampf gegen das Papsttum zusammenzustehen. Er empfahl sogar die Wahl eines evangelischen Kaisers und verlangte die Freistellung der Religion für die geistlichen Fürstentümer. Erstmals wieder seit fast sechzig Jahren stand die Frage einer Landesteilung an. Daß er überhaupt noch zu einer solchen kam, dürfte auch damit begründet gewesen sein, unter Johann Casimir wenigstens ein Stück des Landes einem eindeutig zum reformierten Bekenntnis stehenden Herrscher zu bewahren. Friedrich schied für seinen jüngeren Sohn Johann Casimir Sondergebiete aus, sah also nicht eine gleichmäßige Teilung alles dessen vor, was nicht Kurpräzipuum war, wie das noch 1508 gehandhabt wurde. Ursprünglich sollte aus den Ämtern Mosbach und Boxberg sowie aus den Ämtern vor dem Wald in der Oberpfalz (Neunburg, Schwarzenberg, Rötz, Waldmünchen und Treswitz) ein eigenes Fürstentum gebildet werden, Johann Casimir außerdem die Statthalterschaft in Amberg übernehmen. Aber gerade unter konfessionellen Gesichtspunkten war diese Zuteilung überwiegend lutherischer Gegenden ungünstig. So stellte der Kurfürst nachträglich in einem wohl durch seine Umgebung beeinflußten Kodizill[38] statt Mosbach und Boxberg die Ämter Kaiserslautern, Neustadt und Böckelheim zur Wahl. Das war fraglos mehr und das rei-

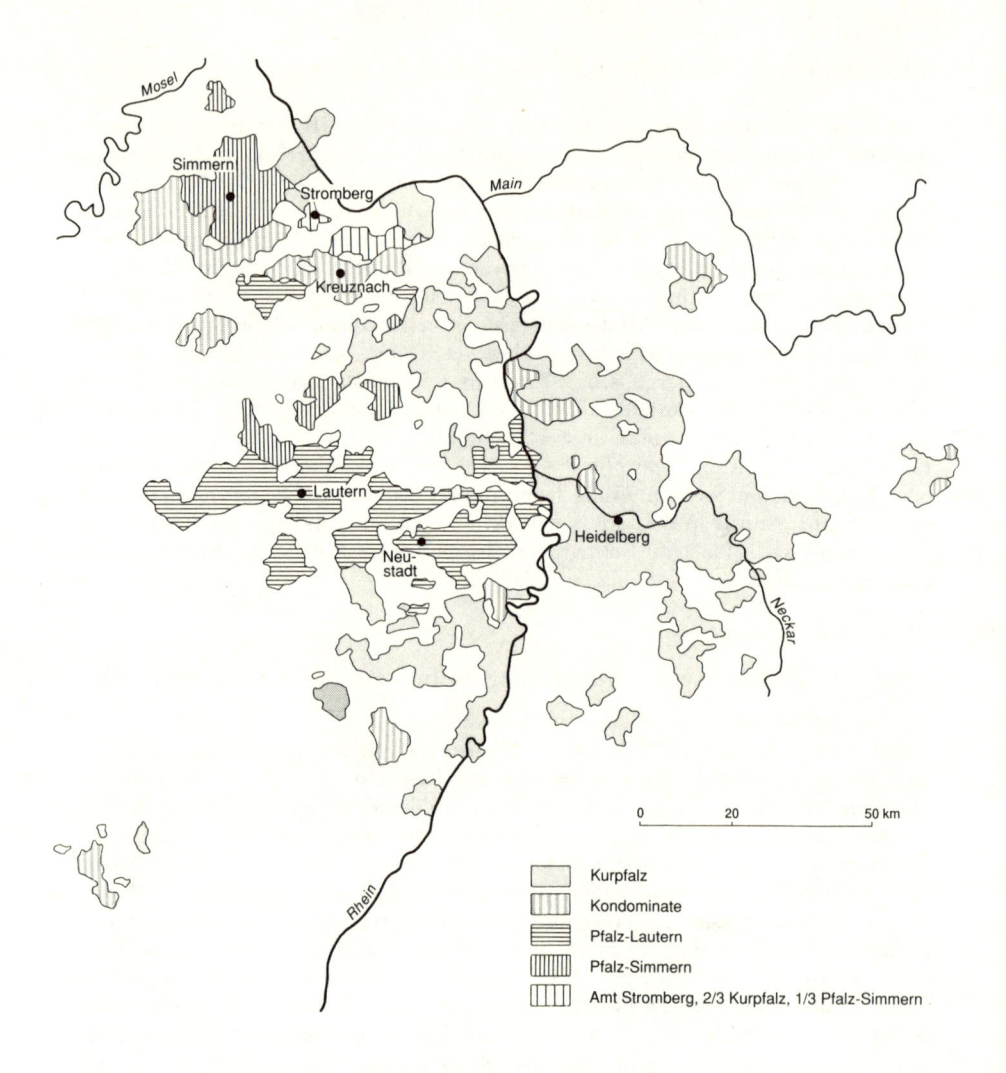

Karte 38: Das Territorium im 16. Jahrhundert

chere Gebiet, außerdem lag hier die calvinistische Hochburg Frankenthal. Die weiteren Bestimmungen des Testaments über die Teilung zeigen das Bestreben des Erblassers, die Einheit der Pfalz stärker als bei bisherigen Nachfolgeregelungen zu wahren. In den Erblanden sollte beiden Brüdern zusammen gehuldigt werden, Ehegericht und Appellationsgericht blieben gemeinsam. Die Passivlehen einschließlich derer des Reiches empfing nur der ältere Bruder, der die Anteile des Jüngeren als Afterlehen weitergab. Auch die Aktivlehen hatte der ältere Bruder zu vergeben. Ihm waren auch die ganzen Reichsanlagen zur Zahlung angewiesen, er konnte in einem inneren Finanzausgleich ein Achtel davon an Johann Casimirs Lande weiterwälzen. In der Oberpfalz bestand der gemeinsame Landtag fort. Beide Brüder waren zu gegenseitiger Hilfe verpflichtet und hatten bei Verkäufen und Verpfändungen ein Vorkaufsrecht auf den

Besitz des jeweils anderen. Streitigkeiten zwischen beiden sollte der Oberrat in Heidelberg schlichten. Besonderer Schutz wurde den Religionsflüchtlingen zugesagt und der Gebrauch des Niederländischen bzw. Französischen in ihren Gottesdiensten garantiert.

Der Kurfürst starb am 26. Oktober 1576 nach kurzer Krankheit in den Armen seiner zweiten Gattin und Johann Casimirs. Der Hofprediger Tossanus leistete geistlichen Beistand. Noch auf dem Sterbelager äußerte Friedrich seine Freude darüber, daß er sein Heil nicht in der Hostie zu suchen habe und daß er allein auf Christus den Herrn gewiesen werde.[39]

Kapitel 13

Gefährdung und Behauptung des Calvinismus, aktivistische Außenpolitik 1576–1618

Die kurze Regierungszeit des Kurfürsten Ludwig VI. ist davon beherrscht, daß dieser sich in seinem Gewissen gezwungen sah, die konfessionellen Bestimmungen des väterlichen Testaments nicht einzuhalten und daß er als überzeugter Lutheraner sich schließlich dem Einigungsversuch des lutherisch geprägten Protestantismus in der Konkordienformel anschloß und damit in Distanz zu einer Reihe von Nachbarn geriet. Ein längerer Erbstreit zwischen beiden Brüdern endete mit der Bildung eines eigenen Teilfürstentums Pfalz-Lautern. Ludwig war um eine zurückhaltendere und doch protestantische Politik bemüht und zur Vorsicht war er schon dadurch gezwungen, daß er die schlechte Finanzlage der Pfalz ernstnahm. Auf seine kurze Regierungszeit folgte die Vormundschaft durch Johann Casimir, der in Konfessions- wie Außenpolitik wieder die alten Tendenzen aufnahm und im Sinne einer gesteigert aktivistischen Vertretung des Calvinismus fortführte. Das blieb im Grunde auch unter seinem weniger bedeutenden Nachfolger Friedrich IV. so. Unsicherheitsfaktoren waren immer wieder drohende lutherische Vormundschaften, die unter Verstoß gegen das Reichsrecht abgewehrt werden konnten. Unter der tatsächlichen Führung calvinistischer reichsunmittelbarer Hochadliger strebte die Pfalz die Vormacht unter den deutschen Protestanten an und wurde innerhalb des Reiches wichtigster Verbündeter der Niederlande.

Die Brüder Ludwig VI. (1576–1583) und Johann Casimir (1577–1592)

Im Alter von 37 Jahren trat Ludwig die Kurwürde an. Seine wesentlichen Bildungseindrücke hatte er am Hof des Markgrafen Philibert von Baden erhalten und war ebenso wie seine Gemahlin Elisabeth von Hessen, die Tochter des Landgrafen Philipp des Großmütigen, überzeugter Lutheraner. Schon sein Studium an der Universität Dôle hatte ihn nicht vom Calvinismus überzeugen können, die Statthalterschaft in der Oberpfalz hatte seinen Widerwillen gegen die reformierte Geistlichkeit und deren Zwangsmaßnahmen vermehrt. Ludwig war, wie sein Vater, von starker Religiosität, persönlich bescheiden und besaß wohl eine bessere theologische Bildung als Friedrich III. Zurückhaltung entsprach sowohl seinen Überzeugungen von der Loyalität eines Reichsfürsten als auch seinem eigenen Naturell. Ausgesprochen war sein Sinn für Ordnung und Sparsamkeit. Wenn er während seiner kurzen Regierungsjahre nicht immer energisch genug erscheint, so liegt das auch an früher Kränklichkeit. Zeitlebens schleppte er sich mit einem Brustleiden herum. Resignierend klingt seine Devise: »All Ding zergenglich.«[1]

Der Bruder Johann Casimir scheint weniger von der introvertierten Art seines Vaters geerbt zu haben, dagegen einiges vom Draufgängertum der Kulmbacher Verwandtschaft. Obwohl er konfessionell mit dem Vater übereinstimmte, war es mit seinem religiösen Tiefgang nicht weit her: »Nun bin ich... mein Leben lang ein arm Reiterknabe gewesen und hab von Jugend auf gern Wein getrunken«,[2] so charakterisiert er sich selbst. Nicht gerade von mangelnder Selbsteinschätzung zeugt sein Wahlspruch: »Thue Recht, schewe niemand.«[3] Seine Vorliebe fürs Waffenhandwerk entbehrte aller strategischen Begabung, und seine überaus engagierte calvinistische Außenpolitik war geradezu unabhängig von einem Sinn für Realitäten. Seinem letzten Zug nach Frankreich 1576 drohte wieder ein Ende ohne Soldzahlung und ohne den erhofften Zuwachs an Herrschaftsrechten in Burgund, als er zum Sterbebett des Vaters nach Heidelberg gerufen wurde.

Wiederherstellung des Luthertums in den Kurlanden (1576/77)

Ludwig vermied es, den sterbenden Vater nochmals zu sehen, um nicht unter Gewissenszwang zu kommen. Friedrich III. machte sich darüber keine Illusionen, äußerte aber die Hoffnung, daß Ludwigs Sohn Friedrich dann wieder in seinem Sinne regieren werde.[4] Kurfürst August von Sachsen gratulierte Ludwig unter dem Aspekt eines missionarischen Eintretens für das Luthertum zum Regierungsantritt. Dagegen riet der Schwager Wilhelm von Hessen von allen harten Maßnahmen ab. Vor der Beerdigung des Vaters erklärte der in Heidelberg eingetroffene Ludwig, sein Vater »wäre kein Zwingler gewest und müste auch kein Zwingler seiner Gnaden Leichpredigt tun«.[5] Der Wunsch Johann Casimirs und des Hofes, die Trauerfeier dem Hofprediger Tossanus zu übertragen, wurde abgelehnt, obwohl dieser dem Vater in den letzten Stunden beigestanden hatte. Ludwig ließ seinen eigenen aus der Oberpfalz mitgebrachten Hausprediger Johann Schechsius die Beerdigung halten. Erst tags darauf durfte Tossanus predigen, und Ludwig hörte sich das nicht einmal an. Zunächst geschahen keine großen Veränderungen, nur Olevian wurde sogleich entlassen; er hatte sich durch sein rigoroses Vorgehen in der Oberpfalz besonders mißliebig gemacht. Da er auch bei Johann Casimir, der wohl seine Kirchenzucht nicht mochte, keine Aufnahme fand, wandte er sich für den Rest seines Lebens ins nassauische Herborn.

Auf den 24. November war die Testamentseröffnung angesetzt. Johann Casimir, offensichtlich über die Tendenzen Ludwigs gut informiert, hatte dafür ein »Memorial« vorbereitet oder machen lassen, in dem er vorn vornherein zurückwies, daß der verstorbene Kurfürst nachträglich für die lutherische Konfession beansprucht oder verketzert werde. Natürlich war Ludwig über das Kodizill wenig glücklich, er schrieb nicht nur dieses, sondern auch die religiöse Entwicklung seines Vaters dem Einfluß Ehems zu. Während die Erbauseinandersetzung noch andauerte, ging Ludwig bereits schärfer gegen die Reformierten vor. Der Oberrat sah sich außerstande zu vermitteln, neigten doch seine Mitglieder konfessionell mehr zu Johann Casimir, waren aber mit Rücksicht auf ihre Stellung auf ein Auskommen mit Ludwig angewiesen. Erst im Frühjahr 1577 kam Ludwig wieder von Amberg und nun für die Dauer nach Heidelberg. Nachdem er zunächst den Reformierten nur noch das Barfüßerkloster gelassen hatte, entzog er ihnen schließlich auch die letzte Kirche. Der Kirchenrat wurde entlassen, im Oberrat mußten die Exponenten des reformierten Bekenntnisses, vor allem die Anhänger der Kirchenzucht, gehen. Ehem wurde in Haft genommen, aber schließlich Johann Casimir überlassen. Trotz dieses Revirements blieb der Oberrat in Händen einer sich allerdings klug zurückhaltenden reformierten Mehrheit. Erklärte Lutheraner waren nur der Kreuznacher Faut Nikolaus Schenk von Schmidburg und später der Großhofmeister Schenk Friedrich von Limpurg. Die Neuordnung des Kirchenwesens war schon im Herbst 1576 dem Stuttgarter Propst Balthasar Bidembach anvertraut worden. Der ließ in Heiliggeist den Tisch wieder durch einen Altar ersetzen und führte den Gebrauch der Oblate beim Abendmahl wieder ein. Der neu besetzte Kirchenrat erhielt wieder einen Generalsuperintendenten. An der Universität mußten lediglich Bouquin, Zanchi und Tremelius gehen. Die Kirchenordnung wurde unter deutlichem Hinweis auf Ottheinrich erneuert.[6] Ihr konnten sich sehr viele Pfarrer und Lehrer nicht anschließen. Im Jahr 1577 sollen deshalb über fünfhundert Familien, dazu die siebzig Alumnen der Sapienz, ins Exil gegangen sein. Ebenfalls verließen die Schüler des von Friedrich III. im Heidelberger Barfüßerkloster wiedergegründeten Pädagogiums und der Ritterakademien in Neuhausen und Selz das Land, über vierhundert an der Zahl.[7] Die Pfalz wechselte damit zum zweiten Mal in einer Generation den Nachwuchs ihrer Führungsschicht. An ihre Stelle traten jetzt wieder verstärkt die Reichsritter und eine jüngere Generation des reichsstädtischen Patriziats, die kompromißlose Lutheraner geworden waren.

Die Konkordienformel 1578

Des Kurfürsten engagiertestes Bemühen galt der Einigung der nichtreformierten deutschen Protestanten. Seine Berater überwanden allmählich die Bedenken ihres Herrn, bei dem doch noch letzte oberdeutsche Einflüsse hemmend gewirkt hatten. Die vom Württemberger Andreae gefundene Konkordienformel war schließlich von gemäßigten und strengen Lutheranern in Mittel- und Niederdeutschland angenommen worden. Sie suchte die tatsächliche Anwesenheit Christi im Abendmahl durch die Lehre von der Allgegenwart, der sogenannten Ubiquität, auch seiner menschlichen Natur zu erklären. Nur Hessen und einige Reichsstädte blieben fern. Ludwig war zwar durch die Verdammung der Reformierten abgestoßen, unterschrieb aber doch 1578. Er mußte dann die Enttäuschung erleben, daß sein lutherischer Onkel, Pfalzgraf Reichart, dies verweigerte und daß der Vetter Johann von Zweibrücken seine Unterschrift nicht nur wieder zurückzog, sondern sogar ins Lager der Reformierten einschwenkte.[8] So wurde die Konkordienformel unter den engsten Verwandten nur von Johanns Bruder Wolfgang Wilhelm von Pfalz-Neuburg, und auch dort erst nach einigem Zögern, angenommen. Die Annahme der Konkordie hatte einen regelrechten Auszug aus der Universität zur Folge. Auch Lehrer, die keineswegs calvinistisch gesinnt waren, wanderten ab, selbstverständlich auch Thomas Erast. Der seit Friedrich II. zu verzeichnende Aufstieg zu schließlich internationalem Ansehen brach damit ab. Die Hochschule sank schnell auf provinzielles Mittelmaß hinunter.

Die weltlichen Beamten blieben. Sie wurden auch nicht, wie in Württemberg, zur Unterschrift unter die Konkordienformel gezwungen. Ludwig hat ihnen die private Religionsausübung freigestellt, d. h. sie konnten innerhalb ihrer eigenen Häuser bei den reformierten Gewohnheiten bleiben. Dies wurde 1580 auch auf alle Untertanen ausgedehnt. Verpflichtend blieb allerdings der Besuch der lutherischen Predigt und der Zwang, die Kinder zum Religionsunterricht zu schicken. Es sollte also erst die nächste Generation ganz fürs Luthertum gewonnen werden. Eine Visitation in Heidelberg, die 1582 der neue Kanzler Micyllus durchführte,[9] beleuchtet die Situation: Das Kirchenwesen war im allgemeinen in Ordnung, der Kirchenbesuch ließ aber zu wünschen übrig. Die Eltern suchten sich für ihre Kinder immer noch reformierte Paten. Diejenigen, die es sich leisten konnten, fuhren »karchvollweis« nach auswärts, besonders nach Speyer zu Gottesdienst und Abendmahl. Unter den Beamten wurden einige als halsstarrige

Calvinisten eingeschätzt, unter der Bevölkerung vermutete man immer noch einige Schwenkfelder.

Das Nebenland Pfalz-Lautern

Zuflucht derer, die kompromißlos reformiert bleiben wollten, wurde das Fürstentum Johann Casimirs. Nach längerem Streit war ihm Wahlfreiheit im Sinne des Kodizills zugestanden worden und Johann Casimir hatte sich für Kaiserslautern, Neustadt und Böckelheim entschieden. Das verstieß freilich gegen die Zugehörigkeit der Stadt Neustadt zum Kurpräzipuum. Der Bruder wollte dies schließlich durch eine Belehnung absichern, aber dem widersetzte sich die Bürgerschaft. Johann Casimir nahm die Stadt im Handstreich und kränkte damit Ludwig empfindlich. Dennoch einigte man sich am 27. Januar 1578 in einem Vertrag.[10] Jeder Bruder erkannte den Besitzstand des anderen an und ließ diesem auch auf religiösem Gebiet freie Hand. Also ging auch Johann Casimir daran, seine Ämter vor dem Wald calvinistisch zu machen. Als 1580 endlich die Kurfürstenwitwe Dorothea, Friedrichs II. Gemahlin, starb, tauschte er diese Ämter gegen einen Teil des Wittums mit Neumarkt ein und begann hier sein Reformationswerk, während Neunburg vor dem Wald und Umgebung zum Luthertum zurückkehrte. Die Statthalterschaft in der Oberpfalz hatte er schon vorher niedergelegt.

Erst nachdem 1582 die letzten Streitigkeiten beigelegt waren und ein Schiedsgericht künftige Schwierigkeiten aufarbeiten sollte, belehnte der Kaiser Ludwig VI. und dieser wiederum Johann Casimir. Dessen Fürstentum erhielt eigene Reichsstandschaft. Damit hatte sich wenigstens der im Testament seines Vaters für die Teilung mitangeführte Grund, daß so die Zahl der protestantischen Fürsten im Reich vermehrt werde, verwirklicht. Pfalz-Lautern kam wie Pfalz-Simmern zum oberrheinischen Kreis. Da sie beide wieder an die Kur zurückfielen und die Oberpfalz weiterhin beim bayerischen Kreis verblieb, hatte die Kurpfalz später Einfluß in drei Reichskreisen sehr unterschiedlicher Struktur.[11] Im Bayerischen war sie hoffnungslos durch die Münchener Vettern majorisiert, im Oberrheinischen gelang es ihr, durchaus eine Rolle zu spielen, weil dort die mächtigsten Fürsten, Savoyen und Lothringen, sich sehr zurückhielten und vieles Angelegenheit der kleineren blieb. Der kurrheinische Kreis war dagegen die Domäne der rheinischen Erzbischöfe, der Pfalzgraf konnte jedoch von ihrer Uneinigkeit profitieren.

Die Residenz seines neuen Fürstentums errichtete Johann Casimir auf dem Boden der alten Barbarossapfalz in Lautern. Die Kanzlei brachte er dagegen in Neustadt unter. Das war für seinen autokratischen Regierungsstil eher förderlich. Seinen Beamtenapparat baute er aus den vom Bruder exilierten Kräften auf. Kanzler wurde Ehem, Statthalter, das entsprach der Stellung des Heidelberger Großhofmeisters Philipp Wambolt. Auf einen Kirchenrat verzichtete Johann Casimir und setzte den Tossanus als Superintendenten von Neustadt über die Superintendenten der beiden übrigen Ämter. Den größten Einfluß auf den Fürsten hatte der aus Mömpelgard stammende Abenteurer Dr. Peter Beutterich.

Johann Casimirs Fürstentum wurde bald zur Zufluchtsstätte für die in den Kurlanden bedrängten Reformierten, vor allem die westeuropäischen Refugianten. Frankenthal wurde weiter gefördert, den aus Schönau weichenden Wallonen ermöglichte er die Ansiedlung im Kloster Otterberg und baute auch das Kloster St. Lambrecht zur Flüchtlingsgemeinde aus (s. u. S. 101 f.). Von der Heidelberger Universität kamen unter anderem Ursinus, Tossanus und Zanchius nach Neustadt. Dort gründete Johann Casimir

Abb. 13: Kaiserslautern von M. Merian 1645.
Blick von Norden auf die Stadt, die noch keine Kriegszerstörungen zeigt. Rechts das Residenzschloß Johann Casimirs im Bereich der alten Barbarossapfalz. Links das einstige Prämonstratenserstift.

am Platz der Weißen Klause eine eigene Hochschule, das Casimirianum, und dotierte es aus den Mitteln aufgehobener Klöster im Oberamt Neustadt. Die Hochschule konnte nicht die Bedeutung der Heidelberger Universität halten, verfügte aber über eine eigene Druckerei und stellte diese in den Dienst einer Überarbeitung der Lutherbibel im calvinistischen Sinne.[12]

Johann Casimirs militärische Hilfe für seine Glaubensgenossen

Trotz seiner geringen Machtmittel setzte Johann Casimir die aktiv procalvinistische Politik seines Vaters fort. Kurz vor dessen Tod war zwischen den Hugenotten und der französischen Krone der Friede von Beaulieu (1576) zustande gekommen. König Heinrich III. versuchte, Johann Casimir durch einen Pensionsvertrag als Obristen mit der Pflicht, viertausend Reiter anzuwerben, an die französische Krone zu binden und dadurch zu neutralisieren. Das allerdings zerschlug sich bald, da der König zahlungsunfähig war und infolgedessen nicht einmal den geforderten Sold aufbringen konnte, geschweige denn die aus den vorherigen Feldzügen aufgelaufenen Schulden, die Johann Casimir recht übertrieben mit 1,7 Millionen Pfund ansetzte, begleichen konnte. Der Pfalzgraf war also wieder in seinen Bündnisverhandlungen frei und tat sich mit dem Prinzen Condé zusammen. Michel de La Huguerye, der Sekretär des Prinzen, diente als Gesandter, er sollte später zeitweilig in pfälzische Dienste überwechseln. Die Königin Elisabeth von England suchte Johann Casimir, der immerhin 20000 Mann anwerben sollte, im Sinne ihrer Pläne einer großen protestantischen Union einzusetzen. All das scheiterte jedoch an der klugen Taktik des anderen Hugenottenführers Heinrich von Navarra, an der neuen Entwicklung in den Niederlanden und an der Abneigung der deutschen protestantischen Fürsten gegenüber einem solchen Engagement. Geblieben sind die von den Pfälzern bis zur Zeit des Dreißigjährigen Kriegs reklamierten, von Frankreich nie zurückgezahlten Schulden. 1578/79 unternahm Johann Casimir mit 15000 Mann, für die der Sold kaum aufzubringen war, einen Zug in die Niederlande, der von vornherein durch eine gewisse Eifersucht gegenüber Wilhelm von Oranien belastet war. Erschwerend kam hinzu, daß Dathenus eine Erhebung der Unterschicht in Gent unter Jan van Hembyze unterstützte und damit Wilhelm von Oraniens Konzept einer ständischen Fronde gegen die Spanier mit Einschluß der Katholiken verdarb. Eine vorübergehende Versöhnung zwischen beiden Fürsten zerbrach erneut, als Hembyze Asyl in Frankenthal erhielt. Außer dem Hosenbandorden, den Königin Elisabeth von England Johann Casimir verlieh, hatte die Expedition nur Schulden gebracht.

Nach einer für Johann Casimirs Aktionismus relativ langen Pause gab es 1582 neuen Anlaß zu militärischem Engagement. Der Kölner Erzbischof Gebhart Truchseß von Waldburg wollte seine Geliebte Agnes von Mansfeld heiraten und damit das Erzstift zum protestantischen Fürstentum machen. Er hatte dazu die Unterstützung eines Teiles seines Domkapitels, in dem die Wetterauer Grafen gut vertreten waren. Der Wechsel in Köln hätte eine evangelische Mehrheit im Kurfürstenkolleg gebracht. Selbstverständlich regte sich gewaltiger Widerstand, der örtlich auch von der Stadt Köln getragen wurde. Niederländer und Spanier mischten sich ein. Der Papst setzte den Erzbischof ab, die lutherischen Fürsten dagegen hielten sich deutlich zurück, wenn auch Ludwig VI. einen Appell an die deutsche Einigkeit und gegen die päpstliche Anmaßung an sie richtete. Johann Casimir, zwar durch die Erfahrungen aus dem niederländischen Feldzug im Taktieren etwas bedächtiger als zuvor, ließ sich auch nicht durch die kaiserliche Drohung mit der Acht vom Eingreifen abbringen. Das Unternehmen scheiterte wieder. Die Stadt Köln verwehrte ihm im Sommer den Einlaß, die Bürgerschaft bereicherte sich indessen an Aufträgen für seine Proviantierung. Nach weiteren Mißerfolgen konnte der Pfalzgraf Bonn doch noch einmal für Truchseß Gebhard sichern. Ausstehende Soldzahlungen und eine drohende Meuterei des Heeres brachten ihn bald in eine ausweglose Situation. Der Tod Kurfürst Ludwigs gab ihm im Oktober jedoch einen halbwegs ehrenhaften Grund, das Heer aufzulösen und sich der drohenden Katastrophe durch den sofortigen Aufbruch nach Heidelberg zu entziehen.

Regierungsleistung und Testament Ludwigs VI.

In der Kurpfalz war die kurze Regierungszeit Ludwigs durchaus eine Epoche soliden Wirtschaftens und einer sinnvollen Gesetzgebung. Ludwig betonte stets die Rolle der Finanzen als Fundament aller staatlichen Ordnung. Er war bestrebt, Sparsamkeit an die Stelle des bisherigen Schuldenmachens zu setzen und sah darauf, daß die Finanzverwaltung in den richtigen Händen war. Kein anderer Herrscher des 16. Jahrhunderts hat so viele Ordnungen für Gewerbe, Zünfte, Städte, bürgerliches Leben und Gerichte hinterlassen wie er. Sein Hauptverdienst ist die 1582 abgeschlossene Kodifizierung eines pfälzischen Landrechts, eine Aufgabe, die bereits die Rupertinische Konstitution von 1395 (vgl. Bd. 1, S. 104) gestellt hatte, an die sich bisher aber niemand gewagt hatte. Mit dem Landrecht verbunden war die Landesordnung, die sich unter anderem um das Verwaltungsrecht, Fragen einer Dienstordnung für das Territorium, das Leibeigenschafts- und Wildfangrecht, aber auch privatrechtliche Angelegenheiten kümmerte. Das Landrecht regelte die Gerichtsverfahren vom Hofgericht bis zu den Dorf- und Stadtgerichten, zusätzlich auch im Ehegericht, es behandelte ausführlich das Vertragsrecht, besonders Schuldendarlehen und Bürgschaften, weiterhin Erbschaft und Testament und stellte eine ausführliche Malefizordnung auf. Weniger als man bisher angenommen hat, ist es vom römischen Recht beeinflußt. Auf weite Strecken des bürgerlichen Rechts war das württembergische Landrecht von 1559 Vorbild, im Strafrecht war es die peinliche Halsgerichtsordnung Karls V.[13]

Das Landrecht wird gerne als die Arbeit des Mosbacher Juristen Nikolaus Kistner (Cisnerus) angesehen.[14] Dieser allerdings weilte erst ab 1581 in Heidelberg und ist dort bereits 1582 gestorben. Viel plausibler ist, daß das Landrecht aus der Feder der Juristen im Oberrat und Hofgericht stammt. Hartmann Hartmanni und der Westfale Justus Reuber waren daran beteiligt, vor allem aber Noe Meurer, ein Spezialist für Reichs- und Territorialrecht. Die Kodifizierung des Landrechts schloß die Staatswerdung der Kurpfalz ab, die bis ins 13. Jahrhundert zurückreicht. Die Jahrzehnte zuvor hatten den Ausbau der Zentralbehörden gebracht. Das reformatorische landesherrliche Kirchenregiment wirkte als zusätzliche Klammer.

Es war nur logisch, wenn sich jetzt auch der Gedanke der Unteilbarkeit des Territoriums vollends durchsetzte. Diese wurde im Testament Kurfürst Ludwigs[15] 1580 erstmals in letzter Konsequenz festgelegt. Das recht ausführliche Testament dürfte großenteils auf den Herrscher selbst zurückgehen. Unverkennbar sind allerdings die Einwirkungen seiner Gemahlin und die Formulierungshilfe des Kanzlers Micyllus. Neben den Grundprinzipien der Staatsverwaltung suchte es die Nachfolge unter konfessioneller Kontinuität zu regeln. Hier kamen Ludwigs eigene Erfahrungen aus dem eigenen Umgang mit dem letzten Willen seines Vaters zum Tragen. Es legte jetzt fest, wer die Leichenpredigt zu halten habe, und verpflichtete das Land auf die Konkordienformel.

Abb. 14: Pfalzgraf Johann Casimir. Holzschnitt von T. Stimmer um 1578.
Der Herrscher ganz als Kriegsmann dargestellt. Oben links das pfalzgräfliche Wappen besteckt mit Ölzweig und Palme, umrahmt von einem Band, aus dem zwei Hände ineinanderfassen, und dem Wahlspruch „constanter und sincere" („beständig und aufrichtig"). Beides spielt auf einen Friedensschluß an, wohl auf den mit dem kurfürstlichen Bruder Ludwig VI. 1578.

Alleinerbe war der Kurprinz Friedrich. Alle eventuell noch zu erwartenden Söhne wurden von der Erbschaft ausgeschlossen. Da der Kurprinz erst 1574 geboren war, brauchte er einen Vormund. Johann Casimir war nach der Goldenen Bulle nicht zu übergehen. Um aber das Luthertum zu sichern, setzte Ludwig vier Mitvormünder, sogenannte Contutoren ein: seine Gemahlin Elisabeth, den Markgrafen Georg Friedrich von Brandenburg, Herzog Ludwig von Württemberg und Landgraf Ludwig von Hessen-Marburg, alles strenge Lutheraner. Überwachen sollte das Testament der Oberrat, in welchen nur in der Pfalz gebürtige oder schon lange in ihrem Dienst gestandene Anhänger der Augsburgischen Konfession berufen werden durften. Das war eine deutliche Vorkehrung gegen die bisher tonangebende Gruppe reichsstädtischer Oberräte mit reformierten Tendenzen. Selbstverständlich sollten alle Kinder des Kurfürsten lutherisch erzogen werden, der Kurprinz nur am Heidelberger Hof und nicht auswärts. Er mußte Latein und konnte, wenn er wollte, weitere Sprachen lernen. Mit achtzehn Jahren sollte er eine deutsche Universität beziehen. Ludwig drang nochmals auf Reduzierung des Hofstaats und eine gewissenhafte Finanzverwaltung. Da die Finanzen als strenges Geheimnis gehütet wurden, hatten in sie nur Johann Casimir und der Oberrat Einblick.

Johann Casimir schaltet die Mitvormünder aus (1583–1589)

Nach Ludwigs frühem Tode – er war erst 44 Jahre und der Kurprinz 9 Jahre alt – begann Johann Casimir seine Administration 1583 in Heidelberg damit, daß er sich allein in den Besitz des Testaments seines Bruders zu setzen wußte.[16] Es war nur in zwei Exemplaren ausgefertigt worden. Eines verwahrte die Universität. Dieses lieh der Oberrat Justus Reuber aus und gab es nicht mehr zurück. Das zweite Exemplar befand sich in Amberg, und die Oberpfälzer wollten es ans Reichskammergericht schicken, damit von unabhängiger Seite darüber befunden werde. Johann Casimir gelang es jedoch, den betreffenden Boten abzufangen. Die Mitvormünder erwirkten ein Mandat des Reichskammergerichts auf Herausgabe. Aber Johann Casimir strengte dagegen einen Prozeß an, indem er sich auf die Goldene Bulle berief, die keine Contutoren vorsah. Erst sechs Jahre später – 1589 – gelangte das Reichskammergericht zu einer Entscheidung. Dieses sah die Bestimmungen der Goldenen Bulle durch Ludwigs Testament nicht verletzt. Inzwischen aber hatten es die Mitvormünder praktisch aufgegeben. Überdies hatte der Kaiser bereits 1585 Johann Casimir als Administrator belehnt.

Dieser hatte damit freie Hand in der Erziehung seines Neffens Friedrich. Er war bisher in übertriebener Strenge und nach pedantischem Plan selbst für seine Freizeit im Sinne seines ernsten und frommen Vaters gehalten worden.[17] Erstes Ziel war die religiöse Bildung, die ganz auf der Bibel und Luthers Katechismus aufbaute und strengste moralische Vorstellungen vertrat. Nur ergänzend trat Unterricht in den Sprachen, den freien Künsten und der Geschichte, letztere wegen der politischen Exempla, hinzu. Der Administrator lockerte zunächst den strengen Tagesablauf und schickte schließlich die bisherigen Prinzenerzieher davon. Otto von Grünrade wurde neuer Mentor des Kurprinzen. Die von aller Übertreibung befreite religiöse Erziehung nahm nun ganz calvinistische Inhalte auf. Wieweit dabei anfangs Zwang im Spiel war, bleibt angesichts widersprüchlicher Äußerungen umstritten. Auf die Dauer gefiel der freiere Erziehungsstil dem Prinzen wesentlich besser, und 1587 erklärte er sich freiwillig für das reformierte Bekenntnis. 1590 änderte man den Status des Sechzehnjährigen und gab ihm statt der bisherigen strengen Vormundschaft (Tutel) nur noch eine etwas großzügigere

Kuratel, was Friedrich unter anderem dazu benutzte, um seinerseits noch einmal die Ansprüche der Mitvormünder zurückzuweisen.[18] Johann Casimir und der Calvinismus hatten sich auf der ganzen Linie durchgesetzt. Ludwigs VI. so ausgeklügeltes Testament war vor allem deswegen gescheitert, weil er im Oberrat weiterhin Reformierte beibehalten hatte. Doch bleibt die Frage, ob es ihm je gelungen wäre, ohne diese erfahrenen Mitarbeiter erfolgreich zu regieren.

Calvinistische Restauration

Abgesehen von der harten Durchsetzung seiner Ziele in Administration und Prinzenerziehung trat Johann Casimir sein Amt zunächst mit dem Willen zur Mäßigung und einer gewissen Duldung der Lutheraner an. Wie beim Regierungsantritt seines Bruders blieben Oberrat und Kirchenrat in ihrer augenblicklichen Besetzung bestehen. Die ausgesprochenen Heißsporne Beutterich und Ehem hielt der Administrator in Pfalz-Lautern zurück. Eine Kirche in Heidelberg mußte selbstverständlich wieder an die Reformierten fallen. Während zunächst von weniger prestigebeladenen Objekten die Rede war, wählte man doch Heiliggeist aus. Das verstimmte die Lutheraner, die bei den künftigen Auseinandersetzungen darauf hinweisen konnten, die Mehrheit der Heidelberger habe lutherisch kommuniziert. Scharfe Auseinandersetzungen zwischen dem Heidelberger Universitätsdogmatiker Kirchner und Tossanus heizten das Klima an. Schechsius mußte die Hofpredigerstelle räumen, nachdem von ihm bekannt wurde, er habe den Administrator mit den alttestamentlichen Gewaltherrschern Achab und Jerobeam verglichen.[19] Tossanus erhielt seine Stelle. Konnte man diesen Wechsel auch noch mit den persönlichen Bedürfnissen Johann Casimirs erklären, so zeigte die Schließung des Kirchenrats Anfang Januar 1584 schon eine härtere Gangart. Unmittelbar darauf wurde der Posten des Generalsuperintendenten abgeschafft, „dieser hier zu Lande unübliche Papst", wie Johann Casimir an den Landgrafen Wilhelm schrieb.[20] Das Seniorat oder Presbyterium in den Gemeinden wurde von Johann Casimir suspendiert, nachdem sich die Lutheraner geweigert hatten, Reformierte in diese Gremien aufzunehmen. Ein von Tossanus entworfenes Mandat[21] des Herrschers verbot, wie schon so oft, alle theologische Polemik und war den Lutheranern gegenüber durchaus zu Konzessionen bereit. Indem es aber diese Duldung mit der Schwäche der Lutheraner motivierte, forderte es den schroffen Protest der Lutheraner heraus. Vermutlich war das von Tossanus von Anfang an einkalkuliert. In der nachfolgenden theologischen Disputation bestritten die Lutheraner den Reformierten die Zugehörigkeit zur Augsburgischen Konfession. Das mußte verletzen. Jetzt ging man offiziell gegen sie vor. Am 14. Mai erhielten die Präzeptoren an der Sapienz und im Pädagogium den Abschied. Wieder, wie acht Jahre zuvor, verließ eine ganze Generation von Alumnen – über hundert – die Pfalz, die damit nochmals ihren einheimischen Führungsnachwuchs verlor. Alle lutherischen Theologieprofessoren wurden emeritiert und schließlich auch sämtliche lutherischen Prediger entlassen. Das war das Ende des lutherischen Gottesdienstes. Langsam und meist von selbst gingen die anderen lutherischen Universitätslehrer und hohen Beamten. Der Kanzler Micyllus, als Konvertit vom Calvinismus zum Luthertum ohnehin in einer schwierigen Lage, wurde aus seinem Amt verdrängt, aber zum Rat von Haus aus ernannt. Damit war er zu Loyalität und Stillschweigen verpflichtet. Für Kontinuität sorgte die ohnehin in der Mehrzahl reformiert gesonnene Beamtenschaft. Der Kirchenrat entstand neu. Das Präsidium übernahm Tossanus. Am 1. Juni 1585 wurde eine neue Kirchenordnung publiziert.[22] Sie entsprach fast wörtlich der Friedrichs III.

Die alte Kirchendisziplin trat wieder in Kraft. Nach verschiedenen Übergangslösungen wurde 1587 Justus Reuber zum Kanzler berufen und konnte so den Lohn für seinen Zugriff auf das Testament Ludwigs VI. ernten.

Johann Casimirs Innen- und Außenpolitik

Wenn auch etwas vorsichtiger als zur Zeit seines Lauterner Fürstentums, setzte Johann Casimir die im Grunde seit seinem Vater bestehenden Tendenzen zur Unterstützung der westeuropäischen Calvinisten fort. Das bedeutete eine erneute schwere Belastung des Pfälzer Staatshaushalts, dem nur unter Ludwig eine kurze Erholung vergönnt war. 1586 errichtete der Administrator im Schönauer Mönchhof in Heidelberg eine französische Gemeinde.[23] Ihr war große Selbständigkeit und sprachliche Autonomie zugestanden. Sie hatte sich jedoch an die Riten der Pfälzer reformierten Kirche zu halten. Schönau wurde erneut von Wallonen besiedelt. Die Pfälzer rüsteten 1587 mit Unterstützung der anderen Reformierten ein 15000-Mann-Heer zum Eingreifen in Frankreich aus. Es wurde von Johann Casimirs Vertrautem, dem Burggrafen Fabian von Dohna angeführt, mußte aber nach einer ersten Niederlage Frankreich wieder fluchtartig verlassen.

Das große außenpolitische Ziel Johann Casimirs war die Einigung der Protestanten gegen den Kaiser. Dazu versuchte er den seit 1584 bestehenden Straßburger Kapitelstreit zu benutzen. Dort ging es um die Entscheidung zwischen einem katholischen und einem evangelischen Bistumskandidaten. In die Auseinandersetzung waren einerseits Lothringen und Habsburg, andererseits Brandenburg und verschiedene andere evangelische Stände verwickelt (s. u. S. 75). Die konfessionspolitische Situation im Reich schlug um, als sich Kurfürst Christian von Sachsen dem Calvinismus öffnete. Johann Casimir kam mit ihm 1590 in Plauen zusammen und konnte dabei Sachsen aus der alten Loyalität gegen den Kaiser herauslösen und für ein Konzept im Sinne der Pfälzer Politik gewinnen. Er war überzeugt, daß nur durch einen Sturz der Vormachtstellung des Hauses Habsburg der Protestantismus überleben könne. Zunächst wurde das Projekt eines Defensivbündnisses der protestantischen Stände angenommen mit einheitlicher Bundeskasse und einem Generalobristen. Da sich auch Brandenburg anschloß, dominierten die drei Kurfürsten. Ein neuer Konvent in Torgau einigte noch mehr protestantische Fürsten, von den größeren hielt sich nur Mecklenburg fern. All diese Pläne mußten scheitern, als 1591 bzw. 1592 Christian und Johann Casimir starben. So trat auch ein von Pfalz und Sachsen gemeinsam ausgerüstetes und in Frankreich einmarschiertes Heer nicht mehr in Aktion, was auch im Reich noch einmal zu einer Beruhigung führte.

Unter Johann Casimir verschärfte sich notwendigerweise der Konflikt mit den katholischen Nachbarn, besonders jedoch mit den lutherischen Reichsrittern, die noch einmal pfälzische Ambitionen auf die Landeshoheit im Kraichgau zurückweisen mußten. Diese Konfrontation minderte ihren Einfluß innerhalb der pfälzischen Beamtenschaft. In der Oberpfalz konnte sich auch jetzt der Calvinismus nicht wirklich durchsetzen. Ein 1587 in Amberg eingesetzter reformierter Superintendent blieb fast ohne Einfluß. Dagegen gelang es, erklärte Anhänger aus der Hofbeamtenschaft als Administratoren der großen Klöster einzusetzen.[24] Johann Casimir sorgte wieder für die Erneuerung der Bildungsanstalten seines Vaters, des Amberger Pädagogiums wie der Ritterschule in Neuhausen. Die Universität Heidelberg strebte einem bisher nicht erreichten Höhepunkt zu. Die calvinistischen Berühmtheiten unter ihren Lehrern kehr-

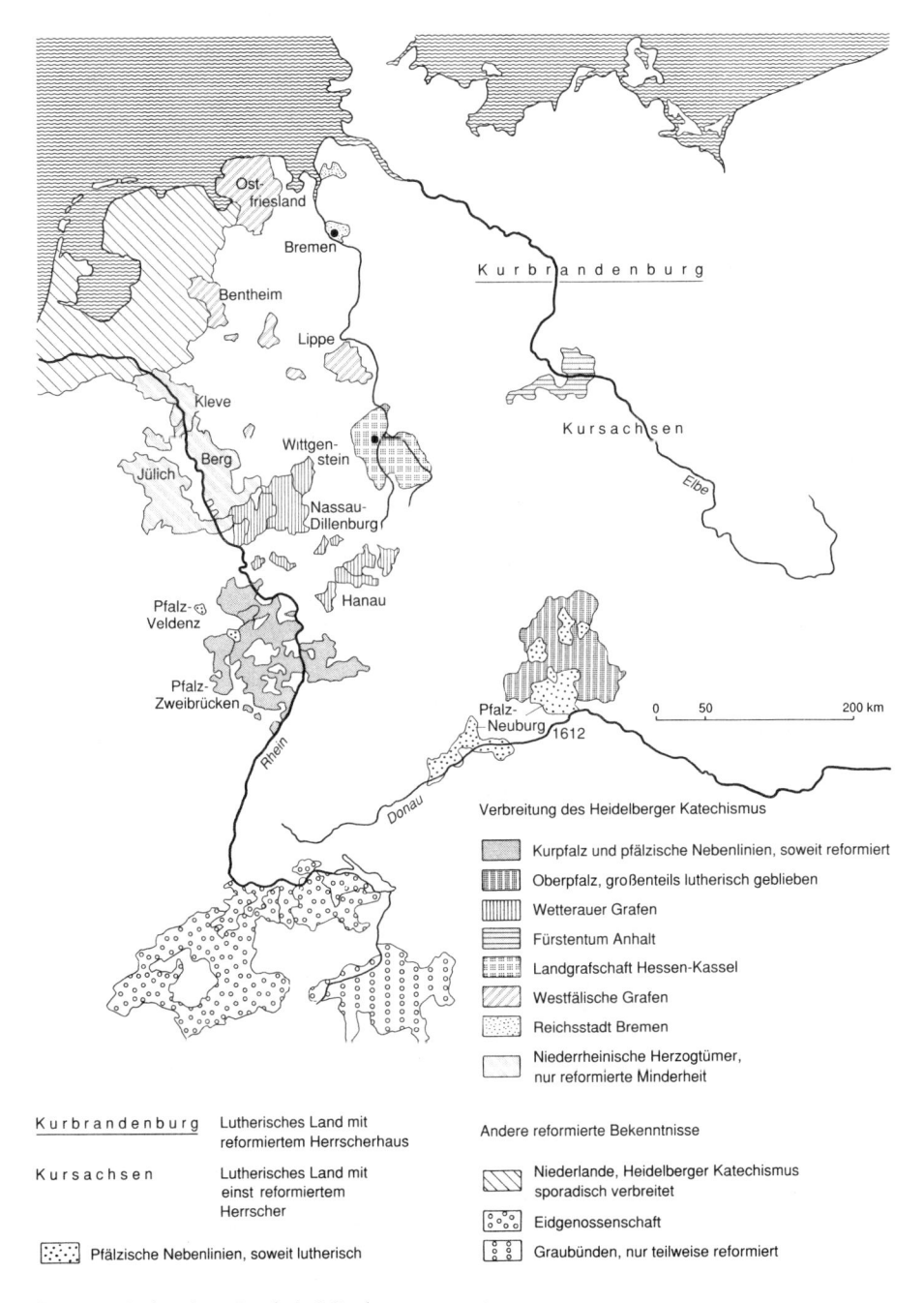

Karte 39: Reformierte Lande in Mitteleuropa um 1612

ten teilweise zurück. Die Studentenzahlen erreichten ein Maximum. Der Administrator erneuerte die alte Armenburse, jetzt Casimirianum, am Platz der heutigen alten Universität. Nach der Gründungsinschrift sollte es Quelle und Pflanzschule der rechtgläubigen Lehre sein.[25] Unter Johann Casimir erfuhr die bereits berühmte Bibliothek eine wesentliche Erweiterung durch die Sammlungen Ulrich Fuggers. Er war in Schulden geraten und 1564 mit Unterstützung des ihm konfessionell nahestehenden Friedrichs III. in die Pfalz übergesiedelt. Als ausgesprochen humanistisch angelegte Bücherei vermehrte sie vor allem die klassischen und orientalischen Titel.[26] Sozialen Charakter hatte die Errichtung eines Landeswaisenhauses in Handschuhsheim. Der einstige Lorscher Hof und eines der zuletzt aufgehobenen Klöster, die Nonnenklause, stellten dafür die Räumlichkeiten. Pädagogisch vorbildlich organisiert, sicherte diese Stiftung die familienähnliche Erziehung von Waisenkindern aus dem ganzen Land und ihren geregelten Übergang in einen Beruf.[27] Weitere Fürsorge für seine Untertanen veranlaßte Johann Casimir 1588 zur Gründung eines Notspeichers.[28] Das Grundkapital stammte aus der Geistlichen Administration, die laufende Finanzierung wurde durch eine zusätzliche Taxe auf bestimmte Waren, eine Art Erbschaftssteuer und die Bußgelder aus der Sittenzucht bestritten. Die hier angesammelten Vorräte sollten in Not- und Katastrophenjahren zu einem billigeren Preis an die ärmeren Untertanen abgegeben werden.

Diese positiven Züge der Administration Johann Casimirs wurden im menschlichen Bereich überschattet von der Tragödie seiner Gemahlin Elisabeth von Sachsen.[29] Schon die Konfession mußte eine Entfremdung zwischen den Gatten herbeiführen. Überdies hat sich Elisabeth, vielleicht allzu innig, an einen polnischen Adligen, auch Glaubensgenossen, am Heidelberger Hof angeschlossen. Diesem warf man ein Mordkomplott gegen Johann Casimir vor. Die Sache endete mit der Gefangensetzung Elisabeths. Von ihrer Schuld waren selbst die nächsten Verwandten überzeugt, ein Geständnis liegt nicht vor. Die Herzogin starb in völlig zerrütteter Verfassung unter dem Beistand calvinistischer Geistlicher, die sich ihrer letztlichen Bekehrung rühmten, 1590. Zwei Jahre später ist Johann Casimir noch vor seinem 50. Geburtstag einem Schlaganfall erlegen.

Erneuter Streit um die Vormundschaft, Regierungsantritt Friedrichs IV. 1592

Kurprinz Friedrich war bei Johann Casimirs Tod noch nicht ganz volljährig. Es fehlten ihm zur Vollendung des achtzehnten Lebensjahres noch sechs Wochen. Zur Beerdigung Johann Casimirs war sogleich sein Großonkel, Pfalzgraf Reichard von Simmern,[30] gekommen. Als nächstem Agnaten stand ihm die Vormundschaft zu, aber er war Lutheraner. Also sträubte sich der junge Friedrich IV. dagegen. Das Argument, daß einem in sechs Wochen nicht noch zusätzlicher Verstand zuwachse, lieferten wohl die pfälzischen Räte. Sie hatten sowohl für den Calvinismus als auch für ihre eigene Karriere zu fürchten. Reichard ging es auch gar nicht um den Rest von sechs Wochen. Er stützte sich auf Regelungen, die einst König Sigismund getroffen hatte. Nach ihnen sollte zwar die Ausübung der Kur auf den achtzehnjährigen Prinzen übergehen, die Tutel für die Landesregierung aber bis zum 25. Lebensjahr dauern. Vorsorglich hatte sich Reichard bereits in Stromberg und in Kirchberg, den seinem Fürstentum benachbarten Kondominaten mit Kurpfalz, huldigen lassen. Gleichzeitig revoltierte die Oberpfalz, weil der dortige Statthalter Philipp von Wambolt versucht hatte, in Amberg einen reformierten Pfarrer einzusetzen, wo doch die Stadt das Patronatsrecht innehatte. Da sich auch Neumarkt dem Widerstand anschloß, ließ Wambolt diese Stadt überfallen und einen Galgen aufrichten. Dies konnte freilich die Oberpfälzer nicht einschüchtern, sondern gab nur das Signal einer allgemeinen Erhebung. Der Statthalter mußte Amberg verlassen, einige besonders harte reformierte Beamte wurden erschlagen.

Auch in den rheinischen Landen spitzte sich der Konflikt zu. Otto von Grünrade jedoch organisierte die Erneuerung des Oberrates im Sinne der Reformierten mit Hilfe der Wetterauer Grafen und legte den Konflikt mit den Reichsrittern bei. Auf Bitten Friedrichs IV. und der Pfälzer Regierung drohte Graf Johann VI. von Nassau, die Hunsrücker Ämter und Reicharts Land zu besetzen. Da legten sich die lutherischen Reichsfürsten ins Mittel. Reichart geriet in ziemliche Isolierung und mußte nachgeben, lediglich der Kaiser belehnte Friedrich nicht sofort mit den Reichslehen. Schon im Sommer 1594 wurde auch das nachgeholt. Friedrich IV. war längst als Herrscher anerkannt und hatte das durch den Tod Johann Casimirs erledigte Pfalz-Lautern mit dem Heidelberger Teil wiedervereinigt, die getrennte Reichsstandschaft allerdings beibehalten. 1598 fiel ihm durch den Tod Pfalzgraf Reicharts auch noch Simmern zu, das jetzt reformiert werden mußte. Die Pfalz war wieder einmal geeint. In den Jahren 1596, 1597 und 1598 weilte der Kurfürst längere Zeit in der Oberpfalz, das Amberger Bürgertum wurde entmachtet (s. u. S. 98) und kam unter eine neue Munizipalverfassung. Der Landtag von 1598 beschloß Maßnahmen zur Verteidigung gegen die Türken, hauptsächlich durch Schanzen, weil Festungen zu teuer waren. Die Bestätigung der ritterschaftlichen Privilegien und die Garantie des Religionszustandes sorgten dafür, daß sich das Land voll beruhigte. Es wurde sogar unter Strafe gestellt, den lutherischen Kultus zu hemmen. Nur sollten die Oberpfälzer nicht meinen, sie hätten allein die wahre Religion, und die Reformierten gar verdammen. Im religiösen Bereich dürfe man niemanden zwingen.[31] Dies ist Ausfluß einer konfessionellen Irenik, die aus der Schule des Ursinus stammte. Die hier eingeräumte Wahlfreiheit zwischen den beiden protestantischen Bekenntnissen galt freilich nicht in den rheinischen Landen. Dort war eine Entscheidung für die andere Konfession nur im engsten häuslichen Bereich als sogenannte *devotio domestica* möglich. Sie wurde 1608 auch den Katholiken eingeräumt, was vielleicht doch mehr deklamatorisch gemeint war.[32]

Friedrich IV. kam in der liberalen Geschichtsschreibung des 19. Jahrhunderts verhältnismäßig gut weg und hatte um die Jahrhundertwende eine gewisse Popularität als Gründer der Stadt Mannheim. Die neuere Literatur sieht ihn mit Recht kritisch. Zeugnisse einer gewissen Naivität und eines allzusehr vom Trunk bestimmten Lebenswandels liegen schon lange und zum Teil aus der Feder Friedrichs selbst vor. Offensichtlich war der Erziehungsstil Grünrades gerade auf diese Anlage des jungen Prinzen zugeschnitten. Großen Einfluß hatte auch sein Hofmeister Georg Ludwig von Hutten. Alle Arten von damaligem ritterlichen Sport und Vergnügen waren Friedrich wohl vertraut. Er war ein guter Reiter und vorzüglicher Schütze. Turniere, Jagden, Bälle und Maskeraden nahmen großen Raum im Zeitplan des Fürsten ein und kosteten erhebliche Summen. Geistiger Beschäftigung war der Herrscher weniger zugeneigt, er soll von sich selbst gesagt haben: »Ich bin der Doktor und Schreiber Feind und der Edelleute Freund.«[33] Regieren war für ihn eine saure Arbeit. Immer wieder mußte er von seiner Umgebung gedrängt werden, wenigstens an den wichtigsten Sitzungen des Oberrats teilzunehmen. Selbst im Winter verursachte solche Teilnahme bei ihm Schweißausbrüche. Fast noch aufschlußreicher als sein Tagebuch, in dem er solches berichtet, ist das von ihm und für ihn geführte Ausgabenbuch. Von seiner Gestaltung her ein Produkt des so sehr auf Rechenschaft angelegten Calvinismus, gibt es inhaltlich viel mehr Auskunft über Friedrichs Lebensstil und eine Leutseligkeit, die in Geschenken und Scherzen bisweilen kuriose Züge annahm.

Es waren die politischen Ratgeber, die die Heirat Friedrichs mit Luisa Juliana, der Tochter Wilhelms von Oranien, einer hochgebildeten Frau, zustandebrachten. Obwohl Friedrich von seiner Umgebung gemahnt werden mußte, seine Gemahlin gut zu behandeln, spricht sein Tagebuch doch von echter Zuneigung. Schon bei der Vorbereitung des Ehebündnisses gab es in Den Haag Verstimmung, weil man gerüchtweise von einer Epilepsie des Bräutigams gehört hatte. Heidelberg konnte das dann doch dementieren, aber Friedrichs Gesundheitszustand war, sicher auch infolge seines Lebenswandels, nicht der beste. 1601 wird berichtet, daß er nach einem überhitzten Ritt von Heidelberg nach Eberbach einen Tag bewußtlos lag. Für seine Räte war das um so bestürzender, als im Falle eines Todes des erst Achtundzwanzigjährigen wiederum eine lutherische Vormundschaft durch Philipp Ludwig von Pfalz-Neuburg drohte. Die Befürchtungen erwiesen sich zunächst als grundlos. Jedoch 1606 erkrankte Friedrich nach einem ausgedehnten Gelage lebensgefährlich, und von da an blieb seine Gesundheit angeschlagen. Die Krankheit bedingte wohl auch eine Wendung zum Religiösen. So konnte sein Leichenprediger 1610 seine Milde, seine Bußfertigkeit und den Frieden, den er mit Gott geschlossen hatte, hervorheben.[34]

Führende Kräfte am Hof, Abwehrmaßnahmen gegen lutherische Vormünder

Es liegt auf der Hand, daß bei solcher Herrscherpersönlichkeit die Räte weitgehend die Politik bestimmten. Da Johann Casimir keinen vollständig besetzten Oberrat hinterlassen hatte, konnte der junge Kurfürst die Personen seines Vertrauens in dieses Gremium ziehen. Otto von Grünrade weigerte sich zwar, behielt trotzdem erheblichen Einfluß bei. Georg Ludwig von Hutten, der in den Oberrat eintrat, garantierte einen anderen Kurs gegenüber der Ritterschaft, als die von Johann Casimir forcierte Politik der Landsässigkeit. Dies machte Justus Reuber, einen erklärten Feind der Ritter, als Kanzler unmöglich. Das Amt kam an den thüringischen Emporkömmling Klaus Heinrich von Eberbach. Seine Ehe mit der Witwe des letzten Ritters von Handschuhsheim verschaffte ihm rasch Vermögen und Eingang in den Kreis der Ritterschaft. Aber auch die alten calvinistischen Bürgerfamilien wahrten ihren Einfluß. Mit dem Trierer Loefenius wurde ein Neffe Olevians aufgenommen, ein versierter Jurist. Großhofmeister wurde wieder wie zuletzt unter Friedrich III. Graf Ludwig von Wittgenstein. Er war Exponent der wetterauischen Grafen, die mit den Reichsrittern nun um die Führung in der Pfalz rangen. Sie konnten sich auf ihre Beziehungen zum Haus Oranien stützen, hatten schließlich Friedrichs Ehe arrangiert und zuvor mit militärischen Mitteln die Ansprüche Pfalzgraf Reichards abgewehrt. Reichsritter und Wetterauer Grafen setzten sich zum Teil gegenseitig matt. Wenzel Zuleger, der inzwischen ins politisch ganz eindeutige Nassau ausgewichen war, verglich das mit einem Wagen, an den man vorne wie hinten ein Pferd angespannt hatte.[35] Auch wenn der Großhofmeister Wittgenstein sich schon 1594 von seinem Amt zurückzog, so konnten die Wetterauer ihre Position 1601 erneut befestigen, als Graf Johann Albrecht von Solms-Hungen zum Großhofmeisteramt gelangte und 1604 der Kanzler Eberbach gestürzt wurde. Die pfälzischen Landstände, die in diesen Jahren in Form des Kommissariats (s. u. S. 74) zu Einfluß gelangt waren, bremsten jedoch den Aufstieg der Wetterauer. Schließlich trug eine dritte Kraft den Sieg gegenüber Reichsrittern und Wetterauer Grafen davon, Fürst Christian von Anhalt-Bernburg.[36] Formell bekleidete er die Stelle eines Statthalters in Amberg, doch war er häufig in Heidelberg und bestimmte seit dem Sturz Eberbachs vollends die pfälzische Außenpolitik.

Ludwig V. 1535. Medaille von M. Gebel, Nürnberg.
Brustbild mit geschlitztem Hut und Pelzkragen. Rückseite mit dem dreiteiligen kurfürstlichen Wappen, der Vikariatsschild noch leer. Die Umschrift gibt Namen, Lebensalter (57), Titulatur und Jahr wieder.

Ottheinrich 1558. Medaille des Ottheinrichmeisters Heidelberg.
Der schon gealterte 56jährige Kurfürst in reichverziertem Gewand mit flachem Barett. Auf der Rückseite die drei kurfürstlichen Wappenschilde mit dem Reichsapfel in der Mitte, Spangenhelmen und Kleinodien. Umschrift übersetzt: »Auf dich o Gott vertraue ich« und die Devise »mit der Zeit«.

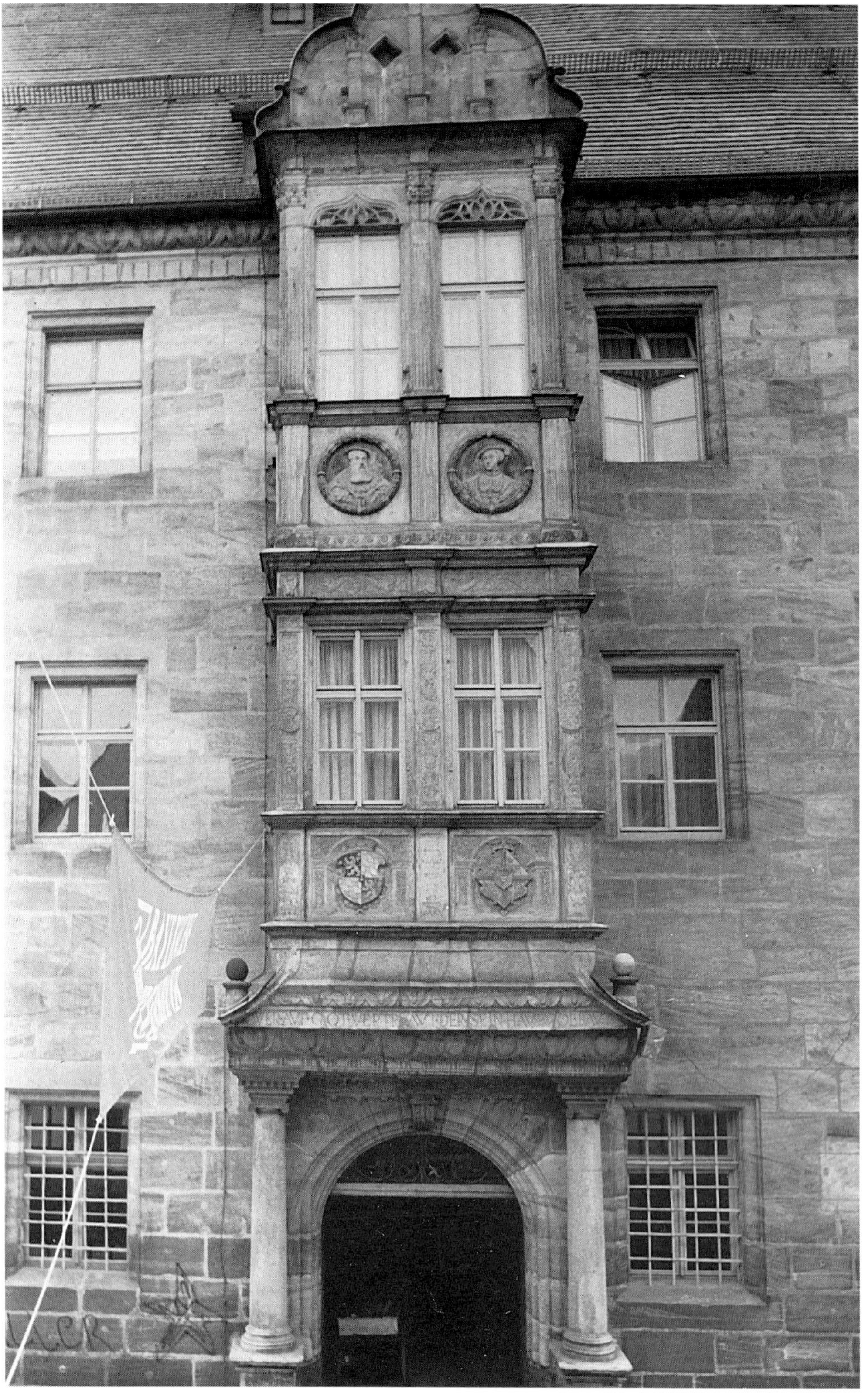

Kurfürst Friedrich II., Porträt von Barthel Behaim.
Der dunkel gekleidete Herrscher hält eine Nelke in der Hand und trägt die Kette des Ordens vom Goldenen Vlies.

Erker der von Friedrich II. als Statthalter erbauten Kanzlei in Amberg.
Unter dem oberen Fensterpaar die Brustbilder Friedrichs II. und der Dorothea von Dänemark im Relief, unter den unteren Fenstern beider Wappen. Das auch sonst künstlerisch ausgestaltete Gebäude beherbergte Regierung und Archiv der Oberpfalz.

Porträt Ludwigs VI. als Vorsatzblatt in der Feyerabendbibel.
Der Herrscher im roten Mantel mit Kurhut und Hermelinkragen, in der Hand Schwert und Reichsapfel als Zeichen seiner Würden. Im äußeren reichgestalteten Rahmen die Herrschertugenden Gerechtigkeit, Weisheit und Stärke und die Folgen des guten Regiments: Überfluß und Friede. Darunter die Devise Ludwigs: »All Ding zergänglich«.

Friedrich IV. Statue von Sebastian Götz um 1607.
Der Kurfürst mit Hermelinkragen, Schwert und Reichsapfel, begleitet vom Pfälzer Löwen.

Friedrichsbau des Heidelberger Schlosses von J. Schoch 1603–1608.
Reiches manieristisches Dekor. Standbilder von S. Götz. Oberste Reihe, die Ahnen von Karl dem Großen bis Rudolf I. Zweite Reihe die Könige von Ludwig dem Bayern bis Christoph von Dänemark. Dritte Reihe die alte Kurlinie Ruprecht I., Friedrich der Siegreiche, Friedrich II. und Ottheinrich. Unterste Reihe die Simmerner Kurlinie von Friedrich III. bis Friedrich IV., dem Bauherrn, letztere vom Laub verdeckt, vgl. aber S. 69.

Wolfgang Wilhelm von Pfalz-Neuburg als Konvertit und Gegenreformator. Gemälde eines unbekannten Meisters aus dem Neuburger Jesuitenkolleg, 1. Hälfte 17. Jahrhundert. Der Pfalzgraf in Schwarz gekleidet hat vor sich Fürstenhut, das Gnadenbild der Muttergottes von Foja aus der Neuburger Hofkirche und den Plan dieser Kirche. Er tritt auf die Confessio Augustana.

Karl Ludwig, anonymer Kupferstich.
Der Herrscher in einer reichverzierten Girlande von antiken Waffen und Putten, das Wappen mit dem Reichsapfel erhebt noch den Anspruch auf das Reichsvikariat und die Reichserztruchsessenwürde.

Christian galt als bedeutender militärischer Kopf, nachdem es ihm 1592 gelungen war, den noch von Johann Casimir eingeleiteten Frankreich-Feldzug vor einer Katastrophe zu retten und das Heer heimzuführen. Dies sollte sich aber als Fehlbeurteilung erweisen. Christian, der Prototyp des feinen und weltgewandten Kavaliers, wie er für das 17. Jahrhundert bestimmend werden sollte, war glänzend gebildet. Er hatte verschiedene Angebote des kaiserlichen Hofes, in dessen Diensten er zuvor stand, abgelehnt. Nachdem er 1592 unter dem Einfluß des Heinrich von Navarra zum Calvinismus konvertiert war, wurde er immer mehr der Exponent einer aktiv protestantischen Politik, die sich gegen das Haus Habsburg als den einzigen Hort des Katholizismus wandte.

Friedrichs bedenklicher Gesundheitszustand bot erneuten Anlaß zu Befürchtungen. Immer noch drohte eine lutherische Vormundschaft nach seinem Tod. Die Linie Pfalz-Neuburg stand nach Reichsgesetz in Erbfolge und im Anspruch auf die Vormundschaft dem Hause Simmern am nächsten. Sie geht auf Wolfgang von Zweibrücken zurück, dem Ottheinrich 1556 beim Regierungsantritt in der Kur das Neuburger Fürstentum überlassen hatte,[37] nachdem sich die drei Vertreter der damals ältesten Zweige der pfälzischen Wittelsbacher Ottheinrich, Friedrich von Simmern und Wolfgang von Zweibrücken in einem Erbvertrag geeinigt hatten. Wolfgang hatte in Neuburg seinen ältesten Sohn Philipp Ludwig zum Nachfolger bestimmt, während sein zweibrückisches Fürstentum seinem zweiten Sohn Johann überlassen wurde. Wie schon erwähnt, wurde Johann im Verlauf des Streites um die Konkordienformel Calvinist. Gegen ihn bestanden von kurpfälzischer Seite also keine Bedenken. Nach der ersten schweren Krankheit Friedrichs 1602 bot die Heidelberger Regierung die Administration dem älteren Bruder Philipp Ludwig an unter der Bedingung, daß dieser die reformierte Religion garantiere.[38] Der Neuburger ließ sich darauf nicht ein, zumal er auf sein gutes Recht nach der Goldenen Bulle pochen konnte. Der damals verhältnismäßig rasch wieder genesende Kurfürst wurde mit Nachdruck dazu bewogen, ein Testament zu verfassen.[39] In diesem setzte er ohne Rücksicht auf das Reichsrecht Johann von Zweibrücken zum eventuellen Administrator ein. Dieser leistete schon damals in Heidelberg den Eid, die konfessionellen Verhältnisse in der Pfalz wie in der Oberpfalz im bisherigen Status zu lassen, die reformierte Erziehung des Kurprinzen zu garantieren und nicht zu dulden, daß die Pfalz aus dem Religionsfrieden ausgeschlossen wurde. Er bestätigte ebenso alle Pfälzer Landesordnungen und den reformierten Charakter der Universität. Nach den Erfahrungen von 1592 mußte er sich verpflichten, die Administration gar nicht erst anzutreten, wenn der Kurfürst im achtzehnten Lebensjahr des Prinzen sterben sollte. Der Oberrat versuchte, die Zustimmung Philipp Ludwigs zu dieser Regelung einzuholen, der lehnte jedoch wiederum ab.

Ein zweites Testament,[40] das dem ersten in kurzem zeitlichen Abstand nachgeschoben wurde, brach wieder mit der Primogenitur. Es sonderte für den zweiten Sohn Ludwig Philipp ein eigenes Fürstentum, gebildet aus Pfalz-Simmern und Pfalz Lautern, aus. Sollte sich noch ein dritter Sohn einstellen, so wurde ihm Neumarkt in der Oberpfalz vorbehalten. Das hätte geheißen, daß der gesamte Besitz Johann Casimirs von 1583 wieder aus dem Verband mit den Kurlanden ausgegliedert worden wäre. In diesem zweiten Testament erhielt Pfalzgraf Johann Contutoren: Luisa Juliana, die Kurfürstin, Christian von Anhalt, Moriz von Oranien, Johann VII. von Nassau und Albrecht von Solms-Braunfels, alles eindeutige Vertreter einer kämpferisch reformierten Haltung. Diese Gesamtvormundschaft sollte sich in strittigen Fällen Rat und Hilfe aus den reformierten Ländern in und außerhalb des Reiches holen. Die Entspannung des Verhältnisses zu den Kraichgauer Rittern zeigt aber die Bestimmung an, welche die Unantastbarkeit ihrer Rechte sicherte. Das Testament suchten die Pfälzer durch eine Annähe-

73

rung an den Kaiser abzusichern. Noch einmal erholte sich Friedrich IV. Bei neuer Lebensgefahr für ihn verstand es Christian von Anhalt 1606 zwar nicht, die kaiserliche Bestätigung zu erlangen, erhielt aber eine Erklärung, die relative Sicherheit gewährte. Kaiser Rudolf II. wollte in jedem Fall gegen Gewaltanwendung vorgehen. Im Klartext hieß das, wenn die Pfälzer Johann II. zur Vormundschaft beriefen, konnte sich Philipp Ludwig lediglich auf den Prozeßweg begeben, und dieser versprach lange zu dauern.

Sicherung des Territoriums durch Landesdefensionswesen und Kommissariat

Dem Bestand des Territoriums suchte man durch weitere Maßnahmen im Innern und eine entsprechende Außenpolitik auch unabhängig von der Frage der Vormundschaft zu sichern. 1604, nach dem Sturz des Kanzlers Eberbach, wurde eine Regimentsordnung[41] erlassen, der Oberrat als Regimentsrat eingesetzt, die Sicherung der Herrschaft im Todesfall des Kurfürsten wurde ausdrücklich dem Großhofmeister anvertraut. Um den Oberrat von den kleinen Routineangelegenheiten zu entlasten, wurde ihm ein Nebenrat beigegeben. Ihm wurden die Billigkeitsrechtspflege, Verwaltungssachen und schließlich auch die Malefizsachen, das heißt Bestätigung der Bluturteile in all den Fällen, wo die unteren Instanzen bereits eindeutige Urteile gefällt hatten, übertragen. Die schon alten Bestrebungen, Friedrich IV. zu regelmäßiger Teilnahme an den Sitzungen des Oberrats zu zwingen – er sollte ab 1603 wenigstens montags und dienstags am Vormittag dort anwesend sein – hatten keinen Erfolg. Gleich nach der Abwehr der Vormundschaft Pfalzgraf Reicharts drängten die Wetterauer Grafen auf die Einrichtung eines Landesdefensionswesens.[42] Die Vorteile dieses Systems in Nassau hatten sich ja gerade darin gezeigt, daß Johann VI., Wilhelm von Oraniens Bruder, die Ausgriffe Reicharts im Hunsrück zurückdrängen konnte. Das alte, einstmals schlagkräftige Landesaufgebot der Pfalz sollte reaktiviert werden, indem man ein neues militärisches Reglement einführte und die lokalen Einheiten, denen damals auch Fahnen[43] verliehen wurden, zu regelmäßigen Exerzierübungen verpflichtete. Im Defensionswesen verteilten die Wetterauer Grafen die Obristenstellen praktisch unter sich und sicherten sich auf diese Weise einträgliche Pfründen. Das führte jedoch bald zur Abwehr bei den Ständen, die das ganze Werk wesentlich beschnitten. Große Verteidigungsanstrengungen wurden in den Ausbau von Festungen investiert. Auf engstem Raum lagen Heidelberg, dessen militärische Bedeutung allerdings sich nur im Schloß verkörperte, Frankenthal und das neu geplante Mannheim. Die Nassauer waren ganz unmittelbar daran interessiert, an der Neckarmündung ein Sperrwerk gegen spanische Transporte von Truppen und Nachschub aus Burgund nach den Niederlanden zu errichten. Dafür wirkte vor allem Johann von Nassau. Er fand die Unterstüzung der beiden Brüder von Solms,[44] des Hofmeisters Johann Albrecht und des Marschalls Otto. 1605 kam ein entsprechender Beschluß Friedrichs IV. zustande. Mit der Festung Mannheim sollte die Anlage einer neuen Stadt verbunden werden. Nach zähen Grunderwerbsverhandlungen mit den Dorfbewohnern erfolgte am 17. März 1606 die feierliche Grundsteinlegung. Die lateinische Inschrift stammte von Marquard Freher,[45] dem großen Juristen des Oberrats und Begründer einer pfälzischen Geschichtsbetrachtung. Am Ort einstiger Kämpfe zwischen Römern und Germanen sollte ein festes Bollwerk zum Schutz von Volk und Vaterland entstehen. Die Stadtgründung schloß sich im folgenden Jahr an.

Zu den Bemühungen, dem Land größere Sicherheit zu geben, gehörte auch eine neue in diesem Sinne erstmalige Aktivierung von Ständen in der Pfalz.[46] Im 15. Jahrhundert war eine Entwicklung in diese Richtung nicht über Notabelnversammlungen hinausgekommen. Nach der Katastrophe des Landshuter Kriegs war der Adel zusammengetreten, um über die Bitte um Frieden und eine Geldhilfe zu beschließen. Vor Einführung der Reformation hatte Friedrich II. ebenfalls den Adel befragt. Insgesamt aber kam die Pfalz auch in den schwierigen Jahrzehnten nach 1504 ohne den Ausbau förmlicher Landstände zurecht. Wie in anderen Territorien bedurfte man aber angesichts der gegen Ende des 16. Jahrhunderts sich immer stärker anspannenden Finanzlage einer Sicherung der Kreditwürdigkeit. 1603 erklärten sich die Städte zur Schuldentilgung bereit, verlangten dafür aber eine Kontrolle der Finanzen durch eine Vertretung der Städte und Ämter. Dem so gebildeten Kommissariat (s. u. S. 89f.) lag sehr daran, daß Einheimische auf die Beamtenstellen berufen wurden, die Steuerfreiheit der Beamten sollte abgeschafft und die üppige Hofhaltung eingedämmt werden. Auch das Kommissariat garantierte die Nachfolgeregelungen Friedrichs IV. und verpflichtete sich, bei Verstoß gegen sein Testament die Zinszahlungen einzustellen, was einen Staatsbankrott herbeigeführt hätte. Dieser späte und durch den Dreißigjährigen Krieg bald abgebrochene Ansatz zu pfälzischen Landständen ist in seiner Ausprägung ein typisches Produkt des Calvinismus. Unverkennbar ist aber auch, gerade in der Vertretung der Ämter das württembergische Vorbild, während die Oberpfälzer Stände weiterhin bei der klassischen Dreikurienverfassung von Prälaten, Edelleuten und Städten blieben.[47] Nur in ihrer Wirkung auf das Landesbewußtsein waren sie mit dem Kommissariat vergleichbar.

Straßburger Kapitelstreit (1592/94), Union (1608), Jülich-Klevische Erbfolge (1609–1614)

Die großen politischen Ereignisse der Zeit Friedrichs IV. waren der Straßburger Kapitelstreit sowie die Einigung der Protestanten in der Union und der anschließende Jülich-Klevische Erbfolgestreit, die schon in die Vorgeschichte des Dreißigjährigen Krieges gehören. 1585 gab es in Straßburg eine zwiespältige Bischofswahl.[48] Sie wurde 1592 nochmals erneuert. Im Grunde handelt es sich um eine Fortsetzung der Kölner Wirren, da die Domkapitel von Köln und Straßburg personell sehr eng miteinander verknüpft waren. Die Katholiken entschieden sich beide Male für Kardinal Karl von Lothringen, die Protestanten, die die Mehrheit im Kapitel besaßen und sich der Unterstützung der Stadt erfreuten, 1592 für Johann Georg von Brandenburg, einen fünfzehnjährigen Prinzen. Den bewaffneten Konflikt im Hochstift wollte die Pfalz dazu benützen, die deutschen Protestanten zu einigen und sich an ihre Spitze zu setzen. Christian von Anhalt versuchte, die Reichsstände unter ihnen zur Sperrung der Türkenhilfe zu bewegen. Der Kaiser jedoch brachte im Hochstift bereits 1593 einen Waffenstillstand zustande. Obwohl man dabei den gegenwärtigen Besitzstand anerkannt hatte, arbeitete die Zeit für die katholische Seite. Ein von der Pfalz 1594 angeregter Protestantenkongreß in Heilbronn[49] wurde von Baden-Durlach, Brandenburg, Württemberg und Zweibrücken beschickt. Man wollte in der Straßburger Sache die Hilfe Frankreichs erreichen. Tatsächlich wirkte sich das aber nur zur Verstimmung des kaisertreuen Sachsens aus. Dieses verstand sich als die eigentlich protestantische Führungsmacht und war wenig bereit, die pfälzischen Ansprüche auf diesem Gebiet anzuerkennen, ganz abgesehen davon, daß der calvinistische Aktivismus nicht Sache der Lutheraner war. Am innerprotestantischen Dualismus sollte auch später die große pfälzische Politik immer wieder scheitern. Diesmal konnte der Kaiser auf diplomatischem Weg mit Unterstützung Sachsens die Türkenhilfe durchsetzen.

zung Sachsens die Türkenhilfe durchsetzen.

Christian von Anhalt verfolgte die alte Politik Johann Casimirs und den Plan eines Bündnisses unter den Protestanten weiter. Württemberg und Heinrich IV. von Frankreich hatten Beteiligung zugesagt. Anlaß zur allgemeinen Erregung über den Kaiser und die katholischen Reichsfürsten gab der Fall Donauwörth. In der Reichsstadt hatten die Evangelischen dem katholischen Stift die öffentliche Ausübung des Kultus, konkret ging es um eine Prozession, unmöglich gemacht. Das war gegen die Verträge. Die Stadt geriet in die Reichsacht, als sie auf vermittelnde Vorstellungen aus Wien nicht reagierte. Die Exekution wurde Bayern übertragen, das die Stadt mit militärischer Gewalt besetzte und sie praktisch seinem Territorium einverleibte. Dies gab das Signal zum Zusammenschluß der Protestanten im Sinne Christians von Anhalt. Wieder wurde die alte Forderung laut, den geistlichen Vorbehalt abzuschaffen und jetzt auch die Reformierten in den Augsburger Religionsfrieden einzubeziehen. Das führte zur Verweigerung weiterer Reichshilfe und schließlich zur Lähmung der gesamten Reichsverfassung. Im Mai 1608 kam man im ansbachischen Kloster Auhausen zusammen und schloß untereinander die Union ab.[50] Sie umfaßte die Kurpfalz als den eigentlichen Führer und die Triebfeder des Ganzen, die beiden fränkischen Markgraftümer, Baden-Durlach, Anhalt, Pfalz-Neuburg und Württemberg. Später schlossen sich Hessen-Kassel, Brandenburg und Pfalz-Zweibrücken sowie 17 Reichsstädte, darunter Nürnberg, Straßburg und Ulm, an. Direktor war Kurpfalz, Vorsitzender des Kriegsrats und Feldherr wurde Christian von Anhalt. Keine volle Einigung wurde in der Beteiligung an den Finanzen erzielt. Äußerst wertvoll waren Bündnisse mit England und Holland, während Frankreich infolge der Ermordung Heinrichs IV. (1610) endgültig abseits blieb. Mit Kursachsen fehlte auch der wichtigste evangelische Reichsfürst, der sich natürlich mit einem pfälzischen Direktorium nicht abfinden konnte. Im Gegenzug hatte bereits 1609 Bayern die katholischen Fürsten mit Ausnahme des Kaisers in der Liga[51] gesammelt. Sie war wesentlich straffer organisiert als die Union, und es gab auf dieser Seite keine tiefgehende Konkurrenz und also mehr Einigkeit. Die Liga unterstützte den Festungsbau des Speyerer Bischofs Philipp Christoph von Sötern ab 1615 in Udenheim, das dadurch den Namen Philippsburg erhielt. Wenn auch längst nicht so einheitlich geplant wie Mannheim, war Philippsburg fortifikatorisch recht stark und bedeutete eine unmittelbre Konkurrenz zu Mannheim. Vergeblich haben die Pfälzer versucht, 1618 durch einen zerstörenden Übergriff diesen Festungsbau schon im Entstehen aufzuhalten.[52]

Wirklich aufeinander zu prallen drohten zuvor schon Liga und Union im Jülich-Klevischen Erbfolgestreit.[53] Die niederrheinischen Herzogtümer Jülich, Kleve und Berg, die Grafschaft Mark und die Herrschaften Ravensberg und Ravenstein waren im Verlauf des 16. Jahrhunderts nahezu zu einem Land verschmolzen. Der letzte einheimische Herzog Johann Wilhelm, geisteskrank und kinderlos, starb 1609. Aus alten Verträgen hatte Kursachsen eine Anwartschaft auf das Erbe. Karl V. hatte jedoch zugesichert, daß die Töchter des vorletzten Herzogs beim Fehlen männlicher Erben nachfolgeberechtigt sein sollten. Die älteste Tochter Maria Eleonore war mit Herzog Albrecht von Preußen vermählt und ebenfalls söhnelos geblieben. Sie hatte aber Johann Sigismund von Brandenburg zum Schwiegersohn. Die zweite Tochter Anna war die Gattin Philipp Ludwigs von Pfalz-Neuburg. Ihr Sohn Wolfgang Wilhelm erbte ihren Anspruch. Weitere Töchter kamen nicht zum Zug. Der Kaiser unterstützte zunächst Kursachsen. Dagegen stellten sich die westlichen Mächte England, Holland und Frankreich. Nach dem Tod Johann Wilhelms sorgte die Union für eine Einigung unter ihren beiden Mitgliedern, Brandenburg und Pfalz-Neuburg. Nach dem Dortmunder Rezeß von 1609 sollte das Land von beiden gemeinsam regiert werden, gemeinsame Stände und einen

Berichtigung

Durch ein technisches Versehen haben sich auf folgenden Seiten Fehler ergeben:

S. 76: Die erste Zeile oben ist zu streichen.

S. 77: Die letzte untere Zeile fehlt. Sie lautet:
lians von Bayern. Johann Sigismund dagegen wurde Calvinist, was ihm zwar die noch

S. 267: Die erste Zeile oben ist zu streichen.
Die letzte Zeile bei Fußnote 65 lautet:
V. Press, Graf Otto von Solms-Hungen und die Gründung der Stadt Mannheim. Mannheimer

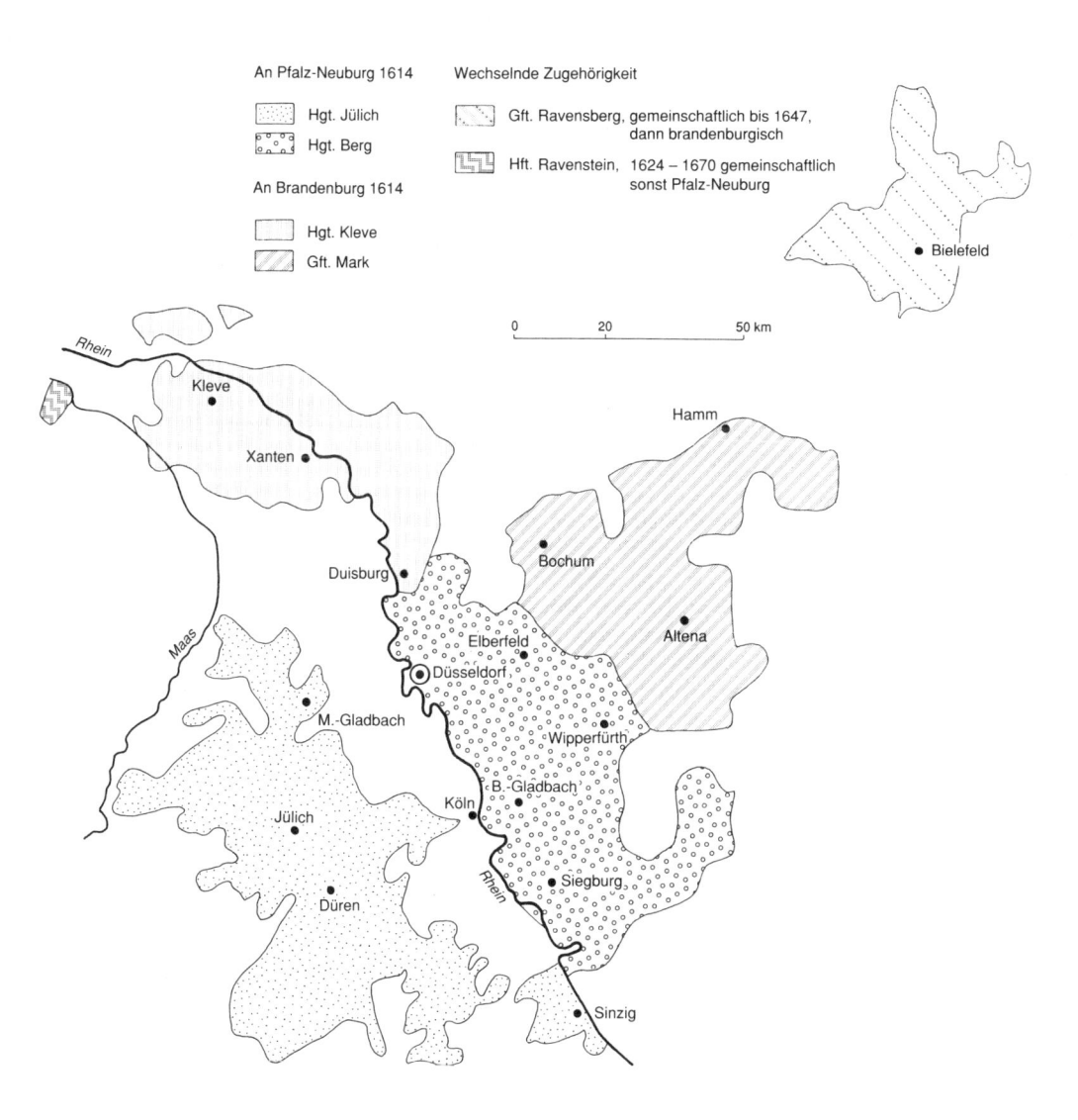

Karte 10: Die Teilung der niederrheinischen Herzogtümer im 17. Jahrhundert

rechtlichen Zusammenhalt bewahren. Der Kaiser ließ jedoch das Land sequestrieren, besetzte Jülich und ernannte seinen Neffen Bischof Leopold von Passau und Straßburg zum Kommissar für die sächsische Erbschaft. Die Gegenrüstungen Frankreichs und die unmittelbare Gefahr eines europäischen Krieges wurden durch den Tod Heinrichs IV. jäh abgebrochen, die Holländer griffen jedoch mit englischer Unterstützung ein und vertrieben die kaiserliche Besatzung aus Jülich. Brandenburg und Neuburg suchten sich in dieser Situation mit Sachsen auf eine gemeinsame Regierung zu einigen, bis zwei fürstliche Konversionen die bisherigen Fronten zum Einsturz brachten. Wolfgang Wilhelm wurde Katholik und heiratete Magdalena, die Tochter Herzog Maximi-

energischere Unterstützung der Niederlande, aber auch einen endgültigen Bruch mit Sachsen einbrachte. Alle katholischen Mächte traten auf die Seite des Neuburgers, die Liga, der Kaiser und schließlich auch Spanien. Niederländer und Spanier marschierten ins Land ein. Da vermittelten England und Frankreich noch einmal den Frieden. Im Vertrag von Xanten[54] vom 12. November 1614 kamen Jülich und Berg an Pfalz-Neuburg, Kleve und Mark an Brandenburg. Die formelle Einheit des Landes wurde gewahrt und allen drei christlichen Konfessionen Religionsfreiheit garantiert. Der große Krieg schien einstweilen verhindert. Die Festsetzung des neuburgischen Zweiges der Pfälzer Wittelsbacher am Rhein sollte vom späten 17. Jahrhundert an unmittelbare Bedeutung für die Pfalz erlangen.

Erneute Vormundschaft, die Anfänge Friedrichs V., letzte Landesteilung (1610–1618)

Zur Zeit der beginnenden Konflikte um die Erbfolge am Niederrhein ist Friedrich IV. 1610 gestorben. Programmgemäß hat Johann II. von Zweibrücken die Administration übernommen und Philipp Ludwig konnte mit seinem Prozeß dagegen zu keiner Entscheidung gelangen, bevor der junge Friedrich V. volljährig wurde. Seinen Räten blieb nichts als eine große Flugblattkampagne übrig. Johann II. war in Heidelberg zusätzlich als Schwiegersohn Friedrichs IV. beliebt und konnte ein recht sicheres und besonnenes Regiment führen. Er war bei weitem aktiver als sein Schwiegervater und ohne dessen Sprunghaftigkeit. Eine Machtprobe mit dem Adel überstand er unerschüttert, als er den Stäbler, das heißt Verwalter des Hofstaats, Cranz von Geispitzheim wegen Veruntreuung von Kleinodien hinrichten ließ.[55] Für den Kurprinzen hatten Oberrat und Administrator eine gute Erziehung am Hof der auch durch die Konfession verbundenen Herzöge von Bouillon in Sedan veranlaßt. Er studierte an der dortigen Akademie Latein, Französisch, Mathematik und Ingenieurwesen. Friedrich V. war wesentlich gebildeter und arbeitsamer als sein Vater, allerdings von einem gewissen Faible für höfischen Glanz und persönlicher Eitelkeit. Die recht überalterten Oberräte imponierten ihm kaum, viel mehr der elegante Christian von Anhalt und die beiden Brüder Achaz und Christian von Dohna. 1612 übte Johann von Zweibrücken und 1619 Friedrich V. selbst das Reichsvikariat[56] aus. Die großen Hoffnungen der Pfälzer, dabei bedeutenden Einfluß auf das Reichskammergericht zu gewinnen, sind bald gescheitert. Im Grunde gelang es lediglich, einige Belehnungen und Adelsbriefe für die eigene Anhängerschaft herauszuholen.

Dem Kodizill Friedrichs IV. entsprechend wurde das Land noch einmal geteilt.[57] Da von seinen nachgeborenen Söhnen nur Ludwig Philipp überlebte, kam es bei dessen Volljährigkeit 1618 zur Absonderung eines Nebenlandes. Dieses umfaßte die alten Bereiche von Pfalz-Simmern und Pfalz-Lautern jedoch ohne das Amt Neustadt. Dagegen wurden dem neuen Land nun auch die pfälzischen Anteile an der Grafschaft Sponheim zugestanden sowie die Ämter Wolfstein und Rockenhausen, die zu Johann Casimirs Zeiten an Pfalz-Veldenz verpfändet gewesen waren. Hofgericht, Kirchenrat und das Schulwesen blieben gemeinsam. Die Schulden und das Kommissariat wurden geteilt, die Außenpolitik führte Heidelberg weiter. 1618 verfaßte auch Friedrich V. ein Testament.[58] Dieses brachte die endgültige Rückkehr zur Primogenitur. Teilungen hat hinfort kein Kurfürst mehr vorgesehen. Wiederum wurde Johann II. von Pfalz-Zweibrücken im Gegensatz zur Goldenen Bulle zum Administrator eingesetzt, die katholischen Neuburger waren jetzt erst recht unakzeptabel geworden. Testamentsvollstrek-

Abb. 15: Heidelberg Schloß und Garten von M. Merian 1645. Umsetzung eines älteren Gemäldes von J. Fouquières. Zustand etwa um 1618, von Osten gesehen. Im Vordergrund die Terrassen des Hortus Palatinus. Ostseite des Schlosses mit den im 16. Jahrhundert erhöhten Türmen Friedrichs des Siegreichen. In der Tiefe die Stadt mit Heiliggeistkirche und gedeckter Neckarbrücke.

ker wurde Jakob I. von England, sein Sohn Prinz Charles, die Generalstaaten und die Stände der Union. Die Pfalz war ganz zum Gelenk eines Bündnisses der deutschen Protestanten mit dem reformatorischen Nordwesteuropa geworden.

Nicht zuletzt war dieses durch Friedrichs Heirat[59] mit Elisabeth von England vorgezeichnet. Der Plan dazu soll von Sedan ausgegangen sein. Die eigentlichen Verhandlungen betrieb 1612 Christian von Anhalt und brachte sie mit einem Ehevertrag und der Verlobung im nämlichen Jahr noch zu Ende. Das englische Parlament sah in diesem Familienbündnis eine Garantie gegen die katholisierenden Neigungen der Stuarts und die daraus entspringenden spanischen Eheprojekte. Friedrich V. kam nach London und machte dort, beraten vom Onkel Moriz von Oranien, überdies großen Eindruck und konnte auch die persönliche Zuneigung der Braut gewinnen. Die Geldmittel für seine Reise und das für pfälzische Verhältnisse recht kostspielige Auftreten hatte die Geistliche Administration zugeschossen. Der Schwiegervater richtete eine feierliche Vermählung in London aus. Eine geschmückte Flottille brachte das junge Paar nach Holland, es schloß sich eine triumphale Schiffsreise rheinaufwärts an mit glänzenden Empfängen in Oppenheim und in Frankenthal. Das wurde noch von den Heidelberger Feierlichkeiten, wohin sich der Zug auf der Landstraße bewegte, überboten. Triumphpfeiler, allegorische Darstellungen, Musik und Feuerwerk gaben einen prächtigen, allerdings der pfälzischen Finanzlage wenig angemessenen Rahmen.

Der neue Repräsentationsstil setzte sich im großartigen Ausbau von Schloß und Schloßgarten fort. Dort hatte schon Friedrich IV. in seinem Palastbau, wie die Inschrift besagt, die Erforderlichkeiten des Gottesdienstes und eines bequemeren Wohnens zusammengefaßt. Schloßkapelle und noch mehr die Fassaden kündigten den zum Manierismus gewandelten Zeitgeschmack an. Der Bildhauer Sebastian Götz aus Chur verlieh der Hofseite des Palastes mit seinen kraftvollen Herrscherstatuen den eigentlichen Ausdruck kurpfälzischen Selbstbewußtseins.[60] Baumeister war Johannes Schoch aus Bretten. Wohl ein anderer Meister erstellte auf dem alten Nordwall Ludwigs V. den Englischen Bau in den eleganten, nur sparsam gegliederten klassizistischen Formen Palladios. Ludwigs V. Dicker Turm, die Eckbastion des Schlosses gegen die Stadt hin, mußte einen großen Fest- und Theatersaal[61] aufnehmen. Die Befestigungsanlagen wurden zusätzlich geschwächt durch den großartigen Hortus Palatinus,[62] den der aus England mitgebrachte normannische Gartenarchitekt Salomon de Caus über drei Terrassenstufen entwickelte. Mit seinen geometrischen Beeten, Wasserspielen, Figuren, Grotten und Bädern galt er als achtes Weltwunder. Der Herrscher selbst ließ sich am höchsten Punkt des Gartens in großer Figur mit ruhmrediger Inschrift feiern.[63] So war der Garten Ausdruck des höfischen Glanzes der Heidelberger Residenz und der Selbsteinschätzung des Herrschers geworden. Es charakterisiert die wahre Lage, daß seine Vollendung 1619 durch das Abenteuer des böhmischen Königtums jäh abgebrochen wurde.

Kapitel 14

Landesherrschaft und Untertanen im 16. Jahrhundert

Die Zeit zwischen dem Landshuter Krieg und der böhmischen Thronkandidatur hat für das innere Gefüge des pfälzischen Territorialstaates große Wandlungen gebracht, während sich der äußere Bestand kaum noch änderte. Das entspricht den allgemeinen Tendenzen des Zeitalters, in dem der moderne Staat viele seiner die Zukunft bestimmenden Züge annahm. Zugrunde lagen ein qualitativer und quantitativer Fortschritt juristischer Bildung und damit eine verstärkte Einwirkung des römischen Rechts ebenso wie die Ausbreitung der frühkapitalistischen Wirtschaft. Dadurch konnten in der Pfalz Zentralbehörden und Lokalverwaltung, aber auch das Haushaltswesen feste Gestalt annehmen. Endlich faßte eine Rechtskodifikation das ganze Land zusammen. Geldwirtschaft und Rechtswissenschaft förderten gleichermaßen den Aufstieg stadtbürgerlicher Schichten in die territorialen Führungsorgane. Wesentlich verstärkt wurde das durch die Reformation. In ihrem Gefolge entstanden neue Bildungsanstalten und kam eine neue Studienförderung auf. Der Eintritt in den Pfarrerstand war für viele Familien der erste Schritt zum Aufstieg in die neue Führungsschicht. Nicht nur die Pfarrbesoldungen gewährten aufgrund des eingezogenen Kirchenguts eine entsprechende Absicherung, auch die Verwaltungsbeamten und der wirtschaftlich tätige Teil der Oberschicht zogen daraus vielfache Vorteile. In der Pfalz erhielt die neue Führungselite ihre besondere Prägung durch den Calvinismus, der eingesessene Familien mit neu ins Land strömenden oder flüchtenden Kräften verband und damit der Wirtschaft zusätzliche Anstöße gab. Eine neue Geisteshaltung wurde so mit zur Klammer für einen Landespatriotismus. Dieser wiederum führte schließlich dazu, daß eine ständische Vertretung ausschließlich des Bürgertums über die Finanzierung auch die Geschicke des Landes mittrug. Während Bischöfe und Prälaten durch die Reformation ohnehin aus der Verbindung mit dem Territorium ausgeschieden waren, war auch der meist lutherische Adel auf seine Unabhängigkeit bedacht und auf Distanz gegangen. Die Pfalz war auf dem Wege zu einem ganz vom Bürgertum getragenen, von calvinistischem Geist geprägten Staatswesen, bis der Dreißigjährige Krieg diese Entwicklung abbrach. Trotz dieser Katastrophe blieb vieles auch für die beiden späteren Jahrhunderte grundlegend, selbst der katholisch-barocke Absolutismus konnte oft nur gewisse Überformungen durchsetzen. Der Endausprägung pfälzischer Staatlichkeit verdanken wir eine Fülle neuen Quellenmaterials, das erstmals einen Einblick in Bevölkerungsverhältnisse und Sozialstruktur erlaubt. So kann die Betrachtung des Staatswesens stärker die Untertanen miteinbeziehen.

Das Territorium

Der Umfang des pfälzischen Herrschaftsbereiches hat sich in dieser Zeit nur wenig verändert. Die Entscheidung von 1504 blieb für die weitere Geschichte maßgeblich, eine Revision gelang nur sehr teilweise (s. o. S. 20), und der kurzfristige Besitz der Landvogtei im Unterelsaß hat sich, auch als Konsequenz der Reformation, nicht halten lassen (s. o. S. 33). Wie fast im ganzen Reich waren die Territorialverhältnisse schon weitgehend festgeschrieben, es konnte nur noch um kleinen Grenzausgleich und letzte Verträge über Landesteilung geben. Die Territorialpolitik der Pfalz ist gekennzeichnet durch den Verlust des über die Grenzen hinausgreifenden Einflußbereichs. Als pfälzische Satelliten hielten sich nur die Reichsstädte Speyer, Worms, Wimpfen, Heilbronn und Gelnhausen, für die bis zum Dreißigjährigen Krieg immer noch Schirmverträge galten. Eine Lockerung des Abhängigkeitsverhältnisses ist aber auch hier festzustellen. Endgültig scheiterte in der zweiten Hälfte des 16. Jahrhunderts der Versuch, den Adel noch einmal ins Territorium zurückzuholen. In der Konsequenz brachte das dem pfälzischen Staatswesen, vergleicht man es in etwa mit den Ländern der Habsburger oder mit Bayern, eine größere Geschlossenheit und Vereinfachung in vieler Hinsicht. Demgegenüber steht aber der Verlust eines weiterreichenden Einflusses und der Verzicht auf die materielle und geistige Unterstützung durch eine große Klientel. Die Kompensation auch dafür war der Anspruch auf die Führungsrolle im deutschen Protestantismus. Da die Pfalz daraus jäh abgestürzt ist, muß offen bleiben, wieweit dies wiederum zum Aufbau einer viel weiterreichenden Machtssphäre und einer durchgreifenden Neugestaltung im Innern geführt hätte.

Letzte Eroberungen waren im Zusammenhang mit der Ritterfehde 1523 gelungen. Soweit es sich um das sickingische Territorium handelte, wurde dieses bereits 1542 den Erben des Franz von Sickingen wieder zurückgegeben.[1] Die etwa gleichzeitig erworbene Grafschaft Lützelburg dagegen wie auch anderer Besitz im nordöstlichen Elsaß wurde in der Erbregelung 1553 für den Fall des Aussterbens der Heidelberger Kurlinie zur Abtretung an Zweibrücker Verwandte ausersehen. Es kam 1566 definitiv an den Veldenzer Zweig dieses Hauses,[2] da Pfalz-Neuburg ja dem ältesten Ast der Zweibrücker Linie zugefallen war. An Veldenz verpfändet waren von 1549 bzw. 1560 bis 1598 bzw. 1600 auch die Kleinämter Wolfstein und Rockenhausen. Der Rückzug aus dem Elsaß kam in der Frühphase des Dreißigjährigen Krieges zum Abschluß, als Friedrich V. aus Geldnot die ehemaligen Klöster Graufthal und Lixheim samt dem Amt Heringen 1623 endgültig an Lothringen verkaufte.[3] Gewisse Abrundungen im Amt Germersheim kamen dadurch zustande, daß die Grafen von Zweibrücken-Bitsch 1570 ausstarben und die Pfälzer deren Anteile an Vogtei und Stift Klingenmünster einziehen konnten. Im Umkreis von Alzey gelang 1579 ein Austauschvertrag mit Nassau,[4] der einige Kondominate beseitigte und bereits gewisse Überschneidungen auf dem Gebiet des Leibeigenenrechtes bereinigte. In Erbesbüdesheim bei Alzey konnten sich die Pfälzer aufgrund von Schirmrechten ganz durchsetzen; 1559 bis 1675 gehörte es zu Pfalz-Simmern. Rechtsrheinisch griff die Pfalz durch Lehnsheimfall 1571 vorübergehend auf das Stockheimer Gericht bei Usingen im Taunus aus. Dies ist sicher im Zusammenhang mit den besonderen Beziehungen[5] zum Nassauer Grafenhaus zu sehen, das 1579 auch seine Anteile an diesem Gericht zum pfälzischen Lehen machte. Dagegen wurde das vom übrigen Territorium weit nach Osten in Richtung auf die Tauber abgelegene Amt Boxberg endgültig erworben. 1523 erobert, hatte es auf Intervention des Kaisers 1547 noch einmal an die Herren von Rosenberg zurückgegeben werden müssen, ehe 1561 der Ankauf gelang (s. o. S. 46). In dasselbe Jahr fällt der Vertrag mit den Grafen von Erbach.[6] Es sorgte für eine Bereinigung der Gemengelage in den Odenwaldorten unmittelbar nördlich der Weschnitz; allerdings blieb die pfälzische Zenthoheit unangetastet. Diese konnte auch im Bereich der Stüber und der Meckesheimer Zent gegenüber dem Adel am Nordrand des Kraichgaus durch den sogenannten Zentvertrag gesichert werden (s. o. S. 46).

Die Regierungszeit Friedrichs III. erweist sich so als die letzte Epoche einiger territorialer Gewinne. Die Reformation spielte dabei nur eine untergeordnete Rolle, wenn man von den Übergriffen in den Kondominaten und in Neuhausen (s. o. S. 43) absieht. Einzig und allein im Außenbesitz des Klosters Limburg an der Haardt wirkte sie sich gebietsvergrößernd aus. Das kleine Amt Neuenheim im Taunus kam dadurch erstmals unter pfälzische Herrschaft, die allerdings durch kurmainzische Landeshoheit eingeschränkt war. Sonst bewirkte die Reformation nur eine Intensivierung der pfälzischen Rechte bis hin zur Ortsherrschaft in Gemarkungen, die bereits pfälzischer Landesherrschaft unterworfen waren. Wenn man auf die Gesamtfläche dieser reformationsbedingten Veränderungen schaut, so ist es vergleichsweise wenig gegenüber den Verhältnissen in Württemberg. Das hatte darin seinen Grund, daß die meisten Klöster schon im 13./14. Jahrhundert völlig im Territorium aufgegangen waren und nicht nur unter Schirmherrschaft standen. Abgesehen von den wenigen gelungenen Austauschaktionen mit Nassau und Erbach blieben die vielfachen Überschneidungszonen der Herrschaftsrechte im Bereich der Gemeinschaften und Kondominate, der Schirmverhältnisse und der Zenthoheit bestehen. Gerade der konfessionelle Streit mit den Nachbarn machte hier eine Verständigung unmöglich. Erbach und Nassau, die einzigen Ausnahmen, wurden damals von reformierten Herren regiert.

Leibeigenschaftsrechte

In gewissem Sinn hat sich der pfälzische Einfluß auf die Umgebung durch die Leibeigenschaftsvorrechte noch einmal verstärkt. Das 1518 durch Kaiser Maximilian eigens verbriefte Recht auf Wildfänge, Bastardfälle und Hagestolzen wurde gleichsam als Kompensation für die Verluste von 1504 und angesichts des zusammengebrochenen Hegemonialbereichs besonders festgehalten.[7] Die Pfälzer konnten es durchsetzen, daß ihre Wildfänge genauso wie auch die Königsleute (s. Bd. 1, S. 204) immer noch aus der Territorialbindung eximiniert blieben. Besonders in den Ämtern Alzey, Neustadt und Germersheim gab es so eine größere Anzahl von Untertanen, die gar nicht im pfälzischen Territorium, sondern unter anderen Herren saßen. Sie blieben jedoch der Kurpfalz verbunden durch einen besonderen Huldigungseid, durch Kriegsdienst und Steuerpflicht. Die zuständigen Territorialherren mit Ausnahme des mächtigen Kurmainz mußten das anerkennen.

Auf dem Gebiet der gewöhnlichen Leibeigenschaft[8] dagegen setzte sich eine gewisse Bereinigung durch, auch in der Besteuerung. Im Vertrag mit dem Hochstift Speyer von 1521 wurde anerkannt, daß pfälzische Untertanen ihren im Hochstift gelegenen Besitz nicht mehr gegenüber der Pfalz, sondern gegenüber dem Bistum zu versteuern hatten und umgekehrt. Das wurde 1612 im Landauer Vertrag[9] auch gegenüber Pfalz-Zweibrücken festgelegt. Dem Austausch der gegenseitigen Leibeigenen und künftigem freien Zug dienten eine ganze Reihe von Verträgen seit Ausgang des 15. Jahrhunderts,[10] so 1485 mit Nassau, 1506 und 1518 mit Leiningen, 1507 mit Dalberg, 1509 mit Erbach und 1538 mit Falkenstein. Weitere solche Verträge fügten sich an. Sie brachten den Untertanen gerade im Fall von Verheiratung über die Leibeigenschaftsgrenzen hinweg deutliche Erleichterungen. Die Geldstrafe für solche Heiraten mit »Ungenossamen«

hatte man 1521 im Vertrag mit Speyer fallengelassen, dort mit der Begründung, daß es christlicher sei, das Heiraten nicht durch solche alte Gewohnheiten zu erschweren.[11] Bald war von Heiratsbeschränkungen dieser Art keine Rede mehr.

Rhein und Neckar

Bestehen blieben die Einwirkungen in fremdes Territorium durch das Geleit. Auch hier ist jedoch eine gewisse Tendenz zu stärkerer Rationalisierung festzustellen. Immer mehr Vereinbarungen kamen über wechselseitiges Geleit zustande.[12] Die Geleitstrecken änderten sich gegenüber dem Spätmittelalter nur unwesentlich. Ausgeprägte Sorge galt dem Geleit auf dem Wasser, vor allem auf dem Rhein. Es war eng mit der Wahrung sonstiger Hoheitsrechte und Territorialeinkünfte verbunden. Die Kurpfalz beanspruchte die Herrschaft über den Rhein, das *dominium Rheni*, zwischen Selz im Elsaß und Bingen, wie übrigens auch das *dominium necaris* ab Wimpfen.[13] Ähnlich wie die Geleitstraßen auf dem Land waren nach ihrer Vorstellung die Flußläufe gleichsam exterritoriale, eben nur dem Geleitsherrn unterstehende Strecken auch im Gebiet fremder Landesherrschaft.

Das ließ sich gegenüber dem Bistum Speyer und der Markgrafschaft Baden durchsetzen, Kurmainz und auch die Landgrafschaft Hessen verhielten sich solchen Ansprüchen gegenüber resistent. Wie weit diese auf alte Vorrechte des rheinischen Pfalzgrafen zurückgingen (vgl. Bd. 1, S. 49), wie weit sie aus staufischen Reichsländern abgeleitet waren oder ob es sich erst um eine spätere Usurpation handelte, wird kaum mehr zu klären sein. Die Flußherrschaft schloß mit dem Geleit auch die Aufsicht über den Leinpfad mit ein, auf dem Pferde die Schiffe stromaufwärts zogen. Ebenso gehörten zu ihr die Kontrolle der Fischerei durch »Rheingrafen« und »Neckargrafen« und die unter ihrem Vorsitz durchgeführten »Rugen«, d. h. Strafverfahren nach pflichtgemäßer Anzeige aller Übertretungen durch die vor ihr Gericht geladenen Fischer. Da der Rhein, anders als der Neckar, seinen Lauf immer wieder veränderte, war die dortige Flußherrschaft viel mehr auf ständige neue Absicherungen angewiesen. Die Pfälzer beanspruchten für sich nicht nur den Fluß selbst, sondern auch alle Alluvionen, d. h. Anschwemmungen, also die Inseln und die Uferstreifen, kurz alles, was der Fluß neu hergegeben hatte, ohne daß damit eine Pflicht zum Ersatz für weggerissenes Land verbunden war. Zur Sicherung dieser Ansprüche ließ man ab 1571 den Strom immer wieder von einer Kommission abfahren und entsprechende Protokolle anfertigen, auch nahm man einen Maler mit, der den Flußlauf und seine Veränderungen im Kartenbild festhielt.[14] Neue Anschwemmungen wurden möglichst schnell mit Weidenstecklingen gesichert. Über die reinen Gebietsveränderungen hinaus war man sehr stark daran interessiert, die ausschließlichen Rechte der Pfalz an den Goldgründen zu sichern. Die Goldwäscherei brachte an Stellen, wo die Strömung den goldhaltigen Sand ablagerte, spärlichen Ertrag.[15] Er hielt sich im pfälzischen Bereich ohnedies in engen Grenzen. Es ging aber genauso auch um die Festschreibung der Jagd- und Fischereirechte an den besonders dafür geeigneten Stellen, den Entenfängen, den Salmengründen und den Eisbrüchen. Letztere wurden im Winter für den offensichtlich recht ertragreichen Fischfang durch ins Eis geschlagene Löcher genutzt. Ein exklusives Recht auf alle Störe im Rhein setzten die Pfälzer durch, indem sie sich hierfür auf den ihnen zustehenden Wildfang beriefen. Der Kaviar war der Hoftafel vorbehalten. Das Interesse des Hofes an den Rheinrechten kommt auch dadurch zum Ausdruck, daß die Rheinbefahrungen dem Haushofmeister unterstanden.

Die Wälder

Ähnlich wie der Rheinstrom waren die großen Wälder Gegenstand besonderen fürstlichen Interesses wegen der Jagd. Die Fürsorge für den Erhalt der jagdbaren Tiere, die sogenannte Wildfuhr, war eines der wichtigsten Motive dafür, daß man beim Baumbestand keinen Raubbau zuließ. Vom 15. Jahrhundert an treten die ersten Holzordnungen auf, die Untertanen und Gemeinden vorschrieben, welche Bäume als Brenn- oder als Bauholz gefällt werden durften und woher der Holzbedarf des Gewerbes zu befriedigen war.[16] Die Waldweide des Viehs wurde eingeschränkt. Dies alles bewirkte zusammen mit den Jagdrechten, daß die Wälder immer stärker in den Territorialstaat und seine Ordnungen eingebunden wurden. Bahnbrechend im ganzen Reich wirkten hier die Arbeit des Oberrats Noe Meurer von der »forstlichen Obrigkeit« 1560 und das kurpfälzische Jagd- und Forstrecht 1576. Das römische Recht tat ein übriges, um den Begriff des Waldeigentums an die Stelle allgemeiner Bann- und Nutzungsrechte zu setzen. Dort, wo die Wälder in gemeinschaftlicher Nutzung standen, mußte vielfach erst abgegrenzt werden, was der Herrschaft und was den Bauern bzw. den Gemeinden zustand. Auch in solchen Waldgebieten hatte die Pfalz im Lauf des Spätmittelalters ihre Territorialherrschaft durchgesetzt. Sie ging jetzt daran, unmittelbar herrschaftliche Bereiche von solchen der Genossenschaft und Gemeinden zu scheiden. Im Odenwaldanteil des Territoriums lagen die großen Wälder des Landesherrn in der Nachfolge des einst dem Wormser Bischof gehörigen Wimpfener Bannforstes vor allem in einem unmittelbar an den Neckar südlich anschließenden Streifen, der sich ganz besonders auch zur Nutzung durch die Flößerei eignete.[17] Sonstige Herrschaftswälder schlossen sich eng an die Burgen an, in besonderer Größenausdehnung an die Harfenburg bei Heddesbach, die Eberbacher Burgen und an Lohrbach. Die Schwetzinger Hardt war seit dem Erwerb der Burg Wersau im 13. Jahrhundert in den Besitz der Pfalzgrafen übergegangen und eines ihrer beliebtesten Jagdgebiete.[18] Links des Rheines standen die großen Wälder in Verbindung mit Burgen wie der Elmsteiner Wald, oder sie stammten aus dem Kaiserslauterner Reichsland, wofür sich der Name Reichswald gehalten hatte.[19] Kondominat wie die ganze Grafschaft Sponheim war der ausgedehnte Soonwald auf dem Südabhang des Hunsrück.[20] Es stand unter dem ganz von der Pfalz beherrschten Waldgeding in Kreuznach. Für alle pfälzischen Wälder war zunächst ein einziger Forstmeister, seit 1559 je einer für das Land links und für das Land rechts des Rheines zuständig. Das Fürstentum Simmern hatte einen eigenen Oberjägermeister.

Lokalverwaltung

Lagen auch Flüsse und Wälder immer im besonderen Interesse der Herrschaft, so brachte der Besitz landwirtschaftlicher Flächen und die Berechtigung zum Einzug der verschiedensten am Boden haftenden Abgaben zweifellos weit mehr Ertrag. Außer den wenigen Domänengütern, die schon im 15. Jahrhundert diese Funktion hatten und alle recht nahe zum Neckarmündungsgebiet (s. Bd. 1, S. 190) lagen, war sämtlicher herrschaftliche Besitz inzwischen in »Bestand« gegeben, d. h. verpachtet. Die Verwaltung dieser Pachtgüter lag bei den Kellereien, den eigentlichen Zentralpunkten landesherrlicher Grundherrschaft. Über diesen im allgemeinen nur auf dem Gebiet von Grund- und Leibherrschaft tätigen Kellereien standen die Ämter mit echten Befugnissen im Bereich der Orts- und Landesherrschaft. Im Verlauf des 16. Jahrhunderts hat sich die Ämtergliederung des Territoriums weitgehend gefestigt. Von der alten Mittelinstanz der Viztume war nur noch die Titulatur für den Amtmann in Neustadt übriggeblieben.[21] Als Faut, Burggraf und Amtmann unterschieden sich auch sonst noch die Leiter der lokalen Verwaltungsinstanzen in ihren Amtsbezeichnungen, nicht aber in ihren Funktionen. Die zu Beginn des 16. Jahrhunderts noch bestehenden kleineren Ämter und die teilweise noch eigenen Verrechnungen durch Stadtschultheißen wurden in der zweiten Hälfte des 16. Jahrhunderts ganz in die größeren Ämter eingegliedert, bisweilen auch zwei kleinere Ämter in einem Amt zusammengefaßt. Die Stadt Heidelberg stand noch in lockerer Verbindung mit dem gleichnamigen Amt, als Residenz war sie Oberrat und Kanzlei unmittelbar unterstellt.

Insgesamt zählte man 1577 (d. h. ohne Lautern und Simmern) 13 Ämter.[22] Von diesen waren Kreuznach, Kirchberg und Dirmstein Kondominatsämter, an denen die Pfalz nur einen Anteil hatte, außerdem war das Amt Stromberg mit Pfalz-Simmern geteilt. Die drei größten Ämter Heidelberg, Alzey und Germersheim hatten eine Reihe kleinerer Ämter unter sich. Zwischen dem Amt Heidelberg und dem Amt Mosbach war ein letzter Ausgleich nach dem Heimfall von Pfalz-Mosbach vorgenommen worden. Umstadt und Otzberg, Bacharach und Kaub bildeten jeweils zusammen eine Einheit, auch wenn für jeden Bestandteil einzeln noch die Bezeichnung Amt gebraucht wurde. Deutliche erwerbsgeschichtliche Zusammenhänge blieben bei der alten Reichspfandschaft Oppenheim mit Gauodernheim und Ingelheim, bei Starkenburg, das bis 1460 Mainzer Gebiet gewesen war, und beim weiter abgelegenen Boxberg gewahrt. Streubesitz in der Mitte des Kraichgaus vereinigte das Amt Bretten. Restbesitz im Nordwesten des Elsaß wurde von Lixheim aus verwaltet. Im Teilfürstentum Johann Casimirs bestanden die Ämter Neustadt, (Kaisers-)Lautern, zeitweilig mit dem untergeordneten Wolfstein, sowie das kleine Böckelheim. Das simmernsche Nebenland bildeten nur das Amt Simmern und das kleine Amt Bolanden sowie die Anteile an den pfälzischen Kondominatsämtern (s. Karte S. 48). Bis zum Dreißigjährigen Krieg hat sich trotz der Überordnung einzelner Ämter über andere noch nicht die Unterscheidung von Oberamt, Amt und Unteramt durchgesetzt. Unter dem adligen Amtmann hatte der Landschreiber, ein Bürgerlicher mit juristischen Vorkenntnissen, die eigentlichen Verwaltungsgeschäfte zu führen. In Zivilsachen waren die Ämter zweite Gerichtsinstanz zwischen den Stadt- und Dorfgerichten und dem Hofgericht. Beim Amt wurden wichtigere Sachen auch der freiwilligen Gerichtsbarkeit in erster Instanz behandelt.

Die Städte hatten, soweit sie nicht wie Eberbach und Mosbach, Heppenheim und Bensheim den Zenten eingegliedert waren, eigenes Blutgericht. Das dokumentierte sich unter anderem auch durch die Errichtung eines eigenen Galgens. Die Rivalität von Amt und Zent brachte in der Hochgerichtsbarkeit im rechtsrheinischen Teil des Territoriums manche Konflikte. Die Zenten haben sich dabei durchgesetzt, allerdings wuchsen die Zentgrafen schon früh in die Rolle von Unterbeamten des entsprechenden Amtes hinein.[23] Über die Bluturteile hatte der Oberrat eine Aufsicht, sie durften erst mit seiner Zustimmung vollstreckt werden. Die Selbstverwaltung der Zenten kam aber deutlich in der Besetzung des Gerichts zum Ausdruck, ebenso auch in der Umlegung der Unkosten – bis hin zur Unterhaltung von Galgen und Gefängnis – auf die Untertanen. Zum üblichen Personal der Ämter gehörten die Einnehmer und »Bereiter« für Steuern und Zölle, die Geleitsmannschaften und die Unterbeamten wie Burgvögte und Oberschultheißen, Gefällverweser, Amtsknechte und Schreiber. Die Finanzbeamten rechneten unmittelbar, ohne Einschaltung von Amtmann oder Landschreiber, mit der Zentrale in Heidelberg ab.

Die Oberpfalz blieb bei der kleinteiligen Ämtergliederung nach bayerischem Vorbild. An der Spitze der Ämter stand der meist noch adlige Pfleger oder Landrichter. Ihm wurde 1586 auch die peinliche Gerichtsbarkeit übertragen. Unterstützt wurde er durch Kastner und Gerichtsschreiber. Insgesamt zählte die Oberpfalz 31 Ämter, dazu noch 12 Klosterämter.

Weltliche Zentralbehörden

Alle für das ganze Territorium zuständigen Behörden und Gremien waren in Heidelberg untergebracht. Als eigentliches Regierungsorgan arbeitete der aus dem Hofrat entstandene Oberrat. Die Inhaber der wichtigsten Ämter, Hofmeister, Marschall und Kanzler, waren in ihm vereinigt, doch hatte er sich längst vom Hof, der unter einem eigenen Haushofmeister stand, gelöst. Zum Oberrat gehörten außer diesen Amtsinhabern in der Regel drei adlige und drei gelehrte Räte, manchmal auch Geheime Räte genannt; dementsprechend findet sich für das ganze Gremium bisweilen auch die Bezeichnung Geheimer oder Hoher Rat. Die Sitzungen auf dem Schloß oder in der Kanzlei leitete der adlige Großhofmeister, er hatte auch den Vorsitz, falls der Kurfürst nicht selbst anwesend war. Da aber die Tagesordnung und die Vorbereitung Sache des Kanzlers war, besaß dieser einen taktischen Vorteil gegenüber dem Großhofmeister. Die Oberräte waren schon deshalb auf relative Geschlossenheit bedacht, um nicht dem Kurfürsten Anlaß zum Eingreifen zu geben und ihre Initiative zu verlieren. Ihre fast täglichen Sitzungen waren von vielen Routineangelegenheiten, zumal dem Bittschriftenwesen und der Billigkeitsrechtpflege, überlastet, bis diese an das Hofgericht, bzw. 1604 an den Nebenrat abgegeben werden konnten. Für das ganze 16. Jahrhundert war der Oberrat das eigentliche politische Entscheidungsgremium, ein persönliches Regiment des Kurfürsten aus dem Kabinett heraus ist nirgends zu erkennen.

Die laufenden Verwaltungsgeschäfte besorgte die Kanzlei, für die Ottheinrich 1557 die endgültige Ordnung erließ. Der Kanzler war in der Regel ein bürgerlicher Rechtsgelehrter, unter seiner Aufsicht arbeiteten die Sekretäre und die Schreiber. Stellvertreter des Kanzlers war zunächst der Protonotar, seit 1574 ein Vizekanzler. Seither war der Protonotar der erste Sekretär, dem noch zwei weitere Sekretäre zur Seite standen. Die einzelnen Schreiber waren auf bestimmte Geschäftsbereiche spezialisiert. Die Verteilung der Posteingänge und damit der Arbeit war in der Regel Sache des Protonotars, der sich mit den Sekretären in die Masse der Konzepte teilte. Selbstverständlich kamen auch solche vom Kanzler und aus dem Kreis des Oberrats, dagegen sind eigenhändige Entwürfe der Kurfürsten äußerst selten überliefert, von Friedrich IV. und Friedrich V. überhaupt keine.[24]

Das große Siegel für die Ausfertigung der bedeutendsten Urkunden bewahrte der Kurfürst selbst auf, für die weniger wichtigen Dinge diente das Sekretsiegel, von dem fünf Exemplare bestanden. Sie waren auf Beamte der Kanzlei, des Hofgerichts und den Kammersekretär verteilt.[25] Die Führung der Registerbücher wurde gegenüber dem 15. Jahrhundert immer breiter, setzte aber die dortige Tendenz der grundsätzlichen Aufteilung in Lehnbücher einerseits und Betreffe »ad vitam« sowie »perpetuum« der einzelnen Kurfürsten (vgl. Bd. 1, S. 207) andererseits fort. Die Aktenablage befand sich zum Teil in der Kanzlei, zum Teil im Briefgewölbe des Schlosses selbst.

Ähnlich wie der Oberrat war die zweite wichtige Zentralbehörde, das Hofgericht, organisiert, seit 1561 der erste ständige Hofrichter bestallt wurde. Vorher tagte das Hofgericht nur viermal im Jahr als Quatembergericht, deshalb blieben dem Oberrat viele kleinere Angelegenheiten überlassen. Es arbeitete lange nach den Ordnungen vom Ende des 15. Jahrhunderts, bis diese 1573 eine Neufassung erhielten.[26] Fortan zählte das Hofgericht, das ebenfalls in der Kanzlei zusammentrat, sechs Assessoren, später zehn. Es war immer mehr die Domäne der bürgerlichen Juristen, zumal der Adel seit seinem Ausscheiden aus dem Territorium auch keinen Wert mehr auf eine freiwillige Anrufung des Hofgerichts legte. Seine Zuständigkeit im Land waren die gewöhnlichen Appellationen für Sachen mit einem Streitwert über 50 fl. Die Grenze für zugelassene weitere Appellation vom Hofgericht an das Reichskammergericht – eine solche an den Kurfürsten persönlich gab es nicht – wurde durch kaiserliche Privilegierung immer weiter hinaufgesetzt. 1571 waren lediglich noch Angelegenheiten mit einem Wert über 1000 fl dem Reichskammergericht vorbehalten, nach dem Dreißigjährigen Krieg fiel diese Einschränkung. Als Advokaten und Prokuristen beim Hofgericht waren nur Personen mit abgeschlossenem Hochschulstudium zugelassen, ein Qualitätsanspruch, der sich in anderen Territorien meist nicht findet. Der Hofrichter führte das Hofgerichtssiegel, während der Sekretär, wie schon gesagt, ein Exemplar des Sekretsiegels benutzte. In Kreuznach wurde 1530 ein Kondominatshofgericht für die Grafschaft Sponheim eingerichtet.[27]

Die zentrale Finanzverwaltung stand zunächst unter einem adligen Kammermeister, dem für die Routinearbeit Rechenmeister und Rechenschreiber beigegeben waren. 1548 führte diese im Grunde auf Friedrich den Siegreichen zurückgehende Behörde die Bezeichnung Rechenkammer. 1551 wurde erstmals die Kammermeisterstelle mit einem Bürgerlichen besetzt und unter Ottheinrich die ganze Behörde in kollegialen Formen mit Kammer- und Rechenräten organisiert; das von Württemberg vermittelte österreichische Vorbild ist unverkennbar. Als Zentralkasse nahm die Kammer die Überschüsse der Ämter ein, Kammer- und Rechenmeister ließen sich von den »verrechneten« Beamten unmittelbar Rechnung legen. Die Amtmänner waren als Zwischeninstanz ausgeschaltet. Die Kammer machte Vorschläge für die Verbesserung des Haushalts- und Rechnungswesens im Land wie auf der lokalen Ebene. Für den Außendienst wurde um 1600 nach württembergischem Vorbild das Amt des Renovators eingeführt. Das Rechnungsjahr begann mit Cathedra Petri (22. Februar). Um 1600 versuchte man durch Berufung eines Oberinspektors eine zusätzliche Kontrollinstanz zu schaffen. Dies führte nicht zum Erfolg, dagegen erwies sich das Kommissariat (s. S. 89f.) als die wirksamste Aufsicht der kurpfälzischen Finanzen.

Die Amberger Behörden[28] waren von Heidelberg weitgehend unabhängig, jedoch durch die Person des Herrschers und eine gewisse Zuständigkeit des Heidelberger Oberrats mit dem Gesamtland verbunden. Seit 1544, d. h. seit Friedrichs II. Regierungsantritt, war Amberg unbestrittener Zentralort der Oberpfalz, in der jetzt nicht mehr die Unterscheidung von Kurpräzipuum und übrigen Landen eine Rolle spielte. Die von Friedrich in Amberg in repräsentativen Formen erbaute Kanzlei beherbergte die Regierung. An ihrer Spitze standen der Statthalter oder Viztum, der Oberpfälzer Kanzler und der Landrichter sowie eine kleine Anzahl (höchstens 5) adlige und gelehrte Räte. Nach einer Epoche der Selbständigkeit unter Ludwig VI. legte Heidelberg Wert darauf, das höchste Amberger Regierungsgremium mit Reformierten zu besetzen. Die dortige Kanzlei und das Hofgericht arbeiteten nach Heidelberger Vorbild. Als zentrale Finanzinstanz bildete sich nach 1544 eine kollegiale Rechenbehörde mehr nach bayerischem als nach pfälzischem Vorbild, die Rentkammer. Die Stände hatten schon 1563 sämtliche Kammerschulden der Oberpfalz übernommen und eine eigene Finanzverwaltung unter dem Landmarschall sowie je einem Vertreter der drei Kurien des Landtags eingerichtet. Ihr Rechnungsbeamter war der Pfennigmeister. Die äußere Befriedung von 1598 (s. o. S. 63) bedeutete auf Dauer einen Erfolg des Statthalters Christian von Anhalt und eine Entmachtung der Lutheraner.

Schulden und Kommissariat

Selbst die schwere Niederlage von 1504 konnte die relative Stabilität der pfälzischen Finanzen nicht wesentlich erschüttern. Daher bestand auch weiterhin kein unausweichlicher Zwang zur Einrichtung von Landständen (vgl. Bd. 1, S. 205f). Langfristig zeichnete sich jedoch eine ungünstige Entwicklung ab. Die Einnahmen aus den Zöllen gingen zurück oder zumindest ihr Anteil am Gesamthaushalt mit seinem steigenden Finanzbedarf. Die alten regelmäßigen Steuern zeigten ähnliche Tendenzen, zumal sie der Geldwertverschlechterung nicht angepaßt werden konnten. Es blieb zur Deckung der Finanzlücken im Grunde nur die in sehr unregelmäßigen Abständen erhobene Schatzung. 1516/17 versuchte man ihr eine neue Begründung und Regelmäßigkeit durch die Einrichtung einer Art Landstände, d. h. Vertretungen aller Gemeinden, zu geben.[29] Der Ansatz scheiterte daran, daß sich immer noch die Erinnerung an die vielfach unterschiedliche Verfassung der Landesteile nach ihrer Herkunft aus altem pfälzischen Besitz, aus Reichspfandschaften und sonstigen Pfandgeschäften erhalten hatte. Eine einheitliche Vertretung wurde von den Untertanen nicht gewünscht. Adel und Geistlichkeit gingen ohnehin zunehmend auf Distanz.

So blieben die Schatzungen weiterhin von Einzelverhandlungen abhängig. Meistens wurde ihre Erhebung zum Regierungsantritt eines Kurfürsten in der Höhe von 5 bis 6 Prozent vom Vermögen bewilligt und auf jährliche Raten von 1 Prozent verteilt. Mit einer 4prozentigen Schatzung hat Friedrich II. 1544 recht gut hausgehalten. Die Schulden aus dem Schmalkaldischen Krieg zahlte er aus seinem eigenen Kammergut. Einer Honoratiorenversammlung des Landes schlug er zur weiteren Schuldentilgung eine Erhöhung des Ungeldes und eine Geldablösung der Fronden vor, drang damit aber nicht durch. Sein Nachfolger Ottheinrich, schon beim Regierungsantritt als Schuldenmacher bekannt, hat trotz der Bewilligung einer 5prozentigen Schatzung auch die Kurpfalz in erhebliche Schulden für seine kulturellen Unternehmungen gestürzt. Sparsame Zeiten begannen wieder mit Friedrich III., der erst 1564, also 5 Jahre nach seinem Regierungsantritt, sich an die Untertanen wegen neuer Beihilfen wandte. Er wollte zunächst die Schulden des Landes, für die nur noch der Zinsendienst, nicht aber die Tilgungen aufzubringen waren, durch eine entsprechende Aufteilung in die direkte Zuständigkeit der einzelnen Gemeinden bringen, gab sich aber mit einer Schatzung auf sechs Jahre zufrieden. Die Untertanen meldeten jetzt erstmals die Forderung nach einer Kontrolle der Ausgaben an. Durch eine sparsame Wirtschaftsführung konnte Friedrich jedoch eine solche Entwicklung zunächst vermeiden. Eine größere Neuverschuldung hat er in zunehmendem Maße in der Spätzeit seiner Regierung durch seinen Einsatz für die kämpfenden Glaubensgenossen in Frankreich und in den Niederlanden in Kauf genommen. Die anschließende Zeit finanzieller Zurückhaltung und echter Sparsamkeit unter Ludwig VI. bedeutete nur eine kurze Pause im Anwachsen der Schuldenlast. Gleichzeitig hat Johann Casimir in seinem Ländchen über 72 000 fl neue Schulden gemacht. Er konnte allerdings auf die Opferfreude seiner engagiert calvinistischen Gemeinden zählen. Mit seiner Vormundschaft und der anschließenden großen Politik, aber auch mit den seit Friedrich IV. gesteigerten Ausgaben des Hofes sind die kurpfälzischen Finanzen in völlige Bedrängnis geraten. Es half wenig, daß die Pfälzer meinten, in Frankreich infolge der Kriegszüge ein Guthaben von fast 800 000 fl[30] stehen zu haben, und daß sie an die Niederlande allein in den Jahren von 1600 bis 1604 190 000 fl als Darlehen gegeben hatten. Die Rückzahlungen ließen auf sich warten. Das Reich präsentierte außerdem eine Nachzahlungsforderung für vorenthaltene Türkensteuern von 100 000 fl.

Die verzweifelte Finanzlage hatte bereits eine Denkschrift von 1599 deutlich gemacht. Sie sah den einzigen Ausweg darin, Teile des Landes zu verpfänden oder zu verkaufen. Soweit kam es nicht; denn nachdem die Steuerbewilligung von 1593 ausgelaufen war, hat man sich endlich zur Einrichtung einer ständischen Körperschaft durchgerungen. Die Bereitschaft dazu war wesentlich auch durch die 1601 drohende Vormundschaft und die damit verbundene Gefahr für den Calvinismus gefördert worden. Diese Körperschaft, der Landtag, tagte zwar ohne Resultat, aber es gelang doch, einen Ausschuß aus den Vertretern der Städte und Ämter Heidelberg, Alzey, Germersheim, Neustadt und Mosbach zu bilden. Er war grundsätzlich bereit, die Kammerschulden zu übernehmen und aus den Einnahmen einer neuen Schatzung zu tilgen. Allerdings knüpfte er daran die Bedingung, Schulden und Steuern selbst zu verwalten. Der Kurfürst sollte als letzter Verfügungsberechtigter über das Kirchengut besonders eingebunden werden. Man richtete drei zentrale Kassen in den »Legstädten« zu Heidelberg, Alzey und Neustadt ein, je zwei Ratsmitglieder und die Ratsschreiber dieser Städte bildeten den kleinen Ausschuß, der die unmittelbare Kassenverwaltung übernahm. Er wurde durch den großen Ausschuß, jetzt »Kommissariat« genannt, ergänzt. Dieser vereinigte zusätzlich mit denen der Legstädte je einen Vertreter der Ämter Germersheim, Mosbach, Bretten, Starkenburg, Bacharach und Lautern. Nur Oppenheim hielt sich fern, weil der Rat der Stadt sich aus Adligen und Bürgerlichen zusammensetzte und keine Einigung zu erzielen war. Das Kommissariat, für die Bewilligung von Steuern und ihre Verwendung zuständig, verwaltete die Einkünfte aus Schatzung und Ungeld und konnte seinen Einfluß auf größere Sparsamkeit in Hofhaltung und Landesverteidigung durchaus zur Wirkung bringen. Infolge seiner betont calvinistischen Haltung zeigte es sich als opferbereit, wo es um die große pfälzische Politik ging, sowohl bei der englischen Heirat als auch bei der böhmischen Thronkandidatur. Unmittelbar vor der endgültigen Besetzung des Landes 1623 ist es letztmals mit neuen Bewilligungen zusammengetreten.

Ähnlich setzte sich die Oberpfalz bis 1620 für die Kriegskosten ein. Mit ihren älteren ständischen Traditionen war sie Vorbild für das Kommissariat im rheinischen Landesteil geworden. In Amberg hatte bereits Friedrich III. 1563 die Übernahme der Schulden in Höhe von 500 000 fl durch die Stände erreicht. Tilgung sollte eine Ungelderhöhung bringen. Die Verwaltung der Einnahmen war einem Ausschuß, dem Kommissariat, aus je einem Vertreter der Prälaten, Ritter und der Amberger Bürgerschaft unter dem Landmarschall anvertraut. Die Rechnungsführung und -prüfung hatten der Pfennigmeister und ein Gegenschreiber. Immer wieder erreichten die Herrscher höhere Anteile am Ungeld und erneute Steuern auf befristete Jahre durch Konzessionen an den Adel auf dem Gebiet der Grundherrschaft und Zugeständnisse auf konfessionellem Gebiet. Damit wurde jedoch die Handlungsfähigkeit der Stände im Bereich der Finanzen immer mehr eingeschränkt, bis 1597 durch den Sturz des Amberger Rates und die Besteuerung der Tafelgüter des Adels die Herrschaft das Heft ganz in die Hand bekam.

Der Staatshaushalt

Für die Zeit von 1512 bis kurz vor 1600 haben sich nur spärliche Nachrichten über den Staatshaushalt erhalten. Übersichten und Bilanzen sind dagegen um 1600 in ziemlicher Breite überliefert, doch gibt es nirgendwo eine Abrechnung, die alle Arten von Einkünften und Ausgaben verzeichnet. So bleibt eine Gesamtbetrachtung Rekonstruktion, die sich jedoch für die Einnahmen und Ausgaben des Kammermeisters auf eine

Durchschnittsberechnung für die Jahre 1602/04[31] stützen kann. Da die inflationäre Entwicklung in der damaligen Zeit schon im vollen Gange war, sich aber gegen Ende des Jahrzehnts und im folgenden noch erheblich steigern sollte, sind alle aus anderen Jahrgängen zur Ergänzung herangezogenen Zahlen äußerst problematisch.[32] Bester Anzeiger der pfälzischen Inflationsrate ist die Einschätzung des Gesamtsteuerkapitals der Schatzungspflichtigen. Es wurde 1602 mit 12½ Millionen fl veranschlagt, 1618 mit 19 Millionen. Selbst wenn man auch einen Anstieg des Wohlstandes in Rechnung stellen muß, ist der weitaus größere Teil dieser Steigerung der Geldentwertung zuzuschreiben.

Eine Übersicht ergibt für den rheinischen Landesteil und den Gesamthaushalt mit allen Unsicherheiten doch ein in Tabellenform zu fassendes Bild.

Übersicht über den pfälzischen Staatshaushalt Anfang des 17. Jahrhunderts

Einnahmen

Kammermeistereieinnahmen		120 000 fl
darunter		
Zölle (Rheinzölle allein 42 000 fl)	73 000 fl	
Verbrauchssteuern (Ungeld und Atzgeld)	11 000 fl	
Amtsgefälle	32 000 fl	
Steuern		120 000 fl
Zuschüsse der Geistlichen Administration		25 000 fl
Überweisungen aus der Oberpfalz		35 000 fl
Rückzahlung von ausgeliehenen Kapitalien		30 000 fl
(1604 allein aus Frankreich 27 000 fl) sehr unregelmäßig		
	insgesamt	330 000 fl

Ausgaben

Hofhaltung		110 000 fl
darunter:		
Privatschatulle der fürstlichen Familie	16 000 fl	
Hofpersonal	15 000 fl	
Sachausgaben für höheren Bedarf (allein Frankfurter Messe 32 000 fl, darunter 28 000 fl für Kleinodien)	61 000 fl	
Sachausgaben für den täglichen Bedarf (Nahrung, Getränke, Heizung)	16 000 fl	
Landesverwaltung		50 000 fl
darunter:		
Zentralbehörden	11 000 fl	
Lokalbehörden	12 000 fl	
Tagegelder und Diäten	21 000 fl	
Zeughaus und Marstall	6 000 fl	
Bauaufwand		40 000 fl
Kammermeisterausgaben	insgesamt	200 000 fl
andere Ausgaben (Reichssteuern, Landesverteidigung, Bündnispolitik) nicht einzeln nachweisbar	über	200 000 fl
Gesamtausgaben	über	400 000 fl
Deckungslücke	über	70 000 fl

Der Finanzbedarf war also zu einem guten Teil dem unverhältnismäßig großen Aufwand für den Hof und der ehrgeizigen Außenpolitik zuzuschreiben. Es ist schon erstaunlich, daß angesichts der angespannten Finanzlage gerade bei den Luxusgütern ein solcher Aufwand getrieben wurde und große Summen für Anschaffungen auf der Frankfurter Messe hinausgingen. Allerdings dürften unter diesen 32000 fl die 28000 fl für Goldschmiedearbeiten und ähnliches immerhin noch eine Kapitalanlage dargestellt haben. Die Kosten der Hofhaltung weisen längst nicht den Gesamtaufwand nach, da dieser zum Teil durch die Naturalien[33] bestritten wurde und im Grunde in den Ausgaben für den Marstall und den Bauaufwand ebenfalls wesentliche Bedürfnisse und Projekte des Hofes stecken. Unter den Kammermeistereinnahmen stehen immer noch die Rheinzölle vorne an. Allerdings hat sich ihr Gewicht im Gesamthaushalt, der immer mehr durch Steuern finanziert werden mußte, gegenüber dem Ausgang des Mittelalters nochmals verringert. Die Geistliche Administration wurde mit regelmäßigen Beiträgen zum Staatshaushalt herangezogen, bisweilen kamen zusätzliche Leistungen (s. u. S. 94f.) hinzu. Daß die Oberpfalz mit am Gesamtaufwand zu tragen hatte, ist selbstverständlich, zumal sie von einer Hofhaltung im Lande selbst freigekommen war.

Die größten Unsicherheitsfaktoren im Haushalt waren Forderungen, hauptsächlich aus früherem Aufwand für die Verbündeten, auf der Einnahmenseite und der Kapitaldienst für die wachsenden eigenen Schulden auf der Ausgabenseite. Einen Ausgleich konnten überhaupt nur zufällige Einnahmen, wie etwa das Heiratsgut aus der Ehe Friedrichs IV. mit Luisa Juliana von Oranien, schaffen. Schon seit der Zeit Johann Casimirs tat sich eine immer größere Deckungslücke auf, die nur durch die Bewilligung neuer Steuern und die Übernahme von Schulden durch das Kommissariat geschlossen werden konnte. Insgesamt hat das Kommissariat 1603 Schulden in Höhe von 2089487 fl übernommen.[34] Seine Instrumente der Schuldentilgung waren die jetzt jährliche Schatzung von zunächst 0,5% auf das Steuerkapital und die zweimalige Erhöhung des Ungeldes, zuerst um 1 Pfennig, im Vorfeld des Dreißigjährigen Kriegs nochmals um 2 Pfennig pro Maß. Pfalz-Simmern hatte ein eigenes Kommissariat, das einen Anteil von einem Fünftel an den Gesamtschulden übernehmen mußte.[35]

Die Oberpfälzer Finanzen wurden unabhängig von den Heidelbergern gehalten und das dortige Kommissariat in Unkenntnis des Heidelberger Haushaltes gelassen. Das Land war durch eine eigene Hofhaltung nur solange belastet, als der Kurprinz dort die Statthalterschaft innehatte, also bis 1576. Zusätzliche Ausgaben verursachten auch danach die Besuche des Kurfürsten; der Friedrichs III. von 1563 hat allein 8000 fl gekostet.[36] Der Steuerfuß für die immer wieder neu bewilligten Steuern schwankte zwischen 1,4 und 1%. Die Amberger Rentmeisterrechnungen sind daher nicht systematisch untersucht. 1577/78 wurde ein Überschuß von 16500 fl erzielt, 10 Jahre später waren es 35000 und 1598/99, zweifellos schon am Beginn inflationärer Entwicklung, 195500. Dabei ist zu bedenken, daß darin nicht die regelmäßigen Einnahmen, sondern auch unregelmäßige und große Reste aus dem Vorjahr verzeichnet waren. An den Einnahmen war der Pfennigmeister der Landstände, hauptsächlich mit Ungeld in Höhe von 50000 fl, beteiligt.[37] Nach Heidelberg floß 1598/99 die außergewöhnlich hohe Summe von über 73000 fl, in der die Naturallieferungen aus dem Eisengewerbe und von Schlachtvieh zur Hofhaltung noch nicht einmal mitberechnet wurde.

Landeskirche und geistliche Behörden

Trotz aller frühen Tendenzen zu einem landesherrlichen Kirchenregiment hat selbstverständlich erst die Reformation eine landeseigene Organisation von Kirche und geistlichen Behörden gebracht. Erstaunlich wenig hat der Übergang vom Luthertum zum Calvinismus dabei verändert. Im Grunde blieb es eindeutig beim landesherrlichen Kirchenregiment, dem nur gewisse Züge des Genfer Vorbildes eingefügt wurden. Keineswegs war die pfälzische reformierte Kirche, wie es diesem Bekenntnis entsprochen hätte, von der Gemeinde her aufgebaut mit Synoden und Organen für die Kirchenzucht auf allen Ebenen. Der Landesherr und die von ihm abhängige Kirchenleitung bestimmten ausschließlich. Selbst die Ältesten der Gemeinden wurden vielfach aus dem Kreis der weltlichen Amtsträger gewählt. Obendrein war die Verwaltung des Kirchenguts vom Kirchenrat unabhängig und dem Kurfürsten unmittelbar unterstellt, eine Lösung, die es nicht einmal im lutherischen Württemberg gab.

Als Grundelemente des Kirchenaufbaus sind die ganze Reformationszeit über die mittelalterlichen Pfarreien erhalten geblieben, wenn es auch im Interesse einer besseren Seelsorge zur Zusammenlegung vieler Pfründen und zu einer räumlich gleichmäßigeren Verteilung gekommen ist. Einige Filialen wurden in den größeren Städten zu Pfarreien erhoben, vor allem aber in Heidelberg[38] entstanden anstelle von Kloster- und Stiftskirchen neue zusätzliche Pfarrstellen mit eigenen Sprengeln. Über den Pfarreien sah die Reformation Ottheinrichs für jedes Amt einen Superintendenten, darüber vier Generalsuperintendenten und als Spitze einen Kirchenrat vor.[39] In diesem sollten auch die Generalsuperintendenten Sitz und Stimme haben, also von vornherein eine gewisse lokale Kompetenzverteilung nach ihren vier Amtsbereichen stattfinden. Tatsächlich kamen diese vier Generalsuperintendenturen nicht zustande. Auch blieben die regionalen Sprengel der Inspektoren kleiner als ursprünglich beabsichtigt, wo jedes Amt nur einen Dekan erhalten sollte.[40] So war z. B. das Oberamt Heidelberg in die drei Inspektionen oder Klassen von Ladenburg, Weinheim und Wiesloch aufgeteilt. Außer in Mosbach gab es noch einen Inspektor in Sinsheim, der auch für Eppingen und die randlichen Gemeinden des Amts Bretten zuständig war. Neben dem zu Germersheim bestand noch einer in Billigheim, neben dem Alzeyer Inspektor ein solcher in Dirmstein und amtsübergreifend weitere in Gauodernheim und in Neuhausen. Die reformierte Kirchenordnung hatte diesen Klassen ein synodales Element in den Classicalkonventen zugeteilt.[41] Reihum kamen sämtliche Kirchen- und Schuldiener der entsprechenden Klasse in einer Pfarrei zusammen und verschafften sich einen Eindruck von Predigt und Amtsführung des dortigen Pfarrers und mit Hilfe der örtlichen Kirchenältesten (Presbyter) von Kirchenbesuch, religiöser Bildung und dem moralischen Zustand der Gemeinde. Über alles wurde ein Protokoll angelegt. Die erhaltenen Protokolle der Klasse Bacharach[42] zeigen, daß weitgehend Ordnung herrschte und die Bevölkerung unter einer erstaunlich gut funktionierenden sittlichen Kontrolle stand. Diese war also nicht nur Sache der Geistlichen, sondern seit 1570 auch der Verordneten oder Presbyter, die jeweils aus der Gemeinde gewählt wurden und ihrerseits eine Aufsicht auch über die Kirchen- und Schuldiener führten. Dem entsprach eine jährliche Versammlung der gewählten Vertreter sowohl der Pfarrer als auch der Presbyterien innerhalb der Ämter.[43] Alle Übernahmen des Genfer Vorbilds blieben vom Kirchenrat abhängig. Außerdem stand den Gremien der Sittenzucht nur die brüderliche Vermahnung zu, während die Strafe der Exkommunikation dem Kurfürsten selbst vorbehalten blieb. Eine Generalsynode der ganzen Pfälzer Kirche hat es bis zum Dreißigjährigen Krieg nie gegeben.

Außerhalb der Inspektionen blieben die Fremdgemeinden. Friedrich III. hat seinen als Flüchtlinge ins Land gekommenen Glaubensbrüdern Kirchen und Schulen in der eigenen Sprache zugestanden. Die Gemeinden mußten sich lediglich an Dogmatik und Ritus der pfälzischen Kirche halten, hatten aber sonst weitgehende Autonomie. Ihren Bestand suchte Friedrich III. durch sein Testament zu schützen. Nachdem dies fehlgeschlagen war, wurde ihnen seit Johann Casimir der konfessionelle Status auch für den Fall garantiert, daß der Landesherr nicht mehr reformierten Bekenntnisses sein sollte. Französisch-wallonische Gemeinden bestanden in Frankenthal und in Schönau ab 1562, letztere mit Unterbrechung und weitgehender Verlagerung nach Otterberg 1579, außerdem in Lambrecht (1570), in Heidelberg (1569), in Oppenheim (1572), in Lixheim (ca. 1606), in Billigheim (nach 1600) und in Mannheim (ab 1608). Niederländisch-reformierter Gottesdienst wurde in Frankenthal, Oppenheim und in Mannheim für eigene Gemeinden eingerichtet. Sie unterstanden alle unmittelbar dem Kirchenrat, wie das sonst nur für die Kirchengemeinden der Stadt Heidelberg galt.[44]

Der Kirchenrat war seit dem Ausscheiden des Generalsuperintendenten Heshusen (1560, s. o. S. 38f.) eine kollegiale Behörde aus drei Theologen und drei Juristen, sogenannten »*politici*«. Der Rangälteste unter den Juristen präsidierte den Sitzungen und führte die Verhandlungen. Der Kirchenrat erhielt 1564 eine feste Ordnung. Nachdem er anfänglich im Barfüßerkloster getagt hatte, setzte er selbst 1568 als Ort seiner Versammlungen die Kanzlei durch, war der Kirchenrat doch auch über Personalunionen und personelle Beziehungen recht eng mit dem Oberrat verknüpft. Dabei galt er grundsätzlich als unabhängig geradeso wie das pfälzische Kirchenwesen in jeder Hinsicht von den weltlichen Behörden unabhängig sein sollte. Noch mehr Theorie blieb die Unabhängigkeit beim Ehegericht, das ebenfalls schon durch Ottheinrich vorgesehen wurde und seine richtige Ausprägung mit den Ordnungen von 1563 und 1582 fand. Es war personell und nach seinem Tagungsort mit dem Hofgericht verknüpft. Auf »Unabhängigkeit« wurde hier insofern gesehen, als die Besoldung der Ehegerichtsräte aus den geistlichen Mitteln stammte.

Die Einrichtung einer eigenen, von weltlichen Einflüssen freien Verwaltung der Kirchengüter war schon früh Programm der pfälzischen Reformation. Sie wird auch im allgemeinen als gelungen angesehen. Vorläufer hatte diese Kirchengüterverwaltung bereits im landesherrlichen Kirchenregiment der katholischen Zeit und ein Vorbild in Württemberg. Pfälzische Besonderheit aber ist, daß diese Geistliche Güterverwaltung nicht dem Kirchenrat, sondern dem Herrscher unterstand und ebenfalls unmittelbar vom Oberrat kontrolliert wurde, was den Einfluß der weltlichen Gewalt nochmals verstärkte. Vorstufe war bereits die Zusammenfassung der Einkünfte aus den landesherrlichen Patronaten in der Rechenkammer schon vor 1540 und die Besetzung wirtschaftlich schwacher Klöster mit weltlichen Pflegern. All diese lokalen Vermögensverwaltungen wurden, wie auch im weltlichen Bereich, zentral durch die Rechenkammer kontrolliert. Spätestens 1569 gab es eine zentrale Kirchengefällverwaltung. Die Geistliche Administrationsordnung von 1576 hat also eine im Grunde längst vorhandene Institution nur in feste Formen gegossen. An der Spitze der Administration, die im Schönauer Mönchhof zu Heidelberg untergebracht war, stand der Verwalter, ihm waren ein Rechenmeister, ein Rechenschreiber und ein Registrator untergeordnet. Hinzu kamen Kirchenbereiter für den Außendienst. Die Administration sorgte für eine stärkere Zentralisierung und weitgehend einheitliche Schriftlichkeit bei der Verwaltung der Kirchengüter. In jedem Amt waren die kleinen Pfründen in sogenannte Kollekturen zusammengefaßt, im Oberamt Heidelberg bestanden zwei Kollekturen. Die Klöster blieben unter eigenen Verwaltungen, den sogenannten Schaffnereien und Pflegereien, die ganz großen hat man meist noch unterteilt, wobei alte Strukturen nachwirkten.[45]

Die Einkünfte der Geistlichen Administration sollten, wie das schon Luther vorgesehene hatte, der Unterhaltung von Kirchen und Schulen sowie der Armenpflege dienen. Erst was dann noch überschüssig war, konnte für das allgemeine Wohl des Landes verwertet werden. Diese letzte Zielsetzung ermöglichte dem Herrscher, doch erhebliche Teile des Kirchenvermögens auch weltlichen Zwecken dienstbar zu machen. Ganz im Vordergrund standen dabei die Finanzierung der kostspieligen Außenpolitik bis hin zu den Kriegszügen in Frankreich und den Niederlanden und der Aufwand für die Brautwerbungen in Holland und England. Zum Haushalt des Kurprinzen wurde das Kirchengut ohnehin herangezogen. Indirekt leistete es seinen Beitrag zum Bau neuer Festungen und Gewerbeplätze durch die Hergabe von Land, die meist nur sehr mäßig honoriert wurde.

Auch die Oberpfalz[46] hat 1577 einen Kirchenrat erhalten, der in der Folge mit dem weltlichen Regimentsrat verbunden blieb, weil nur so die Kontrolle der Lutheraner durch die Reformierten möglich war. Das Oberpfälzer Kirchenvermögen blieb ebenfalls in stärkerer Abhängigkeit von der politischen Führung. Die Einzelpfründen im ganzen Land hatte man zentralisiert, es gab also keine lokalen Kollekturen. Dagegen blieben die Klöster als Unterabteilungen der Kirchengüterverwaltung mit eigenen Klosterrichtern bestehen, während die Klosteradministratoren ihre Vertretung im Landtag wahrnahmen, der Verwaltung aber ferngerückt waren. Zu einer geschriebenen Ordnung der Kirchengüterverwaltung ist es in der Oberpfalz wohl auch angesichts des konfessionellen Machtkampfes zwischen Reformierten und Lutheranern nie gekommen.

Die Gesamteinnahmen der Geistlichen Administration, überwiegend Naturaleinkünfte, wurden 1606/07 auf rund 100000 fl eingeschätzt. In der Oberpfalz kamen damals über 50000 fl ein. Diese Einnahmen stellten doch ein beträchtliches Volumen dar, wenn man es mit dem gesamten Staatshaushalt von damals 400000–450000 fl vergleicht. Die Reformation brachte also auf diesem Sektor nicht nur einen Macht-, sondern einen erheblichen Mittelzuwachs.[47]

Gesamtbevölkerung

Es ist nicht leicht, den sehr gut bekannten räumlichen Rahmen des Territoriums mit konkreten Vorstellungen hinsichtlich der Einwohnerzahl zu verbinden. Während aus dem späten Mittelalter nur für Einzelbereiche Zahlen von Steuer- oder Wehrpflichtigen überliefert sind,[48] gibt es immerhin eine zentrale Liste über den Einzug der Reichssteuer von 1577.[49] Sie betrifft das gesamte rheinische Territorium Ludwigs VI. Die Ämter Johann Casimirs sind etwa gleichzeitig noch besser durch die erhalten gebliebenen Türkensteuerlisten und Schatzungsbücher für die Ämter Neustadt und Lautern erfaßt. Für Simmern gibt es immerhin ähnliche Quellen.[50] Natürlich ist es schwierig, von Steuerpflichtigen auf Gesamtzahlen zu kommen, und alle Umrechnungsmethoden lassen sich am einzelnen konkreten Beispiel widerlegen und kritisieren. Einen großen Teil der Orte des Amtes Kaiserslautern beschreibt 1601 eine Liste der Haushalte mit Kopfzahlen.[51] Ihr Vergleich mit den Steuerbüchern legt nahe, die Steuerpflichtigen nur mit 4 zu multiplizieren. Das andere Extrem zeigt sich anhand eines Einwohnerverzeichnisses der Stadt Heidelberg von 1588, wo auch eine Multiplikation mit 5 noch nicht die Gesamtzahl erreicht. Freilich muß man bedenken, daß zur Heidelberger Bevölkerung Studenten und Soldaten gehörten, vom Hof ganz zu schweigen. In den Steuerlisten erscheint allenthalben nicht der privilegierte Teil der Bevölkerung, meistens aber auch nicht die ausgesprochene Unterschicht, die nichts zu versteuern hatte, Gesellen und Dienstboten oder gar die Fahrenden, denen nirgends ein Heimatrecht zustand. Alles dies mitbeachtet, ergibt sich 1577 für die Lande Ludwigs VI., einschließlich der Kondominate und der auswärtigen Wildfänge und Königsleute, eine ungefähre Bevölkerung von 140 000 Einwohnern, mit Pfalz-Lautern und Pfalz-Simmern kommt man auf etwa 180 000. Für die Oberpfalz sind überhaupt nur schätzungsweise Annäherungen möglich. Alles zusammengerechnet dürfte dieses Territorium kaum über 80 000 Einwohner gezählt haben.

Nicht eindeutig zu beantworten ist die Frage nach der weiteren Bevölkerungsentwicklung von 1577 bis zum Dreißigjährigen Krieg. Einzelne Nachrichten deuten an, daß auch außerhalb der Exulantenstädte wenigstens teilweise mit einem Wachstum, das zwischen 10 und 12 Prozent lag, gerechnet werden muß. Im fruchtbaren Teil der rheinischen Pfalz war solches Wachstum auch möglich, da die Teilung von Pachtgütern durchaus geduldet wurde, wenn nur die Erträge weiterhin aus einer Hand vom sogenannten Träger abgeliefert wurden. Selbst bei den geschlossenen Hubgütern des Gebirges ist eine Tendenz zur Teilung unverkennbar. Von Heiratsbeschränkung ist ohnedies nicht die Rede. Fraglos blieb die hohe Säuglingssterblichkeit das größte Hindernis für eine stärkere Zunahme. Immer wieder sorgten Epidemien für Rückschläge. Für Heidelberg sind aus dem Zeitraum zwischen Landshuter Krieg und Dreißigjährigem Krieg 16 Pestjahre bekannt. Der Pest sollen allein 1596/97 1200 Menschen zum Opfer gefallen sein, was aber wohl als übertrieben angesehen werden muß.[52]

Untersucht man die Verteilung der Bevölkerung auf die Städte und die Dörfer, so zeigt für die rheinische Pfalz sich immerhin ein recht beachtlicher städtischer Anteil. Er liegt nach Einströmen der Refugianten bei etwa 52 000 und damit weit über einem Viertel (28,9 Prozent) der Gesamtbevölkerung. Die wesentlich schwierigeren Zahlen für die Oberpfalz deuten an, daß hier etwa 14 000 der städtischen Einwohnerschaft angehörten und damit gewiß weniger als ein Fünftel, vielleicht sogar nur ein Sechstel der Gesamtbevölkerung.

Dörfer und Landwirtschaft

Die Verteilung der Bevölkerung auf die Landbezirke spiegelt im ganzen die unterschiedliche Fruchtbarkeit des Bodens wider. Das zeigt sich bereits, wenn man die örtlichen Einwohnerzahlen nach Ämtern aufführt.[53] Heidelberg und Neustadt weisen da ganz andere Größen aus als etwa Kaiserslautern und Mosbach. Völlig zurück liegt allerdings das Heidelberger Unteramt Lindenfels, das ganz auf den Odenwald beschränkt blieb. Dort überschritt außer dem Zentralort Waldmichelbach kaum eine Ortschaft die Grenze von 100 Personen. Bis auf wenige Ausnahmen lagen die Dörfer größenmäßig zwischen 30 und 50 Einwohnern. Die Masse der Landorte des Amts Kaiserslautern war nur wenig größer. Allerdings verzeichneten 14 Orte, darunter die Sitze der Gerichte und Unterämter, damals eine Bevölkerung von über 100, nur Weilerbach über 200. Solch extrem kleine Siedlungen, eher Weiler als Dörfer, kannte das Oberamt Mosbach nur in seinem Anteil am hinteren Odenwald. Sonst herrschten hier Ortsgrößen zwischen 200 und 300 Einwohnern vor, aber auch diese Zahlen wurden von Oberschefflenz, Dallau, Obrigheim und Neckarelz (640) deutlich überschritten. In den Altsiedelgebieten des Oberamtes Heidelberg findet sich eine mindestens ähnliche Struktur, wobei eine noch stärkere Gruppe mit jeweils zwischen 500 und 700 Bewohnern, hauptsächlich in der Weinbauzone längs der Bergstraße, hinzukam. So hatte Leimen ungefähr 1000, Nußloch um 900, Rohrbach 580, Handschuhsheim 700, Dossenheim 560 Einwohner. Aber auch die Rheinebene war in dieser Gruppe stärker vertreten mit Walldorf (800), Hockenheim (1000), Neckarau (520), Seckenheim (550), Viernheim (590) und Lampertheim (750). Im Kraichgau gab es solch große Orte nicht. Einzig und allein Meckesheim überschritt knapp die Grenze von 500 Ortsansässigen. In die Spitzengruppe der Landorte gehörten mit über 500 Einwohnern im Oberamt Neustadt die Weindörfer Mußbach und Edenkoben. Haßloch in der Rheinebene mit etwa 930 Einwohnern war das größte Dorf im Amt. Die meisten Rheinebenenorte dieses Oberamtes waren etwas kleiner als die rechts des Rheines, Größen unter 100 Personen kommen aber auch hier kaum vor. Ganz ähnlich waren die Verhältnisse im Oberamt Alzey, während Simmern am ehesten mit Kaiserslautern vergleichbar ist.

Die räumliche Verteilung der Bevölkerung unterstreicht die ohnehin bekannte Tatsache, daß die ganz überwiegende Mehrheit von der Landwirtschaft lebte. In allen Altsiedelgebieten herrschten die traditionellen Formen zelgengebundener Anbausysteme; man sprach in der Pfalz allerdings nicht von Zelgen, sondern von Fluren. Rechts des Rheines war dabei überwiegend die Dreifelderwirtschaft üblich, an der Bergstraße gab es auch Zweifelderwirtschaft. Letztere war für weite Teile der linksrheinischen Oberämter, soweit sie in der Rheinebene, am Haardtrand und im Alzeyer Hügelland lagen, charakteristisch.[54] Anstelle der verhältnismäßig gleichmäßigen Produktion von Winter- und Sommerfrucht stand hier die stärkere Ausrichtung auf Winterfrucht. Die Gebirgsgegenden wirtschafteten nur zum Teil und recht unvollkommen im Dreifeldersystem; in Extremfällen mußte der Boden über mehrere Jahre ruhen und beweidet werden, bis er wieder einen Ertrag im Körnerbau bringen konnte. Die Hubgüter im Odenwald ließen ihren Bebauern alle wirtschaftlichen Freiheiten mindestens dann, wenn sie als geschlossene Besitzstreifen erhalten waren. Das schlechte Klima der Gebirgszonen schränkte den Körnerbau ohnedies auf Roggen und Hafer ein, während Gerste und Spelz, im linksrheinischen bisweilen auch Weizen, im größeren Maße nur in den Altsiedelgebieten angebaut werden konnte. Zweite wichtige agrarische Produktion war der Wein. Dabei ist ganz deutlich, daß beachtliche Erträge nur aus den Zonen kamen, die bis heute dem Weinbau dienen, also vor allem die Gebirgsränder beiderseits des Rheines, die Hügelländer des Kraichgaus und um Alzey sowie an der Nahe. Nur in den besten Lagen besaßen der Kurfürst selbst und die großen geistlichen Grundherren Weinberge.[55] Alle anderen Nachrichten über Weinbau, teilweise bis auf den Odenwald hinauf, betreffen nur minderwertige Weinberge, die lediglich Haustrunk lieferten.

Die Viehhaltung war damals noch ganz vom Vorhandensein größerer Weiden abhängig. In dieser Beziehung waren die Dörfer an den Gebirgsrändern am besten gestellt, die als Genossen der Zentallmenden von Schriesheim und Heppenheim oder der linksrheinischen Haingeraiden und Hardgeraiden Viehtrieb und Eckerich, d. h. die Eichelmast für die Schweine, in den angrenzenden Gebirgswäldern nutzen konnten. Auch die Flußauen boten große Weidebezirke. Knapper war dagegen das Weideland im Alzeyer Raum, wo fast nur die jeweilige Brachflur zur Verfügung stand. Die Hirten wurden stets von der Gemeinde bestellt und gehörten der ärmsten Bevölkerungsschicht an. Für andere Unbegüterte boten die Waldgewerbe wie Köhlerei und die fürs Schießpulver gebrauchte Pottaschenbrennerei sowie das Sammeln von Harz zur Herstellung von Pech Nahrungsquellen. Viel wesentlicher war die Taglohnarbeit bei der Herrschaft und bei den großen Bauern.

Städte und Gewerbe

Schon nach ihrer Größe lagen die meisten Städte erheblich über den Dörfern. Nur die ausgesprochenen Burgstädtchen wie Lindenfels und Dilsberg mit 60 bzw. 100 Einwohnern sind sehr klein geblieben, und auch Stromberg (200 Einwohner) hatte kaum Ausdehnungsmöglichkeiten. Etwas größer waren Wolfstein und die Neugründung Lixheim sowie Rockenhausen (jeweils um 250 Einwohner). In die Gruppe bis zu 500 Einwohnern gehörten Kirchberg, Boxberg und Kaub, wenig größer waren Billigheim, Oggersheim und die Exulantensiedlung Otterberg. Einwohnerzahlen zwischen 700 und 1000 wiesen die Amtsstädte Simmern, Bacharach und Germersheim auf, aber auch bald nach seiner Gründung Mannheim und die keineswegs mit Zentralfunktionen ausgestatteten Landstädte Oberingelheim, Neckargemünd, Schriesheim und Wachenheim. 1000 bis 1400 Insassen zählten Bretten, Heidelsheim und Eppingen, Wiesloch, Ladenburg, Eberbach, Mosbach, Heppenheim, Umstadt, Pfeddersheim und Frankenthal. Letzteres sollte diesen Rahmen bis zum Ausbruch des Dreißigjährigen Krieges infolge großen Zuzugs gewaltig sprengen. Von altersher in die Gruppe der größeren Städte – am Ende des 16. Jahrhunderts lag die Einwohnerzahl um 2000 – gehörten Oppenheim und Kaiserslautern, Neustadt und die nur wenig kleineren Bensheim und Weinheim. Wesentlich darüber lag mit etwa 3300 Einwohnern die Kondominatsstadt Kreuznach, im Grunde eine Doppelstadt. Alle diese Größenordnungen übertraf Heidelberg, das damals über 6000 Einwohner in seinen Mauern beherbergte, wenn man den Hof hinzuzählt, sicher 7000.

Die Oberpfälzer Städte weisen ähnliche Größenverhältnisse auf. Amberg war inzwischen auf über 4000 Einwohner angewachsen, der Kondominatsort Weiden auf über 2000. Während Neumarkt in einer Größenordnung über 1500 blieb, lagen alle anderen bei einer Bevölkerung von etwa 1000 oder auch darunter. Die ausgesprochenen Kleinstädte waren selten. Ein beachtliches Größenwachstum hatten außer den noch zu behandelnden Neugründungen vor allem Heidelberg und Amberg seit dem Spätmittelalter durchgemacht. Heidelberg dürfte in der Mitte des 15. Jahrhunderts eine Volkszahl von etwas über 5000 gehabt haben, Amberg soll damals noch nicht bei 3000 Einwohnern angelangt gewesen sein. Solche Entwicklung brachte selbstverständlich eine Grundrißverdichtung und das Anwachsen der meist schon vorher angelegten Vorstädte.

Die Stadtverfassung zeigt allgemein das Bild einer vom Landesherrn geregelten und abhängigen Selbstverwaltung. Gerichtsurteile wurden in allen schwereren Fällen von der Obrigkeit kontrolliert. Auch die Autonomie der Finanzen war durch die Rechnungsprüfung von Seiten der Lokalbeamten eingeschränkt. Die Zuwahl von Rat und Gericht war durchaus unterschiedlich, aber stets mit entsprechenden Einspruchsmöglichkeiten der Herrschaft geregelt. Als Residenzstadt konnte Heidelberg sich immer weiter vom Oberamt freimachen, kam aber damit unter die Kontrolle durch die Zentralbehörden. Seine Situation ist auch dadurch charakterisiert, daß fast im ganzen Zeitraum Adlige mit Beziehungen zum Hof das Stadtschultheißenamt innehatten.[56] Oppenheim nahm mit seiner bürgerlich-adlig gemischten Ratsverfassung eine gewisse Sonderstellung ein. Nicht so ausgeprägt zeigte sich noch adlige Beteiligung am Stadtregiment in Alzey und Bacharach. Mehr als andere betonte Oppenheim seine Herkunft als freie Reichsstadt. Die recht freiheitliche Stellung Ambergs wurde 1597 dadurch erschüttert, daß es der Herrschaft gelang, die führenden Geschlechter aus der Zinkblechhandelsgesellschaft, der eigentlichen Quelle ihres Reichtums, zu verdrängen.[57] Die Städte waren die Zentren gewerblicher Tätigkeit, wenn sich auch in den größeren Landorten durchaus Handwerk im üblichen Maße befand. Anders als die Oberpfalz mit ihren Bergbaustädten (vgl. Bd. 1, S. 165–169) wies der rheinische Landesteil jedoch kaum eine spe-

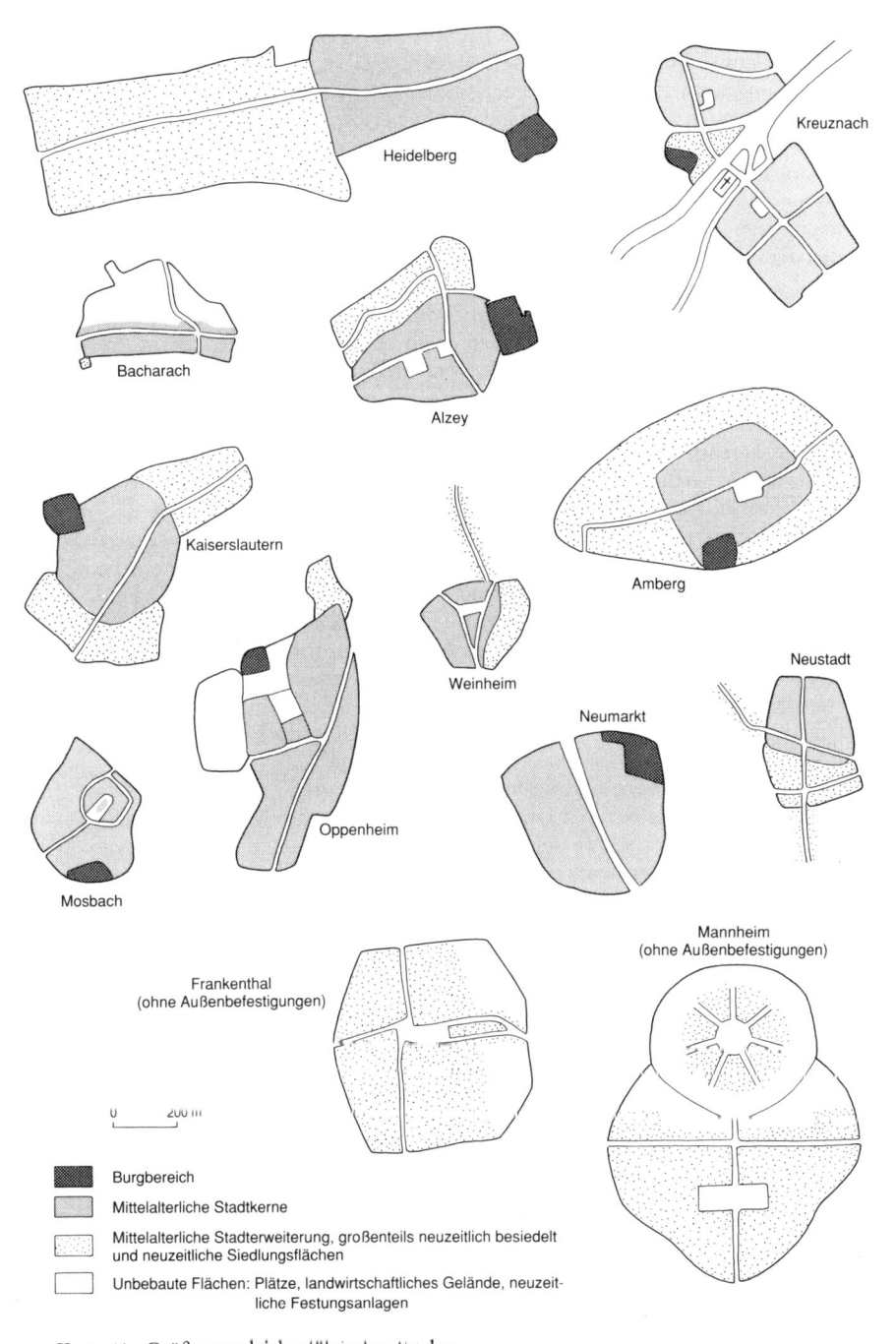

Heidelberg
Kreuznach
Bacharach
Alzey
Kaiserslautern
Amberg
Weinheim
Neustadt
Neumarkt
Oppenheim
Mosbach
Frankenthal
(ohne Außenbefestigungen)
Mannheim
(ohne Außenbefestigungen)

0   200 m

- Burgbereich
- Mittelalterliche Stadtkerne
- Mittelalterliche Stadterweiterung, großenteils neuzeitlich besiedelt und neuzeitliche Siedlungsflächen
- Unbebaute Flächen: Plätze, landwirtschaftliches Gelände, neuzeitliche Festungsanlagen

Karte 41: Größenvergleich pfälzischer Städte

zielle Ausrichtung in seiner Gewerbestruktur auf. Der Bergbau war ohnehin recht beschränkt, etwas Silber und Kupfer längs der Bergstraße, Quecksilber westlich Alzey und Eisen im Hunsrück sowie Salz bei Kreuznach.[58] Mit Ausnahme einiger Exulantenstädte (s. u.) bauten alle Städte des Landes auf einer breiten agrarischen Grundlage auf. Selbst Heidelberg war seit der Vereinigung mit Bergheim 1392 auch Bauernstadt, und ganz vorn nach dem Vermögen stand innerhalb der Bürgerschaft die Gruppe der großen Grundbesitzer und Hofpächter. Zahlenmäßig sehr viel stärker waren jedoch die Kleineigentümer und Kleinlandwirte, die hauptsächlich vom Weinbau lebten, fast ein Fünftel der städtischen Bevölkerung. Man kann also auch Heidelberg als Weinbaustadt ansehen. Ganz ähnlich auf Ackerbau und Weinbau gestützt war die Wirtschaft in den anderen Städten längs der Bergstraße von Bensheim bis nach Wiesloch. Linksrheinisch unterschieden sich Neustadt, Oppenheim und Alzey sehr wenig davon. Selbst im Kraichgau oder in Umstadt hatte der Weinbau noch seine Bedeutung. Ganz im Vordergrund stand der Wein in Bacharach und Kaub. In den ausgesprochenen Gebirgsstädten Eberbach und Neckargemünd im Neckartal sowie in Kaiserslautern war die agrarische Grundlage wesentlich geringer. Hier, wie teilweise auch in Bacharach, trat der Wald an die Stelle der Ackerflur. Die Stadtbewohner nutzten ihn als Rohstoffbasis (s. o. S. 85) für Waldgewerbe (s. o. S. 97). Eberbach und Kreuznach waren auf das Reifschneiden spezialisiert, viele Fässer hatten damals Reifen aus Haselgerten. Die Neckartalstädte, aber auch Bacharach und in kleinerem Maße Neustadt und Kaiserslautern betrieben den Holzhandel, ihnen dienten Bäche und Flüsse als Transportschiene. Dabei handelt es sich hauptsächlich um Brennholz, das als Scheiterholz im Gebirge in die Bäche eingeworfen wurde. Diesen gab man durch das Ablassen künstlicher Teiche, der sogenannten Woge, eine entsprechende Wasserführung. Im Neckartal selbst sammelte man das Scheiterholz am Flußgestade und band es zu großen Flößen zusammen, die der Brennholz- und Energieversorgung nicht nur der inländischen Städte Heidelberg und Oppenheim, sondern auch von Mainz und Frankfurt dienten.[59]

Die agrarische wie die waldgewerbliche Lebensbasis der pfälzischen Städte zog entsprechende Handwerke in ihre Mauern, so die Küfer für den Weinbau und die Weber für die Verarbeitung der Schafwolle; letztere waren besonders in Kaiserslautern und in Alzey anzutreffen. Außerdem wurde die Wasserkraft zum Betrieb verschiedener Mühlen selbstverständlich nicht nur in den Städten, sondern speziell im Gebirge, auch in ausgesprochenen Mühlensiedlungen wie etwa in Ziegelhausen oder im Speyerbachtal hinter Neustadt genutzt. Das weiche Wasser aus Odenwald, Pfälzer Wald und Hunsrück war der Ansatzpunkt der Gerberei in Bensheim, Weinheim, Neustadt, Simmern und Bacharach. Alle Städte waren Nahmärkte zur Versorgung ihrer Umgebung und mit seit dem Mittelalter ständig erweiterten Marktprivilegien ausgestattet. Obwohl es unterhalb der Städte keine besondere Gruppe von Märkten wie in der Oberpfalz gab, hatte doch eine Reihe von Landorten Marktrecht, ohne daß das eine ernsthafte Konkurrenz für die Städte bedeutete. Über die Marktfunktion hinaus waren die Städte in der Regel auch Stützpunkte und Zentren des Verkehrs. Sie sorgten für Beherbergung und für Transportmittel. In der Neckarschiffahrt kam Eberbach besondere Bedeutung zu, Neckargemünd stellte einen Teil der für das Treideln auf dem Leinpfad nötigen Schiffsreiter.[60]

Exulantenstädte und Festungen

Schon seit dem frühen 15. Jahrhundert hatte es in der Pfalz wie im ganzen südwestdeutschen Raum keine neuen Städte mehr gegeben. Offensichtlich war das Land mit solchen gesättigt. Erst die Reformation hat in der Pfalz, früher und ausgeprägter als sonst in Südwestdeutschland, eine Welle neuer Städtegründungen gebracht. Dies war kaum von Anfang an beabsichtigt. Die pfälzische Unterstützung der Glaubensgenossen in den Niederlanden führte jedoch zwangsläufig dazu. Erster Zufluchtsort für zahlreiche Flamen und Wallonen, die vor Krieg und Zwangsbekehrung aus den spanischen Niederlanden auswichen, war Frankfurt geworden. Sie konnten sich aber nur schwer in die konfessionellen und politischen Verhältnisse der Reichsstadt einfügen und gingen daher gerne auf das Angebot Friedrichs III. von 1562 ein, sich in aufgehobenen Klöstern der Pfalz niederzulassen. Zunächst waren Frankenthal und Schönau dafür vorgesehen, und man schloß mit zwei Gruppen von Flüchtlingen, 64 Familien für Frankenthal und 32 für Schönau, rasch aufgesetzte Ansiedlungsverträge, die sogenannten Kapitulationen.[61] Vertragspartner waren jeweils der Kurfürst und die Gemeinschaft der Ansiedler. Zweck der Ansiedlung war eine sinnvolle Nutzung der leerstehenden Gebäude, die Gewinnung neuer Untertanen und die Sicherung der freien Religionsausübung für diese. Von Stadtgründung war zunächst keine Rede. Als Lebensbasis war in beiden Orten das Gewerbe ausersehen, in Frankenthal kam aber sogleich die Landwirtschaft auf der großen Klostergemarkung hinzu. Durch die konfessionelle Änderung beim Tod Friedrichs III. war für die Calvinisten in Schönau bald kein Bleiben mehr, während Johann Casimir seinen Landesteil den Neuansiedlern noch weiter öffnete. Als neue Heimat für die Schönauer Wallonen wurde das Zisterzienserkloster Otterberg ausersehen. In Frankenthal ging die Entwicklung zunächst in dem Sinne weiter, daß nun auch das Kloster Kleinfrankenthal zur Verfügung gestellt wurde. Angesichts weiterer Zuwanderung wurde auch noch das ehemalige Dominikanerinnenkloster St. Lambrecht[62] westlich von Neustadt wallonischer Siedlungsort. Ein völlig neuer Impuls ging in Johann Casimirs Landen davon aus, daß Frankenthal 1577 und Otterberg 1582 Stadtrecht erhielten. Nach der Wiedervereinigung des Landes und der Recalvinisierung des Heidelberger Teils kehrte ein Teil der Ansiedler wieder nach Schönau zurück und erhielten Frankenthal und Otterberg neuen Zuzug.

Die zweite Einwanderungswelle[63] in den achtziger Jahren zeigt mehr die Züge einer geplanten Umsiedlung, bei der es den meisten Refugianten ganz im Gegensatz zur ersten Generation gelang, auch ihre Vermögenswerte aus den Niederlanden in die Pfalz zu transferieren. Dies hat zusammen mit ihren gewerblichen, z. T. auch agrarischen Erfahrungen dem Land ganz neue wirtschaftliche Impulse gebracht. Aus den Niederlanden wurde jetzt eine wesentlich qualifiziertere Tuchherstellung in der Pfalz heimisch gemacht. Zum bisherigen Produkt des mittelrheinischen grauen Tuches kamen feinere Woll- und Mischgewebe, unter anderem das nach dem westflanderischen Hondschoote benannte Hunskut. Frankenthal hatte bedeutende Tapisseriewerkstätten und zeigte sich auch sonst als Stätte eines Luxusgewerbes mit einem überdurchschnittlichen Besatz an Goldschmieden und einer eigenen, in dauerndem Austausch mit den Niederlanden stehenden Malerschule.

Die bauliche Gestaltung der Exulantenstädte weist kaum Züge einer obrigkeitlichen Lenkung auf. In Schönau haben die Wallonen sogar die große Klosterkirche, weil sie ihnen nicht nützlich war, als Steinbruch und zum Einbau von Häusern verwendet. In Otterberg blieb die Abteikirche stehen. Hier sprengte man in den Jahren um 1600 den alten Bereich der Klosterringmauer und erweiterte die Stadt. In Frankenthal hat man ebenfalls die Klostergebäude nicht geschont, dagegen die aus der Klosterzeit verbliebe-

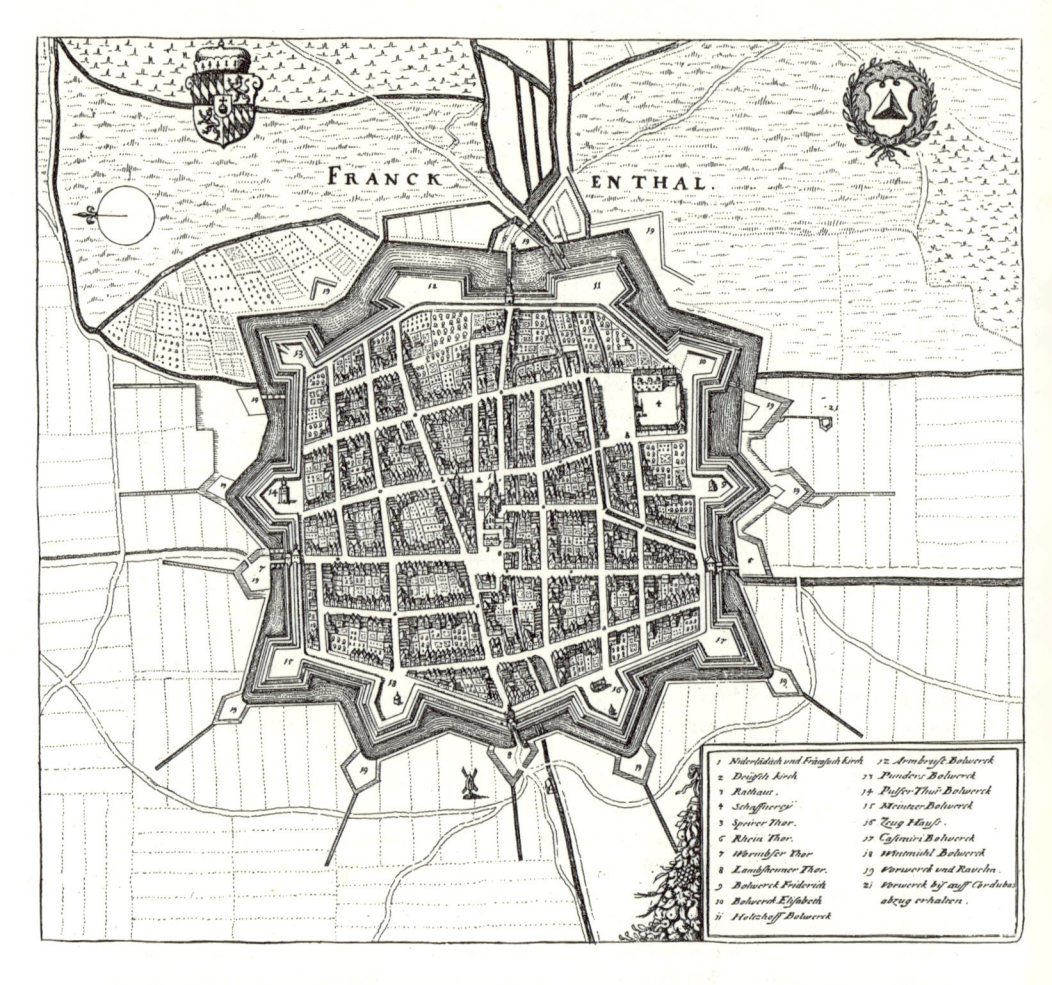

Abb. 16: Frankenthal von M. Merian 1645.
Vogelschauplan von Westen. Die Stadt auf der Niederterrasse bezieht noch einen Teil der Rheinaue mit ein, um über einen Kanal Anschluß zum Rhein zu haben. Nur teilweise regelmäßiger Stadtgrundriß mit Marktplatz und einstiger Klosterkirche im Zentrum. Befestigung in niederländischer Manier mit fünfeckigen Bastionen.

nen Marktplätze beibehalten. Nach der ersten Ansiedlung legte man um den unregelmäßigen Kern ein Netz von einigermaßen geradlinigen Straßen an, orientiert an den großen Ausfallsachsen. Der Festungsbau verhinderte hier ein weiteres Ausufern der Siedlung.

Festungen waren gar nicht im Sinne des frommen Kurfürsten Friedrich. Er verließ sich lieber auf die Hilfe Gottes als auf solche kostspieligen militärischen Anlagen.[64] Aber der Gedanke einer Festung lag militärisch in der Luft und wurde seit der Regierung Johann Casimirs aufgegriffen. Am frühesten hat das kleine Nebenland Pfalz-Veldenz anstelle des gerade von der Kurpfalz ihm überlassenen Einarzhausen 1574 die

Stadt und Festung Pfalzburg gegründet und mit ihr einen der wichtigsten Vogesenpässe gesperrt. Johann Casimirs Aktionen gegen spanische Pulver- und Geldtransporte zu Land und auf dem Rhein machten deutlich, daß in den Pfälzer Landen leicht Sperriegel gegen die spanischen Verbündungslinien zwischen den Oberlanden in Burgund und den Niederlanden errichtet werden konnten. Formen nahmen solche Pläne 1573/83 mit dem Ausbau Frankenthals zur Festung an und wurden noch deutlicher, als unter der politischen Führung der Wetterauer Grafen das pfälzische Landesdefensionswesen entstand. Diese setzten 1605 den Beschluß durch, in Mannheim eine Festung zu errichten.[65] Hinzu kam 1607 der Ausbau Lixheims an der lothringischen Grenze als umwehrte Exulantenstadt.[66] Die Frankenthaler Anlagen wurden 1608–20 entscheidend verstärkt.

Der niederländische Freiheitskampf hatte eine neue Form der Festung hervorgebracht, die ganz aus Erdwerken im Flachland aufgebaut und durch ein ausgeklügeltes System von Wällen, Gräben, Bastionen und Hecken als Annäherungshindernis gesichert war. Sie war relativ billig zu errichten, zumal wenn es sich, wie bei Frankenthal und Mannheim, um Niederungsgelände in der Rheinebene handelte. Freilich war in Mannheim langwieriger Grunderwerb nötig, während das Kirchengut in Frankenthal auch hier ideale Voraussetzung bot. Trotzdem überstieg die Anlage von gleich zwei Festungen zusammen mit dem Zwang, auch in Heidelberg gewisse Modernisierungen vorzunehmen, die Leistungskraft des Landes.

Im Gegensatz zu Frankenthal und den kleineren Refugiantenstädten kam in Mannheim zur Umwehrung die völlige Neugestaltung des Kernes im Sinne einer regelmäßigen Stadtplanung hinzu. Hinter den ganz nach niederländischer Manier errichteten Außenwerken verwirklichte man städtebauliche Idealtypen, wie sie die italienische Renaissance und der Straßburger Baumeister Daniel Specklin angeregt hatten, und zwar für die Zitadelle den Stern und für die davon getrennte bürgerliche Stadt das Schachbrett. Der Sterngrundriß mit einem regelmäßigen Vieleck war um 1560 über einem Fünfeck beim Bau der Zitadelle von Ferrara angewendet worden. Ihr folgte die sechseckige Zitadelle von Montferato. Ihr Architekt Savorgnan baute im venezianischen Palma Nova[67] 1593 eine ganze Stadt auf einem Neuneck. Es gibt zwar keine Nachrichten, daß man sich dieses Vorbildes bedient hätte, aber die Übereinstimmung im Grundriß der nur zwölf Jahre jüngeren Mannheimer Zitadelle Friedrichsburg wirkt überzeugend. Sie ist eine in der Fläche auf das Siebeneck abgestimmte Kopie der italienischen Vorbilder. Für die Bürgerstadt verwendete der niederländische Festungsingenieur Johann von Ryswyk das Quadratschema, wie es schon in Neu-Hanau 1597[68] verwirklicht worden war. Die Grundideen gehen über Dürer ebenfalls in die italienische Renaissance zurück. In Hanau waren niederländische Refugianten durch den dortigen reformierten Landesherrn zu Füßen der alten Stadt, die sozusagen als Zitadelle beibehalten wurde, angesiedelt worden. In Mannheim konnte man alles viel regelmäßiger gestalten, vor allem hat man hier im Gegensatz zu Neu-Hanau die Mittelachse betont. An die Stelle mehrerer Plätze in den Einzelquadraten wurden vier zusammenhängende »Vierungen«, je zwei beiderseits der Hauptstraße, freigelassen, und auf diesen Plätzen Kirche und Rathaus angeordnet.

Die Hoffnungen auf einen neuen wirtschaftlichen Impuls durch eine zusätzliche Welle von Refugianten erfüllten sich freilich in Mannheim[69] nicht. Es wurde kein neues Frankenthal. Weder herrschte in den Niederlanden nach dem Waffenstillstand mit Spanien ein entsprechender Auswanderungsdruck, noch waren die im Grunde recht sparsamen Privilegien verlockend genug. Die Hälfte der Mannheimer Stadtbürger stellten die alten Dorfbewohner, die schließlich auch das Schultheißenamt besetzen konnten, sonst füllte sich die Stadt nur allmählich mit Zuzug ganz verschiedener Art. Die einzige

103

Karte 42: Die Vorbilder der Mannheimer Friedrichsburg: I Zitadelle von Ferrara, II Specklins Idealplan, III Palma Nova

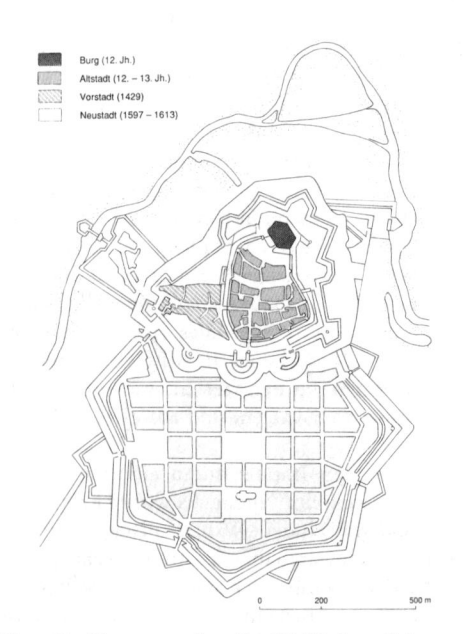

Karte 43: Hanau vor dem Dreißigjährigen Krieg

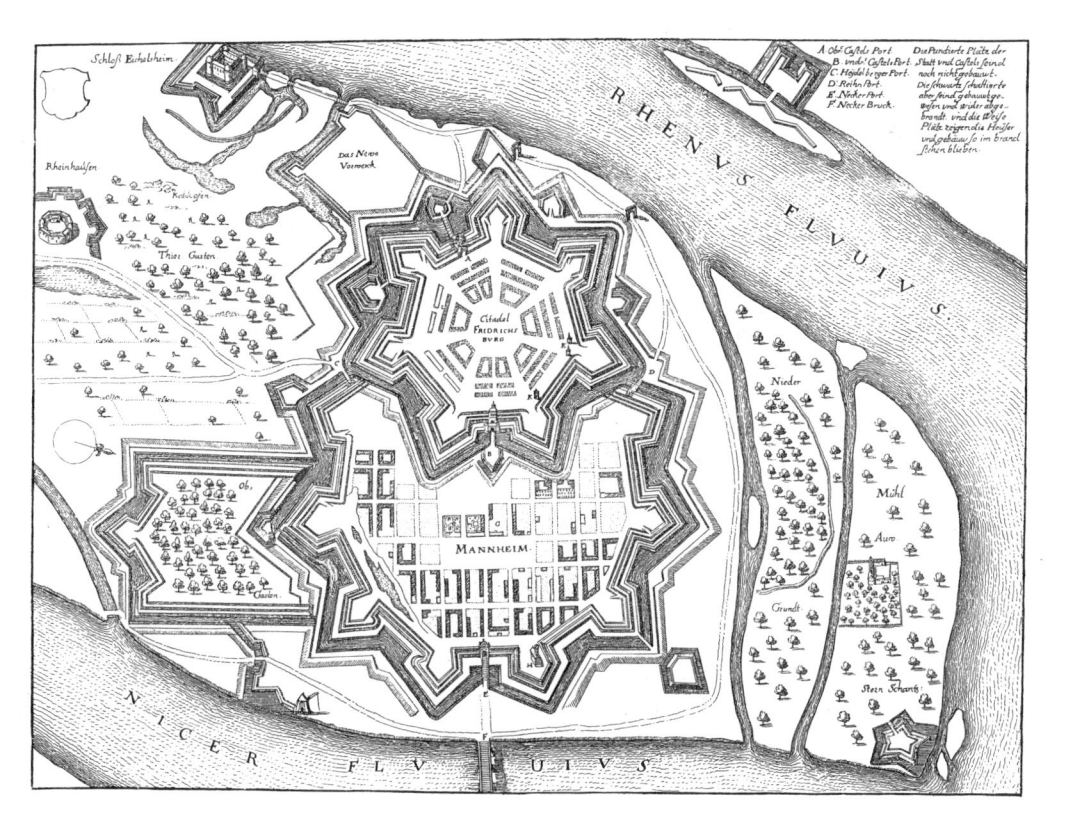

Abb. 17: Mannheim von M. Merian 1645. Maßstab etwa wie Karte 43
Die Festungsanlage von Norden her gesehen, zweigeteilt mit der Zitadelle Friedrichsburg und der im Quadratschema bebauten Bürgerstadt. Bastionen in niederländischer Manier. Außenbefestigungen und Vorwerke, wie sie bei Beginn des Krieges aufgeworfen waren (um 1620). Am Rhein oberhalb das Schloß Eichelsheim, nordöstlich davon die Reste und Nachfolgebauten der hochmittelalterlichen Burg Rheinhausen.

geschlossene Gruppe bildeten die französisch sprechenden Reformierten aus Lixheim, das an das katholische Lothringen (s. o. S. 82) abgetreten wurde. Der Vorschlag, dem Mannheimer Bevölkerungsmangel durch eine Öffnung für die Juden abzuhelfen, fand vorläufig im pfälzischen Oberrat noch keine Gegenliebe.

So kam Mannheim vor dem Dreißigjährigen Krieg über eine Einwohnerschaft von höchstens 1200, ohne die Garnison, nicht hinaus. Frankenthal hatte dagegen einen ungeheuren Aufschwung genommen. Es war von etwa 200 Bürgern 1579 auf bereits 674 Bürger 1592, auf angeblich über 1200 Bürger 1612 und 1800 Bürger 1618 angewachsen. Das würde einer Zunahme der Gesamtbevölkerung im gleichen Zeitraum von etwa 800 Köpfen auf weit über 5000 entsprechen. Sollte die Bürgerzahl von 1618 stimmen, müßte man sogar mit etwa 6500 rechnen, einer Anzahl, die der Größe von Heidelberg gleichgekommen wäre. Demgegenüber blieben Otterberg mit 500–600 Einwohnern, Lambrecht mit 500, Schönau mit 200–300 stark zurück.

Bildung und Hochschule

Das 16. Jahrhundert ist allgemein die Zeit der großen Bildungsreform, die ihre geistigen Anstöße durch die Reformation und die finanziellen Mittel durch die damit verbundene Säkularisation empfangen hat. In der Pfalz mußte zwar der häufige Konfessionswechsel auch Unruhe auf diesem Sektor bringen, aber gerade die neuen materiellen Grundlagen garantierten immer wieder die Berufung frischer Kräfte und die Ausbildung neuen Nachwuchses. Das Volksschulwesen wurde allgemein an den Sitzen der Pfarreien 1558 eingerichtet, brauchte jedoch einige Zeit bis zum vollen Ausbau.[70]

Die entscheidenden Schritte für bessere materielle Grundlagen der gelehrten Bildung gelangen noch unter Friedrich II. Seine mit päpstlicher Erlaubnis durchgeführten Klosteraufhebungen ermöglichten erstmals die Einrichtung von Schulen, die auf die Universität vorbereiteten, und verdoppelten gleichzeitig die Einkünfte der Universität. Schon 1546 hatte Paul Fagius die Errichtung eines Pädagogiums in Heidelberg vorgeschlagen und war dabei auf den Widerstand der Universität gestoßen. Erst 1560, also schon in der Zeit des beginnenden Calvinismus, erhielt es seine endgültige Verfassung, wurde mit der bisherigen Neckarschule verbunden und mit Einkünften aus dem Kloster Sinsheim dotiert. 40 Schüler wurden dort in den Fächern des Triviums, das jetzt von der Universität abgegeben wurde, unterrichtet.[71] Auch in der Oberpfalz konnte ganz ähnlich in Amberg 1552 ein Pädagogium noch mit päpstlicher Genehmigung aus den Einkünften der Klöster Ensdorf und Gnadenberg errichtet werden. Es löste die bisherigen frühreformatorischen Klosterschulen ab und fand seine endgültige Unterkunft im Amberger Franziskanerkloster, wo es bald, wie das Heidelberger, die Rolle einer Pflanzschule des Calvinismus übernahm.[72] In Selz und Neuhausen stiftete Friedrich III. 1575 Schulen für den Adel. Sie sollten die Kinder der lutherischen Ritter zur reformierten Religion bringen und für ein Studium vorbereiten. Dahinter standen Anregungen Johannes VI. von Nassau. Angesichts der entschiedenen konfessionellen Haltung des Adels konnten diese Schulen auch nach ihrer Erneuerung durch Johann Casimir nicht aufrechterhalten werden. So wurden seit Friedrich IV. ihre Einkünfte zur Dotierung der Heidelberger theologischen Studienanstalt verwendet.[73] Diese war aus dem Sapienzkollegium hervorgegangen, das Friedrich II. zunächst für 60 Studenten der Artistenfakultät im Heidelberger Augustinerkloster eingerichtet hatte. Ab 1561 war die Sapienz theologisches Studienhaus und der Aufsicht des Kirchenrates unterstellt.[74]

Allgemein waren die Bestrebungen, die Unterkünfte für die Studenten zu konzentrieren und ein freies Wohnen in der Stadt, außer für die Adligen, zu unterbinden. Schon 1534 wurden entsprechende Verordnungen erlassen, 1546 durch eine Zusammenlegung der meisten bisherigen Bursen das Contubernium oder »die Bursch« in der Heidelberger Augustinergasse errichtet.[75] 1558 wurde allgemeine Wohnpflicht in den Bursen verordnet. Außer dem Contubernium bestand noch die Armenburse, das Dionysianum. Aus ihm hat Johann Casimir 1588 das Casimirianum gemacht (s. o. S. 62). Das Neustädter Casimirianum (s. o. S. 53f.) wurde seit 1583 als Gymnasium fortgeführt.[76]

Auf der Basis der neuen Finanzen und der besseren Vorbildung vollzog sich der Umbau der Universität von einer geistlichen Institution zu einer säkularen Hochschule.[77] Äußeres Zeichen dafür war die unter Ottheinrich durchgesetzte Reform der Kleidung. An die Stelle des geistlichen Gewandes trat bei den Universitätsangehörigen jetzt weltliche, allerdings in Richtung auf modische Extravaganz eingeschränkte Kleidung. Schon zuvor, ab 1553, konnten Universitätspfründen an Laien vergeben werden.

Unter Ludwig V. hatte eine Statutenreform die jährliche Wahl des Rektors gebracht. Mit dem Rat Melanchthons und dem des späteren Kanzlers Ludwig VI., des bedeutenden Gräzisten Micyllus, führte Ottheinrich die grundsätzliche Erneuerung der Universität von 1558 durch. Sie kam fast einer Neugründung gleich und blieb bis zum Ende der Kurpfalz maßgebend. Oberstes Gremium der Hochschule wurde das *Consilium universitatis*, die Vorstufe des engeren Senats, das jetzt den Rektor wählte. Die vier Fakultäten standen gleichberechtigt nebeneinander; die Artistenfakultät verlor also den Charakter, nur Vorbereitungsinstitut für die drei anderen Fakultäten zu sein. Logischerweise führte sie ab 1580 dann auch die Bezeichnung Philosophische Fakultät. Die Juristen wurden von der Verpflichtung befreit, Dienste für Regierung und Hof zu übernehmen. Die Medizinerausbildung geschah erstmals aufgrund von anatomischen Studien und auch am Krankenbett. In der Theologie vereinigte Ottheinrich divergierende Richtungen. Das sollte sich allerdings als Sprengsatz erweisen.

Die bessere finanzielle Lage der Universität ermöglichte eine Vielzahl neuer Berufungen. Melanchthon hatte sich allerdings stets entsprechenden Angeboten verschlossen, obwohl man ihn als Pfälzer Landeskind besonders gerne in Heidelberg gehabt hätte. Waren bis Ottheinrich noch Hausberufungen die Regel, so nahm mit dem reformierten Bekenntnis zwangsläufig der internationale Zuschnitt des Lehrkörpers zu und vergrößerte sich der Andrang der Studenten. Unter Ottheinrich lehrten so gegensätzliche Theologen wie der streitbare Ultralutheraner Tileman Heshusen und der Franzose Petrus Boquinus (Boquin), Freund Calvins, der theoretisch zwar eine irenische Richtung vertrat, sich aber trotzdem nicht aus den großen Polemiken heraushalten konnte. In der juristischen Fakultät wirkten unter anderem der dann zur Kanzlerwürde aufsteigende Christoph Ehem und der Franzose Franciscus Balduinus (Baudoin). Letzterer brachte erstmals die französische Juristenschule nach Heidelberg, blieb aber selbst nicht lange. Unter den Medizinern war der ebenfalls im politischen Bereich stark engagierte Thomas Erast der angesehenste Gelehrte. Seine wissenschaftliche Position fand er in der Auseinandersetzung mit Paracelsus.

Die auch in der Kirchenpolitik hervortretenden Theologen Friedrichs III., Caspar Olevian und Zacharias Ursinus, sind schon oben erwähnt worden. Hinzu kam der Italiener Immanuel Tremelius, ein jüdischer Konvertit, der sich um die Neuübersetzung des alten Testaments im Sinne des Calvinismus unter Kritik an der Luther-Bibel verdient machte. 1568 folgte auf Ursinus wieder ein Italiener, Hieronimus Zanchius (Zanchi), unbeugsamer Vertreter der Prädestinationslehre. Unter Friedrich III. hatte die Berufung des Petrus Ramus (de la Ramée) auf eine Ethikprofessur zum Zusammenstoß mit den orthodoxen Calvinisten 1569/70 geführt. Seine Gegner konnten ihn wieder von der Universität vertreiben, weil er ihnen mit seiner Ablehnung des Aristoteles untragbar erschien. Der bedeutendste Jurist der Universität und weit darüber hinaus war Hugo Donellus (Doneau), der mit Hilfe deutscher Studenten der Bartholomäusnacht entronnen war. Er legte eine große Systematik der französisch geprägten späthumanistischen Rechtswissenschaft vor.

Sein Schüler Jan Gruterus hatte sich von der Rechtswissenschaft zur Philosophie gewendet und erhielt 1592 die erste Heidelberger Geschichtsprofessur. In der Lehrtätigkeit war er völlig auf die Antike ausgerichtet. Dem entsprachen Bemühungen um die lateinischen Inschriften. Als Bibliothekar galt seine ganze Sorge dem Bestand und der Erschließung der Palatina. Die ersten Ansätze zu einer Kirchengeschichtsschreibung des Friesen Heinrich Alting brachte der Theologe David Pareus zum Abschluß. Er war echter Vertreter einer calvinistischen Irenik, die sich freilich nie voll durchsetzen konnte. Der pfälzischen und der Reichsgeschichte wandte sich Marquard Freher zu, der in der juristischen Fakultät lehrte und gleichzeitig in der pfälzischen Regierung eine Rolle spielte. Der letzte der großen französischen Juristen war Dionysius Gothofredus (Godefroy), Herausgeber des gesamten kommentierten *Codex juris civilis*.

Ins Heidelberger Geistesleben des späten 16. Jahrhunderts gehört der Versuch einer eigenen dichterischen Psalmenübersetzung durch den Späthumanisten Paul Schede (Melissus). Von größter Bedeutung für die Literaturgeschichte war der Aufenthalt des schlesischen Dichters Martin Opitz 1619/20 in der Stadt. Er verfaßte hier sein Werk »Von Teutscher Poeterey«, mit dem er den Anstoß zu einer Erneuerung muttersprachlicher Dichtung gab. Es wurde infolge der Kriegswirren erst 1624 in Straßburg durch seinen Freund, den Heidelberger Julius Wilhelm Zincgref, herausgegeben. Dieser selbst ist als Verfasser einer Emblematik und eines deutschen Sprichwörterbuchs hervorgetreten.[78]

Der Ruhm Heidelbergs hat den Zulauf zur Universität erheblich gesteigert. Während man in der Frühzeit der Reformation über einen Rückgang der Studentenzahlen klagte und die Immatrikulationen pro Semester um 120 lagen, erhöhte sich diese Zahl auf 160–170 (zeitweise mehr) in der Zeit des Calvinismus. Das zuvor mehr regionale Einzugsgebiet erweiterte sich nun auf das ganze calvinistische Europa. Heidelberg wurde bisweilen nach Leiden als das dritte Genf bezeichnet.

Kapitel 15

Der Dreißigjährige Krieg 1618–1648

Als die zweite große Katastrophe der pfälzischen Geschichte neben dem Landshuter Krieg ist der Dreißigjährige Krieg zu betrachten. Auch hierbei handelte es sich um einen von einem jungen Herrscher heraufbeschworenen Konflikt unter völliger Überschätzung der eigenen Machtmittel und in ungerechtfertigtem Vertrauen auf ausländische Hilfe. Der Krieg sollte sich dann freilich zu einer gesamtdeutschen Katastrophe auswachsen und die Pfalz nicht nur in ihrem territorialen Bestand, sondern auch die Existenz ihrer Bevölkerung aufs äußerste gefährden. Auch diesmal hatte die Katastrophe eine lange Vorgeschichte im Umgang der Pfälzer mit ihren Nachbarn und in ihrer Frontstellung gegen den Kaiser. Dies alles und die Einbeziehung westeuropäischer Bundesgenossen stand aber unter dem Primat nicht der Territorial-, sondern der Konfessionspolitik, die sich freilich untrennbar mit eigenem Machtstreben verschmolzen hatte. Schon Ottheinrich verfolgte eine ungewöhnlich kompromißlose reformatorische Reichs- und Außenpolitik, wenn er auch damit gescheitert ist. Die Tendenzen zum Engagement in Westeuropa wurden unter dem Calvinisten Friedrich III. vollends beherrschend. Sein Ratgeber Christoph Ehem wollte bereits die große Abrechnung der europäischen Protestanten mit dem Hause Habsburg. Unter Johann Casimir kamen in diese Grundströmung pfälzischer Politik militärisch-abenteuernde Züge. Der Gedanke der Union der Protestanten, zunächst von Elisabeth von England ausgehend, hatte in allen Konflikten des 16. Jahrhunderts die Pfälzer nicht mehr losgelassen, bis er 1608 schließlich seine doch recht unvollkommene Verwirklichung fand. Größtes Hindernis im Bündnis mit den Reichsfürsten war die völlig andere, kaisertreue Haltung Kursachsens. Die westeuropäischen Pläne wurden durch den Umschwung in Frankreich gehemmt. Auch England und die Generalstaaten, durch Familienbande mit dem Haus Pfalz-Simmern verbunden, verfolgten letztlich andere Ziele als die eines globalen protestantischen Kampfes gegen das Haus Habsburg. Gerade England war es im jülich-klevischen Streit noch einmal gelungen, den Frieden zu vermitteln.

Die böhmische Thronkandidatur 1619

Alter Konfliktstoff hatte sich inzwischen in Böhmen bis zur Explosionsgefahr erhitzt. Der Majestätsbrief Kaiser Rudolfs II. hatte den böhmischen Protestanten, d. h. einem großen Teil des Adels, der sich wieder als Utraquisten bezeichnete, Religionsfreiheit mindestens im Bereich ihrer Grundherrschaft zugesichert. Als sein Bruder Kaiser Matthias die steirischen Vettern, die sogenannte innerösterreichische Linie, zur Nachfolge in den Erblanden in Böhmen und in Ungarn einsetzte, brach die Opposition der Stände aus. Sie befürchteten, nicht zu Unrecht, von dieser Linie des Hauses Habsburg eine rigorose Gegenreformationspolitik und die Unterdrückung ihrer Freiheiten.

109

Abb. 18. Friedrich V. und Elisabeth Stuart als böhmisches Königspaar. Kupferstich von 1619.
König und Königin in vollem Ornat zu Pferd. Hintergrund für Friedrich: Prag beiderseits der Moldau mit Altstadt, Kleinseite und Hradschin, für Elisabeth: Heidelberg mit dem Schloß. Königswappen von Böhmen kombiniert mit Pfalz, Mähren, Schlesien und den Lausitzen, umrahmt vom Hosenbandorden.

Gegenreformation und Durchsetzung des Absolutismus waren dann auch das Programm der Grazer Habsburger. Seit 1617 böhmischer König, hat Ferdinand den dreißig Defensoren des Majestätsbriefes die Arbeit schwer gemacht. Konkret ging es um die nicht ausdrücklich geregelte Frage des Kirchenbaus auf geistlichem Gut. Der Führer der Adelspartei, Graf Thurn, berief sich gegen die fürstliche Willkür auf das freie Wahlrecht der Stände. Unter seiner Führung kam ein Protestantentag zustande, der sich zu gewaltsamem Umsturz entschloß. In großer Erregung drangen die Opponenten am 13./23. Mai 1618[1] in den Hradschin ein und warfen die beiden königlichen Statthalter zum Fenster hinaus. Diese überlebten den Sturz und konnten sich durch eilige Flucht retten. Die böhmischen Protestanten setzten eine Regierung von dreißig Direktoren ein und ernannten den Grafen Thurn zum militärischen Oberbefehlshaber. Aus der ständischen Opposition war damit offener Aufruhr geworden.[2]

Christian von Anhalt, als Statthalter der Oberpfalz unmittelbarer Nachbar, sah darin das Signal zum Endkampf zwischen Reformation und Gegenreformation. Er tat alles, um mit seinem Einfluß die Böhmen von dem zunächst durch Kaiser Matthias angestrebten Kompromiß abzubringen. Graf Thurn eröffnete den Kampf gegen die kaisertreu gebliebenen Städte und konnte schließlich sein Heer bei mangelnder kaiserlicher Rüstung und dank der Sympathien der österreichischen Protestanten bis vor die Tore Wiens führen. Die Union erklärte in dieser Situation ihre Neutralität, verhinderte aber gegen Böhmen gerichtete Werbungen und Durchmärsche durch ihr Gebiet nicht. Karl Emanuel von Savoyen, katholischer Gegner der Habsburger, schickte den Böhmen Ernst von Mansfeld[3] mit 4000 Mann zur Unterstützung. Die Pfälzer verhandelten bereits mit England, um dieses auf die antikaiserliche Seite zu ziehen.

Der Tod des Kaisers Matthias 1619 und die Wahl eines Nachfolgers mußten den Konflikt verschärfen. Es war im Reich schon Tradition, daß die Kaiserkrone beim Hause

Habsburg blieb. Niemand als Ferdinand, der aus Böhmen vertriebene König, kam dafür in Betracht. Die entschiedeneren Unionsfürsten Pfalz und Hessen-Kassel versuchten eine Wahl hinauszuschieben.⁴ Sie meinten, angesichts der verworrenen Zustände könnte man jetzt nicht wählen. Aber die habsburgische Politik überspielte diesen Einwand leicht, und Friedrich mußte sich zur Kaiserwahl bequemen. An ihr nahm er nicht selbst teil, sondern ließ sich durch seinen Großhofmeister Albrecht von Solms vertreten. Indem Friedrich keine grundsätzlichen Einwände gegen Ferdinand als böhmischen König und Kurfürsten erhob, erkannte er diesen als solchen tatsächlich an. Die Pfalz versuchte, eine den Katholiken akzeptable, nicht-habsburgische Kandidatur ins Spiel zu bringen und schlug Herzog Maximilian von Bayern, den Führer der Liga, vor. Mit diesem Wahlvorschlag blieb sie aber letztlich allein, alle übrigen Kurfürsten stimmten für den Habsburger, und Friedrich beeilte sich, nachträglich auf diese Wahl einzuschwenken.⁵

Zuvor hatte Albrecht von Solms schon mit den Aufständischen in Prag verhandelt. Nach vergeblichen Angeboten an den Kurfürsten von Sachsen und den Herzog von Savoyen kam die schon länger von Christian von Anhalt und seinen Freunden vorbereitete pfälzische Königskandidatur ins Spiel. Unmittelbar nach der Kaiserwahl traf dieses Angebot beim immer noch schwankenden Kurfürsten ein. Die Heidelberger Räte waren gegen eine schnelle Annahme. Sie sahen nur zu gut das Mißverhältnis der Kräfte und verwiesen auf den Widerspruch zwischen Friedrichs Verhalten bei der Kaiserwahl und einer solchen Kandidatur. Für zahlreiche Oberpfälzer Besitztümer war der Pfalzgraf immer noch Lehnsmann der Krone Böhmens. Auf einer Kandidatur gegen Ferdinand lag also der zusätzliche Makel der Lehnsuntreue, der Felonie. Auch die Union verhielt sich zögerlich.

Ferdinand war trotz seines unnachgiebigen Temperaments angesichts der in Öster-

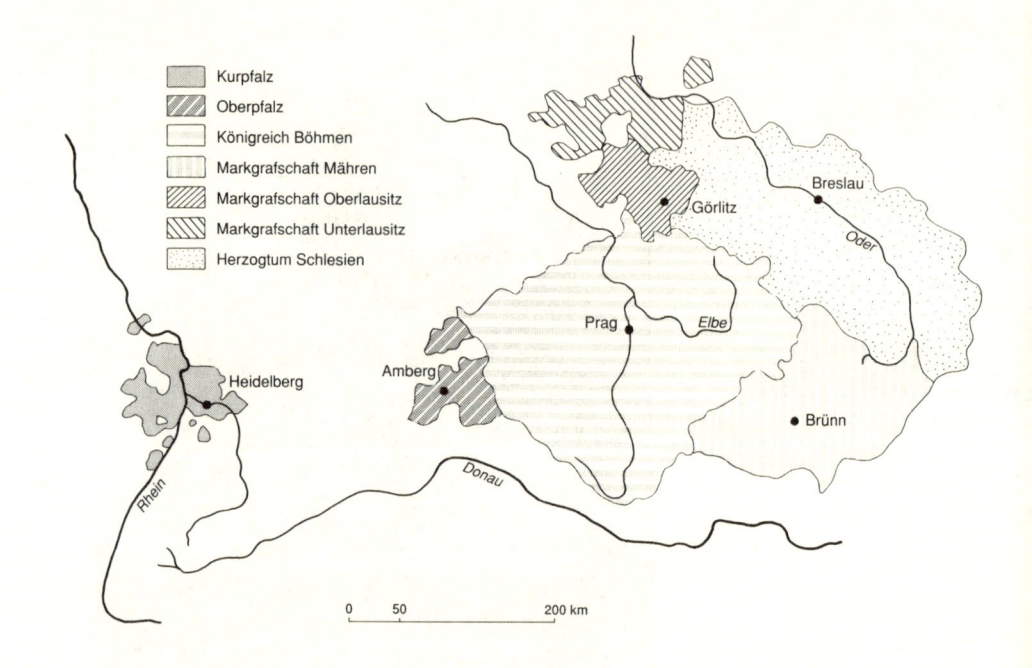

Karte 44: Die Lande des Winterkönigs 1619/20

reich bedrohlichen Situation wie sein Vorgänger Matthias noch zu einem Kompromiß mit den Böhmen bereit. Da traf ihn die Nachricht, daß er von den Ständen förmlich abgesetzt und Kurfürst Friedrich zu seinem Nachfolger gewählt sei. Friedrich V. erklärte nach vorheriger Zurückhaltung in einem plötzlichen Sinneswandel, es sei seine protestantische Christenpflicht, die Wahl anzunehmen.[6] Dies geschah, obwohl England deutlich vor einem Abenteuer gewarnt hatte. Man hat noch zu Lebzeiten Friedrichs darüber gerätselt, was diesen Umschwung zustandegebracht habe. Der Argwohn richtete sich gegen seine Gemahlin, von der man den Ausspruch kolportierte, sie wolle lieber mit einem König Sauerkraut essen als mit dem Pfalzgrafen an reich gedeckter Tafel sitzen.[7] Inzwischen aber ist ihre Zurückhaltung erwiesen. Als treibende Kräfte müssen Christian von Anhalt, Moriz von Oranien und George Abbot, der Erzbischof von Canterbury, angesehen werden.[8] Letzterer stellte große finanzielle Bewilligungen des Parlaments auch gegen den Willen König Jakobs I. in Aussicht. Die pfälzische Gesandtschaft war zwar von diesem über seine Abneigung gegen die Annahme der böhmischen Krone nicht im unklaren gelassen worden, trotzdem aber zur Auffassung gelangt, die Pfalz solle nur voranschreiten, der englische König müsse sich dann schon anschließen.

Friedrich V. setzte in Heidelberg nach bekanntem Muster Johann II. von Pfalz-Zweibrücken zum Statthalter ein und brach mit großem Gefolge nach Böhmen auf. Noch auf dem Weg erhielt er den Bericht seiner englischen Gesandtschaft, daß Jakob I. ihm keine Hilfe leisten würde. Ein Zurück war jetzt aber unmöglich. Am 25. Oktober/4. November 1619 fand nach feierlichem Einzug in Prag die Krönung im Veitsdom statt. Friedrich stellte der stolzen pfälzischen Titulatur das böhmische Königtum voran und die übrigen Titel der Wenzelskrone nach.[9] Der doppeltgeschwänzte böhmische

Löwe rückte an die erste Stelle eines jetzt vielteiligen Wappens. Im quadrierten Schild befand er sich (heraldisch) rechts oben, links aber die pfälzischen Bilder Löwe, Reichsapfel und Wecken, in den beiden unteren Feldern rechts der geschachte Adler Mährens, die schlesischen Adler, links die Mauer der Ober- und der Stier der Unterlausitz. Noch nie hatte ein pfälzischer Wittelsbacher über eine solche Ländermasse verfügt. Allerdings war angesichts der bedrohlichen Lage schon erheblicher Optimismus nötig, den Friedrich auch deutlich zur Schau stellte. Seine Jugend und oratorische Begabung gewannen rasch die Sympathien der Prager, die jedoch mit der englischen Kühle der Königin Elisabeth nicht viel anzufangen vermochten. Vollends ging die Hochstimmung zu Bruch, als die Pfälzer Beamten, voran der Hofprediger Scultetus, ohne jedes Einfühlungsvermögen den Calvinismus in der Umgebung des Hofes durchsetzten und den Veitsdom durch einen regelrechten Bildersturm entleerten.[10] Das konnte im böhmischen Protestantismus nur Ablehnung finden.

Kriegsrüstung und Schlacht am Weißen Berg 1620

So waren innen- wie außenpolitisch die jetzt drängenden militärischen Entscheidungen von vornherein ganz unzureichend abgesichert. Achatius von Dohna wurde mit einer erneuten Gesandtschaft zu Jakob I. geschickt. Dieser blieb bei seiner Ablehnung. Für ihn hatte sich der Schwiegersohn in einen Aufruhr eingelassen, wie er mit seiner Auffassung von Gottesgnadentum und Legitimität nicht zu vereinbaren war. Die wirtschaftliche Situation Englands verbot ohnehin den Eintritt in einen festländischen Krieg. Jakobs außenpolitisches Ziel war die Verständigung mit Spanien. Dies wurde von der Gegenseite, auch vom Kaiser und vom Bayernherzog, z. T. unter bewußter Irreführung, ausgenutzt. Die Anwerbung einer kleinen Söldnertruppe in England hatte der Schwiegervater dem Schwiegersohn jedoch nicht abschlagen können. Sie kam über die Elbmündung nach Böhmen und versetzte mit ihrem Zug die norddeutschen Landesherren in große Aufregung, während sie am Ziel zu spät ankam und ohnedies nichts auszurichten vermocht hätte. Zum Schutz der pfälzischen Erblande fühlte sich König Jakob aber verpflichtet und sandte Mitte 1620 ein kleines Korps von 4000 Mann mit rein defensivem Auftrag unter Horatius Veere rheinaufwärts. Dem Kaiser und Bayern war es inzwischen gelungen, die Union, wo nicht zuletzt das vorsichtige Württemberg entschied, im Ulmer Vertrag zum Stillhalten zu bewegen.

Die Initiative war damit ganz an die Gegenseite, d. h. vor allem an Maximilian von Bayern, übergegangen. Im Herbst 1620 vereinigten sich die kaiserlichen Truppen unter Bucquoi und die bayerischen unter Tilly bei Budweis. Damit endete die bisherige Ermattungsstrategie von beiden Seiten. Bayern und Kaiserliche marschierten auf Prag zu, unmittelbar westlich der Stadt stellte sich Christian von Anhalt am Nebelmorgen des 29. Oktober/8. November mit den Böhmen zur Schlacht. Die Stellung am Weißen Berg[11] hatte er gut gewählt. Die böhmischen Truppen, deren Artillerie man hoch einschätzte, standen auf einer Anhöhe mit Flankenschutz durch den Steilabfall des Weißen Berges und den ausgedehnten Wald um das königliche Jagdschloß Stern. Das konnte in etwa ihre um ein Drittel schwächere Zahl gegenüber Kaiserlichen und Bayern ausgleichen. Gedeckt war diese Stellung durch die ungarische Reiterei. Sie hatte man durch 2000 Mann pfälzische Fußtruppen unter Pleickhart von Helmstatt verstärkt. Gegen Bucquoi, der zogerte, setzte Maximilian den Angriff durch. Unerwartet für Christian von Anhalt rückten Bayern wie Kaiserliche in voller Schlachtordnung bergauf vor. Das spätere Gnadenbild der Maria de Victoria wurde ihnen von einem Kar-

113

melitermönch vorangetragen. Christians von Anhalt Sohn stürmte gegen ihr Zentrum vor, scheiterte aber an den wallonischen Regimentern und ihren nach spanischer Infanterietaktik geschlossenen Verbänden. Die Ungarn hielten dem Druck des Gegners nicht stand und wandten sich als erste zur Flucht. Im nun aussichtslosen Treffen suchten sich auch die Böhmen zu retten. Einzig das mährische Leibregiment unter Graf Thurn leistete noch Widerstand. Innerhalb von zwei Stunden war alles entschieden.

Auch in Prag dachte niemand an Verteidigung, sondern die dortigen Gemeinwesen, allen voran die ohnedies mit den Katholiken sympathisierende Kleinseite, bereiteten die Unterwerfung vor. Friedrich V. brachte sich und seine Familie in der Altstadt jenseits der Moldau in vorläufige Sicherheit. Fast hätte man beim überstürzten Aufbruch den jüngsten Prinzen Ruprecht im Hradschin zurückgelassen. Der Pfälzer, bald spöttisch als »Winterkönig« tituliert, hatte noch einen Tag Zeit zur Flucht nach Schlesien. Aber auch in Breslau konnte er keinen Widerstand organisieren. Die Stände verweigerten sich nach anfänglichem Schwanken doch.[12] So mußte er nach Brandenburg, wo er nur sehr distanzierte Aufnahme fand, fliehen. In Küstrin gebar ihm Elisabeth den Prinzen Moritz. Die Flucht kam erst im April 1621 in Den Haag zur Ruhe.

Der Pfälzer Krieg (1620–1623)

Schon im Herbst 1620 hatte der Krieg auch das pfälzische Territorium erfaßt. Obwohl die spanischen Gesandten in England dargelegt hatten, daß es nur um die Bereinigung der böhmischen Angelegenheiten gehe, war Erzherzog Albrecht, der Statthalter in den Niederlanden, schon seit Ende 1619 mit einem Invasionsplan befaßt und erhielt dafür von seinem König wie vom Kaiser freie Hand. Die Vorbereitungen waren im Juli 1620 abgeschlossen. Unter dem General Spinola wurde das Land von Mainz her bis zum Hunsrück und bis an den Rhein bei Worms besetzt. Die Unionstruppen, die es sichern sollten, wurden rasch ausmanövriert und nach Süden abgedrängt. Als Spinola vorübergehend bis zur Bergstraße vorstieß, flüchteten Regierung und Behörden ziemlich kopflos aus Heidelberg.[13] Frankenthal allein hielt dem spanischen Ansturm stand. Im weiteren Verlauf der Operationen erreichte Spinola im Frühjahr 1621 einen Waffenstillstand. Anschließend löste sich die Union auf ihrer Tagung in Heilbronn auf.

In Böhmen hatte nach der Schlacht am Weißen Berg nur Mansfeld den Widerstand noch aufrechterhalten. Nach hinhaltenden Kämpfen bei Pilsen wechselte er auf Oberpfälzer Gebiet über, wo er sich bei Waidhaus verschanzte, bis ihn die Bayern durch Umgehung zum Abzug zwangen und anschließend die ganze Oberpfalz eroberten.[14] Mansfeld zog durch Franken in die rheinische Pfalz ab. Auf dem Fuß folgte ihm Tilly mit ligistischen Truppen. Nach Ablauf des Waffenstillstandes im Sommer 1621 hatten die Spanier unter Cordoba Kaiserslautern eingenommen und wieder den Rhein überschritten, Ladenburg und die Bergstraße erobert. Mansfeld trieb sie im ersten Ansturm über den Rhein zurück. Als Kaufmann verkleidet war Friedrich V. noch einmal in sein Land zurückgekehrt. Mansfeld brach zu einem Einfall ins Elsaß auf, wo er durch eigene Pläne – er wollte aus der Landvogtei ein Fürstentum für sich machen – bis ins folgende Jahr festgehalten blieb. Tilly konnte so verhältnismäßig ungestört ab April 1622 die festen Plätze zunächst im Odenwald, dann im Kraichgau und in der Rheinebene nehmen. Verschiedene Burgen wurden gebrochen, Neckargemünd im Sturm genommen und die Besatzung niedergemacht. Der Belagerung durch die Bayern hielten nur Mannheim, Heidelberg und der Dilsberg stand.[15]

Gleichzeitig zog Mansfeld wieder heran und konnte sich mit den Truppen des badischen Markgrafen Georg Friedrich, der für die Pfälzer und die protestantische Sache in den Krieg eingetreten war, am Rand des Kraichgaus vereinigen. Südlich Wiesloch zwischen Malsch und Mingolsheim erwarteten sie Tilly in vorteilhafter Stellung. Dieser ließ sich durch einen vorgetäuschten Rückzug herauslocken und mußte eine Niederlage hinnehmen. Seinen Abmarsch nach Osten durch den Kraichgau verfolgte der Markgraf, während Mansfeld sich vor Ladenburg legte und es schließlich brach. Die Verteidiger mußten alle über die Klinge springen. Im östlichen Kraichgau konnte sich Tilly durch die Truppen Cordobas verstärken; er hat sodann in der sogenannten Schlacht bei Wimpfen, tatsächlich bei Obereisesheim, am 27. April / 6. Mai 1622 dem Markgrafen Georg Friedrich eine vernichtende Niederlage beigebracht. Kurz danach hat Mansfeld von Mannheim aus einen Marsch nach Norden angetreten, um sich mit einem neuen Verbündeten der Pfälzer Sache, dem Herzog Christian von Braunschweig, zu vereinigen. Auf der Lorscher Heide wurde er jedoch von Tilly gestellt und in einem sehr unübersichtlichen, räumlich langgezogenen Gefecht zurückgeschlagen. So konnte Tilly dem Braunschweiger allein beim Mainübergang nahe Höchst entgegentreten, so daß dieser nur Reste seines Heeres in die Pfalz brachte. An einen Entsatz von Mannheim und Heidelberg war nicht zu denken. Kurfürst Friedrich entließ nun Christian von Braunschweig und Mansfeld und begab sich über Sedan wieder ins niederländische Exil. Die Festungen wurden von ihren englischen und pfälzischen Besatzungen als Verhandlungsobjekte weiter gehalten.

Vor Heidelberg lag die Hauptstreitmacht Tillys mit einem großen Lager auf dem Gaisberg im Südwesten über der Stadt. Nach über einem halben Jahr Belagerung begann im Juli der planmäßige Angriff. Am 5./15. September 1622 durchschwammen die Kroaten mit ihren Pferden den Neckar, drangen in die Vorstadt ein und nahmen auch sogleich die Altstadt ein. Das Kapitulationsangebot des Kommandanten von der Merven kam zu spät, Tilly konnte »die Fury« seiner Soldateska nicht mehr aufhalten. Eine schwere Plünderung mit Quälereien und Schändungen der Bevölkerung nahm ihren Lauf, das Schloß kapitulierte vier Tage später,[16] anschließend der Dilsberg. Am 23. Oktober/2. November gab auch die Mannheimer Friedrichsburg den Widerstand auf. Die Stadt war schon zuvor von den Verteidigern geräumt und die Häuser niedergebrannt worden. Frankenthal hielt sich noch bis 1623, als es durch einen Vertrag zwischen London und Brüssel durch den englischen König auf 18 Monate den Spaniern überlassen wurde.[17] Damit war auch der letzte Ort aus dem Territorium in Händen der katholischen Partei. Rechts des Rheins herrschten die Bayern, links die Spanier. In Heidelberg ging Maximilian von Bayern daran, eine mit der Annahme päpstlicher Kriegsbeihilfen aufgenommene Schuld zu tilgen. Die dafür ausersehene Bibliotheca Palatina wurde nach Anweisungen des päpstlichen Bibliothekars Leo Alacci unter Zuhilfenahme des Kirchengestühls von Heiliggeist in Kisten verpackt. Weil sich die Heidelberger Handwerker einer Mitwirkung verweigerten, mußten auswärtige Kräfte eingesetzt werden. Um die Last für die Maultiere möglichst gering zu halten, hat man viele Bücher aus ihren Einbänden herausgelöst. Am 18./28. Juni 1623 kam der Transport in Rom an.[18] Die Vaticana verwahrte seither auch das geistliche Arsenal des engagiertesten Gegners des Papsttums. Gewiß hatte dieser keineswegs durch das Völkerrecht abgesicherte Raub die nachträgliche Wirkung, die Bestände aus der Gefahrenzone, die Heidelberg blieb, auf Dauer zu retten. Alle Bemühungen um eine Restituierung in pfälzischer Zeit und auch danach waren erst spät und nur zu geringem Teil erfolgreich.

Die Ächtung Friedrichs V., Exilpolitik und Friedensprojekte

Der böhmische Aufstand hatte den militärisch schwachen Kaiser ganz auf die Seite Maximilians von Bayern gezwungen, dessen sicherster Verbündeter die römische Kurie war. Da Bayern nicht nur den entscheidenden Schlag gegen Böhmen führte, sondern auch den protestantischen Aufstand in Oberösterreich niederwarf, konnte der Kaiser sich Maximilians Drängen nach einer Belohnung durch die pfälzische Kurwürde und mindestens große Teile des pfälzischen Territoriums kaum widersetzen. Auch Spaniens Pläne waren im Anfang ganz auf eine Zerschlagung der Pfalz gerichtet. Zu entsprechenden reichsgesetzlichen Maßnahmen brauchte der Kaiser jedoch die Zustimmung der übrigen Kurfürsten. Sie war nicht zu bekommen. Also blieb es zunächst bei geheimen Abmachungen. Die erbeuteten pfälzischen Akten wurden von der kaiserlichen Propaganda geschickt benutzt, um den Widerstand der Mitkurfürsten auszuschalten.[19] Da es aber Mansfeld gelungen war, wichtige Korrespondenzen zwischen Spanien und dem Kaiser abzufangen, konnte alsbald eine Gegenveröffentlichung das ebenfalls unrechtmäßige Vorgehen des Kaisers bloßstellen.[20] Diesem gelang es auf Dauer jedoch, den Widerstand der Kurfürsten auszumanövrieren.

Schon beim Bündnis von 1619 war die geheime Abmachung getroffen worden, daß der Kaiser die pfälzische Kurwürde an Maximilian übertragen werde. Die böhmische Königswahl wurde im Januar 1620 schließlich für ungültig erklärt. Die Kurfürsten wehrten sich jedoch immer noch gegen eine Ächtung. Doch am 12./22. Januar 1621 endlich konnte Ferdinand II. die Ächtung öffentlich erklären, die Exekution an Spanien und Bayern übertragen. Umstritten blieb die Aufteilung der Unterpfalz und das Verfahren mit der Kurwürde, auf die auch Pfalz-Neuburg Ansprüche erhob. Dem Drängen Bayerns kam der Kaiser durch eine geheime Belehnung entgegen. Nun vollzog jedoch Spanien eine Neuorientierung seiner Politik. Im Interesse einer Verständigung mit England wurde es ab Winter 1621/22 zum Fürsprecher einer Restituierung der Pfalz. Ermöglicht sollte das durch eine katholische Erziehung des Kurprinzen und eine Eheverbindung mit dem Kaiserhaus werden.[21] Bayern blieb nichts anderes übrig, als wenigstens teilweise nachzugeben. Es brachte in die Verhandlungen den Vorschlag ein, daß die Kur, wie schon im Vertrag von Pavia vorgesehen, zwischen beiden Ästen des wittelbachischen Stammes alternieren oder für die Pfälzer eine achte Kur eingerichtet werden sollte. Gegen die Stimmen von Sachsen und Brandenburg hat der Kaiser am 15./25. Februar 1623 dann doch die Kurwürde definitiv, freilich nur auf Lebenszeit, an Maximilian von Bayern übertragen.[22]

Die von Spanien immer noch nicht aufgegebenen Friedenspläne wurden von Friedrich V. abgelehnt, zumal sich sein Rat Ludwig Camerarius äußerst aktiv um neue Bundesgenossen in Dänemark und Schweden, aber auch in Venedig und Siebenbürgen bemühte. In diesem diplomatischen Spiel hielten sich England und die Niederlande, die zunächst noch den Feldzug Mansfelds unterstützt hatten, zurück, um nicht den Ausgleich bzw. den noch andauernden Waffenstillstand mit Spanien zu gefährden. Schließlich kam es nach dem Scheitern der spanischen Projekte und dem Tod Jakobs I., der praktisch auf die Rückgabe von Frankenthal verzichtet hatte, zu neuer kriegerischer Aktivität in Norddeutschland. Die Niederländer und England rüsteten ein Hilfskorps unter Mansfeld aus, das aber ebenso wie Christian von Dänemark 1626 eine schwere Niederlage erlitt.

Prinzipiell standen England und die Niederlande lediglich zu ihren Verpflichtungen gegenüber der Familie des Winterkönigs. Er konnte eine relativ gut ausgestattete Hofhaltung im Exil führen und wurde mindestens im Zeremoniell sogar als König von Böhmen gewürdigt.[23] Tatsächlich war Friedrich jedoch den Generalstaaten bis zum Scheitern des Ausgleichs mit Spanien eine diplomatische Last. Sie vermieden alles, was ihm politischen Einfluß gewährt hätte. Auch nach der erneuten Konfrontation mit Spanien waren sie bestrebt, ihren eigenen Konflikt nicht mit den Angelegenheiten der Pfalz und Böhmens zu verquicken und einen Krieg mit dem Kaiser zu vermeiden. Ganz ähnlich distanziert war die Haltung König Jakobs von England geblieben, der immerhin für seinen Schwiegersohn über 900 000 Pfund Sterling aufwendete und in verschiedenen militärischen Unternehmungen allein zum Schutz der pfälzischen Erblande 15 000 Mann für ihn ausgerüstet hat.[24] Kurze Zeit schien stärkere englische Unterstützung möglich, als 1625 Karl I. und sein Ratgeber Buckingham eine aktive Kriegspolitik anstrebten. Der zunehmende innerenglische Konflikt machte dies aber bald unmöglich.

Neue Friedenspläne gingen von Frankreich, von Lothringen und von Württemberg aus.[25] Sie hatten alle eine eingeschränkte Restitution der Pfälzer Dynastie zum Ziel und suchten sie meist über eine Konversion des Kurprinzen, Alternanz der Kur und hohen Geldausgleich für Kurfürst Maximilian schmackhaft zu machen. Die Pfälzer selbst waren nur zu geringen Zugeständnissen bereit, wie einer sehr verklausulierten Abbitte gegenüber dem Kaiser, Verzicht auf die Kurwürde auf Lebenszeit Maximilians und gewisse Freiheiten für die Katholiken im eigenen Land; zu Zahlungen sahen sie sich außerstande. Das war selbstredend keine Verhandlungsbasis für den Kaiser, der 1628 Bayern für die Dauer der wilhelminischen Linie die Kurwürde bestätigte. Maximilian gab ihm das Land ob der Enns zurück und verzichtete auf den Ersatz von 13 Millionen fl Kriegskosten.[26] Der Kaiser verpflichtete sich aber, Oberösterreich wieder herauszugeben, wenn weitere Friedensverhandlungen die Oberpfalz Bayern wieder entziehen sollten. Die Unterpfalz blieb vorläufig zwischen Bayern und Spanien aufgeteilt, nur das Oberamt Germersheim wurde als Bestandteil des habsburgischen Elsaß behandelt.

Vorübergehende Restituierung durch die Schweden (1631–1633), Endphase des Krieges (1634–1648)

Auf dem Höhepunkt seiner Macht hat der Kaiser durch das Restitutionsedikt von 1628 den Bogen gegenüber den evangelischen Reichsständen überspannt. Eine außenpolitische Wendung mußte sie fast alle auf die Seite seiner Gegner treiben. Diese kam mit dem Eintritt Schwedens in den Krieg 1630. Weniger die diplomatischen Bemühungen des Camerarius um einen neuen Verbündeten der Pfälzer Sache als vielmehr der Friedensschluß zwischen Polen und Schweden und eigene politische, durchaus auch konfessionell engagierte Entwürfe haben Gustav Adolf zum Eingreifen bewegt. Die Verwandtschaft mit dem pfälzischen Haus spielte die geringste Rolle. Durch eine neue militärische Taktik und ausgezeichnete Logistik zeigte sich Schweden bald als gefährlicher Gegner des Kaisers. Finanziell war es durch französische Subsidien abgesichert. Die lutherischen deutschen Fürsten flogen ihm als Bundesgenossen förmlich zu. Nach dem Sieg bei Breitenfeld, dem Marsch durch Franken und der Eroberung der Bergstraße und Ladenburgs setzte Gustav Adolf am 7./17. Dezember 1631 bei Oppenheim über den Rhein.[27] Rasch war fast die ganze Pfalz erobert. Mannheim gewann Bernhard von Weimar durch Kriegslist[28] für die Schweden. Anfang Januar, etwa gleichzeitig, fielen Bacharach und Kreuznach, Anfang März Frankenthal. Heidelberg und der Dilsberg hielten sich zunächst. Als die Schweden weiter ins Innere Süddeutschlands vorrückten, riskierten die Spanier von Nordwesten her einen Gegenstoß, der bis zur Rückeroberung von Neustadt führte. Dann ergriffen die Schweden Abwehrmaßnahmen, und die Spanier mußten sich nach verlorenen Gefechten bei Stadecken und Rockenhausen hinter die Mosel zurückziehen.[29] Die bayerische Besatzung in Heidelberg machte Ausfälle bis an die Grenze des Elsaß. Da auch Philippsburg von den Kaiserlichen gehalten wurde, blieb das Land noch lange bedroht. Der Versuch der kaiserlichen Generale Ossa und Montecuccoli, Heidelberg mit ihrer Reiterei zu entsetzen, scheiterte in einem schwedischen Hinterhalt bei Wiesloch. Schließlich konnten die Schweden das Städtlein Dilsberg »ersteigen« und die Burg zur Kapitulation zwingen. Im Mai 1633 waren dann auch die Belagerungsmaßnahmen vor dem Heidelberger Schloß so weit gekommen, daß nur noch die Kapitulation blieb.[30]

Friedrich V. war mit großen Erwartungen in sein Land zurückgekehrt. Gustav Adolf behandelte ihn zuvorkommend, vermied es jedoch, irgendeine Befehlsgewalt an ihn zu übertragen. Für eine Wiedereinsetzung stellte er harte finanzielle Bedingungen, dazu verlangte er die Verpflegung schwedischer Garnisonen und die konfessionelle Gleichberechtigung der Lutheraner, die die neue Besatzungsmacht ohnehin schon praktizierte.[31] Der Winterkönig wollte sich auf solche Bedingungen nicht einlassen und erreichte infolgedessen auch nichts. Auch die englische Vermittlung zu seiner Restituierung war unklar.[32] Im Anfang des Jahres 1633 ist er bald nach Gustav Adolfs Tod an einer Epidemie erkrankt und in Mainz gestorben. Sein Herz wurde in der Katharinenkirche zu Oppenheim beigesetzt, der Leichnam gelangte nicht mehr nach Heidelberg. Er mußte im folgenden Jahr nach Metz in Sicherheit gebracht werden und blieb verschollen. Der Bruder Ludwig Philipp übernahm die Vormundschaft und hat sich im Vertrag von Heilbronn 4./14. April 1633[33] mit den Schweden arrangiert, d. h. ihre Bedingungen angenommen. Schwedische Besatzungen sollten auch über das Kriegsende hinaus in Mannheim, Frankenthal, Bacharach und Kaub bleiben.

Die damit eingeleitete Wiedereinsetzung des Hauses Pfalz-Simmern brach schon im folgenden Jahr zusammen. Ursache war eine neue Wendung des Kriegsglückes durch die Schlacht bei Nördlingen (28. August/6. September 1634). Die siegreichen Katholiken verjagten die Schweden aus ganz Süddeutschland. Die Bayern unter Johann von Werth drangen zweimal in Heidelberg ein, doch hielt sich das Schloß zunächst und wurde von den Franzosen, die damit auf der Seite der Schweden in den Krieg eintraten, noch einmal freigekämpft. 1635 mußten dann doch Heidelberg, der Dilsberg und Mannheim vor den Kaiserlichen kapitulieren. Die Spanier konnten wieder Oppenheim und Alzey einnehmen. Bei der Eroberung von Kaiserslautern richteten die Truppen des Heerführers Gallas ein fürchterliches Blutbad an.[34] Auch Frankenthal gab den Widerstand gegen die Spanier im Oktober 1635 auf. Bacharach wurde 1640 zurückerobert. Kreuznach, das die Spanier schon 1637 vorübergehend in den Händen hatten, fiel ihnen und den Kaiserlichen endgültig 1641 zu.

Für die ganze Folgezeit blieben die meisten festen Plätze der rechtsrheinischen Pfalz in Händen der Bayern. Das schutzlose Mannheim wechselte öfter den Besitzer. In der Endphase des Krieges konnten sich die Franzosen in Mosbach festsetzen. Die Herrschaftsverhältnisse auf der linken Rheinseite waren nicht so stabil, doch blieben Frankenthal, Oppenheim und Kreuznach in spanischer Hand, Germersheim bis 1644 in kaiserlicher. Die größeren Kampfhandlungen verlagerten sich an den südlichen Oberrhein und in den letzten Kriegsjahren ins Innere Süddeutschlands. Bei zunehmender Überlegenheit der Franzosen war keine der kämpfenden Parteien stark genug, einen letztlich entscheidenden Schlag zu führen.

Verwaltung, Bevölkerung und Konfession

Schon der Wegzug des pfälzischen Hofes nach Böhmen hatte die wichtigsten Räte nach Prag versetzt und die Heidelberger Zentralbehörden unter dem Kanzler von der Grün auf die inneren Landesangelegenheiten beschränkt. Die bald auftauchende Kriegsgefahr am Rhein brachte Unordnung und Unsicherheit. Nachdem die Bayern Heidelberg erobert hatten, war es nur noch regionaler Zentralort für den rechtsrheinischen Landesteil und Sitz einer interimistischen Verwaltung. Selbst nach der offiziellen Belehnung von 1628 betrachtete Kurfürst Maximilian die Unterpfalz lediglich als diplomatisches Tauschobjekt und Sicherheitspfand für seine reichsrechtlichen und oberpfälzischen Gewinne. Unter dem Statthalter Heinrich von Metternich wurde der angestammte lokale Behördenapparat beibehalten,[35] aber jetzt weitgehend mit neu ins Land gekommenen Katholiken oder Konvertiten besetzt. Die Finanzen waren, vielleicht nach bayerischem Muster, einem Rentmeister anvertraut. Die Spanier sahen ihre Anwesenheit in den linksrheinischen Ämtern ähnlich. Ihre Sequesterverwaltung richtete sich streng nach Reichsrecht. Die lokalen Behörden blieben weitgehend intakt. Die Konfession der Lokalbeamten und die Selbstverwaltung der Gemeinden wurden zunächst nicht in Frage gestellt. Die Zentrale der spanischen Regierung unter dem Gubernator Wilhelm Verdugo nahm ihren Sitz in Kreuznach. Für die wichtigsten Regierungsmaßnahmen war neben ihm als zivile Verwaltungsinstanz ein Superintendent eingesetzt. Auch die Spanier richteten eine eigene Finanzverwaltung ein mit einem Rezeptor und dem Kollegium des Finanzrates an der Spitze.[36] Das Amt Germersheim galt als Teil des habsburgischen Elsaß. Seine Behörden waren auf Erzherzog Leopold vereidigt.[37] Kurmainz erhielt die seit 1461 verpfändete Bergstraße zurück.

Schweden hatte es nach der Eroberung zunächst bei einer Militärverwaltung belassen. Nach dem Heilbronner Ausgleich kehrte die pfälzische Exilregierung für kurze Zeit aus Den Haag zurück. Sie hatte dort anfangs aus dem Großhofmeister Graf Solms und fünf Räten bestanden.[38] Seit dem Verlust der Unterpfalz war Ludwig Camerarius der führende Kopf und prägte die außenpolitischen Bemühungen ganz im Sinne böhmisch-pfälzischer Großmachtträume. Die Schweden setzten dem ein Ende. Nachher griff unter dem Einfluß Joachims von Rusdorf mehr Realismus Platz. Es ging nur noch um die Restitution der Pfalz selbst. Im Lande wurden nach der Wende des Kriegsglücks 1634/35 die bayerischen, spanischen und österreichischen Sequesterverwaltungen wieder eingerichtet. Allerdings waren sie nur beschränkt aktionsfähig.

Plünderungen, verheerende Seuchen und Hungersnöte haben seit der Nördlinger Schlacht das Land weitgehend entvölkert und zu einer wirtschaftlichen Wüste gemacht. Das wahre Ausmaß dieser schweren Katastrophe wird nicht in Einzelnachrichten deutlich, so erschütternd sie auch sein mögen,[39] sondern in der Tatsache, daß die Kurpfalz die größten Menschenverluste unter allen Kriegsschauplätzen hinnehmen mußte. Der Mangel an Untertanen und die drohende Verödung ganzer Teile des Landes waren die eigentlichen Sorgen aller Besatzungspolitik. Zusammenfassende Zahlen gibt es nur über einzelne Ämter, dazu viele Nachrichten auf Gemeindeebene. Sie liefern doch ein Gesamtbild. Es zeigt sich ein starkes landschaftliches und örtliches Gefälle. Die festen Plätze und ummauerten Flecken, soweit von ihnen aus auch das Umland noch bebaut werden konnte, weisen eine wesentlich bessere Bilanz auf als die offenen Dörfer, die weniger Schutz vor den kleinen Abteilungen von Marodeuren und Plünderern boten. Im allgemeinen hielt sich eine Restbevölkerung stärker in den fruchtbaren Gebieten als im Gebirge. Offensichtlich kamen hier zwei Ursachenstränge zusammen, die erhöhte Unsicherheit in den abgelegenen Zonen sowie die besondere Schwierigkeit der dortigen Landwirtschaft. Auch in den fruchtbareren Zonen verän-

Abb. 19: Kreuznach nach M. Merian 1645.
Blick von Westen naheabwärts. Auf der Anhöhe im Norden Schloß Kautzenberg, der Sitz des spanischen Gouverneurs. Dahinter die Neustadt. Auf der Naheinsel seit 1322 die Pfarrkirche, südlich davon die zu ihr gehörige Altstadt. Sie ist planmäßiger und eher jünger als die sog. Neustadt, aber Nachfolgerin der ersten Ansiedlung im einstigen Römerkastell weiter östlich.

derte man die Anbaugewohnheiten, ließ alle Problemböden brachliegen und hielt sich nicht mehr an die Dreifelderwirtschaft.

Die überlieferten Einwohnerzahlen[40] belegen für die Schriesheimer Zent im Oberamt Heidelberg den Rückgang der Bevölkerung auf 20 Prozent des Vorkriegsstandes. Etwa dieses Ausmaß hatten auch die Verluste im Oberamt Mosbach. In den Dörfern des Oberamtes Kaiserslautern sah es noch trostloser aus. Von 62 Dörfern und Weilern waren 30 gänzlich entvölkert. Die Gesamtverluste betrugen 88 Prozent der Vorkriegsbevölkerung. Von 3200 Einwohnern Kaiserslauterns waren schon 1635 nur 200 übriggeblieben. Weniger einschneidend war der Kraichgau betroffen. Die Städte Bretten und Heidelsheim verzeichneten 50 bzw. 68 Prozent Bevölkerungsrückgang. Es ist wohl nicht abwegig, die Gesamtverluste für die Pfalz bei 75–80 Prozent anzusetzen. Dabei war nur eine kleine Anzahl von Orten von totaler Zerstörung ihrer Bausubstanz betroffen. Mehr wurde einfach aufgegeben und liegengelassen. Von den Städten scheint allein Mannheim weitgehend in Trümmern gelegen zu haben.

Schon die Eroberung des Landes 1621/23 brachte die ersten Anzeichen einer Gegenreformation.[41] Selbstverständlich erhielten die Katholiken in den Kondominaten Religionsfreiheit. In den Pfandschaften, so auch an der Bergstraße, begann eine konsequente und letzten Endes erfolgreiche Rekatholisierung. Im Kernterritorium selbst versuchte man vor allem mit Hilfe von Ordensgeistlichen das Bekehrungswerk. Die Jesuiten sind schon zusammen mit dem siegreichen Belagerungsheer in Heidelberg eingezogen und erhielten dort sogleich eine Niederlassung zugewiesen. Das Speyerer Jesuitenkolleg gründete 1623 ein Haus in Neustadt und 1628 eine Mission in Germersheim. Ähnlich wirkte das Wormser Kolleg ins Umland hinaus. Von 1627 an versahen zwei Patres Frankenthal. Die Bruchsaler Jesuiten kamen nach Bretten. In Kreuznach bildete sich eine eigene Niederlassung, die schließlich auch für Simmern zuständig wurde. Etwa gleichzeitig mit den Jesuiten, die überall mit kleinerem Klostervermögen versorgt wurden, übernahmen die Franziskaner ihre alten Klöster in Heidelberg, Kaiserslautern, Oppenheim und Kreuznach. In Alzey setzten sie sich im einstigen Antoniterhaus fest, in Mosbach und Bacharach entstanden neue Niederlassungen. Der Kapuzinerorden gründete von Speyer aus Konvente in Frankenthal (1624) und in Neustadt (1628). Das Heidelberger Kapuzinerkloster und das Ladenburger entstanden im Zusammenwirken von Bayern und Wormser Bischof. Auch die Wormser und Mainzer Kapuziner wurden im Pfälzer Land tätig. Dem Karmeliterorden wurde 1624 das Weinheimer Kloster restituiert, das in Kreuznach lebte 1630 wieder auf. Dagegen ist die Wiederherstellung der großen Benediktiner- und Zisterzienserklöster bzw. der Chorherrenstifte Disibodenberg, Limburg, Eußerthal, Otterberg, Frankenthal und Hördt nur sehr unvollkommen, in Schönau überhaupt nicht gelungen.[42] Offenbar waren daran die Besatzungsmächte, vor allem Bayern, weniger interessiert.

Kaiser Ferdinand sah in seinem Sieg den Willen Gottes zur Wiedereinführung der katholischen Religion, Spanier und Bayern dachten nicht anders. Im Anfang waren jedoch die Bekehrungserfolge recht begrenzt und blieben auf den Kreis der unmittelbar mit der Besatzungsmacht zusammenarbeitenden Beamten und die wenigen offensichtlich nur zum Schein reformierten geheimen Katholiken beschränkt. Mit zunehmender Dauer der Besatzung wurde das Bekehrungswerk erfolgreicher. Nach den Heidelberger Kirchenbüchern zeichnet sich ab 1627 eine Wende ab.[43] Rigorose Maßnahmen wurden mit dem Restitutionsedikt ergriffen. 1628 mußten die reformierten Prediger das Land verlassen. Die Bevölkerung wurde zwangsweise in den katholischen Gottesdienst geschickt. Bayern versuchte nun auch eine ordentliche Seelsorge durch Weltgeistliche aufzubauen; die Jesuiten sollten zur Theologenausbildung auch die Universität in Heidelberg übernehmen. Dies aber wurde von den zuständigen Bischöfen, die eine zu große Machtkonzentration bei Maximilian befürchteten, bekämpft. Der Schwedeneinfall hat die Verwirklichung solcher Pläne jäh unterbrochen, und nachher erlaubte schon die allgemeine Not des Landes nicht mehr eine konsequente Gegenreformation. Die Heidelberger Regierung berichtete 1640 an Maximilian, daß sich zwar vor dem schwedischen Unwesen die Untertanen dem Schein nach zur katholischen Religion gewendet hätten, danach aber alsbald wieder abgefallen seien, und man jetzt trotz des erzwungenen Kirchen- und Sakramentenbesuchs der Meinung sei, daß sich »kaum der dritte Theil realiter und im Herzen katholisch befindet«.[44] Das ungewisse Kriegsglück lasse es auch nicht ratsam erscheinen, mit völliger Strenge durchzugreifen, dieweil man nur Gefahr liefe, auch die letzte Bevölkerung noch aus dem Land zu treiben. Auch die Spanier verhielten sich nicht anders.

Friedensbemühungen und Friedensschluß 1648

Der Sohn des Winterkönigs Karl Ludwig erhob seit seiner Volljährigkeit den Anspruch auf sein angestammtes Land. 1637 setzte er sich im Emsland fest und wollte von dort aus mit seinen wenigen Truppen im Reich wieder Fuß fassen, wurde aber durch den General Hatzfeld bei Stadtlohn an der Weser geschlagen und rasch aus Westfalen verjagt. Der Tod Bernhards von Weimar schien eine neue Chance zu bieten. Karl Ludwig begab sich 1640 nach Frankreich, um zur Weimarer Armee im Elsaß zu gelangen. Richelieu ließ ihn jedoch in Vincennes gefangensetzen und gab ihn erst wieder frei, nachdem er den Eid geschworen hatte, nichts gegen die französischen Interessen zu unternehmen.[45]

Im Reich hatte schon 1635 der Prager Friede die weitgehende Einigung zwischen dem Kaiser und den evangelischen Fürsten gebracht.[46] Ausgeschlossen aus ihm blieben nur die Calvinisten sowie Württemberg und Baden-Durlach. Die Kurwürde blieb bei Bayern, und für das pfälzische Herrscherhaus sah man lediglich eine Apanage aus gewissen Einkünften in der Unterpfalz vor. Die Pfalz hatte auch in der europäischen Diplomatie keinen uneingeschränkten Fürsprecher, da Frankreich die bayerische Kur anerkannt hatte und entsprechend auf Schweden einwirkte. In den weiteren Friedensverhandlungen erwies sich der Kaiser durch die enge Bindung an Bayern, das er auch für die Königswahl seines Sohnes brauchte, unfähig zu Konzessionen. Im Grunde hatte auch er kein Interesse daran, Maximilian zu mächtig werden zu lassen. Die übrigen Kurfürsten hätten gerne ein Entgegenkommen gegenüber der Pfalz gesehen. Jede Restitution der Oberpfalz hätte dem Kaiser jedoch das eigene Land ob der Enns gekostet. Bayern konnte überdies zur Sicherung seiner Gewinne immer mit dem Abschluß eines Separatfriedens mit Frankreich drohen. England, das noch einmal durch ein finanzielles Opfer die Oberpfalz für Karl Ludwig retten wollte, versank von 1643 an völlig in inneren Kämpfen. Dabei stellte sich Karl Ludwig aus Opportunismus schließlich auf die Seite des Parlaments und gegen den König, ja er ließ sich 1645 sogar als Thronprätendent gebrauchen.[47]

Damals kamen die Vorverhandlungen zum Frieden endlich in ein konkretes Stadium, nachdem sich der Kaiser und der Bayernherzog darauf geeinigt hatten, die Pfälzer Frage in den Friedensvertrag hineinzunehmen. Immer noch machte Ferdinand Vorbehalte gegen die achte Kur. Sie wurde aber von Frankreich durchgesetzt, und Schweden lenkte ein. Nur noch die Niederlande und der evangelische Teil der Eidgenossen hielten an einer vollständigen Wiederherstellung Karl Ludwigs fest, für alle anderen war der Verlust der Oberpfalz ausgemachte Sache. Nach weiteren, zum Teil noch dramatischen Verhandlungen zeichnete sich von 1647 an der Kompromiß ab: die Oberpfalz und die fünfte Kur verblieben Bayern, für Karl Ludwig und seine Nachkommen wurde eine neue achte Kur geschaffen.[48] Er mußte es hinnehmen, daß seine geistlichen Nachbarn, die schon seit dem Spätmittelalter verpfändeten Gebietsteile wieder auslösen konnten, vor allem Mainz die Bergstraße. Sein Onkel Ludwig Philipp erhielt wieder Lautern und Simmern als eigenes Fürstentum. Längere Zeit war noch um Zugeständnisse in der Konfessionsfrage gerungen worden. Schweden suchte eine vertragliche Sicherung der Religionsfreiheit für die Lutheraner zu erreichen, Bayern und der Kaiser wollten solches für die Katholiken. Schließlich mußte alles außer punktueller Absicherung der Lutheraner, so in Oppenheim, aus dem Vertragswerk draußen bleiben, weil Bayern nur so sein uneingeschränktes Gegenreformationsrecht in der Oberpfalz retten konnte. Entgegen dem sonst für das Reich festgelegten Normaljahr 1624 sollte für die Pfalz der konfessionelle Zustand vor den böhmischen Wirren (ante motus Bohemicos) gelten.[49] Damit war zunächst ein Normaljahr 1618 gemeint, weil es in der Pfalz ja schon vor 1624 eine Rekatholisierung gegeben hatte. Die Formel sollte sich später jedoch als auslegungsfähig erweisen.

Typisch für das 17. Jahrhundert war, daß vor Abschluß des Vertrages die Titulatur Karl Ludwigs noch Schwierigkeiten machte. Er selbst bestand auf »Kurfürst« schon vor der Annahme des Verhandlungspakets. Schließlich war man dazu bereit, allerdings unter dem Vorbehalt, daß aus solchem Titel im Falle der Nichtannahme keine Rechtsposition abzuleiten sei. Karl Ludwig blieb jedoch gar keine andere Wahl, als den Friedensvertrag zu akzeptieren, auch wenn er das nur als einstweilig ansah. Am 14./24. Oktober 1648 wurde das gesamte Friedensinstrument unterzeichnet.

Kapitel 16

Wiederherstellung und neue Gefährdung, die Spätzeit der Linie Pfalz-Simmern 1649–1685

Der Westfälische Frieden hat die Kurpfalz in freilich reduziertem Umfang an das Haus des Winterkönigs zurückgegeben. Es war nicht nur die Verkleinerung des Territoriums auf unter zwei Drittel des Vorkriegsstandes, die der Pfalz eine gewaltige Machteinbuße brachte, sondern ebenso schwer wog der wirtschaftlich desolate Zustand infolge von Kriegszerstörungen und Entvölkerung. Entsprechend dem auf äußeres Prestige bedachten Zeitgeist des 17. Jahrhunderts war es nur natürlich, wenn der neue Herrscher ganz besonders unter der Rangminderung durch die Abspeisung mit einer achten Kur litt und verbittert gegen die Folgeerscheinungen ankämpfte. Karl Ludwigs Politik stand damit zwischen der Notwendigkeit, durch eine unvoreingenommene und verhältnismäßig moderne Bevölkerungs- und Wirtschaftspolitik das Land wieder emporzubringen und dem verbissenen Kampf um die Wahrung alter Vorrechte und Privilegien des Kurfürstentums. Infolge der Knappheit seiner Mittel war er in noch verstärktem Maße von äußeren Mächten abhängig, als es allein schon die Reichspolitik und die allgemeine geographische Situation der Pfalz bedingt hätten.

Die Kurpfalz lag seit dem Westfälischen Frieden im unmittelbaren Ausstrahlungsbereich der französischen Macht. Die Garnison von Philippsburg stand gleichsam vor der Haustür. Nach Neigung und Verwandtschaft hielt sich Karl Ludwig lieber an Schweden als den anderen Garanten seiner Restituierung, aber er mußte sich mit Frankreich arrangieren und konnte ohne französisches Geld nicht auskommen. Auf der anderen Seite war für seine Stellung innerhalb des Reiches ein gutes Verhältnis zum Kaiser unerläßlich. Dieser war immer noch die sicherste Stütze gegen den bayerischen Druck, auch brauchte man seine Mithilfe zur finanziellen Entlastung des Territoriums. Unlösbar blieb für Karl Ludwig (1649–1680) der Konflikt zwischen seinem nicht nur vom Zweckmäßigkeitsdenken, sondern wohl auch emotional begründeten Reichspatriotismus und den außenpolitischen Möglichkeiten eines Reichsfürsten in Grenzlage zu Frankreich. Hinzu kommt aber auch die Spannung im Territorium zwischen eifersüchtiger Restaurierung und neuen Entwürfen in der Innenpolitik. Das reicht vom Verhältnis zu den Nachbarn über die wirtschaftliche Situation bis hin zur Konfessionsfrage. Karl Ludwig war überdies alles andere als ein ausgeglichener Charakter und ein nur von rationalen Entscheidungen bestimmter Herrscher, zudem durch komplizierte Familienverhältnisse und die Aussicht auf einen schwachen Nachfolger belastet. So ist seine Regierungszeit, in der die liberale Geschichtsschreibung des 19. Jahrhunderts zu sehr die modernen Züge betonte, in vieler Hinsicht eine Epoche der Zwiespältigkeit und Zerrissenheit. Der beachtliche Wiederaufbau war durch unkluge, die eigenen Mittel und Stellung überfordernde Machtansprüche ständig gefährdet. Auf Dauer gelang es auch nicht, eine klare Linie zwischen der Wiederherstellung der alten kirchlichen Ordnung und der neuen Idee größerer Toleranz zu finden. Spätere Konflikte sind schon hier angelegt.

Karl Ludwigs Regierungsantritt 1649, Folgeregelungen aus dem Westfälischen Frieden

Der neue Herrscher der Pfalz erhielt die Nachricht vom Friedensschluß in London. Er erteilte zunächst seinem Onkel Ludwig Philipp die Vollmacht zur Inbesitznahme des Landes. Schon dabei taucht die Restitution des Altherkömmlichen als ein Grundmotiv seines Handelns auf. Von London, wo er gerade noch die Hinrichtung seines Onkels, des Königs Karls I., erlebt hatte, reiste er über Den Haag und Kassel nach Nürnberg. Hier ging es ihm vor allem darum, die Unterstützung Karl Gustavs von Schweden – dieser war ein Enkel Johanns I. von Pfalz-Zweibrücken – für eine Restaurationspolitik zu gewinnen. Am 5. Oktober 1649 erst betrat er pfälzischen Boden und wurde mit einem feierlichen Gottesdienst in der Mosbacher Stiftskirche begrüßt.[1] Zwei Tage später langte er in Heidelberg an. Dort hatte gerade die bayerische Besatzung Stadt und Schloß hessischen Exekutionstruppen übergeben. Die Residenz war nicht im besten, aber immerhin in brauchbarem Zustand, und auf äußerliche Prachtentfaltung hat Karl Ludwig bei allem Pochen auf seine Prärogativen nie Wert gelegt. Seine ersten Maßnahmen galten dem Wiederaufbau und dem Arrangement mit den Nachbarn.

Dem Friedensvertrag gemäß hatte Kurmainz die Bergstraße mit Heppenheim, Bensheim und Lorsch für die Summe von 100 000 fl, die der neue Kurfürst sicher brauchte, ausgelöst. Unklar war das Schicksal des Amtes Schauenburg geblieben. Dieses hatte Friedrich der Siegreiche kurz vor der Verpfändung der übrigen Bergstraße erobert und separat von Mainz zum Pfand erhalten. Im Vergleich mit Kurmainz, dem sogenannten Bergsträßer Rezeß von 1649,[2] einigten sich die beiden Kurfürsten darauf, daß dieses Amt mit Dossenheim, Handschuhsheim und dem ihm irrtümlich zugeschlagenen Seckenheim wieder an Kurpfalz fallen sollte. Als Gegenleistung erhielt der Mainzer das ursprünglich dem Kloster Schönau gehörige Dorf Viernheim und das weit abgelegene Ämtchen Neuenhain im Taunus, einst Klosterbesitz von Limburg. Das Amt Schauenburg blieb aber Mainzer Mannlehen. Erst 1714 verzichtete der Erzbischof auf die Lehenshoheit. Folgenschwerer war die Bestimmung, daß auch in Zukunft die im Amt ansässigen Katholiken freie Religionsausübung behalten und die drei Pfarrkirchen in den Simultangebrauch von Reformierten und Katholiken kommen sollten. Der Chor, durch einen Vorhang abgetrennt, diente jeweils ausschließlich dem katholischen Gottesdienst. Der Bergsträßer Nebenrezeß sicherte der Pfalz das Jagdrecht zwischen nördlicher Landesgrenze und Neckar, das über einen hochmittelalterlichen Wildbann einst an die Mainzer Kirche gekommen war. Nach dem Vorbild des Bergsträßer Rezesses regelten beide Kurfürsten durch einen in Regensburg 1653 geschlossenen Vergleich[3] auch die kirchlichen Verhältnisse in den Pfarreien Hemsbach und Laudenbach nördlich von Weinheim, wo die Landeshoheit pfälzisch, die Diözesanzugehörigkeit mainzisch war. Auch hier gab es die entsprechenden Simultaneen. Der Wormser Bischof als Ortsherr wurde übergangen.

Als letzten Rest der oberpfälzischen Besitzungen hatte der Westfälische Frieden Karl Ludwig die Hälfte der Gemeinschaft Parkstein-Weiden restituiert. Dies geschah deshalb, weil infolge verschiedener Pfandschaften keine bayerischen Ansprüche, sondern pfalz-neuburgische bestanden. Pfalz-Neuburg hatte zu seiner Hälfte hinzu 1623 auch die kurpfälzische besetzt und gab diese nun wieder zurück, während inzwischen der unmittelbar neuburgische Anteil an die Nebenlinie Pfalz-Sulzbach gefallen war. Karl Ludwig trat seine Hälfte 1652 wiederum pfandweise für 200 000 fl, die der Kaiser vorstrecken sollte, an Pfalz-Neuburg ab. Er behielt sich aber Eingriffsmöglichkeiten im Falle einer Vertragsverletzung vor, und dies sollte bald akut werden.

1656 konvertierte Pfalzgraf Christian August von Sulzbach zum Katholizismus.

Ohne Einspruch durch den ohnedies katholischen Mitkondominatsherren Pfalz-Neuburg ließ er den katholischen Kultus in Parkstein-Weiden, wie auch in seinen sonstigen Landen, wieder zu. Da dies dem Westfälischen Frieden und dem Normaljahr widersprach, verlangte Karl Ludwig die Räumung des Kondominats durch die katholischen Geistlichen und setzte militärischen Nachdruck hinter diese Forderung, indem er die betreffenden Orte besetzen ließ. Die evangelischen Mächte stellten sich auf seine Seite. Die katholischen Staaten indessen ergriffen Gegenmaßnahmen, und das Ganze drohte sich zu einem bewaffneten Konflikt zuzuspitzen. Nach kaiserlichen Vermittlungsversuchen zog Karl Ludwig 1657, ohne seinen Rechtsstandpunkt aufzugeben, seine Truppen zurück, und in Parkstein-Weiden kam es schließlich, vielleicht nach Bergsträßer Vorbild, zu einem Simultaneum.[4] Politische Anerkennung fand dieser Status aber erst, nachdem 1714 das mittlerweile zur Kur gelangte Haus Pfalz-Neuburg das Kondominat zu Gunsten von Pfalz-Sulzbach aufgegeben hatte. Da Neuburg die Pfandsumme selbst nicht aufbringen konnte, blieben die kurpfälzischen Ansprüche bestehen, bis sich diese Schuld 1685 durch Erbfall regulierte.

Spanien, das vom Friedensschluß ausgeschlossen war, hatte sich geweigert, seine Besatzung aus Frankenthal abzuziehen. Die spanische Monarchie betrachtete diese Festung als Faustpfand in innerhabsburgischen Auseinandersetzungen und als ein gewisses Gegengewicht gegen das französische Philippsburg. Karl Ludwig drängte auf die Herausgabe und konnte schließlich den Kaiser dafür gewinnen, weil dieser den Kurfürsten für seine Reichspolitik brauchte. Erst als der Kaiser bereit war, eine spanische Besatzung in Besançon aufzunehmen, verstanden sich die Spanier zum Abzug. Der festgesetzte Termin (14./24. April 1652) wurde vom Kommandanten Frangipani nochmals hinausgezögert. Er war auch nicht durch vor die Festung gelegte kurfürstliche Truppen zu beeindrucken. Erst als ihm auch noch der Abtransport der Kriegsbeute auf pfälzische Kosten garantiert war, verließen die Spanier zehn Tage später die Stadt in Richtung Luxemburg.[5]

Im folgenden Jahr klärte im Anschluß an den Regensburger Reichstag 1653 ein Schiedsspruch die Verwicklungen mit der Simmerner Nebenlinie.[6] Karl Ludwigs Onkel, Ludwig Philipp von Pfalz-Simmern, hatte durch den Krieg sein Land verloren und war durch den Friedensvertrag in seine Rechte wieder eingesetzt worden. Karl Ludwig bestritt ihm aber den vollen Umfang der vor 1623 von Simmern aus regierten Lande und reklamierte Lautern und Sponheim für sich. Der Kompromiß sah vor, daß das Amt Kaiserslautern nur auf Lebenszeit an Ludwig Philipp fallen sollte, die kleineren Ämter Wolfstein und Rockenhausen, dazu das Kloster Otterberg, waren dagegen auch seinen Erben sicher. Pfalz-Simmern gab sogleich ein Fünftel der Vorderen Grafschaft Sponheim und zwei Drittel des Amtes Stromberg wieder heraus sowie verschiedene geistliche Güter. Schon 1655, nach dem Tod Ludwig Philipps, kam die Landeshoheit über Lautern, das bis 1675 Wittum blieb, an die Kurlinie zurück. Der letzte Simmerner Landesherr Ludwig Heinrich Moritz starb ohne erbberechtigte Nachkommen 1673. Damit war noch zu Lebzeiten Karl Ludwigs die letzte Landesteilung überwunden.

Selbst mit Bayern, das er zunächst hofiert hatte, mit dem er aber schon bald nach seinem Regierungsantritt zusammengestoßen war, kam Karl Ludwig auf dem Regensburger Reichstag vorläufig überein. Bis dahin hatte er die Reichserbtruchsessenwürde reklamiert. Bayern sah sie als Bestandteil der Kur, Karl Ludwig dagegen als Zubehör der Pfalzgrafschaft an. Nun verzichtete er auf die Truchsessenwürde und nochmals ausdrücklich auf die Oberpfalz, doch zugunsten einer finanziellen Übereinkunft mit dem Kaiser. Als neues Erzamt erhielt er die Erzschatzmeisterwürde. Es trifft die Situation des Reiches wie der Pfalz, wenn der französische Gesandte über ihn als Schatzmeister ohne Schatz witzelte.[7] Wichtiger war wohl die Absprache mit dem Kaiser über die

Abb. 20: Simmern von M. Merian 1645.
Die Stadtanlage von Süden gesehen, eingespannt zwischen die Pfarrkirche St. Stephan, auch Fürstengrablege, und das Residenzschloß der Pfalzgrafen von Simmern.

finanzielle Entlastung der Pfalz. Ihr wurden nicht nur gemäß dem Friedensvertrag 60 Römermonate, d. h. die einer Beteiligung an einem Italienzug entsprechenden monatlichen Leistungen, erlassen, sondern in einer geheimen Absprache verzichtete der Kaiser auch auf die rückständigen Kammerziele.[8] Das waren die zur Unterhaltung des Reichskammergerichts fälligen Beiträge. Dagegen gab es eine längere Auseinandersetzung wegen der ebenfalls vertraglich vorgesehenen Apanage-Gelder für Mutter und Geschwister des Kurfürsten. Im ganzen aber war kaiserliches Entgegenkommen deutlich spürbar, es ging Ferdinand III. um die Wahl seines gleichnamigen Sohnes ohne Einmischung Frankreichs. Aber die Krönung Ferdinands IV. war wieder Anlaß zu den im 17. Jahrhundert so belastenden Rangstreitigkeiten. Beim Krönungsakt selbst rissen sich der neue Reichsschatzmeister Karl Ludwig und der brandenburgische Gesandte, letzterer als Vertreter des Reichskämmereramtes, fast bis zu Tätlichkeiten darum, wer nun bei den Zeremonien dem jungen Kaiser die Krone aufzusetzen und sie wieder abzunehmen hatte.

Die Familie Karl Ludwigs

Es ist nicht möglich, Karl Ludwigs Politik zu verstehen, ohne die familiären Verwicklungen zu beachten. Friedrich V. und Elisabeth Stuart hatten bei allem sonstigen Unglück eine offensichtlich gute Ehe geführt, aus der innerhalb von 18 Jahren 13 Kinder hervorgingen; von ihnen überlebten nur neun. Der älteste Sohn Kurprinz Heinrich Friedrich war 1629 bei einem Schiffsunfall vor Harlem umgekommen. Daher gelangte Karl Ludwig zur Regierung. Mehr als Nachkommen der Oranier und der Stuarts denn als Enkel Friedrichs IV. waren die Geschwister alle recht begabt, sprachgewandt und beweglichen Geistes (Karl Ludwig lernte Latein, Deutsch, Französisch, Englisch, Tschechisch und Niederländisch), aber vielfach exzentrisch und rücksichtslos, auch gegeneinander. Karl Ludwigs nächster Bruder Ruprecht[9] wurde 23jährig zum Heerführer der royalistischen Partei im englischen Bürgerkrieg und mußte trotz vieler Siege schließlich in Bristol kapitulieren. Da ihm Karl Ludwig die Aufnahme in Heidelberg verweigerte und einen Aufenthalt in Alzey durch eiserne, wenn auch gebotene Sparsamkeit fast unmöglich machte, schwor Ruprecht, nie mehr die Pfalz zu betreten. Er nahm verschiedene Militärdienste an und starb schließlich als Admiral Karls II. von England 1682. Sein Bruder und Gefährte Prinz Moritz ist schon 1654 in der Karibik verschollen. Ein Gerücht wollte wissen, er sei Korsaren in die Hände gefallen, und der Geiz des eigenen Bruders Karl Ludwig habe die Auslösung verweigert.

Der nächste Bruder Eduard[10] wurde in Frankreich katholisch und heiratete 1654 die vermögende Prinzessin Anna von Gonzaga-Nevers. Obwohl diese Konversion von der Familie mit Entsetzen aufgenommen wurde, war die Verbindung für die diplomatischen Beziehungen zu Frankreich wichtig, und Anna Gonzaga, die Princesse Palatine, auch nach dem frühen Tod ihres Gemahls in Heidelberg willkommen. Der jüngste Bruder Philipp, aus Holland wegen eines Duells, in dem er sich für die Ehre seiner Mutter schlagen zu müssen glaubte, verbannt, war früh (1650) als lothringischer Offizier verstorben. Die älteste Schwester Elisabeth[11] wurde als evangelische Äbtissin des Stiftes Herford versorgt und konnte so einen standesgemäßen und ihrer Bildung entsprechenden Lebensstil führen, ohne daß dies Karl Ludwig finanziell belastete. Sie galt als eine der gebildetsten Frauen ihrer Zeit und stand mit vielen Gelehrten, darunter selbst Descartes, im Briefwechsel. Ihre Schwester Luise Hollandine entfaltete einiges Talent als Malerin. Sie floh 1658 von der Mutter nach Frankreich, konvertierte dort und fand als

Äbtissin von Maubisson ein Unterkommen. Ihr anfänglich sehr freizügiges Leben wandelte sich im Alter doch noch zu ordensgemäßer Strenge. Nur die zwei jüngsten Töchter des Winterkönigs wurden mit protestantischen Fürsten verheiratet, Henriette Maria mit Sigmund Rakoczy von Siebenbürgen und Sophie 1658 mit Ernst August von Hannover. Auf Grund ihrer Stuart-Abkunft wurde ihr Sohn Georg König und Begründer einer neuen Dynastie in England.

Mit Ausnahme von Sophie hatte Karl Ludwig zu allen Geschwistern ein gespanntes und durch finanziellen Streit belastetes Verhältnis. Nicht anders verhielt er sich zu seiner Mutter. Er verwehrte ihr die Rückkehr in die Pfalz, weil das ausgesogene Land dadurch überfordert würde, und verstand sich nur zu äußerst geringen Zahlungen. Die Mutter ist 1661 von Den Haag nach England übergesiedelt und dort 1662 gestorben. Vielleicht lag ein Grund der Distanz Karl Ludwigs auch in gewissen späten Liaisonen seiner Mutter, sicher aber auch in des Kurfürsten eigenen Eheverhältnissen. Am 12. Februar 1650 war in Kassel die Vermählung mit Charlotte von Hessen gefeiert worden. Anfangs scheint der leidenschaftliche Karl Ludwig Zuneigung zu dieser aus dynastischen Gründen ihm angetrauten Gattin empfunden zu haben. Sie schenkte ihm den Kurprinzen Karl, ein blasses und kränkliches Kind, und die so gegensätzlich geartete vitale Elisabeth Charlotte, die Pfälzer Liselotte. Etwa seit dem Regensburger Reichstag 1653 war das Verhältnis der Gatten völlig abgekühlt. Der enttäuschte Karl Ludwig erwärmte sich für eine Hofdame der Kurfürstin, Luise von Degenfeld aus einem schwäbischen Reichsritterrgeschlecht.[12] Mit ihr tauschte er 1657 private Schriftstücke aus, daß man sich gegenseitig liebe und achte, wie das Mann und Frau einander gegenseitig schuldig seien.[13] Diesen merkwürdigen »Kontrakt« fand Kurfürstin Charlotte vierzehn Tage später. Vielleicht sollte sie ihn auch finden. Damit war alles öffentlich und die Empörung allerseits' sehr heftig. Luises Bruder, der ritterliche Ferdinand von Degenfeld, drängte den Kurfürsten zu einer förmlichen Heirat. Dieser ließ sich ein Gutachten durch den in allen territorialen und Reichsrechtsfragen für ihn bewährten Heidelberger Juristen Friedrich Bökelmann aufstellen, das die Bigamie rechtfertigte und damit den Zorn der Heidelberger Universität hervorrief. Der Kurfürst als Herr seiner Kirche sprach die Ehescheidung in eigener Vollmacht aus, was höchst dubios war, und die neue Ehe wurde durch den lutherischen Pfarrer von Heidelberg in der Frankenthaler Garnisonskirche eingesegnet. Charlotte, die in keine Scheidung einwilligte, hielt zum Trotz noch bis 1662 in Heidelberg aus, dann zog sie sich voller Groll nach Kassel zurück. Der Kurfürst konnte sein neues Ehe- und Familienleben also zunächst nur außerhalb Heidelbergs, in Schwetzingen und in Mannheim, führen. Eine Hofhaltung bestand infolgedessen nicht. Kurfürst und Ritterstochter wurden jedoch wirklich glücklich. Teilweise nahm ihr Familienleben fast bürgerliche Züge an. Anfangs schrieb man sich Liebesbriefe in der überschwenglichen Form barocker Romane und teilweise in italienischer Sprache; Luise, die »illustrissima Signora« Karl Ludwigs, blieb allerdings immer »Euer Durchlaucht Magd«. Später wurde die Tonart prosaischer, aber nicht weniger innig. Man tauschte kleine Geschenke, Karl Ludwig berichtete von seinen kleinen Leiden, Luise strickte warme Socken für den Mann, wenn er im Felde lag.

Der Verbindung entsprossen acht Kinder. Karl Ludwig erhob sie samt ihrer Mutter gegen ausdrücklichen Erbverzicht 1667 in den Stand der Raugrafen.[14] Die fünf Söhne sind fast alle Soldat geworden und unverheiratet gefallen oder gestorben. Eine Tochter wurde die Gemahlin Meinhards von Schomburg, die übrigen blieben ledig und wurden als Stiftsdamen im neugegründeten Stift Neuburg an der Stelle des alten Benediktinerinnenklosters oberhalb von Heidelberg versorgt. Die vom Kurfürsten selbst bestimmte Stiftsordnung[15] zeigt ihn ganz als fürsorgenden und strengen reformierten Familien- und Landesvater. Luise von Degenfeld ist 1674 gestorben und wurde in der Eintrachts-

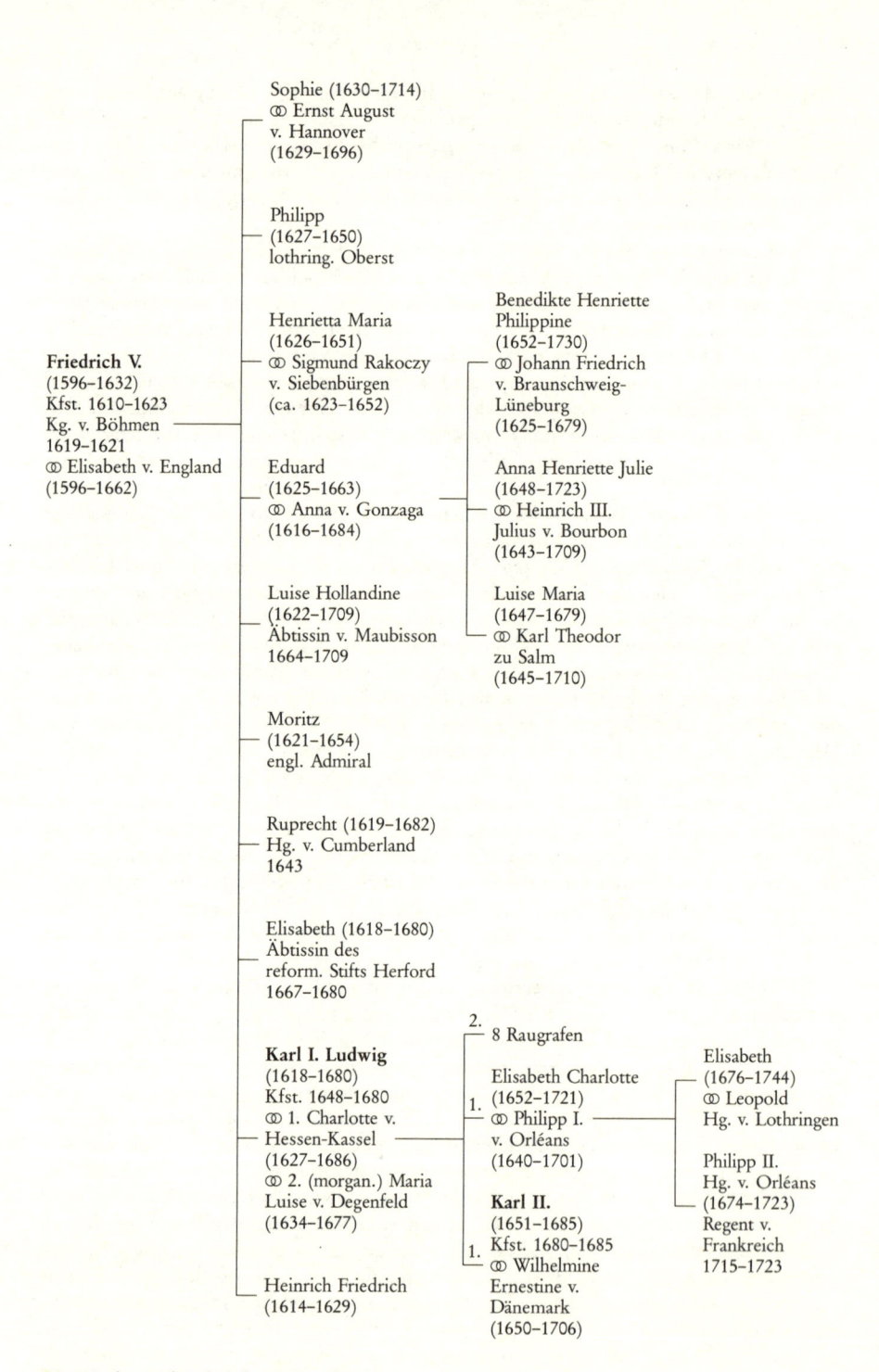

Friedrich V.
(1596–1632)
Kfst. 1610–1623
Kg. v. Böhmen
1619–1621
⚭ Elisabeth v. England
(1596–1662)

- Sophie (1630–1714)
  ⚭ Ernst August
  v. Hannover
  (1629–1696)

- Philipp
  (1627–1650)
  lothring. Oberst

- Henrietta Maria
  (1626–1651)
  ⚭ Sigmund Rakoczy
  v. Siebenbürgen
  (ca. 1623–1652)

- Eduard
  (1625–1663)
  ⚭ Anna v. Gonzaga
  (1616–1684)
  - Benedikte Henriette
    Philippine
    (1652–1730)
    ⚭ Johann Friedrich
    v. Braunschweig-
    Lüneburg
    (1625–1679)
  - Anna Henriette Julie
    (1648–1723)
    ⚭ Heinrich III.
    Julius v. Bourbon
    (1643–1709)
  - Luise Maria
    (1647–1679)
    ⚭ Karl Theodor
    zu Salm
    (1645–1710)

- Luise Hollandine
  (1622–1709)
  Äbtissin v. Maubisson
  1664–1709

- Moritz
  (1621–1654)
  engl. Admiral

- Ruprecht (1619–1682)
  Hg. v. Cumberland
  1643

- Elisabeth (1618–1680)
  Äbtissin des
  reform. Stifts Herford
  1667–1680

- **Karl I. Ludwig**
  (1618–1680)
  Kfst. 1648–1680
  ⚭ 1. Charlotte v.
  Hessen-Kassel
  (1627–1686)
  ⚭ 2. (morgan.) Maria
  Luise v. Degenfeld
  (1634–1677)
  - 2. 8 Raugrafen
  - 1. Elisabeth Charlotte
    (1652–1721)
    ⚭ Philipp I.
    v. Orléans
    (1640–1701)
    - Elisabeth
      (1676–1744)
      ⚭ Leopold
      Hg. v. Lothringen
    - Philipp II.
      Hg. v. Orléans
      (1674–1723)
      Regent v.
      Frankreich
      1715–1723
  - 1. **Karl II.**
    (1651–1685)
    Kfst. 1680–1685
    ⚭ Wilhelmine
    Ernestine v.
    Dänemark
    (1650–1706)

- Heinrich Friedrich
  (1614–1629)

Die Kinder und Enkel des Winterkönigs

kirche in Mannheim (s. u. S. 139) beigesetzt. Auch nach ihrem Tod willigte Charlotte von Hessen nicht in eine Scheidung ein und verhinderte so eine zweite Ehe und weitere legitime Nachkommenschaft Karl Ludwigs. Er mußte in seinem Alter noch sehen, daß sein Haus nur auf den zwei Augen des kinderlos verheirateten Kurprinzen Karl stand. Alle Versuche, jetzt noch den Bruder Ruprecht zu einer standesgemäßen Ehe und weiterer Absicherung der Dynastie zu überreden, scheiterten. So zeichnete sich schon in der nächsten Generation das Ende des Hauses Pfalz-Simmern ab, dessen zahlreiche Glieder noch in den 1650er Jahren für Karl Ludwigs Politik eine Belastung gewesen waren. Die gegenteilige Entwicklung wog nun mindestens ebenso schwer.

Reichs- und Territorialpolitik zwischen Kaiser und Frankreich, Vikariats- und Wildfangstreit

Hatte Frankreich bei der Kaiserwahl von 1654 noch vergeblich versucht, Einfluß auf Karl Ludwig zu gewinnen, so konnte Anna von Gonzaga bei einem Besuch in Heidelberg 1656 engere Kontakte ihres Schwagers zu Frankreich anknüpfen. Wenn auch widerstrebend, so mußte sich Karl Ludwig doch auf einen Freundschaftsvertrag mit der benachbarten Großmacht einlassen. Man sicherte sich 1657 gegenseitig die Erhaltung des Status quo nach dem Westfälischen Frieden zu, und Karl Ludwig verpflichtete sich, alle französischen Pläne in Deutschland zu unterstützen. Eigentlicher Beweggrund für diese »Liaison d'amitié« war die Zusicherung einer einmaligen Zahlung von 130000 Reichstalern und jährlich 40000 als Subsidien.[16] Die Anfangssumme konnte der Kurfürst in den Verhandlungen sogar noch erhöhen. Keineswegs ist er dadurch zu einem einfach willfährigen Gehilfen französischer Politik im Reich geworden. Seine gefühlsmäßige Bindung und seine finanzielle Abhängigkeit gegenüber dem Kaiserhof ließen das nicht zu und brachten damit die pfälzische Politik allerdings in den Zustand ständiger Schwankung. Die kaiserliche Diplomatie sollte später von der pfälzischen »Volubilität« (Wechselhaftigkeit) sprechen, auch die Franzosen sahen das nicht anders.[17] Das begann schon mit der Thronvakanz von 1657/58. Sie war eingetreten, da Ferdinand IV. bereits vor seinem Vater Ferdinand III. verstorben war. Mit ihr brach ein neuer Streit um die Vorrechte der Kurpfalz aus. Bayern beanspruchte selbstverständlich das Reichsvikariat. Da aber der Westfälische Frieden darüber nichts aussagte, vertrat Karl Ludwig zusammen mit seinem Hausjuristen Bökelmann die Meinung, das Vikariat sei Sache der Pfalz, nicht des Kurfürsten. Als Demonstration gegen Bayern ließ auch er Vikariatspatente anschlagen und Vikariatstaler prägen mit seiner Devise *Dominus providebit*, »der Herr wird vorsorgen«. Beim Wahlakt in Frankfurt kam es zu einem heftigen Wortgefecht mit dem bayerischen Gesandten, und als dieser von der »verwirkten« pfälzischen Kurwürde sprach, kannte Karl Ludwigs Zorn keine Grenzen mehr, so daß er mit dem Tintenfaß nach ihm warf. Getroffen wurde davon jedoch der Trierer Gesandte, und diesen Schaden verstand Karl Ludwig mit einer unverhältnismäßigen Menge Wein abzuwaschen. Bayern mußte durch eine Ehrenerklärung befriedigt werden, allerdings hielt man auch Karl Ludwig zugute, daß er durch die Formulierungen des bayerischen Gesandten besonders gereizt wurde. Frankreich versuchte zu vermitteln, Schweden hielt ganz zu Karl Ludwig, aber im Grunde gab es auch hier keine Lösung des Konflikts, und alles blieb in der Schwebe.[18] Tatsächlich sollte der Vikariatsstreit erst durch die wittelsbachische Hausunion 1724 (s. u. S. 177) bereinigt werden.

Für die Kaiserwahl selbst ließ sich Karl Ludwig trotz seiner Abhängigkeit von Frankreich nicht auf einen französischen Kandidaten ein, zeigte aber doch soviel Gefügigkeit, daß er sich für einen nicht-habsburgischen Bewerber einsetzen wollte. Im Zusammenwirken mit den norddeutschen Kurfürsten konnte nochmals auch diese Bindung reduziert werden. Als letzte Konzession an Frankreich blieb übrig, daß die Kurfürsten den neuen Kaiser in der Wahlkapitulation darauf festlegten, nicht in den französisch-spanischen Krieg einzugreifen und keine Feinde Frankreichs zu unterstützen. Unter diesen Voraussetzungen wurde 1658 der Habsburger Leopold zum Kaiser gewählt.

Trotz der Angewiesenheit auf Frankreich blieb Karl Ludwig dem damals gegründeten ersten Rheinbund fern. Der Grund lag wohl in seiner Eifersucht gegenüber Kurmainz und in der Rivalität zu den Pfalz-Neuburger Vettern in Düsseldorf. Die Distanz zum Rheinbund und wohl auch der Reichspatriotismus Karl Ludwigs bewirkten, daß er 1660 den Vertrag mit Frankreich auslaufen ließ. Das war den Franzosen im Grunde unwichtig, brachte aber doch eine Verstimmung in die beiderseitigen Beziehungen. Doch schon 1663 war der Kurfürst wieder auf französische Vermittlung angewiesen.

Unmöglich konnte sich Karl Ludwig dazu verstehen, die alten Vorrechte seines Territoriums, zumal das Wildfangrecht, aufzugeben.[19] Für seine Gegner paßte es nicht mehr in die Zeit und lief allen Bestrebungen nach territorialer Vereinheitlichung und Souveränität zuwider. Gerade die Entvölkerung durch den Dreißigjährigen Krieg brachte jetzt eine große Zuwanderungswelle in die Landschaften am nördlichen Oberrhein. Diese Zuwanderer hatten in der Regel keinen nachfolgenden Herrn und mußten also nach pfälzischer Auffassung als Wildfänge in die Leibeigenschaft der Pfalz kommen, auch dann, wenn sie sich außerhalb des pfälzischen Territoriums niederließen. Darüber hinaus beanspruchten die Pfälzer von ihren Wildfängen ganz andere Leistungen als normale Leibherren von ihren Leibeigenen. Das Wildfangrecht, das Maximilian I. noch einmal nach dem Landshuter Krieg erneuert hatte, machte die Betroffenen der Pfalz gegenüber steuer- und kriegsdienstpflichtig. Waren nun durch hohe Zuwanderungsraten manche Dörfer ganz überwiegend von pfälzischen Wildfängen bewohnt, so konnte das bedeuten, daß die zuständige territoriale Herrschaft dort völlig ausgehöhlt wurde zugunsten einer pfälzischen Herrschaft über die Personen. Ganz im Gegensatz zu solcher auf alte Vorrechte pochenden Haltung hat die Pfalz im eigenen Territorium von den Neusiedlern nicht verlangt, daß sie sich in pfälzische Leibeigenschaft ergäben. Hier stand, wie man wohl wußte, eine abschreckende Wirkung auf die Zuwanderer zu befürchten. Zusätzlich zum Recht auf die Wildfänge beanspruchte Karl Ludwig die sogenannten Bastardfälle, das hieß, alle unehelich Geborenen mußten pfälzische Leibeigene werden, und das Hagestolzenrecht, was bedeutete, daß die Pfalz alle ohne Testament verstorbenen Unverheirateten beerbte. Zu diesen Rechten an Personen hinzu kam noch der Anspruch auf den Heimfall aller wüst liegenden Güter, ein altes Herzogsrecht. Vermehrt wurden die Streitigkeiten durch pfälzische Zoll- und Geleitsrechte, die ebenfalls tief in die Nachbarterritorien einschnitten.

Gegen die pfälzischen Ansprüche schlossen sich die Nachbarn zusammen. Sie konnten überdies darauf hinweisen, daß schon 1653 in Regensburg die billige Ablösung der pfälzischen Vorrechte in Aussicht genommen war. Die Bistümer Mainz und Worms waren seit 1663 unter dem energischen und bedeutenden Johann Philipp von Schönborn vereinigt. Er arbeitete mit den Amtsbrüdern in Trier, Köln, Speyer und Straßburg zusammen. Der Herzog von Lothringen, damals von Frankreich weitgehend aus seinen Stammlanden verdrängt, aber mit bedeutenden Truppen westlich der Pfalz stationiert, trat bei, ebenso die drei Ritterkantone am Rheinstrom. Die ersten Kämpfe selbst waren zwar nicht sehr bedeutend, aber für Karl Ludwig und sein Land nichtsdestoweniger kostspielig. Einzelnen Erfolgen der Pfälzer, vor allem im Süden gegen das Bistum Speyer, standen Niederlagen gegen Mainz und Lothringen gegenüber. Nach erfolglosem Versuch des Kaisers konnten Schweden und Frankreich den Frieden vermitteln,

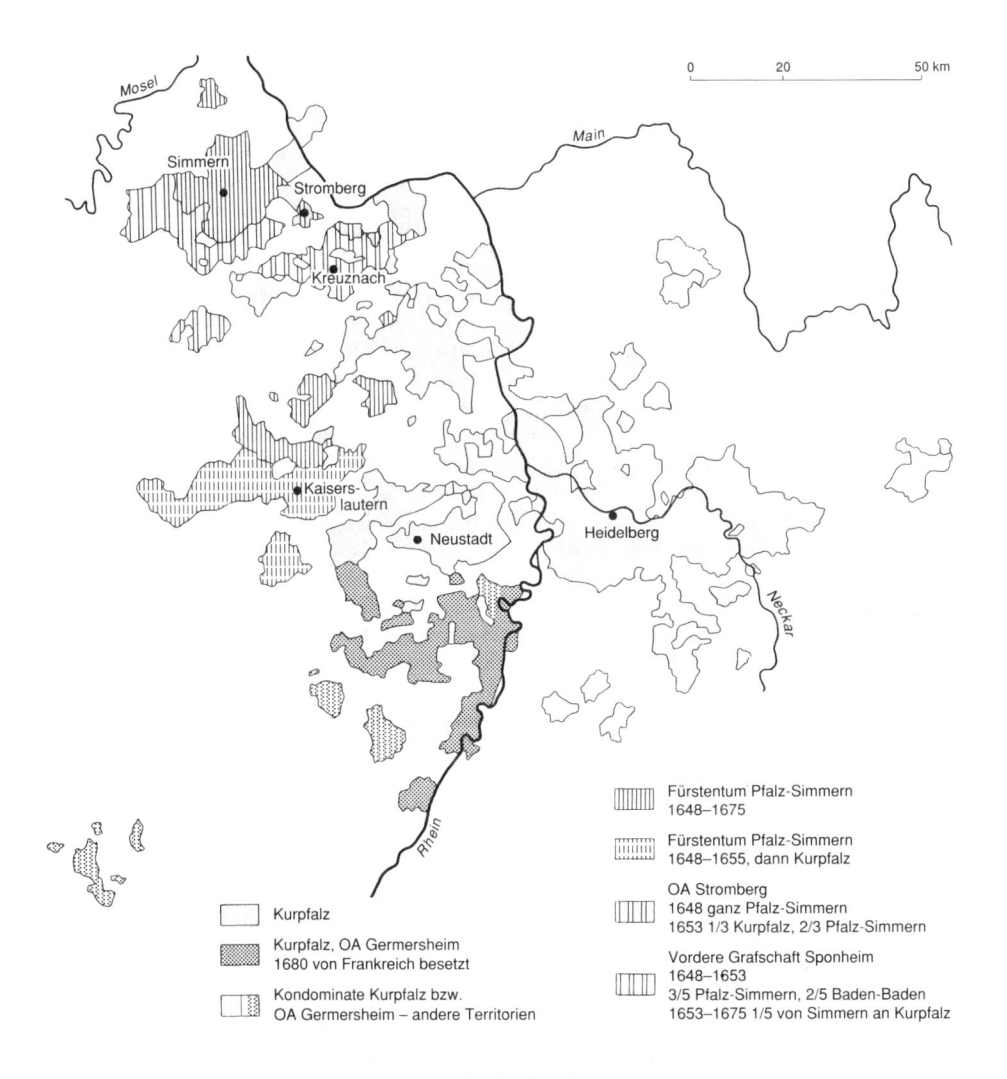

Karte 45: Kurpfalz und Pfalz-Simmern im 17. Jahrhundert

und im Heilbronner Schiedospruch (Laudum) von 1667[20] wurden infolge der Begünstigung der Pfalz durch die beiden Siegermächte des Dreißigjährigen Krieges ihre alten Vorrechte bestätigt. Damit endete der Wildfangstreit, doch war der Preis dieses Erfolges die endgültige Entzweiung der Pfalz mit ihren Nachbarn. Karl Ludwig konnte keinen Gewinn aus seiner Hartnäckigkeit ziehen. Allerdings hat er mit der Wahrung seines Rechtsstandpunktes den Grund für kleinere territoriale Tauschverträge zwischen der Pfalz und ihren Nachbarn erst im 18. Jahrhundert gelegt.

Die Auseinandersetzung mit Mainz und Lothringen lief unabhängig vom Wildfangstreit noch weiter. Die Lothringer operierten von der Grafschaft Falkenstein am Donnersberg aus und suchten ihre rückwärtigen Verbindungen durch Besatzungen in Homburg und Landstuhl zu sichern. Es gelang Karl Ludwig, die beiden Burgen einzunehmen und in die Luft zu sprengen.²¹ Diesen Übergriff beantwortete der Herzog mit einem großen Zug durch die Oberämter Alzey und Kreuznach. Bei Gensingen südlich von Bingen kam es zu einer Schlacht, in der Karl Ludwig seine gesamte Reiterei verlor. Der Kaiser und noch wirkungsvoller Frankreich geboten Frieden. Man einigte sich dahin, daß Karl Ludwig für Homburg und Landstuhl sogenannte Evakuationsgelder zahlte und dafür lothringische Besatzungen von diesen Plätzen, die militärisch ohnehin keinen Wert mehr hatten, fernblieben. Frankreich hat diese Vermittlerrolle stets diplomatisch ausgenützt. Es betonte, daß es ihm um die Wiederherstellung der alten Ordnung ging. Während der Verhandlungen in Heilbronn scheint auch erstmals der Plan einer familiären Bindung zwischen dem französischen Königshof und den Heidelberger Pfalzgrafen aufgetaucht zu sein.²²

Parallel mit dem Wildfangstreit lief die Auseinandersetzung über Ladenburg und die Kellerei Stein an der Weschnitzmündung. Johann Philipp von Schönborn wollte schon 1664 die an Pfalz verpfändete Hälfte von beiden zugunsten des Bistums Worms auslösen. Karl Ludwig verweigerte das und legte Truppen nach Ladenburg. Dem Mainzer aber gelang es, die Pfälzer mit militärischer Macht zu vertreiben. Daraufhin vermittelte der Kaiser und erreichte, daß die Stadt vorläufig unter den Markgrafen von Baden als kaiserlichen Sequester gestellt wurde.²³ Auch dieses Provisorium sollte lange andauern. Erst 1705 konnte der Streit unter ganz anderen Konstellationen beigelegt werden (s. u. S. 169). Neuer Konfliktstoff mit Kurmainz lagerte sich dadurch an, daß Ludwig Heinrich Moritz von Pfalz-Simmern dem Erzbischof die Auslösung des Unteramts Böckelheim an der Nahe, eines Pfandes aus den Tagen Friedrichs des Siegreichen, zugestanden hatte. Das bestritt Karl Ludwig nach dem Erbfall 1675, und die Folge war wie bei Ladenburg, daß auch dieser Besitz unter kaiserlichen Sequester kam und die Lösung des Problems sich auch hier bis zum Anfang des 18. Jahrhunderts hinauszögerte.²⁴

Finanzielle Konsolidierung

Während er in der Außenpolitik nur sehr geringen Spielraum hatte und durch allzu prestigebeladene Ansprüche sein Land in unnötige Konflikte stürzte, hat Karl Ludwig auf dem Feld der Innenpolitik beachtliche Erfolge errungen und den Wiederaufbau des Landes vorangetrieben. Hier war er, wenn auch mit Einschränkungen, der verhältnismäßig moderne Herrscher, als der er so häufig Bewunderung hervorgerufen hat.

Tatsächlich bedurfte die fast hoffnungslose Lage der Pfalz energischer und unkonventioneller Gegenmaßnahmen. Die immensen Bevölkerungsverluste hatten bewirkt, daß nur kleinere Teile der landwirtschaftlichen Fläche überhaupt bebaut wurden. Die Bauern konnten überdies auswählen, wo und wie sie ihren Ackerbau trieben, und hüteten sich daher, die mit besonderen Abgaben belasteten Flächen überhaupt zu bewirtschaften. So brachten die vielfältigen Grund- und Pachtzinsen nichts ein. Beim Verfall der Agrarpreise war gar nicht daran zu denken, eine eigene Domänenwirtschaft aufzubauen. Eine darniederliegende Landwirtschaft bedeutete zwangsläufig, daß das Territorium seine Steuerkraft fast ganz eingebüßt hatte. Das Land war heillos verschuldet und nicht mehr kreditwürdig. Angesichts der ähnlichen, wenn auch nicht so zugespitzten Lage im ganzen Reich hatte der Reichstag in Regensburg 1653 ein fünfjähriges Moratorium beschlossen, das alle Zinszahlungen aussetzte.²⁵ Eine verzweifelte Denkschrift Karl Ludwigs an den Kaiser erreichte zusätzlich ein Spezialindult. Die Pfalz wurde auf zehn Jahre von aller Zinszahlung einschließlich der bereits aufgelaufenen Rückstände befreit und sollte dann von 1664 bis 1674 auch nur den halben Zinssatz, statt 5 also nur

2,5 Prozent schuldig sein.[26] Natürlich war auch das noch keine endgültige Entlastung. Bereits bei der Vertreibung des Winterkönigs war ein Schuldenstand von 1,8 Millionen fl erreicht.[27] Die Gesamtschulden am Ende des Dreißigjährigen Krieges sind nirgends festgehalten.

Die Belastungen des Staatshaushalts bestanden aber nicht nur in Schulden. Angesichts seiner politischen und reichsrechtlichen Ansprüche und getreu den Bestrebungen der größeren Reichsstände unterhielt Karl Ludwig ein stehendes Heer von zuletzt 8000 Mann. Dies verschlang zusammen mit dem Wiederaufbau der Festungen, vor allem des total zerstörten Mannheims, etwa die Hälfte aller Staatseinnahmen.[28]

Der große Aufwand für die militärische Sicherheit wurde mit der Bedrohung der Pfalz durch ihre Nachbarn gerechtfertigt. Man wird trotzdem fragen müssen, ob das wirklich sinnvoll war, und ob diese Bedrohung überhaupt bestanden hat. Im Grunde sind alle Konflikte Karl Ludwigs mit seinen Nachbarn zwar durchaus von pfälzischen Rechten ausgegangen, aber doch nur dadurch eskaliert, daß Karl Ludwig selbst allen zeitgemäßen Kompromissen unzugänglich war und überdies militärische Auseinandersetzungen gesucht hat, wo er schon aufgrund seiner beschränkten Möglichkeiten hätte verhandeln müssen. Freilich ist es angesichts der ungeheuren Bedeutung von Prestige in dieser Zeit und angesichts von Karl Ludwigs Temperament illusorisch, ein anderes Verhalten zu erwarten.

Auf allen anderen Gebieten außer dem militärischen zeigte der Kurfürst, auch da wo das Ansehen in Gefahr war, eine kompromißlose Sparsamkeit, so in der Besoldung seiner Beamten und selbst seiner Gesandten. Vom Reichstagsgesandten Mieg sind lange Klageschriften erhalten, in denen er schildert, unter welch dürftigen Bedingungen er auftreten mußte. Das war geradezu für das Ansehen und den Kredit seines Herrn verheerend.

Bei den fehlenden Einnahmen aus dem Land spielten die anläßlich der Kaiserwahl eingenommenen französischen Subsidien, insgesamt 285000 fl, eine erhebliche Rolle, ebenso die Auslösungssumme für die Bergstraße, 100000 fl. Trotzdem war Karl Ludwig nicht in der Lage, seine Finanzen auf Dauer wirklich zu konsolidieren, obwohl er ja besondere Schuldenmoratorien genoß. In der Besteuerung der Untertanen ging er zum Teil neue Wege. Die aus den Kriegszeiten stammende Kontribution mit einer jährlichen Belastung zwischen 5 und 9 Prozent des Vermögens wurde wieder durch die wesentlich niedrigere Schatzung mit einem Steuersatz von 2 Prozent ersetzt. Durch die sogenannten Nahrungszettel lag der Schatzung eine Steuererklärung jedes Haushalts zugrunde. Auf sie wurden einheitliche Anschläge für den Wert des Bodens je nach Güte und Nutzung und für die betriebenen Gewerbe angewendet. Das Kommissariat (s. o. S. 89f.) sollte wieder in Aktion treten, doch kam es tatsächlich nicht dazu. Wahrscheinlich setzten sich innerhalb der Regierung mehr absolutistische Tendenzen durch. Eine Beteiligung der Betroffenen gab es aber insofern, daß in jeder Gemeinde ein Ausschuß die Nahrungszettel zu überprüfen hatte. Da die Landesfinanzen nicht allein auf der Schatzung aufgebaut werden konnten, strebte Karl Ludwig verstärkt indirekte Steuern an. Dafür freilich hatten seine Untertanen wenig Verständnis, und so mußte der Versuch aufgegeben werden, 1664 die Akzise überhaupt zur Grundlage der Besteuerung zu machen. Den Pfälzern leuchteten die holländischen Vorbilder dazu keineswegs ein. Es kam zusätzlich zum alten Umgeld auf Wein und Bier zu einer Fleisch- und Mehlakzise. Als besonders einträglich stellte sich die neue Stempeltaxe heraus.[29] Für alle amtlichen Schriftstücke und Gesuche mußten die Untertanen ein durch Abstempelung zugelassenes und mit den entsprechenden Gebühren belastetes Papier benutzen. Die indirekten Steuern wurden insofern als wirkungsvoller und gerechter angesehen, als ihr auch die Privilegierten unterworfen waren.

Immer noch waren die Zölle wichtiger Teil der Staatseinnahmen und machten nach den nur unvollkommenen Unterlagen der Karl-Ludwig-Zeit bis zu 47 Prozent der Kammereinnahmen aus, zu denen Schatzung und Akzise nicht zählten. Dabei standen die Wasserzölle nicht mehr so stark im Vordergrund wie früher, weil sich zeigte, daß der Landtransport, außer für die ausgesprochenen Massengüter wie Wein und Getreide, billiger kam. Verteuernd wirkte beim Wassertransport der Mainzer Zwangsstapel. Er war 1495 durch Maximilian I. dem Mainzer Erzbischof verliehen worden. Während Karl Ludwig mit äußerster Energie auf den pfälzischen Privilegien aus der Maximilian-Zeit bestand, versuchte er mit allen Mitteln, die Freiheit des Kommerzes auf dem Rheinstrom durchzusetzen. Zwar mußte er sich im Vikariatsstreit 1658 zu einer Anerkennung des Stapels bequemen,[30] er ist nachher jedoch wieder davon abgerückt. Insgesamt bedeutete der Mainzer Stapel zusammen mit den Zöllen, daß pfälzisches Getreide in den Niederlanden mit den Seeimporten aus Preußen nicht konkurrieren konnte. Auch die schwere Absetzbarkeit landwirtschaftlicher Produkte trug zur schwierigen Finanzlage der Pfalz bei.

Tatsächlich gingen die Schatzungseinnahmen gegenüber denen von 1659 nochmals zurück. 1671 brachten die indirekten Steuern über 110 000 fl, die Schatzung rund 45 000 fl.[31] Bis 1673 waren trotzdem pfälzische Schulden in Höhe von 116 000 fl getilgt, nachher war solche Tilgung nicht mehr möglich. Ein großer Teil der Gläubiger mußte sich zu Vergleichen bequemen und war mit einer Reduzierung auf 10 Prozent zufrieden, um überhaupt noch irgendetwas von seinem Geld wiederzusehen. Vorteilhaft für die Pfalz war auch, daß ein Teil der Gläubiger gerade für die Masse der kleineren Geldgeschäfte aus der Vorkriegszeit gar nicht mehr ausfindig zu machen war. Über den Gesamthaushalt liegen fast noch schlechtere Informationen als für die Zeit vor dem Dreißigjährigen Krieg vor. Allein für das Jahr 1671 gibt es einen Gesamtetat mit Einnahmen von nahezu 400 000 fl neben Ausgaben, die etwa 50 000 fl darüber liegen. Nominell sind die Summen also etwa gleich hoch wie um 1600. Die eingetretene Geldwertverschlechterung bedeutet jedoch eine erhebliche Absenkung. Allerdings stiegen die Kammereinnahmen in den folgenden Jahren.

Wiederbesiedlung des Landes

Von 1651 bis 1661 wurden insgesamt viermal Generalbefehle erlassen, um die während des Krieges aus dem Land geflohenen Untertanen wieder zur Rückkehr zu veranlassen. Ihnen drohte im Fall der Nichtbeachtung der Einzug ihrer Güter. Besonderen Erfolg hatte diese Maßnahme nicht, hauptsächlich deswegen, weil niemand mehr da war, der diesem Ruf hätte folgen können. In den frühen fünfziger Jahren mußte man im Gegenteil noch weitere Abwanderungstendenzen bekämpfen. Die Wiederbevölkerung der Pfalz geriet durch eine Pestepidemie im folgenden Jahrzehnt noch einmal in Schwierigkeiten. In Mannheim sollen ihr 1666/67 die Hälfte aller Einwohner erlegen sein.[32] Als Lockmittel für den Zuzug wurden Steuerfreijahre eingesetzt, zusätzlich der Verzicht auf die Laudemien, d. h. die bei Besitzwechsel fälligen Gebühren sowie Vergünstigungen, für alle, die ruinierte Häuser reparierten oder neu aufbauten. Am spürbarsten ist die Wirkung dieser Maßnahme in Mannheim überliefert. Der dortige Stadtdirektor Clignet, ein Wallone, sagte in einer Denkschrift an den Kurfürsten, diese Vergünstigungen hätten aus dem Sand- und Trümmerhaufen Mannheim innerhalb von 12 Jahren ein aufstrebendes Gemeinwesen gemacht. Dies sei vor allem zuziehenden Niederländern zu verdanken, die gekommen wären, obwohl ihr eigenes Land damals in

Blüte stand, während die Stadtprivilegien von 1607 bei bedrängten Niederlanden und florierender Pfalz keine solche Wirkung gezeigt hätten.[33] Damals waren die Steuervergünstigungen niedriger gewesen. Man darf jedoch nicht vom Einzelfall Mannheim, das von seiner Verkehrslage für die Schiffahrt und zusätzlich von Schwierigkeiten von Speyer und Worms profitierte, auf einen Gesamtaufschwung in der Pfalz schließen. In der langen Regierungszeit Karl Ludwigs ist die Bevölkerung nur allmählich angewachsen. Schätzungen für die Zeit um 1675 kommen auf etwa 70000.[34] Das wäre etwa die Hälfte der Einwohnerschaft von 1577. Auch unkonventionelle Maßnahmen wie die Tatsache, daß der Kurfürst selbst straffällig Gewordene nicht des Landes verwies und eine bisher ungewohnte religiöse Toleranz zeigte, haben, allerdings in unwesentlichen Maßen, zu diesem Ergebnis beigetragen.

Erstmals seit Ruprecht I. wurden nun offiziell wieder Juden in der Pfalz zugelassen. Auf sie hatte man auch vorher nicht ganz verzichten können und ihnen vorübergehende Aufenthaltsgenehmigungen oder die Duldung in Reichspfandstädten gewährt. Nun konnte eine Gruppe portugiesischer Juden nach Mannheim übersiedeln.[35] Sie kamen nach der Vertreibung aus ihrer Heimat über Hamburg nach Deutschland und erwiesen sich als sehr nützlich, da sie über weitreichende Handelsbeziehungen verfügten. Als weitere Sondergruppen wurden verschiedene christliche Sekten ins Land aufgenommen. In Mannheim hat der Kurfürst »Hutterische Brüder« aus Mähren angesiedelt, die allmählich in der reformierten Stadtbevölkerung aufgingen. Dagegen ist ein solcher Versuch mit polnischen Sozinianern gescheitert. Die Duldung dieser unitarischen Sekte war an die Vereinbarung gebunden, daß sie sich alles »Proselytenmachens« enthielten. Ähnlich unintegrierbar waren auf dem Land englische »Juden-Christen«, sogenannte Sabbatarier,[36] denen der Kurfürst 1664 das Kloster Lobenfeld zur Ansiedlung überließ. Dagegen kamen die ersten Schweizer Wiedertäufer (jetzt Mennoniten) um die gleiche Zeit auf Dauer ins Land und erwiesen sich als tüchtige Landwirte.

Wesentlich mehr Bedeutung als diese kleinen Gruppen besonders abweichender Konfession hatten für die Wiederbesiedlung der Pfalz Lutheraner und Katholiken. Sie kamen großenteils aus den Nachbarlandschaften und auch aus weiter entfernten, vom Krieg weniger heimgesuchten deutschen Gegenden. Es ist aber schwer zu unterscheiden, wieviele davon sich schon während des Krieges im Land festgesetzt oder auch als bisherige offizielle Anhänger des reformierten Glaubens sich wieder zu einer nicht in der Pfalz geduldeten Konfession gewendet oder bekannt hatten. Offenkundig sind der Zustrom von Bauhandwerkern aus den Alpenländern, also weiterer Katholiken, und ein starkes lutherisches Element unter Karl Ludwigs Garnisonen, wo sich ebenso auch Katholiken fanden. Manche gänzlich entvölkerten Dörfer haben nach dem Krieg eine völlig neue Bevölkerung aufgenommen, die freilich oft am Grundbesitz kaum teilhatte.[37] Die Berichte der Pfarrer der Inspektion Mosbach zeigen deutlich, wie stark dort um 1670/71 der katholische Bevölkerungsanteil war.[38] Insgesamt war die Pfalz seit dem Dreißigjährigen Krieg kein konfessionell einheitliches Land mehr, was sie vorher aber auch nur in den alten Kernlanden, nicht aber in den vielen Kondominaten und Außenbesitzungen gewesen war. Bevorzugt hat Karl Ludwigs Einwanderungspolitik Angehörige der eigenen Konfession neu ins Land gebracht, neben den nur in Mannheim bedeutenderen Niederländern auf dem flachen Land vor allem Schweizer.[39] Sie waren großenteils durch einen gescheiterten Bauernaufstand im Kanton Bern heimatlos geworden und übernahmen in den unmittelbaren Nachkriegsjahren vielfach Bauernstellen in den pfälzischen Ämtern vom Kraichgau bis in den Pfälzer Wald. Gerade in den benachteiligten Randlagen zu unfruchtbaren Gebieten, wie dem Westteil des Oberamtes Mosbach, sind im ersten Friedensjahrzehnt besonders viele Schweizer festzustellen. Allerdings scheint diese Schweizer Einwanderung schon in den 60er Jahren versiegt zu sein, ja, ein Teil der Schweizer hat die Pfalz wieder verlassen.

Die Einwanderer gaben viele Anstöße für die wirtschaftliche Wiederbelebung des Landes. Der Anbau von Mais war zwar schon während des Dreißigjährigen Krieges eingeführt. Offensichtlich wurde das »Welschkorn« von fremden Truppen nicht so schnell abfuragiert wie das herkömmliche Getreide.[40] Der Tabakanbau wurde über die Holländer vermittelt und konnte rasch auf einen neuen Markt reagieren, da die Gewohnheit des Rauchens immer mehr um sich griff. Er erwies sich als Vorreiter neuer Ackerbaumethoden, da man ihn bald auch im Brachfeld anpflanzte. Die Kartoffel begann um diese Zeit nur zaghaft sich auszubreiten, zu größerer wirtschaftlicher Bedeutung sollte sie erst im 18. Jahrhundert gelangen, als der Nahrungsspielraum wieder knapper wurde. Da die Wallonen im klassischen Weinland ein stärkeres Bierbrauergewerbe installiert hatten, bekam auch der Anbau von Hopfen, den man sich zunächst aus dem Wildwuchs in den Rheinauen geholt hatte, eine gewisse Bedeutung.

Besondere gewerbliche Begünstigungen erfuhr Mannheim.[41] Es wurde völlig vom Zunftzwang freigestellt. Mehrfache Privilegien für den Vorkauf von Wolle und die Stellung von »Trappierhäusern« durch die Herrschaft zur Verfeinerung von Weberzeugnissen sollten das Tuchgewerbe fördern. Allerdings zeigte sich nur mäßiger Erfolg. Mit der Seidenmanufaktur des Johann Passavant kam 1680 erstmals ein Großbetrieb von Basel her in die Stadt. Das Unternehmen war Zahlungsschwierigkeiten am Ursprungsort ausgewichen und hätte sich wohl auch ohne den Einschnitt des bald folgenden Krieges als wenig stabil erwiesen. Insgesamt muß man Karl Ludwigs Wirtschaftspolitik als einen Versuch mit neuartigen, von den Niederlanden her angeregten Methoden sehen. Durch neue Kriegsbelastungen und die Pfalzzerstörung war der Beweis des Erfolges ausgeschlossen. Die Mannheimer kehrten jedenfalls gerne wieder zum Zunftzwang zurück, geblieben sind im Grunde nur die Neuansätze in der Landwirtschaft.

Verwaltung und Kirche

In der Verwaltung suchte Karl Ludwig an das 16. Jahrhundert anzuknüpfen, jedoch waren verschiedene Traditionen abgerissen und stand vor allem die alte Schicht des Beamtenpatriziats nur noch in veränderter und reduzierter Gestalt zur Verfügung. Die Sparpolitik wirkte hier außerdem einschränkend. Neben dem Kanzler Johannes Mieg wirkte der Vizekanzler Pastoir im Sinne einer Kontinuität zur Zeit vor 1620. Am einflußreichsten war auf die Dauer der Rat Andreas Christoph von Wohlzogen, der zum neuen Amt des Kanzleidirektors aufstieg und damit noch über dem Kanzler stand. In wirtschaftlichen Fragen ließ sich Karl Ludwig vom Mannheimer Stadtdirektor Clignet beraten, obwohl dieser in der Territorialbürokratie keinen Rang einnahm. Der Oberrat, meist Hoher Rat genannt, hatte endgültig die Routineangelegenheiten an den Nebenrat oder Regierungsrat abgegeben. In der Lokalverwaltung traten jetzt deutlich Rangunterschiede der Ämter hervor. Als Oberämter, unter denen bisweilen noch Ämter und Unterämter standen, wurden Heidelberg, Alzey, Neustadt, Oppenheim, Bacharach, Simmern, Mosbach und Germersheim bezeichnet. Gleich an Rang war die Vordere Grafschaft Sponheim. Daneben bestanden, ohne Unterordnung unter ein Oberamt, noch neun Ämter: Boxberg, Bretten, Umstadt, Otzberg, Stromberg, Lautern, Rockenhausen, Wolfstein und Böckelheim.[42]

Selbstverständlich wurde der Kirchenrat wieder eingerichtet und die Herrschaft des reformierten Bekenntnisses offiziell bestätigt.[43] Es brauchte seine Zeit, bis ein entsprechender Pfarrerstand und die Inspektionen wieder aufgebaut waren. In der Zusammensetzung der reformierten Pfarrer spiegeln sich viele Einwanderungswellen, so tritt in den Anfangsjahren das Schweizer Element hervor. Immer noch waren Konfession und Landeshoheitsrechte eng miteinander verknüpft. Auf diesem Gebiet war freilich der sonst tolerante Kurfürst nicht zum Nachgeben bereit. Sein Recht über die Kirchenaufsicht, das *ius episcopale*, nahm er gegenüber allen drei christlichen Konfessionen dort wahr, wo er nicht ausdrücklich durch Verträge wie den Bergsträßer Rezeß verzichtet hatte. Den reformierten Ortspfarrern standen unbestritten die eigentlichen geistlichen Amtshandlungen wie Taufe, Eheschließung und Beerdigung zu. Das wurde von den Angehörigen der anderen Konfessionen hingenommen. Darüber hinausgehender Bekehrungseifer der Pfarrer und Amtleute zeigt sich zum Beispiel in der bereits erwähnten Konfessionsstatistik der Inspektion Mosbach von 1671. Mit gewissem Stolz berichten die Pfarrer dort, daß sie auch die Kinder der Katholiken und Lutheraner der reformierten Konfession zugeführt haben. In den Orten des Wirterhauchs, soweit sie als Teile der Mudauer Zent katholisch geblieben waren, versuchte man über den Kirchenbesuch im reformierten Fahrenbach und die Aufnötigung reformierter Paten für alle Kinder die eigene Konfession durchzusetzen. Ähnliche Querelen gab es in jedem Überschneidungsgebiet mit Herrschaftsrechten katholischer Fürsten.

Die religiöse Freiheit der Lutheraner war in Ansätzen durch den Friedensvertrag gesichert, und Karl Ludwig war dieser Konfession seit seiner Zweitehe mit Luise von Degenfeld besonders verbunden. Die Lutheraner verfügten über nur wenig Pfarreien im Land, so in Oppenheim an der Sebastianskirche und in Heidelberg an der Spitalkirche, bis ihnen 1658 Karl Ludwig dort einen Teil des Herrengartens zur Errichtung der Providenzkirche schenkte. Ihr Titel übernahm seinen eigenen Wahlspruch. Die Mannheimer Lutheraner mußten weiterhin im ritterschaftlichen Rheingönnheim in den Gottesdienst gehen. Erst im Krieg 1673 gestattete der Kurfürst lutherischen Militärgottesdienst in der Zitadelle. Nach dem Tod Luises und zum Gedächtnis an sie hat er 1674 in Mannheim den Grundstein zur Eintrachtskirche gelegt. 1680 ließ er das Gotteshaus in feierlicher Weise einweihen. Es predigten der reformierte Stadtdekan, der lutherische Garnisonspfarrer und der katholische Pfarrer von Handschuhsheim. Letztere Pfarrei war durch den Bergsträßer Rezeß geschützt und wurde durch einen Franziskaner aus dem Ladenburger Bischofshof versehen. Sicher war dieser Akt ebenso wie die an anderen Orten gezeigte Toleranz Ludwigs – z. B. auch sein gutes Verhältnis zu den Kapuzinern im speyerischen Waghäusel – Ausfluß seiner modernen Haltung gegenüber den Konfessionen.[44] Sie war in seinen holländischen und englischen Exiljahren angeregt worden, befand sich aber auch mit entsprechenden Bestrebungen im Reich, etwa denen des Mainzer Kurfürsten Johann Philipp, im Einklang. Ob dahinter wirklich das Ziel stand, im Land selbst in weiterem Maße Kultfreiheit für die anderen christlichen Konfessionen zu gewähren, ist keineswegs eindeutig.[45] Die Verknüpfung von Konfession und Herrschaftsanspruch war gerade für Karl Ludwig, der so sehr auf die Wiederherstellung aller alten Prärogativen bestand, zwingend. Außerdem liegt die Einweihung der Eintrachtskirche kurz vor seinem Tod und blieb ohne alle institutionelle Folgen.

Die Vorurteilslosigkeit des Herrschers zeigte sich gewiß in seiner Haltung gegenüber der Universität, wo lediglich die theologische Fakultät wieder ganz im Sinne der reformierten Konfession hergestellt wurde, ansonsten aber die Berufungen keineswegs nach konfessionellen Gesichtspunkten erfolgten. Eine Statutenreform von 1672 legte das ausdrücklich fest. Dahinter stand das Hauptziel, auch die Hochschule wieder in Ansehen zu bringen und durch den Zulauf zu ihr der Stadt Heidelberg aufzuhelfen. Die besonders eindrucksvolle Berufung des pantheistischen Philosophen Spinoza kam allerdings nicht zustande. Als berühmtester Lehrer wurde der Jurist Samuel von Pufendorf für die Jahre 1661 bis 1668 gewonnen, sein Lehrstuhl für Natur- und Völkerrecht aber in der philosophischen Fakultät untergebracht. In seiner Heidelberger Zeit erschien, freilich ohne daß sich der Verfasser zu erkennen gab, seine vernichtende Kritik an der Reichsverfassung. Es bleibt offen, was Karl Ludwig dazu meinte, da bei aller Umständlichkeit diese Reichsverfassung der wichtigste Garant seiner über andere Fürsten herausgehobenen Stellung war.

Heiratsverbindung mit Frankreich 1671

Das Verhältnis zu Frankreich sollte letzten Endes über den Erfolg oder Mißerfolg des pfälzischen Wiederaufbaus unter Karl Ludwig entscheiden. Es war nicht nur von der allgemeinen politischen Konstellation, sondern von ganz persönlichen Entscheidungen des Kurfürsten geprägt. Nachdem der Freundschaftsvertrag von 1660 nicht mehr verlängert worden war, hatte sich die französische Politik trotzdem darum bemüht, die Verbindung nicht abreißen zu lassen. Die Vermittlung im Wildfangstreit hatte dazu Gelegenheit geboten, und die Franzosen konnten hier nochmals betonen, daß es ihnen um nichts anderes als um die Wiederherstellung der alten Ordnung und öffentlichen Ruhe gehe. Ludwig XIV. bezog Karl Ludwig, den er als seinen sehr »teuren und geliebten Freund«[46] bezeichnete, in den Friedensvertrag von Breda-Aachen mit ein. Wenig später begann die französische Diplomatie das Projekt einer Eheverbindung mit dem Pfälzer Haus zu lancieren (s. o. S. 134). 1669 war der Bruder des Königs Witwer geworden, wie man ihm nachsagte, durch Giftmord an der Gattin. Anna Gonzaga, die diese Version gewiß nicht vertrat, eröffnete ihrem Schwager bei einem Besuch in Heidelberg 1670 ein entsprechendes Heiratsprojekt für seine Tochter Liselotte.[47] Der Antrag war vom Dynastischen her gesehen ehrenvoll, und politisch war Karl Ludwig sofort verführt durch die Aussicht auf einen mächtigen, nun auch durch Verwandtschaft liierten Bundesgenossen. Größtes Hindernis war die Konfessionsverschiedenheit. Anna Gonzaga wollte das mit dem Hinweis auf die religiöse Indifferenz des Kurfürsten überspielen. Darauf ging der Schwager jedoch nicht ein, deutete aber sein Einverständnis an für den Fall, daß die Tochter aus Überzeugung konvertiere. Er kam mit Anna Gonzaga überein, daß Liselotte zu ihrer freien Entscheidung Unterricht in katholischer Glaubenslehre erhalten solle, nur nicht durch einen Ordensgeistlichen. Im französischen Sekretär Chevreau war eine geeignete Persönlichkeit in Heidelberg zur Stelle, und der Konvertitenunterricht wurde insgeheim absolviert. Später hat Karl Ludwig die Konversion seiner Tochter in einem bewegten Brief an die Verwandtschaft bekanntgegeben[48] und seinen eigenen Kummer angedeutet. Die Verstellung ist offenkundig, trotzdem geht der Vorwurf purer Heuchelei zu weit. Die Zustimmung zu diesem Verfahren ist Karl Ludwig nicht leicht gefallen. Die Zerrissenheit seines Charakters kommt auch hier wieder deutlich zum Ausdruck. Im Zwang der politischen Notwendigkeit, wie er sie sah, entschied er sich gegen die Bewahrung der eigenen Konfession und suchte Rechtfertigung darin, daß er der Tochter formal die Freiheit gelassen hatte; von seiner religiösen Indifferenz ist in den Begründungen keine Rede.

Die weiteren Verhandlungen mit Anna Gonzaga führten rasch zur Einigung. Der Bräutigam bestand nicht auf einer sofortigen Auszahlung der Mitgift, die eine schwere Belastung für das arme Land geworden wäre. 1671 fuhr der Kurfürst incognito mit seiner Tochter nach Straßburg und traf dort in einem Gasthaus mit dem königlichen Gesandten Bethune zusammen. Der Ehevertrag brachte den Verzicht der Braut auf alle territorialen Ansprüche im Reich, das heißt unausgesprochen nicht auf England, auch für ihre Nachkommen. Liselotte behielt sich lediglich die Allodien vor,[49] eine nachträglich unterschiedlich auslegbare Klausel. Von der Mitgift war nur ganz allgemein die Rede ohne alle präzisen Größenangaben, und die heikle Konfessionsfrage wurde mit keinem Wort erwähnt. Mit Anna Gonzaga zusammen reiste die Tochter alsbald nach Metz weiter. Karl Ludwig hat sie nie mehr gesehen. Unmittelbar nach dem Übertritt ins französische Gebiet und der Eheschließung erfolgte die Konversion zum Katholizismus.

Nach Liselottes eigenem Zeugnis betrachtete sie ihre Heirat einschließlich der Konversion als einen Opfergang für den so geliebten Vater und die Pfalz. In der ganzen Zeit ihres langen Lebens hat sie die Anhänglichkeit an die Heimat nie verleugnet und ihren Gefühlen in ihren so mitteilungsfreudigen Briefen an die Verwandten, besonders die raugräflichen Geschwister und die Tante in Hannover, Ausdruck verliehen. Mit ihrer ungeschminkten Sprache und ihrer kritischen Distanz zu allem Französischen mußte sie als echte Verkörperung des Pfälzischen und des Deutschen wirken. Man sollte aber nicht verkennen, daß Liselotte gerade in ihrem Verhältnis zu Ludwig XIV. es durchaus auch schätzte, Einfluß am französischen Hof zu haben, und daß selbst ihr Stil vom Versailler Umgangston mitgeprägt war. Das Opfer, das Elisabeth Charlotte auf sich nahm, war freilich keineswegs das Ergebnis einer klugen Politik. Ihr Vater hat zusätzlich durch seine mehrfach schwankende Haltung sich um jeden Erfolg dieser Beziehungen zum französischen Hof gebracht. Angesichts des unsicheren Fortbestandes seiner Dynastie mußten daraus ernste Bedrohungen in der Zukunft erwachsen.

Holländischer Krieg (1672–1679) und Reunionen (1679–1684)

Schon ein Jahr nach dieser Eheschließung stellten die Franzosen die neue Freundschaft auf die Probe. Sie schlugen Karl Ludwig den Beitritt zum französisch-schwedischen Bündnis vor. Der Holländische Krieg zeichnete sich ab. Eine Verstrickung in ihn suchte der Kurfürst mit allen Mitteln zu vermeiden und ließ sich aus einer allgemeinen Unterstellung unter französischen Schutz und aus wohlwollender Neutralität nicht herauslocken. Der französische Gesandte war vom Kurfürsten höchst enttäuscht. Angeblich hat Ludwig XIV. damals vergebens die Errichtung eines Königreichs Austrasien[50] für Karl Ludwig in Aussicht gestellt. Die Zurückhaltung des Pfälzers war außer durch die Rücksicht auf sein Land noch dadurch gefestigt, daß er den Kaiser gerade damals zur Legitimierung und Standeserhöhung der raugräflichen Kinder brauchte. Gegen vollkommenen militärischen Schutz und ausreichende französische Garnisonen in seinem Land wäre er immer noch für ein Bündnis mit Versailles zu haben gewesen. Ludwig XIV. konnte dieses schon deshalb nicht bieten, weil er seine Streitkräfte zum Schlag gegen Holland brauchte. Den Franzosen blieb überdies nicht verborgen, daß Karl Ludwig mit dem Kaiser und mit Holland verhandelte, und sie ließen es den Kurfürsten merken. Auch diesmal befand sich Karl Ludwig zwischen zwei Feuern, und mindestens die Heftigkeit der Feuer hatte er durch eigenes Verschulden noch verstärkt. Die Franzosen wollten ihn als Bundesgenossen, er fürchtete trotzdem, vor kaiserlicher und brandenburgischer Gegenwirkung nicht sicher zu sein. Germersheim, das er dem Kaiser als Faustpfand für sein Wohlverhalten angeboten hatte, nahmen die Franzosen weg und ließen es schleifen. Da Proteste nichts nutzten, trat die Pfalz nun definitiv auf die Seite des Kaisers. Auch das half nichts. Die Franzosen überschritten den Rhein, schlugen die kaiserliche Armee 1674 bei Sinsheim[51] und wendeten sich zu einem Plünderungszug nach der Bergstraße. Karl Ludwig konnte ihnen den Weg nicht verwehren und warf sich in die Mannheimer Friedrichsburg. Vergebens war es, daß er den Marschall Turenne daran erinnerte, daß sein Vater als Religionsflüchtling einst am Heidelberger Hof Aufnahme gefunden hatte, und endlich, daß er Turenne zur Verschonung der Untertanen zum Duell herausforderte.[52] Schon im nächsten Jahr war Karl Ludwig wieder zu Verhandlungen mit Frankreich bereit, um sich am Ende doch erneut dem Kaiser zuzuwenden, als die Friedensverhandlungen in Nymwegen anliefen.[53] Damit wollte er erreichen, daß Philippsburg, das die Kaiserlichen im Krieg erobert hatten, geschleift wurde und Frankreich förmlichen Verzicht auf das Heiratsgut der Liselotte einschließlich des gerade an die Kur heimgefallenen Simmerns leistete. Erfolg war ihm keiner beschieden. Philippsburg erhielt eine kaiserliche Besatzung, was für die Pfälzer gegenüber der französischen kaum eine Erleichterung war. Zukünftiges Kriegsgeschehen mußte auch so wieder ins Land gezogen werden.

Frankreich, das in Nymwegen praktisch die nochmalige Bestätigung des Westfälischen Friedens erreicht hatte, fand für seine Expansionspolitik in den Reunionen[54] eine neue Methode, für die das Recht nur den Vorwand lieferte. Zugrunde lag eine Interpretation von Lehensbindungen und sonstigen Beziehungen zu französischen Kirchen und Herrschaften ganz im Sinne der Souveränität des französischen Königs. Im Lehensrecht hatte sich diese längst westlich der Reichsgrenze durchgesetzt, aber östlich von ihr war sie nie praktiziert worden. Hinzu kam die im Westfälischen Frieden nur ungenau eingegrenzte Stellung Ludwigs XIV. im Elsaß. Den verwandten Herrscherhäusern von Pfalz-Zweibrücken und Pfalz-Veldenz blieb kein Ausweg. Sie mußten, wenn auch widerwillig, aufgrund alter Bindungen hauptsächlich an Reims und Verdun auf ihre gesamte Landeshoheit verzichten und sich mit dem Grundbesitz und den Niedergerichtsrechten zufriedengeben. Von der Kurpfalz war vor allem das Amt Germersheim betroffen. Die Franzosen besetzten es nicht nur südlich der Queich, der angeblichen Nordgrenze des Elsaß. Als Zubehör von Veldenz verlangten sie zusätzlich den pfälzischen Anteil an der Vorderen Grafschaft Sponheim. Selbstverständlich reklamierten sie auch die alten Metzer Lehen in der Rheinebene, aber das waren nur einzelne Dörfer. Kloster Eußerthal mußte als geistliche Tochter von Weiler-Bettnach in Lothringen französisch werden, obwohl Filiationsverhältnisse im Zisterzienserorden niemals Herrschaftsrechte begründen konnten.[55] Der protestierende pfälzische Gesandte in Paris wurde lange Zeit nicht vorgelassen und nachher mit billigen Ausflüchten abgespeist. Karl von Schomburg kam aus Versailles zu Verhandlungen nach Heidelberg, er suchte die Anerkennung der Reunionen und die zukünftige Neutralität der Pfalz durch finanziellen Ausgleich zu erreichen. Nach längeren Verhandlungen mußte sich Karl Ludwigs Nachfolger Kurfürst Karl zu einer Einigung bequemen, die allerdings seine Loyalität zum Reich nicht beeinträchtigte. Den abschließenden Vertrag leitete er mit den Worten ein, daß das größte Gut für seine Lande die Erhaltung des Friedens und dafür ein völliges Einverständnis mit der Krone Frankreichs die beste Sicherung sei.[56] Für eine einmalige Zahlung von 600 000 livres und jährlich weitere 200 000 verpfändete er das Oberamt Germersheim zunächst auf zwanzig Jahre an Frankreich. Die Franzosen hatten sich dort längst etabliert. Dagegen war es durch die Aufmerksamkeit der lokalen Beamten gelungen, ihnen die Festsetzung im Kondominat Sponheim und das Anschlagen entsprechender Besitzergreifungspatente zu verwehren.

Kurfürst Karl (1680–1685) und der Erbvertrag

Diese Entwicklung hatte Karl Ludwig nur noch in den Anfängen erlebt. Er war 1680 auf der Reise von Mannheim nach Heidelberg unter einem Nußbaum bei Edingen wohl einer Herzattacke erlegen. Sein Sohn und Nachfolger Karl, eine viel schwächere und scheue Persönlichkeit, war für alle Zeit durch die Kindheitserlebnisse und das Scheitern der Ehe seiner Eltern geprägt. Zum Vater blieb er in gewisser Distanz, seine raugräflichen Halbgeschwister lehnte er ab. Auch seine sorgfältige Erziehung, unter anderem durch Samuel von Pufendorf, konnte aus Karl keinen selbstbewußten und selbstsicheren Herrscher machen. Das gelang auch Pufendorfs Nachfolger ab 1664, dem Historiker und Rhetor Paul Hachenburg, nicht, obwohl ihm der Kurprinz wie sonst keinem Vertrauen schenkte.[57] Nach dem Scheitern anderer Projekte wurde Karl mit Wilhelmine Ernestine von Dänemark vermählt, zu der keinerlei Neigung bestand und die als herrische und aufbrausende Person stets dominieren mußte. Ihre Körperfülle hatte man zunächst mit dem Trost, daß dies wenigstens zahlreiche Nachkommenschaft verhieße, in Kauf genommen, aber auch das war eine Enttäuschung. Karl war noch schwieriger geworden, als der Vater es mit den immer vorhandenen Sparsamkeitsgründen abgelehnt hatte, ihn als Statthalter in Kreuznach einzusetzen. Der Kurprinz hatte also nicht wie seine Vorgänger im 16. Jahrhundert Regierungserfahrung sammeln können.

Er begann seine Herrschaft mit verständlicher Reaktion gegen den Vater. So ließ er 40 000 fl nach Kassel schicken, um die Schulden der Mutter zu tilgen, rief diese nach Heidelberg zurück und ermöglichte ihr hier einen nicht gerade sparsamen Lebensabend. Stift Neuburg, wo die raugräflichen Schwestern als Stiftsdamen untergebracht waren, wurde aufgehoben. Nach dem frühen Tod Hachenburgs wurde der Kirchenrat und Hofprediger Johann Ludwig Langhanns nächster Vertrauter des Kurfürsten, der selbst strenger und unbedingter Reformierter geblieben war. Vom problematischen Indifferentismus des Vaters wollte Karl nichts wissen, mindestens in der Konfessionspolitik hieß es unter der Devise Karls »in solo Zebaoth« zurück zum frommen Vorfahren Friedrich III. Obwohl für die Politik die Minister Graf Castell und Graf Stein-Kallenfels vom Vater her beibehalten wurden, saß Langhanns am längeren Hebelarm, und das bedeutete die Rückkehr zur Presbyterialverfassung, zu entsprechenden Kirchenvisitationen und zur Unterstützung verfolgter Reformierter. Wieder nahm man Glaubensflüchtlinge auf, so die in ihren Alpentälern durch die Herzöge von Savoyen verfolgten Waldenser und französische Untertanen, die vor der neuen Intoleranz ihres Königs das Land verließen. Waldenser wurden auf verschiedenen Gütern und zuletzt auch am Platz des im Dreißigjährigen Krieg untergegangenen Dorfes Langenzell angesiedelt.[58] Franzosen aus der Gegend von Calais und Sedan überließ man 1682 wüstliegende Teile der Gemeinden Seckenheim und Edingen zur Anlage eines regelmäßigen Dorfes mit einheitlichen Kleinbauernstellen und eigenem Pfarrer und Schulmeister. Ihr Gesuch, die neue Siedlung Calais zu nennen, wurde jedoch abgelehnt und der Name Friedrichsfeld in Erinnerung an den Sieger von Seckenheim (1462) durchgesetzt.[59]

Im Gegensatz zu den puritanischen Ansätzen in der Kirchenpolitik standen Hofleben und Verwaltung. Der Aufwand für den Hof stieg in wenigen Jahren von 70 000 auf 130 000 fl. Nach französischem Vorbild wurden die Beamtenstellen käuflich. Auch die großen Festlichkeiten, Maskeraden und allegorischen Aufführungen konnten die Melancholie des Herrschers nicht überwinden. Einem Zug der Zeit entsprechend, kam zur höfischen Prachtentfaltung auch noch die Soldatenleidenschaft des Kurfürsten. Trotz der katastrophalen Finanzlage unterhielt er eine stehende Truppe und setzte sie zu theatralischen Manövern und Paraden ein, die ihren militärischen Wert keineswegs steigerten. Der Kampf zwischen Türken und Venezianern wurde beim Eichelsheimer Schloß südlich Mannheim durch entsprechend gekleidete Soldaten nachgespielt. Zum barocken Herrscher, der sich in vielem bei Karl bereits andeutet, gehörte eine Mätresse, wie sie auch schon Karl Ludwig in seinen späten Tagen hielt, jetzt allerdings mit erhöhtem Aufwand. Dieses Fräulein von Rüdt war Gegenstand großen Ärgernisses, und ausgerechnet dem puritanischen Kirchenrat Langhanns hat man nach des Kurfürsten Tod zu Unrecht vorgeworfen, dieses Verhältnis gefördert, durch unrechtmäßige Zahlungen unterstützt und für seine Zwecke ausgenutzt zu haben.[60] Unter Beteiligung eifersüchtiger anderer Höflinge, u. a. Stein-Kallenfels, am Gericht und nach dem Zeugnis beider verwitweter Kurfürstinnen wurde Langhanns zu 20 Jahren Haft und Einzug des Vermögens verurteilt. Dies geschah schon unter dem neuen Herrscherhaus Pfalz-Neuburg. Dessen Nachfolge war nach den Erbverträgen unvermeidlich.

Um aber den bisherigen Status der Pfalz weitgehend abzusichern, wurden von 1683 an Verhandlungen geführt. Die Pfälzer gaben zunächst eine große Erklärung ab,[61] um das reformierte Bekenntnis unter einem nunmehr katholischen Kurhaus abzusichern. Im Grunde war das durch das Reichsrecht schon geregelt, denn seit dem Westfälischen Frieden blieben die offiziellen Bekenntnisse der deutschen Territorien festgeschrieben. Offensichtlich wollte man sich damit – vielleicht auch im Hinblick auf die für die Pfalz abweichende Zusicherung ihres konfessionellen Bestandes – nicht allein zufrieden geben. Philipp Wilhelm, der Herrscher von Pfalz-Neuburg, hatte keine Bedenken, Kirchen, Schulen und geistliches Vermögen im bisherigen Umfang den Reformierten zuzusichern. Es kam ihm aber hart an, die Beibehaltung der »unkatholischen Bedienten« zu garantieren. Die Pfalz und damit die Reformierten standen aller Wahrscheinlichkeit nach unter dem Zwang, französischen Erbansprüchen zuvorzukommen, und waren daher zu Konzessionen bereit. Angesichts der Entwicklungen im Oberamt Germersheim (s. u. S. 155) erschien Frankreich als die auf konfessionellem Gebiet noch ungünstigere neue Herrschaft, von allen sonstigen Schwierigkeiten ganz abgesehen. Außerdem war für den Ausgang der Verhandlungen mitentscheidend, daß in der Pfalz keine Landstände vertreten und gar mitspracheberechtigt waren. So kam schließlich in (Schwäbisch) Hall eine dem Haus Neuburg weitgehend entgegenkommende Regelung zustande.[62] Schon der Wunsch nach einer Absicherung dafür, daß die Hälfte der Beamtenschaft wenigstens aus den beiden protestantischen Konfessionen genommen werden sollte, fand kein Gehör. An der Universität war nur der reformierte Charakter der theologischen Fakultät anerkannt. Die übrigen Professuren sollten unter den drei christlichen Konfessionen wechseln. Diese Bestimmungen zeigen doch deutlich, daß die katholische Seite es sich leisten konnte, nicht einfach das Erbe einer reformierten Dynastie unter Beibehaltung der alleinigen Herrschaft des reformierten Bekenntnisses auf allen Lebensgebieten anzunehmen. Für den Katholizismus waren bereits durch diesen Vertrag Positionen erreicht, die ihm im Grunde bei strikter Beachtung der Rechtslage seit dem Westfälischen Frieden nicht zustanden. Die beiderseitigen Unterhändler paraphierten den Vertrag, doch konnte ihn der in Heidelberg bereits im Sterben liegende Kurfürst nicht mehr unterzeichnen.

Kapitel 17

Das Haus Pfalz-Neuburg, Pfalzzerstörung und Rekatholisierung 1685–1697 bzw. 1705/08

Der Übergang an die neue katholische Linie der pfälzischen Wittelsbacher brachte in vieler Hinsicht eine Wende. Die Vorherrschaft Frankreichs am Oberrhein, seit 1648 zu immer erdrückenderer Übermacht angewachsen, konnte schließlich durch den vereinten Widerstand des Reiches und der verbündeten europäischen Mächte eingedämmt und teilweise zurückgedrängt werden. Die Pfalz war durch den Streit um das Erbe der Liselotte, aber ebenso auch durch ihre geographische Lage besonders tief in diesen Kampf einbezogen und mußte das mit der Totalzerstörung weiter Gebiete bezahlen. Das Neuburger Herrscherhaus, das eindeutig auf der Seite des Kaisers stand, nützte trotz aller Gegnerschaft zu Ludwig XIV. dessen kirchenpolitische Maßnahmen zu einer weitgehenden Umgestaltung der konfessionellen Verhältnisse im eigenen Land. Diese Auseinandersetzung lief nach dem Friedensschluß mit Frankreich 1697 weiter und fand erst mit der Religionsdeklaration und Kirchenteilung von 1705/08 einen gewissen Abschluß und zum Verzicht auf weitere aktive Gegenreformation.

Neuburg und die niederrheinischen Herzogtümer

Die Neuburger Seitenlinie des Hauses Zweibrücken war die nächstälteste Linie der pfälzischen Wittelsbacher und in ihrem Erbrecht praktisch unbestritten, wenn sich auch Ansprüche des Hauses Pfalz-Veldenz regten. Dieses stand den Simmerner Pfalzgrafen in der Generationsabfolge näher. Das aber hat im Reich nie eine entscheidende Rolle gespielt.[1] Vorsichtshalber wurde auch dargetan, daß das Haus Löwenstein als unebenbürtige Nachkommenschaft Friedrichs des Siegreichen keine berechtigten Hoffnungen auf die Nachfolge hatte und daß selbstverständlich auch die Raugrafen ausgeschlossen waren.[2] Das Fürstentum Neuburg war von Ottheinrich, als er 1556 das Erbe in den Kurlanden antrat (s. o. S. 73), seinem weitläufigen Vetter Wolfgang von Zweibrücken überlassen worden. Dieser hatte 1569 Neuburg von den übrigen pfalz-zweibrückischen Landen abgetrennt und es seinem ältesten Sohn Philipp Ludwig überschrieben. Er konsolidierte das finanziell angeschlagene Land und machte den Übergang des übrigen Zweibrücker Hauses zum reformierten Bekenntnis nicht mit. Damit geriet er in größere Distanz zum Heidelberger Hof als die jüngere Zweibrücker Linie, die 1603 bzw. 1610 in Heidelberg mit der Vormundschaft betraut wurde (s. o. S. 73 u. 78). Zum Schrecken seines Vaters konvertierte Philipp Ludwigs Sohn Wolfgang Wilhelm 1613 zum Katholizismus, als es um das Erbe von Jülich-Kleve ging. Überzeugung und Nützlichkeitserwägungen gingen dabei Hand in Hand. Wolfgang Wilhelm ist es nur teilweise gelungen, seine Lande durch Neutralität aus dem Kriegsgeschehen herauszuhalten. Insgesamt blieben aber Not und Verheerungen des Dreißigjährigen Krieges wesentlich geringer als in der Kurpfalz. 1644 hat er seinem Sohn Philipp Wilhelm die Regierung der Neuburger Stammlande überlassen, der nach dem Tode seines Vaters 1653 auch in Jülich-Berg nachfolgte. Zunächst lehnte er sich politisch mehr an Frankreich an und trat dem gegen Habsburg gerichteten Rheinbund bei. Als eine ganz und gar katholisch geformte Persönlichkeit war er einer der bedeutendsten Territorialfürsten im Reich. Das erwies sich im klugen und elastischen Umgang des im Grunde dem Absolutismus zuneigenden Herrschers mit den mächtigen Ständen seiner niederrheinischen Lande. Er vermochte es, dort bei großer konfessioneller Durchmischung und trotz seiner eigenen Bekenntnistreue den Religionsfrieden zu wahren. So wurde er 1658 von Kardinal Mazarin als Kaiserkandidat ausersehen.

Dann allerdings erfolgte ein jäher Frontwechsel zugunsten des widererstarkenden Hauses Habsburg. Durch seine erste kinderlose Ehe hatte Philipp Wilhelm Ansprüche auf den polnischen Thron und ein beträchtliches Erbe in Polen. Schon in dieser Hinsicht war das Bündnis mit Wien wichtig. Des Pfalzgrafen zweite Ehe mit Elisabeth Amalia von Hessen-Darmstadt war außerordentlich gesegnet. Zwölf Kinder wollten standesgemäß versorgt sein. Durch geistliche Würden und dynastische Heiraten konnte Philipp Wilhelm seinem Haus in engster Zusammenarbeit mit Habsburg großen Einfluß im Reich und in der europäischen Politik sichern. Dies war um so wirkungsvoller, als er seit 1678 durch die Heirat seiner ältesten Tochter Eleonore Magdalene Theresia mit Kaiser Leopold und die Vermählung seines ältesten Sohnes Johann Wilhelm mit Maria Anna von Österreich in engste Verwandtschaft zum Haus Habsburg trat. Da dieses damals selbst nur auf zwei Augen stand und kaum Töchter hatte, konnte es seine traditionelle Heiratspolitik nur mit Hilfe der Neuburger Verwandten aufrechterhalten.[3]

Für die Neuburger selbst waren die niederrheinischen Lande zum Schwerpunkt und das angestammte Fürstentum an der Donau, wenn es auch im Rang vorranging, praktisch zu einem Nebenland geworden. Die Hinterlassenschaft des söhnelosen Herzogs Johann Wilhelm von Jülich-Kleve war dagegen 1614 im Xantener Vertrag (s. o. S. 78) zwischen seinen Enkeln Kurfürst Sigismund von Brandenburg und Pfalzgraf Wolfgang Wilhelm von Neuburg vorläufig geteilt worden. Dabei wurde dem Anspruch nach die rechtliche Zusammengehörigkeit sämtlicher Lande aufrechterhalten. Die Herzogtümer Jülich und Berg mit der Landeshauptstadt Düsseldorf sowie der Herrschaft Ravenstein an der Maas (westlich Kleve) wurden Pfalz-Neuburg, das Herzogtum Kleve und die Grafschaft Mark (der Kernraum des heutigen Ruhrgebiets) dagegen Brandenburg zugesprochen. Die Grafschaft Ravensberg (um Bielefeld) sollte gemeinschaftlich regiert werden. Der Düsseldorfer Vertrag von 1647[4] bestätigte dieses Ergebnis im Grunde, überließ jedoch Ravensberg nun ganz dem Markgrafen von Brandenburg und schrieb nochmals die sehr durchmischten Konfessionverhältnisse nach dem Stand von 1612 fest. Gegen alle Versuche des Kurfürsten Friedrich Wilhelm von Brandenburg, des Großen Kurfürsten der preußischen Geschichtsschreibung, das gesamte Jülich-Klever Erbe an sich zu ziehen, konnte sich angesichts der allgemeinen Friedenssehnsucht Neuburg im bisherigen Besitzstand halten. Der klevische Hauptlandesvergleich von 1666[5] bestätigte das im allgemeinen und erkannte das für die Katholiken günstige Normaljahr 1624 an. Als einzige Konzession an Brandenburg sollte Ravenstein jetzt gemeinsam regiert werden, doch kam es 1670 wiederum ausschließlich an Pfalz-Neuburg. Noch einmal war ein Religionsvergleich vonnöten.[6] 1672 in Köln an der Spree geschlossen, sicherte er den Besitzstand der Katholiken in den brandenburgischen und der Lutheraner und Reformierten in den neuburgischen Anteilen und machte Pfalz-Neuburg und Brandenburg jeweils zu Schirmherren ihrer Konfessionsverwandten in den Gesamtlanden. Es entsprach alter Tradition der Wittelsbacher, wenn der Vater Philipp Wilhelm seinen Sohn Johann Wilhelm bereits zu Lebzeiten 1679 zum Administrator der niederrheinischen Lande machte,[7] damit er sich rechtzeitig Regierungspraxis aneignen konnte.

Die pfalz-neuburgischen Stammlande hatten im Grunde den Umfang aus der Zeit ihrer Bildung (1505/09) bewahrt. Nur waren die nördlichen, in die Kur-Oberpfalz eingesprengten Teile 1614 an die Sulzbacher Nebenlinie abgegeben worden. Seither verteilte sich das neuburgische Kernterritorium auf drei relativ geschlossene, aber in ihren Konturen sehr unregelmäßige Gebietsblöcke. Zwei davon lagen an der Donau, größtenteils nördlich des Flusses um Höchstätt bzw. um Neuburg selbst, der dritte am Unterlauf von Laber, Naab und Regen mit dem Mittelpunkt Burglengenfeld. Die Aufteilung in etwa 30 Burg- und Pflegämter war ausgesprochen kleinkammerig. An größeren Städten ist außer den bereits erwähnten nur noch Lauingen zu nennen. Das Zentrum des Landes, Neuburg, war mit den Repräsentationsbauten ausgestattet. Das weitläufige Schloß vereinigte ganz verschiedene Stilepochen. Die Hofkirche, einmal als evangelisches Gegenstück zur Münchener Jesuitenkirche gedacht, wurde 1614–1618 selbst zur Jesuitenkirche und katholischen Fürstengrablege umgestaltet.[8]

Die Neuburger Lande am Niederrhein gehörten zum niederrheinisch-westfälischen Kreis. Unter ihnen war das ganz linksrheinisch gelegene Herzogtum Jülich der wertvollste Bestandteil und umfaßte 22 Ämter, darunter als einziges Oberamt Jülich. Das Territorium reichte in einigermaßen geschlossenem Verband westlich des sich längs des Rheins erstreckenden Kölner Kurfürstentums von Ahr und nördlicher Eifel bis an die Maas vor den Toren von Venlo und hatte in etwa die heutige deutsche Grenze zu den Niederlanden zur westlichen Begrenzung. Größere Städte außer Jülich fehlten, am ehesten noch zu nennen sind Düren und Münstereifel. Die sechzehn Ämter des Herzogtums Berg lagen alle rechtsrheinisch zwischen Sieg und Ruhr und wurden im Osten etwa durch die obere Wupper begrenzt. Außer der Landeshauptstadt Düsseldorf waren von einiger Bedeutung die Städte Solingen und Elberfeld. Ihre industriellen Anfänge waren bereits grundgelegt, sollten jedoch erst im Lauf des 18. Jahrhunderts den Wert dieses Landesanteils erheblich verstärken. Vom Jahresertrag der jülich-klevischen Gesamtlande, der 1629 mit 300000 Talern beziffert wurde, erbrachte das Herzogtum Jülich mit 106000 Talern mehr als ein Drittel, Berg mit 52000 Talern nur etwas über ein Sechstel und Ravensberg lediglich 7500 Taler. Die Verluste des Dreißigjährigen Krieges werden für Jülich auf ein Viertel der Bevölkerung geschätzt, für Berg nur etwa auf ein Zehntel. Die Einwohnerschaft des Gesamtlandes betrug 1666 etwa 160000.[9] Gegenüber der ausgebluteten Kurpfalz war das eine unvergleichlich bessere Machtgrundlage.

Philipp Wilhelms Regierungsantritt in Heidelberg 1685, die französischen Ansprüche

Beim Eintreffen der Todesnachricht Kurfürst Karls ließ der Kaiser Heidelberg durch den Philippsburger Kommandanten Graf von Starhemberg für die Neuburger sichern. Die Bevölkerung verhielt sich zustimmend. Philipp Wilhelm entsandte als seinen Vertreter den dritten Sohn Ludwig Anton, der gerade die Würde des Hoch- und Deutschmeisters übernommen hatte. Er mußte zunächst das Leichenbegängnis des verstorbenen Kurfürsten arrangieren. Der Stadtkommandant und der Kommandant des Leibregiments kämpften so verbissen darum, den Leichenzug anzuführen, daß Ludwig Anton beide ausschloß.[10] Unter den führenden Beamten des verstorbenen Kurfürsten wußte sich Graf Castell durch Ergebenheitsbezeugungen und rasche Umstellung ins rechte Licht zu setzen, sonst galten die pfälzischen Beamten als wenig tauglich. So stützte sich der Kurfürst anfangs auf die Dienste des Grafen von Starhemberg, der als Bruder des Verteidigers von Wien besonderes Ansehen genoß, und ernannte ihn zu seinem Rat. Doch wurde zwangsläufig und ohne grundsätzliche personelle Veränderungen aus dem Hohen Rat Karl Ludwigs eine Regierung für die kurpfälzischen Lande gebildet, in der sich außer Graf Castell auch Stein-Kallenfells im Gegensatz zum Kirchenrat Langhanns (s. o. S. 144) behaupten konnte.[11] Die neue Herrschaft gab sich sparsam und reduzierte die Verwaltungsstellen.

Was zunächst besondere Besorgnis erregte, der konfessionelle Friede, blieb gewahrt. Philipp Wilhelm erklärte, sich buchstabengetreu (*ad litteram*)[12] an den Hallischen Rezeß halten zu wollen, auch wenn dieser nicht mehr ratifiziert worden war. Im Herbst 1685 kam er selbst in die Pfalz und machte klar, daß fortan selbstverständlich auch die Katholiken, freilich ohne Abbruch und Nachteil für Reformierte und Lutheraner, freies Religionsexercitium genießen sollten. Seinen Heidelberger Glaubensgenossen war bald die wieder in Gebrauch genommene Kapelle des Deutschordenshauses zu klein, und so gewährte ihnen der Kurfürst einstweilen den Chor der Garnisonskirche für den Gottesdienst. In Mannheim öffnete er unter Berufung auf den Willen des Stifters die Eintrachtskirche für alle drei Konfessionen. Die Gemüter wurden aber erst erregt, als er 1686 die Jesuiten nach Heidelberg berief und dort eine feierliche Fronleichnamsprozession abhielt. Relativ glatt verlief der Übergang der Pfalz zum Gregorianischen Kalender.[13] Auch andere Orden, die Franziskaner und Kapuziner, wurden in den größeren Städten des Landes zugelassen und übernahmen großenteils die Seelsorge ihrer Glaubensgenossen. Doch blieb allgemein anerkannt, daß Philipp Wilhelm für Ausgleich und Gewissensfreiheit auf konfessionellem Gebiet besorgt war. Man wird dies trotzdem nicht ohne weiteres allein seinen ethischen Überzeugungen zuschreiben können. Für eine Förderung der Katholiken auf lange Sicht spricht der nicht an die Öffentlichkeit gelangte Vertrag mit dem Bischof von Würzburg (s. u. S. 154). Außerdem brauchte er in seiner Auseinandersetzung mit Ludwig XIV. die protestantischen Reichsstände.

Trotz aller Verträge und Absicherungen bestand eine unüberbrückbare Kluft zwischen Philipp Wilhelm und Frankreich in der Frage des Erbes der Liselotte. Unbestritten waren nur die Mobilien des alten Kurhauses, die an Liselotte fallen sollten. Nach französischer Auffassung gehörten aber ebenso sämtliche Kassenbestände, ausstehende Forderungen und Magazinvorräte des verstorbenen Kurfürsten dazu. Auch Gebietsansprüche wollte man nicht ausschließen, indem man die Allodien von den alten Regalien und Reichslehen unterschied. Hinzu kam eine persönliche Abneigung des Königs gegen den Kurfürsten, der es früher gewagt hatte, aus dem Kreis der französischen Satelliten auszuscheren, und dessen nunmehrige Heiratspolitik die französischen Pläne durchkreuzte. 1687 wurde in Heidelberg in einem glanzvollen Fest die Heirat seiner Tochter Maria Sophia mit König Peter II. von Portugal gefeiert,[14] ihre jüngere Schwester Maria Anna heiratete 1690 König Karl II. von Spanien. Weitere Neuburger Töchter wurden 1690/91 mit dem Regenten von Parma und dem Kronprinzen von Polen vermählt. Schon die portugiesische Heirat war von Ludwig XIV. als ausgesprochener Affront gegen Frankreich gewertet worden.

Die ersten Verhandlungen in Heidelberg mit französischen Sondergesandten waren auf Zeitgewinn abgestellt und wahrten die höfischen Umgangsformen. Ein päpstliches Angebot der Vermittlung wurde von beiden Seiten abgelehnt. Schließlich schickte Ludwig XIV. in Abbé Morel einen gewandten Juristen, dem der königliche Prätor in Straßburg als Kenner des Reichsrechts zur Seite stand. Aber auch dieser kam nicht voran, Gereiztheit und Mißtrauen wuchsen. Philipp Wilhelm wollte die über die Mobilien hinausgehenden Geld- und Naturalforderungen im Gegensatz zur testamentarischen Verfügung Karl Ludwigs[15] nicht anerkennen. Dabei wußte der neue Kurfürst das Reichsrecht auf seiner Seite und noch mehr im Falle der Gebietsforderungen, die sich schließlich auf alle Erwerbungen nach 1356, also dem Zeitpunkt der Goldenen Bulle und der Unteilbarkeit des Kurterritoriums (vgl. Bd. 1, S. 95f.), steigerten. Es half nichts, daß Kurfürst Karl durch sein Testament Liselotte ausdrücklich enterbt hatte.[16] Dieses Testament ließ Ludwig XIV. durch das Pariser Parlament für nichtig erklären, was wiederum gegen das Reichsrecht verstieß. Der Streit verschärfte sich zusehends, und es war wohl auch als Provokation gemeint, wenn sich jetzt schon Herzog Philipp von Orléans als Ehemann der Liselotte die Titel Herzog von Simmern und Graf von Sponheim zulegte.[17]

In diesem Ringen um günstige Ausgangspositionen für die drohende Auseinandersetzung kam es Philipp Wilhelm zustatten, daß Frankreich 1685 das Toleranzedikt von Nantes gegenüber den Hugenotten aufgehoben hatte, denn die Antipathien der protestantischen Reichsstände wurden durch französische Übergriffe noch verstärkt. Ein Refugiant, der in Mannheim Zuflucht gefunden hatte, wurde lediglich wegen einer abfälligen Äußerung am Wirtshaustisch als Verschwörer gegen den König nach Landau gelockt und in Vincennes verurteilt. Als dann noch die Heidelberger gegen den Gesandten Morel demonstrierten, waren die Fronten völlig verhärtet. Die mühsamen Verhandlungen um die Mobilien hatten schließlich für Liselotte Werte in Höhe von 70 000 fl gebracht. Die größeren Stücke waren in Heidelberg verkauft worden; was tatsächlich Ende 1686 nach Saint Cloud kam, wurde von Liselottes Mann rasch durchgebracht. Trotzdem waren Liselotte und der ganze Hof von Versailles über die Knauserigkeit Philipp Wilhelms empört. Die Verhandlungen über die übrigen Forderungen liefen weiter. Zwangsläufig mußten sie sich verschärfen, weil die Franzosen die bei der Eheschließung der Liselotte großzügig ausgeschlagene Mitgift wieder ins Spiel brachten und die Pfälzer auf die unterbliebenen jährlichen Ratenzahlungen für die Verpfändung von Germersheim verweisen konnten.

Kriegsausbruch und Pfalzzerstörung (1688–1693)

Der Streit um das pfälzische Erbe war gewiß nicht der einzige und schon gar nicht der entscheidende Grund für den neuen Krieg zwischen Frankreich und dem Kaiser sowie einer europäischen Koalition. Seit dem Frieden von Nymwegen hatte Ludwig XIV. zwar ohne Krieg, aber unter dauernden Rechtsbrüchen durch Reunionen und Festungsbau den französischen Herrschaftsbereich immer weiter gegen den Rhein hin ausgedehnt. Das ganze Elsaß und große Teile des Reichsgebiets zwischen der Queich und der Mosel sowie die westliche Eifel waren mit Frankreich reuniert und zur Absicherung ein Festungsgürtel vom Oberrhein mit Hüningen und Straßburg über Landau und Homburg bis nach Mont Royal bei Trarbach an der Mosel und Luxemburg entstanden. Die wenigsten dieser Festungen lagen auf gesichert französischem Gebiet. In Regensburg war 1684 im Interesse des Türkenkrieges ein Stillhalteabkommen mit dem Kaiser geschlossen worden. Der bisher erreichte Stand sollte ohne Anerkennung einstweilig bestehen bleiben. Es war nur natürlich, daß sich aber bereits 1686 gegen die Expansion Frankreichs ein Defensivbündnis, die sogenannte Augsburger Allianz oder Liga zwischen dem Kaiser und Spanien, Bayern, dem oberrheinischen und fränkischen Kreis sowie einzelnen Reichsständen bildete. Philipp Wilhelm ist nachträglich beigetreten, ebenso der Schwäbische Kreis und nach dem Beginn der Kampfhandlungen die im

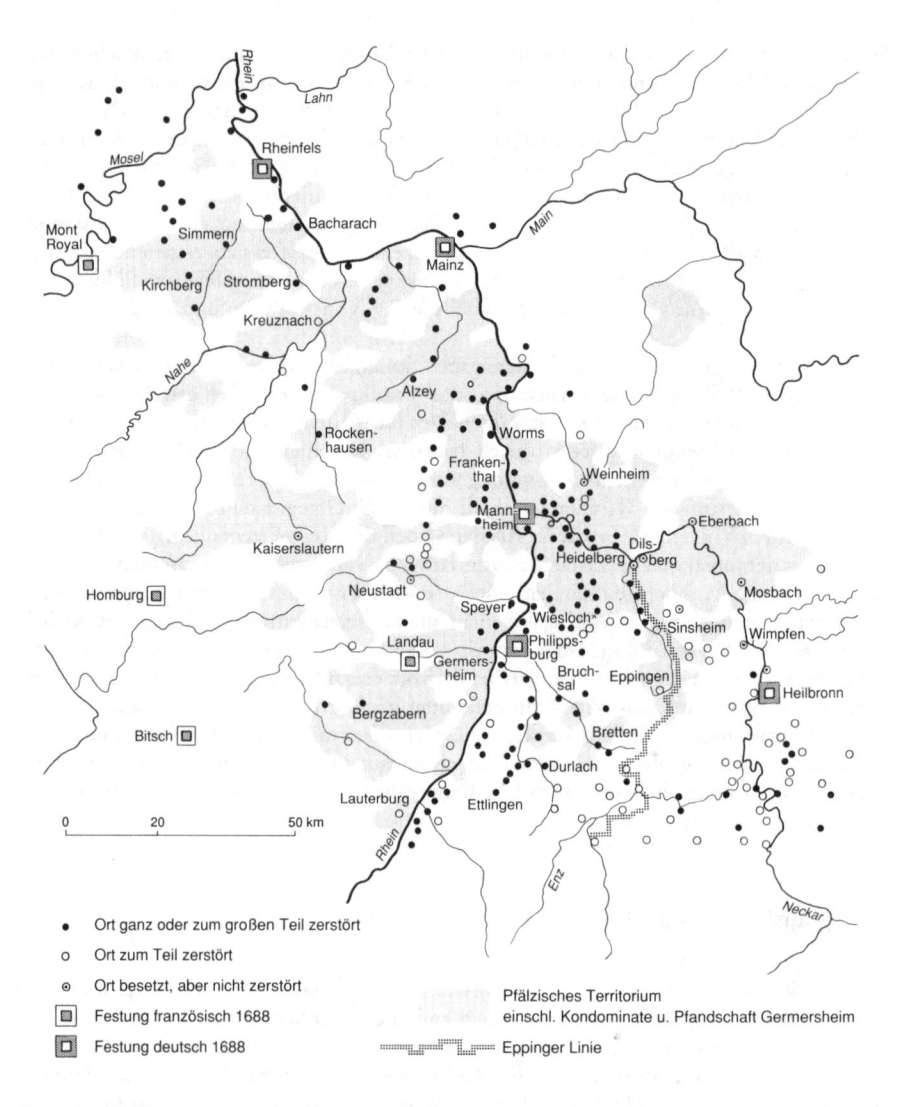

- • Ort ganz oder zum großen Teil zerstört
- ○ Ort zum Teil zerstört
- ⊚ Ort besetzt, aber nicht zerstört
- ▣ Festung französisch 1688
- ▣ Festung deutsch 1688

Pfälzisches Territorium einschl. Kondominate u. Pfandschaft Germersheim

Eppinger Linie

Karte 46: Siedlungszerstörung 1689–1693

Magdeburger Konzert zusammengeschlossenen norddeutschen armierten Reichsstände unter der Führung von Brandenburg. Auch die Seemächte traten in den Krieg ein, der von 1688 bis 1697 dauerte und mit dem Namen Orléans'scher oder Pfälzischer Erbfolgekrieg ebenso ungenau gekennzeichnet ist wie mit seinem französischen Namen La Guerre de la Ligue d'Augsbourg.

Im Grunde ging es um die Absicherung der französischen Hegemonialstellung und die tatsächliche Anerkennung aller Reunionen, bevor die Macht des Kaisers, der seit der Befreiung Wiens von den Türken im Donauraum gewaltige Erfolge errang, Ludwig XIV. gefährlich werden konnte. Außer dem Streit um das pfälzische Erbe hatte

Frankreich sich in Reichsangelegenheiten durch sein Engagement für die Kölner Erzbischofskandidatur des Straßburger Kardinals Wilhelm Egon von Fürstenberg massiv eingemischt und sich damit die letzten Sympathien deutscher Fürsten, zumal der bayerischen Wittelsbacher, verscherzt. Zum Schein bot Ludwig XIV. in einem Manifest den Frieden an,[18] allerdings unter der Voraussetzung, daß alle im Regensburger Waffenstillstand von 1684 vorläufig ihm überlassenen Reunionen und die Festungsbauten endgültig anerkannt würden. Außerdem sollte sein Kandidat Kölner Erzbischof werden. Dann wollte er auch mit einer Geldablösung der restlichen Forderungen an die Pfalz nach einem Schiedsspruch des Königs von England und der Republik Venedig zufrieden sein.

In Wirklichkeit überschritten bereits gleichzeitig mit diesem Manifest die französischen Truppen bei Straßburg den Rhein und zwangen nach zügigem Vorrücken Philippsburg und bald auch Mannheim, wo die Bürgerschaft sich gegen den verteidigungswilligen Kommandanten stellte, zur Kapitulation. Eine Verteidigung von Heidelberg war auch nach Ansicht des Kurfürsten, der sich krank nach Neuburg zurückgezogen hatte, und des Deutschmeisters sinnlos. Man kapitulierte vor Marschall Duras.[19] Die besonders günstigen Bedingungen wurden durch den Generalstabschef Chamlay bestätigt und sagten unter anderem Weiterbestehen der pfälzischen Verwaltung wie des Lehrbetriebs der Universität, Verschonung der Bürgerschaft mit Kontributionen und Erhaltung von Stadt und Schloß zu. Dabei war es gerade Chamlay gewesen, der für diesen Krieg den großflächigen Zerstörungsplan entworfen hatte. Von seiten Frankreichs waren das keine ernstgemeinten Zusagen.

In den ersten Kriegsmonaten, während die kaiserlichen Regimenter sich auf dem Rückmarsch von Belgrad nach Wien befanden, griffen die französischen Truppen weit in das Innere Süddeutschlands bis in die Gegend von Mergentheim und Ulm aus, um bei Blitzaktionen große Kontributionen einzutreiben und im Falle von Widerstand und Verweigerung die entsprechenden Ortschaften niederzubrennen.[20] Nur langsam kam die schwerfällige Kriegsmaschinerie der Reichskreise in Bewegung. Immerhin verhinderten kursächsische Truppen das weitere Ausgreifen der Franzosen auf die östlichen Teile der Pfalz, ja sie drängten den Gegner von dort bis an den Westrand des Odenwaldes zurück. Jetzt, wo auch Heidelberg wieder verlorenzugehen drohte, wurde durch den französischen Kriegsminister Louvois der Plan einer systematischen Zerstörung des Aufmarschgebietes vor dem französischen Festungsgürtel in die Tat umgesetzt. Im Januar 1689 wurden planmäßig elf Dörfer des Oberamts Heidelberg südlich des Neckars nach Vertreibung ihrer Bewohner niedergebrannt. Anschließend zog der französische Brigadegeneral Melac mit seinen Truppen über den Neckar, wo er bei Weinheim auf den Widerstand der Kursachsen traf. Der überhastete Rückzug ließ das Zerstörungswerk lediglich in den Bergstraßendörfern unmittelbar südlich von Weinheim nicht ganz so gründlich ausfallen. Dafür ereilte Handschuhsheim, wo die Franzosen in das Feuer von irregulären Streitkräften, sogenannten Schnapphähnen, gerieten, ein um so grausameres Schicksal mit Vergewaltigungen und Morden an der Einwohnerschaft.[21] Jetzt wurden auch die vorbereiteten Minen am Schloß und an der Stadtbefestigung von Heidelberg gezündet. Der dicke Turm des Schlosses brach zusammen und begrub die benachbarten Häuser unter sich. Die Zerstörung der Stadt wurde den Bürgern selbst anbefohlen, aber der Stadtkommandant Graf Tessé erwies sich als menschlich und war im allgemeinen mit Strohfeuern zufrieden, so daß sich der Schaden am Ende nur auf 34 vollständig zerstörte Häuser belief. Mannheim wurde dagegen von französischen Pionieren vollkommen eingerissen und niedergebrannt, seine Befestigungen dem Erdboden gleichgemacht und die Bewohner vertrieben. Anschließend setzte man das Zerstörungswerk am mittleren Oberrhein und im Kraichgau fort, wo von den

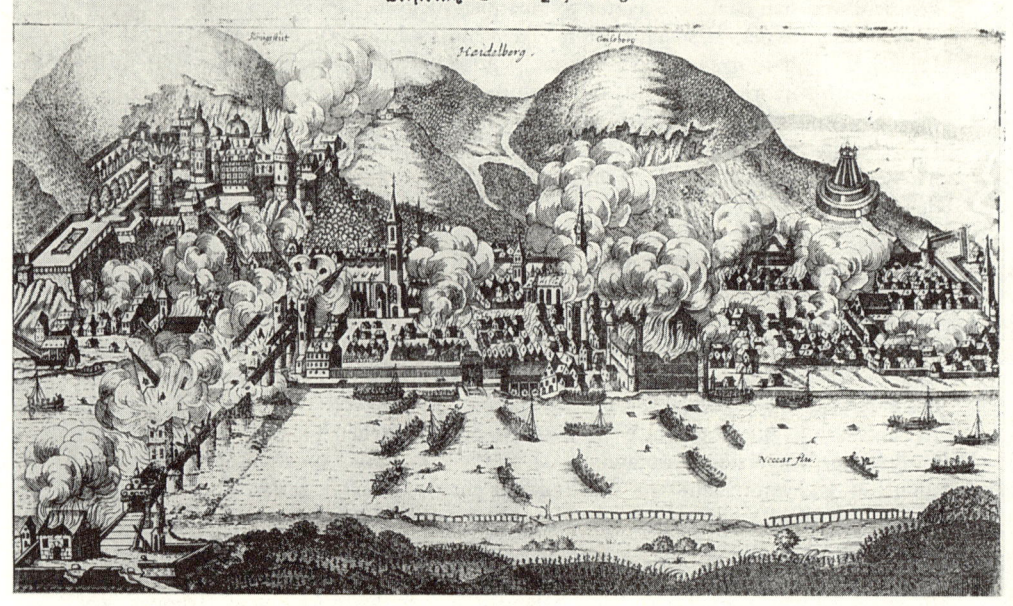

Abb. 21: Zerstörung Heidelbergs durch die Franzosen, Flugblatt 1689.
Die Überschrift kennzeichnet das Blatt als Instrument der antifranzösischen Propaganda. Die Darstellung der Katastrophe kaum authentisch. Während die Stadt und die Neckarbrücke brennen, steht das Schloß noch unversehrt.

pfälzischen Besitzungen vor allem Bretten betroffen wurde. Nachdem die Verbündeten im September 1689 Mainz zurückerobert hatten, erfaßte die Demolierung auch die Landschaften links des Rheines nördlich der französischen Front Philippsburg – Neustadt – Kaiserslautern – Mont Royal. Wenn die Schäden dort auch nicht ganz so flächendeckend waren wie im Bereich des Oberamtes Heidelberg, so wurden unter den pfälzischen Amtsstädten Oppenheim und Alzey gründlich verwüstet, stärker noch die Reichsstädte Worms und Speyer, wo die Franzosen nicht einmal die Dome und die Kaisergräber verschonten. Die Verwüstungen erreichten zwar das militärische Ziel, daß der französische Festungsgürtel standhalten konnte und aus den entvölkerten und zerstörten Landstrichen auch keine ernstliche Gegenaktion zu befürchten hatte. Dafür erfuhr das Ansehen Frankreichs und seines Königs in der öffentlichen Meinung Europas eine ungeheure Einbuße.

Nach dem Tod von Louvois hatte Ludwig XIV. persönlich die Kriegsführung an sich gezogen und im allgemeinen von der Verwüstungstaktik Abstand genommen. 1692 wurden die Franzosen in bescheidenerem Umfang auch am Oberrhein wieder offensiv. Im folgenden Jahr führte ein begrenzter Vorstoß noch einmal über den Neckar bis südlich Heilbronn. Heidelberg, das in notdürftigen Verteidigungszustand gesetzt worden war, kapitulierte infolge der Zaghaftigkeit seines Kommandanten vorschnell am 22. Mai. Das Schloß konnte sich nur einen Tag länger halten, schon vorher wurde die

Stadt auf ausdrücklichen Befehl Ludwigs XIV., dem man in diesem Fall Rachegefühle nicht absprechen kann, völlig zerstört. Unter dem Befehl Mélacs leisteten sich die französischen Truppen sadistische Übergriffe gegen die Bevölkerung. Viele Einwohner wurden in der Heiliggeistkirche zusammengetrieben, ihnen das Dach über dem Kopf angezündet und erst auf Bitten des reformierten Pfarrers und der Kapuziner in letzter Minute ein Ausgang eröffnet.[22] Schon zuvor waren in der Kirche die Gräber der Kurfürsten zerstört und durchwühlt worden. Schließlich blieben vom alten Heidelberg lediglich das Kapuzinerkloster und einige Fassaden stehen. Auf dem Schloß waren nun auch die Wohngebäude niedergebrannt und diesmal die Sprengung des besonders starken Pulverturms gelungen.

Die Empörung im Reich über die französischen Greueltaten war allgemein und wurde zusätzlich durch entsprechende Publizistik angeheizt. Getroffen und bis in ihre Träume geplagt war davon seit 1689 die unglückliche Liselotte. Philipp Wilhelm sprach vom »occidentalischen Türken«, der solches anrichtete. Die Statthalterschaft in den Kurlanden hatte er aber bereits 1687 seinem Sohn Johann Wilhelm übertragen und sich nur die Kurwürde selbst, die wichtigsten Stellenbesetzungen sowie die Reichs- und Außenpolitik vorbehalten, als er sich sozusagen aufs Altenteil nach Neuburg zurückzog.[23] Nur die Nachrichten von der ersten Zerstörung erreichten ihn noch. Am 12. September 1690 ist er gestorben und wurde in der Neuburger Hofkirche an der Seite seiner Vorfahren beigesetzt.

Der Ryswyker Friede 1697, Ende des Erbstreits 1702

Der Krieg am Oberrhein, seit 1693 für das Reich durch den Markgrafen Ludwig Wilhelm von Baden, den großen Sieger des Türkenkriegs, kommandiert, zog sich in die Länge. Die vom Markgrafen aufgeworfenen Verschanzungen zwischen Pforzheim und Neckargemünd, die Eppinger Linien, hielten stand. Eine Schlacht wurde von beiden Seiten vermieden. Zwischen Rhein und Kraichgau spielte sich jeden Sommer ein Manövrierkrieg ab. Auch die von Mainz aus vorgetragene Offensive mit Belagerung der Ebernburg 1697 war von untergeordneter Bedeutung. Entscheidungen fielen eher im Seekrieg und in den Niederlanden. Schließlich traten die Seemächte in Sonderverhandlungen mit Frankreich ein, und der Kaiser mußte sich den dabei ausgehandelten Bedingungen fügen. Die Verhandlungsziele des Kurfürsten Johann Wilhelm[24] waren zuvor weit gesteckt. Er sah als Reichspatriot die Rückgabe von Straßburg, Luxemburg und Lothringen als unabdingbar an und wollte als Entschädigung für die Zerstörung von Heidelberg, Mannheim und Frankenthal die seit 1648 französische Landvogtei Hagenau, immer noch unvergessener einstiger Besitz der Pfalz (vgl. Bd. 1, S. 217), haben. Dazu sollte Frankreich u. a. auf alle Forderungen aus dem Erbe der Liselotte verzichten, Germersheim samt den Reunionen zurückgeben. Landau sollte entfestigt werden, die Kurpfalz Erbansprüche auf Veldenz erhalten. Der Kurfürst wollte die französische Bedrohung möglichst weit aus seiner Nähe verbannen. Zusätzlich erscheint in den Verhandlungszielen aber auch der Wunsch, die Rekatholisierung im Oberamt Germersheim festzuschreiben. Wie schon in Nymwegen einigten sich auch diesmal die großen Mächte ohne Rücksicht auf die pfälzischen Forderungen und nur mit Teilerfolgen für Kaiser und Reich. So mußte Frankreich seine Reunionen nur außerhalb des Elsasses zurückgeben und konnte damit auch Straßburg behaupten. Germersheim und alles linksrheinisch besetzte Land kam zur Pfalz zurück. Kriegsentschädigungen wurden keine gewährt. Dagegen kam im Zusammenspiel zwischen Frankreich, dem Kaiser und der Pfalz tatsächlich die sogenannte »Ryswyker Klausel« in das Vertragswerk hinein. Sie besagte, daß im zurückgegebenen linksrheinischen Gebiet, also nicht nur im Oberamt Germersheim, die katholischen Religionsverhältnisse beim momentan erreichten Stand festgeschrieben werden sollten *(religione tamen catholica in locis sic restitutis in statu quo nunc est remanente)*.[25] Die Protestanten im Reich wurden im Glauben gelassen, diese Klausel sei die Folge eines französischen Diktats und appellierten an den Kaiser und Kurfürsten, von ihr keinen Gebrauch zu machen. Tatsächlich aber sollte sich hier in besonders scharfer Form der Kurs des neuen Herrschers der Pfalz in der Religionspolitik zeigen.

Über das Erbe Liselottes wurde weiter verhandelt. Klar war jetzt nur, daß die Berufung der Franzosen auf das Naturrecht nicht greifen konnte, sondern daß es dem Reichsrecht und den Erbverträgen entsprechend lediglich um die Forderung nach den Allodien ging. Die Ansätze wurden aber dadurch hinaufgeschraubt, daß Frankreich nun doch an der Nachzahlung der Mitgift festhielt. Eine verzögerte Einigung konnte ihm nichts schaden, da es bis zur endgültigen Abrechnung einen Anspruch auf jährlich 100 000 fl Entschädigungsgeld hatte, obwohl vor dem Krieg die Restzahlungen schon einmal auf 47 298 fl spezifiziert worden waren. Die Verhandlungen in Frankfurt kamen also zu keiner Einigung. So mußte der Papst 1702, wie vorgesehen, einen Schiedsspruch fällen. Dieser lautete auf die Restzahlung von 300 000 Talern.[26] Johann Wilhelm meinte, er habe das Erbe der Liselotte zweimal bezahlt. Aber auch in Frankreich bei Liselotte war die Enttäuschung groß. Denn dort war erst von 12 Millionen, nachher immer noch von 2 Millionen livres die Rede gewesen.

Die Wende in der Konfessionspolitik während des Krieges

Parallel zur Auseinandersetzung mit Frankreich hatte sich ein Wandel in der Konfessionspolitik des Herrscherhauses vollzogen. War Philipp Wilhelm noch vorsichtig in der Förderung seiner eigenen Religion, so ging Johann Wilhelm schließlich offen dazu über, die Katholiken in jeder Hinsicht zu bevorzugen und schließlich ihnen auch Anteil am Kirchengut zu verschaffen. Schon der Hallische Rezeß, der im übrigen besorgt war, die herrschende Position der reformierten Kirche samt ihrem Besitzstand an Kirchen und Schulen zu sichern, hatte ungewöhnliche Zugeständnisse für die Katholiken gebracht (s. o. S. 144). Der neue Kurfürst wollte nicht in den Besitzstand der Reformierten eingreifen, beanspruchte jedoch Freiheit für die Ausübung seiner Konfession, die weit über das hinausging, was der Westfälische Friede in der häuslichen Privatandacht *(devotio domestica)* und der Möglichkeit zum Besuch auswärtiger Gottesdienste konfessionellen Minderheiten zugestand. Da sich gerade der katholische Kult, zumal in der Barockzeit, ganz anders als evangelischer Gottesdienst nach außen kehrte, mußte das einen Konflikt heraufbeschwören. Auch wenn der Herrscher dies durchaus nicht wollte und seinerseits gegen jede Form von Kanzelpolemik einschritt.

Schon 1687 zeigte sich Philipp Wilhelms Fürsorge für seine Katholiken in einem nicht veröffentlichten Vertrag, den er mit dem Bischof von Würzburg abschloß.[27] Im Eingang heißt es dort, die Neuburger seien aus göttlicher Vorsehung zum Trost der armen Katholiken in der Pfalz zur Regierung gelangt. Kurfürst und Bischof sahen ihre Verpflichtung, diesen in den Gegenden beiderseits des Neckars wieder Gottesdienst einzurichten. Der Bischof schickte deswegen zehn Priester und eine entsprechende Anzahl von Schulmeistern, alle von vorbildlichem Lebenswandel, in den pfälzischen Anteil der Würzburger Diözese, und beide Vertragspartner teilten sich in deren Besoldung. Für den Gottesdienst wurden herrschaftliche Gebäude, aber auch Rathäuser, was selbstverständlich ein Eingriff ins Gemeindevermögen brachte, zur Verfügung gestellt. Diese Regelungen sollten gelten, bis man unbeschadet des Westfälischen Friedensvertrags in den Besitz der Kirchengüter gelangen würde. Der Passus bedeutet wohl, daß man ohne gewaltsames Vorgehen auf lange Sicht die vollständige Rückkehr des Landes zum Katholizismus erhoffte, dann wäre ein reformiertes Kirchengut in sich sinnlos geworden. Dem katholischen Bevölkerungsanteil sollte laut Vertrag mindestens proportionaler Anteil an den Gemeindeämtern gewährt werden. Auch diese Bestimmung geht entschieden über den Hallischen Rezeß hinaus. Philipp Wilhelm hat also in den kurzen Friedensjahren seiner Regierungszeit alles für die Angehörigen seiner Konfession getan, was ohne direkten Eingriff in die Rechte der Gegenseite möglich war, und dafür die Überlegenheit seiner fürstlichen Stellung und das Gewicht seiner Persönlichkeit in die Waagschale geworfen.

Zeitlich parallel verlief im Oberamt Germersheim eine ganz andere Form der Rekatholisierung. Die als Verpfändung kaschierte Anerkennung der Reunion dieses Landesteiles an Frankreich hatte über die konfessionellen Fragen keine Abmachungen enthalten. Die Franzosen praktizierten bedenkenlos die Religionsordonanzen Ludwigs XIV. Das bedeutete eine allgemeine Bevorzugung der Katholiken. Die Stellen wurden ausschließlich mit ihnen besetzt, Konversionen in jeder Beziehung belohnt, die Rückkehr zum protestantischen Bekenntnis unter strenge Strafen gestellt. Kinder aus gemischtkonfessionellen Ehen mußten katholisch erzogen werden. Die Kirchen und das Kirchengut wurden gemeinsamer Nutzung durch Katholiken und Reformierte geöffnet. Waren in einem Ort einmal zwei Drittel der Bevölkerung katholisch, so wurde nur noch katholisches Religionsexerzitium geduldet.

Diese scharfe Rekatholisierungspolitik wendeten die Franzosen auch auf alle ihre linksrheinischen Eroberungen im Pfälzischen Erbfolgekrieg, zumal in der Grafschaft Vorder-Sponheim, an. Sie kamen in der wesentlich kürzeren Zeit zu beachtlichen, allerdings nicht ganz so großen Erfolgen wie im Oberamt Germersheim. Bei ihrem Vordringen rechts des Rheines 1693 räumten sie auch die Kirchen in Ladenburg und in Weinheim den Katholiken ein,[28] worauf die in beiden Orten anwesenden Ordensgemeinschaften gedrängt hatten. Darüber beschwerte sich der reformierte Kirchenrat und wendete sich mit seinem Protest unter Umgehung des Landesherrn sofort an den Kurfürsten von Brandenburg.[29] Auch Holland und England als Schutzmächte der Protestanten schalteten sich ein. Das hat den Absolutisten Johann Wilhelm an seiner empfindlichsten Stelle getroffen. Hinter dem konfessionellen Konflikt stand für ihn die Tatsache, daß der reformierte Kirchenrat eine Machtinstanz im Staate war, die sich von ihm unabhängig hielt und überdies noch mit auswärtigen Mächten paktierte. Außerdem hatte die Unabhängigkeit des pfälzischen Kirchenvermögens ebenfalls den Machtanspruch des Kurfürsten verletzt.[30] Er versuchte, die verworrene Lage dazu auszunutzen, dieses ganz unter die Zuständigkeit des Staates zu bringen, der dann seinerseits über die Besoldungen bestimmenden Einfluß auf die Geistlichkeit bekommen hätte.

Der Widerstand der reformierten Seite entfachte den Machtkampf und bewirkte Gegenmaßnahmen während der Friedensverhandlungen mit Frankreich (s. o. S. 154). Durch geheime Verständigung mit dem Vertragsgegner wurden den Katholiken Vorteile in ihrem Bestand zugesichert. Treibende Kraft war dabei der pfälzische, dann kaiserliche Rat Heinrich von Seilern, ein Ladenburger Handwerkersohn und Konvertit, der später noch zum Reichsgrafen und Berater Kaiser Karls VI. aufsteigen sollte. Nachdem die protestantischen Seemächte durch ihren Sonderfrieden aus den Verhandlungen ausgeschieden waren, brachten die Franzosen in Ryswyk in den Friedensvertrag mit dem Reich die Klausel ein, die den durch sie geschaffenen Stand der katholischen Konfession in den linksrheinischen Gebieten absicherte. Nachträglich präsentierte der französische Gesandte Chamoy eine viel umfangreichere Liste betroffener Kirchen, als man angenommen hatte.[31] Johann Wilhelm sorgte striktestens für die Einhaltung des von den Franzosen bewirkten Besitzstandes der Katholiken und die weitere Anwendung der Ordonanzen Ludwigs XIV. So lehnte er es z. B. ab, daß die Einwohner von Bellheim bei Germersheim wieder zur angestammten reformierten Religion zurückkehrten. Geradezu zynisch wurde ihnen ihre unheroische Wankelmütigkeit vorgeworfen. Gleichsam zur Strafe dafür mußten sie auch in Zukunft katholisch bleiben.[32]

Simultaneum 1698, Religionsdeklaration 1705 und Kirchenteilung

So steuerte der Konfessionskonflikt seinem Höhepunkt zu. Für zusätzlich böses Blut sorgten kurfürstliche Erlasse, die von den Protestanten sozusagen aktive Teilnahme am katholischen Kult verlangten, indem sie vorschrieben, daß auch Andersgläubige vor dem auf den Straßen bei Prozessionen und Versehgängen vorübergetragenen Allerheiligsten den Hut abnehmen und niederknien mußten. Auf der Suche nach Bundesgenossen beim Kampf gegen den reformierten Kirchenrat begünstigte der Kurfürst auch die bisher von den Reformierten – allerdings mäßig – unterdrückten Lutheraner und konnte als Erfolg verbuchen, daß die Mehrheit der lutherischen Reichsfürsten sich nicht gegen ihn stellte oder wenigstens nicht die scharfe Politik Brandenburgs unterstützte. 1698 gab der Kurfürst den Lutheranern ein eigenes Konsistorium, machte sie also vom reformierten Kirchenrat unabhängig.[33] Gleichzeitig öffnete er jetzt die Kirchen des ganzen Landes auch der rechtsrheinischen Teile zum gemeinsamen Gebrauch von Reformierten, Lutheranern und Katholiken. Die Begünstigung seiner eigenen Konfessionsverwandten zeigt sich darin, daß die inzwischen errichteten eigenen katholischen Kirchen, meist Gotteshäuser der Orden, aus dieser Regelung ausgenommen blieben. Mit der offiziellen Verkündigung von Gewissensfreiheit und öffentlichem Religionsexerzitium für alle drei Konfessionen ging der Kurfürst 1701 noch einen Schritt weiter.[34] Diese Kampfmaßnahme war für die Zukunft von entscheidender Bedeutung. Als Vorbild dienten wohl die ganz anders begründeten Zustände in den niederrheinischen Herzogtümern. Bei aller vordergründig prokatholischen Zielsetzung wurde damit erstmals im sonstigen Reichsgebiet volle Freiheit der konfessionellen Entscheidung gewährt, freilich ohne daß damit eine Gleichberechtigung in der Teilnahme an den Staatsämtern verbunden war.

Die Jahre zwischen dem Friedensschluß von Ryswyk und dem Ausbruch des Spanischen Erbfolgekrieges stellen so den Höhepunkt des konfessionellen Konfliktes in der Pfalz dar. Er wurde auf allen Ebenen leidenschaftlich ausgetragen, auf dem diplomatischen Feld ebenso wie im Bereich der letzten Gemeinde. Gerade dort zeigten sich die Katholiken als die keineswegs zurückhaltenden Nutznießer der neuen Situation, aber auch die Verbitterung der Reformierten konnte bedrohliche Folgen haben. Auf der politischen Ebene waren lange Zeit die Vorstellungen des brandenburgischen, dann preußischen Gesandten, des Freiherrn von Botzelaer, wirkungslos. Johann Wilhelm blieb allen Hinweisen auf geltendes Reichsrecht gegenüber taub, ja er ließ nun seinerseits in sophistischer Argumentation hervorkehren, daß die Religionsbestimmungen des Friedens von Münster und Osnabrück völlig falsch interpretiert würden.[35] Die 1648 gefundene Formel für die Wiederherstellung der pfälzischen Religionszustände vor den böhmischen Wirren bedeute das Reformationsrecht für den Herrscher der Pfalz. Von ihm mache er längst noch nicht vollen Gebrauch, indem er ja den Protestanten die Ausübung ihrer Religion zugestehe. Auch die Gültigkeit des Hallischen Rezesses wurde abgelehnt; die Zusage, sich trotz fehlender Unterschriften an ihn zu halten, habe für den Vater gegolten, könne aber den Sohn nicht binden. Alle preußischen Repressalien gegen die Katholiken im eigenen Territorium machten wenig Eindruck auf den Pfälzer Kurfürsten.

Ein Umschwung trat erst ein, als Johann Wilhelm während des Spanischen Erbfolgekrieges die Unterstützung seiner protestantischen Mitkurfürsten für die Rückgewinnung der Oberpfalz und der an Bayern verlorenen vornehmeren Kur brauchte. So kam nach zähen Verhandlungen mit dem Vertreter Preußens die pfälzische Religionsdeklaration von 1705 zustande.[36] Sie hielt noch einmal am Prinzip der Gewissens- und Kultfreiheit für alle drei christlichen Bekenntnisse fest und teilte die Kirchen und das Kirchenvermögen im Verhältnis 5:2 zwischen Reformierten und Katholiken. Dabei sollten die Kirchen auf dem Land jeweils ungeteilt samt Vermögen einer der beiden Konfessionen zufallen. In den Städten, wo zwei Kirchen vorhanden waren, sollte jeder Konfession eine der beiden zur alleinigen Nutzung zustehen; wo das nicht der Fall war, mußten die großen Gotteshäuser durch Scheidemauern in einen katholischen Chor und ein reformiertes Schiff geteilt werden. Die Geistliche Administration des Kirchenvermögens sollte einer reformiert/katholischen Verwaltung unterstellt und ihre Erträge ebenfalls im Verhältnis 5:2 aufgeteilt werden. Für das Oberamt Germersheim war als Sonderregelung vorgesehen, daß die Katholiken alle Kirchen, die sie bereits hatten, behalten durften, den Reformierten nur ganz wenig Kirchen zufallen und ansonsten die Simultaneen weiterbestehen sollten. Das Kirchenvermögen wurde hier im Verhältnis 2:1 zugunsten der Katholiken geteilt. Nicht betroffen von der Religionsdeklaration waren das Amt Otzberg, das verpfändete Boxberg sowie die Kondominatsämter Ladenburg, Umstadt und schließlich auch die Vordere Grafschaft Sponheim; in letzterer blieben die von den Franzosen erzwungenen Simultaneen allgemein bestehen.

Für die Teilung selbst wurde eine mit zwei katholischen Regierungsräten und zwei reformierten Kirchenräten besetzte Religionskommission gebildet. Sie hat ihre Arbeit in den Jahren 1705 und 1706 im wesentlichen geleistet. Letzte Nachträge und Ausgleichsverhandlungen zogen sich bis 1708 hin. Die katholischen Vertreter nutzten bisweilen den Informationsvorsprung der Regierung aus. Im ganzen waren die Verhandlungen jedoch vom Streben nach einem vernünftigen Kompromiß getragen. In der Regel wurden die Landkirchen inspektions-(dekanatsweise) nach ihrer Vermögensausstattung in Gruppen zu je sieben eingeteilt, daraus wählten dann die Reformierten die erste und die dritte, die Katholiken die zweite und die vierte, während der Rest ohne Wahl den Reformierten zufiel. Abweichend vom Wortlaut der Deklaration hat man sich in den Oberämtern Bretten und teilweise auch Neustadt dazu entschlossen, die Dorfkirchen durch eine Scheidemauer für beide Konfessionen nutzbar zu machen. In den Städten Heidelberg und Mosbach wurde die Hauptkirche trotz bereits vorhandener katholischer Gotteshäuser durch eine Scheidemauer geteilt. Wenige Kirchen wurden bei dieser Teilung vergessen. Kirchenruinen ohne Dotation durch eine entsprechende Pfründe waren für die Teilung uninteressant, sollten sich dann aber als Ansatzpunkt für katholische Neugründungen erweisen. Der Religionskompromiß konnte natürlich in Rom keine Anerkennung finden. Aber auch Johann Wilhelms Bruder Franz Ludwig legte als Erzbischof von Trier und Bischof von Worms wie sämtliche Nachbarbischöfe Verwahrung dagegen ein und hielt daran auch noch nach dem Regierungswechsel zu Karl Philipp fest.[37]

Trotz weitergehender konfessioneller Spannungen und eines neuen Konfessionskonflikts unter Kurfürst Karl Philipp (s. u. S. 173) waren Religionsdeklaration und Kirchenteilung konstituierend für die Religionsverhältnisse im ganzen 18. Jahrhundert

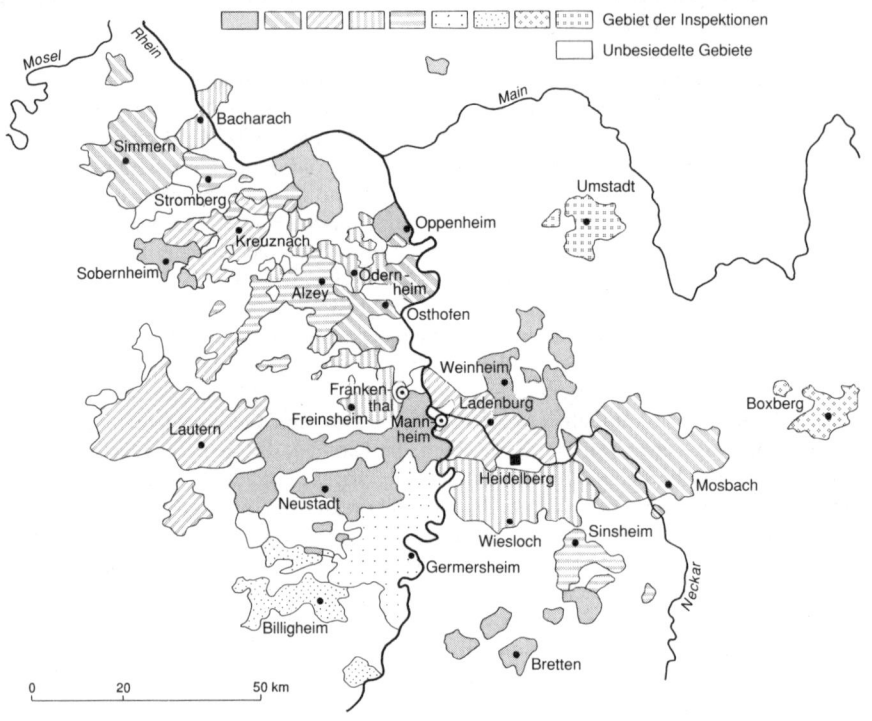

Karte 47: Die Inspektionen der reformierten Kirche Ende des 18. Jahrhunderts

und weit darüber hinaus. Bei aller Empörung der Reformierten über die Verdrängung aus angestammten Rechten stellte sie doch einen Fortschritt im Hinblick auf die Berücksichtigung einer konfessionellen Minderheit und die Gewissensfreiheit dar. Allerdings sind die Lutheraner dabei leer ausgegangen. Sie hatten keine wirkungsvolle Protektion durch andere Reichsfürsten oder gar auswärtige Mächte, und niemand wagte es, den Reformierten auch noch weitere ⅖ zugunsten der Lutheraner abzuverlangen.

Auswirkungen der Rekatholisierung

Tragweite und Wirkungen des großen Konfessionskonfliktes werden aber erst deutlich, wenn man die zugrundeliegenden Bevölkerungsstrukturen betrachtet. Die Pfalz war um 1685 nach ihrer Einwohnerschaft keineswegs das einheitlich reformiert bestimmte Land, wie es für die vordergründige Betrachtung den Anschein hat. Die entsetzlichen Bevölkerungsverluste des Dreißigjährigen Krieges waren gar nicht allein mit calvinistischen Zuwanderungen zu schließen. Außerdem war offensichtlich ein Anteil der Konvertiten des Dreißigjährigen Krieges bei seiner Entscheidung geblieben. Auf lange Sicht hätte sich fraglos dieser Bestand katholischer Einwohner stark vermindert, wenn nicht ein katholisches Herrscherhaus 1685 eine Wendung gebracht hätte. Zweifellos besser standen die Aussichten für das Überleben der katholischen Bevölkerungsteile dort, wo sie durch Kondominate und andere sich überlagernde territoriale Verhältnisse auch rechtlichen Schutz genossen. Gesamtzahlen über den Anteil der Katholiken in diesen Jahren existieren nicht, man wird aber bei aller örtlichen Verschiedenheit mit fast 20 Prozent rechnen müssen. Ihre neugeweckten Hoffnungen ab 1685 drückt die bereits zitierte Präambel des Vertrages zwischen Pfalz und Würzburg aus. Sie kommen auch im Eingang der jetzt an den Pfarrorten einsetzenden Kirchenbücher deutlich zum Ausdruck.[38]

Es waren meistens die Ordensgeistlichen, die sich in dieser Situation der verwaisten katholischen Gemeinden annahmen, wobei sie häufig an ihre alten Niederlassungen, wie sie sie im Dreißigjährigen Krieg besessen hatten, wieder anknüpften. Fast alle Amtsstädte erhielten so schon zur Regierungszeit Philipp Wilhelms ihre Klosterkirchen, manche auch mehrere. In Heidelberg entstanden zunächst Ordenshäuser der Jesuiten und Kapuziner. Diese beiden Gemeinschaften waren auch führend im Aufbau der Seelsorge und nutzten für die Mehrung ihres Einflusses sowohl die besonderen Beziehungen zum Herrscherhaus als auch die zu den Franzosen. Ludwig XIV. hat darüber hinaus eigene weltliche Pfarrstellen gestiftet und einen Teil der Klöster in der Form restituiert, daß er dort zwar keine Konvente, aber französische Pröpste einsetzte, so in Hördt, Klingenmünster, Eußerthal und Germersheim. Der Kurfürst sorgte hauptsächlich für Garnisonskirchen.

Nach dem Ende der Kampfhandlungen des Pfälzer Erbfolgekriegs setzte ein verstärkter Zuzug von Katholiken von außerhalb ein.[39] Die Immigranten kamen hauptsächlich aus den umliegenden katholischen, vor allem geistlichen Gebieten, aber auch aus Franken, Schwaben, Bayern und Tirol. Im kurpfälzischen Militär taten zahlreiche Katholiken Dienst, die vielfach im Land blieben. Insgesamt handelte es sich dabei um den Zustrom besitz- und vermögensloser Leute, wie das auch schon nach 1649 der Fall gewesen ist. Der konfessionelle Gegensatz war in der Pfalz nahezu identisch mit dem sozialen Gegensatz zwischen besitzenden und auch besser gebildeten Reformierten und den armen und ungebildeten Katholiken. Ihnen wandte sich nun die alle Formen der Volksfrömmigkeit fördernde Seelsorge der Orden und die Gunst des Kurfürsten zu, der zusätzlich diese Schicht bei Stellenbesetzungen in den Gemeinden bevorzugen ließ. Beides mußte zu heftigen Zusammenstößen mit der reformierten Seite führen, die selbstverständlich mit den konfessionellen Überzeugungen auch ihre gesellschaftliche Stellung und ihren Besitzstand verteidigte. Sie hat ab 1709 auch durch eine Auswanderungsbewegung reagiert. Diese muß man sehr stark emotional bedingt sehen, denn im Grunde war, abgesehen vom Oberamt Germersheim, die religiöse Beeinträchtigung der Reformierten mindestens seit der Religionsdeklaration doch vergleichsweise harmlos, wenn man sie in Beziehung setzt zur Aufgabe gesicherter Existenzen und dem Risiko einer Überfahrt nach Amerika.

Schon im zweiten Jahrzehnt des 18. Jahrhunderts ist die große Bevölkerungsumschichtung abgeschlossen, spielen Zuwanderung und gar Konversionen keine entscheidende Rolle mehr für die Entwicklung der Konfessionsverhältnisse. Das meist erst nach Statistiken aus der zweiten Hälfte des 18. Jahrhunderts oder aus dem frühen 19. Jahrhundert zu entwerfende Gesamtbild zeigt für die ganze Kurpfalz einen Bevölkerungsanteil der Katholiken von etwa 30 Prozent, die Reformierten hatten angesichts eines ebenfalls starken Anteils von Lutheranern nur eine relative Mehrheit. In vielen

Einzelgemeinden, auch in Städten, ganz besonders seit der Residenzverlegung (s. u. S. 174) in Mannheim, waren die Katholiken die stärkste Konfession. Überproportional vertreten waren die Katholiken in Orten mit besonders schwierigen sozialen Verhältnissen. Dazu zählten die Neugründungen des 18. Jahrhunderts auf schlechtem Boden – z. B. Muckental und Ferdinandsdorf im Oberamt Mosbach – sowie Orte mit ganz ungünstiger Grundbesitzstruktur – z. B. der einstige Klosterort Lobenfeld oder das im Dreißigjährigen Krieg zeitweise verödete Wallstadt im Oberamt Heidelberg, dessen Fluren auf dem Erbweg ganz in die Hände der Nachbarn gekommen waren. Überwiegend katholisch waren Festungs-und Garnisonsorte wie der Dilsberg und das jetzt auch stärker industrialisierte Frankenthal. Günstigere Sozialstruktur wiesen die von den Franzosen rekatholisierten Orte im Oberamt Germersheim und viele Kondominatsämter, allen voran die Vordere Grafschaft Sponheim, auf. Grenznahe Bereiche wie der äußerste Westen des Oberamtes Kaiserslautern, das isoliert mitten im Kurtrierischen gelegene Unteramt Waldeck und der Nordrand des Oberamtes Mosbach gegen das Kurmainzer Gebiet hin waren besonders stark von Katholiken besiedelt.

Die Rekatholisierung der Pfalz verlieh dieser nach außen hin ein bereits überwiegend katholisches Bild. Unter Anleitung der Ordensleute taten die Katholiken alles, um durch Errichtung von Wegkreuzen, Hausmadonnen, die Stiftung von Bildstöcken und kleinen Kapellen dem Land ein katholisches Aussehen zu verleihen. Wallfahrten, Bruderschaften, Missionspredigten, ja selbst Versehgänge gerieten leicht zur Demonstration katholischer Präsenz und katholischen Machtanspruchs im Lande. Die Seelsorge baute auf dem Netz der frühen Klöster und der durch die Franzosen und die Kirchenteilung erhaltenen Pfarreien auf. Sie sollte während des 18. Jahrhunderts aber durch eine große Zahl von Kirchenneubauten und Pfarreigründungen ganz erheblich intensiviert werden. Zu 113 katholischen Kirchen und 130 Simultankirchen nach dem Stand von 1708 kamen bis 1785 145 neue Kirchen mit ständigem Gottesdienst, darunter 48 Pfarrkirchen, hinzu.[40] Viele Neubauten nahmen ihren Ansatz bei herrschaftlichen, adligen und klösterlichen Höfen, auch bei den Rathäusern der Gemeinden und bei okkupierten Kirchentrümmern. Auch das war wiederum ein Beitrag zu konfessionellen Reibereien, selbst da, wo die Reformierten solche Ruinen nicht mehr nutzen wollten. Insgesamt hatten diese, zumal ihre Pfarrstellen infolge der Notzeit reduziert wurden, gewiß keinen empfindlichen Mangel an Kirchen und Schulen. Aber es war doch schmerzhaft, intakte Pfarreien samt Ausstattung hergeben zu müssen. Später hat man etwa in Anpassung an den Bevölkerungszuwachs nur unter großen Anstrengungen für die ausgefallenen Gemeinden wieder Kirchen und Pfarrstellen geschaffen.

Der Neuaufbau einer katholischen Seelsorge hat im Bereich der Kurpfalz die vorher völlig ausgeblutete Wormser Diözese wiederhergestellt, ja ihre Grenzen bisweilen ausgedehnt, besonders in der Gegend von Kaiserslautern zu Ungunsten von Mainz verschoben. Im Osten des Landes brachte das frühe Engagement des Würzburger Bischofs eine Vergrößerung seines kirchlichen Sprengels bis Neckargemünd vor den Toren von Heidelberg. Die Restitution der alten Diözesen war freilich ursprünglich nicht im Sinne Johann Wilhelms gewesen. Er hatte mehrfach das Projekt der Gründung eines exemten pfälzischen Landesbistums verfolgt, war damit aber am Widerstand Roms und seiner eigenen Brüder auf den Bischofssitzen von Worms, Mainz und Trier gescheitert.[41] Wohl war die Schwächung der reformierten Seite, besonders des Kirchenrats, ein Beitrag zum kurfürstlichen Absolutismus, nicht unbedingt aber die Wiederherstellung des Katholizismus, da der Herrscher in Kirchendingen nun auf Rom und die Bischöfe hören mußte.

Kapitel 18

Absolutismus und Hochbarock, die Pfalz zwischen Kaiser und Frankreich 1698–1742

Der Orléans'sche Krieg hatte im Vergleich zum Dreißigjährigen Krieg erheblich größere Verluste an Gebäuden, aber wesentlich kleinere an Menschen gebracht. Infolgedessen verlief der Wiederaufbau ungleich rascher und ließ bei aller Bescheidenheit doch auch Raum für einige ehrgeizige Architekturprojekte. In ihnen sollte sich das Lebensgefühl des Neuburger Herrscherhauses darstellen, was dann in der neuen Residenz Mannheim zu vollendeter Ausprägung kam. Parallel dazu sind die ersten Jahrzehnte des 18. Jahrhunderts ganz von der großen Politik beherrscht. Der Spanische Erbfolgekrieg eröffnete der Pfalz kurzfristig noch einmal einen Sieg über die bayerische Konkurrenz. Der Friedensschluß brachte sie jedoch wieder um diese Rangerhöhung und Gebietserweiterung. Die Verstimmung gegenüber Wien führte schließlich zum Interessensausgleich mit Bayern und letztlich zur Anlehnung an Frankreich. Nur so konnte die aussterbende Neuburger Dynastie ihren Nachfolgern das niederrheinische Erbe sichern und den Gesamtzusammenhalt ihrer Ländermasse bewahren.

Wiederaufbau und künstlerische Bestrebungen

Zwischen den Kriegen und während des Spanischen Erbfolgekriegs vollzog sich der Wiederaufbau der zerstörten Städte und Dörfer fast unauffällig und ohne daß dieser, außer an den ausgesprochenen Brennpunkten, entsprechenden Niederschlag in den Quellen fand. Wie Karl Ludwig hat Johann Wilhelm 1698 unter Gewährung bestimmter Steuernachlässe die geflohenen Pfälzer zur Rückkehr aufgefordert. Allerdings waren davon, entsprechend seiner Konfessionspolitik und unter dem Vorwand der Rücksichtnahme auf Frankreich, die französischen Refugianten ausgenommen.[1] Sie sollten sich als wesentliche wirtschaftliche und politische Kraft in Brandenburg-Preußen erweisen, während einfachere Landbevölkerung nach Baden-Durlach auswich.[2] In die linksrheinischen Ämter entsandte der Kurfürst gleich nach dem Ryswyker Friedensschluß eine Kommission zur Bestandsaufnahme. Sie gab nicht nur Bericht über den desolaten Zustand der entsprechenden Ämter, sondern machte Vorschläge, wie mit Steuerermäßigungen und wirtschaftlichen Privilegien der Neubeginn angekurbelt werden sollte.[3] Ähnlich sahen die Fördermaßnahmen rechts des Rheins aus. Hier waren die Errichtung von Manufakturen, die unentgeltliche Abgabe von Baumaterial aus den herrschaftlichen Wäldern sowie ebenfalls Schatzungsnachlässe vorgesehen.[4] In Heidelberg sollte der Wiederaufbau zusätzlich durch begradigte Gassen und vorgeschriebene Modellhäuser der Stadt ein neues Gesicht verleihen. Johann Wilhelm plante, seine Residenz dorthin zu verlegen. Vielleicht steht hinter diesen Entwürfen das Projekt, eine Königswürde zu erhalten, jedenfalls sollte am Neckar auf Bergheimer Gebiet eine gewaltige Anlage mit sieben Innenhöfen, Kirche und Opernhaus entstehen.[5] Da die

Heidelberger sich aber mit seinen Plänen nicht anfreunden konnten, hat der Kurfürst, der bereits 1698 bis 1700 in Weinheim Residenz genommen hatte, sich wieder für das angestammte und ihm heimatliche Düsseldorf entschieden. Trotzdem ist sein Einfluß in den Heidelberger Bauten zu verspüren, sowohl in der großzügigen Jesuitenkirche als auch im Neubau der Universität an der Stelle des alten Collegium Casimirianum. Der Baumeister der Jesuitenkirche Johann Adam Breunig stammte aus dem Mainzischen. Man hat immer vermutet, daß er aufgrund fränkischer Anregungen und nach dem Vorbild der Klöster Comburg und Schöntal an der Jagst eine barocke Hallenkirche gestaltete. Neuerdings wird darauf verwiesen, daß im Grundriß auch Pläne für die Neuburger Hofkirche wiederaufgenommen wurden.[6] Ebenso wichtig für das Heidelberger Stadtbild wurde die Tatsache, daß die ehrwürdige gotische Heiliggeistkirche jetzt ein gebrochenes barockes Dach und eine welsche Turmhaube erhielt. Die Bürgerhäuser freilich entstanden nicht nach irgendwelchen Modellvorstellungen wieder auf den engen gotischen Grundrissen. Das bisherige Fachwerk wurde durchgängig durch geringwertige Steinmauern ersetzt. Das galt auch für die Dörfer im Zerstörungsgebiet. Auch hier wurde dabei nur äußerlich und keineswegs in einem neuen und großzügigen Zuschnitt barocken Baugedanken gehuldigt.

Am ehesten kam es in Mannheim[7] zu einem einheitlichen neuen Stadtbild. Dort hatten die Einwohner, soweit sie eigenen Grund bewirtschafteten, sich während des Krieges nördlich des Neckars in einer Art Barackensiedlung mit dem Namen Neu-Mannheim festgesetzt. Sie ließen sich auch nicht durch französische Drohungen und Zerstörungen auf Dauer vertreiben. Ja, das Beharrungsvermögen war so groß, daß es Mühe brauchte, sie zum Wiederanfang auf dem Trümmerhaufen der alten Festung zu bewegen. Die Grundsteinlegung für die neue Zitadelle erfolgte 1699, und zunächst dachte man daran, auf dem alten Mannheimer Grundriß mit Modellhäusern, die hier leichter durchzusetzen waren, eine neue Stadt zu schaffen. Doch wurde dieser Plan 1709 auf den Rat des Festungsingenieurs Nottum insofern aufgegeben, als man auf eine von der Stadt abgesonderte Zitadelle verzichtete und das Quadratschema der Bürgerstadt in die jetzt durch ein Achsenkreuz untergliederte Gesamtstadt übertrug. Zu verwirklichen war das nur, indem die Herrschaft die Bauplätze im Zitadellenbereich unentgeltlich zur Verfügung stellte. Ganz im Sinne der damals vorherrschenden katholischen Konfession wurde am Marktplatz durch Johann Jakob Rischer die für Mannheim so charakteristische »Doppelfassade« vom Rathaus und katholischer Pfarrkirche St. Sebastian mit dazwischengestelltem Turm errichtet. Vorbild dafür war die für den deutschen und den französischen Gottesdienst zweigeteilte Anlage der reformierten Pfarrkirche, die in abgewandelter Gestalt wieder entstand.

Herrschaftliche Bauinitiative zeigte sich am Weinheimer Schloß, wo Erweiterungspläne des Kurfürsten nur zum Teil verwirklicht werden konnten, und in Schwetzingen.[8] Hier wurde die alte, von Karl Ludwig begonnene schnurgerade Maulbeerbaumallee erneuert, die zur Symmetrieachse für den Ausbau des alten Wasserschlosses und zugehörigen Gartens wurde. Um diese Symmetrie zu erreichen, setzte man vor das Schloß im Westen einen Erweiterungsbau, während im Osten ein Ehrenhof mit Flügelbauten nach Plänen von J. A. Breunig entstand. Der noch bescheidene Garten blieb klein und war ganz geometrisch aufgeteilt.

Es waren die Zeitumstände, die Johann Wilhelms Bautätigkeit mehr auf die niederrheinischen Lande lenkten. In Düsseldorf hatte eine Feuersbrunst 1669 erstmals den Weg für eine bescheidene barocke Neugestaltung freigemacht. Johann Wilhelm ließ zunächst die Stadtbefestigungen verstärken und Pläne für eine großzügige Erweiterung entwerfen. Es konnten jedoch nur Ansätze vorübergehend verwirklicht werden. Das Schloß selbst wurde durch den Neubau der Galerie für die Kunstsammlungen ergänzt.

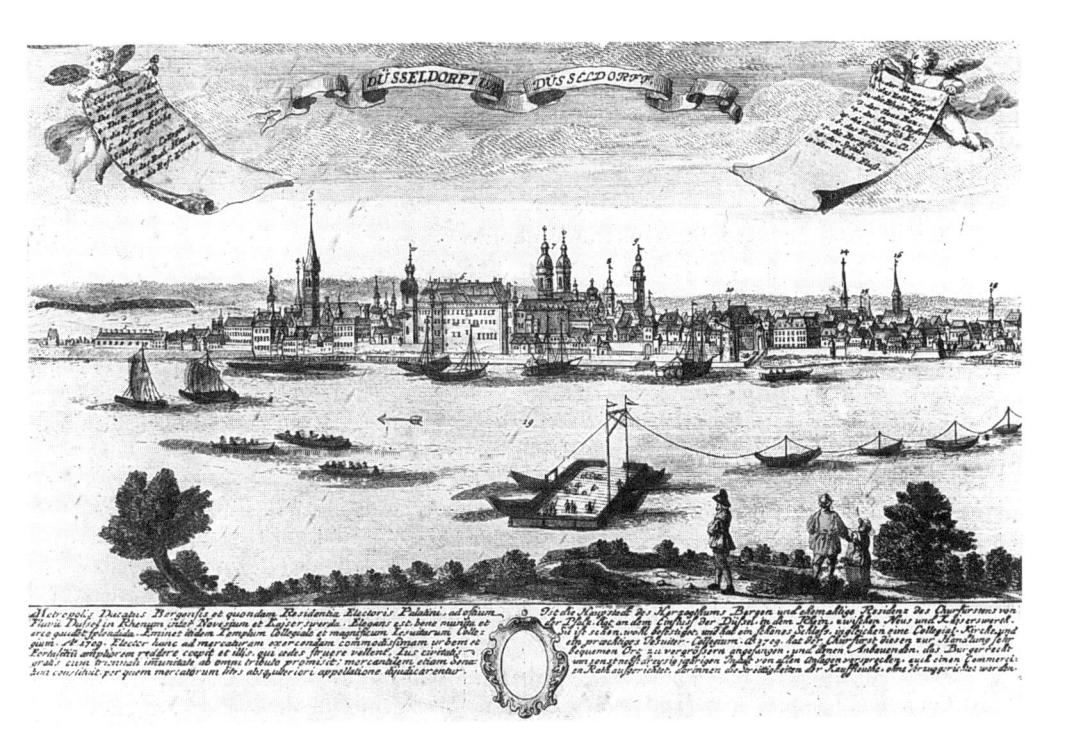

Abb. 22: Ansicht der Stadt Düsseldorf. Kolorierter Kupferstich von F. B. Werner 1729.
Blick über den Rhein auf die Stadt mit teilweise überhöht gezeichneten Türmen. Links die katholische Stifts- und Pfarrkirche St. Lambertus (5), dann das Schloß (6), Jesuitenkolleg und Hofkirche St. Andreas (7), Rathaus (8) und reformierte Pfarrkirche (9).

Diese bildeten den Grundstock der barocken Schätze der Münchener Pinakothek. In der Stadt wurden zwei protestantische Kirchen und fünf Klosterkirchen neuerrichtet. Die Hof- und Jesuitenkirche St. Andreas erfuhr eine Neuausstattung, im Scheitel des Chores entstand nach Florentiner und Turiner Vorbild ein Mausoleum. Der Hofarchitekt Graf Maria Alberti, von dem auch der Heidelberger Residenzplan stammte, baute u. a. das Jagdschloß in Bensberg und vereinigte dort unverkennbar Versailler Bautradition mit eigenen Vorstellungen. Im Ehrenhof dieses Schlosses sollten zwei Reiterstandbilder Johann Wilhelm und seinen Vater Philipp Wilhelm verherrlichen. Der berühmte Hofbildhauer Gabriel de Grupello schuf das Bronzedenkmal seines Herrn, das jedoch vor dem Düsseldorfer Schloß aufgestellt wurde.[9] Für dessen Innenausstattung, vor allem für den Bau des Opernhauses, war Johann Wilhelms zweite Gemahlin Anna Maria Luisa Medici tätig. Ihr Einfluß auf die Hofmusik ist umstritten. Schon vor dieser Ehe hatte Johann Wilhelm italienische Künstler nach Düsseldorf gezogen wie ebenfalls sein Vater. Philipp Wilhelm gilt als der musikalischste unter den Neuburgern. Seine Vorliebe war die Kammermusik, während der Sohn die Oper mit großen ruhmredigen, teilweise auch panegyrischen Stoffen für seine Staatsgäste förderte. Die Oper »Tassilone« wurde 1707 mit deutlicher Anspielung auf den »Verrat« Max Emanuels inszeniert. Der später zum Nuntius aufgestiegene Hofgeistliche Agostino Steffani hat, vielleicht aus Bescheidenheit, die Urheberschaft verleugnet. Die wirklich großen Musiker Händel und Corelli kamen nur in vorübergehende Beziehung zum Hof, wo eine ganze Reihe durchaus qualitätvoller Komponisten und Instrumentalisten tätig war. Vieles davon hat seine Fortsetzung in der Mannheimer Hofmusik (s. u. S. 207) gefunden.

Reichs- und Außenpolitik Johann Wilhelms

Johann Wilhelms Politik war bestimmt, aber auch begünstigt durch seine Verwandtschaftsverhältnisse. Er war mit Kaiser Leopold verschwägert. Seine Schwester, die Kaiserin Eleonore, stand mit dem Bruder außerordentlich gut. Ihr Einfluß blieb auch über den Tod ihres Gemahls hinaus wirksam. Wie in der ganzen neuburgischen Familie wurden zahlreiche Briefe zwischen den Geschwistern gewechselt. Sie behandelten bei aller Wahrung zeremoniell barocker Formen die Familienangelegenheiten doch mit gewisser Herzlichkeit und daneben auch immer die große Politik. Der Stil der Neuburger Briefschreiber ist im allgemeinen steifer und weniger ausdrucksstark als der der alten Simmernschen Kurfürstenfamilie, und vielleicht liegt es zum Teil auch daran, daß diese Briefe wohl weniger erschlossen und genutzt wurden.[10] In dieser Korrespondenz kommt vielfach, besonders in den Briefen an die Schwester Eleonore und an Kaiser Leopold, Johann Wilhelms absolute Reichstreue zum Ausdruck. Sein Verhältnis zum Habsburger Haus erfuhr keine Einbuße, als seine erste Gemahlin, die Kaiserschwester Maria Anna Josefa, 1689 kinderlos gestorben war und ihr die Medicerin Anna Maria Luisa von Toscana als zweite Gattin nachfolgte. Nachdem 1705 der Neffe Josef zum Kaiser gekrönt worden war, kam nicht nur in den Briefstil eine größere Distanz. An der Ergebenheit gegenüber dem Hause Habsburg änderte sich jedoch nichts, zumal Eleonore ihren Einfluß und ihre Haltung beibehielt.

Johann Wilhelm war wohl nicht ganz so taktisch gewandt und realistisch klug wie sein Vater. Bei aller Grundsatztreue war seine Gutmütigkeit ausnutzbar, und er konnte sich in schwierige Positionen verrennen. In mancher Beziehung zeigt sich ein Zug ins Phantastische. Seine Frömmigkeit entsprach ganz dem Stil der Zeit mit bedeutendem Einfluß der zunächst französischsprachigen Beichtväter und einem Hang zu Wallfahrten. Sie hinderte keineswegs seine Vorliebe für höfische Feste und große Jagden. Bei alledem war er in seinen niederrheinischen Landen ausgesprochen volkstümlich, antibürokratisch und ein großer Förderer der Kunst. Wie viele seiner fürstlichen Zeitgenossen beschäftigte er Alchimisten und verfolgte den Plan einer Standeserhöhung. 1698 suchte ihn der Armenier Israel Ory auf, der als russischer Offizier über entsprechende Verbindungen verfügte. Johann Wilhelm sollte in der Hoffnung auf eine Erhebung der Armenier gegen Perser und Türken für den Gedanken eines armenischen Königreichs gewonnen werden. Die Hilfe des Papstes war gewiß, weil die monophysitischen Armenier sich angeblich dogmatisch und hierarchisch Rom unterstellen wollten. In diese Richtung tendierten aber nur die Stammesfürsten, die dem Kurfürsten mitteilen ließen, es werde weder an Geld noch an waffenfähiger Mannschaft fehlen, gesucht werde nur das Oberhaupt des neuen Königreichs und der Oberkommandierende für den Kampf gegen die Fremdherrschaft. Der russische Zar und der Großherzog von Toscana waren zur Unterstützung bereit. Selbstverständlich hoffte man auch auf die des Kaisers. Eine gewisse Ernüchterung brachte schon bald der Widerstand der armenischen Geistlichkeit gegen die geplante Union mit Rom.[11] Der Ausbruch des Spanischen Erbfolgekriegs machte diese Pläne unmöglich und bewahrte Johann Wilhelm vor dem Scheitern.

Im Vorfeld der europäischen Auseinandersetzung suchte Frankreich durch erhebli-

HABSBURG   PFALZ-NEUBURG

Ferdinand III.   **Philipp Wilhelm**
Kg. 1636   Pfgf. 1653–1690
Ks. 1637–1657   Kfst. 1685–1690

⚭ 1. Maria Anna   ⚭ 2. Elisabeth Amalia Magdalene
v. Spanien   v. Hessen-Darmstadt
† 1646   † 1709

Leopold I.   ⚭ Eleonore Magdalena   **Johann Wilhelm**   ⚭ Maria Anna
Kg. von Ungarn 1655   Theresa   Kfst. 1690–1716   Josepha
Kg. v. Böhmen 1656   † 1720   † 1689
Ks. 1658–1705

Josef I.   **Karl VI.**
Kg. 1690   Kg. v. Spanien 1700
Ks. 1705–1709   Ks. 1709–1750

⚭ Wilhelmine Amalie   ⚭ Elisabeth Christine
v. Braunschweig-   v. Braunschweig-
Lüneburg   Wolfenbüttel
† 1742   † 1750

Franz I. Stephan   ⚭   Maria Theresia
v. Lothringen   † 1780
Ks. 1745–1765

Josef II.   **Leopold II.**
Kg. 1764   Ks. 1790–1792
Ks. 1765–1790

                            Franz II.
                            Ks. 1792–1806

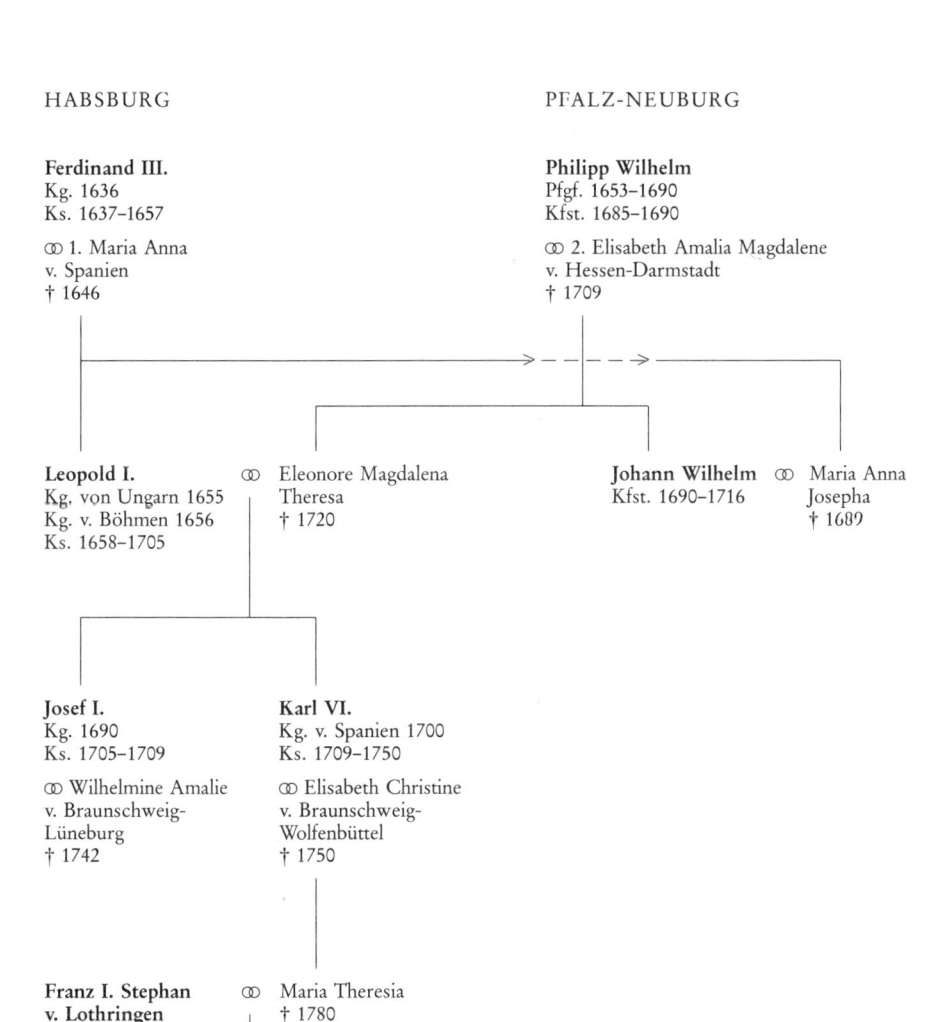

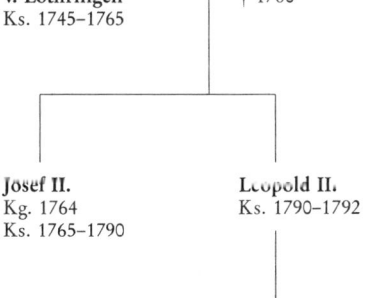

Die Verwandtschaft der Häuser Habsburg und Pfalz-Neuburg

che Geldzuwendungen die Neutralität Johann Wilhelms zu erkaufen, blieb aber ohne jede Chance. Für die spanische Sukzession der Habsburger hatte sich dieser bereits 1699 in einem Allianzvertrag mit dem Haus Braunschweig-Hannover zusammengetan, das seit 1692 eine Kurstimme beanspruchte, während die böhmische ruhte. Johann Wilhelm hatte anfangs Widerstand gegen diese Erweiterung des Kurkollegs geleistet.[12] Die politisch-militärischen Notwendigkeiten und die Aussicht auf eine weitere katholische Kurstimme entweder für Böhmen oder für Salzburg ließen ihn schließlich nachgeben. Auch zum anderen Zweig der Welfen unterhielt Johann Wilhelm gute Beziehungen und erwarb sich beim Kaiserhaus große Verdienste bei der Vermittlung der Ehe zwischen seinem Neffen, dem spanischen Thronprätendenten und späteren Kaiser Karl VI., und Elisabeth Christine von Braunschweig-Wolfenbüttel,[13] der Mutter Maria Theresias. Sein Beichtvater Pater Orban erteilte ihr Konvertitenunterricht.

Der Spanische Erbfolgekrieg (1700-1714)

Militärisch war Pfalz-Neuburg inzwischen auch durch kaiserliche Subsidien mit 16 000 Mann zu einer im Reich nicht ganz unbedeutenden Größe herangewachsen, zumal die Truppe in keinem schlechten Ruf stand. Sie konnte im Spanischen Erbfolgekrieg die niederrheinischen Herzogtümer schützen. Die Feldzüge am Oberrhein wurden ohne Zerstörungsakte geführt und waren von vornherein wesentlich erträglicher als ihre Vorläufer. Mit einem Schreiben vom 1. Juni 1701 hatte Johann Wilhelm über seinen Wiener Gesandten Graf Wiser große Vorschläge für die kaiserliche Kriegsführung gegen Frankreich gemacht.[14] Aus einer Verteidigungslinie von Speyerbach und Lauter bis an die Mosel sollte der Krieg möglichst bis vor Paris geführt werden und unterdessen die Engländer die französischen Truppen aus Geldern, Limburg und Luxemburg vertreiben. Die militärischen Reserven wären so auszubauen, daß man diesmal den Kampf gegen Frankreich auch nach wieder zu befürchtendem Ausscheiden von England und Holland erfolgreich weiterführen könne, um mindestens »das Elsaß und soviel darin gelegene ansehentliche Reichs-Stände und -Städte dem Reich zu recuperieren und des lieben Vatterlands Gränzen in mehrere Sicherheit zu stellen«. Nachdrücklich setzte er sich für die Belagerung und Rückeroberung von Landau ein. Das Kommando am Oberrhein sei dem römischen König, also Josef I., zu übertragen; wenn man es dem Markgrafen überließ, bringe das nur unnötige Weiterungen und Zeitverlust. Die Distanz und Rivalität zu Ludwig Wilhelm von Baden stammten bereits aus dem Orléans'schen Krieg. Die Antworten des Kaisers waren vorsichtig und gingen nur auf die Linie an Speyerbach und Lauter ein. Sie offenbarten darüber hinaus Zurückhaltung bei der Gewährung weiterer Subsidien. Johann Wilhelm sollte sich auch selbst an der Verteidigung der pfälzischen Lande beteiligen und entsprechende Gelder aufnehmen.

Daß auf seiten Frankreichs Bayern in den Krieg eintrat, mußte bei Johann Wilhelm sogleich die Aussicht wecken, die Pfalz wieder in ihre alten, 1648 verlorenen Vorrechte einzusetzen, also die fünfte Kur und die Oberpfalz zurückzuerhalten. Die Verbündeten verhielten sich in diesem Punkte jedoch reserviert. Markgraf Ludwig Wilhelm verteidigte die oberrheinische Front zunächst erfolgreich und konnte die Stellung im Umkreis der Pfalz durch die Einnahme von Landau wesentlich verbessern. Im Rücken der Oberrheinfront gelang es den Bayern, Ulm zu überrumpeln und 1703 sich bei Tuttlingen mit den Franzosen zu vereinigen. Die Reichstruppen mußten im Süden hinter die Iller zurückweichen. Die Franzosen ergriffen auch linksrheinisch wieder die Initiative und belagerten Landau. Eine Entsatzarmee unter dem Kommando des Erbprinzen

Abb. 23: Erstürmung der Stadt Neuburg durch kurbayerische Truppen im Spanischen Erbfolgekrieg 1703. Zeitgenössischer Kupferstich Augsburg.
Blick über die Donau hinweg auf die Altstadt in Terrassenlage über dem Fluß. Links das herzogliche Schloß aus dem 16. Jahrhundert mit der Ostfassade Philipp Wilhelms. In der Mitte die Hof- und Jesuitenkirche.

Friedrich von Hessen-Kassel aus kurpfälzischen Truppen und solchen des oberrheinischen und schwäbischen Kreises wurde von Marschall Tallard am 15. November 1703 am Speyerbach vernichtend geschlagen,[15] Landau mußte vor den Franzosen kapitulieren. Entlastung brachte das folgende Jahr, in dem der Herzog von Marlborough mit 20000 Mann aus den Niederlanden über Ladenburg und Heidelberg dem Prinzen Eugen an die Donau zu Hilfe eilte. Die Entscheidungsschlacht von Blindheim/Hochstätt verjagte Franzosen und Bayern unter großen Verlusten aus ganz Süddeutschland. Landau wurde von den Reichstruppen zurückerobert. Die festen Fronten hielten, solange der Türkenlouis das Kommando führte. Nach seinem Tod 1707 durchbrach Marschall Villars die Bühl-Stollhofener Linien. Mannheim und Heidelberg wurden vorübergehend von den Franzosen besetzt, aber wieder von den Reichstruppen befreit. Die Siege der Verbündeten in den Niederlanden sorgten 1708 wieder für Entlastung.

Dieser Höhepunkt des Krieges brachte Johann Wilhelms Pläne endlich zum Erfolg. Schon 1706 wurde Maximilian von Bayern geächtet. 1708 erhielt Johann Wilhelm durch Reichstagsbeschluß die alte pfälzische Kur samt der Erztruchsessenwürde.[16] Das Erzschatzmeisteramt ließ er jetzt bereitwillig an Hannover übertragen. Einschließlich der Grafschaft Cham wurde die Oberpfalz dem Haus Neuburg überlassen und sogleich von den pfälzischen Beamten unter Beibehaltung allen bisherigen Personals in Pflicht genommen. Diesen Erfolg feierte Johann Wilhelm mit der Erneuerung des alten Hubertusordens, den der Jülicher Herzog 1444 gestiftet hatte. Dessen Devise »In Trau vast« entsprach ganz seiner persönlichen Haltung. Natürlich war der Orden jetzt eine Angelegenheit aufwendig barocken Zeremoniells mit vielen Ehrenämtern und Titeln, man sollte aber auch sehen, was damit an Wohltätigkeit für ein Spital in Düsseldorf verbunden war. Dieses wurde für altgediente Soldaten gestiftet, zu einer Zeit, als die pfalzneuburgischen Truppen unter kaiserlichem Oberkommando besonders am Rhein und in Norditalien sich bewährt hatten. 1711 übte Johann Wilhelm wieder wie die alten Pfälzer Kurfürsten das Reichsvikariat aus und war maßgebend an der Wahl seines Neffen Karl VI. zum Kaiser beteiligt.[17]

Aber gerade der kinderlose Tod Kaiser Josefs und die Wahl des spanischen Thronbewerbers Karl auch zum deutschen Kaiser hatte die Verbündeten im Interesse eines europäischen Gleichgewichts kriegsmüde gemacht. So einigten sich die Seemächte wie schon 1697 in einem Sonderfrieden auf der Basis eines Kompromisses in Utrecht 1713 mit Frankreich. Die spanische Sukzession wurde, allerdings unter einem Vereinigungsverbot, den Bourbonen zugesprochen. Der Kaiser und das Reich kämpften alleine weiter, auch diesmal ohne durchschlagenden Erfolg. Landau und Freiburg wurden von den Franzosen zurückerobert. Marschall Villars besetzte mit starken Kräften den Südteil der linksrheinischen Pfalz und nahm die Mannheimer Rheinschanze weg, ohne den Angriff auf die Stadt zu wagen. Kaiser und Reich mußten schließlich in Friedensverhandlungen in Rastatt und Baden im Aargau 1714 nachgeben. Am Oberrhein wurden die Grenzen des Ryswyker Friedens und die damit geschaffenen Konfessionsverhältnisse noch einmal bestätigt. Das Haus Habsburg erhielt, entsprechend den Utrechter Bedingungen, die spanischen Außenprovinzen in Italien und in den Niederlanden. Bayern wurde wieder voll restituiert. Dies bedeutete, daß Johann Wilhelm, den man vorübergehend mit einem sardinischen Königreich trösten wollte, praktisch die Hauptkosten dieser Einigung zu tragen hatte. Die Oberpfalz und die fünfte Kurwürde, die in den Verhandlungen zu Utrecht noch Johann Wilhelm und seinem Bruder Karl Philipp auf Lebenszeit zugestanden waren, fielen nun wieder an München. Dagegen weigerte sich Hannover-England, die Erbschatzmeisterwürde wieder an die Pfalz zurückzugeben. Der Neffe Karl VI. stellte seinem Onkel zwar als Entschädigung das Herzogtum Luxemburg oder Limburg in Aussicht, einzuhalten brauchte er dieses Versprechen um so weniger, als die Handlungsfähigkeit Johann Wilhelms längst eingeschränkt war. 1711 hatte er einen Schlaganfall erlitten. Zwei Jahre später folgte der finanzielle Zusammenbruch (s. u. S. 214).

Johann Wilhelms territorialer Ausgleich mit den Nachbarn

Wenigstens in der Territorialpolitik zeitigte die Spätzeit Johann Wilhelms einige Erfolge. Hierfür waren wiederum die verwandtschaftlichen Beziehungen grundlegend. 1691 hatte der Bruder Ludwig Anton zusätzlich zur Würde des Deutschmeisters die des Wormser Bischofs übernommen und war damit nächster territorialer Nachbar der Kurpfalz geworden. Er bewarb sich auch um den Lütticher Bischofsstuhl, ist aber dabei 1694 plötzlich verstorben.[18] Seine Nachfolge trat in Worms und im Orden der jüngere Bruder Franz Ludwig an, der bereits seit 1683 Fürstbischof von Breslau war. Später konnte er 1716 auch noch die Erzbischofswürde von Trier mitübernehmen, hat sie aber 1729 mit der in Mainz vertauscht und war so bis 1732 der Primas von Deutschland und Reichserzkanzler. Der dritte zu einer Bischofswürde aufgestiegene Bruder Alexander Sigmund von Augsburg hatte für die Territorialpolitik weniger Bedeutung, war aber Oberhirt von Teilen der Neuburger Lande. Die zweite Grundlage der erfolgreichen Territorialverhandlungen hatte noch Karl Ludwig mit seinem unangepaßten Festhalten am Wildfangrecht und an anderen kurpfälzischen Prärogativen gelegt. Mit dem Bistum Worms wurde 1699 in einem ersten Vergleich die Rivalität um das Direktorium im oberrheinischen Kreis beigelegt.[19] Dies war ein alter Streitpunkt zwischen dem Bistum und Pfalz-Simmern. Im Weinheimer Vertrag gestand der Kurfürst seinem bischöflichen Bruder die Federführung in allen Angelegenheiten aufgrund des Kreisausschreibamtes zu. Worms durfte aber nur in Absprache mit Kurpfalz als Nachfolger von Pfalz-Simmern handeln. Nach weiteren Vorverhandlungen kam 1705 auch die territoriale Einigung zustande,[20] die 1708 vollzogen wurde. Das seit Karl Ludwigs Tagen unter dem Sequester des Reiches stehende Kondominat Ladenburg wurde aufgelöst und die Stadt samt dem Bischofshof der Pfalz zum alleinigen Besitz überlassen, während die Kellerei Stein mit Lampertheim jetzt ganz wormsisch wurde. Das Bistum trat weitere vier Orte an Bergstraße und Odenwald an die Kurpfalz ab und erhielt seinerseits linksrheinisch die bisherige Gemeinschaft Dirmstein zum alleinigen Besitz. Die Kurpfalz verzichtete auf ihre Wildfangrechte in den Wormser Rheindörfern. In einem Geheimartikel verpflichtete sich Johann Wilhelm auch, das in der Reformation rechtswidrig eingezogene Stift Neuhausen (s. o. S. 43) samt dem zugehörigen Besitz herauszugeben.

Außerhalb verwandtschaftlicher Bindungen, aber aufgrund der gemeinsamen katholischen Konfession konnte sich die Pfalz 1709 in analoger Weise mit dem Hochstift Speyer einigen.[21] Sie zog sich aus dem Kondominat Altenstadt bei Weißenburg zurück, zumal die Ansprüche französischer Souveränität darüber noch in der Schwebe waren, und übernahm die weiter nördlich gelegenen speyerischen Anteile der Gemeinschaft Landeck. Die speyerischen Rechte in Brühl, Mundenheim und Maudach wurden zusätzlich der Pfalz abgetreten, die wiederum auf alle Ansprüche aus dem Wildfangrecht verzichtete. Auch der Zwist mit Kurmainz über das von der Simmerner Seitenlinie (s. o. S. 134) noch einmal verpfändete Unteramt Böckelheim an der Nahe konnte 1714 ausgeräumt werden. Es kam uneingeschränkt an die Pfalz zurück, die sich im Gegenzug aus einer Reihe von linksrheinischen Kondominaten löste, Überschneidungen des Wildfangrechts aufgab, dafür aber endgültig das bisher nur der Simmerner Linie zu Lehen gegebene Amt Schauenburg an der Bergstraße übernahm.[22] Der Bereich des Heppenheimer Amt wurde damals mit den sonstigen Rechten abgestimmt und für die Pfälzer eine Neuzent gebildet. Im äußersten Osten seiner rheinisch-pfälzischen Lande hatte Johann Wilhelm 1691 das Oberamt Boxberg für 300 000 fl an den Würzburger Bischof verpfänden müssen. Diese Verpfändung ging 1732 an den Deutschen Orden über und wurde durch Pfalz 1740 wieder abgelöst.[23]

Wesentlich stärkere Überschneidungen territorialer Rechte bestanden im Nahetal und im östlichen Hunsrück im Bereich der Vorderen Grafschaft Sponheim. Teilungsverhandlungen mit Baden liefen mit Unterbrechungen schon seit 1663. Angesichts der pfälzischen Schulden aber zeigten die Untertanen keinerlei Neigung, gänzlich an das Kurfürstentum zu kommen. Der Markgrafschaft lag daran, die an Hintersponheim angrenzenden Gebiete bei einem Austausch zu erhalten. Die Berechnung des Wertausgleichs machte erhebliche Schwierigkeiten. Nach dem Tod des Markgrafen Ludwig Wilhelm wurde Kurfürst Johann Wilhelm Mitvormund für dessen Söhne. Das erleichterte die Verhandlungen. 1707 wurde in Kreuznach der Teilungsrezeß unterzeichnet.[24] Kurpfalz erhielt zum alleinigen Besitz das umfangreiche Amt Kreuznach samt der Stadt, Baden dagegen die Ämter Kirchberg, Koppenstein und Naumburg sowie einzelne Dör-

Karte 48a: Das Territorium im 18. Jahrhundert (Städte und Amtssitze)

fer im rheinhessischen Raum. Während die übrigen Tauschakte von den Spezialisten der pfälzischen Kameralistik als nicht besonders günstig betrachtet wurden, sollte Kreuznach in nachträglicher Bewertung als der beste Tausch gelten. Die Zeitgenossen allerdings äußerten die Überzeugung, daß Johann Wilhelm hier als Vormund völlig korrekt und loyal gehandelt habe.

Durch Krankheit waren die Aktivitäten des Kurfürsten in den letzten Regierungsjahren eingeschränkt. Am 18. Juni 1716 ist er in Düsseldorf gestorben und wurde im Mausoleum der Hofkirche beigesetzt. Schon 1693 hatte er für diesen Fall eine Beerdigung ohne überflüssigen Prunk, aber immerhin 8000 Seelenmessen vorgesehen.[25] Selbst in Innsbruck ließ der Bruder und Nachfolger Philipp Wilhelm eine großartige Totenfeier mit einem *castrum doloris,* der damals üblichen Trauerdekoration, ausrichten.

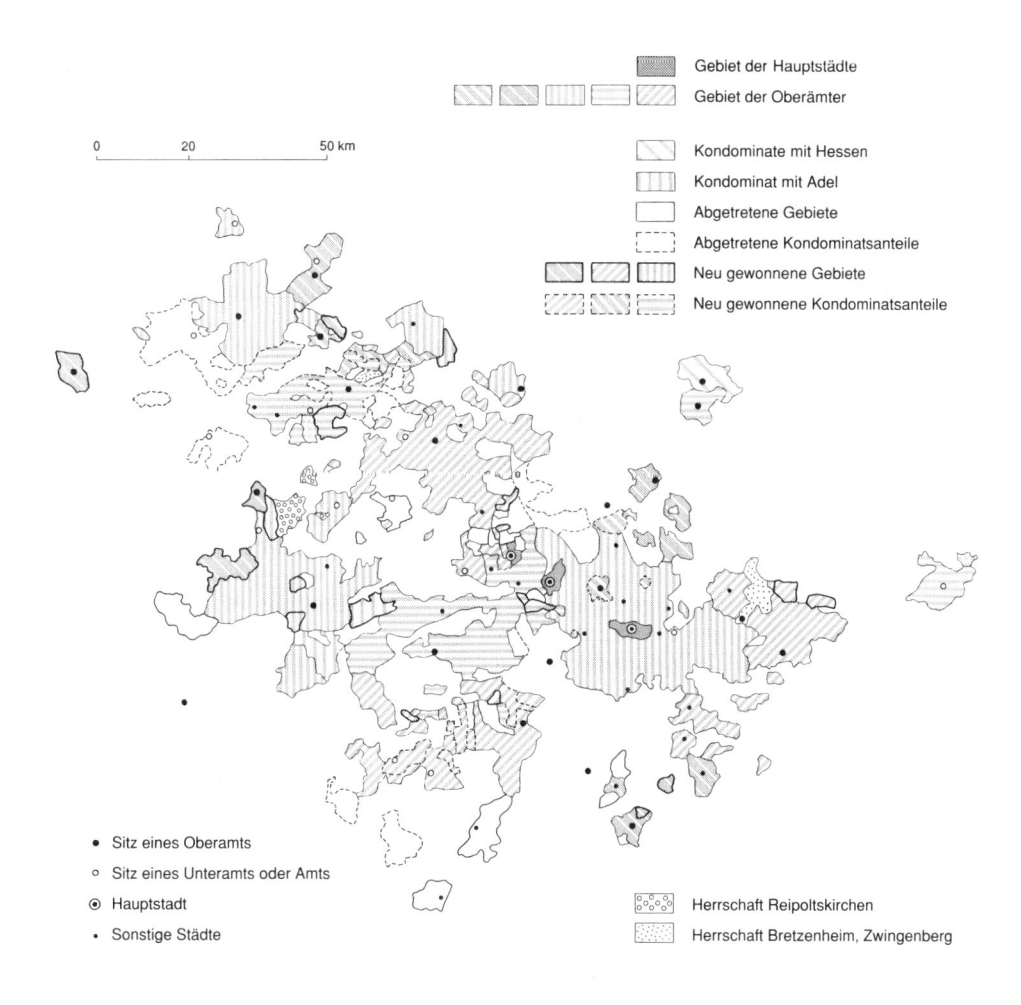

Karte 48b: Das Territorium im 18. Jahrhundert (Ämtergliederung)

Karl Philipps Laufbahn und Regierungsantritt 1719

Das mit so vielen Kindern gesegnete Haus Philipp Wilhelms sollte schon in der nächsten Generation im Mannesstamm erlöschen. Ein Grund war sicher, daß die Mehrzahl der Söhne in den geistlichen Stand eintrat. Als sich abzeichnete, daß auch die zweite Ehe Johann Wilhelms kinderlos blieb, richteten sich die Hoffnungen auf seinen dritten Bruder, den 1661 geborenen Karl Philipp. Auch er war zum geistlichen Stand bestimmt, war 1675 Domherr in Köln, 1677 in Salzburg und 1679 in Mainz geworden und im gleichen Jahr auch noch Malteserritter, aber alles ohne kirchliche Weihen zu empfangen. Obwohl der Vater ihm auch eine militärische Ausbildung und besondere Kenntnisse in der Festungsbaukunst vermitteln ließ, gelang es nicht, seinem Sohn, wie ursprünglich geplant, das Großpriorat von Malta zu verschaffen. So trat er in den kaiserlichen Dienst ein und erhielt 1684 ein Kürassierregiment zusammen mit seinem Bruder Ludwig Anton. Der Türkenkrieg eröffnete ihm eine durchaus erfolgreiche Laufbahn. Der Kaiser begünstigte die Heirat mit der reichen Witwe Luise Charlotte von Brandenburg, geborene Radziwill.[26] Sie war die Gesamterbin des reformierten Zweiges dieses Fürstenhauses, das über große Güter in Litauen verfügte. Die reiche Erbschaft hatte der brandenburgische Kurfürst Friedrich Wilhelm als Obervormund zunächst seinem Hause durch die Vermählung der Luise Charlotte mit seinem dritten Sohn Ludwig sichern wollen. Doch nach sechsjähriger Ehe war diese bereits Witwe, und der Tod des Großen Kurfürsten wenige Monate später vermehrte die Heiratschancen nichtbrandenburgischer Bewerber, zumal des polnischen Königssohnes Jakob Sobieski. Da dieser aber der Kandidat Frankreichs war, begünstigte auch Friedrich von Brandenburg, der spätere König von Preußen, heimlich Karl Philipp. Der konnte trotz eines anderslautenden schriftlichen Eheversprechens die junge Witwe für sich gewinnen. Nach heimlicher Trauung spielte Friedrich III. vor allem gegenüber Frankreich den arglistig Getäuschten, und die Neuvermählten verließen eiligst Berlin in Richtung Düsseldorf. Der Hilfe des Kaisers verdankten sie die Sicherung der allenthalben angefochtenen litauischen Güter. Freilich liefen die Zahlungen von dort recht unregelmäßig ein, wie überhaupt der polnische Besitz des Hauses Neuburg sehr schwierig zu verwalten war.

Im neu aufflammenden Krieg war Karl Philipp an der Rheinfront als Generalwachtmeister nur vorübergehend eingesetzt. Vom Kaiser erhielt er Brieg in Schlesien als Lehen und nutzte es als Wintersitz. Während der Sommerfeldzüge 1691 bis 1694 gegen die Türken brachte er es zum General und stellte sich nach dem Tod seiner Gattin, die nur die Tochter Elisabeth Augusta hinterließ, als kaiserlicher Kandidat der polnischen Königswahl 1697. Dies war gut Neuburger Tradition und hatte Vorbilder in Philipp Wilhelm 1669 und Johann Wilhelm 1674.[27] Die Neuburger besaßen aufgrund ihrer polnischen Erbschaften das Indigenat im Lande.[28] Karl Philipp aber scheint diese Kandidatur, die eine ganze Reihe Mitbewerber, allein drei vom Kaiser unterstützte, hatte, nicht gerade mit Energie betrieben zu haben. Alle bisherigen Konstellationen stürzten in dem Augenblick zusammen, als August der Starke von Sachsen durch seine Konversion die Stimmung in Polen und die Unterstützung des Kaisers gewann. Nachdem er in tumultuarischer Wahl den Königstitel erhalten hatte, versprach er dem Pfälzer die Unterstützung seiner Ansprüche auf die Familiengüter der Radziwill. Karl Philipp konnte sich mit seinen Brüdern und den geistlichen Kollegen damit trösten, daß mit der Konversion Augusts des Starken im Reich wieder die Mehrheit der katholischen Kurstimmen gesichert war und sich damit das Thema einer zehnten Kur erledigt hatte. Nach verschiedenen, von den Geschwistern mit großer Sorge betrachteten anderen Liebeshändeln und Eheprojekten[29] schloß er 1701 wiederum eine polnische Ehe mit der reichbegüterten Prinzessin Theresa Katharina von Ostrog. Die Ehe war glücklich. Jedoch starb Theresa bereits 1712 kinderlos. Ihre Mitgift von 500 000 fl mußte dem Kaiser als Darlehen vorgesteckt werden, der dafür die schlesischen Herrschaften Brieg, Liegnitz und Wohlau verpfändete.

Karl Philipp drängte es weiter nach Feldherrnehren. Der Kaiser aber bestellte ihn gegen seinen Wunsch zum Statthalter der ober- und vorderösterreichischen Lande in Innsbruck.[30] Das Amt war auf Drängen des Tiroler Landtags geschaffen worden und kam dem Streben der Vorlande auf Eigenständigkeit entgegen. Diese konnten sich darauf berufen, daß sie immer wieder, zuletzt bis 1665, unter Seitenlinien des Habsburger Hauses gestanden hatten. Karl Philipp war ein wirkungsvoller Statthalter und trotz seines militärischen Ehrgeizes in den anschließenden Kriegszeiten mit Erfolg darum bemüht, seinem Land Truppendurchmärsche möglichst zu ersparen. Als echter Barockfürst entfaltete er in Innsbruck einen glanzvollen Hof, der sich als Vorstufe seiner späteren Mannheimer Hofkultur erweisen sollte.

Auch über den Tod Johann Wilhelms hinaus blieb Karl Philipp noch für ein Jahr in Innsbruck. Dann hielt er in Neuburg ebenfalls noch ein Jahr lang Hof, bevor er nach Heidelberg übersiedelte. Aber sogleich nach dem Regierungsantritt[31] und zumal von Neuburg aus hat der neue Herrscher energisch in die Regierung seiner Lande eingegriffen und drastische Sparmaßnahmen verordnet. Anlaß war die Geldbedürftigkeit des Hofes, bei dessen Aufwand im Sinne seiner Zeit nicht geknausert werden durfte. Durch Auswechslung des führenden Personals[32] erwies sich Karl Philipp als der typische Absolutist, indem er versuchte, eine Kabinettsregierung einzuführen. Tatsächlich aber blieb es bei der Geheimen Konferenz als dem obersten Regierungsorgan sämtlicher Lande der Neuburger. Unter ihr standen die Führungsorgane der Einzelländer, die pfälzische Regierung, der Geheime Rat von Jülich-Berg und die Regierung von Neuburg. Die Geheime Konferenz wurde anläßlich eines persönlichen Revirements von Düsseldorf in die Pfalz verlegt und damit endlich die höhere Rangstellung der Kurlande in der Neuburger Ländermasse auch durch den Sitz der Regierungszentrale berücksichtigt. Die Oberbehörden besaßen schon einen zahlreichen Beamtenstab, noch besser dotiert war freilich der Hof mit seinen nur repräsentativen Ämtern. Waren unter den ersten beiden Neuburger Kurfürsten vor allem führende Beamte aus dem kleinen Territorium an der Donau einflußreich, darunter die erst neu zu diesen Würden aufgestiegenen Grafen von Wiser und die von Yrsch, so wurden diese durch Karl Philipp jetzt entmachtet. An ihre Stelle traten niederrheinische Beamte sowie eine durch Konversion empfohlene Kraichgauer Adelsgruppe unter der Führung Heinrich Wilhelms von Sickingen. Wie schon oft scheiterten an den persönlichen Beamteninteressen die anfänglichen Sparabsichten des Herrschers.

Letzter Religionskonflikt (1718–1720)

Karl Philipps Entscheidung, wieder in der Pfalz zu residieren, wurde allgemein im Land und in Heidelberg ganz besonders begeistert begrüßt. Das Schloß, dessen Wohngebäude notdürftig unter Dach gebracht waren, sollte repräsentativ ausgebaut und, wie schon zur Zeit Johann Wilhelms einmal vorgeschlagen, durch eine große Auffahrtsrampe von Westen her erschlossen werden.[33] Doch obwohl er sich für das alte Schloß entschied und nicht wie sein Bruder und Vorgänger den Bürgern ganz neue und kostspielige Projekte zumutete, geriet Karl Philipp alsbald in einen viel tiefer reichenden Konflikt mit den Heidelbergern. Dabei stand die konfessionelle Thematik im Vordergrund, auch wollte der absolute Herrscher im reformierten Kirchenrat kein von ihm unabhängiges Organ im Lande dulden. Alsbald benützte er die Auseinandersetzung zu einer großzügigen und dem Zeitbedürfnis entsprechenden Lösung des Residenzausbaus. Den ersten Anstoß gab die berühmte 80. Frage des Heidelberger Katechismus. Darin wurde immer noch unter einem Titelblatt mit kurfürstlichem Wappen und Druckerlaubnis die katholische Messe als »Teufelswerk und vermaledeyte Abgötterey« hingestellt. Karl Philipp dekretierte, daß die für ihn unerträgliche und unzumutbare Schrift eingezogen werde. Der Kirchenrat verwahrte sich dagegen, zumal er auch noch von der Regierung die Anweisung erhielt, für die Einziehung der Bücher zu sorgen. Er berief sich auf seine Unabhängigkeit und die Religionsgarantien des Hallischen Rezesses.[34] Das Mißtrauen des Kirchenrates war noch dadurch gesteigert, daß der Kurfürst danach strebte, die seit 1706 geteilte Heiliggeistkirche ausschließlich dem katholischen

173

Kultus zu widmen, denn er brauchte eine große Hofkirche. Karl Philipp hatte den Reformierten zwar als Ersatz ein neues Gotteshaus angeboten, doch fühlten sich diese schon durch die Kirchenteilung in manchen Punkten übervorteilt und erwarteten auch diesmal nichts besseres. Außerdem war Heiliggeist die Kirche der pfälzischen Reformationsgeschichte und durch kein noch so großzügiges Angebot zu ersetzen. So schlug man von reformierter Seite dem Kurfürsten alle möglichen Ersatzlösungen vor, u. a. auch die, den Chor einfach nach Osten zu erweitern. Ausdrücklich behielt sich der Kirchenrat die Appellation an die evangelischen Schutzmächte vor. Karl Philipp aber wollte die Sache im Handstreich beenden. Am 4. September 1718 ließ er die Kirche durch sein Militär besetzen und die Trennmauer von Tiroler Bauhandwerkern niederreißen.[35]

Der Kirchenrat rief daraufhin die protestantischen Mächte an, die sich der Sache sofort annahmen. Preußen und Hannover schickten Gesandte nach Heidelberg, die den Kurfürsten arg bedrängten, obwohl er von vornherein Kompromißbereitschaft verkündete und sich einem kaiserlichen Schiedsspruch unterwerfen wollte. Ebenso rechtswidrig wie Karl Philipp schritten die Schutzmächte zu Repressalien gegen die Katholiken im eigenen Land. Dem Kaiser kam diese Störung des konfessionellen Friedens äußerst ungelegen, da er aus außenpolitischen Gründen und zur Sicherung seiner Nachfolge auf die evangelischen Reichsstände angewiesen war. Seine erste Entscheidung, die Heiliggeistkirche solle zurückgegeben, die 80. Katechismusfrage aber geändert werden, genügte den Protestanten nicht. Berlin drohte gar mit Krieg. Der Kirchenrat zeigte sich allen Ausgleichsangeboten gegenüber ablehnend. Schließlich gab Karl Philipp die Kirche noch vor dem Eintreffen einer Resolution von Kaiser und Reichstag zurück und ließ die Verbreitung des Heidelberger Katechismus wieder zu, allerdings ohne kurfürstliche Druckerlaubnis und ohne die in ihrer Formulierung besonders aufreizende Glosse zur 80. Frage. Die vom Reich eingesetzte Religionskommission arbeitete bis 1721 weiter und stellte gewisse Mängel in der Gewissensfreiheit ab, was sogar den Dank der Reformierten einbrachte.[36]

Residenzverlegung 1720 und Schloßbau in Mannheim

Der Gegenschlag folgte auf dem Fuß. Ein kurfürstliches Reskript vom 12. April 1720 verfügte, daß die Residenz und alle Behörden nach Mannheim verlegt werden sollten. Schon am 2. Juli legte der Kurfürst den Grundstein für ein neues Schloß.[37] Es half den Heidelbergern, denen der Kurfürst angedroht hatte, daß ihre Stadt veröden und Gras auf den Gassen und Plätzen wachsen würde, nichts, daß sie sich auch in dieser Frage hilfesuchend an Preußen wandten. Solche Entscheidungen konnte man keinem Herrscher vorschreiben, schon gar nicht im Zeitalter des Absolutismus. Etwa gleichzeitig liegen in Südwestdeutschland die Residenzverlegungen von Baden-Baden nach Rastatt, von Stuttgart nach Ludwigsburg und von Durlach nach Karlsruhe.

Wenn auch die Residenzverlegung den Zeittendenzen entsprach, so erfolgte der Beschluß hierzu doch im Affekt und überstürzt. Der Kurfürst mußte zunächst im Haus des Juden und Hoffaktors Emanuel Oppenheimer am Mannheimer Marktplatz Aufenthalt nehmen, sommers wohnte er in Schwetzingen. Die Behörden kamen in gemieteten Gebäuden unter. Ein Schloßbau in Mannheim war spätestens seit dem Wiederaufbau von 1709 vorgesehen, nachdem dort Karl Ludwig bereits wegen seiner Eheprobleme ein bescheidenes Schloß erstellt hatte. Trotzdem mußte jetzt improvisiert werden.[38] Die Pläne für das Schloß stammten von dem in darmstädtischen Diensten ste-

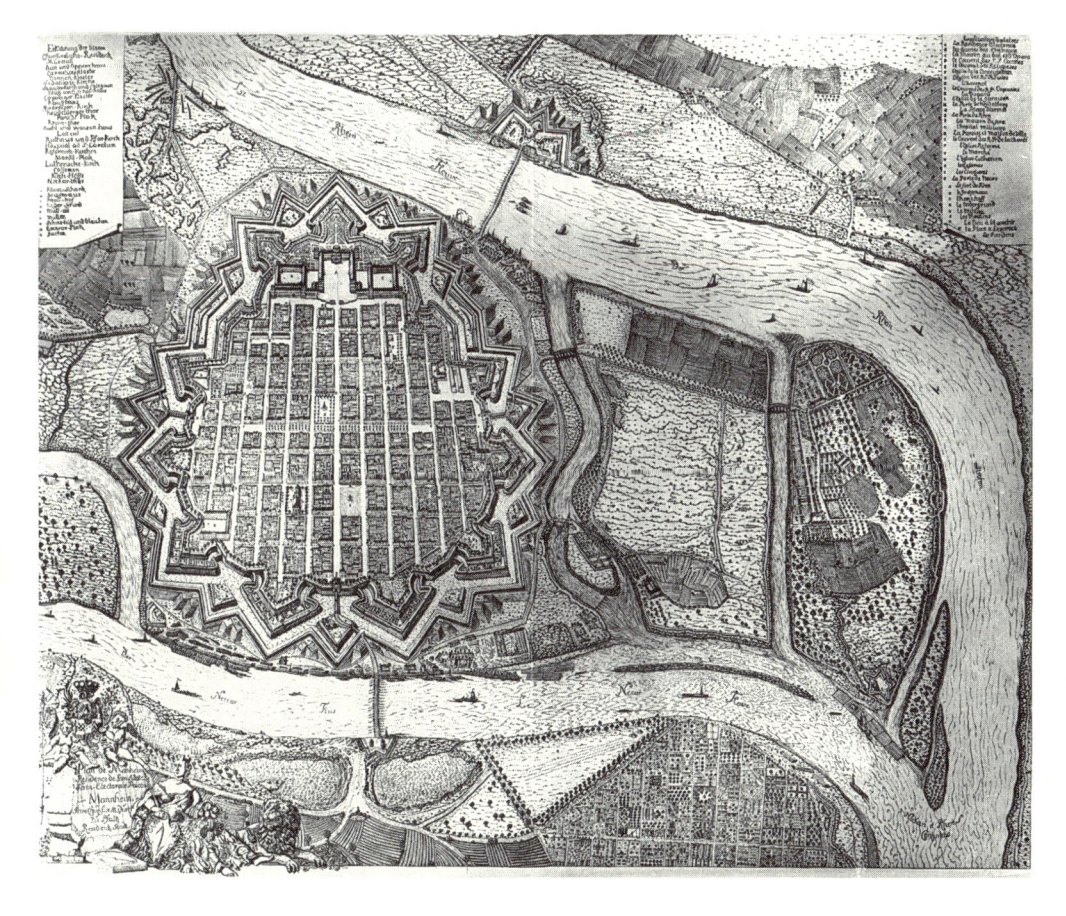

Abb. 24: Mannheim. Kupferstich von J. Baertels 1756.
Vogelschaubild von Norden her. Die Stadt nach einheitlichem Quadratschema bebaut, gleichsam gekrönt vom kurfürstlichen Schloß. Dieses ganz symmetrisch mit dem 1795 zerstörten Westflügel. Schippenförmige Außenbastion mit dazwischengesetzten Ravelins. Jenseits des Stromes die Rheinschanze.

henden Louis Remi de la Fosse, die weitere Ausgestaltung und die Bauleitung wurden bald Clemens Froimont anvertraut, der aus dem Dienst des Speyerer Bischofs kam. Baumeister von internationalem Ansehen standen erst seit 1726 mit dem vom verwandten kurkölnischen Hof empfohlenen Guillaume d'Hauberat und seinem Nachfolger Alessandro Galli da Bibiena 1740 zur Verfügung. Bibiena hatte Karl Philipp schon in seiner Innsbrucker Zeit gedient. Beide hervorragenden Architekten haben sich der ersten und sicher auch vom Kurfürsten mit festgelegten Gesamtkonzeption unterworfen. Diese sah einen Ehrenhof und zwei Flügel in einer gewaltigen Längenerstreckung von 800 m vor. Die Gelenkstellen der Anlage wurden von massigen, scheinbar flach gedeckten Türmen, die aber voll in die Geschoßeinteilung des Baus einbezogen waren, gebildet. Das Schloß atmet im ganzen eher den Geist des französischen als des süddeutschen und Wiener Barocks. Darin lag nicht nur eine künstlerische Entscheidung, sondern eine politische Demonstration. Die Innenausstattung der Repräsentationsräume war Künstlern des süddeutschen Barock anvertraut. In den Deckengemälden griff Egid Quirin Asam das mythologische Thema des Erisapfels auf, wohl in Anspielung auf den jetzt beigelegten wittelsbachischen Streit um das Reichsvikariat. Mit Bildhauerarbeiten trat vor allem Karl Egell, der bedeutendste Künstler am Hof des Kurfürsten und Meister ekstatischer Figuren, hervor. Egell, Bibiena und Asam fanden weitere künstlerische Aufgaben in der großen Hofkirche, die als Jesuitenkirche von 1731 an entstand.

Das riesige Bauprogramm überforderte die Leistungskraft des bis kurz zuvor immer wieder von Kriegen heimgesuchten Landes und die Organisationsfähigkeit der in solchen Dingen ungeübten Verwaltung. Alles mußte aus dem Land selbst finanziert werden, und das konnte auch in der ständelosen und absolutistisch regierten Pfalz nicht ganz ohne Zustimmung der Untertanen ins Werk gesetzt werden.[39] Man rief die Vertreter der Oberämter zusammen und drohte mit der Zurückverlegung der Residenz nach Düsseldorf. Nun waren sie bereit, für deren Verbleib alles zu opfern. Eine Ausnahme machte lediglich die Stadt Heidelberg, der man nicht gut zumuten konnte, den Verlust der kurfürstlichen Hofhaltung auch noch mit zusätzlichen Opfern zu honorieren. Von allen anderen Ämtern der Kurpfalz wurde anstelle der normalerweise in solchen Fällen von den Untertanen zu leistenden Frondienste von 1720 bis 1733 ein Schloßbaugeld in Höhe eines 16prozentigen Zuschlags auf die Schatzung erhoben. Schon im ersten Baujahr wurde klar, daß die zunächst veranschlagten 300 000 fl um über 50 Prozent überschritten werden mußten. Tatsächlich hat sich der Abschluß bis Mitte der sechziger Jahre hinausgezögert und der Bau insgesamt über 2 Millionen fl gekostet. Den Hauptvorteil davon hatte die Stadt Mannheim, die über tausend Bedienstete der Hofhaltung und zusätzlich die zentralen Behörden aufnahm. Grundbesitzer und Handel konnten hier nur profitieren. Wie weit der Schloßbau als Arbeitgeber sich auf das ganze Land auswirkte, ist kaum zu ergründen. In einer Zeit barocken Prestigedenkens mußte er den Rang der pfälzischen Linie der Wittelsbacher unterstreichen, zumal es sich hier nach den Baumassen um das größte Schloß auf deutschem Boden handelte.

Die Reichs- und Außenpolitik Karl Philipps, Wittelsbachische Hausunion 1724 und Allianz mit Frankreich

Das politische Handeln des Kurfürsten war bei aller traditionellen Loyalität zum Kaiserhaus vom Erhalt der Dynastie, ihrer Vorrechte und ihres ganzen Besitzstandes bestimmt. Dies konnte aber nur durch besondere diplomatische Absicherungen gelingen, denn des Kurfürsten beide Ehen hatten nur die Tochter Elisabeth Augusta hinterlassen. Karl Philipp war zwar noch eine dritte Verbindung mit der Gräfin Violanta Theresia von Thurn und Taxis eingegangen. Dies war unter seinem Stand und die morganatische Ehe nur heimlich geschlossen worden.[40] Legitimer Erbe des Neuburger Hauses war der Pfalzgraf Theodor Eustach von Sulzbach. Mit seinem Sohn Josef Karl Emanuel verheiratete Karl Philipp seine einzige Tochter 1717, um so durch weiblichen Erbgang zusätzlich zur legitimen Erbfolge seiner unmittelbaren Nachkommenschaft Kurwürde und Territorium zu sichern. Aus dieser Ehe gingen jedoch in den Jahren 1721 bis 1724 wiederum nur drei Töchter hervor, was die Situation zusätzlich anspannte. Nach dem frühen Tod der Eltern wurden die drei Mädchen in Mannheim erzogen, während der Großvater Theodor Eustach noch bis 1732 in Sulzbach regierte.

In der Nachfolge seines Bruders Johann Wilhelm stand der Kurfürst zunächst im Streit mit Bayern und Hannover wegen Kurwürde und Erzamt und mit dem Kaiser, der das versprochene Limburg (s. o. S. 168) nicht herausgeben wollte. Die Differenzen mit Habsburg konnten schließlich 1719 dadurch aus der Welt geschafft werden, daß der Kaiser sich zu einer Geldentschädigung von einer Million Talern, zahlbar ihn zehn Jahren, verpflichtete.[41] Auch Bayern gegenüber war Karl Philipp zum Nachgeben bereit, doch nur wenn Hannover die achte Kur und das Schatzmeisteramt zurückgeben würde.[42] Dies aber verweigerte Georg Ludwig von Hannover, obwohl er sich bereits in den Friedensverhandlungen dazu verpflichtet hatte. Es ging ihm vor allem um einen angemessenen Titel als Ersatz. Keiner der vielen Vorschläge wurde akzeptiert, und der von dem Welfen angestrebte Erzfeldherrentitel kam natürlich in den Augen aller anderen Beteiligten nicht in Betracht.[43] Sein Pfälzer Gegenspieler versuchte sich durchzusetzen, indem er den Reichstag blockierte, aber er mußte angesichts der damit gegebenen Handlungsunfähigkeit des Reiches doch wieder einlenken, was zu einer tiefen Enttäuschung gegenüber dem Kaiser führte.

Das Verhältnis gegenüber Frankreich war immer noch dadurch belastet, daß die in Heidelberg entführten Akten über die Orléans'sche Erbschaft, und das hieß praktisch ein guter Teil des pfälzischen Archivs von 1356 an, nicht zurückgegeben war. Dies konnte erst in zähen Verhandlungen 1749 vollständig erreicht werden. Außerdem bestand der westliche Nachbar auf seinen landesherrlichen Rechten im Elsaß, also nach französischer Auffassung im gesamten Bereich südlich der Queich. Besonders betroffen war davon Selz. Zusätzlich ging es um für französische Nutznießer vergebene geistliche Pfründen im Bereich des Oberamts Germersheim.

Das wesentliche Problem der gesamten Politik war aber die Erbfolge in Jülich-Berg, das nach dem Erlöschen des Hauses Neuburg an Preußen zu fallen drohte. Dagegen suchte Karl Philipp zuletzt ohne Rücksicht auf andere Bindungen Verbündete. Eine engere Zusammenarbeit mit Bayern hatte bereits 1717 der Pfälzer Gesandte in Wien vorgeschlagen. 1720 kam es tatsächlich zu Verhandlungen über eine Hausunion unter den Wittelsbachern. In diese waren zwei Jahre später auch die geistlichen Kurfürsten des Hauses Clemens August von Köln und Franz Ludwig von Trier einbezogen. Mit der Hausunion waren eine Erneuerung der Erbverträge, Absprachen über gemeinsame Reichs- und Kreispolitik und eine Militärallianz verbunden.[44] Geheimartikel sahen gegenseitige Unterstützung bei Ehebündnissen und Bischofswahlen, die einmütige Abstimmung aller Wittelsbacher im Kurkolleg und eine bayerische Kaiserkandidatur vor. Der Vikariatsvergleich von 1724 brachte den krönenden Abschluß. In Zukunft sollte eine gemeinsame Vikariatskommission unter einem bayerischen Präsidenten, einem pfälzischen Kanzler und mit paritätisch verteilten Räten das Vikariat ausüben und dazu jeweils in Frankfurt oder Augsburg tagen. Diese ohne Kaiser und Reich getroffene Verfassungsänderung wurde erst 1752 vom Kaiser akzeptiert, aber nicht bestätigt.

Der Bruder Franz Ludwig war niemals mit seinem geistlichen Stand wirklich glücklich und versuchte nun, im Interesse des Fortlebens der Dynastie eine Laiisierung zu erreichen. Das hintertrieb Karl Philipp. Ihm ging es weniger um das Gesamthaus Pfalz-Neuburg als darum, die jülich-bergische Erbschaft für seine unmittelbaren Nachkommen, wenn auch zweimal über weibliche Glieder, zu sichern. Um eine weibliche Erbfolge bemühte sich damals ja auch das Kaiserhaus. Im Falle von Jülich-Kleve konnte der Pfälzer darauf verweisen, daß 1612 doch weibliche Erbfolge gegolten hatte und die Ansprüche Brandenburgs sogar zweimal über weibliche Glieder gelaufen waren. Der Hauptlandesvergleich von 1666 sprach überdies nur von Descendenten, ohne deren Geschlecht festzulegen. Preußen war schon früh für die diplomatische Absicherung seiner Ansprüche tätig. Es schloß 1723 mit England-Hannover den Charlottenburger Vertrag, der ihm bei Karl Philipps Tod Berg und Ravenstein zusicherte, nur

Jülich sollte an die Sulzbacher fallen. Diesen Parteiungen gegenüber handelte der Kaiser eigensüchtig und richtete sich schon auf eine Sequestrierung der Lande ein. Auch konnte er selbst als Sohn einer Neuburgerin Anwartschaften eröffnen. Dem Übereinkommen zwischen Preußen und England trat Frankreich im Vertrag von Herrenhausen 1725 bei.[45] Das zwang Karl Philipp wieder zur Annäherung an den Kaiser, während Bayern zunächst die Orientierung nach Versailles beibehielt und erst nach dem Tod Max Emanuels (1726) sich umstellte. Das Ergebnis des Ausgleichs mit dem Kaiser enttäuschte allerdings in finanzieller Hinsicht. Die Subsidien für den Ausbau der Festungen Mannheim, Düsseldorf und Jülich wurden nicht in der vereinbarten Höhe geleistet und blieben unterhalb von 1 Million fl. Doch schien immerhin die Erbfolge gesichert.

Der Wiener Diplomatie allerdings ging es nicht so sehr darum. Die Sprengung des Herrenhauser Vertrags war ihr wichtiger. Prinz Eugen suchte ein Arrangement mit Preußen und ließ 1726 im Vertrag von Wusterhausen[46] dem König Friedrich Wilhelm Berg und Ravenstein wieder zusichern, der dafür aus dem Bündnis mit Frankreich und England ausschied. Mit dem Argument, daß infolge dieses Schachzugs nun auch Preußen bereit war, Jülich zu garantieren, versuchte man das Karl Philipp schmackhaft zu machen. Das mußte ihn schockieren und zur Verständigung mit Frankreich treiben. Nach zweijährigem diplomatischen Lavieren zeichnete sich eine neue Ausgleichsregelung ab. Preußen sollte auch auf Berg verzichten und dafür die litauischen Güter des Hauses Radziwill, also Karl Philipps persönliches Erbe, erhalten. Der Kaiser sollte zusätzlich die schlesischen Herzogtümer Karl Philipps zu Kunkellehen, also auch für die Töchter erblich, machen. Doch darauf wollte Wien nicht eingehen. Die vier Wittelsbacher Kurfürsten trafen sich 1728 in Mannheim und erneuerten die Hausunion. Dabei wurde eine französische Garantie für Jülich-Berg entgegengenommen und die wittelsbachische Neutralität bei Konflikten zwischen dem Kaiser und Frankreich, ausgenommen den Reichskrieg, verkündet. Zur Durchsetzung der pragmatischen Sanktion, also des Erbrechts Maria Theresias in den Ländern des Erzhauses Österreich, schlossen sich jetzt Kaiserhaus und Preußen enger zusammen. Karl Philipp, zusätzlich verstimmt durch Hervorkehrung von Erbansprüchen Karls VI. auf Jülich-Berg, antwortete im Oktober 1728 mit dem Vertrag von Marly[47] mit Frankreich. Gegen Garantie für Jülich-Berg wurde die pfälzische Neutralität noch weiter bis zu einer Verpflichtung der Parteinahme für Frankreich auf Reichs- und Kreistagen ausgebaut. Karl Philipp konnte die übrigen Wittelsbacher zum Beitritt bewegen. Nur der Bruder Franz Ludwig, inzwischen Erzbischof von Mainz und Reichserzkanzler, blieb auf gewisser Distanz.

Damit waren noch nicht alle Probleme gelöst, denn die Stände von Jülich-Berg hielten an der männlichen Erbfolge fest. Sie leisteten 1730 Eventualhuldigung, also für den Fall des Todes von Karl Philipp nur für den Bruder Franz Ludwig, den Kurerzbischof von Mainz. Die Sulzbacher Ansprüche gingen 1733 durch Todesfall auf Theodor Eustachs Enkel Karl Theodor über. Die Eventualhuldigung für ihn erkannte Preußen nicht an. Die Wittelsbacher dagegen verweigerten sich der Pragmatischen Sanktion, die 1732 gegen die Stimmen von Pfalz, Bayern und Sachsen durch den Reichstag garantiert wurde. Auch der Versuch Wiens, Karl Philipp über seine dritte Gemahlin zur Zustimmung zu bewegen, scheiterte. Obwohl auch Karl Philipp an einer Standeserhöhung für diese interessiert war, schien ihm der Preis zu hoch.

Die Auswirkungen von Marly zeigten sich im folgenden polnischen Erbfolgekrieg (1733–1735). Zwar mußten sich die Wittelsbacher schließlich doch dem Reichskrieg gegen Frankreich anschließen, aber mit der Bedingung, daß Karl Philipp das geschuldete Kontingent zum Schutz des Landes in seinen Festungen behielt. Im Grunde lief das auf eine wohlwollende bewaffnete Neutralität zugunsten Frankreichs hinaus. Konsequenterweise ließ Karl Philipp die französische Armee unter dem Generalleutnant d'Asfeld 1734 bei Neckarau ungestört eine Brücke über den Rhein schlagen und weiter zur Eroberung von Philippsburg ziehen.[48] Auch dann wurde die Brücke nicht angegriffen, obwohl sie ohne großen Schutz war. Erst als der Gegenstoß der Reichstruppen erfolgte, ließ die Pfalz den Übergang abbrechen und verhinderte so einen Angriff auf das linke Rheinufer. Es nimmt nicht wunder, daß bei dieser Haltung des Kurfürsten die Franzosen Territorium und Untertanen schonten, während die Reichstruppen bei Kontributionen und Fuoragieren keine Rücksicht nahmen.

Nach dem Friedensschluß von 1735, der gegen die Opferung Lothringens Polen für den Sohn Augusts des Starken sicherte, kam die Jülicher Erbfolge wiederum ins Gespräch. Preußen bot jetzt eine Geldentschädigung an die drei Enkelinnen Karl Philipps an. Vorübergehend konnte Karl Philipp jetzt aber den Kaiser, Holland und Hannover-England, obwohl immer noch der Erzamtsstreit schwebte, für seinen Standpunkt gewinnen. Schließlich schlug Frankreich als Kompromiß vor, Berg selbst zu teilen, dabei Düsseldorf und vier im Süden gelegene Ämter Pfalz-Sulzbach zu lassen und sechzehn Ämter an Preußen zu geben, das dafür 1 Million fl als Entschädigung zahlen sollte. Der Tod des Kaisers und des Preußenkönigs brachten 1740 eine neue Wende. Im Österreichischen Erbfolgekrieg traten Frankreich, Preußen, die Pfalz und Bayern für ein wittelsbachisches Kaisertum ein. Außerdem erhob Friedrich der Große Ansprüche auf Schlesien und war bereit, dafür auf Berg zu verzichten. Die der Elisabeth Augusta versprochenen schlesischen Herzogtümer Karl Philipps sollten dagegen Preußen überlassen werden. Dies führte zur Anerkennung und Garantie der schlesischen Ansprüche durch Pfalz und Frankreich. Die Kurfürsten konnten alle für die Wahl Karl Albrechts von Bayern gewonnen werden. Dieser kam auf dem Weg zur Frankfurter Krönung 1742 nach Mannheim, und dort wurde in einem großen Fest die Doppelhochzeit von Karl Philipps Enkelin Elisabeth Augusta mit dem bereits in Sulzbach regierenden Pfalzgrafen Karl Theodor und die Heirat ihrer Schwester Maria Anna mit dem Herzog Clemens von Bayern gefeiert.[49] Die Trauung nahm Kurfürst Clemens August von Köln vor. Die jüngste von Karl Philipps Enkelinnen Maria Franziska Dorothea wurde mit Friedrich Michael von Pfalz-Zweibrücken verlobt. Durch vielfache Verschränkungen innerhalb des Wittelsbacher Hauses schien also gesichert, daß Karl Philipps Nachkommen die Regierung der Pfälzer Lande erhalten blieb. Nach der Kaiserwahl gab Karl Albrecht das Erztruchsessenamt von Bayern an die Pfalz ab. Diese konnte sich dann zwar mit Hannover über die Erzschatzmeisterwürde verständigen, endgültig wurde das Problem erst durch den Rückfall der fünften Kur an die Pfalz 1778 gelöst.[50]

Karl Philipps Territorialpolitik

Die unter Johann Wilhelm begonnene Verständigung mit den Nachbarn setzte sich auch unter seinem Bruder fort. Mit der Reichsritterschaft konnte sich der Kurfürst 1728 und 1729 arrangieren. Der erste Streitpunkt, in den auch Preußen eingegriffen hatte, war die Herrschaft Zwingenberg am Neckar.[51] Sie war nach dem Aussterben der Hirschhorn 1632 von der Pfalz eingezogen und gegen alle Allodialerben behauptet worden. Philipp Wilhelm hatte sie schließlich seinem Günstling, dem Grafen Franz Melchior von Wiser, zu Lehen gegeben. Nun verstand sich Karl Philipp dazu, daß das Erbrecht der Göler von Ravensburg und das Steuerrecht der Reichsritterschaft anerkannt wurde. Gegen Geldentschädigung von 7500 fl trat er 1729 allgemein seine Wildfangrechte an die Ritterschaft ab. Der Austauschvertrag mit Lothringen wegen der Wildfangrechte in der Grafschaft Falkenstein brachte 1733 den Burgort Hohenecken und zwei Dörfer ein.[52] Viel wichtiger war die Regelung der Erbfolge in Pfalz-Veldenz. Dieses bestand seit der Teilung von 1543 als eine Seitenlinie des Zweibrücker Hauses und umfaßte das veldenzische Stammland an der mittleren Mosel, das alte Remigiusland von Kusel, dazu verschiedene Besitzugnen im Nordelsaß, vor allem Lützelstein. Die Veldenzer waren im Gegensatz zu Zweibrücken Lutheraner geblieben. Mit Leopold Ludwig war die Familie 1694 im Mannesstamm ausgestorben. Als ältester Zweig des Hauses Pfalz-Zweibrücken beanspruchten die Neuburger die Erbfolge und wollten diese beim Friedensschluß von 1697 und der Herausgabe des ganz mit Frankreich reunierten Territoriums erreichen. Aber das Haus Zweibrücken setzte sich letztendlich infolge enger Anlehnung an Frankreich und mit dem Argument näherer Generationenfolge durch, zumal die veldenzische Erbtochter mit Gustav Samuel Leopold von Zweibrücken vermählt war. Unter ihm war die größte Zersplitterung des Zweibrücker Hauses wieder aufgehoben worden, doch besaß er keine erbberechtigten Kinder und lebte nach Auflösung seiner standesgemäßen in einer morganatischen Ehe mit einer Bürgerlichen. So war er 1724 bereit, sein Erbe an die Kurpfalz abzutreten, und beteiligte diese bereits an der Verwaltung der Veldenzer Lande. Dagegen fand die Zweibrücker Seitenlinie Pfalz-Birkenfeld, die zur Nachfolge in Zweibrücken ausersehen war, die Unterstützung Frankreichs. Der Kaiser nahm wieder einmal die umstrittenen Lande unter Sequester.[53] Doch 1739 kam ein Sukzessionsvergleich zustande. Karl Philipp erhielt nun endgültig die Ämter Veldenz und Lauterecken, also die Gebiete, die die Pfälzer bereits 1697 besetzt hatten. Zweibrücken gab noch das in Rheinhessen gelegene Stadecken als Kompensation dazu. Der Rest fiel an das Haus Pfalz-Birkenfeld, das sich fortan Pfalz-Zweibrücken nannte und schließlich auch die Sulzbacher in der Kurpfalz und Bayern beerben sollte.

Am Ende des Jahres 1742 ist Karl Philipp in Mannheim 81jährig gestorben. In der Tracht des Hubertusorden wurde er, wie es sein Testament wollte, mit bescheidenem Aufwand in der Schloßkirche neben der ihm vorangegangenen Violanta Theresia beigesetzt.

Kapitel 19

Kulturelle Blüte und Aufklärung, Machterweiterung und Resignation 1742–1789, Karl Theodor von Pfalz-Sulzbach

Die lange Regierungszeit des Kurfürsten Karl Theodor aus der Linie Pfalz-Sulzbach zeigt eine widersprüchliche Bilanz. Deutliche Zäsur ist das Jahr 1778, als die pfälzischen Wittelsbacher das bayerische Erbe antraten und die Residenz von Mannheim nach München verlegt werden mußte. Davor liegen Jahrzehnte einer insgesamt glücklichen Epoche für die Pfalz. Nach anfänglich übervorsichtigem Lavieren der Pfälzer Politik brachte die Verständigung zwischen Bourbon und Habsburg den Oberrheinlanden eine lange Friedenszeit, in der der Kurfürst seine ausgesprochen wissenschaftlichen und künstlerischen Interessen verwirklichen und allmählich unter dem wachsenden Einfluß der Aufklärung einen Beitrag zur Hebung des Landes und zur Verbesserung der Lage seiner Untertanen leisten konnte. Freilich fiel dabei der größte Glanz auf die Residenz Mannheim, die dann durch den Wegzug des Hofes einen umso tieferen Sturz erleiden mußte. Das vereinigte Pfalz-Bayern war nach Österreich und Preußen der größte und mächtigste deutsche Staat, doch hat es der Kurfürst nicht vermocht, daraus politisches Kapital zu schlagen. Im Gegenteil, seine zwar zäh verfolgten, im Grunde aber illusorischen Tauschprojekte verstrickten ihn immer tiefer in den Gegensatz der größeren Mächte und ließen ihn überdies in München trotz aller Reformpolitik nicht Fuß fassen. Enttäuschung und Resignation aus dynastischen Gründen und die weitgehende Abkehr von der Aufklärung anläßlich der Illuminatenverschwörung taten ein übriges, um seine letzten Regierungsjahre auch im Urteil der Nachwelt über Gebühr zu verdunkeln. Die Pfalz war ohnehin zum Nebenland geworden, in dem freilich die Entwicklungsstränge aus der Mannheimer Zeit Karl Theodors vielfach und im ganzen doch im alten Sinne weiterlaufen konnten, bis die Wogen der Französischen Revolution über ihr zusammenschlugen.

Die Linie Pfalz-Sulzbach und die Jugend Karl Theodors

Im neuburgischen Fürstenhaus fand unter den Söhnen Philipp Ludwigs 1614 eine Erbteilung statt (vgl. o. S. 147). Sie sollte auf Dauer weiterwirken. Damals erhielt der älteste Sohn Wolfgang Wilhelm den Hauptteil des angestammten Fürstentums, die niederrheinischen Lande, hinzu, sein Bruder August das Amt Sulzbach und die Kondominatsanteile an Floß und Parkstein-Weiden. Der jüngste Sohn Johann Friedrich wurde mit Hilpoltstein abgefunden, das allerdings schon 1644 an die Neuburger Hauptlinie zurückfallen sollte. Die durch diese Teilung entstandenen Nebenländer blieben insofern im Gesamtstaatsverband, als sie der Landeshoheit von Pfalz-Neuburg unterworfen waren. Auf diese stützte sich Wolfang Wilhelm, um in der Zeit kaiserlicher Prädominanz im Dreißigjährigen Krieg die Gegenreformation durchzusetzen. In der Folgezeit stand sein Bruder August in schwedischen Diensten. Der Westfälische Frieden konnte hier nicht für eindeutige Rechtsverhältnisse sorgen, da wegen der neuburgischen Landeshoheit umstritten blieb, ob das Normaljahr 1624 überhaupt Geltung hatte.

Trotzdem versuchte Pfalzgraf Christian August die Wiederherstellung des Luthertums. Eine Verständigung mit Neuburg führte 1652 zum Kölner Vergleich.[1] Gegen die Einführung eines Simultaneums in allen Kirchen des Sulzbacher Landes verzichtete Pfalz-Neuburg auf die Appellationsgerichtsbarkeit. 1655 konvertierte Christian August zum Katholizismus,[2] mußte aber bei aller Förderung seiner neuen Religionsverwandten die bisherigen Konfessionsverhältnisse im Lande anerkennen. In vieler Hinsicht bestand also in Sulzbach eine Ähnlichkeit mit den Verhältnissen, wie sie 1649 und 1705 für die Kurpfalz geschaffen wurden. Die Konversion des Sulzbacher Vetters machte es Philipp Wilhelm leichter, 1656 durch den Neuburger Hauptlandesvergleich auf die Landeshoheit gänzlich zu verzichten. Pfalz-Sulzbach war aber der Zutritt zum Fürstenrat des Reichstages versagt. Der Pfalzgraf Theodor Eustach,[3] der 1708 die Nachfolge seines Vaters antrat, konnte durch einen Ausgleich mit Johann Wilhelm 1714[4] die Neuburger (zuvor kurpfälzische) Hälfte von Parkstein und Weiden erwerben und damit dem Land größere Geschlossenheit verleihen. Sein Sohn Johann Christian verstarb nach knapp einjähriger Regierung bereits 1733, so daß dessen Sohn Karl Theodor unter der Vormundschaft des Kurfürsten Karl Philipp die Nachfolge antrat.

Der neunjährige Pfalzgraf war Vollwaise; schon im vierten Lebensjahr hatte er seine Mutter Maria Henrietta de la Tour verloren und war bisher von seiner Großmutter Henriette von Arenberg in Brüssel erzogen worden. Zeitlebens hielt bei Karl Theodor die Prägung durch die niederländische Kindheit an, obwohl er 1733 auf Anweisung Karl Philipps nach Mannheim kam. Von Mutterseite her waren seinem Erbe kleinere niederländische Gebietsteile zugewachsen, das Marquisat, Bergen ob Zoom mit der Hauptstadt und dem bescheidenen Prinzenhof am Endpunkt der Osterschelde sowie Gebietssplittern am Ausgang der Westerschelde und im Innern des Landes, namentlich die Herrschaft Winnendal.[5] Die Erziehung unter dem Jesuitenpater Seedorf setzte im Grunde die streng katholische Linie der Großmutter fort. Universitätsbesuche in Leiden und Löwen verankerten nochmals die niederländische Komponente. Karl Theodor erwies sich als sehr interessiert, besonders an Geschichte und Naturwissenschaft. Sein musisches Talent machte ihn zum guten Flöten- und Cellospieler. Die Übersiedlung nach Mannheim sollte den zukünftigen Erben der Kurpfalz ganz in die Familie Karl Philipps hineinwachsen lassen, der ihm seine Enkelin, die Sulzbacher Cousine Elisabeth Augusta, zur Braut bestimmte. Schon vor der Hochzeit übernahm der junge Fürst 1741 die Regierung in Sulzbach. Ein knappes Jahr später sollte er das Erbe in der Kurpfalz antreten. Wenn es auch ein gewaltiger Aufstieg vom Duodezherrscher in einem kleinen Teil der Oberpfalz bis zum Kurfürsten war, so kam dies nicht unerwartet, sondern war von langer Hand vorbereitet.

Der Herrscher (1742–1799), seine Familie und Ratgeber

Alle Vorbereitung allerdings konnte Karl Theodors Charaktereigenschaften nicht grundsätzlich ändern, und die waren ganz anders als die seines Vorgängers Karl Philipp, dem er an Bildung überlegen war. Ihm fehlten jedoch Entscheidungsfreude und Härte seiner neuburgischen Vorgänger, ebenso auch die unmittelbare politische Leidenschaft. Auf diesem Gebiet war er stärker von seinen Ratgebern abhängig. Zudem machte sich nach anfänglichem jugendlichen Schwung und Reformeifer bald ein gewisser Skeptizismus breit. In ihm steckte zum guten Teil auch die Überzeugung, daß ein

Land durch große Politik und Kriege kaum glücklicher zu machen und die Erhaltung des Friedens wesentliche Herrschaftsaufgabe sei. Eine friedfertige Politik mußte aber bei seiner eher vorsichtigen Veranlagung recht bald unter den Druck äußerer Einflüsse geraten. Man verkennt Karl Theodor jedoch, wenn man bei ihm nur Bestimmbarkeit und Vorsicht vermutet. Wo es um seine dynastischen Interessen ging, hatte er durchaus eigene Ziele und hielt daran zäh und bisweilen unnachgiebig fest.

Religiosität und Familie waren bestimmende Mächte in seinem ganzen Leben. Von daher erklärt sich auch der anfängliche Einfluß des Beichtvaters und Erziehers Pater Seedorf S. J., der bis 1758 dauerte. Der Kurfürst besuchte täglich die Messe, war im Stil der Zeit ein Freund öffentlicher religiöser Übungen und Mitglied der alle Stände umfassenden marianischen Sodalität in Mannheim. Seine persönliche Verehrung galt dem Namenspatron Karl Borromäus sowie dem Heiligen Stanislaus Koska, mit dem er sich verwandtschaftlich verbunden fühlte.[6] Im Bildprogramm der Seitenaltäre der Mannheimer Jesuitenkirche kommt dies zum Ausdruck. Der Kurfürst nahm seine Krankheiten ernst und empfing mehrmals die Sterbesakramente. Diese Haltung korrespondierte jedoch mit einer ausgesprochenen Lebenslust. Anfangs zwar schüchtern und durch Erziehung von amourösen Abenteuern ferngehalten, wendete er sich solchen später in verstärktem Maße zu und übertraf darin seine Vorgänger. Der Grund wird in der Ehe mit der vier Jahre älteren Elisabeth Augusta gesucht.[7]

Lange mußte das Paar auf einen Sohn warten. Und als dieser, herbeigebetet und mit großem Aufwand begrüßt, endlich 1761 zur Welt kam, wurde er seinen Eltern schon nach wenigen Stunden durch den Tod entrissen.[8] Der Kurfürstin sollen die Ärzte von einer neuen Schwangerschaft dringend abgeraten und dieses die Ehe praktisch zum Erliegen gebracht haben. Freilich hoffte Elisabeth Augusta auch nach 1761 noch auf Kinder und hatte Karl Theodor schon 1757/58 eine Mätresse. Allerdings kam es in den frühen sechziger Jahren zur sichtbaren Entfremdung des Kurfürstenpaares. Elisabeth Augusta zog sich nach Oggersheim zurück. Ihr Einfluß auf Karl Theodor, der zwischen 1748 und 1756 regelrecht mitbestimmend war, ging zusehends zurück, um aber erst in der Spätzeit ganz zu erlöschen. In der Mannheimer Zeit besuchte Karl Theodor wöchentlich zweimal die kleine Residenz seiner Gemahlin in Oggersheim. Diese wendete sich verstärkt der Frömmigkeit und dem Dienst am Nächsten zu. So hat es bei Elisabeth Augusta eine geradezu umgekehrte Entwicklung wie bei Karl Theodor gegeben. In jungen Jahren war sie durchaus leichtlebig und der bayerische Vetter Herzog Klemens ihr Liebhaber gewesen.[9]

Die zahlreichen Liebschaften Karl Theodors aufzuführen erübrigt sich. Sie waren kaum in der eigentlichen Hofgesellschaft, sondern mehr im Kreis untergeordneter Tänzerinnen und Schauspielerinnen angesiedelt, er verschmähte aber auch nicht Zufallsbekanntschaften. Karl Theodor dürfte es geradezu vermieden haben, sich mit Damen von größerem politischen Ehrgeiz zu befassen. Erste seiner Favoritinnen überhaupt scheint um 1757 die früh wieder verstorbene Balletteuse Verneuil gewesen zu sein. Der Kurfürst erhob sie zur Gräfin von Parkstein. Durch die Erziehung und Heilung ihrer leicht behinderten Tochter Caroline erwarb sich der Jesuit Pater Frank[10] als einziger der späteren Beichtväter ab 1772 persönlichen Einfluß auf den Herrscher. Die Gräfin Caroline von Parkstein heiratete den Prinzen von Isenburg-Büdingen, den Kommandanten der Schweizergarde. Eine festere Bindung fand Karl Theodor zu Josepha Seiffert, einer Figurantin des Mannheimer Theaters. Sie schenkte Karl Theodor vier Kinder und wurde zur Gräfin von Heydeck erhoben. Karl August, dem Sohn aus dieser Verbindung, kaufte der Vater 1772 die Herrschaft Bretzenheim an der Nahe und machte diese zur Grundlage der 1774 erreichten Erhebung in den Reichsfürstenstand. Im eigenen Land wandte der Kurfürst ihm die bereits 1751 zurückgekaufte Mediatherrschaft Zwin-

183

genberg zu, in deren Burgkapelle Josepha nach ihrem frühen Tod 1771 bestattet wurde.[11] Auch die Töchter aus dieser Verbindung wurden standesgemäß versorgt. Gegenüber den parksteinischen wie heydeckschen Kindern war Karl Theodor ein zärtlicher Vater. Offensichtlich suchte er in diesen beiden Verbindungen Ersatz für ihm sonst entgangenes Familienleben. Selbst Elisabeth Augusta mußte sich hiermit arrangieren.

Karl Theodors söhnelose Ehe bedingte steigenden Einfluß der erbberechtigten Verwandten aus dem Hause Pfalz-Zweibrücken. Da der dortige Herrscher Christian IV.[12] nur morganatisch verheiratet war, kam für die Nachfolge nur sein Bruder Friedrich Michael in Betracht, der 1746 Maria Franziska, die Schwester der Elisabeth Augusta, geheiratet hatte und konvertiert war. Karl Theodor hegte ihm gegenüber Gefühle echter Freundschaft, die er nach Friedrich Michaels frühen Tod 1767 auf dessen Sohn Karl August übertrug, welcher aber von seinem Onkel Christian wenig geschätzt wurde. Er vermutete in ihm einen reinen Lebemann, wollte ihn in Ausschweifungen untergehen lassen und sah im jüngeren Bruder Max Joseph[13] den gegebenen Nachfolger. Karl Theodor aber zog Karl August an den Mannheimer Hof, wo auch schon dessen Vater lange geweilt hatte, und ernannte ihn 1774 zum Statthalter in Neuburg. Der frühe Tod Karl Augusts sollte dann schließlich doch Maximilian Joseph zum Erben machen.

Der Kurfürst hat die Regierungsgeschäfte keineswegs gescheut. Abgesehen von Festen und Reisen hielt er einen sehr regelmäßigen Tagesplan ein und bearbeitete alltäglich die politische Korrespondenz im Kreise seiner Berater. Allerdings sind seine eigenen Stellungnahmen und Entscheidungen kaum jemals schriftlich niedergelegt worden, und deswegen ist ihre Selbständigkeit schwer zu beurteilen.

Die Anfänge der Regierungszeit standen unter dem Einfluß seines Erziehers, des Marquis d'Ittre. Elisabeth Augusta, gewiß eine willensstarke Persönlichkeit, griff mitbestimmend ein. Ihr vorherrschendes Interesse war die Erhaltung ihres persönlichen Erbes Jülich-Berg. Sie schreckte auch nicht vor ganz pesönlichen Intrigen zurück. So machte sie 1754 dem wittelsbachischen Vetter Kurerzbischof Clemens August zwei französische Tänzer abspenstig, was zu regelrechten diplomatischen Verwicklungen führte. Am Ende sah sich der Kurfürst vor seinem geistlichen Kollegen bloßgestellt.[14] In persönlicher Freundschaft war Karl Theodor dem französischen Gesandten Tilly verbunden, bis dieser 1753 abgelöst wurde. Die Orientierung an der französischen Politik unterstützte auch d'Ittre, der 1744 an die entscheidende Stelle im Ministerium aufgerückt war. Als 1750 Heinrich Ernst Wilhelm von Wrede[15] die Führung des Ministeriums übernahm, öffnete sich die Pfalz mehr dem englischen Einfluß, obwohl dieser vom stets nach Paris orientierten Hof aus Zweibrücken gekommen war. Dem einzigen Lutheraner unter Karl Theodors Ministern half auch die Konversion 1755 nichts mehr gegen eine Intrige der Kurfürstin, einzelner Diplomaten und Höflinge. Er wurde 1756 gestürzt. Die neuen führenden Köpfe der Politik, Peter Emanuel von Zetwitz und Heinrich Anton von Beckers, konnten sich angesichts der gewandelten Konstellation stärker Wien zuwenden. Zetwitz machte sich 1771 durch allzu forsche Territorialpolitik unmöglich. Sein Ressort übernahmen kurzfristig der als Pfälzer Bauernsohn aufgestiegene Anton von Reibeld und der Düsseldorfer Statthalter Graf Goltstein, der bereits 1776 stürzte. Nun war der Weg frei für die seit ihrer Jugendzeit mit Karl Theodor vertrauten Hofleute, die Grafen Albert von Oberndorff und Matthias von Vieregg. Letzterer wechselte zusammen mit dem Finanzminister Franz Karl von Hompesch alsbald nach München über, während Oberndorff die Statthalterschaft aller altpfälzischen Lande antrat.[16]

Karl Theodor führte seine Regierungsgeschäfte vornehmlich vom Kabinett aus, ohne daß dort alle Entscheidungen getroffen wurden. Die Geheime Konferenz behielt

Johann Wilhelm.
Reiterstandbild von G. de Grupello vor dem Düsseldorfer Schloß. Einzigartiges Reiterdenkmal eines Pfälzer Kurfürsten, das nur im Standbild Friedrich Wilhelms von Brandenburg von Schlüter eine Parallele hat.

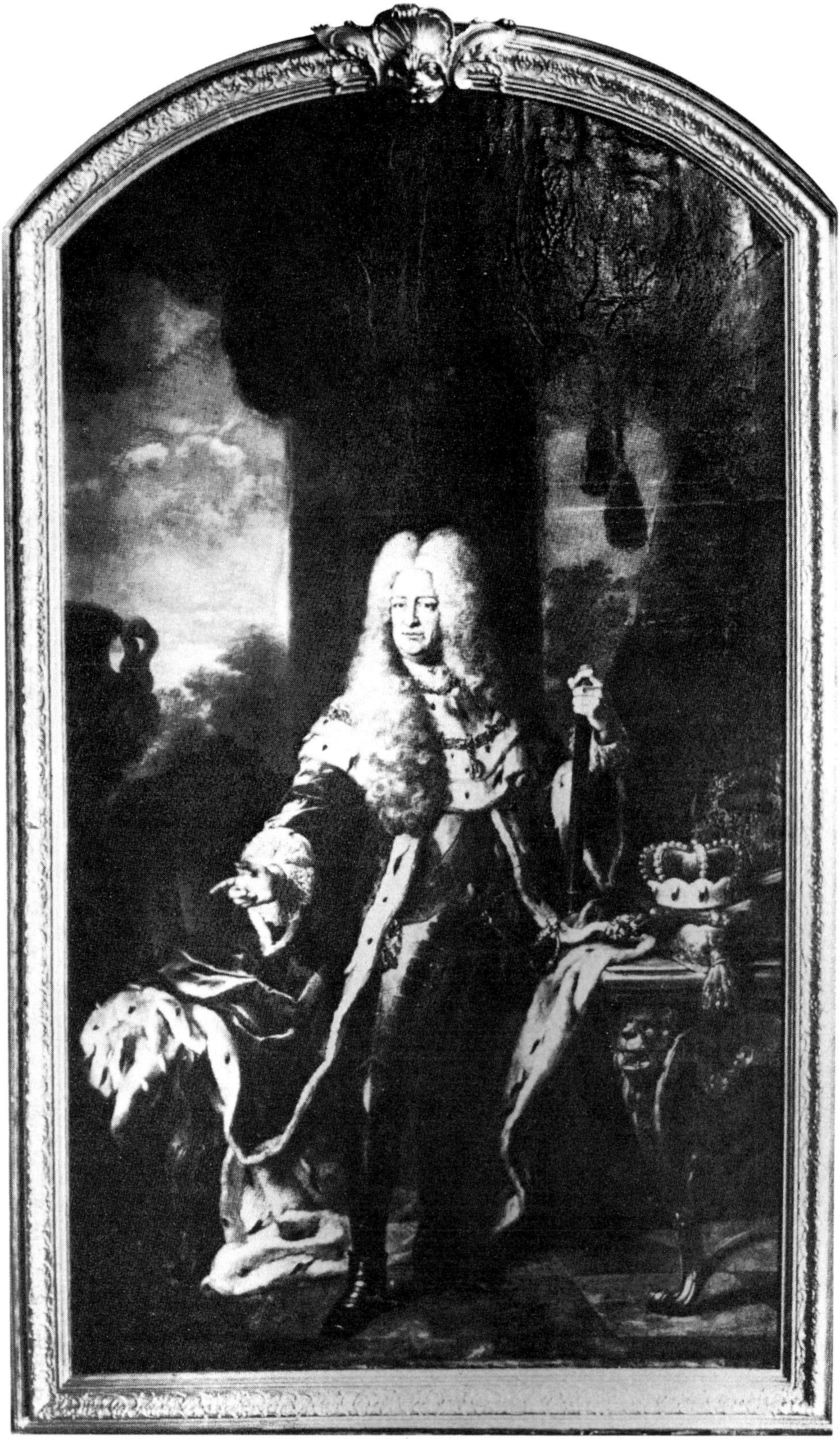

Hirschjagd bei Neckargmünd. Auquatinta anonym.
Die Hirsche werden in den Neckar getrieben, um von der Hofgesellschaft erlegt zu werden. Im Hintergrund der Dilsberg, Phantasiedarstellung der Burg.

Karl Philipp, Bildnis aus dem Rittersaal des Mannheimer Schlosses wohl von J. Ph. van der Schlichten um 1729, nach Kriegseinwirkung restauriert.
Der Herrscher in traditioneller Darstellung der Barockzeit vor einer Säule und herabhängendem Vorhang im Harnisch mit rotem hermelinbesetztem Mantel, über dem Kragen die Ordenskette vom Goldenen Vlies, Allongeperücke. Auf dem Konsoltisch der Kurhut und dahinter die Reichskrone wohl mehr als Zeichen des erneuerten (mit Bayern gemeinsamen) Reichsvikariats als der mit Hannover strittigen Erzschatzmeisterwürde.

Karl Theodor. Halbfigurenporträt von J. G. Ziesenis 1758.
Der Kurfürst mit Stab im Hermelinkragen, darüber die Kette des Hubertusordens. Auf dem Konsoltisch der Kurhut. Im Hintergrund Mannheim von der Rheinseite.

Schloß Mannheim um 1800. Zeichnung von Ph. le Clerc.
Ehrenhof mit dem erhöhten Dach im Corps de Logis und den in der Nachkriegszeit abgebrochenen Wachhäuschen.

Schloß Benrath. Östlicher Gartensaal im Appartement des Kurfürsten. Nach den Kriegsverlusten in Mannheim eines der wenigen Beispiele originaler Innenarchitektur der Karl-Theodor-Zeit im Stil des Régence. Mitgewirkt haben bei Dekoration und Ausmalung eine ganze Reihe Mannheimer Künstler unter der Leitung von N. Pigage. Deckenbild von L. Krahe.

Schloß Mannheim, Bibliothekssaal vor der Kriegszerstörung.
Das Deckengemälde von L. Krahe zeigt die durch die Zeit entschleierte Wahrheit, gleichsam Programm des aufgeklärten Absolutismus und ebenso der in den Räumen der Bibliothek tagenden Akademie der Wissenschaften.

Apollotempel im Schwetzinger Schloßgarten mit der Statue des leierspielenden Gottes von P. A. von Verschaffelt. Darunter Grotte mit Najadenbrunnen und Kaskade. Karl Theodor als Freund der Musen ließ sich immer wieder mit Apollo vergleichen.

Porträtminiatur Pfalzgraf Maximilian Josephs mit seinem Sohn Ludwig 1786.
Der Pfalzgraf als Großprior des Bayerischen St. Georgs Ordens deutet auf seinen Sohn, weil er gesagt haben soll, er liebe die Münchener ebenso wie ihn. Unter dem Fürstenhut die Wappen von Pfalz-Birkenfeld und Hessen-Darmstadt. Die ganze weitere Ausschmückung mit bayerischen, französischen und Münchener Fahnen sowie St. Georgs- und französischem St. Ludwigsorden spielt auf die guten Beziehungen der Zweibrücker zu Frankreich und ihre Liebe zu Bayern an, eine deutliche Absage an Karl Theodors Tauschprojekte.

große Teile ihrer traditionellen Stellung auch in der Außenpolitik. Die Kabinettssekretäre, zunächst Adrian von Lamezan, in den späteren Jahren Johann Georg Stengel (ab 1757) und dann dessen Sohn Stefan Stengel (ab 1773) waren besonders tätig auf den Gebieten, die dem Kurfürsten am meisten am Herzen lagen. Sie sorgten in erster Linie für die Wirkung auf Untertanen und Öffentlichkeit und in zweiter Linie für Kunst und Wissenschaft; die Außenpolitik folgte erst danach und lag im Range etwa gleich mit der nach innen gerichteten Reformpolitik.

Außen-, Reichs- und Territorialpolitik bis 1777

Die politischen Entscheidungen des Kurfürsten waren stark von der großen Konstellation in Zentraleuropa, d.h. vom Verhältnis zwischen dem Kaiserhof und Versailles bestimmt; als weiteres Aktionszentrum kam Berlin hinzu. Die Pfalz versuchte in enger Zusammenarbeit mit Bayern in diesem Kraftfeld ihre Stellung zu wahren, vor allem die stets gefährdeten, weil einem anderen Erbrecht unterliegenden niederrheinischen Besitzungen in allen Wechselfällen der Dynastie zu halten. Diese Grundlinien der pfälzischen Politik und eine bevorzugte Hinneigung zu Frankreich waren seit Karl Philipp vorgegeben. Unter Karl Theodor kam als neues Moment die völlige Umkehrung der Allianzen und die französisch-österreichische Verständigung in ihrem Gefolge hinzu. Auch in der Außenpolitik dachte Karl Theodor vor allem dynastisch und bewegte sich hier auf der Linie seiner Vorgänger. Ein gewisser Reichspatriotismus ist ihm zwar nicht ganz abzusprechen, doch war dieser wittelsbachisch und antihabsburgisch gefärbt. Trotz solcher Grundhaltung gelang es aber nie, den Weg einer gegenüber Österreich und Preußen selbständigen Kraft einzuschlagen. Der Kurfürst verstand sich als absoluter Herrscher, obwohl er in Jülich-Berg und in München mit den Ständen (s. u. S. 234 u. 239) auskommen mußte. Wesentliches Ziel war ihm das Glück der Untertanen. Gleichwohl hielt er deutlichen Abstand zum gemeinen Volk. Persönlich strebte er, wie es für das ganze 18. Jahrhundert bezeichnend ist, danach, eine Königswürde zu erhalten, die seine weltlichen Mitkurfürsten längst erreicht hatten.

Die Regierungsübernahme lag mitten im österreichischen Erbfolgekrieg zur Zeit des wittelsbachischen Kaisers Karls VII., dessen Stern bereits 1743 mit der Schlacht bei Dettingen am Sinken war. Karl Theodor hielt trotzdem an der bisherigen Linie pfälzischer Außenpolitik fest und schloß sich in der Frankfurter Union noch einmal enger mit Bayern, Frankreich und Preußen, auch Hessen zusammen. Selbst nach dem Sonderfrieden zu Füssen zwischen Bayern und Österreich (1745) änderte sich die pfälzische Haltung nicht. Der Kurfürst nahm konsequenterweise nicht an der Kaiserwahl für Franz Stephan, den Gemahl Maria Theresias, teil. Die Österreicher hielten damals große Teile seines Landes besetzt. Franz Stephan hatte sich zusammen mit Maria Theresia in Heidelberg einquartiert, wo ihn die Nachricht von seiner Wahl zum Kaiser erreichte,[17] ohne daß Karl Theodor gratulierte. Nachdem auch Preußen seinen Frieden mit Österreich geschlossen hatte, rettete sich die Pfalz 1746 in einen Neutralitätsvertrag mit Frankreich,[18] das sich vergeblich bemühte, auch Bayern in diese Neutralität einzubeziehen. Dies scheiterte ebenso wie das Ziel der pfälzischen Diplomatie, eine neutrale Reichsfürstenliga zu bilden. Allerdings wurde das Schutz- und Trutzbündnis mit Bayern unter Einbeziehung aller wittelsbachischen Bischöfe, insgesamt acht, erneuert, ohne daß das große Wirkung tat. Immerhin hatte man sich vorher auf eine alternierende Führung des Reichsvikariats geeinigt und damit die verfassungswidrige Vikariatskommission wieder aufgegeben. Die habsburgischen Absichten auf eine frühzeitige

193

Kaiserwahl Josefs II. durchkreuzte Karl Theodor mit seiner Forderung auf Kompensation durch die aus dem lothringischen Erbe stammende Grafschaft Falkenstein am Donnersberg,[19] die Wien natürlich nicht herausgab.

Hatte die Verständigung zwischen Wien und Versailles von 1756 die pfälzische Stellung erleichtert, so befand sich Karl Theodor wegen seiner niederrheinischen Besitzungen zu Beginn des Siebenjährigen Krieges doch in einer Zwangslage,[20] die auch nicht durch den Sturz des england- und preußenfreundlichen Ministers Wrede gelöst werden konnte. Friedrich der Große bestand nämlich auf einem Hilfsvertrag von 1741, der ihm zur Verteidigung des niederrheinischen Gesamtlandesverbandes 6000 Mann pfälzische Truppen bei einem Angriff auf Kleve zusicherte. Die versuchte Flucht in eine Neutralität verurteilte Frankreich. Erst als letzteres garantiert hatte, daß das Erbe von Jülich-Berg auch an die voraussichtlich nachfolgende Linie Zweibrücken fallen solle, schlug sich Karl Theodor auf dessen Seite und räumte den Franzosen Besatzungsrecht in Düsseldorf ein. Damit trat er ganz auf die Seite der Gegner Friedrichs II., geriet jedoch in neue Gefahr. Denn es drohte ein Vorstoß der Preußen aus Böhmen in die Oberpfalz und nach Sulzbach, der aber glücklicherweise abgewendet werden konnte. Mit den Franzosen zusammen siegten die Pfälzer Truppen auf dem nordwestdeutschen Kriegsschauplatz bei Hastenbeck. Doch brachte der Zerfall des Kampfwertes der französischen Armee bald die Preisgabe von Düsseldorf an die Preußen. Der Kurfürst rief nun seine Truppen in die Festungen zurück und praktizierte damit Neutralitätspolitik, indem sie keiner anderen Macht mehr zur Verfügung gestellt werden sollten. Damit war Jülich-Berg nach beiden Seiten hin abgesichert.

Nur widerwillig waren die Pfälzer auch auf dem Hauptkriegsschauplatz des Siebenjährigen Krieges mit der Reichsarmee im Rahmen ihres Kontingentes von 3000 Mann aktiv geworden. Es zählte nach seiner Qualität noch zu den besseren Truppen, konnte die Niederlage von Roßbach freilich nicht verhindern. 1757 übernahm Friedrich Michael von Pfalz-Zweibrücken als Generalfeldmarschall das Kommando der Reichsarmee. Diese war zwar nicht imstande, größere Initiativen zu entwickeln, konnte aber immerhin Dresden und Umgebung von den Preußen befreien.[21] Nach langdauernder Belastung, besonders der niederrheinischen und der bayerischen Lande durch Einquartierungen und Kriegslieferungen, vermittelte 1763 der Münchener Gesandte im Anschluß an den Ausgleich zwischen England und Frankreich ein Neutralitätsabkommen mit Preußen. Damit gingen die Pfälzer in der Entwicklung voran, an die sich bald das Reich anschloß und so die Friedensverhandlungen in Hubertusburg einleitete. Erst nachträglich fand Karl Theodor 1769 auch zur Kaiserwahl für Maria Theresias Sohn Josef.[22]

Die Jahre nach dem Siebenjährigen Krieg dienten vor allem dem territorialen Ausgleich mit den Nachbarn. Wichtig war ein großes Austauschprojekt mit Pfalz-Zweibrücken von 1768, dem damals die Besitzungen südlich der Queich, die Stadt Selz und das Unteramt Hagenbach, überlassen wurde, damit sich Kurpfalz ganz aus dem Gebiet des französischen Souveränitätsanspruchs zurückziehen konnte.[23] Sie erhielt dafür bisher zweibrückischen Besitz im Umkreis von Kaiserslautern, so das Gericht Einöllen und Odernheim am Glan. Letzte Überreste aus der Kondominatsherrschaft über die Vordere Grafschaft Sponheim betrafen die Herrschaft Ebernburg und wurden 1771 durch Austausch mit Baden, das zwei Orte aus dem Oberamt Bretten erhielt, abgelöst.[24] 1779 wurde noch ein letzter Austausch mit Zweibrücken vollzogen. Damals trat die Kurpfalz die westlich Kaiserslautern gelegenen kleinen Ämter Kübelberg und Brücken mit einem Dutzend Weilern ab und erhielt dafür einige Orte nördlich von Odernheim am Glan sowie Reipoltskirchen, das zur Mitgift der Gräfin Parkstein verwendet wurde.[25]

Nachfolge in Bayern 1778 und Austauschprojekte

In ein echtes Spannungsfeld geriet die pfälzische Außenpolitik erst wieder durch die bayerische Sukzession.[26] Das Aussterben der Münchener Linie der Wittelsbacher kündigte sich schon in den frühen siebziger Jahren an. In Wien griffen Maria Theresias Sohn und Mitregent Josef II. und Graf Colloredo deshalb das alte Ziel wieder auf, Bayern zu erwerben, das gleichsam als Ersatz für Schlesien dienen sollte. Fürst Kaunitz verfolgte allerdings eine vorsichtigere Linie, die lediglich auf den Erwerb von rechtlich schon einmal mit habsburgischen Expektanzen belasteten Gebiete wie des mittelalterlichen Teilherzogtums Straubing, der Herrschaft Mindelheim und der böhmischen Lehen abzielte. Gegen allen Druck von dieser Seite schlossen sich Bayern, Kurpfalz und Pfalz-Zweibrücken in Erneuerung der Hausunion 1771 und 1774 zusammen. München wurde als Regierungssitz festgelegt und vorsorglich schon ein Besitzergreifungsdekret für Bayern auf Karl Theodor ausgestellt. Frankreich kam im Vorfeld der Erbschaft mit Karl August von Zweibrücken überein, daß es kein Tauschabkommen ohne beiderseitige Abstimmung geben sollte. Der Wiener Hof war jedoch durch einen geheimen Mittelsmann über alle Projekte der Pfälzer Seite stets vorab informiert.

Als die Nachricht vom Tod Maximilians III. an Silvester 1777 eintraf, eilte Karl Theodor nach München, wo er bereits am 2. Januar ankam. Angesichts der Ängstlichkeit des Kurfürsten gegenüber den österreichischen Ansprüchen und der grundsätzlichen Bereitschaft zum Tausch konnte schon am 3. Januar die Wiener Außenpolitik seinen Gesandten Ritter soweit unter Druck setzen, daß dieser in Gebietsabtretungen im Sinne der gemäßigten Linie des Grafen Kaunitz einwilligte. Karl Theodor hat dies unter der Drohung des militärischen Einmarsches eine Woche später ratifiziert, allerdings in der Hoffnung auf spätere Kompensationen.[27] Der rücksichtslose Machthunger Josefs II. hatte jedoch zur Verbitterung Karl Theodors geführt. Mit der Abtretung großer bayerischer Gebiete und mit dem erstrebten Tausch von Bayern gegen habsburgisches Gebiet in den Niederlanden brachte er andererseits die bayerischen Patrioten gegen sich auf. Eine führende Rolle spielten die Herzoginwitwe Maria Anna, die Schwägerin Karl Theodors, eine Reihe von Münchener Beamten und selbstverständlich die bayerischen Stände. Die Zweibrücker Verwandten glaubten zunächst an einen günstigen Tausch. Ihr Minister Hofenfels[28] wurde aber vom preußischen Gesandten in München und von Maria Anna vom Gegenteil überzeugt und bewegte seinen Herzog Karl August zum Protest beim Reichstag. Den Rücken stärkte ihm auch Frankreich, indem es sich darauf berief, daß sein Bündnis mit Österreich nur der Erhaltung, nicht aber der Vergrößerung der habsburgischen Lande diene. Die Gegnerschaft Preußens gegen jede Machtzunahme Österreichs war natürlich. Auch Sachsen und Mecklenburg schlossen sich aus erbrechtlichen Gründen an. Friedrich II. eröffnete den Krieg am 5. Juli mit einem Einfall in Böhmen. Nach altem Konzept hielt sich Karl Theodor auch diesmal neutral. Infolge von Seuchen im preußischen Heer kam der Vormarsch bald zum Stehen. Nennenswerte Kampfhandlungen blieben aus. Unter Vermittlung von Rußland und Frankreich wurde 1779 ein Friedenskongreß in Teschen[29] einberufen, der bald eine Einigung erreichte und dessen Ergebnisse durch Rußland und Frankreich garantiert wurden. Österreich mußte auf die Erwerbungen aus der Ritterschen Konvention verzichten, erhielt aber als Ersatz das Innviertel mit den Städten Braunau und Schärding und insgesamt 70 000 Einwohnern. Sachsen und Mecklenburg wurden abgefunden, die wittelsbachischen Hausverträge bestätigt. Friedrich II. war mit diesem Ergebnis ohne eigene preußische Gewinne zufrieden.

Die Tauschobjekte waren damit aber noch keineswegs endgültig aufgegeben, denn Josef II. hat dieses Ziel auch nach dem Tod seiner Mutter verfolgt. Karl Theodor war es nach dem Frieden gelungen, die bayerischen Patrioten vom Hof zu verbannen und ihre Macht auch außerhalb zu beschneiden, und in Zweibrücken war 1783 Hofenfels in Ungnade gefallen. Das allgemeine politische Klima stellte sich nach der Verständigung Österreichs mit Rußland günstiger dar. Schwierigkeiten machte jetzt aber Karl Theodor selbst, der nur dann in eine Abtretung von Ober- und Niederbayern einwilligen wollte, wenn er dafür die ganzen Niederlande erhielt. Dazu wollte sich Josef II. nicht verstehen, weil die Berechnungen des kameralistischen Wertes für diese höher lagen und ein weiterer Ausgleich durch die Versetzung des Erzbischofs von Salzburg nach Lüttich und die Erweiterung des Lütticher Fürstbistums um das habsburgische Namur nicht gelang. Österreich versuchte den Widerstand am Zweibrücker Hof unter Vermittlung des russischen Gesandten in den vorderen Reichskreisen durch Bestechungen lahmzulegen. Dies wurde jedoch aus Paris hintertrieben, und im Endergebnis kam nach der Bestechungsaffäre Hofenfels wieder in fürstliche Gnade und seine Abneigung gegen jeden Tausch zum Zug. Friedrich II. griff hier gerne ein und gründete den Fürstenbund, der die Unabhängigkeit und den status quo aller Reichsstände zum Ziel hatte. Zweibrücken trat diesem Bund bei. Obwohl Karl Theodor dadurch in völlige Isolation geraten war und sein angestammtes Mißtrauen gegen Österreich und Josef II. sich noch vermehrt hatte, tauchten 1786 noch einmal Gerüchte über das Tauschprojekt auf.[30] Jetzt aber hielt sich Karl Theodor zurück, und seine Vorsicht zeigte nur allzusehr ihre Berechtigung, als sich die Niederlande bereits im Anfangsjahr der französischen Revolution 1789 von Österreich lossagten.

Zu lange jedoch für eine erfolgreiche Politik in Bayern hatte der Kurfürst diesem Tauschprojekt nachgehangen. Gewiß war die preußische Propaganda gegen diesen Tausch rein egoistisch und hatte nichts damit zu tun, daß Fürst und Land in einer unauflöslichen Verbindung gesehen wurden. Ähnliche Tauschaktionen hatte es bei freilich allseitiger politischer Zustimmung im 18. Jahrhundert mehrmals gegeben. Sicher hatte auch der Gedanke etwas für sich, den drittmächtigsten Staat des Reiches im Westen zu konzentrieren. Seine Hauptstadt wäre freilich zwangsläufig nicht Mannheim, auch kaum Düsseldorf, sondern Brüssel geworden. Karl Theodor war aber von vornherein nicht der Mann für eine eigenständige Politik mit klaren Entscheidungen. So hat er im Grunde durch die wiederholten Tauschversuche sich in eine unmögliche Lage gebracht und zusammen mit seiner persönlichen Abneigung gegen die Bayern nur eine Entfremdung von der Mehrzahl seiner Untertanen bewirkt.

Sein Ehrgeiz auf eine Krone war auch jetzt noch nicht erloschen. Der Tod Josefs II. ließ noch einmal die Frage aufleben, ob Karl Theodor nicht zwei Kurstimmen, für Pfalz und für Bayern, hatte. Die Mitkurfürsten lehnten jedoch diese Ansprüche sofort ab. In der Frage des Reichsvikariats erhob Karl Theodor ebenfalls zusätzliche Forderungen und versuchte im Bunde mit Sachsen, Hannover und Mainz den habsburgischen Anspruch auf das Kaisertum zu erschüttern, war aber selbst nur halbherzig zu einer eigenen Kandidatur bereit, die im Grunde nur der Papst ehrlich unterstützte. So versuchte er, aus seiner Stimme für den Habsburger Leopold wenigstens noch ein territoriales Tauschgeschäft zu machen, und forderte die Rückgabe der Eroberungen von 1504, Kufstein, Rattenberg und Kitzbühl, an Bayern.[31] Da diese als unmittelbare Lande des Kaisers bisher keine Reichslehen gewesen waren, schloß sich daran die Spekulation, Karl Theodor könne so König von Kitzbühl werden, was nur zum Spott Anlaß gab und nichts weiter einbrachte. Schon 1792 war ein neues Reichsvikariat fällig, das wiederum von Karl Theodor wahrgenommen und im üblichen Stil durch Standeserhöhung für seine Günstlinge ausgenutzt wurde. Nochmals tauchte ein Königsprojekt auf. Jetzt waren sogar Preußen und Österreich über Belgien, das freilich erst noch zurückerobert werden mußte, einig. Aber das blieb alles auf der Ebene vager und illu-

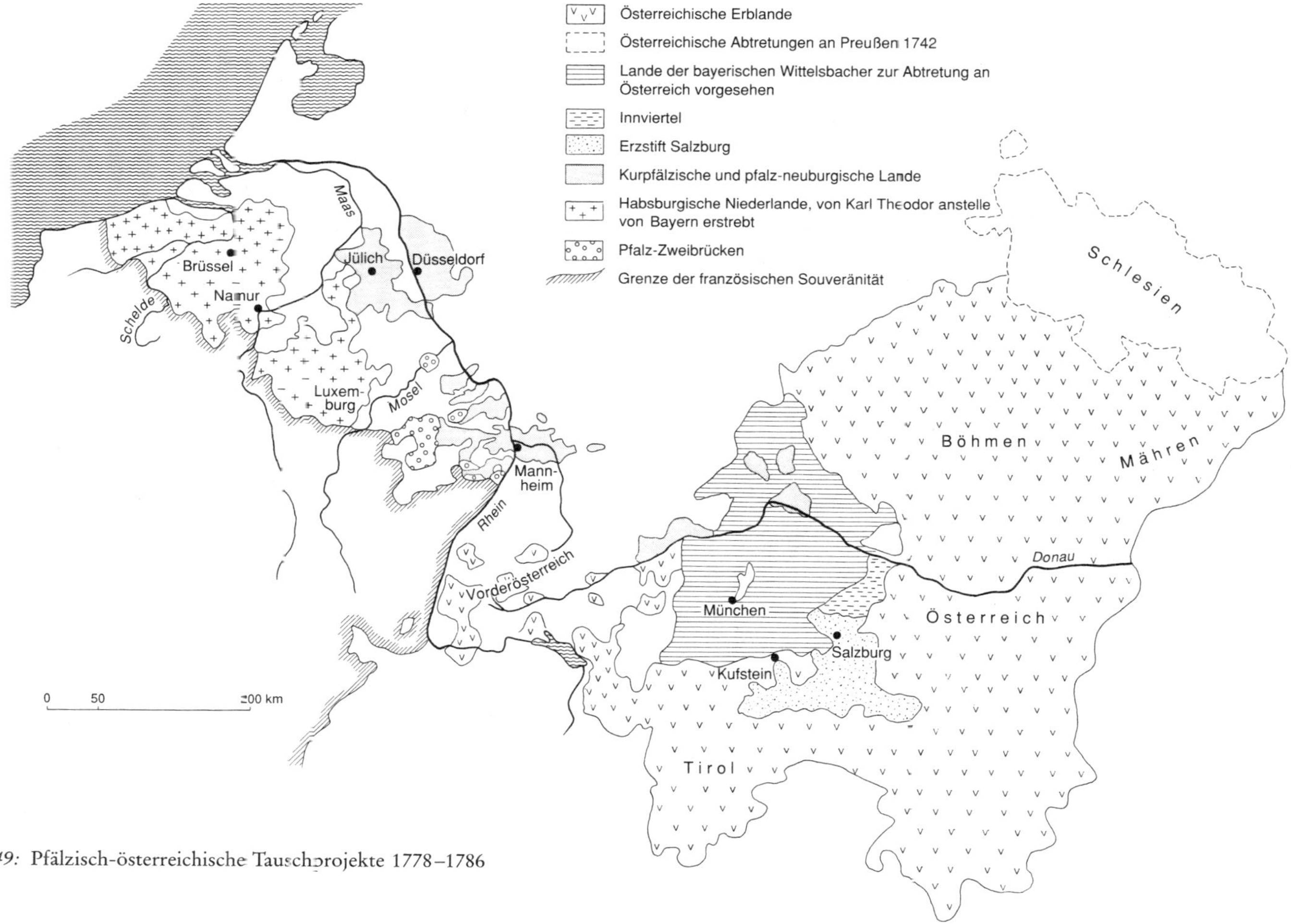

Österreichische Erblande
Österreichische Abtretungen an Preußen 1742
Lande der bayerischen Wittelsbacher zur Abtretung an Österreich vorgesehen
Innviertel
Erzstift Salzburg
Kurpfälzische und pfalz-neuburgische Lande
Habsburgische Niederlande, von Karl Theodor anstelle von Bayern erstrebt
Pfalz-Zweibrücken
Grenze der französischen Souveränität

Karte 49: Pfälzisch-österreichische Tauschprojekte 1778–1786

sionärer Projekte. Karl Theodor selbst dürfte dem keine Bedeutung mehr beigemessen haben. Die Sorgen gegenüber dem revolutionären Frankreich hatten längst die Außenpolitik und ein gutes Stück der Innenpolitik in seinen rheinischen Landen überlagert.

Regierungsziele, Aufklärung und Reformbestrebungen

Wie seine Vorgänger schon hat Karl Theodor, dem ob seiner Jugend und Leutseligkeit die Sympathien der Untertanen entgegenschlugen, mit guten Vorsätzen zur Sparsamkeit in Verwaltung und Hof und gegen die üblichen Mißbräuche begonnen. Seine Berater empfahlen ihm überdies Rücksichtnahme auf die Untertanen und ihre durch harte Arbeit erbrachten Steuern.[32] Also wurde zunächst die Hofhaltung beschränkt und ruhte der weitere Ausbau des Mannheimer Schlosses für zehn Jahre. Das besondere Ärgernis des Ämterkaufes, Adjunktion genannt, sollte abgeschafft werden. Mit all dem ist Karl Theodor nicht durchgedrungen. Die angestammten Gewohnheiten und Strukturen – schon seit Kurfürst Karl gab es den Stellenkauf (s. o. S. 143) – waren stärker. Dem Druck auf Personalvermehrung in Hof und Regierung konnte der Herrscher schon bei seiner eigenen Nachgiebigkeit nicht lange standhalten. Hinzu kam, daß sein Sinn für Kunst und Repräsentation ihn immer wieder zu neuen Ausgaben bewog. Schließlich blieben die Ausgaben für die Hofhaltung meist im Lande und kamen im Grunde wieder den Untertanen zugute. Sie waren nach des Kurfürsten eigener Überzeugung wesentlich besser angewendet als die Militärausgaben. Er suchte seinen Ruhm nicht in Eroberungen und Machtdemonstrationen, sondern in einer glänzenden Hofkultur, in Kunst und Wissenschaft. Mit solchen Zielen konnte er durchaus im Kreis der Reichsfürsten, in der öffentlichen Meinung und bei den Untertanen Ansehen gewinnen. Die Selbstdarstellung des Herrschers und seines Landes in prachtvollen Bauten und großen höfischen Festen zählte nicht weniger als gewonnene Schlachten. Der angesehene Regent des 18. Jahrhunderts mußte als Förderer der Musen erscheinen. Mit fortschreitender Aufklärung kam die Forderung nach innenpolitischen Reformen hinzu. So umgab sich Karl Theodor mit Künstlern, Literaten und Gelehrten und machte sein Mannheim zu einem führenden Platz des Geisteslebens im Reich.

Alter Tradition gemäß stand dabei zunächst eine Orientierung nach Westen im Vordergrund. Mannheim war das wichtigste Einfallstor französischer Kunst und Literatur in dem deutschen Bereich und ist das bis in die Französische Revolution hinein geblieben. Gleichwohl konnte sich Karl Theodors Residenz der seit den siebziger Jahren immer deutlicher werdenden Besinnung auf deutsche Eigenständigkeit nicht entziehen. Auch diese ersten Strömungen deutscher Nationalgesinnung, in denen durchaus schon nationalistische Töne anklingen, hatte ihren geistigen Wurzelboden in der französischen Aufklärung. Es ging in erster Linie darum, deren Ideen ins Deutsche umzusetzen. Schon zwei Jahrzehnte zuvor hatten diese Karl Theodor erreicht. Unbeschadet seiner stets kirchentreuen Haltung war Voltaire sein Lieblingsschriftsteller, dessen Werke er recht genau kannte. Ihn an den eigenen Hof zu ziehen, schien 1753 eine günstige Gelegenheit.[33] Voltaire nahm die erste Einladung von Karl Theodor umso bereiter auf, als er sich gerade mit Friedrich II. entzweit hatte und auf der Rückreise auf dessen Befehl in Frankfurt noch einmal gründlich schikaniert worden war. Beide Männer ergingen sich bei dieser Begegnung in gegenseitigen Komplimenten, die selbst das damals übliche Maß von Höflichkeiten weit übertrafen. Der schmeichlerische Ton hielt auch im weiteren Briefwechsel und nach einer nochmaligen Begegnung 1758 an, zumal er noch durch eine Leibrente für Voltaire befördert wurde. Trotzdem wäre es falsch, hinter dieser Begegnung nur die beiderseitigen Eitelkeiten zu sehen. Für Karl Theodor bedeutete der Kontakt mit Voltaire die große Öffnung zur Aufklärung, die fortan in seiner Innenpolitik Einfluß gewann. Offensichtlich aber trennte der Herrscher zwischen seiner Bewunderung für Voltaires Dichtung, Stil und selbst für seinen Spott und zwischen den eigenen Grundsätzen und Glaubensüberzeugungen. Von 1764 an ist auch die Enttäuschung zu verspüren, daß Voltaire sich nicht mehr zu weiteren Besuchen in der Pfalz verstehen konnte. Die Korrespondenz führte nun an Stelle des Herrschers Cosimo Alessandro Collini, der auf Empfehlung Voltaires Sekretär der Mannheimer Akademie geworden war. Ebenfalls ins Jahr 1764 fällt die Übersiedlung des Jesuitenpaters Desbillons nach Mannheim,[34] der zwar nie eine offizielle Stellung erhielt, jedoch als Kritiker Voltaires und Vertreter der katholischen Gegenaufklärung das Interesse und Wohlwollen Karl Theodors fand. Trotzdem blieb der Kurfürst der Aufklärung für seine weitere Reformpolitik verpflichtet. Eine gewisse Wende brachten hier erst die Erfahrungen mit der Französischen Revolution und mit der Illuminatenverschwörung in Bayern.

Von 1760 an ist im Ton der kurfürstlichen Erlasse das aufklärerische Vokabular deutlich zu verspüren. Gemäßigte Aufklärer in seiner Umgebung waren die schon genannten späteren Minister Goltstein, Oberndorff und Hompesch. Goltstein und Hompesch waren überdies Freimaurer ebenso wie Friedrich Michael von Zweibrücken. Ob Karl Theodor selbst zeitweilig zur Freimaurerei neigte, ist umstritten. Die deutsche Freimaurerei zeigte sich damals ja in einem sehr schillernden, weit mehr konservativen als revolutionären Gewand.

Aufklärung und der Drang, das Territorium noch einheitlicher zu formen, gingen in der Rechtspolitik Hand in Hand. Doch zeigte sich rasch, daß ein einheitliches Landrecht für die gesamte Ländermasse nicht zu verwirklichen war. So ging man wenigstens an eine Revision des pfälzischen, indem man die neu erlassenen Verordnungen in konsequenter Weise sammeln und harmonisieren wollte. Diese Aufgabe wurde nacheinander verschiedenen Gelehrten und Verwaltungsleuten anvertraut, ohne daß sie wirklich gelöst werden konnte. Aus den vielfältigen Bemühungen ging immerhin in der Spätzeit des Kurfürsten die einheitliche Sammlung der Verordnungen durch Janson und ihre Ergänzung im gesamtbayerischen Rahmen durch Mayr hervor.[35]

Die Trennung von Justiz und Verwaltung war in der Pfalz eher eingeführt als in Jülich-Berg. Kabinettsjustiz durch Karl Theodor ist außer in einem Fall, wo es bezeichnenderweise gegen einen Nebenbuhler ging, nicht bekannt. Die Prozesse wurden beschleunigt, auch durch Verbesserungen im Besoldungswesen, die Gefängnisse modernisiert. Schließlich schaffte man nach dem Vorbild Österreichs 1776 die Folter ab, was im Kreis der Regierung keine einhellige Zustimmung fand und deswegen nicht öffentlich bekannt gemacht wurde. Die Schandstrafen, zumal für gefallene Mädchen, wurden abgeschafft, ebenso die Todesstrafe für Kindsmord und Bigamie. Fürsorgende Einrichtungen für Findelkinder und eine leichtere Eheschließung für wirtschaftlich Abhängige, denen dies bisher verwehrt war, waren als begleitende Maßnahmen gegen die Kindestötung gedacht. Rigorose Kämpfer auf diesem Gebiet verlangten auch ein vorbildliches Leben der Hofgesellschaft. Aber da predigten sie selbst beim Herrscher tauben Ohren. Eine Humanisierung des Strafrechtes war auch auf dem Gebiet der zahlreichen Wild- und Forstfrevel angezeigt und wurde ab 1776 in die Tat umgesetzt. Man zeigte mehr Verständnis für die Bauern, die sich oft des Wildschadens nicht anders erwehren konnten, und für die Armen, denen das Geld auch für die notwendigste Heizung fehlte.

Als Maßnahmen gegen Verschwendung wurde ein einheitlicher Kirchweihtermin für das ganze Land eingeführt. Hier wie schon beim Findelhaus war die Rechtspolitik mit einer Armenfürsorge verbunden. Frankenthal ging hier voran mit einer über den Konfessionen stehenden Almosenstiftung, die durch ein Armenamt verwaltet wurde. Die 1777 gegründete Landeshospitalkommission sorgte für entsprechende Einrichtungen in Oppenheim, in Mannheim und in Heidelberg. Das Zucht- und Waisenhaus in Mannheim, gegründet 1749, galt sowohl der Unterbringung elternloser Kinder als auch einer vernünftigen Beschäftigung von Arbeitsscheuen und Behinderten. Die Industriearbeiter suchte man durch entsprechende Vorschriften vor Ausbeutung von Seiten der Unternehmer zu schützen. Insgesamt galt die Industrie gerade als Förderung der ärmeren Klasse der Bevölkerung, und die ehrgeizigen Projekte auf diesem Gebiet (s. u. S. 229f.) wurden von ihrem größten Befürworter Fontanesi so gerechtfertigt, daß Klostergründungen gut seien, Fabrikengründungen jedoch besser. In das große Reformprogramm gehörten aber nicht nur die industriellen Maßnahmen, sondern ebenso eine Fürsorge für die Landwirtschaft durch Einführung anderer Methoden, neuer Erzeugnisse und eine gewisse Abgabenentlastung (s. u. S. 226–228). Die Impulse dazu liegen alle in der Mannheimer Zeit, setzten sich aber über den Wegzug des Hofes hin fort und griffen dann auch auf Bayern über.

Auch in Bayern waren zwar schon Reformen angelaufen, doch wird man sagen können, daß es erst mit der Regierungsübernahme Karl Theodors in die Ära des aufgeklärten Absolutismus eintrat. Der Kurfürst versuchte auch hier Erneuerung auf ähnlichen Wegen wie in der Pfalz. Die Bauern wurden entlastet, indem man die Besitzwechselgebühren herabsetzte und die Fronpflichten durch Geld ablöste. Die Stallfütterung trug zur Steigerung der Erträge bei, neues Land wurde durch Kultivierung der großen Moosflächen gewonnen. Dabei hat man auch einzelne Bauernstellen für umsiedlungswillige Pfälzer, z. B. Opfer der Vergrößerung des Schwetzinger Schloßparks, geschaffen. Das Forstwesen erhielt nach den schon in den rheinischen Landen bewährten Grundsätzen eine neue Organisation. Auf dem gewerblichen Sektor brachte die Neugründung von Manufakturen nicht den erhofften Erfolg. Der Handel jedoch profitierte vom wirtschaftlichen Zusammenschluß aller pfalz-bayerischen Lande. Grundlage einer Bildungsreform wurde die Straffung der staatlichen Schulaufsicht und die einheitliche Lehrerbildung. Im Medizinalwesen sollte eine einheitliche Hebammenausbildung ebenfalls Erfolg zeitigen.

Von allen speziellen Reformen in Bayern hatte die Heeresreform auch ihre Auswirkungen auf die Gesamtlande. Schon am Ende des Siebenjährigen Krieges hatte sich gezeigt, daß der kurfürstliche Militärstaat vieles zu wünschen übrigließ. Man suchte durch eine bessere Logistik Abhilfe zu schaffen. In Mannheim entstanden die Stückgießerei und das Zeughaus. Ein wesentlicher Wandel sollte aber erst nach der Vereinigung mit Bayern eintreten. Damals wurde die Friedensstärke der stehenden Truppen von 12000 Mann um die bayerische Streitmacht von 8000 Mann vermehrt und der General von Belderbusch wegen Unfähigkeit entlassen. 1788 trat der Amerikaner Sir Benjamin Thompson in kurfürstliche Dienste und wurde schließlich zum Grafen von Rumford befördert.[36] Er gründete eine Militärschule, richtete Proviant- und Waffenmagazine ein, kümmerte sich um die Versorgung der Ausgemusterten und der Angehörigen und stellte an die Spitze des Ganzen einen Generalstab für das pfalz-bayerische Militär. Dessen Stärke sollte auf 30000 Mann angehoben werden und 20 Infanterie- und ein Kavallerieregiment sowie eine Artilleriebrigade umfassen. Diese Heeresreform, über die sich Rumford 1794 wieder mit der Regierung überwarf und zurücktrat, hat zweifellos wie viele andere der Reformen unter Karl Theodor einen Teil der Fundamente des neuen Bayern gelegt, doch wurde das von bayerischer Seite damals und auch später wenig anerkannt. Im Gegenteil, die letzten Jahre Karl Theodors sind noch durch die Enttäuschung der Illuminatenverschwörung verdüstert, die ihrerseits reaktionäre Maßnahmen und eine weitgehende Abkehr von aufklärerischer Innenpolitik hervorrief.

Der Illuminatenorden, eine der damals im Schwang befindlichen Geheimgesellschaften, wurde vom Ingolstädter katholischen Geistlichen und Ordinarius für Kirchenrecht Johann Adam Weißhaupt 1776 gegründet.[37] Seine Ziele waren allgemeine Freiheit und Gleichheit, eine klassenlose republikanische Staatsordnung und Emanzipation von hergebrachten Bindungen. Die Fürsten sollten nur noch die Puppen an den Fäden dieses Geheimbundes sein. Die Illuminaten fanden Einfluß auf die Münchener Freimaurerloge »Karl Theodor zum guten Rat« und infiltrierten Hofbeamtenschaft, Militär und Geistlichkeit. Bei zunehmender Radikalisierung überwarf sich der Orden mit den bayerischen Patrioten, und so gab die Herzoginwitwe Maria Anna 1784 eine Warnung an Karl Theodor. Gleichzeitig lief eine Pressekampagne gegen den Herrscher. Den Illuminaten gelang es immerhin, geheime Akten aus dem Archiv verschwinden zu lassen. Ob die Gefahr tatsächlich so groß war, läßt sich bezweifeln. Aber Karl Theodor reagierte erschreckt. Er verbot den Orden sowie alle Freimaurerlogen. Weißhaupt wurde von seiner Stellung suspendiert. Die Ermittlungen wegen landesverräterischer und religionsfeindlicher Verschwörung richteten sich gegen 135 Personen, darunter auch Inhaber hoher Staatsämter. Die meisten konnten sich vor weiteren Konsequenzen durch Schuldbekenntnis und neuen Treueid retten. Amtsenthebung und Verbannung trafen nur verhältnismäßig wenige. Von 1790 an mußte jeder Geistliche und Beamte bei seinem Eintritt einen Antiilluminateneid schwören. Im ganzen entsprachen Verschwörung wie Verfolgung nicht dem publizistischen Bild, das schon damals entworfen wurde. Einzelne Illuminaten jedoch sollten im Verlauf der Revolution dann zu Jakobinern, besonders in Mainz und in Straßburg, werden. Der Bruch Karl Theodors mit vielen progressiven Tendenzen war ab 1784 deutlich und trieb ihn in München in weitere Isolation.

Kirchen- und Religionspolitik

Bei aller zunehmenden Aufgeschlossenheit für Aufklärung und Toleranz gibt es keinen Zweifel, daß Karl Theodor stets fest in seinem katholischen Glauben verwurzelt blieb und sich im Grunde nichts an seiner im Testament von 1743[38] zum Ausdruck kommenden Vorstellung, dieser sei allein seligmachend, geändert hat. Die päpstlichen Nuntien übten zwar Kritik an Freigeistern in seiner Umgebung, waren jedoch von der Zuverlässigkeit des Herrschers in diesem Punkte überzeugt. 1753 erhob der Kurfürst den Hl. Josef zum Schutzpatron des ganzen Landes.[39] Das war noch einmal öffentlicher Ausdruck seiner barock geprägten Frömmigkeit, wie sie sich ebenfalls in der Ausstattung der Mannheimer Jesuitenkirche und der Schloßkirche dokumentierte. Es gab keine Trennung von Kirche und Staat oder eine staatliche Konfessionsneutralität. Nach Ansicht des Nuntius Garampi widerstand der Kurfürst allem Druck des Preußenkönigs auf Zugeständnisse an die Protestanten, hielt sich aber streng an die Bestimmungen der Friedensverträge und betrieb nur in diesem Rahmen die Förderung seiner Glaubensgenossen.[40] Dies bewirkte auch unterschiedliche Verhaltensweisen in den einzelnen Ländern. Die neuburgischen Stammlande mit Ausnahme von Sulzbach blieben bei geschlossener Katholizität, die 1771 auch im Erbvertrag für Bayern nochmals festgeschrieben wurde. Auch alle pfälzischen Landesbehörden bis auf die protestantischen Kirchenkollegien sollten katholisch bleiben. Religiöse Duldung und freies Religionsexercitium für Protestanten mußte es im Gegensatz zu Bayern in Sulzbach und in der Kurpfalz und selbstverständlich auch in Jülich-Berg geben. Nur dort war ein Betätigungsfeld für die sich langsam vergrößernde Toleranz des Herrschers. Ihr lag eine wachsende Überzeugung von der Gewissensfreiheit des Einzelnen zugrunde. Sie konnte aber nur dort eingeräumt werden, wo eine Konfessionsverschiedenheit bereits vertraglich festlag. Insgesamt gebärdeten sich die untergeordneten Stellen analog zur Karl-Ludwig-Zeit als die wahren Hüter der herrschenden Religion. Tatsächlich blieb es auch bei der finanziellen Förderung von Konversionen und bei katholischer Erziehung von Findelkindern. Eine Freiheit des Gewissens konnte hier ja gar nicht respektiert werden. In mehreren Erlassen wurde gegen Polemik und gegenseitige Verunglimpfung unter den Konfessionsparteien Stellung genommen.

Offiziell war bei all dem die Pfalz ein katholisch geführtes Land. Nach wie vor konnten in den Staatsbehörden Protestanten nur vereinzelt Fuß fassen und behielten in den Gemeindeämtern die Katholiken Spitze und Mehrheit. Auch in der Heidelberger Universität blieb die katholische Vorherrschaft erhalten und brachte selbst die Aufhebung des Jesuitenordens (s. u. S. 203) keinen Wandel. Im Gegensatz dazu hatte die Kaiserslauterner Kameralschule, die ja aus einer privaten Initiative hervorgegangen war, nur protestantische Lehrkräfte. Vollends spielte die Konfession bei einer Institution wie der Akademie der Wissenschaften keine Rolle; hier war die Mehrheit protestantisch und waren ganz im aufklärerischen Sinne katholische Ordensangehörige angeschlossen. Insgesamt haben die Orden in der Karl-Theodor-Zeit keine wesentliche Expansion erlebt. In Mannheim konnten die seit 1736 anwesenden Karmeliter 1760 ihr neues Kloster in Schloßnähe beziehen, und lediglich Schwetzingen erhielt 1768 mit den Franziskanern eine neue bescheidene Ordensniederlassung.[41]

Die reformierte Kirche[42] wahrte Besitzstand und Verfassung, wie sich das schon unter Karl Philipp eingependelt hatte. Das beiderseitige Mißtrauen blieb, war doch der Kirchenrat die einzige Behörde, die sich einer gewissen Unabhängigkeit vom absoluten Herrscher erfreute, und fühlte sich die evangelische Geistlichkeit, grundsätzlich und historisch betrachtet, auch zu Recht benachteiligt. Daran änderte nichts, daß einzelne Kirchenmänner wie Friedrich Peter Wundt als ausgesprochene Lobredner Karl Theodors auftraten. Eigentliche Konfliktpunkte[43] waren die Eingriffe des Kurfürsten in die Pfarreibesetzungen, auch wenn sie Ungerechtigkeiten des Kirchenrats korrigierten, sowie seine Weigerung, eine Synode[44] zu gestatten. In diesen Kontroversen verzahnten sich ganz gegenläufig zur konfessionellen Frontstellung die Interessen von Herrscher, Kirchenrat und Geistlichkeit.

Das synodale Element des Calvinismus hatte der Kirchenrat auf der unteren Ebene 1745 mit den Classicalkonventen wieder belebt. Er mußte aber bald feststellen, daß sie seiner eigenen Machtstellung gefährlich werden konnten, und meinte 1757, daß solche Konvente eher in freie Republiken als in ein fürstliches Staatswesen paßten.[45] So hat er auf die Dauer auch das Verbot der Synode willig hingenommen und konnte ebenso mit der Beschränkung der in den Hauptstädten üblichen freien Pfarrerwahl einverstanden sein. In allen diesen Punkten vertrat die Geistlichkeit eine andere Haltung und richtete sich mit ihren Beschwerden an den Zusammenschluß der protestantischen Reichsstände, das *Corpus Evangelicorum*, und schließlich an den Reichshofrat. Der Kaiser erzwang 1789 die Abhaltung einer Synode. Der Gerechtigkeit halber sei angemerkt, daß auch in den streng reformierten Zeiten des 16. Jahrhunderts (s. o. S. 93) Herrscher und Kirchenrat schon bald eine Synode nicht mehr für nötig und wünschenswert hielten. Die Pfarrbesetzungen wurden nicht nur in Einzelentscheidungen des Kurfürsten auf eine gerechtere Basis gestellt, sondern auch dadurch, daß der Kurfürst 1775 gestattete, einen Anti-Simonie-Eid einzuführen. Dagegen hörten die Klagen über den Verfall des reformierten Anteils der Geistlichen Administration[46] nicht auf. Die schon von Karl Philipp eingeleitete Stellenvermehrung förderte den Eigennutz und die Mißwirtschaft der Beamten und damit eine teilweise defizitäre Entwicklung. Nach einem Urteil von 1793 soll sich das Vermögen der reformierten Seite in der ganzen Zeit Karl

Theodors nur um drei Prozent vermehrt haben, obwohl 1785 eine Reform der Administration etwas Besserung verschafft hatte. Bei der lutherischen Minderheit war wenig Grund zu einer Frontstellung gegen den Kurfürsten gegeben, garantierte er doch die Freiheit von den Bevormundungsansprüchen der Reformierten. Staatskirchliche Tendenzen kamen aber auch hier wohl ganz im Sinne des Heidelberger Konsistoriums darin zum Ausdruck, daß man von 1751 an vorsichtig und ab 1761 verbindlich dafür sorgte, die bisher unabhängigen Pfarreien des Ritteradels im Unteramt Dilsberg durch ein eigenes Dekanat organisatorisch in eine werdende lutherische Landeskirche einzugliedern.[47]

Staatliche Eingriffe und Bevormundungen blieben auch der katholischen Kirche nicht erspart. Im allgemeinen war Karl Theodors Verhältnis zu den Nachbarbischöfen nicht schlecht. In Speyer hat er 1770 für die Besetzung des Bischofsstuhls mit August von Limburg-Styrum gesorgt, mit dem er danach mehrmals zur Beratung gemeinsamer Probleme und Aktionen zusammentraf. Bischof August war ein Vertreter der kirchlichen Aufklärung und stimmte insofern mit dem Kurfürsten überein. Dieser nahm mehrmals auch selbst, zum Teil in Gegnerschaft zum Wormser Generalvikariat, mehr aber noch zu den Orden, durch Edikte gegen all das Stellung, was die Aufklärung im Volksbrauch für Aberglauben und in der Seelsorge für abgeschmackt hielt, wie Wetterläuten, Mitführen von Standbildern bei Prozessionen und allzu drastische Missionspredigten. 1786 hat der Kurfürst zusätzlich gegen den Wormser Bischof das herrschaftliche Placet für alle kirchlichen Verlautbarungen durchgesetzt. In Bayern sorgte er für deutschen Kirchengesang. Auch hier wurden Nachbarbistümer in seinem Sinne besetzt. Das gute Verhältnis zu den jeweiligen Päpsten, mit denen er anläßlich seines Besuches in Rom 1774 und bei einer Papstreise nach München persönlichen Kontakt aufnahm, nutzte er zur Bewilligung kleinerer Säkularisationen, für den Umgang mit dem eingezogenen Jesuitenvermögen und für die Einrichtung einer Nuntiatur in München. Das eigentliche Ziel aller dieser Bemühungen, ein bayerisches Landesbistum, hat er jedoch nicht erreicht. Einen gewissen Trost stellte 1789 die Errichtung eines exemten Münchener Hofbistums dar, das sich freilich auf Hofkirche und zugehöriges Kollegiatstift beschränken mußte. Noch in der letzten Krise seiner Herrschaft erlaubte ihm Pius VII., der bereits von Napoleon in die Gefangenschaft geführt wurde, ein Siebtel des bayerischen Kirchenvermögens zur Deckung der Kriegskosten einzuziehen.

Das katholische Kirchenvermögen im pfälzischen Landesteil mehrte sich nicht nur durch den Ausbau des katholischen Anteils der Geistlichen Administration, sondern erweiterte sich auch durch die Ordensaufhebungen der Aufklärungszeit. Dem Jesuitenorden war der Herrscher schon von der Erziehung her verbunden. In Mannheim demonstrierte die bauliche Einheit von Jesuitenkirche und Schloß engen Zusammenhalt. In Heidelberg konnte sich das Ordenskolleg durch die Stiftung des *Seminarium Carolinum* erweitern und ein Internat zur Erziehung der Söhne der katholischen Oberschicht einrichten. Die Aufhebung des Ordens durch den Papst vollzog der Kurfürst nur zögernd und widerwillig. Für die Exjesuiten wurde bestens gesorgt. Das übrigbleibende Ordensvermögen hat der Kurfürst zunächst der aus Frankreich kommenden Kongregation der Lazaristen[48] überlassen, die die Erziehungsarbeit der Jesuiten und ihre Lehrstühle übernahm. Als ihr die Revolution die heimische Basis entzog, erlag sie 1794 innerer Auszehrung. Ihr Vermögen blieb jedoch dem ursprünglichen Zweck gewidmet und wurde in einen selbständigen katholischen Schulfonds eingebracht.[49] Dieser sollte durch die Aufhebung aller Klöster 1801 (s. u. S. 249) noch um den Klosterfonds vermehrt werden und so wenigstens noch im vorhandenen Restteil der Kurpfalz das katholische Kirchenvermögen aufwerten und verstärken. In Bayern versuchte der Kurfürst, aus dem Jesuitenvermögen eine bayerische Zunge des Malteserordens zu

203

gründen, und erreichte, daß seinem Sohn Karl August von Bretzenheim deren Großpriorat übertragen wurde, während sich die Hoffnung auf das Ordenszentrum in Malta als Fehlspekulation erwies. Karl August verzichtete indessen bald auf den Klerikerstand.

Bauwerke und bildende Kunst

Karl Theodors Bildung hatte den Grund zu seinem vielseitigen Kunstverständnis gelegt und seine geschichtlichen und naturwissenschaftlichen Interessen geweckt. Im ersten Jahrzehnt seiner Regierung dominierte die Förderung der Kunst. Erst in den 1760er Jahren kommt die Wissenschaft in größerem Umfang hinzu. Beides, die Fürsorge des Herrschers für die künstlerische Ausgestaltung seiner Residenz und die Aufnahme vieler Anregungen aus dem Geistesleben der damaligen Zeit, diente in erster Linie seiner eigenen Verherrlichung. Sein Mannheimer Hof sollte durch den Glanz seiner Räumlichkeiten, seiner Feste und der in seinem Umkreis betriebenen Forschung zu den ersten im Reiche gehören, wenn nicht sogar ganz an der Spitze stehen. Immer wieder wird aus den Äußerungen der nach Mannheim gezogenen Künstler und Gelehrten deutlich, wie sehr diese Leistungen dem guten Geschmack des Herrschers selbst zu verdanken waren und welcher Glanz davon auf die Residenz als Sitz der Musen oder den pfälzischen Helikon fiel. Der Kurfürst selbst erscheint folgerichtig als Anführer dieser Musen in der Rolle Apollos und gleichzeitig des Sonnengottes Phoebus, dessen Strahlen alles erleuchteten und durchwärmten.

Die Aufgabe, eine glanzvolle Residenz zu schaffen, hatte sich schon Karl Philipp gestellt, und beim Regierungsantritt Karl Theodors war bereits vieles im Sinne der Ästhetik der Vorgängergeneration festgelegt. Erst allmählich wurden die schon vom Hochbarock geschaffenen Gehäuse in der Weise ausgestattet, wie es der Zeit Karl Theodors entsprach. Seine lange Regierungszeit bedeutete den allmählichen Übergang vom elegant beschwingten Rokoko zu den ruhigeren Formen des beginnenden Klassizismus. Gerade unter Karl Theodor war die pfälzische Kunst, wie das schon Karl Philipp eingeleitet hatte, nach dem französischen und nicht nach dem kaiserlichen Vorbild ausgerichtet.[50] An der Spitze der Bauunternehmungen stand zunächst die Vollendung der Mannheimer Jesuitenkirche. Karl Philipps Hofbaumeister Alessandro Galli da Bibiena starb 1748. Sein Nachfolger Raballiati[51] hat die Kuppel vollendet, ohne dem Bau viel eigene Gestaltung geben zu können. Die Innenausstattung begann damals mit den großen Deckengemälden des Egid Quirin Asam noch ganz im Stil der ursprünglichen Konzeption. Eigene Ideen brachte dann der Hofbildhauer Peter Anton von Verschaffelt (s. u. S. 206) von 1756 an ein. Seine Plastiken standen im Dienste eines neuen Fassadenprogramms, in welchem die Fama, umgeben von den vier Kardinaltugenden, den Ruhm des Bauherrn verkündete. Die ursprünglich an dieser Stelle geplante Verherrlichung des Jesuitenordens wurde in einen völlig neu gestalteten Hochaltar mit der Aussendung des Heiligen Franziskus Xaverius durch den Ordensgründer Sankt Ignatius verlegt. Bei seinem Abschluß 1757 hatte der Gesamtbau über 400 000 fl gekostet, aber es war nicht nur in der künstlerischen Qualität, sondern auch in der Größenordnung eine wahre Residenzkirche entstanden, in der auch eine Gruft als kurfürstliche Grablege vorgesehen war. Die Festschrift zu ihrer Weihe[52] scheute sich nicht, biblische Vergleiche zu ziehen und Karl Philipp als den pfälzischen David und Karl Theodor als den pfälzischen Salomon zu preisen.

Bei Karl Philipps Tod war das Schloß nur in seinem Zentral- und westlichen Teilen

Abb. 25: Jesuitenkirche und Jesuitenkolleg Mannheim. Kupferstich von Gbr. Klauber nach einer Zeichnung von F. W. Rabaliatti 1753.
Darüber die Ordenspatrone St. Ignatius und St. Franziskus Xaverius.

einigermaßen fertiggestellt. Auch hier hatte zuletzt Bibiena gewirkt und am Ende des Westflügels das großartige Opernhaus errichtet. 1750, nach längerer Pause, ordnete ein kurfürstliches Reskript den Ausbau des Ostflügels und seine Verlängerung durch niedrigere Stallgebäude an. Auch in den Ausmaßen kommt der Anspruch auf königsgleiche Stellung zum Ausdruck. Die Fortsetzung des Baus war dem aus Lothringen stammenden, über die Zweibrücker Vettern empfohlenen Nicolas de Pigage[53] anvertraut, der 1753 zum Oberbaudirektor avancierte. Schon 1760 war der Aufbau im wesentlichen abgeschlossen. Glanzpunkt des neuen Flügels war die Bibliothek, deren Giebelfeld von Verschaffelt als Gegenstück zur Schauseite der Schloßkirche, die noch von Egell stammte, jetzt im strengen Klassizismus gestaltet wurde und die Blüte von Wissenschaft und Ökonomie unter Karl Theodor verkündete. Der Innenraum der Bibliothek sollte auch Sitzungssaal der Akademie der Wissenschaften werden und zeigte im Deckengemälde des Düsseldorfer Lambert Krahe ganz im Sinne der Aufklärung die Entschleierung der Wahrheit durch die Zeit.

In Schwetzingen hatte Karl Philipp einen noch bescheidenen französischen Garten hinterlassen. Nachdem der Plan für ein neues, auf die Zufahrt von Mannheim ausgerichtetes Schloß aus Finanzmangel aufgegeben wurde, ging Pigage daran, das Schloß umzubauen, den französischen Garten zu vergrößern und mit allen möglichen architektonischen Versatzstücken auszustatten. Schließlich (ab 1777) wurde der Garten im englischen Stil durch Ludwig von Sckell erweitert. Es blieb bei der effektvollen, aber auch seltsamen Mischung von französisch inspiriertem Badehaus, klassizistischen Tempeln, der Moschee, die ein aufklärerisches Verständnis des Islam zum Ausdruck brachte, und den durch die Italienreise[54] Karl Theodors angeregten römischen Ruinen von Wasserleitung und Merkurtempel. Neben Mannheim und Schwetzingen ist als dritter Brennpunkt der kurfürstlichen Bautätigkeit das Schloß Benrath bei Düsseldorf zu nennen. Hier entstand von 1756 an ebenfalls unter der Leitung von Pigage das geschlossenste Bauwerk der Karl-Theodor-Zeit, eine Art Emeritage mit einem raffinierten Raumprogramm für mäßige Repräsentation und kultivierteste Intimität. Die beiden Hälften des Gebäudes sind ganz auf den Kurfürsten und seine Gemahlin als die eigentliche Erbin des Landes Jülich-Berg abgestimmt. Im Vergleich dazu waren die später für die Hofhaltung der Elisabeth Augusta in Oggersheim[55] vornehmlich durch Verschaffelt errichteten Gebäude samt Kirche und Loretokapelle bescheiden.

In diesen und zahlreichen anderen Bauprojekten fanden immer wieder Bildhauer und Maler im Umkreis des Mannheimer Hofes ein reiches Betätigungsfeld. Des Kurfürsten besondere Förderung galt dem Flamen Peter Anton Verschaffelt,[56] der aus Rom gekommen war und dem pfälzischen Klassizismus wesentliche Prägung gab. Verschaffelt wirkte als Architekt beim Bau des Zeughauses (1777/78) und des Palais Bretzenheim (1782), das sich schon ganz von der barocken Formensprache gelöst und zur einfachen Linienführung des Klassizismus gefunden hat. Mit der Berufung von Verschaffelt wurde zunächst 1756 eine Bildhauerakademie errichtet und diese 1769 durch eine Zeichnungsakademie ergänzt. Lange Zeit war Verschaffelt dort der einzige Lehrer, der eine ganze Generation von Künstlern in seinem Sinne prägte. Der Zeichnungsakademie vor allem kam der 1767 gegründete Antikensaal zustatten. Aufgrund schon in Düsseldorf begonnener und unter Karl Theodor großzügig ergänzter Gipsabgußsammlungen verfügte Mannheim über das beste Anschauungsmaterial antiker Skulpturen, wobei man ganz im Stil der Zeit viele Werke des Hellenismus als besondere Verkörperung der klassischen Einfachheit und Größe schätzte.

Die kurfürstliche Gemäldegalerie,[57] im Schloß untergebracht, umfaßte zuletzt nahezu 750 Bilder, darunter als besondere Glanzstücke Werke von Rubens, van Dyck und Rembrandt, wie auch sonst die Holländer neben den Italienern am meisten geschätzt waren. Die Mannheimer Sammlung stand jedoch nicht allein. Der Grundstock der von Johann Wilhelm erworbenen Galerie wurde in Düsseldorf unter der Leitung von Lambert Krahe ausgebaut. Auch dort diente er als Anschauungsmaterial für die 1768 unter Krahes Leitung gegründete Kunstakademie. Eigener Initiative Karl Theodors verdankte das Mannheimer Kupferstichkabinett seine Entstehung. Hier floß das Interesse an künstlerischen wie an wissenschaftlichen Themen zusammen. Mit 60 000 Blättern verfügte es am Ende über einen in Deutschland höchst beachtlichen Bestand.

Musik und Theater

Das Mannheim der Karl-Theodor-Zeit wurde neben Wien, Berlin, Paris und London zu einem Zentrum des europäischen Musiklebens. Grundlage dafür boten schon die Hofkapellen in Düsseldorf und in Innsbruck, die um 1720 in Mannheim zusammengezogen wurden; vor allem die vorherige Kapelle Karl Philipps vereinigte tüchtige böhmische und österreichische Musiker mit den bis dahin führenden Italienern. Eine neue Entwicklung wurde unter Karl Theodor mit der Gewinnung von Johann Stamitz[58] aus Böhmisch-Brod 1743 eingeleitet. Stamitz wirkte als Erneuerer von Komposition und Orchestertechnik. An die Stelle der bisher üblichen linearen kontrapunktischen Komposition traten stärker die Klangflächen. Dadurch erhielt die Musik ein stimmungshaftes Element, das durch neue Klangfarbe im Bereich der Bläser noch unterstützt wurde. Die Ansätze des Johann Stamitz führten seine Schüler und Nachfolger, am bedeutendsten wohl Ignaz Holzbauer[59] und Christian Cannabich, zur Vollendung. Die Mannheimer Schule gilt mittlerweile als eine selbständige Epoche der Musikgeschichte vor der Klassik mit großem Einfluß auf Wien. Charakteristikum der Mannheimer war damals aber auch eine neue Orchestertechnik, die allgemeine Bewunderung fand. Die theoretische Führung des Mannheimer Orchesters beanspruchte Abbé Vogler,[60] ein fränkischer Kapellmeister, dessen Stärke in der geistlichen Musik lag. Durch sein Hervortreten als Musikschriftsteller und ein eigenes musikkritisches Organ gewann er ein Ansehen, das seinen Rang innerhalb der Mannheimer vielleicht überbewertete. In Mannheim wurde erstmals die völlige Gleichheit im Bogenstrich erreicht und eine ganz neue dynamische Interpretation des auch vorher bekannten Crescendo und Decrescendo gefunden. Gewiß war das Orchester in dieser Beziehung Vorbereitung der Klassik. Mozart[61] suchte dort 1777 eine Anstellung, und es ist nicht geklärt, weshalb Karl Theodor, dem sonst immer viel an der Gewinnung führender Künstlerpersönlichkeiten lag, darauf nicht eingegangen ist. Vermutlich galt Mozart als zu unstet.

Das Mannheimer Musikleben war eng mit der Oper verbunden. Im großen Opernhaus Karl Philipps pflegte man mit entsprechendem Aufwand für die Dekoration die italienisch-französische Opera seria, Schwetzingen dagegen war der mehr intim gestalteten Opera buffa vorbehalten. Karl Theodor öffnete sich aber bereitwillig den neuen Tendenzen für eine deutsche Oper. 1777 brachte man ein ganz eigenes Mannheimer Werk, die ja auch schon vom Stoff her deutsche Oper »Günther von Schwarzburg« zur Uraufführung. Den Text hatte Anton von Klein verfaßt, die Musik Ignaz Holzbauer geschrieben. Mozart zollte dieser Oper und der Modernität ihrer Musik höchste Anerkennung. Fehlgeschlagen ist der Plan, vom Dichter Christoph Martin Wieland den Text für eine Oper »Rosamunde« zu erhalten. Wieland,[62] der auch sonst an Mannheim und Karl Theodor vieles enttäuschend fand, hat seine Erfahrungen in satirischer Form und verschlüsselt im Roman »Die Abderiten« untergebracht. Das ist ebensowenig eine objektive Quelle wie viele mit Klatsch und Boshaftigkeiten gewürzte, damals so beliebte Reisebeschreibungen.

Weniger glänzend als die Oper war das Schauspiel in dafür nur provisorisch hergerichteten Räumen im Westflügel des Mannheimer Schlosses untergebracht. Immerhin dienten die Mannheimer Schauspieler und die Bühne bei Voltaires zweitem Aufenthalt der Erstaufführung seiner »Cassandra« und »Olympie«.[63] Karl Theodor konnte sich rühmen, solche Werke erstmals in seiner Residenz zur Aufführung zu bringen, während das für Voltaire eine günstige Gelegenheit zur Erprobung war. Er hat nach der pfälzischen für die Pariser Premiere seiner Stücke noch eine ganze Reihe von Änderungen vorgenommen. Auch auf dem Feld des Schauspiels drängte die Entwicklung zum deutschsprachigen Theater weiter. Die 1768 engagierte Truppe Sebastianis erhielt den

Titel »Deutsche Hofkomödianten«. Die Intentionen der 1775 gegründeten »Deutschen Gesellschaft« (s. u. S. 209) kamen zum Durchbruch, als im Jahr des Residenzwechsels 1778 Heribert von Dalberg[64] die Leitung der deutschen Schauspielbühne übernahm und bald in den gothaischen Schauspielern unter Iffland ein auch künstlerisch solchem Anspruch gewachsenes Ensemble gewinnen konnte. Schon 1775 wurde der Neubau eines Theaters an der Stelle eines bisherigen Militärmagazins beschlossen und 1779 als Nationalbühne eröffnet. Das alles erfreute sich auch noch aus der Ferne der Förderung durch Karl Theodor. Mit der Uraufführung von Schillers »Räubern« 1782 und den zwei Jahre später folgenden Dramen »Die Verschwörung des Fiesko« und »Kabale und Liebe« konnte das Mannheimer Theater in diesen Jahren tatsächlich als erste deutsche Nationalbühne gelten. Allerdings meinte Schiller, der Ende 1783 Mitglied der Teutschen Gesellschaft wurde und sich »mit Leib und Seel Kurpfälzer Untertan« nennt, »republikanische Freiheit ist hierzulande ein Schall ohne Bedeutung, ein leerer Name – in den Adern der Pfälzer fließt kein römisches Blut«.[65] Obwohl die »Räuber« einer gewissen Zensur unterworfen waren, herrschte in Mannheim doch ein wesentlich freieres Klima als an anderen spätabsolutistischen deutschen Höfen. Auf dem Feld von Theater und Musik hat Karl Theodor für Mannheim eine überragende Bedeutung im damaligen Deutschland erreicht. Er kann in dieser Hinsicht mit den ersten Kunstförderern unter seinen fürstlichen Standesgenossen verglichen werden.

Die Wissenschaften

Ebenbürtig neben der Pflege der Kunst steht Karl Theodors Förderung der Wissenschaften. Zu den fürstlichen Sammlungen in Mannheim zählten ein Münz- und ein Naturalienkabinett, ein physikalisches Kabinett und ein Antiquarium. Alles dies wurde aber in der Bedeutung weit von der Bibliothek übertroffen, die zuletzt 100 000 Bände umfaßte. Bereits 1763 wurde sie der Öffentlichkeit zugänglich gemacht. Die Bibliotheksbestände waren durch die besonderen Interessen des Herrschers mitgeprägt. Die Theologie trat gegenüber der Geschichte in den Hintergrund, die modernen Naturwissenschaften fanden rege Beachtung. Seit Karl Philipp und verstärkt in den frühen Jahrzehnten Karl Theodors war Mannheim einer der Hauptplätze zur Vermittlung französischen Geistesgutes nach Deutschland.[66] Während der sechziger Jahre trat, gefördert durch den Buchhändler Christian Friedrich Schwan,[67] dann die Übersetzung der Werke der französischen Aufklärung ins Deutsche hinzu. Mannheim wurde in diesen Jahren ein Umschlagplatz französischer Ideen und ein Zentrum aufklärerischer Publizistik, die sich mit besonderem Einsatz um Neuerungen in der Ökonomie wie in der Ästhetik, und hier vor allen Dingen wieder um Musik und Theater, kümmerte.

Die eigentliche Leistung Karl Theodors selbst war die Stiftung der kurpfälzischen Akademie der Wissenschaften 1763. Mannheim erhielt damit dreieinhalb Jahre nach München die insgesamt fünfte deutsche Akademie, die gerade auf dem historischen Sektor, aber auch auf naturwissenschaftlichem Gebiet besondere Leistungen aufzuweisen hatte. Für ihre Gründung hielt sich Karl Theodor an den Rat des badisch-elsässischen Historikers Johann Daniel Schöpflin,[68] der 1779 nach Schwetzingen und dann noch vierzehnmal nach Mannheim kam. Er wurde zum Ehrenpräsidenten der Akademie ernannt und hat als Sekretär den ihm bereits vertrauten Andreas Lamey vorgeschlagen. Die Sitzungen der Akademie fanden halbjährlich statt. Ihre Ergebnisse wurden seit 1766 in den Acta veröffentlicht.[69] Für das historische Programm war Schöpflin wegweisend. Er hatte mit seiner *Alsatia illustrata* ein Vorbild aufgestellt, dem man auch in

Mannheim nacheiferte. Es ging den Mannheimer Historikern um die Erfassung der Altertümer des Landes, hauptsächlich aus der Römerzeit, um die Verhältnisse der pfälzischen Kernlande zu Beginn der schriftlichen Überlieferung. So wurde der Lorscher Codex ediert und in zahlreichen Beiträgen die Kenntnis der alten Gaugeographie erweitert. Selbstverständlich wendete sich die Forschung auch den Eigenheiten der kurpfälzischen Geschichte, der Kurfürstenwürde und den damit verbundenen Vorrechten (besonders Georg Christian Crollius), König Ruprecht und dem Höhepunkt der pfälzischen Geschichte unter Friedrich dem Siegreichen (Christoph Jakob Kremer) zu. Der Plan eines *Palatinatus illustratus* konnte nicht verwirklicht werden, dazu blieb zu wenig Zeit, doch waren Grundlagen für eine umfassende landesgeschichtliche Forschung gelegt, nicht zuletzt auch durch eine Reihe von Fragebogenaktionen an die Gemeinden.[70] All diese Anregungen fanden in der Beschreibung der Kurpfalz durch Johann Goswin Widder 1784/86 doch noch eine Zusammenfassung.

Für die naturwissenschaftliche Arbeit der Akademie wurde der ehemalige Sekretär Voltaires Cosimo Alessandro Collini aufgrund der Leitung des Naturalienkabinetts zum Koordinator, obwohl er eigentlich ebenfalls von der Geschichte herkam. Zu wissenschaftlicher Bedeutung wuchsen die Forschungen von Friedrich Casimir Medicus, der seit 1766 den botanischen Garten vor dem Heidelberger Tor leitete, an. Überragend war das außerordentliche Mitglied Pater Christian Mayer, der wegen seines Ordensstatus von der Vollmitgliedschaft satzungsgemäß ausgeschlossen war, bis die Aufhebung des Jesuitenordens 1773 dieses Hindernis beseitigte. Für Mayer wurde 1772 hinter der Jesuitenkirche eine Sternwarte errichtet.[71] Noch wichtiger als seine astronomischen Beobachtungen waren für das Land die Grundlagen, die er für eine trigonometrische Vermessung legte, indem er auf einer Basislinie auf der Schwetzinger Maulbeerbaumallee aufbaute. Es war wiederum der Einbruch der Französischen Revolution, der auch hier ein an Qualität überragendes Werk nicht zur Vollendung gelangen ließ. 1780 wurde zu den beiden bisherigen Klassen hinzu eine weitere, die meteorologische, gegründet. Ihr hatte Johann Jakob Hemmer,[72] der sich im übrigen auch um die Verbreitung eines neu konstruierten Blitzableiters verdient machte, die Grundlagen für neuartige Wetterbeobachtungen gelegt. Schließlich ist es gelungen, durch die Mitarbeiter anderer Gesellschaften ein zum Teil sogar über Europa hinaus reichendes Netz von Wetterstationen aufzubauen. Es wurde die Grundlage einer ersten wissenschaftlichen Meteorologie. Gerade die *Societas meteorologica* behielt ihre Fruchtbarkeit bis 1795,[73] als sich auf den anderen Feldern der Akademie bereits Auszehrungserscheinungen infolge des Wegzugs des Hofes und der Kürzung der Mittel bemerkbar machten.

Hatte der kurfürstliche Sekretär Johann Georg von Stengel beim Herrscher den entscheidenden Einfluß in der Gründungsphase der Akademie gehabt, so war sein Sohn und Nachfolger Stefan, der Protektor der meteorologischen Klasse, außerdem noch für die Emporbringung der Muttersprache tätig. Schon als Dreiundzwanzigjähriger faßte er den Plan einer Gesellschaft zur Sprachreinigung und Geschmacksbildung, fand dafür die Zustimmung der Akademie und den Beitritt des Dichters Anton von Klein,[74] des einflußreichen Prälaten Johann Kasimir Haeffelin[75] und des Buchhändlers Schwan. Noch im Herbst des gleichen Jahres unterzeichnete Karl Theodor die Gründungsurkunde der kurpfälzischen Teutschen Gesellschaft. Ihr ging es um die »Reinigkeit« der Muttersprache. Ihre dreißig Mitglieder tagten unter dem Vorsitz Heriberts von Dalberg (seit 1778). Zahlreiche führende Dichter und Schriftsteller wurden in die Gesellschaft als auswärtige Mitglieder aufgenommen, u. a. Klopstock, Wieland, Lessing und Schiller. Bald trat gegenüber der ja auch sonst bei solchen Gesellschaften üblichen Pflege der Sprachreinheit die deutsche Literatur in den Vordergrund. Seit 1777 erschienen dreizehn Bände »Rheinische Beiträge zur Gelehrsamkeit«. Mit Preisausschreiben versuchte man, im Grunde erfolglos, Geburtshilfe für ein deutsches Lustspiel zu leisten. Die Bemühungen um eine deutsche Oper und um die Nationalbühne wurden oben bereits gestreift. Der Ex-Jesuit Anton von Klein war zwar der führende Kopf in Mannheim, aber doch nicht der Dichter und literarische Wegweiser, als der er sich einschätzte. Seine Bedeutung liegt auf dem Felde der Übersetzung, der Herausgeberschaft und der Entdeckung anderer literarischer Werke. Er war ausgesprochener Lobredner Karl Theodors, auf dessen Rückkehr aus Italien er 1775 eine Ode verfaßte. Auch in Prosa verfiel er bei diesem Anlaß ganz in Panegyrik: »Die Pfalz wurde zum Vaterland der Wissenschaften, die freien Künste wandelten wie die Grazien einher und alle Nationen versammelten sich, sie zu bewundern.«[76] Mannheim wird zum pfälzischen Florenz oder zum Neckar-Athen.

Selbst in diesen Übertreibungen steckt doch der berechtigte Stolz auf die kulturellen Leistungen Karl Theodors, die damals in der deutschen Öffentlichkeit zählten und die aus heutiger Sicht eine andere Bewertung Karl Theodors nahelegen als die des 19. Jahrhunderts, das vor allem vom machtstaatlichen Erfolg ausgegangen ist. Allerdings bietet Karl Theodors Herrschaftssystem und sein wenig für politische Konsequenz geeigneter Charakter genug Angriffspunkte für Kritik. Die Kurpfalz war unter ihm alles andere als ein aufgeklärter Musterstaat, doch ist zu bedenken, daß auch in den meisten anderen deutschen Staaten die Reformansätze nur unvollkommen und teilweise wesentlich schlechter als in der Kurpfalz verwirklicht wurden. Auch so konsequent aufgeklärte Regierungen wie die Friedrichs des Großen und Josefs II. waren keineswegs nur von segensreicher Wirkung für ihre Untertanen. Gemessen an all dem war die Regierung Karl Theodors zumindest für die Kurpfalz und Jülich-Berg eine positive Zeit, der freilich kontinuierliche Weiterentwicklung versagt blieb. Man darf es nicht in erster Linie Karl Theodor anlasten, daß schon die Residenzverlegung und sein problematisches Verhältnis zu Bayern, mehr noch der Einbruch der Französischen Revolution und die damit verbundene finanzielle Katastrophe, alle Kontinuität abgebrochen haben.

Kapitel 20

Verwaltung, Landesökonomie und Gesamtlande im 18. Jahrhundert

Absolutismus und Aufklärung sollten sich im letzten Jahrhundert des Bestehens der Kurpfalz als die in alle Lebensbereiche hineinwirkenden Kräfte einer, wenn auch unvollkommenen Modernisierung erweisen. Nach den vorangegangenen Katastrophen wirkte sich die lange Friedenszeit als eine Wachstumsepoche auf vielen Gebieten aus, freilich nicht ohne neue Probleme. Kamen dabei vielfach allgemeine Tendenzen des Zeitalters zum Ausdruck, so wurden diese doch gerade durch Maßnahmen von Regierungsseite gefördert. In Zeiten wachsender Bürokratie und eines für pfälzische Verhältnisse außergewöhnlich geringen Quellenverlustes sind diese Entwicklungen unverhältnismäßig viel besser belegt als während der vorausgehenden Jahrhunderte.

Hof und Zentralbehörden

Wie es sich schon Ende des 16. Jahrhunderts angedeutet hatte, wurde der Hof nach der Überwindung der Notzeit des 17. Jahrhunderts zum eigentlichen Feld fürstlicher Selbstdarstellung. Die Entfaltung von Macht und ästhetischem Glanz waren dafür ebenso wichtig wie die enge Bindung des Adels an den Fürsten.[1] Gerne wurden die führenden Ämter in der Regierung mit repräsentativen Stellen am Hof kombiniert. Auch das Militär diente höfischer Prachtentfaltung, wie diese ganz deutlich in einer Überbesetzung der Generalsränge zum Ausdruck kommt.

Prinzipiell jedoch waren Hof und Regierung schon seit dem Ende des Mittelalters getrennt. Es gab durchaus Hofkarrieren in Unabhängigkeit von Ämtern in Regierung und Verwaltung, und nur bei Hof fanden viele Müßiggänger und einseitig gesellig Begabte ein Unterkommen. Unverkennbar ist der Einfluß der Spitzen der Hofgesellschaft auf den Fürsten selbst, z. B. in der Karl-Theodor-Zeit die Großhofmeister Marquis d'Ittre bis 1750 und Herzog von Galean ab 1761. Auch die Beichtväter gehörten zum Hof. Kurfürstin und Erbprinzen hatten ihren eigenen Hofstaat, der teilweise Persönlichkeiten, die dem regierenden Herrscher weniger genehm waren, Einfluß und Anwartschaften verschaffte.

Nach burgundischem und österreichischem Vorbild war bereits der Düsseldorfer Hof in vier großen Hofstäben organisiert.[2] An der Spitze stand der Obrist-, später Großhofmeister, zuständig für Hofgeistlichkeit, Sammlungen, Hofgelehrte und die allgemeine Schloßverwaltung. Der Stab des Obristhofkämmerers umfaßte alle Dienste, die dem Kurfürsten persönlich zu leisten waren, von den Kammerdienern bis zu den Ärzten, unter Johann Wilhelm auch Hofmusik und Theater. Der ausgedehnte Bereich der Haushaltungen im engeren Sinne, von Küche und Keller bis zur Silberkammer, unterstand dem Stab des Obristhofmarschalls, während das Oberstallmeisteramt den Fahrzeugpark samt der Botenmeisterei unter sich hatte und damit über die meisten Bediensteten gebot. 1776 waren das 217 Personen, während Großhofmeister und Hofmarschall nur jeweils über 80 Personen gesetzt waren, der Obristkämmerer und der eigene Stab für die Hofmusik je etwa 30 Personen auf der Besoldungsliste hatten. Ein eigener Stab für den Hofjägermeister war zur Vorbereitung der großen Jagden eingerichtet. Sowohl die zu Schiff ausgeübten Jagden als auch das Reisebedürfnis des Hofes erklären, daß unter Karl Theodor zu den genannten sechs Hofstäben noch ein eigenes Ressort, die Jachtschiffadmiralität, hinzukam. Sie war besonderer Gegenstand der Kritik, diente aber offensichtlich auch dem Zweck, nicht mehr ganz genehme Personen aus der Umgebung des Fürsten abzuschieben und zu versorgen. In München wurde der Hofstaat, selbstverständlich ohne Personalverringerung, durch Eingliederung der drei jüngeren wieder auf die klassische Zahl von vier Stäben zurückgeführt. Das Hofpersonal stieg in der Karl-Theodor-Zeit von 435 auf 624 Angestellte. Von den Hofbediensteten hingen als Familienangehörige etwa die 4- bis 5fache Zahl von Personen ab; sie alle unterstanden der Gerichtsbarkeit der Hofstäbe in erster Instanz und waren damit aus der Zuständigkeit des Stadtgerichts eximiert.

Die Hofjagden haben gerade in der Karl-Theodor-Zeit eine besonders prunkvolle Ausgestaltung erfahren. 1743 wurde die französische Parforcejagd in großen Wildgehegen, u. a. bei Käfertal, eingeführt. Schon unter Karl Philipp waren die bisher üblichen Treibjagden zu sogenannten Festinjagden umgebildet worden. Eine Art Theaterdekoration machte sie immer mehr zu einem großen Schauspiel. Der Schießstand für die Hofgesellschaft, der »Jagdschirm«, wurde gern aufs Wasser in besonders geschmückte Schiffe verlegt.[3] Ein Ereignis von höchstem Aufwand waren die Jagden im Neckartal, die sich der Herrscher auch noch bei seinem Besuch der Pfalz von München her leistete.

Zum Hofleben hinzu gehörten die vom Kurfürsten und auch von der Kurfürstin gestifteten Orden mit ihren besonderen Ordenstrachten und Ordensfesten. Der alte Hubertusorden Johann Wilhelms konnte nach seinen Satzungen nur 13 Mitglieder aufnehmen. So stiftete Karl Theodor 1767 den Pfälzischen Löwenorden für verdiente Militärs und Beamte.[4] Es wurden Adlige aller drei Konfessionen aufgenommen. Eine gleichzeitige Mitgliedschaft in fremden Ritterorden war nur mit Dispens möglich. Eingangsvoraussetzung für die 25 Ordensritter sollte ein 25jähriger Dienst bei Hof oder in der Regierung sein. Doch mußte wegen des großen Andrangs sehr bald von diesen exklusiven Einschränkungen abgegangen werden. Schon ein Jahr zuvor hatte Elisabeth Augusta den Elisabethorden[5] gestiftet, der besonders für Verdienste auf karitativem Gebiet gedacht war, aber ebenso zum Gegenstand entsprechenden Ehrgeizes bei der höfischen Damenwelt wurde.

Der Hof wie auch die Regierung banden eine neue Adelsschicht an die Residenz der Kurpfalz. Die Tradition des alten pfälzischen Adels aus dem Kraichgau und aus den linksrheinischen Adelszentren, vor allem um Ingelheim, Oppenheim und Germersheim, war längst abgebrochen. Die konfessionellen Entscheidungen des Kurfürsten, die Tatsache, daß der niedere Adel niemals landsässig wurde, kriegerische und wirtschaftliche Katastrophen waren dafür ebenso Ursachen wie der biologische Zufall, der gerade im 17. Jahrhundert zum Aussterben vieler traditioneller Lehensleute der Pfalz, wie z. B. der Handschuhsheim, Hirschberg, Landschad, Hirschhorn und Rosenberg, geführt hatte. Die Neuburger Kurfürsten brachten zu den wenigen überlebenden einheimischen Adelsgeschlechtern hinzu einen ganz neuen, jetzt selbstverständlich katholischen Adel ins Land. Er kam besonders aus den Neuburger Stammlanden und vom Niederrhein. Eine ganze Reihe bürgerlicher Beamtenfamilien war in ihn aufgestiegen, zuletzt noch einige Beamte Karl Theodors, dessen Hofleben anders als bei den Vorgängern exklusiv dem Adel vorbehalten war. Die neuen Adelsfamilien brauchten entsprechend repräsentative Sitze auf dem Land.[6] Nur zum Teil konnte das durch Eintritt in die Lehen des alten Adels gelöst werden; so kamen die Grafen von Wiser nach Leutershausen, die Herren von Hundheim nach Ilvesheim. Großenteils aber mußten erst neue Adelsgüter zusammengekauft und privilegiert sowie Schloßbauten ohne entsprechende Vorläufer errichtet werden. Gerade im Umland von Mannheim ist diese Entwicklung deutlich mit dem Stammsitz der von Oberndorff in Neckarhausen, der von Stengel in Seckenheim, der von Castell in Edingen und der von Maubisson in Maudach. Manche Adelsgüter lagen auch weiter ab von der Residenz. Der Freiherr von Yrsch blieb in Obergimpern im Kraichgau, Minister von Reibeld in Böchingen, der Herr von Perglas in Lachen, letztere beide im Oberamt Neustadt, und der Oberjägermeister von Hacke in Trippstadt im Oberamt Lautern. Adligen Lebensstil ahmte selbst der Hoffaktor Aaron Elias Seligmann mit einem großen Schloßbau in Leimen nach.

Weniger zahlreich als die Angehörigen der Hofgesellschaft war das Personal der zentralen Regierungsbehörden einschließlich der hohen Militärs. Am Ende der Karl-Theodor-Zeit handelte es sich um über 500 Personen. Mit dem Regierungsantritt der Neuburger war eine oberste Spitze im Behördenaufbau über den Verwaltungen der einzelnen Landesteile nötig. Sie wurde 1704 mit der Einrichtung der Geheimen Konferenz geschaffen (s. o. S. 173). Dieser arbeitete die Kanzlei zu, und von ihr hingen die Gesandten bei anderen Höfen ab. Vorbild war wiederum der Wiener Kaiserhof. Die Geheime Konferenz war zuletzt mit 7 Ministern und Referendaren besetzt. Unter Karl Theodor freilich blieb sie nicht immer letztentscheidend, weil es in Konkurrenz dazu noch die Kabinettsentschließungen gab.

Eigentliche Verwaltungsinstanz für die Kurpfalz selbst war die Regierung mit einer stets steigenden Zahl von Regierungsräten, zuletzt 45. Für die Verwaltung von Liegenschaften, Gebühren und Zolleinnahmen war die Hofkammer zuständig, für die Zivilgerichtsbarkeit das Hofgericht und das Oberappellationsgericht; letzteres war 1729 durch Karl Philipp eingerichtet worden und hatte zum Vorgänger das sogenannte Revisorium aus der Karl-Ludwig-Zeit (1653). Auf gleicher Ebene mit Regierung, Hofkammer und Hofgericht stand auch die Geistliche Administration, während reformierter Kirchenrat und lutherisches Konsistorium nicht dieselbe Unabhängigkeit hatten, sondern teilweise auch von der Regierung Weisungen erhielten. Das Obristjäger- und Forstmeisteramt war ähnlich gemischten Zuständigkeiten des betreffenden Hofstabs und der Hofkammer unterstellt.

Unterhalb dieser zentralen Behörden für die ganze Kurpfalz hat sich eine Vielzahl recht verschiedener Kommissionen für jeweilige Spezialressorts wie Bauwesen, Zölle, Schiffahrt, Hospitäler und den Landesfundus, eine Art Unterstützungskasse, gebildet. Dagegen standen die Salinenkommission und die Bergkommission seit dem Ende der Karl-Philipp-Zeit direkt unter der Geheimen Konferenz. Die stärkste Neuerung der Karl-Theodor-Zeit ist die Einrichtung der mit der Regierung gleichrangigen Kommerzienkommission von 1768/71, der allmählich sechs weitere, z. T. ältere Kommissionen unterstellt wurden, u. a. die für die Chausseen, für den Seidenbau und für die Fabriken. Zunächst war die Kommerzienkommission nur für Frankenthal zuständig gewesen und entwickelte dort eine eigene Gerichtsbarkeit. Dann aber wurden ihre Befugnisse auf das ganze Land ausgedehnt. Sie war stets umstritten, aber der eigentliche Träger der gewerblichen Entwicklungspolitik. Auf gleicher Ebene mit der Regierung stand der kurpfälzische Kriegsrat, der aber nicht bei der Geheimen Konferenz, sondern bei einem Kriegsrat für die Gesamtlande, zeitweilig auch der Geheimen Militärkonferenz ressortierte. 1774 wollte der Kurfürst die unübersichtliche Verwaltung durch die Einrichtung klarer Sachdepartements reformieren. Dies gelang jedoch nicht, zu viele Interessen der Stelleninhaber und der Privilegierten standen diesen Bestrebungen im Wege; auch der Wechsel der Geheimen Konferenz nach München änderte an dieser Verfassung nichts Wesentliches.

Staatsfinanzen

Durch die Vereinigung der Neuburger Länder mit der Kurpfalz wuchsen Finanzvolumen und finanzielle Aufgaben in ganz neue Dimensionen. Am Anfang stand mit der Zerstörung des Landes durch die Franzosen und den Spanischen Erbfolgekrieg eine große Anspannung. Auch der relative Reichtum von Jülich-Berg genügte nicht zur Deckung des Bedarfs, obwohl es Johann Wilhelm verstand, den Düsseldorfer Landtag nahezu zu überspielen und immer wieder neue Geldquellen zu erschließen. 1707 richtete er zur Erhaltung des Kredits eine Bank für Staatsschuldverschreibung, den Banco di affracione in Köln, ein.[7] Eine Anleihe von 1 Million Reichstalern sollte durch Ausgabe von Bankzetteln aufgebracht und in zehn Jahren zurückgezahlt werden. Die Stände waren zu Unterschriften und Deckung bereit, wurden aber bereits im nächsten Jahr zur Genehmigung einer Gesamtsumme von 2,2 Millionen Talern genötigt. In den folgenden Jahren stellte die Regierung weitere Bankzettel ohne die Garantie der Stände aus, bis um 1711 der Kredit völlig zusammenbrach. Es wird von Gesamtschulden von über 10 Millionen berichtet. Tatsächlich jedoch stellte 1713 eine neue Garantieübernahme der Stände und Umschreibung der alten Wechsel die Schulden bei 5 Millionen Talern fest. Jülich-Berg verlangte damals, daß auch die anderen Lande in die Schuldentilgung miteinbezogen werden sollten. Tatsächlich jedoch kam von dort her nur ganz wenig.

Johann Wilhelm hatte schon bald nach dem Frieden von Ryswyk ein einheitliches Steuersystem für seine Lande angestrebt. Er befand sich mit der Umstellung der Steuerpolitik im Einklang mit damaligen volkswirtschaftlichen Theorien und mit Tendenzen, wie sie schon in der Karl-Ludwig-Zeit für die Kurpfalz diskutiert wurden. Die Niederlande, Hannover und Braunschweig galten als Vorbild für die Umstellung der Staatseinnahmen von den direkten Steuern ganz auf die indirekten. So wurde 1699 in Kurpfalz und 1700 in Jülich-Berg die alte Schatzung völlig aufgehoben und statt ihrer zusätzlich zu den weiter bestehenden alten indirekten Steuern, auch der Akzise Karl Ludwigs, der Lizent eingeführt.[8] Er sollte eine einheitliche Abgabe vom Verbrauch von Getränken, Getreide und Mehl, Fleisch und Schlachtvieh, von Kaufmannswaren und zusätzlich auch noch vom Vieh in den Ställen der Bauern sein. Man sah in dieser Besteuerung größere Gerechtigkeit, da jetzt nicht nur die Grundbesitzer, sondern alle Konsumenten zu den allgemeinen Lasten beitrugen. Auch von den bisher Privilegierten, den Nichtverbürgerten und den Durchreisenden erhoffte man so einen Beitrag zu den öffentlichen Leistungen zu erhalten. Tatsächlich jedoch verstanden es die privilegierten Stände, weitgehende Befreiungen zu erreichen, und schließlich ging man dazu über, einen Teil des Verbrauchs zu pauschalieren, also praktisch doch wieder eine direkte Steuer zu erheben. Nur außerhalb dieses »stabilen Imposts« mußten für die einzelnen Anschaffungen Lizenzzeichen als Quittung für die Steuer gelöst werden. Die Überwachung des Lizents erwies sich als eine unmögliche Belastung der Verwaltung. Deswegen entschloß man sich, die Eintreibung zu verpachten. Auch das schlug auf die Dauer nicht an. In der Kurpfalz blieb der Lizent jährlich bei einer Durchschnittssumme von 320000 fl, obwohl die Bevölkerung damals stark im Wachsen begriffen war und bis 1716 um über 9000 Familien zugenommen hatte. Die Klagen über diese Steuer rissen nicht ab.

So hat Karl Philipp als eine seiner ersten Regierungsmaßnahmen die alte Schatzung wiedereingeführt. Sie wurde jetzt ganz auf die Abgabe von Nahrungszetteln, also Steuererklärungen, abgestellt. Diese überwachte eine mit Hilfe der jeweiligen Gemeinden einberufene Kommission. Auch gegen die Schatzung erhoben sich sofort wieder Klagen der Betroffenen. Es war gewiß nicht leicht, eine jährliche Steuer von 11 Prozent

Abb. 26: Heidelberg. Kupferstich von Jakob Rieger 1788.
Ansicht von Osten. Ruine des Schlosses mit der Karlsschanze, darunter die Stadt. In der östlichen Vorstadt das Karmeliterkloster, dort 1794 Begräbnis für Elisabeth Augusta. Innerhalb der Altstadt das Franziskanerkloster. Weiter im Hintergrund Jesuitenkolleg mit turmloser Kirche. An der Hauptachse Heiliggeistkirche und Speyerer Tor. Nach dem Eisgang von 1786 zu Ehren Karl Theodors neuerrichtete Brücke.

vom Schatzungskapital aufzubringen, zumal die Maßstäbe zur Berechnung dieses Schatzungskapitals nie unbestritten blieben. In der zweiten Hälfte des 18. Jahrhunderts brachte die seit 1718 in ihren Grundlagen nicht mehr veränderte Besteuerung im jährlichen Durchschnitt in der Pfalz 600 000 fl ein. Sie stammte (1775) zu etwa zwei Dritteln aus dem Grundbesitz, zu einem Drittel aus Gewerbe und sonstigen Einkünften. Außerdem gab es Aufschläge auf diese Steuer für Sonderausgaben, wie Landmiliz (Polizei), Schloßbau und Aussteuer von Prinzessinnen. Die indirekten Steuern einschließlich der Zölle, unter denen nach wie vor derjenige von Kaub der beste war, beliefen sich nur auf etwa die Hälfte dieser Summe. Aus den Domänen kam noch etwas mehr als aus den indirekten Steuern. Unter diesen eigentlichen Kameraleinnahmen standen längst die Geldzahlungen an erster Stelle. Der Wert der Naturaleinnahmen, hauptsächlich aus Korn und Wein, lag bereits 1715 nur noch bei 50 000 fl.

Die rund 1,2 Millionen fl aus Schatzung, indirekten Steuern und Kameraleinnahmen waren das Rückgrat des Gesamthaushalts.[9] Dabei muß man bedenken, daß ein großer Teil der lokalen Verwaltungsausgaben schon vorher aus den Domanialgefällen und Zöllen abgedeckt war. Auch die Nebenlande hatten bereits ihren eigenen Verwaltungsaufwand ausgeglichen, ehe sie zu den Gesamtlasten beitrugen. Aus Jülich-Berg, dessen Gesamtetat höher lag als der kurpfälzische, gingen dazu 230 000 fl aus Hofkammer und ständischer Kasse ein. Neuburg zahlte mit 200 000, vor allem von der Landschaft, unverhältnismäßig mehr, hatte allerdings auch keine so kostspieligen öffentlichen Einrichtungen und Schlösser wie Jülich-Berg zu unterhalten. Mit 48 000 fl aus Pfalz-Sulzbach und diversen anderen Einnahmen verfügte der Fiskus der Gesamtlande über jährlich etwa 1,8 Millionen fl, aus dem die zentralen Aufgaben bestritten werden mußten. Das gelang bis zum Vorabend der Französischen Revolution einigermaßen ausgeglichen nur dadurch, daß für das Militär erhebliche Subsidien eingingen, bis zum Ende des Spanischen Erbfolgekriegs vom Kaiser, seit 1728 von Frankreich.

Aus den Gesamteinnahmen flossen (1775)[10] etwa 170 000 fl in die persönliche Kasse des Kurfürsten und seiner Gemahlin. Die Besoldungen verschlangen 536 000 fl, davon 250 000 fl allein für den Hof. Der Hof erhielt zusätzlich noch 170 000 fl Verbrauchsmittel. Ans Militär gingen insgesamt über 350 000 fl. Für Gesandtschaften fielen 50 000 fl an. Gegenüber diesem Aufwand waren die Ausgaben für das Reich, mit 5000 fl für das Reichskammergericht und 1300 als sogenannte Römermonate, relativ gering. Die ständigen Ausgaben erreichten insgesamt 1,3 Millionen fl, weitere 300 000 fl kamen als nicht ständige Ausgaben hinzu, darunter befanden sich 1775 noch einmal 100 000 für den Hof und 45 000 für das Militär.

Lokalverwaltung und Gemeinden

Auf der unteren Ebene hatte sich an dem Verwaltungsaufbau seit dem 16. Jahrhundert nur wenig geändert. Es blieb im wesentlichen bei der gewachsenen Einteilung in die jetzt durchweg als solche bezeichneten Oberämter (s. o. S. 85f.), bei der Ehrenstelle des Oberamtmanns und der tatsächlichen Leitung der Geschäfte durch den Landschreiber. Die Tauschverträge Johann Wilhelms, die Veldenzer Erbschaft von 1733 und die Trennung von Lindenfels vom Oberamt Heidelberg 1736 legten die Gesamtzahl von 18 Oberämtern für den Rest des Jahrhunderts fest. Von diesen lagen acht, einschließlich des Kondominats Umstadt, auf der rechten Rheinseite. Die Oberämter waren von ganz unterschiedlicher Größe.[11] Alzey und Heidelberg nahmen nach Umfang und Bevölkerungszahl die ersten Plätze ein. Am Ende der Reihe standen Lauterecken, Veldenz, Otzberg und Umstadt. Die großen Oberämter waren in verschiedener Weise untergliedert. In Heidelberg hatte sich aus der Kellerei auf dem Dilsberg ein eigenes Unteramt entwickelt. Es war nochmals wie der sonstige Bereich des Amtes Heidelberg und der von Mosbach in Zenten eingeteilt, die im 18. Jahrhundert mehr staatliche Verwaltungsbezirke als Selbstverwaltungskörperschaften darstellten. Weitere Unterämter bestanden im Bereich von Kaiserslautern, Alzey, Kreuznach und Bacharach. In Kaiserslautern und Germersheim gab es außerdem noch wesentlich kleinere Ämter unter dem Oberamt, die im Grunde nur die Nachfolger von Einzelherrschaften waren. Aus der Oberamtseinteilung eximiert wurden die drei Hauptstädte Heidelberg, Mannheim und Frankenthal. Die Stadtdirektoren an ihrer Spitze, wie die Oberamtmänner vom Kurfürsten selbst ernannt, waren echte Verwaltungsbeamte und nicht Inhaber von Sinekuren. Neben der allgemeinen Verwaltung hatte das Finanzressort unter der Hofkammer seine eigenen lokalen Beamten, für die Domänen immer noch die Keller mit wesentlich kleineren Sprengeln und für die Steuerverwaltung die Obereinnehmer, deren Bezirke gänzlich den Ämtern angepaßt waren. Ebenfalls der Ämtereinteilung entsprach die Forstverwaltung mit jeweils eigenen Forstämtern und den Forstknechten für die einzelnen Reviere. Die reformierten Kirchenbehörden blieben bei der alten, nur unwesentlich geänderten Inspektionseinteilung. Die Geistliche Administration stützte sich auf die Kollekturen für die einzelnen Ämter und die Pflegen für die großen Klostervermögen. Die vielfältigen Kommissionen auf der Regierungsebene, so z. B. für Salz, für Chausseen und für den Seidenbau, hatten jeweils örtliche untergeordnete Stellen; die Bergkommission gebot unmittelbar über die einzelnen Bergwerke.

Durch eigene Treueide und Kautionen blieb die Beamtenschaft an den Herrscher und die Regierung gebunden. Viele Posten waren schon im voraus nach entsprechenden Zahlungen oder dem Einsatz persönlicher Beziehungen an feste Anwärter vergeben, oft auch an Verwandte der bisherigen Inhaber und in der Regel an Angehörige der sich neu im Land ausbildenden katholischen Beamtenschicht. Diese »Adjunktionen« reichten bis in die Kommunalverwaltung hinab. Nur auf der höchsten Ebene blieben die Ministerämter unverkäuflich. Der Mißbrauch der Adjunktionen war jedoch dadurch gemildert, daß der Antritt eines echten Verwaltungsamtes an entsprechende Bildungsvoraussetzungen gebunden war. Im 18. Jahrhundert setzten sich bis auf die Ebene von Unteramtleuten und Zentgrafen hinunter vielfach studierte Juristen, zuletzt auch Kameralisten durch. Zumindest war für diese Bereiche der Besuch der »Kameral-Hohen Schule« (s. u. S. 233) vorgeschrieben. Ebenso ausgebildete Beamte besetzten auch die führenden Stellen im Bereich der Städte und verstärkten so im Zeitalter von Absolutismus und Aufklärung noch einmal die obrigkeitliche Durchdringung dieser Ebene. In aller Regel stand an der Spitze der Gemeinde der von der Herrschaft eingesetzte Schultheiß, in den Hauptstädten während des 18. Jahrhunderts der Stadtdirektor, am frühesten in Mannheim seit 1706. Als Stellvertreter des Schultheißen fungierte in den Städten ein Anwaltschultheiß, während kleine Dörfer, vor allem aber die Landgemeinden unter adliger Ortsherrschaft, keine Schultheißen, sondern nur Anwälte hatten. Dort nahm nämlich der Dorfherr einen Teil der Aufgaben des Schultheißen selbst wahr. Überall war der Schultheiß Vorsitzender des örtlichen Gerichts und Vertreter der Gemeinde nach außen. Im Oberamt Neustadt bildeten die Oberschultheißen der kleineren Städte die untersten Instanzen der Bezirksverwaltung für die Landorte. Im Oberamt Heidelberg war das dagegen Aufgabe der Zentgrafen, von deren Zuständigkeit die Städte mit ihren Schultheißen ausgenommen waren, während im Oberamt Mosbach die Stadtschultheißen auch als Zentgrafen sowie als herrschaftliche Keller amtierten.

Gerichtsschöffen und Stadtrat waren im Lauf einer schon im 16. Jahrhundert stärker einsetzenden Entwicklung in der Regel zu einem einheitlichen Gremium verschmolzen. Um 1750 reduzierte die Regierung die Zahl der Gerichtspersonen meist um die Hälfte, in Städten und größeren Dörfern von 12 auf 6, in den kleineren Landorten bis auf 4 oder 3. Spätestens mit der Katastrophe von 1689 waren die letzten Spuren eines adlig-bürgerlichen Dualismus in den Stadtverfassungen von Oppenheim, Alzey und Bacharach erloschen, wenn auch Alzey noch bis Mitte des 18. Jahrhunderts einen Adligen als Schultheißen hatte. In Bacharach hatte schon Karl Ludwig im Zuge der Zusammenlegung von Rat und Gericht die bis dahin noch bestehende Bindung des Gerichts an Kurköln und an den Oberhof in Andernach beseitigt. Auch sonst setzte sich bis zum beginnenden Absolutismus die Tendenz durch, alle kurpfälzischen Gerichte von den außerhalb des Territoriums gelegenen Oberhöfen zu lösen und sie an die Oberamtsstädte und letztere an das pfälzische Hofgericht zu binden.

Die Orts- und Stadtgerichte waren für die freiwillige Gerichtsbarkeit wie für die kleineren Strafsachen zuständig, die Stadtgerichte, bis auf Eberbach und Mosbach, die in die entsprechenden Zenten eingebunden waren, auch für die Blutgerichtsbarkeit, jedoch waren diese Blutgerichte, selbst die Stadtgerichte der Hauptstädte, nur noch ausführende Organe. Sie übernahmen die Untersuchung des Falles, übersandten die Akten an die Regierung, die das Urteil fällte, es aber vom Stadtgericht in feierlicher Form verkünden und vollstrecken ließ. Stadtgerichte wie Dorfgerichte tagten zu festgesetzten Terminen, die der Dörfer ursprünglich nur viermal im Jahr an den sogenannten gebotenen Gerichtstagen. Zu ihnen mußte sich die ganze Gemeinde einfinden und die in der Zwischenzeit vorgefallenen Übertretungen und Vergehen rügen, das heißt zur Anzeige bringen. Wer außerhalb der festen Gerichtstermine einen Akt der freiwilligen Gerichtsbarkeit, etwa das Protokollieren eines Vertrages, benötigte, mußte das Gremium der Gerichtsleute als Kaufgericht auf seine Kosten einberufen lassen. War der Schultheiß rein herrschaftlicher Beamter, so wurde jeder Gerichtsverwandte immerhin durch Auswahl aus einem Vorschlag von zwei oder drei Kandidaten des Gerichts von der Obrigkeit auf Lebenszeit berufen.[12] Immer mehr schlich sich aber auch hier die Anwartschaft auf die Stelle in dieses Verfahren ein, so daß die Vorauswahl des Gerichts zur leeren Formalität wurde. An die Konfession waren die Vorschläge ohnehin gebunden, weil für jedes Gemeindegericht das Konfessionsverhältnis festgelegt war. In der Regel stellten die Katholiken, und dies keineswegs im Proporz zu ihrem Bevölkerungsanteil, die Hälfte der Gerichtsleute und dazu noch den Schultheißen.

So war die Selbstverwaltung der Gemeinde weitgehend erdrückt. Auf der anderen Seite war ihre Repräsentation bis ins 18. Jahrhundert hinein in ständigem Wachstum begriffen. Rathäuser gab es mittlerweile auch fast überall auf dem Land, obwohl es dort nie einen Rat gegeben hat. Auch die kleinsten Gemeindegerichte führten im 18. Jahrhundert eigene Siegel, nachdem das Siegelwesen schon früh, noch vor 1500, bei den größeren Dörfern der Rheinebene eingesetzt hatte. Die Spiegelbilder zeigten seit dem 17. Jahrhundert die zunehmende Tendenz, das herrschaftliche Wappen in verschiedener Variation, oft auch kombiniert mit alten Dorfzeichen, zu übernehmen. Auch das eigentliche Gebiet gemeindlicher Selbstverwaltung, die Bewirtschaftung des Gemeindevermögens, war nicht mehr frei von herrschaftlichen Eingriffen; nur die Besetzung der verschiedenen Hirtenämter und der vielen Einzeldienste für Feldhut, Nachtwachen, Brunnen, Feuerschau usw. verblieb noch der Wahl durch die Gemeindeversammlung. Für das Gemeindevermögen waren die Bürgermeister zuständig. Sie wurden vom Gericht und von der Gemeinde bestellt. In der Regel gab es den Gerichts- und den Gemeindebürgermeister, in einigen Städten kommen auch zwei Gerichts- und zwei Gemeindebürgermeister vor. Hatten Regierung bzw. Oberamt schon durch die Zusammensetzung des Gerichts Einfluß auf mindestens einen Bürgermeisterposten, so zeigte sich unter Karl Philipp das Bestreben, die kommunalen Vermögen durch die Einsetzung von Rentmeistern ganz unter die Kontrolle des Staates zu bringen. Karl Theodor hat das wieder aufgegeben, aber 1766 für alle Gemeinden der Pfalz eine einheitliche Form der Gemeinderechnungen, die von den Ämtern überwacht wurden,[13] vorgeschrieben. Selbstverwaltungsaufgaben blieben zu einem gewissen Grade die Brandbekämpfung, die örtliche Sicherheit und Ordnung und die Verteilung von Fronen und Einquartierungslasten. Dies war Sache der ebenfalls von der Herrschaft mitbestimmten Viertelsmeister, die es in allen größeren Gemeinden gab. Entsprechend dem Bestand an Stadtquartieren, konnte ihre Anzahl schwanken und damit auch die Amtsbezeichnung von Zweiern über Vierer bis zu Achtern.

Alle staatliche Gleichmacherei konnte jedoch die großen Unterschiede in der Vermögenslage der Gemeinden nicht ausgleichen, noch nicht einmal durch entsprechende Maßnahmen mildern. Die Ausstattung der Gemeinden mit Allmendland und Wald war das Ergebnis von Siedlungsgenese und herrschaftlichem Schicksal. Die Dörfer des Altsiedellandes unter unmittelbarer kurfürstlicher Herrschaft waren deutlich im Vorteil gegenüber den späteren Ausbau- und Rodungsorten bzw. den Orten, in denen sich eine adlige oder geistliche Ortsherrschaft oder auch nur die Geistliche Administration halten konnte. Für die Nutzung des Gemeindevermögens gab es ganz unterschiedliche Verbände von kleinen Nutzungsgemeinden, die erst zu mehreren eine gemeinsame Gerichtsgemeinde bildeten, bis hin zu den Allmendgenossenschaften, die eine Vielzahl von Gemeinden umfaßten. Die großen Verbände paßten ganz allgemein nicht mehr in das aufgeklärte 18. Jahrhundert. So stand auch in der Endzeit der Kurpfalz die Aufteilung der verschiedenen Geraide- und Allmendgenossenschaften an, wenn sie auch nicht vor dem Untergang des Kurstaates zum Abschluß gelangt ist. Im Zugang zu Allmendnutzung und Gemeindevermögen zeigte sich der eigentliche Wert des Bürgerrechts. Zu diesem gelangten im allgemeinen nur die Grundbesitzer; in den großen Gemeinden der Rheinebene und der Hügelländer war das die ganz überwiegende Mehrheit der Familienvorstände, wenn auch Unterschiede zwischen den Bauern mit ihren Gespannen und den Handfrönern gemacht wurden. Beisassen waren hier nur wenige Zugezogene, denen es nach einer Bestimmung von 1740 lediglich erlaubt war, eine Kuh oder zwei Geißen auf die Weide zu treiben; sie entbehrten des Stimmrechts in der Gemeindeversammlung. Schärfer waren die Unterschiede in den Gebirgsgegenden, wo die Zahl der Beisassen höher war oder wo gar wie im Odenwald nur die Inhaber der Huben Anteil an der Gemeinde hatten. Überall waren in der Gemeinde lediglich geduldet die Mennoniten und die Juden.

Die gänzliche Überformung des Bereichs der alten Gemeindeautonomie durch die herrschaftliche Verwaltung ist gewiß nicht nur als eine Minderung kommunaler Freiheit anzusehen. Es steht ebenso und trotz allen Eigeninteresses von Herrscher und Beamten das Ziel einer Vermehrung von Gleichheit und Rechtssicherheit dahinter, so daß sich auch auf diesem Felde das Doppelgesicht des aufgeklärten Absolutismus zeigt.

Bevölkerung

Nach den großen Zerstörungen war bereits die Zeit des Spanischen Erbfolgekriegs eine Epoche schnellen Bevölkerungswachstums; z. T. kehrten die nur kurzfristig ausgewichenen alten Einwohner wieder zurück, z. T. kamen neue Ansiedler, bevorzugt Katholiken. Um 1725 waren die Verluste des 17. Jahrhunderts wieder ausgeglichen, zum großen Teil überstiegen die Bevölkerungszahlen die alten Werte, obwohl dazwischen größere Auswanderungen (s. u.) lagen. Allerdings beruhen diese Erkenntnisse nur für das

Oberamt Heidelberg auf einer exakten Einwohnerstatistik,[14] sonst nur auf Nachrichten über einzelne Orte. Hilfsweise kommt die Beobachtung hinzu, daß in diesen Jahrzehnten schon allgemein großer Landhunger herrschte und man den Nahrungsspielraum auch gegenüber dem 16. Jahrhundert durch Zurodungen sowie die Nutzung von Teilen der Brache (s. u. S. 226) erweiterte. Eine Bevölkerungsstatistik des Kurfürstentums auf Gemeindebasis wurde 1773 vorgeschrieben und seither regelmäßig zum Jahresende erstellt,[15] bis der erste Koalitionskrieg 1792 das größtenteils unmöglich machte. Die Zählung war ganz auf die ortsanwesende Bevölkerung ausgerichtet und versuchte mit Hilfe von Geburten und Sterbefällen, Zu- und Wegzügen auch jeweils die jährlichen Veränderungen zu erfassen. Bei allen Mängeln handelt es sich also um ein relativ modernes Verfahren. Innerhalb der 18 Jahre, für die Beobachtungen vorliegen, wuchs die Gesamteinwohnerzahl der Pfalz von 264 000 auf nahezu 323 000, d. h. es fand ein Wachstum von über 22 Prozent statt. Die Jahresbilanzen waren durchweg positiv. Einzig 1778 auf 1779 zeigt sich ein leichter Rückgang, bedingt zum Teil durch die Übersiedlung des Hofes nach München. Man wird ähnliche Wachstumsraten für die davorliegenden Jahrzehnte annehmen dürfen. Sie haben die Pfalz weit über den Stand der Zeit vor dem Dreißigjährigen Krieg hinausgebracht. Der Geograph und Hofbibliothekar von Traitteur versicherte Karl Theodor, daß es ihm auf diese friedliche Weise gelungen sei, seine Macht zu verdoppeln, das Volk sei der Schatz, den der Fürst vermehren solle.[16]

Die Bewertung dieses Wachstums war freilich unterschiedlich sowohl in der pfälzischen Regierung als auch bei den meist kritischen Berichten über die Pfalz von Seiten aufgeklärter Publizisten. Schon 1734 wollte man den Zuzug durch entsprechende Abgabenfreiheit nicht mehr unterstützen und führte das Einzugsgeld für die Niederlassung in den Gemeinden wieder ein. Trotzdem erging 1764 ein Verbot der Auswanderung und empfahl der zweibrückische Hofrat Medicus 1769 eine weitere Förderung der Vermehrung durch größere religiöse Toleranz, Auslösung der Güter der toten Hand sowie Erleichterung des Eintritts ins Bürgerrecht. Die führenden Köpfe der Kommerzienkommission gingen 1774 noch einen Schritt weiter, indem sie ein allgemeines, leicht zugängliches pfälzisches Staatsbürgerrecht schaffen wollten. Dies war jedoch gegen den Widerstand der konservativeren Kräfte in Regierung und Gemeinden nicht durchzusetzen. Gemeinde und Zünfte äußerten immer wieder die Furcht vor Übervölkerung. Trotzdem haben einzelne Orte des Altsiedellandes und die Stadt Eppingen bei einer Befragung 1776 darauf hingewiesen, daß bei ihnen noch Raum für neue Bewoh-

Gesamtbevölkerung der Kurpfalz 1773-1791
(jeweils Jahresende)

Jahr	Bevölkerung	Jahr	Bevölkerung	Jahr	Bevölkerung
1773	264 226	1779	286 937	1785	296 710*
1774	270 484	1780	289 614	1786	299 106*
1775	275 307	1781	293 640	1787	304 985*
1776	279 375	1782	295 582	1788	...
1777	283 886	1783	296 692*	1789	...
1778	288 801*	1784	295 258*	1790	320 000+
				1791	323 746

* nach Traitteur, der die Zahlen jeweils zum folgenden Jahr notiert
+ Schätzwert

ner sei, denen man Existenzgrundlagen durch Aufteilung größerer Güter oder Ansiedlung von Manufakturen schaffen sollte.[17] In seiner Arbeit über die pfälzischen Bevölkerungsverhältnisse meinte Theodor von Traitteur 1789 allerdings, die Furcht vor einer Untervölkerung sei gegenstandslos und das Land bereits dichter besiedelt als Holland.

In dieser Bevölkerungsdichte liegt der eigentliche Grund der im ganzen 18. Jahrhundert starken Auswanderung aus der Kurpfalz. Sie war für die bereits obengenannten Publizisten der eigentliche Maßstab für das in ihren Augen völlig verkommene Regierungssystem. Dabei ist offensichtlich, daß die Auswanderung nicht nur die Kurpfalz, sondern im gleichen Maße auch die benachbarten, anders verwalteten und z. T. auch rein protestantischen Länder erfaßte, also nicht in erster Linie miserablen Zuständen in der Kurpfalz zugeschrieben werden kann. Die Konfessionspolitik freilich spielte beim Auslösen der ersten Auswanderungswelle eine nicht zu verkennende Rolle. 1709 verließen eine ganze Anzahl von Pfälzern das Land, um über London nach Amerika zu gelangen, wo die Briten neue Kolonien zur Gewinnung des für die Kriegsflotte benötigten Holzes und Teers am oberen Hudson anlegten. Unter den Pfälzer Auswanderern waren auch wohlhabendere reformierte Bauern, die aus Verbitterung über die neue Regierung wegzogen. Die Auswanderung ist aber nicht allein von daher zu erklären, auch nicht durch die um Landau sicher besonders wirksamen Kriegsnöte und eine allgemeine Mißernte. Zweifellos haben auch spätere Notjahre immer wieder die Auswandererzahlen gesteigert, aber insgesamt mußte jeweils ein psychologischer Faktor hinzutreten. Nicht zu verkennen ist die Bedeutung von in Umlauf gesetzten Erfolgsberichten von Auswanderern und Propagandaschriften. In der Karl-Theodor-Zeit kam die verstärkte Tätigkeit von Werbern hinzu, die nicht allein vom Interesse der Zuwanderungsländer gesteuert waren, sondern ebenso durch das Gewinnstreben der Transportunternehmen, vor allem der Schiffseigner. Gegen diese Werbung richteten sich bald Verbote, freilich ohne großen Erfolg. Die Wegzüge wurden zu einem großen Teil als illegal angesehen, obwohl sie in den Heimatorten der Auswanderer vielfach Erleichterung hervorriefen. Selbstverständlich entzog sich eine ganze Reihe von säumigen Schuldnern und Straffälligen durch Auswanderung den drohenden Bedrängnissen, die Mehrheit der Emigranten war das sicher nicht. Wesentliches Motiv für die jüngeren Jahrgänge war die bessere Heiratsmöglichkeit, die wie überall, in der Pfalz noch nicht einmal in besonders strengem Maße, vom Nachweis einer materiellen Mindestsicherung abhängig gemacht wurde.

Es ist fast unmöglich, die Einzelnachrichten über Auswanderungen zu einem zutreffenden Gesamtbild zu vereinen oder gar Gesamtzahlen anzugeben. Eine Relation von 1709[18] verzeichnet unter insgesamt über 15000 Auswanderern aus dem Oberrheingebiet und angrenzenden Landschaften 8589 Pfälzer, aber auch 2334 aus Hessen-Darmstadt und 113 aus Hanau. Sie erreichten längst nicht alle Pennsylvanien. Die nächste Auswanderungswelle, zahlenmäßig nicht zu erfassen, schloß sich 1717 an. Weitere hervorstechende Auswanderungsjahre liegen 1725, 1738–1741, 1769–1771 und 1790/91. 1769 sollen die Auswanderungen der letzten fünf Jahre zusammen sich auf 861 Familien belaufen haben, das wären rund 4000 Einwohner. Traitteur berechnet für das Jahrzehnt 1776–1786 aus der Gesamtbilanz der Bevölkerung einen Auswandereranteil von 12000, dem eine Einwanderung von 3000 gegenüberstand. Man muß bedenken, daß unter Auswanderung jeder Wegzug über die Grenzen der Kurpfalz verstanden wurde, daß in solchen Zahlen also auch Abzüge in die nähere Umgebung enthalten sind. Letztere könnten in ihrer Höhe etwa den Zuzügen, die fast ausschließlich aus der näheren Umgebung kamen, entsprochen haben.

War am Anfang des 18. Jahrhunderts Amerika das ganz überwiegende Ziel pfälzischer Auswanderung, so änderte sich das Bild bald, als sich in Ungarn andere Möglichkeiten boten. Der dortige Bedarf an neuen Ansiedlern zog vor allem die Katholiken an. Nur wenige Reformierte fanden den Weg auf die Güter des ungarischen Adels. Genau umgekehrt verhielt es sich mit der Auswanderung nach jenseits des Atlantik. Dort legte die englische Krone Wert darauf, daß keine Katholiken ins Land kamen, während alle protestantischen Bekenntnisse einschließlich der Mennoniten willkommen waren. Die Abwanderung nach Ungarn war verständlicherweise mit weniger Risiken verbunden als die nach Amerika. Seit der ersten polnischen Teilung hatten Habsburger und Hohenzollern neuen Bedarf an Kolonisten. Jetzt kamen viele protestantische Pfälzer nach Westpreußen und Angehörige aller Konfessionen nach Galizien. Damals ging auch Rußland zur Anwerbung von Siedlern, hauptsächlich für die Schwarzmeergebiete und das Land an der Wolga, über. In einem Teil der russischen Kolonien sowie in Pennsylvanien erwies sich das pfälzische Element als so dominierend, daß dort auch die Mundart weitgehend vom Pfälzischen bestimmt blieb. Kleine, in sich abgeschlossene ausschließlich pfälzische Kolonien entstanden zum Teil auf halbem Weg zur Fernauswanderung am Niederrhein, bei Hannover und in Jütland. Sie haben besonders rein ihr angestammtes Volkstum bewahrt.

Die große Bevölkerungszunahme des 18. Jahrhunderts verschärfte ganz allgemein die sozialen Unterschiede, wenngleich ein erstaunlich großer Teil der neuen Bevölkerung relativ guten Lebensunterhalt fand. Der Zuwachs verteilte sich unterschiedlich auf die einzelnen Landschaften. Unter den Städten erwies sich die Residenz Mannheim als besonders aufnahmefähig. Militär und Hof waren hier ganz neue Wachstumsfaktoren, für die allerdings das Jahr 1778 dann auch einen plötzlichen Einbruch brachte. Die Stadt verlor sofort über 5000 Einwohner. Der Gesamtrückgang bis zum Ende der Pfalz, zusätzlich auch durch die Kriegsschicksale bedingt, betrug nahezu ein Drittel des Höchststandes von 1777. Bis zu diesem Jahr, für das im Bereich der gesamten Kurpfalz Einzelstatistiken vorliegen, war die städtische Bevölkerung des Landes auf fast 90 000 angewachsen, das waren knapp 32 Prozent der Gesamteinwohnerschaft. Städte, die gegenüber der Zeit vor dem Dreißigjährigen Krieg ein besonders hohes Wachstum zu verzeichnen hatten, waren Bacharach, Alzey, Weinheim, Ladenburg, Eberbach, ganz besonders Neustadt, Frankenthal, aber auch Heidelberg und eine ganze Reihe der Kleinstädte. Verhältnismäßig konstant war dagegen die Bevölkerung in Kreuznach und Germersheim geblieben. In Oppenheim und Kaiserslautern ist sogar ein Rückgang gegenüber der Zeit vor dem Dreißigjährigen Krieg zu verzeichnen. Er hängt in Kaiserslautern mit den schweren Kriegsschicksalen zusammen.

Das Wachstum in den Dörfern verteilte sich selbstverständlich auch ungleichmäßig. Nach den nur aus dem rechtsrheinischen Bereich vorliegenden Untersuchungen waren jetzt nicht mehr die großen Weinbaugemeinden am Gebirgsrand, sondern die Orte in den fruchtbaren Teilen der Rheinebene am stärksten daran beteiligt. Dies hängt mit den Reformen in der Landwirtschaft (s. u.) zusammen und erreichte in der Zeit von 1727 bis 1803 zum Teil Werte von über 300 Prozent. Man darf auch im Oberamt Neustadt und teilweise in den Oberämtern Alzey und Germersheim eine solche Entwicklung vermuten. Erstaunlicherweise hatte dieses große Wachstum in einem Teil der Orte, jedenfalls im rechtsrheinischen Gebiet, noch nicht einmal eine zunehmende Verarmung zur Folge, denn diese Gemeinden blieben in der Gruppe mit den höchsten durchschnittlichen Steuerkapitalien, die allerdings auch in den Weinbauzonen und in den fruchtbaren Teilen des Kraichgaus vertreten war. Die größte Armut dagegen fand sich durchweg in den Gebirgsgegenden, zumal in den Neugründungen des 18. Jahrhunderts. Vergleichbar arm waren in den fruchtbaren Zonen nur Einzelgemeinden mit äußerst ungünstiger Besitzstruktur, d. h. fast ausschließlichem Vermögen der großen Grundbesitzer, zumal der Geistlichen Administration und des Adels.

Bevölkerung der kurpfälzischen Städte 1580 und 1777
(Reihenfolge nach Ober-Ämtern des 18. Jahrhunderts)

Oberamt	1580*	1777	Oberamt	1580*	1777
Mannheim	800	25 313 (mit Hof und Garnison)	Ladenburg	1 000+	1 472
Heidelberg	7 000	10 195	Lautern	2 100	1 674
Frankenthal	1 500	3 461	Wolfstein	250	280
Alzey	2 000	2 624	Otterberg	500	1 414
Pfeddersheim	1 100	1 042	Lauterecken	x	731
Bacharach	800	1 430	Lindenfels	60	374
Kaub	500	911	Lixheim	250	x
Boxberg	400	885	Eberbach	1 100	1 885
Bretten	1 400	1 834	Hilsbach	600	768
Eppingen	1 400	1 566	Mosbach	1 300	1 579
Heidelsheim	1 300	1 306	Sinsheim	850	1 275
Germersheim	800	949	Lambsheim	1 000	1 062
Billigheim	500	923	Neustadt	1 800	3 588
Hagenbach	800	x	Oggersheim	500	897
Selz	900	x	Wachenheim	800	1 384
Dilsberg	100	348	Oberingelheim	900	1 377
Neckargemünd	850	1 542	Odernheim	750	1 084
Schönau	170	546	Oppenheim	2 000	1 556
Schriesheim	900	1 592	Simmern	700	1 203
Weinheim	1 800	2 353	Stromberg	200	485
Wiesloch	1 000	1 373	Bensheim	1 900	x
Kreuznach	3 300	3 327	Heppenheim	1 000	x
Kirchberg	400	x	Umstadt	1 000+	·
Monzingen	600	841			
Sobernheim	1 200	1 442	Summe	52 080	89 891

* Geschätzt nach Steuerpflichtigen, meist 1577, z. T. 1587
+ Kondominate, kurpfälzischer Anteil ½ bzw. bei Kreuznach und Kirchberg ⅖
x Zum Zeitpunkt der Zählung nicht zur Kurpfalz gehörig

Betrachtet man die Steuerkapitalien nach den einzelnen Oberämtern ohne Rücksicht auf Spezialwerte für die Gemeinden, so ergibt sich für 1777 das Bild einer relativ starken Mittelgruppe mit 19–23 fl pro Person. Nur geringfügig darüber lagen die Stadt Mannheim und das Oberamt Alzey. Überragend war der Wert für das Oberamt Boxberg mit über 35 fl. Deutlich zeigt sich die Armut in den Gebirgsgegenden, so in den Oberämtern Lindenfels (knapp 11 fl) und Lauterecken (14 fl). Die Städte Heidelberg und Frankenthal wiesen die geringsten Durchschnittswerte um 7 fl auf. Nicht zufällig handelt es sich dabei um die damaligen Industriestädte (s. u.), lag doch die Besteuerung einseitig auf dem Grundbesitz. Nicht ganz damit übereinstimmend ist eine Berechnung der Anzahl der Armen[19] im Verhältnis zur Gesamtbevölkerung etwa für die gleiche Zeit. Den günstigsten Wert mit weitem Abstand wies das Oberamt Bretten auf, wo

Bevölkerung und Steuerkapital nach Oberämtern 1777
(GLA 77/6142)

Oberämter	Personen	Steuerkapital in fl	Steuerkapital fl pro Person
Alzey	37 985	1 023 759	26,95
Bacharach	4 959	102 051	20,58
Boxberg	3 881	137 858	35,52
Bretten	8 548	188 078	22,00
Kreuznach	15 537	341 410	21,97
Germersheim	24 458	544 151	22,25
Heidelberg (Oberamt)	41 152	802 489	19,50
Ladenburg	4 277	85 290	19,94
Lauterecken	4 019	57 753	14,37
Lautern	19 670	348 851	17,74
Lindenfels	4 170	45 244	10,85
Mosbach	22 146	443 724	20,04
Neustadt	29 447	622 691	21,15
Oppenheim	10 540	220 353	20,91
Otzberg	1 995	45 722	22,92
Simmern	8 984	185 934	20,70
Stromberg	4 856	113 774	23,43
Veldenz	2 240	53 150	23,73
Mannheim, Stadt	14 161	374 890	26,47
Heidelberg, Stadt	10 195	75 450	7,40
Frankenthal, Stadt	3 461	22 727	6,57
	276 681	5 835 349	21,09

nur jeder 136. als arm galt, dann folgten ausgerechnet Lauterecken, Mosbach und Lindenfels mit jedem 80. bis 50., das bedeutet, in diesen drei Oberämtern gab es zwar sehr bescheidene landwirtschaftliche Existenzen, aber kaum völlig mittellose Einwohner. Die höchste Armendichte zeigt sich in Veldenz, wo jeder sechste Einwohner unter die Armen gezählt wurde. Aber auch für Otzberg und Simmern lagen die Werte verhältnismäßig hoch. Jeder 14. bzw. 18. war dort arm. Das Beispiel des fruchtbaren und reichen Ladenburg mit noch relativ hoher Armenzahl, jeder 20., zeigt, daß eine solche Betrachtung kein Gradmesser ist. Die verhältnismäßig gut dotierten Stiftungen in dieser ja zur Hälfte katholisch gebliebenen Stadt lockten unbemittelte und problematische Familien förmlich an.

Eine Sondergruppe bildeten nicht nur in konfessioneller Hinsicht, sondern auch in ihrer Besteuerung die Mennoniten. Grundsätzlich waren in der Pfalz 200 Mennonitenfamilien zugelassen. Das entspricht etwa einer Gesamtbevölkerung von 1200 bis 1400 Personen. Tatsächlich lebten aber 1740 bereits 2010 Mennoniten im Land.[20] Sie waren teilweise als Pächter und Bewirtschafter der großen Güter der Domäne wie der Geistlichen Administration unentbehrlich und erwiesen sich als besonders aufgeschlossen für landwirtschaftliche Reformen. Die größte Anzahl mennonitischer Familien (32) lebte auf dem Ibersheimer Hof nördlich von Worms, der aus einem Dorf längst zur Staatsdomäne geworden war. Trotz der landwirtschaftlichen Ausrichtung dieser Bevölkerungsgruppe fanden sich damals 24 Familien in der Residenzstadt Mannheim.

Die in ihrer rechtlichen Lage vergleichbaren Juden[21] zeigen in ihrem sozialen Profil eine viel größere Spannbreite. Ihre Mehrheit war recht arm, nur wenige erfolgreiche Bank- und Handelsleute hatten es gerade in den Städten zu großen Vermögen gebracht, erwiesen sich mit Stiftungen für Gottesdienst und Sozialfürsorge jedoch aufgeschlossen für ihre darbenden Glaubensbrüder. 1771 zählte man in der gesamten Kurpfalz 737 jüdische Familien, von denen allein 212 in Mannheim lebten. Dort entrichteten sie ein ermäßigtes Schutzgeld und waren in einer eigenen Judenschaft organisiert, während das gesamte Land die andere Judenschaft bildete. Ihre Vorsteher hatten den Sitz in Heidelberg und wurden lange Zeit von der Familie Oppenheimer gestellt. In Heidelberg war auch die zentrale Synagoge für die Landgebiete rechts des Rheins. Judenfriedhöfe gab es in Mannheim, Heidelberg und in Hemsbach; die vor dem Dreißigjährigen Krieg bestehende Pflicht, alle Juden in Worms zu bestatten, war längst aufgehoben. Im Zuge der Rechtsreformen unter Karl Theodor wurde, allerdings vergeblich, das Projekt verfolgt, die Juden zum Grundbesitz zuzulassen und auf Dauer ihre Integration zu fördern.

Land- und Forstwirtschaft

Schon seit dem Spätmittelalter wies die Agrarverfassung der Kurpfalz verhältnismäßig moderne Züge auf. Es gab keine Grundherrschaft im strengen Sinne mehr und damit keine Bindung der bäuerlichen Schichten an Grund und Boden. Die herrschaftlichen Güter waren zu einem großen Teil an ihre Bearbeiter in allerdings verschiedenen Formen verpachtet. Die bäuerlichen Wirtschaftseinheiten setzten sich in ihrer ganz überwiegenden Mehrzahl aus Parzellen zusammen, die jeweils verschiedenen Herren gehörten. In unterschiedlichen kleineren Anteilen war auch bäuerliches Eigengut vorhanden. Alles dies war die Folge davon, daß schon vor Beginn der Neuzeit die starre Unteilbarkeit des herrschaftlichen Besitzes aufgegeben war und an die Stelle fest umrissener Bauerngüter vielfältig aufgeteiltes Land trat. Diese Entwicklung betraf insbesondere das Altsiedelland, also vornehmlich die Oberämter Heidelberg, Bretten, Germersheim, Neustadt, Alzey und Kreuznach. Hier hatten sich nur einzelne große Höfe im Besitz des Kurfürsten, der Kirche und des Adels gehalten,[22] während die große Masse des Landes nur noch zinsbares Gut darstellte. Die adligen Dorfherrschaften hielten eher an den überkommenen Eigentumsverhältnissen fest. In den Rodungsgebieten der westlichen Oberämter, vor allem Lautern und Simmern, waren die großen herrschaftlichen Güter weniger vertreten und bestand relativ viel zinsbares, in Streuparzellen liegendes Bauernland. Der Odenwald, vornehmlich das Oberamt Lindenfels, teilweise aber auch Mosbach, wies am ehesten noch die Spuren der aus der Rodung stammenden einheitlichen Hubenverfassung auf. Doch waren auch hier oft die Huben geteilt und seit dem Dreißigjährigen Krieg wieder willkürlich zusammengesetzt, so daß man auch da die altüberkommenen Einheiten nur noch bei der Erhebung der Abgaben wahrnehmen konnte.

Bereits 1710 setzten Überlegungen ein, wie man die bestehenden Pachtverhältnisse verbessern könne. Damals kam der Vorschlag, alle Zeitpacht in Erbpacht zu verwandeln. Tatsächliche Ergebnisse brachten die ersten Ansätze einer Bauernbefreiung zunächst nur für das kleinparzellierte Wingertland, wo Karl Theodor den Loskauf aller herrschaftlichen Belastungen ermöglichte, und im Fronwesen, wo er eine Geldablösung einführte. Die Bestands(pacht)verhältnisse blieben bis zum Ende der Kurpfalz Gegenstand von Reformüberlegungen.[23] Man wollte sie in Eigentum überführen und durch eine gerechtere Besteuerung des Grundbesitzes für einen Ausgleich des eventuellen Einnahmeverlustes der Staatskasse sorgen. Als dieses Vorhaben 1793 in ein konkreteres Stadium geriet, war das Land schon zum großen Teil durch die Armeen der französischen Revolution besetzt und eine Verwirklichung illusorisch.

Die Wirren des Dreißigjährigen Krieges hatten das System der Dreifelderwirtschaft aufgelöst, und erst um 1700 war die alte Ordnung wiederhergestellt und auch wieder alles Land unter dem Pflug. Diese Tendenz lief aber bereits parallel mit der Einführung neuer Kulturpflanzen. Daher kam es in den fruchtbaren Landstrichen der Oberrheinebene selten dazu, daß die Brache wieder streng eingehalten wurde. Vor allem für den Tabak, der seit 1654 im rechtsrheinischen Teil der Pfalz gut bezeugt ist und sicher schon während des Krieges Eingang fand, hat man einen Teil der Brache in Anspruch genommen. Auch Rüben und Hülsenfrüchte wurden im 17. Jahrhundert bisweilen ins Brachfeld eingebracht. Frühe Nachrichten über die Kartoffel[24] fehlen weitgehend, doch soll sie bereits 1665 im Oberamt Germersheim durch Religionsflüchtlinge angebaut worden sein. Die westlichen Gebirgsgegenden und das anschließende Pfalz-Zweibrücken zählen zu den frühesten Verbreitungsgebieten der Kartoffel in Deutschland überhaupt, und es ist schwer vorstellbar, daß die übrigen Oberämter davon noch gar nicht berührt wurden. Unmittelbar nach dem Dreißigjährigen Krieg begnügte man sich noch mit der Sammlung wilden Hopfens in den Rheinauen, bis zur Jahrhundertwende entstanden die ersten Hopfenpflanzungen in den Ackergemarkungen der Rheinebene.

So bietet die Landwirtschaft des späten 17. Jahrhunderts ein durchaus zwiespältiges Bild. Es mischen sich viele neue Züge mit dem Bestreben, den alten Zustand wiederherzustellen. Solange die Bevölkerungsverluste noch nicht ausgeglichen waren und die schlechteren Bodenqualitäten unbestellt blieben, war wohl auch für beides Raum. Unmittelbar nach der Jahrhundertwende jedoch ist erstmals wieder Landhunger feststellbar und gibt es viele Rodungsgesuche für kleinere randliche Waldstreifen. Verallgemeinernd kann man wohl feststellen, daß die Zurodung zunächst in den Waldgebieten einsetzt und dann erst die Ebene erfaßt. Gerade im Oberamt Kaiserslautern sind in diesen Jahren eine ganze Reihe herrschaftlicher Höfe im Waldland angelegt worden. Auch der Odenwald kennt völlige Neusiedlungen um 1710, wie etwa Peterstal und Wilhelmsfeld oder die beiden Ferdinandsdorf im Bereich der Herrschaft Zwingenberg. Das spätere 18. Jahrhundert zeigt dann aber vor allem die Rheinebene in kräftiger Expansion. Zumal auf dem Neckarschwemmkegel zwischen Mannheim, Schwetzingen und Heidelberg setzten nochmals größere Rodungen ein und machten die Wälder fast gänzlich dem Allmendland Platz.

Es waren die Gegenden, in denen der Weinbau nicht dominierte, sondern die neuen Intensivkulturen und Rodungen zusätzliche Existenzmöglichkeiten boten. Die Weinbaulandstriche an Bergstraße, Haardtrand, im Alzeyer- und im Nahe-Hügelland öffneten sich ebenfalls der neuen Agrarproduktion. Doch blieb der Weinbau hier im Vordergrund. Er hatte schon immer eine Vielzahl von kleinen Existenzen ermöglicht und wurde gerade in der Karl-Philipp-Zeit noch einmal in seinen besten Standorten gefördert, indem der Kurfürst mehrfach verboten hat, in der Ebene neue Weingärten anzulegen,[25] ja sogar darauf drängte, daß hier die alten ausgerottet wurden, während die Ränder der ausgesprochenen Weinberglagen noch einmal gegen die Waldgebiete vorgeschoben wurden.

Eine zweite Welle von landwirtschaftlichen Neuerungen liegt in der Karl-Theodor-Zeit. Wiederum ging es darum, zusätzliche Nahrungsreserven zu gewinnen und gleichzeitig in den landwirtschaftlich begünstigten Landstrichen Produkte zu erzeugen, die auch neuen Gewerben eine Basis geben konnten. Die Erträge wurden durch moderne

Anbau- und Düngemethoden gesteigert. Landwirtschaftliche Reformer führten auf Mustergütern in Handschuhsheim wie in Käfertal vor, wie man durch Anbau der Brache, vor allem mit Klee, daneben aber auch mit Kartoffeln und Rüben, einen viel größeren Viehbestand unterhalten konnte als bei der bisherigen Weide auf der Brache.[26] Der sogenannten Anblümelung des Brachfeldes hatte ja schon die Entwicklung des 17. Jahrhunderts und der Tabakbau vorgearbeitet. Bereits vor der Mitte des 18. Jahrhunderts unterschied man auf der großen Heidelberger Ackergemarkung im Bereich sämtlicher drei Fluren ein inneres und ein äußeres Feld, und nur im äußeren Feld stand die Brache der Beweidung offen. Von 1760 an wurde mit herrschaftlicher Unterstützung im ganzen Land der Anbau von Klee und weiteren Futterkräutern vorangetrieben und allmählich das Weiderecht auf der Brache eingeschränkt. Das ging vielfach nur gegen den Widerstand der konservativen Landbevölkerung, wie das besonders vom Oberamt Bacharach berichtet wird. 1790 war dieser Prozeß jedoch weitgehend abgeschlossen. Ein großes Hindernis waren die herrschaftlichen Schafweiderechte, auf die der Kurfürst nach und nach verzichtete oder die er meist den Gemeinden in Pacht überließ, worauf diese sie dann ganz eingehen lassen konnten. Die Brachweide und insbesondere die Schafweide waren bisher wichtige Voraussetzung für eine Düngung und Regeneration des Ackerlandes. Jetzt ging man daran, das Vieh das ganze Jahr über im Stall zu halten und den Mist aus den Ställen auf die Äcker zu überführen. Der Kleeanbau förderte einerseits die Stallfütterung und lieferte andererseits eine Stickstoffdüngung für die ausgelaugten Böden. Zusätzliche Wirkung suchte man durch mineralischen Dünger zu erreichen, indem man Kalk, Gips und Mergel auf die Felder aufbrachte.

Karl Philipp förderte den Tabakanbau und konnte seine Flächen vergrößern, lieferte er doch den Rohstoff für die mit so vielen Erwartungen gegründete Tabakmanufaktur. 1777/78 wurden die Untertanen aller Oberämter erneut aufgefordert, in noch stärkerem Maße Tabak zu pflanzen.[27] Zum ebenfalls ausgeweiteten Hopfenanbau kam ab 1770 der Krapp hinzu. Beispiele für die erfolgreiche Kultur dieser Farbwurzel hatten die Niederlande und Schlesien geliefert. Im Dienst der kurpfälzischen Seidenmanufaktur ließ man allenthalben Maulbeerbäume anpflanzen, die sich freilich bei den Bauern keiner Beliebtheit erfreuten, offensichtlich für sie auch nichts einbrachten, und später bei der ersten Gelegenheit wieder ausgehauen wurden.[28] Wo der Weinbau keinen richtigen Ertrag bringen wollte, versuchte man es jetzt mit dem Obst. Gewiß war auch in anderen Gegenden Südwestdeutschlands diese Revolution der Landwirtschaft von 1770 an in Gang gekommen. Nirgendwo aber herrschten so günstige natürliche Voraussetzungen für die Intensivierung wie in den klimatisch begünstigten Teilen der fruchtbaren Pfälzer Rheinebene. Nur in Baden Durlach hatte sich der Herrscher ähnlich frühzeitig dafür entschieden. Doch in der Pfalz konnte die Regierung zusätzlich auf erste Ansätze aus dem 17. Jahrhundert zurückgreifen.

Mit der Stallfütterung war nicht nur die Brache, sondern waren auch die anderen Weideflächen entbehrlich geworden. So häuften sich in der zweiten Hälfte des 18. Jahrhunderts auch die Anträge, die Allmendweiden, wie es sie vor allem in den niederungsnahen Gemarkungen der Rheinebene gab, umzubrechen. Das Land blieb zwar weiterhin im Gemeindebesitz, wurde aber in gleichgroßen Einzelparzellen den bisherigen Nutzungsberechtigten zu intensiverer Bestellung überlassen. Die bisher unterschiedliche Weideberechtigung der Gespannbauern und der Kleinbauern gab Anlaß zu vielfältigem Streit über den Aufteilungsmodus. Meist suchten die größeren Bauern, die oft auch die Weide beibehalten wollten, eine größere Zuteilung an Land zu erhalten, wie sie auch vorher mehr Vieh auf die Weide treiben konnten. Die Kleinbauern jedoch, teilweise auch nur beschränkt gemeindeberechtigte Taglöhner, waren am landhungrigsten. Sie konnten auf mehr herrschaftliche Unterstützung aus ganz verschiedenen Gründen rechnen. Den Behörden ging es zunächst darum, den Anbau und damit auch den Nutzen für den Staat zu intensivieren. Hinzu kam, daß die kleinen Leute häufig wirklich dringenden Bedarf hatten und daß es sich bei ihnen außerdem um die immer noch protegierten Katholiken handelte. Auch die anderen Weidemöglichkeiten versperrte die Herrschaft aus wohlerwogenen Gründen, besonders die Waldweide. Zumal für die Gemeinden am Rande der Gebirge, so die Genossen der Bergsträßer Zentallmend und der Hain- und Hardtgeraiden, war die Waldweide bis dahin wesentlicher Teil ihrer Lebensbasis gewesen. Doch gelang die Umstellung erstaunlich schnell, woran sich zeigt, mit welchem Erfolg der Anbau von Futterpflanzen propagiert worden war.

Nicht nur die Weide, sondern auch vielfältige andere Formen der Nutzung hatten bisher die Wälder stark in Mitleidenschaft gezogen. Außer im Inneren der großen Gebirge gab es nirgends nennenswerte Bestände von Hochwald, fast überall herrschte der Niederwald vor, und nur einzelne Distrikte und Einzelbäume waren als Bauholz und Samenbäume vor frühzeitiger Abholzung geschützt. Im 18. Jahrhundert nahmen die Hackwaldschläge wieder zu. Dort säte man nach einem Kahlhieb auf den durch Holzasche gedüngten und nur locker aufgeritzten Böden Buchweizen, das sogenannte Heidekorn, und im nächsten Jahr Roggen ein, dann überließ man die stehengebliebenen Wurzelstöcke wieder sich selbst, so daß neues Stangenholz aufwachsen konnte, das spätestens nach etwa 15 Jahren wieder abgehauen wurde, um erneut dem Köneranbau Platz zu machen.

Die Abschaffung der Waldweide und die Zurückdrängung des Hackwaldbetriebes dienten den Ansätzen zu einer moderneren Forstwirtschaft. An der Wende zum 18. Jahrhundert bestanden die pfälzischen Waldungen durchweg noch in Laubwald.[29] An wenigen Standorten, auf den Sandböden der Rheinebene, im Pfälzer Wald und im Soonwald, gab es einige Kiefern. Schon 1730 versuchte man, kahle Stellen im Gebirge durch die Beisaat der Kiefer aufzuforsten. Von 1770 an wurde diese in größerem Umfang betrieben. Inzwischen waren auch die ersten Fichtenwälder in den Gebirgen beiderseits des Rheins eingebracht. Dann ging man daran, eigene Saatzuchten für den Nadelwald anzulegen. Zum Teil wurde auch Fichtensamen aus Bayern bezogen. Hinter all dem stand eine planmäßige Forstwirtschaft, die mit einer Instruktion zur Waldvermessung 1779[30] und einem großen Waldeinrichtungswerk 1781 in Gang gesetzt wurde. Bodenverhältnisse und Holzbestand für sämtliche Schläge der staatlichen und geistlichen, bald auch der Gemeindewaldungen wurden aufgenommen und kartiert und anschließend Reformvorschläge gemacht.

Gewerbliche Wirtschaft

Schon unter Karl Ludwig hatte die merkantilistische Gewerbeförderung eingesetzt, fand aber nach der Pfalzzerstörung keine unmittelbare Fortsetzung mehr. Es lag nahe, daß sich Johann Wilhelm auf das Bergische Land konzentrierte. Die ersten Neuansätze in der Kurpfalz erfolgten unter Karl Philipp in Mannheim. Der Kurfürst war von dem Gedanken fasziniert, die Weiterverarbeitung des heimischen Tabaks industrieartig aufzubauen. Er privilegierte für den spanischen Abenteurer Bancorbo de Apola eine staatliche Tabakmanufaktur als Monopolbetrieb, die aber mit einem betrügerischen Bankrott und 645000 fl Schulden 1739 in eine tiefe Krise geriet, jedoch erst 1747 unter Karl Theodor aufgehoben wurde. Von da an überließ man die Tabakverarbeitung einzelnen kleineren Unternehmern, während auf anderen Gebieten die staatlichen Monopolbetriebe jetzt erst geschaffen wurden.

Die Urteile über die gewerblichen Initiativen der Karl-Theodor-Zeit sind schon bei den Zeitgenossen widersprüchlich. Auch innerhalb der Regierung lagen die mehr physiokratisch denkenden Kräfte unter Führung von Johann Georg von Stengel mit den Initiatoren der Kommerzienkommission Karl von Maubisson und Josef Fontanesi im Widerstreit,[31] wobei die Gegner der industriellen Initiativen nicht davor zurückschreckten, unter den Anhängern der Fabriken lediglich Betrüger zu sehen. Zweifellos hatte im 18. Jahrhundert, und zumal in der immer noch unter den Folgen der großen Kriege leidenden Kurpfalz, gewerbliche Initiative stets den Zug von Abenteuerlichkeit. Es fehlte an unternehmerischer Erfahrung und Tradition und an geschulten Arbeitskräften ebenso wie an einem leistungsfähigen Kreditgewerbe. Karl Theodor und die Kommerzienkommission setzten ihre ganze Hoffnung auf den Ausbau der Stadt Frankenthal zum Sitz von Manufakturen und Fabriken. Ein zweiter Schwerpunkt wurde Heidelberg, wo in verlassenen Adelshöfen und bis zum Blitzschlag 1764 auch in den leerstehenden Gebäuden des Schlosses entsprechende Betriebe unterkamen. Sonst findet sich größere gewerbliche Aktivität nur noch im Umkreis von Kaiserslautern.

Die 18 Bergwerke[32] der Kurpfalz waren von untergeordneter Bedeutung. Hervorzuheben sind allenfalls die 6 Quecksilbergruben im Nordpfälzer Bergland – der zuständige Bergmeister saß in Mörsfeld – und bei Kreuznach, wo auch eine Saline betrieben wurde. Silber, Blei und Kupfer wurden nur vereinzelt gefördert. Die Goldwäscherei am Rhein brachte erst recht geringen Ertrag. In der Eisenverhüttung sind lediglich die Werke Daxweiler und Rheinböllen auf dem Hunsrück erwähnenswert.

In Mannheim spielte Großgewerbe die geringste Rolle. Verschiedene Ansätze zu Manufakturen in der Zeit Karl Philipps waren dort wieder aufgegeben worden, und im späten 18. Jahrhundert war die Stadt der Standort eines vielgestaltigen handwerklich betriebenen Spezialgewerbes für die Bedürfnisse des Hofes wie Goldschmiede, Hutmacher, Knopfmacher, Perückenmacher, Strumpfwirker und Wagner. 1755 arbeiteten in Mannheim allein 16 Gold- und Silberschmiede sowie 4 Edelsteinschleifer. Auch Heidelberg und Frankenthal waren Standorte spezialisierter Handwerker, allerdings ohne die unmittelbar höfische Ausrichtung. Bekleidungs- und Metallgewerbe überwogen dabei und sind vielfach nicht völlig von den Manufakturen zu trennen.

Die Ansätze zu Fabriken waren ebenso auf die Bedürfnisse des Hofes wie auf die Verarbeitung spezieller Landesprodukte ausgerichtet. Die Tabakverarbeitung mit etwa 95 Arbeitern (1786) behielt ihren Schwerpunkt in Mannheim mit drei kleineren Unternehmen und weiteren Betrieben in Leimen und Wiesloch, während die drei kleinen Krappfabriken sich auf Mannheim, Heidelberg und Mußbach (bei Neustadt) verteilten. Papiermühlen liefen in Mosbach, Waldmichelbach und Neustadt mit jeweils um die 10 Beschäftigten. Insgesamt fanden auf dem Sektor der Papierherstellung und -verarbeitung etwa 60 Personen Verdienst.

Ausgesprochen höfisches Interesse war bei der Errichtung der Frankenthaler Porzellanmanufaktur 1755 im Spiel.[33] Karl Theodor konnte dafür den in Straßburg bereits bewährten Unternehmer Paul Anton Hanong gewinnen, der dort wegen des gesamtfranzösischen Monopols von Sèvres auswich. Besorgt mußte der sächsische Gesandte berichten, daß sich in der Pfalz jetzt eine Konkurrenz zu Meißen auftat. Tatsächlich hat die Frankenthaler Manufaktur, seit 1762 ganz in kurfürstlicher Regie, ausgesprochen künstlerisch moderne Produkte hervorgebracht und konnte zu ihren Kunden den Kaiser wie den Sultan zählen. Freilich arbeitete der Betrieb mit etwa 50 Beschäftigten einzig und allein für die Bedürfnisse des Hofes und verfiel mit dessen Abzug nach München dem Niedergang. Eher Gebrauchsgeschirr stellte die Mosbacher Fayence-Fabrik von 1770 her (ca. 40 Beschäftigte).

Größere Arbeiterzahlen wiesen allein die Textilmanufakturen in Frankenthal, Heidelberg und Kaiserslautern auf.[34] Dabei ist zu bedenken, daß sie zum Teil im Verlag arbeiteten, d. h. eine größere Anzahl von Zuarbeitern mit eigenen Spinnrädern und Webstühen auch außerhalb der Betriebssitze hatten. Die größten Betriebe von Frankenthal waren die in staatlicher Regie befindliche »Wollenzeug- und Kamelottmanufaktur«, die später privatisiert wurde. Einschießlich der Heimarbeiter werden zwar einmal über 900 Beschäftigte angegeben, doch weist die Statistik von 1786 nur 96 Arbeiter auf. Die Herstellung von Seidenzeug in Frankenthal setzte 1760 ein und konnte in ihren besten Jahren 70 Arbeitern Verdienst geben, während eine Wollstrumpfmanufaktur nur vorübergehend blühte und es angeblich auf 170 Arbeiter brachte. Heidelberg war Sitz der 1758 privilegierten Seidenmanufaktur des aus Württemberg gekommenen Unternehmens Rigal. Der kurfürstliche Herrengarten wurde ihm für Betriebsgebäude und Maulbeerbaumplantage zur Verfügung gestellt. Rigal erreichte einen Höchststand von über 400 Beschäftigten. Seine Produkte waren neben dem Frankenthaler Porzellan der einzige in der Qualität anerkannte Exportartikel der Kurpfälzer Industrie und fanden Absatz bis nach England. Die Heidelberger Zitz- und Kattunfabrik von 1765 beschäftigte bis zu 200 Arbeiter. Außerdem hatte Heidelberg eine weitere Baumwollweberei. In Kaiserslautern arbeitete die Siamoisfabrik von Karcher und Companie. Mit über 1600, zum großen Teil Heimarbeitern, war sie nach der Beschäftigtenzahl das bedeutendste Unternehmen im Lande.

Bei den stets schwankenden und auch nicht voll vergleichbaren statistischen Angaben ist lediglich für 1786 ein Gesamtbild zu entwerfen. Damals arbeiteten in Frankenthal, das bereits seinen Höhepunkt hinter sich hatte, in 8 Unternehmen 165 Arbeiter, in Heidelberg in 6 Unternehmen 581 Arbeiter, in Mannheim einschießlich des Zucht- und Waisenhauses 123 Arbeiter und in Kaiserslautern in 2 Betrieben 1703. Von allen anderen Gewerbestandorten erreichte nur Mosbach mehr als 30 Beschäftigte. Schaut man nach der maschinellen Ausrüstung, so spielten überhaupt nur die z. T. spezialisierten Webstühle eine Rolle, wovon es in Frankenthal mit 81 und in Kaiserslautern mit 73 die meisten gab. Neue Tendenzen im technischen Bereich zeigten sich nur in Käfertal bei Mannheim, wo der Freiherr von Villiez 1789 eine Essigsiederei und Bleizuckerfabrik errichtete und dabei bereits die Aufstellung einer torfgefeuerten Dampfmaschine plante. Die Wirren der französischen Revolutionskriege machten fast alle frühindustriellen Ansätzen ein Ende. Auch ohne sie wäre wohl nur wenigen eine längere Zukunft beschieden gewesen.

Die ganz überwiegende Masse der vom Gewerbe abhängenden Bevölkerung blieb in den alten handwerklichen Formen tätig. Man kann mit etwa einem Drittel der Gesamtbevölkerung der Pfalz rechnen, muß freilich miteinbeziehen, daß diese ihren Lebensunterhalt längst nicht allein im Gewerbe fand, sondern auch landwirtschaftlichen Zuerwerb brauchte. Zahlenmäßig am weitesten verbreitet waren die ausgesprochenen Arme-Leute-Berufe wie Leineweber und Schuhmacher. Wenn auch die Leineweber zum Teil über Verlagsarbeit ans Großgewerbe gebunden waren, so ist doch insgesamt die Konkurrenz der Manufakturen zu Recht gefürchtet worden. Geradezu verheerend wirkte sich etwa für die Tuchweberei in Schönau und Otterberg die Tatsache aus, daß seit 1768 alle Militäraufträge nach Frankenthal gingen.

Verkehr

Hatte sich bisher am Verkehrsnetz, wie es seit dem Spätmittelalter überkommen war, und am Betrieb der Geleitstraßen nur wenig geändert, so setzte um 1740 als Folge der Residenzverlegung und mit dem Ausbau der Straßen zu Chausseen eine neue Entwicklung ein.[35] Die Straßen wurden jetzt auf eine einheitliche Breite gebracht, durch eine starke Kiesschüttung befestigt und das Wasser in straßenparallele Gräben abgeleitet; neue Brückenbauwerke wurden erstellt und schließlich die Chausseen mit Alleebäumen bepflanzt. Erste Baumaßnahmen stellten 1740 auf gerader Strecke eine neue Verbindung zwischen Mannheim und Schwetzingen her. Der Siebenjährige Krieg hat den Ausbau des Verkehrsnetzes zunächst behindert, danach wurde er zügig vorangetrieben und stand nun unter der Aufsicht der 1764 eingerichteten Chausseenkommission. Anfangs griff man auf die Fronpflicht der Landesbevölkerung zurück, mußte aber bald einsehen, daß hier der Einsatz von angeworbenen Tiroler und Allgäuer Arbeitskräften erfolgreicher war. Allmählich konnten rechtsrheinisch die großen Nord-Süd-Routen längs der Bergstraße und längs des Rheinhochufers als Chausseen ausgebaut werden. Über Heidelberg liefen die neuen Landstraßen durch den Nordkraichgau nach Mosbach und über Sinsheim nach Heilbronn. Außerdem wurde das Straßendreieck Mannheim-Heidelberg-Schwetzingen chausseemäßig ausgebaut. Im linksrheinischen Bereich hatte schon 1753 der Bau der großen Nord-Süd-Achse Germersheim-Frankenthal-Oppenheim-Mainz begonnen. Ebenso wichtig war die Strecke von Frankenthal über Alzey, Kreuznach nach Simmern, mit einem Zubringer von Bacharach her nach Rheinböllen. Die große Verbindung nach Westen lief jetzt über Frankenthal nach Kaiserslautern, während die alte Strecke über Neustadt in ihrer Bedeutung zurückfiel. Die fliegende Brücke bei Mannheim und Stichstraßen von dort zur großen Nord-Süd-Strecke bei Oggersheim wie auch bei Schifferstadt stellten das Bindeglied zwischen linksrheinischem und rechtsrheinischem Verkehr her und machten Mannheim zum Zentrum des Landverkehrs im ganzen Territorium, wie es das bisher, auch für Heidelberg, nicht in diesem Maße gegeben hatte.

Daß Mannheim der Mittelpunkt des Wasserverkehrs war, leuchtet von selbst ein. Gegen Ende des 18. Jahrhunderts ging man dazu über, das Brennholz auf die Schiffe zu laden und die Scheitholzflößerei auf die nicht schiffbaren Gewässer des Odenwaldes wie der Haardt zu beschränken. Dort wurden die Bäche noch weiter für die Holztrift ausgebaut, während auf Neckar und Rhein immer ausschließlicher Langholz, das in den seltensten Fällen aus pfälzischen Wäldern kam, in Flößen transportiert wurde. Das Schiffsgewerbe der Pfalz hatte seinen alten Standort am Neckar, wo es immer noch zunftmäßig organisiert war. Die Inhaber der größeren Schiffe saßen in Mannheim und in Heidelberg, wobei der Standort Heidelberg allmählich zurückging.[36] Die Besitzer der kleineren Fahrzeuge, die sogenannten Hümpler, waren in Haßmersheim konzentriert, durften aber lediglich rheinabwärts bis nach Oppenheim fahren. Der Gütertransport zur Frankfurter Messe war auf der ganzen Strecke den Schiffern vorbehalten. Eine strenge Rangfahrtsordnung von 1753 regelte den Verkehr zwischen Heilbronn und Frankfurt so, daß jeder Schiffsinhaber gleichmäßig beteiligt war. In ihrem Bereich konnte die Pfalz in einem Vertrag mit Frankreich 1751 Straßburger Konkurrenz bei der Rheinschiffahrt weitgehend ausschalten. Unüberwindlich blieb der Zwangsstapel in Mainz. Es konnte daher keine Verbindung mit dem Gebiet im Bacharach oder gar mit den niederrheinischen Besitzungen hergestellt werden.

Bildungswesen

Das Bildungswesen in der Kurpfalz unterlag seit Anfang des 18. Jahrhunderts der konfessionellen Aufsplitterung.[37] Das bedeutete, daß auf die Dauer in jedem Ort mindestens zwei, oftmals auch drei Schulen eingerichtet werden mußten, ohne eine Erweiterung der dafür zur Verfügung stehenden Pfründen und Stiftungen. Schon die Baukosten und Mieten für die vielen Schullokale stellten ein Problem dar und führten zu vielfach unzuträglichen Lösungen für Lehrerwohnungen und Unterrichtsräume, die auf dem Land meistens identisch waren. Kollektenmittel und Spenden der Bevölkerung selbst, bisweilen auch landesherliche Stiftungen brachten eine gewisse Erleichterung. Die Lehrergehälter der reformierten wie der katholischen Schulen waren jedoch aus dem Kirchenvermögen zu bestreiten, das erst mit den Ordensaufhebungen am Ende des 18. Jahrhunderts eine Zunahme zu verzeichnen hatte. Entsprechend dürftig blieb die Ausstattung der Schulen, und entsprechend geringwertig war die berufliche Qualifikation der Lehrer, die der Katholischen und der ganz auf Spenden angewiesenen Lutherischen vielleicht noch geringer als die der Reformierten. Fast überall wurden auch auf Druck der Eltern Ortsschulen, und waren sie noch so klein, eingerichtet. Trotz dieses grundsätzlichen Interesses hatte die Landbevölkerung jedoch nur begrenztes Verständnis dafür, daß der Unterricht ihr die Jugend als Hilfe bei der Feldarbeit entzog. So konnte in den kleinen Schulen oft nur während des Winters Schule gehalten und erst allmählich auch die Sommerschule durchgesetzt werden. Eine Trennung der Schüler nach Altersklassen setzte erst zaghaft gegen Ende des 18. Jahrhunderts ein. In der Regel vermittelte die Schule Kenntnisse in Religion, Kirchengesang, Lesen und Schreiben. Das Rechnen ließ viel zu wünschen übrig. Immerhin erreichten die Pfälzer gegen Ende des 18. Jahrhunderts einen wesentlich höheren Alphabetisierungsgrad als Altbayern, wo 1782 nach einer freilich vagen Schätzung fast 70 Prozent der Bevölkerung weder lesen noch schreiben konnte. In den größeren Dörfern der Kurpfalz dürften damals höchstens 30 Prozent Analphabeten gewesen sein.[38] Man wird allerdings die eigene Schreibfähigkeit nicht gerade hoch veranschlagen dürfen.

In den Lateinschulen und Gymnasien zeigt sich durch die Tätigkeit der Orden zumindest auf katholischer Seite ein etwas besseres Bild. In Heidelberg und Mannheim hatten alle drei Konfessionen ihre je eigenen Gymnasien, wobei das reformierte in Heidelberg die stärkste Tradition und zusammen mit den beiden Jesuitengymnasien in Heidelberg und Mannheim wohl die beste Qualität aufwies. Gerade durch die Mitarbeit der Orden hatten alle Amtsstädte, zum Teil auch die anderen mittleren Städte wie zum Beispiel Wiesloch und Weinheim, ihre Lateinschulen. Sie übertrafen an Anzahl vergleichbare Einrichtungen auf reformierter Seite, die fünf Gymnasien, außer in den Hauptstädten auch in Neustadt und Kreuznach, und sonst nur kümmerliche Lateinschulen unterhalten konnten. Eine Schulordnung von 1774 wollte die Bedeutung von Latein und Religion zugunsten von Deutsch, Geschichte, Mathematik und Naturwissenschaften zurückdrängen. Wie weit das gelang, läßt sich nicht sagen. Private Gründungen waren eine höhere Schule für Mädchen in Heidelberg und das ganz aus dem Geist der Aufklärung zu verstehende Philanthropin von 1782 in Mannheim, das sich zum Ziel gesetzt hatte, junge Männer aller Religionen auf nichtakademische Berufe vorzubereiten.

Die Heidelberger Universität kehrte nach dem Exil in Frankfurt und Weinheim erst 1700 wieder an ihre angestammte Stelle zurück. Von Anfang an war ihr Wiederaufbau durch konfessionelle Probleme belastet. Heidelberg blieb das ganze 18. Jahrhundert hindurch eine mittelmäßige Hochschule, die man nicht mit den Zentren der Aufklärung, wie sie in den Neugründungen in Halle und Göttingen entstanden, vergleichen darf. Seit 1707 bestand die theologische Fakultät aus einer katholischen und einer reformierten Sektion mit jeweils eigenen Dekanen. In der Besetzung der Lehrstühle insgesamt erlangten die Katholiken sehr bald das Übergewicht. 1748 waren 24 Professuren mit Katholiken und nur 4 mit Protestanten besetzt, obwohl die reformierten Studenten gegenüber den katholischen weit in der Überzahl waren (180:100). Die sechs Lehrstühle, über die der Jesuitenorden zu verfügen hatte, wurden praktisch durch die Ordensoberen vergeben und unterlagen einem häufigen Wechsel.[39] Bei den weltlichen Professuren und nicht nur bei den Katholiken gab es eine Tendenz zur Dynastiebildung, die Söhne folgten hier den Vätern. Während sich die Fürsorge Johann Wilhelms für die Universität hauptsächlich im Bau eines neuen Gebäudes, der heutigen Alten Universität, und der Neustiftung einer Bibliothek zeigte, setzte Karl Theodor gewisse Modernisierungen durch. Er errichtete 1752 einen Lehrstuhl für Experimentalphysik und Mathematik, der mit dem Jesuiten Christian Mayer, einem Gelehrten von internationalem Ansehen, besetzt wurde. Hinzu kamen neue Professuren für Kirchengeschichte, orientalische Sprachen und Neues Testament bei den katholischen Theologen. Die neuen Statuten von 1786 legten die Zahl der Lehrstühle bei der reformierten Theologie auf 3, der katholischen auf 6, in der juristischen Fakultät auf 7 und in der medizinischen auf 5 fest. Schon seit 1746 stand die Universität unter staatlicher Oberkuratel, mit der man 1787 Lessing abfinden wollte, nachdem eine Berufung in die philosophische Fakultät nicht zustande gekommen war. Die wirtschaftlichen Probleme[40] führten 1762 zur Berufung einer Ökonomiekommission. 1780 ließen sich größere Geldaufnahmen nicht mehr vermeiden, auch nicht durch eine besondere Schenkung Karl Theodors, der 1782 nochmals mit 35000 fl aushalf. In unüberwindliche Schwierigkeiten geriet die Universität vollends, als mit den Revolutionskriegen die Basis ihrer Einnahmen verlorenging, lagen doch fast alle Universitätsbesitzungen und größeren Einkünfte, entsprechend der geschichtlichen Entwicklung (vgl. Band 1, S. 121 und Band 2, S. 28), links des Rheines. Das geläufige Bild der völlig verschuldeten pfälzischen Universität, die erst die badische Herrschaft wieder auf eine gesunde wirtschaftliche Basis stellen konnte, ist weitgehend von diesem Hintergrund her zu erklären.

Eine Hochschule eigener Prägung entstand 1774 in Kaiserslautern und ging dort, hauptsächlich durch die Initiative von Friedrich Casimir Medicus, aus einer landwirtschaftlichen Gesellschaft hervor. Sie wurde 1777 offiziell anerkannt als Lehrstätte praktischer und natürlicher Wissenschaften mit drei Lehrstühlen und einer ganzen Reihe von nicht dotierten Professoren. Die Kameralhochschule verfügte über ein eigenes Mustergut, aber ihre bedeutendsten Lehrer, außer dem Gründer v. a. der Botaniker Succow, setzten 1784 ihre Umsiedlung nach Heidelberg unter der Drohung, sonst einen Ruf nach auswärts anzunehmen, durch. Die Kameralhochschule, schon in Kaiserslautern Ausbildungsstätte für die Staatsbeamten, wurde der Universität zwar angeschlossen, wahrte aber doch einen großen Teil ihrer Selbständigkeit und kam im Palais Weimar am Ostende der Hauptstraße unter.[41] Völlig von der Universität getrennt zu sehen ist die eigene Ordenshochschule für die oberrheinische Jesuitenprovinz in den Räumen ihres Heidelberger Kollegs. Ihre Tradition konnten die Lazaristen, die zunächst an der Universität, auch gerade auf dem Felde von Astronomie und Mathematik, beachtliche Lehrer aufzuweisen hatten, kaum mehr fortsetzen.

Fraglos war seit der Karl-Theodor-Zeit Mannheim mit Bibliothek, naturwissenschaftlichen Sammlungen und Akademie auf wissenschaftlichem Gebiet führend. Dem entsprach es auch, daß dort weitere Einrichtungen entstanden wie die eigens für Christian Mayer 1772 erbaute Sternwarte und das anatomische Theater, das man für den berühmten Arzt und Heidelberger Hochschullehrer Franz Anton Mai einrichtete. Auch der botanische Garten in Mannheim übertraf denjenigen in Heidelberg.

Die Herzogtümer Jülich und Berg

Der Dynastiewechsel von 1685 brachte mit den niederrheinischen Herzogtümern einst pfalzgräfliches Land wieder in Verbindung mit der Kurpfalz. Der Lehenskonnex war bis dahin immer noch aufrechterhalten worden. Karl Ludwig hatte 1667[42] noch einmal eine Geldentschädigung von Philipp Wilhelm dafür erhalten, daß die kurpfälzischen Lehen in Jülich, die eigentlich mit dem Tod des Herzogs Johann Wilhelm 1607 hätten heimfallen sollen, der Neuburger Linie überlassen wurden. Von allen Nebenländern der Pfalz-Neuburger besaßen die niederrheinischen Herzogtümer das stärkste Gewicht und die größte Eigenständigkeit. In ihnen fand, namentlich in Berg, während des 18. Jahrhunderts die kräftigste Modernisierung, vor allem auf dem gewerblichen Sektor, statt, so daß diese Lande, obwohl etwas kleiner als die Kurpfalz, ihr an Wert mindestens gleichkamen. Mit den jülich-bergischen Landen kam eine ganz neue Vielfalt in das Wappen der kurpfälzischen Herrscher. In vielfach sich wandelnder Anordnung finden sich ab 1685 neben dem goldenen pfälzischen Löwen und den wittelsbachischen Rauten der schwarze Löwe des Herzogtums Jülich, der rote des Herzogtums Berg und der goldene Lilienhaspel des Herzogtums Kleve. Kombiniert werden damit noch weitere Wappenbilder aus den niederrheinischen Besitzungen: der weiß-rot geschachte Balken von Mark, die roten Sparren von Ravensberg und der schwarze Balken der Herrschaft Moers. Aus dem Erbe von Pfalz-Zweibrücken-Veldenz erscheint der blaue Löwe. Im Herzschild wird je nach dem Stand des Vikariatsstreits der goldene Reichsapfel, das Symbol des Erztruchsessenamts, oder nur die goldene Reichskrone als Zeichen der Schatzmeisterwürde oder der leere rote Anspruchsschild geführt. In der Karl-Theodor-Zeit kam zu diesen vielfältigen Zeichen und Bildern noch der grüne Dreiberg des Marquisats Bergen ob Zoom. Gewöhnlich wurde das Wappen von Ordensketten wie Goldenes Vlies, Hubertusorden und Löwenorden umrahmt und mit dem Kurhut gekrönt.

Jülich-Berg hatte ein eigenes Behördensystem, das auch im ganzen 18. Jahrhundert davon geprägt blieb, daß Düsseldorf unter Johann Wilhelm von 1702 bis 1716 die Residenz der neuburgischen Gesamtlande war. Bis in die Spätzeit Karl Theodors bestanden enge personelle Verknüpfungen zwischen den Mannheimer Zentralbehörden und der alten Neuburger Residenz am Rhein und erfreute sich die Stadt besonderer kultureller Förderung. Die beiden Herzogtümer Jülich und Berg unterstanden seit Abzug des Hofes bis 1776 einem Statthalter. Die eigentliche Verwaltungsbehörde war der Geheime Rat, der auch für Teile der Zivilgerichtsbarkeit und das Kirchenwesen zuständig war. Die Hofkammer verwaltete die herzoglichen Einkünfte, der Hofrat war eigentlich das Hofgericht, über dem noch ein Oberappellationsgericht stand.

Im Gegensatz zur Kurpfalz war Jülich-Berg ein Territorium von ausgesprochen landständischer Tradition. Die Stände konnten trotz vieler Konflikte im Zeitalter des Absolutismus sich Einfluß und Mitsprache im Finanzwesen der Länder erhalten und im Gegensatz zur Entwicklung in den preußischen Teilen der niederrheinischen Lande die alte Landesverfassung verteidigen. Für Jülich wie für Berg gab es je zwei Kurien, die Ritter und die Städte. Die Ritterschaft war in Jülich mit 50 im Ritterzettel eingetragenen Sitzen stärker vertreten als in Berg mit nur 30 Sitzen. In jedem der beiden Herzogtümer wurde der dritte Stand lediglich durch Abordnungen aus je vier Hauptstädten vertreten. Das waren außer Jülich selbst Düren, Münstereifel und Euskirchen und für das Herzogtum Berg Düsseldorf, Ratingen, Wipperfürth und Lennep. Längst waren diese Hauptstädte nicht mehr die alleinigen Zentren von Wirtschaftsleben und Steuerkraft. Solingen z. B. hatte ungleich größeres Gewicht, jedoch blieb dies unberücksichtigt. Die Führung lag ohnehin bei der Ritterschaft, die den Direktor der Stände stellte

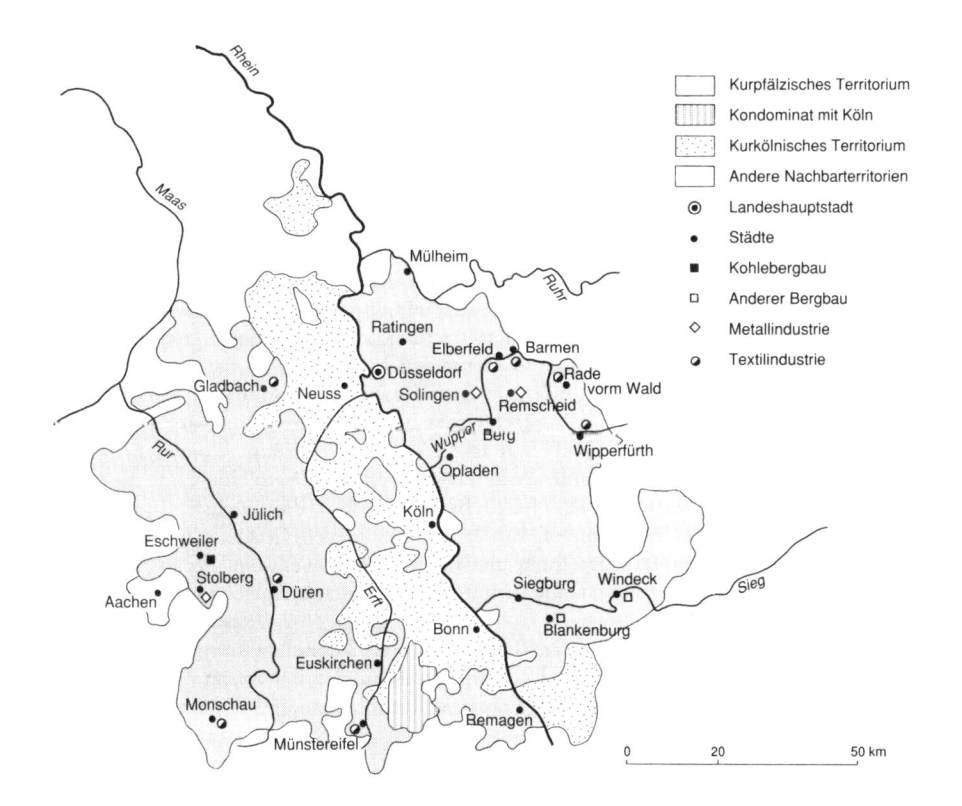

Karte 50: Jülich-Berg im 18. Jahrhundert

und erheblich größeren Einfluß auf den Syndikus, den eigentlichen Geschäftsführer, hatte. Die Ständeversammlung tagte für beide Herzogtümer gemeinsam in Düsseldorf und wurde in der Regel vom Landesherrn jährlich einberufen. Man beriet über den Haushalt, brachte Gravamina vor und erteilte, für jedes der beiden Lande gesondert, die Bewilligung. Unter Johann Wilhelm war die Gegenwart des Herrschers so dominierend, daß die Stände sich dem Willen des Kurfürsten praktisch ohne großen Widerstand unterwarfen. Die Finanzmisere am Ende seiner Regierung (s. o. S. 214) und den Wechsel zu Karl Philipp benutzte der Landtag, um seine alte Stellung wiederzugewinnen. Anfänglich kam ihm der Herrscher auch dabei entgegen, bis sich der Konflikt 1719 zuspitzte. Die Stände verschlossen sich zusätzlichen finanziellen Anforderungen des Kurfürsten und strengten in diesem Konflikt einen Prozeß beim Reichshofrat an, dessen endgültiges Urteil 1726 erfolgte. Im wesentlichen wurde der Standpunkt Karl Philipps bestätigt und die Stände angewiesen, sich nicht mehr an den Kaiser zu wenden. Allerdings wurde ihnen grundsätzlich ihre Mitwirkung in der Steuerpolitik zugestanden. Auch in der Folgezeit kam es immer wieder zu Reibungen zwischen Regierung und Ständen. Einen Prozeß konnte Karl Theodor 1777 nur durch das Versprechen eines Vergleichs vermeiden, das jedoch nicht erfüllt wurde, so daß die Beschwerden bis 1803 nicht abrissen. Die Steuereinkünfte aus den beiden Herzogtümern lagen höher als die Kameraleinkünfte, d. h. die Erträge der herzoglichen Domänen, Zölle und andere Gebühren. 1734/35 betrugen die Kammergefälle[43] in Berg rund 77 700 Reichstaler, in Jülich an Geld etwa ebensoviel, vermutlich ist noch ein erheblicher Teil an Naturalien hinzuzurechnen. An Steuern kamen damals in Berg über 230 000 Reichstaler, in Jülich fast 427 000 Reichstaler ein. Die Relationen der Steuererträge zwischen den beiden Herzogtümern blieben auch in der Folgezeit ähnlich. Insgesamt gingen 1776 657 000 und 1785 über 755 000 Reichstaler ein.

Die unterschiedliche Besitz- und Wirtschaftsstruktur in beiden Herzogtümern beruhte vor allen Dingen darauf, daß Jülich über die viel besseren Böden für die Landwirtschaft verfügte und Berg den Abstand auch nicht durch seine größeren gewerblichen Aktivitäten ausgleichen konnte. Neben der üblichen Unterhaltung von Hof, Behörden und Militär galten die stärksten staatlichen Ausgaben am Niederrhein der Wasserbautätigkeit für das ganze Land, dann den kurfürstlichen Bauten, schließlich den Festungen Düsseldorf und Jülich; erst dann folgte die katholische Kirche und die kulturellen Einrichtungen. Die Bevölkerung der beiden Herzogtümer ist im Lauf des 18. Jahrhunderts von 180 000 (1720) auf fast 220 000 (1772) und schließlich 263 000 (1792) angewachsen. Das Herzogtum Berg mit der Residenz Düsseldorf hatte die stärkste Entwicklung zu verzeichnen. Jülich-Berg erreichte die höchste Einwohnerdichte in den kurfürstlichen Landen. In der konfessionellen Gliederung machten die Katholiken etwa die Hälfte, Lutheraner und Reformierte jeweils ein Viertel der Bevölkerung aus. Die Reformierten standen im Ansehen, wirtschaftlich am regsamsten zu sein.

Das Herzogtum Jülich verblieb viel mehr in den traditionellen Bahnen des vorwiegend agrarischen Wirtschaftslebens. Ein Kenner des Landes war davon überzeugt, daß dessen Einwohnerschaft niemals zum Fabrikenbetrieb tauge und die Steuerkapitalien der Einzelhaushalte infolgedessen auch nie solche Höhe erreichen könnten wie in den gewerblichen Zonen des bergischen Landes. Freilich gab es auch in Jülich durchaus industrielle und gewerbliche Aktivitäten. 1743 wurden dort insgesamt 137 Bergwerke gezählt,[44] ganz überwiegend Kohlegruben im Bereich von Eschweiler, in Berg dagegen 36 Bergwerke, unter denen die Silber-, Blei- und Kupfergruben im Gebiet von Windeck und Blankenberg zahlenmäßig am bedeutendsten waren. Insgesamt fanden im Bergischen gegen Ende des 18. Jahrhunderts 500 Menschen ihren Lebensunterhalt aus dem Bergbau. In Jülich mögen es einige mehr gewesen sein. Aber auch damit hatte dieser »Nahrungszweig« nur untergeordnete Bedeutung, wenn man vergleicht, daß damals fast 60 000 Menschen in Berg ihren Lebensunterhalt aus industrieller Tätigkeit bezogen, ganz überwiegend aus der Textilindustrie.[45] Diese hatte einen ihrer Schwerpunkte in den Tuchbleichen und Färbereien von Elberfeld und Barmen, wo zum Leinengewerbe auch Manufakturen für Baumwolle und Seide hinzugekommen waren. Wipperfürth, Lennep und Radevormwald waren auf die Herstellung von Woll- und Baumwolltuchen spezialisiert. Entscheidenden Anstoß hatte 1695 der erste Import spanischer Wolle nach Lennep gegeben. In Ratingen lag das Zentrum der bergischen Baumwollspinnerei, die lange als Hausindustrie betrieben wurde, bis 1784 eine neue Entwicklung mit der ersten Baumwollspinnmaschine auf dem Kontinent einsetzte. Die Metallverarbeitung blühte in Remscheid mit seinen Sensenschmieden und vor allem in Solingen. Dieses hatte sich in der Tradition alter Schleifmühlen auf die Herstellung von Qualitätsklingen spezialisiert und war bereits durch ein Monopolprivileg Johann Wilhelms gefördert worden. Links des Rheines waren Düren, Münstereifel und Monschau bekannt für ihre Wolltücher, Gladbach für die Leinwand und Düren auch für die Papierherstellung. In Stolberg gab es als Großunternehmen eine Messingfabrik. Alle industriellen Bemühungen im Land sind trotz älterer Ansätze erst in der zweiten Hälfte des 18. Jahrhunderts zur vollen Entfaltung gekommen. In der Gegend von Wip-

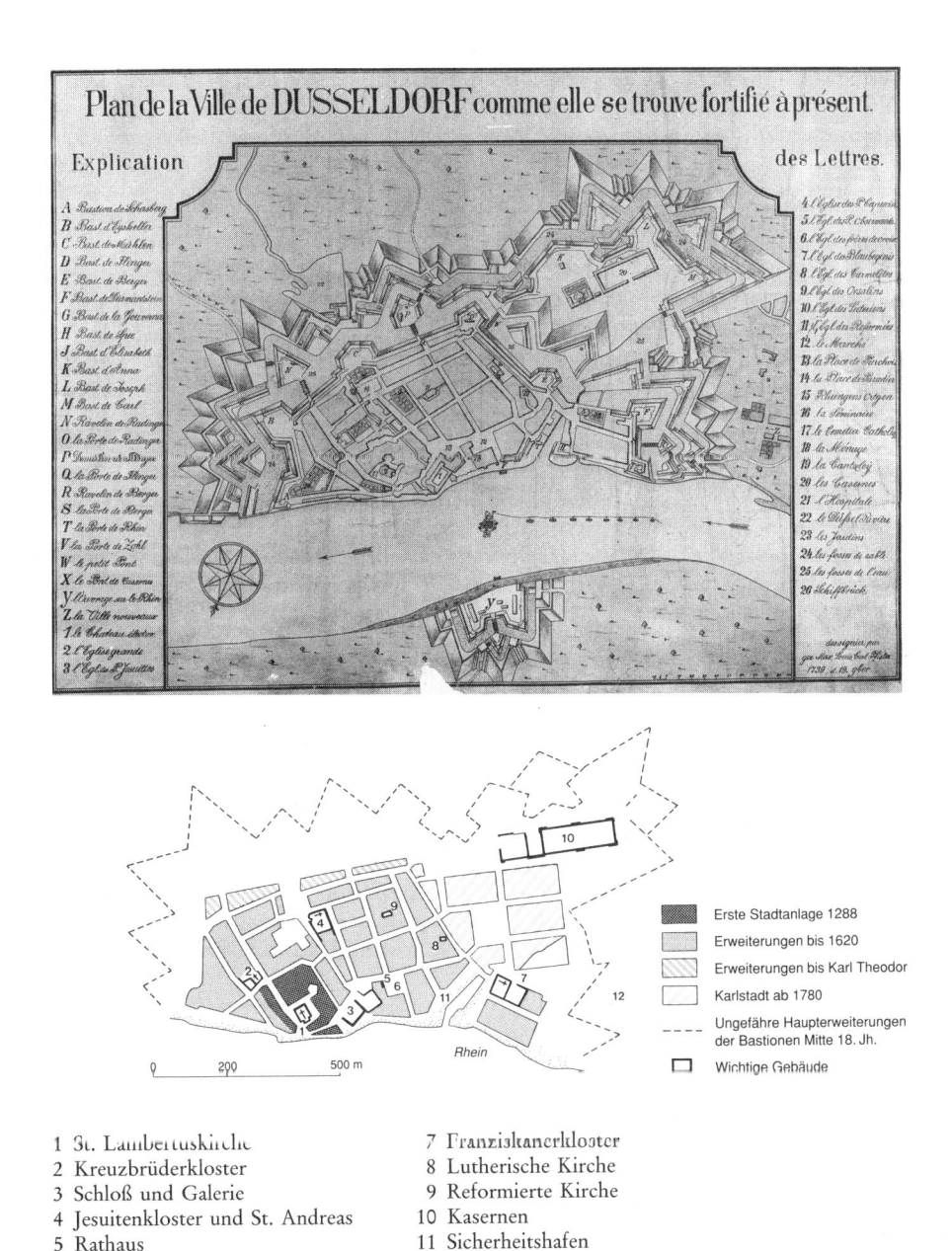

1 St. Lambertuskirche	7 Franziskanerkloster
2 Kreuzbrüderkloster	8 Lutherische Kirche
3 Schloß und Galerie	9 Reformierte Kirche
4 Jesuitenkloster und St. Andreas	10 Kasernen
5 Rathaus	11 Sicherheitshafen
6 Marktplatz	12 ehemalige Neustadt

Karte 51: Entwicklung der Stadt Düsseldorf bis zum Anfang des 19. Jahrhunderts

perfürth soll um 1736 das Spinnrad noch unbekannt gewesen sein, 1792 wurden dort jährlich nahezu 2000 Ballen Baumwolle versponnen. In der bergischen Stahlindustrie waren die stärksten Zunahmen an Einzelbetriebsgründungen festzustellen, zwischen 1742 und 1792 allein sechzig verschiedene Hämmer. Solinger Klingen wurden nach ganz Europa einschließlich Rußland exportiert. Der Handel konzentrierte sich in Städten und Marktflecken, zumal in den neuen Schwerpunkten Barmen und Elberfeld sowie in Mülheim an der Ruhr.

Die Förderung der Wirtschaft kam im Ausbau des Verkehrsnetzes zum Ausdruck. Unter Karl Theodor wurden die wichtigsten Verbindungen im Lande zu Chausseen, ganz besonders im rechtsrheinischen Teil mit einer durchgehenden neuangelegten Straße von Duisburg über Düsseldorf nach Siegburg. Nach Osten zweigten Chausseen nach den hauptsächlichen Gewerbezentren ab, während im Herzogtum Jülich, abgesehen von der Rheinstrecke zwischen Bonn und Sinzig, nur die Hauptstraßen von Jülich nach Eschweiler und Düren-Monschau chaussiert wurden. Auch hierin äußerte sich wieder der besondere Aufschwung des bergischen Landes. In dessen Norden diente der Chausseeanschluß von Mühlheim und Kettwig dem Transport der Ruhrkohle und dem Bestreben, die preußische Schiffahrt auf der Ruhr nicht aufkommen zu lassen. Die wichtigste Schlagader des Schiffsverkehrs war natürlich der Rhein. Noch hinderlicher als der Mainzer Stapel am Oberrhein wirkte sich hier bei zentraler Lage inmitten des Landes der kölnische aus.

Die Fürsorge der Herrscher wie auch der Statthalter kam in ganz besonderem Maße der Landeshauptstadt zugute. Dies zeigt allein schon das Wachstum während des 18. Jahrhunderts von unter 10 000 auf 20 000 Einwohner. 1757 begann man mit der Planung der Düsseldorfer Karlsvorstadt, die aber erst um 1780 verwirklicht werden konnte. Die Schloßbauten von Jägerhof und Benrath brachten zusätzlichen Verdienst in die Stadt. Ihre kulturelle Bedeutung wurde durch die Kunstakademie von 1769, die Landesbibliothek von 1770 und die Sternwarte mit physikalischem Kabinett von 1779 gehoben. Seit 1755 besaß Düsseldorf eine juristische Akademie mit zuletzt vier Professoren, seit 1767 eine Anstalt zur Ausbildung von Wundärzten und Hebammen. Immer wieder hatte die Stadt durch ihre Rolle als Festung zu leiden.[46] Obwohl Jülich mit seiner beherrschenden Zitadelle viel mehr Festungsstadt war, wurde es von Kriegsschicksalen weniger getroffen; trotzdem blieb es ohne größere Wachstumsimpulse.[47]

Pfalz-bayerische Gesamtlande seit 1778

Im Rahmen der Länder Karl Theodors war das Herzogtum Bayern von solchem Übergewicht, daß es alle anderen Territorien auf nachgeordnete Plätze verdrängen mußte, auch wenn dies vom Herrscher nicht beabsichtigt war. Gewiß war Bayern weniger entwickelt als Jülich-Berg und als die Kurpfalz. Das zeigt sich schon darin, daß seine Bevölkerung noch zu 80 Prozent auf dem Agrarsektor tätig war. Dennoch stellte es wirtschaftlich und militärisch den stärksten Machtfaktor dar. Von einer Gesamteinwohnerzahl der Lande Karl Theodors von 1 756 375 (1784) lebte über eine Million in den altbayerischen Landen ohne Neuburg und Sulzbach. Mit diesen waren es, trotz des Verlustes des Innviertels (rund 70 000) 1,2 Millionen. Die Rheinpfalz mit 300 000 und Jülich-Berg mit etwa 270 000 Einwohnern waren damit nicht vergleichbar; die niederländischen Besitzungen zählten knapp 6000 Einwohner. Die Bevölkerungsdichte verhielt sich jedoch umgekehrt. In Bayern waren es 1400 Bewohner pro Quadratmeile, in der Rheinpfalz knapp 2000 und in Jülich-Berg 2100. Dementsprechend lagen von den 150

Städten der Gesamtlande über die Hälfte nicht in Bayern, sondern 43 in der Pfalz und 36 in Jülich-Berg. Freilich ist dabei zu bedenken, daß in den rheinischen Landen auch solche Orte als Städte angesehen wurden, die in Bayern nur als Märkte galten.

Das Regierungssystem hatte Karl Theodor in etwa dem pfälzischen Vorbild angeglichen. Oberste Zentralbehörde blieb die Geheime Konferenz, in der jetzt vier Pfälzer und drei Altbayern vertreten waren. Unter ihr stand die 1779 gegründete oberste Landesregierung für Bayern. Der Hofrat mit einst gemischten Kompetenzen für Regierung und Rechtspflege wurde zur reinen bayerischen Justizbehörde, die Hofkammer ausschließliche Finanzverwaltung. Der Geistliche Rat Altbayerns trat nur noch zeitweilig in Funktion, die Militärverwaltung wurde im Rahmen der Reformen dem Generalstab (s. o. S. 200) für die Gesamtlande unterstellt. Charakteristikum Bayerns war die Organisation von Mittelbehörden zwischen Regierung und Lokalverwaltung in den sogenannten Rentmeisterämtern. Unterhalb von ihnen gaben dann die Landgerichte den Rahmen für die Ausübung der landesherrlichen Rechte auch über die Hofmarken des Adels und der Geistlichkeit, während der unmittelbar herzogliche Besitz in Pflegämtern organisiert war. Die beiden Rentämter München und Burghausen bildeten zusammen den Landesteil Oberbayern mit 49 Landgerichten. Niederbayern war in die Rentämter Landshut und Straubing mit 45 Landgerichten aufgeteilt. Die Oberpfalz galt als ein eigenes Herzogtum, dem im Lauf der bayerischen Herrschaft auch die Landgrafschaft Leuchtenberg einverleibt worden war, mit zusammen 172000 Einwohnern.

Während die Stände der Oberpfalz durch die Gegenreformation beseitigt wurden und einem Wiederbelebungsversuch unter Johann Wilhelm keine Dauer beschieden war, hatten sich in Bayern stets die Stände mit den drei Kurien von Prälaten, Rittern und Städten ihren Einfluß bewahrt. Für die finanziellen Angelegenheiten tagte ein Ausschuß, in dem der Adel doppelt so stark vertreten war wie jeder der beiden anderen Stände.[48] Der letzte bayerische Kurfürst Maximilian III. Josef wollte den Einfluß des Ausschusses, der »Landschaft«, zugunsten eines Gesamtlandtages zurückdrängen, scheiterte aber damit, und die Landschaft sollte sich nachher als der stärkste Anwalt der bayerischen Interessen auch gegen die Tauschpläne Karl Theodors erweisen. Der Adel und die führenden Beamtenfamilien arbeiteten Hand in Hand. So konnte Karl Theodor die Landschaft nicht im absolutistischen Sinne von ihrer Mitsprache verdrängen. Er versuchte, sie zu einer rein herrschaftlichen Steuerbehörde umzuformen, mußte jedoch 1781 nach Steuerverweigerung und einem drohenden Reichshofratsprozeß nachgeben und das Steuerbewilligungsrecht wieder einräumen. Der Kampf ging weiter darum, ob den Ständen zustand, die Steuer auch in ihrer Höhe festzulegen, oder ob sie nur die von Herrscher und Regierung vorgeschlagene Summe umzulegen hatten. Angesichts der erneuten Tauschpläne von 1785 setzten die Stände sich praktisch als der Anwalt des Landeswohls durch und wurden schließlich von 1790 an von Karl Theodor selbst als »Volksrepräsentanten« anerkannt. Auch die zeitweilige Übersiedlung des Kurfürsten nach Mannheim 1787 hatte die Stände nicht einschüchtern können. Den Höhepunkt erreichte die ständische Mitsprache im Zuge der Verhandlungen mit dem revolutionären Frankreich 1796, dessen Politik allerdings bald ihre Macht in Frage stellen sollte. Fragwürdig war längst ihr Standesegoismus geworden. Das Bestreben nach größerer Steuergerechtigkeit hatte, wenn es auch vom Herrscher als Kampfmittel eingesetzt wurde, im Grundsatz durchaus seinen Sinn.

Pfalz-Neuburg mit etwa 89000 Einwohnern behielt seine angestammten Behörden, den Geheimen Rat, den Hofrat als Justizkollegium und die Hofkammer. 1745 wurde die Regierung für Neuburg gebildet. An der Spitze stand ein eigener Statthalter aus dem Kreis der einheimischen Vertrauten des Kurfürsten. Auch Pfalz-Neuburg hatte eigene Stände in drei Kurien,[49] die Geschäftsführung lag hier ebenfalls bei einem Aus-

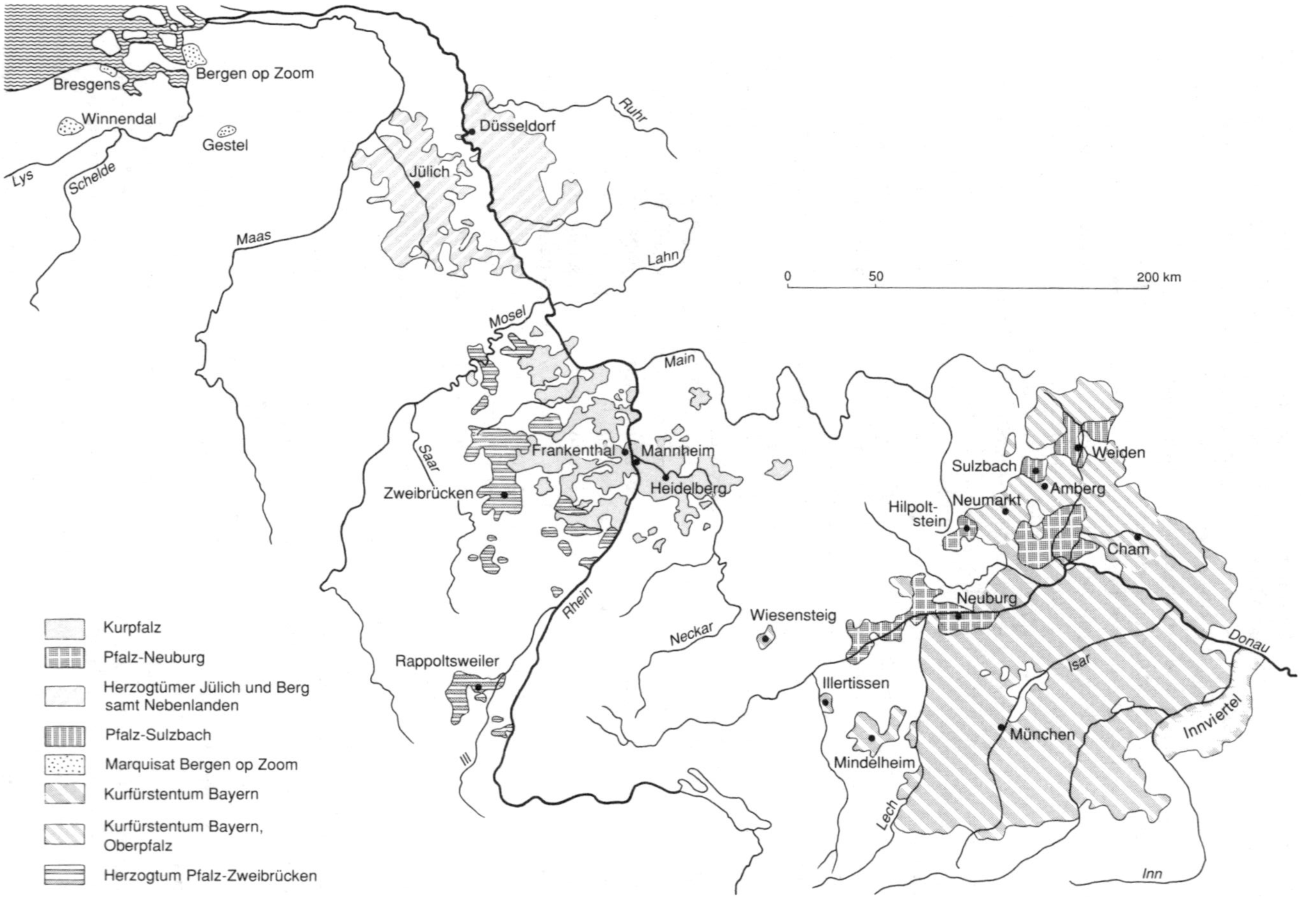

Karte 52: Die Lande der pfälzischen Wittelsbacher im 18. Jahrhundert

Kurpfalz
Pfalz-Neuburg
Herzogtümer Jülich und Berg samt Nebenlanden
Pfalz-Sulzbach
Marquisat Bergen op Zoom
Kurfürstentum Bayern
Kurfürstentum Bayern, Oberpfalz
Herzogtum Pfalz-Zweibrücken

schuß. Nach kurzer Konfrontation um eine neue Kopfsteuer hat sich Karl Philipp rasch mit den Ständen arrangiert und durfte, wie auch sein Nachfolger, auf ihre loyale Mitarbeit zählen. Einen wesentlichen Teil der landständischen Steuerverwaltung machten die Einkünfte aus der Bier- und Branntweinsteuer aus. Im allgemeinen verlief die Zusammenarbeit zwischen Regierung und Ständen reibungslos. Für die Lokalverwaltung waren 13 Pflegämter zuständig, in Pfalz-Sulzbach waren es 5 Ämter. Dieses kleine Herzogtum von 42 000 Seelen wurde ohne Stände regiert.

Der Erbfall von 1778 brachte die im bayerischen Reichskreis gelegenen Nebenländer der Kurpfalz in einen ganz neuen Zusammenhang. Die Neuburger und Sulzbacher Lande wurden damit aus ihrer territorialen Isolierung herausgelöst und traten mit dem einst pfälzischen Bereich der Oberpfalz wieder in Verbindung. Selbst wenn der Tauschplan noch manche Ungewißheit brachte, so mußte sich auf die Dauer doch die Gravitation nach München durchsetzen. Schon 1778 wurde das bayerische Zivilrecht in Neuburg und Sulzbach eingeführt und München statt Mannheim die oberste Revisionsinstanz. Die Sulzbacher Zentralbehörden ließ Karl Theodor 1790 aufheben und ihre Zuständigkeiten, wie es geographischen und historischen Bezügen entsprach, nach Amberg übertragen. Ebenso wollte er auch mit Neuburg verfahren, doch war das, nicht zuletzt wegen des Protestes der Stände, nicht durchzuhalten und mußte 1795 die Regierung in Neuburg wiederhergestellt werden. Die Zusammenarbeit der Lande Karl Theodors auf wirtschaftlichem Gebiet konnten solche Streitigkeiten um Verwaltungskompetenzen nicht aufhalten. Die Anregungen zur Förderung der wirtschaftlichen Integration[50] gingen von der kurpfälzischen Kommerzienkommission aus, die versuchte, die Frankenthaler Industrie durch eine entsprechende Privilegierung in Bayern für die Verluste nach Abzug des Hofes zu entschädigen. Tatsächlich stellte ein kurfürstliches Reskript 1778 bereits den wechselseitigen Kommerzialverband zwischen den Erbstaaten her, und anschließende Verträge mit Württemberg sorgten für den Ausbau einer Chaussee von Heidelberg über Sinsheim, Heilbronn und Cannstatt nach Lauingen und nach Regensburg. Projekt mußte der Gedanke eines Kanalbaus zwischen Neckar und Donau bleiben. Der Kommerzialverband räumte pfälzischen, in geringerem Maße auch jülich-bergischen Waren Zoll-und Akziseprivilegien in Bayern ein, aber die Forderungen Fontanesis nach einem Monopol für die Pfalz ließen sich nicht durchsetzen. Auch in keineswegs freihändlerischen Zeiten mußte solch eine protektionistische Wirtschaftspolitik an den Interessen der anderen scheitern.

Pfalz-Zweibrücken, Nebenland und Erbe

Seit der Zeit Karl Philipps stand das wieder geeinte Territorium Pfalz-Zweibrücken in besonders engen Beziehungen zur Kurpfalz. Vergebens hatte dieser das Erbe der Zweibrücker Hauptlinie für sich beansprucht. Im Gegenteil, durch die Erbenlosigkeit Karl Theodors, wie sie sich seit den sechziger Jahren abzeichnete, wuchsen die Zweibrücker Herzöge in die Rolle der präsumtiven Herrscher der Kurpfalz. Zur Vereinigung beider seit 1410 getrennter Landesteile, die der Kurpfalz eine willkommene Abrundung nach Westen gebracht hätte, kam es allerdings nur noch theoretisch. Als 1799 das Haus Zweibrücken die Kur antreten konnte, war sein eigenes Land bereits fest in den Händen des revolutionären Frankreich und bestand von dort her nur noch ein Entschädigungsanspruch.

Kurpfalz und Pfalz-Zweibrücken hatten sich in der Neuzeit, nachdem die Feindschaft der Zeit Friedrichs des Siegreichen und des Landshuter Kriegs abgebaut war, vielfältig ergänzt. Allerdings gab es, vor allem bedingt durch konfessionelle Unterschiede, auch immer wieder größere Distanz der Kurlinie zu einzelnen Zweigen dieses Hauses, die sich ganz verschiedenen Bekenntnissen zuwandten, nachdem eine Primogeniturordnung in der Reformationszeit gescheitert war. 1543 wurde aus dem Zweibrücker Gesamtbesitz das kleinere Herzogtum Pfalz-Veldenz ausgegliedert. Die Veldenzer Pfalzgrafen, die außerdem über Lauterecken und Jettenbach geboten, blieben Lutheraner, wie es alle Zweibrücker seit der Kirchenordnung von 1533 zunächst waren. Ottheinrich sah daher 1553 in Erwartung des Erbfalles in der Kurpfalz vor, sein Neuburger Land an die Zweibrücker Vettern abzutreten, was 1556 auch eintrat. Zum Ausgleich gegenüber der Veldenzer Linie verzichtete Pfalzgraf Wolfgang von Zweibrücken 1576 auf die Grafschaft Lützelstein und die Hälfte der Herrschaft Guttenberg. 1569 wurde die verbliebene Zweibrücker Ländermasse unter die Söhne Wolfgangs geteilt. Philipp Ludwig erhielt Neuburg, dessen Sohn Wolfgang Wilhelm erbte Jülich-Berg und wurde katholisch (vgl. oben S. 77). Johann bekam die Zweibrücker Kernlande und Karl den Anteil an der Hinteren Grafschaft Sponheim, also nur Gebiete, die im Kondominat mit der Markgrafschaft Baden-Baden standen. Er errichtete seine Residenz in Birkenfeld auf dem Hunsrück. Nur Johann I. blieb in enger Verbindung mit der Kurpfalz und trat (1579/88) zum reformierten Bekenntnis über. Eine erneute Dreiteilung unter seinen Söhnen in Pfalz-Zweibrücken, Pfalz-Landsberg und Pfalz-Kleeburg dauerte nur bis 1661 bzw. 1681. Von nun an wurde das Gesamtland durch die Krone Schweden[51] regiert, denn Karl von Pfalz-Kleeburg hatte 1654 als Karl X. Gustav die Nachfolge seiner Cousine Königin Christine in Stockholm angetreten. Mit Karl XII. erlosch die Zweibrücker Königsdynastie in Schweden 1718. Die Zweibrücker Lande übernahm Gustav Samuel Leopold aus einem Seitenzweig des Kleeburger Hauses. Als Gemahl einer Veldenzerin wollte er auch das bereits 1694 ausgestorbene Haus Pfalz-Veldenz beerben und setzte sich damit in Gegensatz zu den Neuburger Vettern, die ihre Ansprüche darauf begründeten, daß sie die älteste Linie des Gesamthauses Pfalz-Zweibrücken darstellten. Frankreich, dem viel an einem Pufferstaat zwischen seinen neuen Erwerbungen und der Kurpfalz gelegen war, begünstigte Gustav Samuel Leopold und sorgte auch nach seinem erbenlosen Tod 1733 dafür, daß die Hauptmasse des Zweibrücker Landes von den Birkenfelder Pfalzgrafen übernommen wurde, die schon lange in seinen Diensten standen. Auch beim Kaiser konnte Karl Philipp seit der Wittelsbachischen Hausunion und dem Bündnis mit Frankreich nicht auf eine Unterstützung seines Rechtsstandpunktes hoffen, und so mußte er akzeptieren, daß ihm lediglich die Hälfte aus dem Veldenzer Erbe, nämlich Veldenz, Lauterecken und Jettenbach, verblieben, wie sie bereits Johann Wilhelm nach dem Frieden von Ryswyk besetzt hatte. Vom Zweibrücker Hauptbesitz wurde ihm lediglich Stadecken, eine Exklave im Grenzbereich des Oberamtes Ingelheim, hinzugegeben. Frankreich war es besonders wichtig gewesen, daß die Birkenfelder Pfalzgrafen aus dem veldenzischen Erbe die Grafschaft Lützelstein und die Hälfte der Herrschaft Guttenberg festhalten konnten, denn die staatsrechtliche Lage dieser Herrschaften an der Nordgrenze des Elsaß war immer noch ungeklärt. Der französische König beanspruchte die Queichlinie als Nordgrenze des Elsaß, während von deutscher Seite höchstens die Lauter als solche anerkannt wurde und sich noch manche Stimmen für den Selzbach erhoben. Die neuen Herren in Zweibrücken waren bereit, die französische Souveränität nicht nur über ihre Veldenzer Erbschaften, sondern auch über ihren Altbesitz um Bergzabern zu akzeptieren.

Auch weiterhin blieben die Herzöge von Pfalz-Zweibrücken in enger Verbindung zu Frankreich, kommandierten ein französisches Regiment und residierten zeitweilig in Straßburg. Ihre Herrschaft Rappoltstein im Oberelsaß war französisches Lehen. So kam auf französische Initiative 1766 der Vertrag von Schwetzingen zustande. In einem

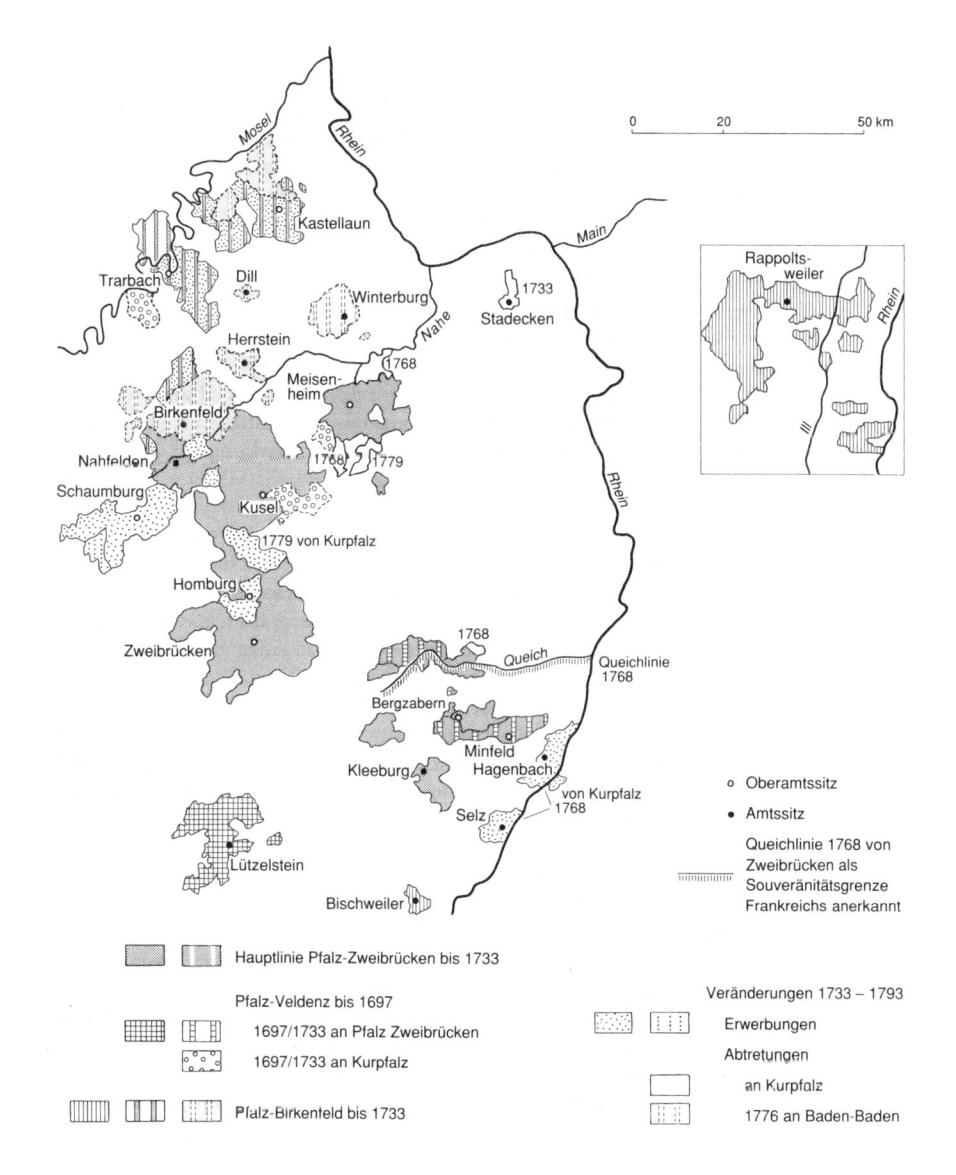

Karte 53: Die pfalz-zweibrückischen Lande im 18. Jahrhundert

Tauschgeschäft verzichtete mit Wirkung ab 1768 die Kurpfalz auf die Ämter Selz und Hagenbach gegen weiter nördlich gelegene Tauschobjekte. Karl August von Pfalz-Zweibrücken erkannte dort die französische Souveränität an, ja er verpflichtete sich nach Übernahme der Herrschaft in den Kurlanden, diese Regelung auch für das gesamte Oberamt Germersheim, soweit es südlich der Queich lag, einzuführen. Dem allgemeinen Zug der Zeit zum Grenzausgleich diente die Aufteilung des Kondominats in Hintersponheim 1776. Zweibrücken erhielt damals die Ämter Trarbach und Kastellaun, während die südlich davon gelegenen übrigen Teile samt der Residenz Birkenfeld jetzt ganz an die vereinigte Markgrafschaft Baden fielen. Die Kurpfalz bereinigte im Kübelberger Austausch 1779 einige ungünstige Verzahnungen und Enklaven im Bereich des Oberamtes Kaiserslautern. Noch 1786 hat Frankreich die Zweibrücker Zugeständnisse hinsichtlich seiner Souveränität im Elsaß honoriert und das isoliert gelegene lothringische Amt Schaumburg den Herzögen überlassen.

In konfessioneller Hinsicht herrschten seit dem 17. Jahrhundert sehr uneinheitliche Verhältnisse. Traditionell war das eigentliche Zweibrücken reformiert, Veldenz und Birkenfeld aber lutherisch. Nach der schwedischen Heirat duldete die Kleeburger Linie auch in ihrem Bereich die Lutheraner. Die Franzosen sorgten über ihre Reunionen, und dazu gehörten die Gesamtlande von Veldenz und Zweibrücken, für eine teilweise Rekatholisierung. Schon Gustav Samuel Leopold war aus opportunistischen Gründen zum Katholizismus konvertiert. Obwohl die Birkenfelder traditionell am Luthertum hingen, setzte Frankreich schließlich doch die Konversion Christians IV. (1735–1775) durch, der dies allerdings als einen persönlichen Akt ohne Auswirkung auf seine Untertanen sehen wollte. Mit der Konversion seines Bruders Friedrich Michael (s. o. S. 184) war das ganze Haus zum Katholizismus übergegangen.

Zweibrücken hatte im 18. Jahrhundert eine ähnlich aufgebaute Verwaltung wie Kurpfalz. An der Spitze stand die Geheime Kabinettskonferenz, die unter Karl August ziemlich selbständig ohne landständische Kontrolle und ohne stärkere Beteiligung des Herrschers arbeitete. Dagegen war der Herzog, der als kurpfälzischer Statthalter in Neuburg verhältnismäßig bescheiden Hof gehalten hatte, von einem gewaltigen Repräsentationsbedürfnis, das sich in großen Jagden und aufwendigen Bauten äußerte. Im ohnehin schon stark verschuldeten Land begann er 1777 mit der Anlage des Schlosses Karlsberg bei Homburg. Es wurde in kürzester Frist, freilich nicht in höchster handwerklicher Qualität, errichtet und galt als eine der größten Residenzen in Europa. Das Schloß, in viele einzelne pavillonartige Einzelelemente aufgelöst, erstreckte sich über eine Länge von 1,5 km und kostete 14 Millionen fl. Auch Anleihen bei Frankreich, Preußen und der Kurpfalz konnten den Aufwand nicht decken.

Den Grundbestand des zweibrückischen Territoriums[52] bildeten vier Oberämter: Zweibrücken mit rund 20000 Seelen (Mitte 18. Jahrhundert), Lichtenberg mit der Stadt Kusel und 15000 Seelen, Meisenheim mit 10000 Seelen und Bergzabern samt der Stadt Annweiler mit 12000 Seelen. Zu diesem Kernland kamen die vielfältigen Kondominate, namentlich in Sponheim, hinzu sowie die vereinzelten elsässischen Herrschaften, besonders Lützelstein und Rappoltsweiler. Man wird nach Ablösung der Kondominate mit einer Gesamteinwohnerschaft von über 80000 rechnen müssen. Von den Städten wies nur die Residenz Zweibrücken mit 4200 Seelen eine relativ beachtliche Größe auf. An zweiter Stelle stand Bergzabern mit rund 2000 Einwohnern. Insgesamt verfügte Pfalz-Zweibrücken über weniger gesegnete Landstriche als Kurpfalz. Der Weinbau hatte nur im Oberamt Bergzabern und an der Mosel Bedeutung, auch fehlten die ausgesprochen fruchtbaren Agrargegenden. Bezeichnenderweise nahm bereits 1770 die Anbaufläche der Kartoffel mit 15 000 Morgen nach Hafer und Roggen (35000 bzw. 32000 M) den dritten Platz ein. Der früher einmal bedeutende Bergbau warf wenig Rendite ab.

Kapitel 21

Das Ende der Kurpfalz 1789–1803

Die Vereinigung von Pfalz und Bayern 1778 wäre bei einem ruhigen Fortgang der Geschichte das große Epochenjahr gewesen. Nur die 1789 einsetzenden revolutionären Ereignisse können rechtfertigen, daß der Einschnitt erst zehn Jahre später gelegt wird. Damals allerdings hatte sich auch Karl Theodor für den Verzicht auf alle Tauschprojekte entschieden. Von Oktober 1788 bis zum Juni 1789 hielt er nochmals in Mannheim Hof. Die Rückkehr nach München bedeutete die endgültige Anerkennung der bayerischen Lösung. Gegenüber dem revolutionären Frankreich versuchte es Karl Theodor lange mit der traditionellen pfälzischen Neutralitäts- und Freundschaftspolitik. Es lag in der Sache selbst und nicht nur in der Gegnerschaft zwischen Frankreich und den Habsburgern, daß einer solchen Haltung der Boden bald entzogen war. Die Pfalz geriet, auch wenn sie das nicht wollte, in die kriegerische Auseinandersetzung hinein und mußte bei ihrer Lage, und angesichts des Rückzugs Preußens und anderer deutscher Staaten vom linken Rheinufer, den Preis dafür zahlen. Durch die seit 1795 praktisch festliegende Rheingrenze war die Kurpfalz zum Untergang verurteilt. Vier Jahre später vollzog sich der Dynastiewechsel zum Haus Pfalz-Zweibrücken reibungslos. Mit ihm trat das Land in eine neue Phase aufklärerischer Reformen ein, die im Grunde nur Übergangslösungen bis zur völligen politischen Umgestaltung bringen konnten.

Das Land im Sog der Französischen Revolution

Daß die schicksalhafte Wendung wenige Jahre vor dem Ende des 18. Jahrhunderts von außen kam, ist eindeutig; wie weit ihr auch im Innern der Boden bereitet war, war für die Zeitgenossen eine Streitfrage und wird es auch für moderne Historiker bleiben. Im Vergleich zum übrigen Deutschland waren die linksrheinischen Gebiete ein verhältnismäßig fruchtbarer Mutterboden für einheimisches Jakobinertum und republikanische Gesinnungen. Die Mißstimmung der Einwohner über die Zustände des Feudalregimes gab es gewiß. Allerdings wurde dies alles erst mit dem Einmarsch der Franzosen 1792 deutlich und blieben gerade die kurpfälzischen und pfalz-zweibrückischen Gebiete infolge der Neutralitätspolitik ihrer Herrscher in der revolutionären Entwicklung großenteils zurück.

Das Unbehagen am Staate Karl Theodors war immer noch von der konfessionellen Ungleichheit gesteuert und wurde von einer außerhalb des Landes sitzenden höchst kritischen und radikal aufklärerischen Literatenzunft bewußt gemacht. Sie erreichte wohl mehr eine intellektuelle Oberschicht im ganzen Reich als die Untertanen selbst. Immerhin zeigte sich im Lande eine gewisse Reaktion, als die französische Nationalversammlung mit ihren Beschlüssen vom August 1789 radikal mit der feudalen Tradition brach. Bäuerlicher Protest regte sich im Anschluß daran nur an einigen Stellen des Kurfürstentums, wesentlich geschlossener jedoch in den grenznahen Dörfern des Speyerer Bischofs und noch mehr in der vor den Toren Straßburgs liegenden Ortenau. Die Regierung der Kurpfalz wurde nicht wie dort mit massiven Gravamina überschüttet. Charakteristischerweise hatte aber der dortige Beschwerdensturm eine ganz andere Zielsetzung als der bäuerliche Aufruhr in Frankreich. Es ging, soweit sich bis jetzt sehen läßt, um die Verteidigung alter Rechte gegenüber den immer dichter gewordenen Ansprüchen des absolutistischen Regimes und in der Ortenau vor allem gegenüber dem Josefinismus. Die viel spärlicheren Proteste aus dem Kurpfälzer Territorium sind schwerlich anders zu beurteilen. Die Ereignisse in Frankreich waren also nur der Anlaß für bäuerlichen Protest im bisher traditionellen Rahmen. Progressivität dagegen war nur Sache einer kleinen Schicht meist intellektueller Ausrichtung. Die Pfälzer Behörden sprachen von Freiheitsschwärmern.[1]

Ab 1790 wurde in der im Vergleich mit Bayern so großzügigen Kurpfalz die Zensur verschärft. Zentrum der revolutionären Propaganda war das seit über einem Jahrhundert französische Landau, wo sich 1791 ein Jakobinerclub bildete. Weitere Impulse gingen vom Nordelsaß aus. Verhältnismäßig frühe Sympathien für die Revolution zeigten sich im pfalz-zweibrückischen Bergzabern. Von dort griff schon zur Zeit der Anwesenheit des französischen Militärs die Bewegung auf das Oberamt Germersheim über, dessen Amtmann besonders unbeliebt war. Freiheitsbäume wurden im Herbst 1792 errichtet, die Belege erwähnen aber nur Orte adliger oder zweibrückischer Herrschaft. Aber noch im gleichen Jahr wurde von etwa sechzig Arbeitern in Mannheim ebenfalls ein Freiheitsbaum errichtet, ohne daß rechtzeitig Gegenmaßnahmen ergriffen worden wären.[2] Allerdings ist im Anschluß daran nichts von weiterer revolutionärer Bewegung zu verspüren.

Für die pfälzische Politik war die Lage kritisch. Mannheim war früh zum Sammelplatz aristokratischer französischer Emigranten geworden, die allein durch Auftreten und Lebensstil Reibungen genug brachten. Der Bündnispolitik Österreichs und Preußens gegen das revolutionäre Frankreich hielt sich Karl Theodor fern, zumal Pfalz-Bayern an einem Zusammengehen der beiden deutschen Großmächte kein Interesse haben konnte. Deshalb verweigerte er auch den österreichischen Streitkräften die Benutzung des Mannheimer Rheinübergangs zu ihrem Einmarsch nach Frankreich. Sie mußten, wie in der Folgezeit noch öfter, den Strom durch einen eigenen Brückenschlag südlich davon im Gebiet des Speyerer Hochstifts überqueren. Nach dem Abbruch der Kampagne in Frankreich infolge der unglücklichen Kanonade von Valmy lag das linksrheinische Gebiet zwischen Elsaß und Nahe einer französischen Gegenoffensive offen. Von Landau aus, das nicht angegriffen worden war, stieß der französische General Custine rasch nach Norden vor und nahm Mainz ein. Die Neutralität des Kurpfälzer und pfalz-zweibrückischen Gebietes wurde im allgemeinen respektiert. Deshalb ließ sich Custine auch nicht zu einer Wegnahme Mannheims verleiten, die ihm aus militärischen Gründen dringend angeraten wurde. Der Gegenschlag der Verbündeten schloß im November 1792 Mainz ein und drängte die Franzosen fast wieder bis zur Reichsgrenze zurück. Auch jetzt ließ sich Karl Theodor nicht dazu bewegen, Mannheim für diese Operationen den Österreichern zur Verfügung zu stellen. Die Franzosen in Mainz mußten im Juni kapitulieren. Die Pfälzer Gebiete hatten unter den militärischen Anforderungen der Verbündeten zu leiden. Noch im November 1793 gelang es den Preußen und Sachsen, in der dreitägigen Schlacht bei Morlautern eine neu herangeführte französische Armee unter dem General Hoche zu schlagen. Dieser allerdings ließ sich dadurch nicht vom Ziel seines Marsches abbringen und konnte anschließend die Österreicher unter General Wurmser aus dem Nordelsaß werfen und das belagerte Landau entsetzen. Bis zum Sommer hielt sich eine Frontlinie von Speyer über Edenkoben und südlich Kaiserslautern bis nach Trier. Sie wurde im Juli 1794 von den Franzosen eingedrückt, die mit Ausnahme von Mainz das ganze linke Rheinufer bis Bingen erneut besetzten.

Die Kurpfalz im ersten Koalitionskrieg

Schon während des Jahres 1793 leistete sich die französische Besatzung zunehmend Übergriffe gegen die kurpfälzischen Gebiete. Der Herzog von Zweibrücken wurde aus seiner angestammten Residenz vertrieben und floh nach Mannheim, wo er schon fast im Stil des neuen Herrschers der Kurpfalz Hof hielt. Trotz des unvermeidlichen Eintritts der Kurpfalz in den Reichskrieg achtete man darauf, daß nur ein Minimum an Geldunterstützung geleistet und die Festung Mannheim nur mit pfälzischen und allenfalls bayerischen Truppen belegt wurde. Dies konnte die Empörung in der Pariser Nationalversammlung über den pfälzischen Wortbruch keineswegs verhindern, hatte Frankreich doch 500000 Livres als versteckte Subsidien an die pfälzische Neutralität gewendet. Halbe Maßnahmen nach beiden Seiten mußten in dieser Zwangslage die Feindschaft Frankreichs wie Österreichs einbringen. Auf Seiten des letzteren verschärfte sich die Abneigung durch die vorschnelle Aufgabe Düsseldorfs nach kurzem Artilleriebeschuß durch die Franzosen am 5. Oktober 1794, obwohl diese gar nicht über den Fluß setzten.

Ähnliches sollte sich in Mannheim abspielen. Der französische General Pichegru versuchte im September 1795 einen Keil zwischen die beiden österreichischen Armeen auf der rechten Rheinseite zu treiben, bevor diese sich ganz miteinander vereinigt hatten. Deshalb drohte er mit der Beschießung Mannheims, falls es nicht kapituliere. Der senile Stadtkommandant General von Belderbusch gab im Zusammenwirken mit dem Statthalter von Oberndorff dieser Bedrohung alsbald nach.[3] Ihr beider Bemühen, der Stadt dadurch ein hartes Kriegsschicksal zu ersparen, erwies sich rasch als illusorisch. Die Österreicher konnten wenige Tage später den Vormarsch der schlecht ausgerüsteten Franzosen an der Bergstraße aufhalten und den Feind in der Schlacht von Handschuhsheim (24. September) schlagen und auf Mannheim zurückwerfen. Dieses machte eine harte Belagerung mit vernichtendem Artilleriefeuer durch und mußte am 22. November kapitulieren. Der Vorwurf des gezielten Verrats ließ sich gegen Oberndorff, Belderbusch und den zweibrückischen Minister Salabert zwar nicht halten, doch hatten diese ihr Ansehen verspielt und war Karl Theodor politisch dem Willen Österreichs ausgeliefert.

Die kaiserlichen Truppen rückten noch einmal nach links des Rheines vor und hielten nach Waffenstillstand mit den Franzosen eine Demarkationslinie von Philippsburg über Edesheim und die Sickinger Höhe bis nach Zweibrücken. Diese Position mußte jedoch infolge der unglücklichen Kämpfe in Oberitalien geschwächt werden. Nach Truppenabgaben dorthin wurde das linke Rheinufer bald wieder geräumt, und zwei französische Armeen unter den Generalen Jourdan und Moreau drangen 1796 tief nach Bayern vor. Karl Theodor flüchtete mit seinem Hof nach Sachsen. Der Regentschaftsrat in München schloß unter Beteiligung der Stände den Waffenstillstand von Pfaffenhofen.[4] In diesem kehrte Pfalz-Bayern zur Neutralität zurück, verstand sich zur Zahlung von 10 Millionen Francs Kontributionen und zu Friedensverhandlungen[5] in Basel. Gleichzeitig mit diesem Waffenstillstand wendete sich durch die Siege Erzherzog Karls über Jourdan bei Amberg und bei Würzburg jedoch noch einmal das Kriegsglück in Süddeutschland. Auch Moreau mußte sich hinter den Rhein zurückziehen, ja die Österreicher versuchten es sogar noch einmal mit einer militärischen Störaktion links des Rheines bis nach Weißenburg. Karl Theodor verweigerte nun die Ratifizierung des Pfaffenhofener Waffenstillstands, blieb also noch auf der Seite Österreichs, als sich außer Preußen auch schon Baden, Württemberg und Hessen mit Frankreich arrangiert hatten. Napoleons Siege in Oberitalien und der Friede von Campoformio besiegelten dann doch das Schicksal des linken Rheinufers; auch Pfalz-Bayern mußte jetzt den Friedenskongreß in Rastatt beschicken.

Der endgültige Verlust des linken Rheinufers

Während es schon beim ersten Ansturm der französischen Revolutionäre 1792 in außerpfälzischen Gebieten zu Verbrüderungen mit den Franzosen und schließlich zur Bildung einer rheinischen Republik kam und diese alsbald eine Anschlußadresse an Frankreich richtete, blieben die pfälzischen Besitzungen im allgemeinen davon noch verschont. Auch sie waren das Ziel französischer Propaganda, die aber mindestens nördlich der Queich die pfälzische Neutralität noch respektierte. Im Frühjahr 1793 war dies allerdings nicht mehr in vollem Maße der Fall. So wurden mit der Stadt Kaiserslautern auch die Geistlichen zur Eidesleistung gegenüber dem französischen Staat gezwungen und wendeten sich vergebens mit der Bitte um Verhaltensmaßregeln an den Kirchenrat in Heidelberg.[6] Die Rückkehr der Koalitionstruppen brachte auch für die pfälzischen Oberämter die Verfolgung der sogenannten »Patrioten«, das heißt der Anhänger der Französischen Revolution. Gerade die kurpfälzische Bevölkerung scheint besonders durch Sympathien und Antipathien für die Revolution gespalten gewesen zu sein. Im allgemeinen wollte man bemerken, daß die Reformierten mehr auf der Seite der Patrioten, die Katholiken, d. h. im Grunde die Armen, mehr auf der Seite der Aristokraten, d. h. der alten Feudalmächte, standen. Immer noch wirkte also der Schock von 1694/1705 nach.

Hatten die Franzosen sich selbst 1792 als Befreier betrachtet, so wendeten sie seit 1793, auch angesichts der politischen Zurückhaltung der Bevölkerung, immer mehr das Recht des Eroberers an. Ein Fanal war die Vernichtung des pfalz-zweibrückischen Kusel, das 1794 völlig niedergebrannt wurde, weil dort angeblich falsche Assignaten hergestellt worden waren. Eine neue staatliche Organisation der linksrheinischen Gebiete wurde jedoch erst 1797 wieder in die Wege geleitet. Nun handelte es sich auf Grund erzwungener Bitten um den Anschluß an Frankreich und die Errichtung neuer Departements 1798. Die Masse der pfälzischen Besitzungen bis zur Nahe hin wurde im Departement des Donnersbergs vereinigt, das seinen Sitz in Mainz hatte. Die Gebiete nördlich davon kamen zum Rhein-Mosel-Departement und wurden von Koblenz aus regiert. Südlich der Queich bestand das elsässische Departement des Niederrheins. Die Anerkennung dieser Tatsache durch das Reich war mit den Entschädigungsverhandlungen auf dem Rastatter Kongreß verknüpft. Nur Karl Theodor ging in die dortigen Verhandlungen mit der Illusion, daß noch dem alten Recht Genüge getan werden müsse. Er lehnte die Säkularisation von Kirchengut ab und drängte auf die Rückgabe seiner linksrheinischen Oberämter. Die Geheimabmachungen des Friedens von Campoformio wurden ihm erst klar, als die Österreicher die Festung Mainz an die Franzosen auslieferten und sich selbst zur Rheingrenze bekannten. Jetzt mußte auch der Kurfürst von Pfalz-Bayern, der treueste Sohn der römischen Kirche, der Säkularisation von Kirchengut zustimmen, ja solches für die eigenen Entschädigungsansprüche entgegennehmen.

Noch einmal schien sich für ihn das Schicksal zu wenden, als der zweite Koalitionskrieg 1798 ausbrach und jetzt neben England, das den Kampf nie aufgegeben hatte, und Österreich auch Rußland in den Krieg eintrat. Die rechtsrheinische Pfalz erlag aber rasch dem französischen Ansturm. Infolgedessen verstand sich Pfalz-Bayern nach dem Rückzug der Franzosen zu einem Einvernehmen, das die Schleifung der Festung Mannheim vorsah, in die auch die Österreicher nach einer Rückeroberung Mannheims einwilligten. Mit Jubel stellten sich die Mannheimer den befohlenen Fronarbeiten, schienen sie ihnen doch endlich die Befreiung von ständiger kriegerischer Bedrohung zu bringen. Aber noch zweimal drangen die Franzosen auf das rechte Rheinufer vor. Militärische Entscheidungen fielen auch diesmal nicht an dieser Front, sondern wieder durch Napoleon in Oberitalien und zusätzlich durch Moreau im Innern Süddeutschlands. Nach dem Frieden von Luneville 1801 wurde das rechte Rheinufer wieder geräumt.

Übergang der Regierung an Maximilian Josef 1799 und letzte Reformen

In der Endphase seiner Herrschaft war Karl Theodor immer mißtrauischer und immer unfähiger zu neuen Initiativen geworden. Er hatte zwar 1793 sein fünfzigjähriges Regierungsjubiläum mit großem Aufwand und unbeeindruckt von der allgemeinen Situation gefeiert,[7] doch folgten danach nur noch Enttäuschungen. Seine Gemahlin Elisabeth Augusta war mit ihrer kleinen Hofhaltung vor den Franzosen von Oggersheim nach Mannheim und schließlich nach Weinheim ausgewichen. Die Pfälzer Bevölkerung sah in ihr die Landesmutter, was nicht nur Panegyrik, sondern auch Anerkennung für ihre karitative Tätigkeit und ihr Ausharren im Lande selbst war. In Weinheim ist die Kurfürstin 1794 verstorben und wurde in der Heidelberger Karmeliterklosterkirche beigesetzt. Karl Theodor hat auch jetzt nicht seine Distanz aufgegeben und ließ sich beim Begräbnis durch den Minister von Vieregg vertreten. Schon im Februar 1795 schloß er eine neue Ehe mit der noch jugendlichen Maria Leopoldine von Österreich-Este.[8] Seine Erwartung, aus dieser späten, aber legitimen Verbindung noch Erben zu erhalten, sollte sich nicht erfüllen, verschlechterte aber noch einmal die Beziehungen zu den Zweibrücker Vettern, die in Ansbach unter preußischer Protektion einen Emigrantenhof eingerichtet hatten. Am 16. Februar 1799 ist Karl Theodor in München verstorben. Er wurde in der Wittelsbacher Gruft der Theatinerkirche beigesetzt und kaum von seinen Untertanen betrauert. Der neue Herrscher Maximilian Josef fand allgemeines Wohlwollen, der Regierungswechsel vollzog sich reibungslos.

Wenn auch Maximilian Josef sich über das weitere Schicksal der Pfalz keine großen Hoffnungen machen durfte, so wurden trotzdem alsbald Reformmaßnahmen eingeleitet. Für sie war letztlich der Minister von Montgelas, der sich seit 1787 in zweibrückischen Diensten befand, verantwortlich. Einschneidender als gegen das Adjunktionswesen gerichtete Sparmaßnahmen bei den Amtmannstellen und feste Termine für die Gemeindegerichte waren die Maßnahmen auf kirchlichem Gebiet. Wie im Herzogtum Berg wurden auch in der Kurpfalz die Klöster schrittweise säkularisiert[9] und ihr Vermögen einem allgemeinen Klosterfonds für die Ausstattung von Schulen zugeschlagen. Bei diesen Säkularisationen gingen wieder einmal unersetzliche Kunstwerke und viele Stätten spätbarocker Frömmigkeit verloren. Die Bevölkerung nahm das alles mit Lethargie hin. Die bisherige Ungleichheit zwischen den Konfessionen wurde durch eine erneute Religionsdeklaration vom 9. Mai 1799[10] beseitigt. Von nun an waren alle christlichen Bekenntnisse im Zugang zu kommunalen und staatlichen Ämtern gleichberechtigt; das bisher von Reformierten und Katholiken gemeinsam verwaltete Kirchenvermögen wurde jetzt real geteilt und damit auch die katholische Präponderanz in der Geistlichen Administration beseitigt. Weitere Pläne, die sich nicht mehr verwirklichen ließen, gingen in Richtung auf eine Union der beiden protestantischen Kirchen sowie eine Simultanschule für alle drei Konfessionen[11] und auf eine Besserstellung der Juden. Die schon unter Karl Theodor vorgesehene Bauernbefreiung ließ sich auch jetzt nicht in raschem Anlauf verwirklichen.

Der Reichsdeputationshauptschluß 1803

Auf dem Rastatter Kongreß hatte man noch verschiedene Lösungen ventiliert. Pfalz-Bayern sollte z. B. durch die Errichtung eines neuen Pufferstaates längs des Rheines bis zur Lippe eine ganz andere Lage und Aufgabe erhalten. Beim erneuten Zusammentreten zu den Ausgleichsverhandlungen sprach Rußland mit, aber der Wille Frankreichs war wie bisher ausschlaggebend. Ihn und die Rheingrenze mußten die Pfälzer in einem Friedensschluß zu Paris endgültig anerkennen.[12] Nun sollten die Entschädigungslande für Maximilian Josef in möglichster Nähe zu seinem bayerischen Territorium gesucht werden und stand auch die rechtsrheinische Pfalz zur Disposition. Sie ist das einzige rechtsrheinische Fürstenterritorium, das damals von der Landkarte verschwand. Die Hauptstädte Heidelberg und Mannheim und die Oberämter Heidelberg, Ladenburg und Bretten wurden dem ganz besonders begünstigten Baden zugesprochen, das jetzt in die Rolle einer Pufferstaates zwischen Frankreich und den übrigen süddeutschen Staaten hineinwuchs. Das Oberamt Mosbach fiel an den Fürsten von Leiningen-Hardenburg. Dessen bisher ausschließlich linksrheinischer Herrschaftsanspruch wurde nun in den Odenwald mit der Hauptstadt im mainzischen Amorbach transferiert. Der Landgraf von Hessen übernahm das pfälzische Oberamt Lindenfels, Otzberg und die pfälzischen Anteile von Umstadt, der Fürst von Nassau-Usingen das Unteramt Kaub. Damit hatten alle pfälzischen Gebiete neue Herren gefunden. Diese ergriffen schon im September 1802 militärisch Besitz von ihren neuen Gebieten und ließen bald auch die Untertanen provisorisch huldigen. So war der Reichsdeputationshauptschluß vom 25. Februar 1803[13] mit der endgültigen Zuweisung nur noch eine Formsache. Wenig ist in dieser Zeit des Umbruchs von einer Anhänglichkeit an das alte Fürstenhaus zu verspüren. Das erklärt sich sowohl aus den turbulenten Zeitumständen als auch von daher, daß seit 1778 die Kurfürsten in ihrem Land kaum mehr präsent waren.

Schlußbetrachtung

Anders als die badischen Untertanen ihr einstiges Herrscherhaus haben Maximilian Josef, ab 1805 endlich Träger einer Königskrone, und sein Sohn Ludwig I. die ganze Pfalz nie vergessen. Gerade Ludwig, dessen Jugend von Mannheim und Rohrbach geprägt war, hat dem Land seiner Ahnen und ganz besonders Heidelberg und Mannheim nachgetrauert und in wehmütigen Gedichten diesen Gefühlen Ausdruck verliehen. Es war für ihn nur ein halber Ersatz, als durch den Wiener Kongreß 1816 ein um viele andere einstige Territorialsplitter erweiterter Rumpfbestand der linksrheinischen Lande als sogenannter bayerischer Rheinkreis wieder unter wittelsbachische Herrschaft zurückkam. Noch bis 1830 bestanden die Bayern auf einer in Wien in Aussicht gestellten Landbrücke. Der alte Name wurde dem linksrheinischen »Bayern« erst im Zuge einer vom neuen romantischen Geschichtsbewußtsein geführten Verwaltungsreform 1838 in der Form Rheinpfalz wieder verliehen. Im Anschluß daran hat sich, und das gilt bis heute, der Begriff Pfalz im öffentlichen Bewußtsein auf dieses Gebiet reduziert, und zählten sich selbst die Bewohner Rheinhessens, also des alten Oberamtes Alzey wie die des Hunsrücks, kaum mehr zu den Pfälzern.

Auf der rechten Rheinseite wurde durch das jetzt zum Kurfürstenrang aufgestiegene badische Herrscherhaus das ehemals kurpfälzische Gebiet zunächst als badische Pfalzgrafschaft weitergeführt, bis eine vom französischen Rationalismus bestimmte Verwaltungsreform 1807 dem ein Ende machte. Seither war die badische Pfalz nur noch ein geographisch-landeskundlicher Begriff. Man brauchte ihn vor allem, um das Gebiet der landwirtschaftlichen Intensivkultur im Nordwesten des Großherzogtums zu kennzeichnen. Offiziell blieb der Titel »pfälzisch« an der Verwaltung des katholischen Kirchenvermögens haften. Im Unterschied zur bayerischen Rheinpfalz reduzierte sich der Begriff Kurpfalz auf den an Baden gefallenen Kernraum. Eine politische Zusammenarbeit der Pfälzer Lande rechts und links des Rheines brachte kurzfristig die Revolution von 1849, ohne daß dabei zu erkennen wäre, daß neben der gemeinsamen demokratischen Gesinnung auch eine Erinnerung an die kurpfälzische Vergangenheit eine Rolle gespielt hätte. Stärkeres Bewußtsein dieser Vergangenheit und der den Rhein überschreitenden Gemeinsamkeiten hielt sich schon von der geographischen Lage her in Mannheim, auch wenn die Stadt ihre anfängliche Rivalität zu Karlsruhe aufgegeben hatte und sich in vieler Hinsicht in ganz besonderem Maße einer badischen Identität öffnete.

Die Grenzlage Mannheims mußte um so drückender empfunden werden, je mehr das wirtschaftliche Wachstum die Verhältnisse bestimmte, zumal einer der wichtigsten Mannheimer Industriebetriebe auf die linke Rheinseite auswanderte und den Aufstieg Ludwigshafens zur dominierenden Chemie-Stadt einleitete. Endlich schlug in Zeiten politischer Unsicherheit das Mannheimer Unbehagen an seiner Grenzlage und die Erinnerung an die alte Hauptstadtfunktion durch, so bei den ersten Überlegungen zu einer Vereinigung von Pfalz und Baden nach dem Ende des 1. Weltkriegs und ganz besonders im Umbruch des Jahres 1945. Damals waren schon kurzfristig die Rheinpfalz und das südliche Hessen zu einem Regierungsbezirk zusammengefaßt worden und wurde von den Amerikanern ernsthaft der aus Mannheim stammende Plan eines neuen Landes Kurpfalz, das von der Tauber bis zur Saar reichen sollte, diskutiert. Die Entscheidung über die linksrheinische Erweiterung der französischen Besatzungszone im Juli dieses Jahres machte solchen Ansätzen praktisch ein Ende und führte in der Folgezeit zur Bildung des Landes Rheinland-Pfalz, in dessen Namen wiederum der des bayerischen Regierungsbezirks eingegangen ist. In Mannheim und Heidelberg hatte man jedoch die andere Lösung einer Gebietsreform nicht vergessen, zumal diese auch nachdrücklich vom einstigen Mannheimer Oberbürgermeister und Neustadter Regierungspräsidenten von 1945 Hermann Heimerich weiter vertreten und in den Kampf um den Südweststaat eingebracht wurde. Gerade das Mannheimer Votum für den Zusammenschluß von Baden und Württemberg war auch davon mitbeeinflußt, daß man sich vorstellte, diesem Südweststaat nachträglich die Rheinpfalz und gar das Saarland einzugliedern. Wie in allen Neugliederungsfragen – mit der einen Ausnahme von Baden-Württemberg – waren auch hier die beharrenden Kräfte stärker, zumal von der neuen Landeshauptstadt Stuttgart her ein solches Projekt nicht gerade mit Übereifer propagiert wurde. Ein Volksbegehren zur Neugliederung in Rheinland-Pfalz 1956 führte gerade für den pfälzischen Landesteil zu enttäuschenden Ergebnissen. Die allgemeine Verschiebung der Neugliederungsfrage mußte dann den Kurpfalz-Initiativen den letzten Optimismus rauben.

Waren der politischen Sehnsucht nach einer pfälzischen »Wiedervereinigung« bald enge Grenzen gesetzt, so hat sich auf anderen Gebieten das Andenken an die Kurpfalz durchaus lebendig erhalten. Pfälzische Traditionen sind beiderseits des Rheines, besonders im Volkstum, über alle Wandlungen hinweg in Mentalität und Sprache ungebrochen geblieben.

Wie man auch diese Nachwirkungen im einzelnen einschätzen mag, die alte Kurpfalz war bereits drei Jahre vor dem Alten Reich untergegangen. Infolge ihrer geographischen Lage traf sie die Zerschneidung längs einer räumlich und historisch widersinnigen Flußgrenze. Keine der vielen früheren Teilungen des Landes konnte eine solche Grenzziehung auch nur in Erwägung ziehen, bis auf die rein militärisch-machtpolitische Besitzverteilung während des Dreißigjährigen Kriegs. Sie konnte noch einmal überwunden werden, und auch die französische Expansion der Folgezeit gelangte nicht an das Ziel ihrer Wünsche. Dies war erst dem revolutionären Frankreich möglich und stellte auch in diesem freiheitlichen Gewande das Ergebnis machtpolitischer Kontinuität dar. Die revolutionären Umstände mußten allerdings die Verhältnisse im Lande selbst noch gründlicher umkehren, als das Ludwig XIV. angestrebt hatte. Mit Adel und Reichskirche verschwanden im linksrheinischen Teil des Landes fast alle überkommenen Strukturen aus der alten Welt des Feudalzeitalters bis hinein in die Grundbesitzverhältnisse und die Sozialgliederung, während sich rechts des Rheines vieles davon bis in unsere Tage gehalten hat. Die wirtschaftlichen und politischen Anstöße, die von dieser neuen Ordnung in der linksrheinischen Pfalz ausgingen, haben dagegen auch über den Rheinstrom hinüber gewirkt. So wurden die bayerische Rheinpfalz und das altpfälzische Nordwest-Baden die früheste Heimat liberaler und demokratischer Tendenzen im Vormärz und in der Revolution von 1848. Daß vieles dabei gerade 1848 allzu provinziell wirken mußte, ist auch die Folge davon, daß diesem Raum seit 1803 ein geistiges Zentrum fehlte.

Anschließend richteten sich die Energien mehr auf die Wirtschaft und haben den industriellen Aufstieg Mannheim-Ludwigshafens ins Werk gesetzt. Mit dem Aufschwung der Geistes- und Naturwissenschaften wuchs die Universitätsstadt Heidelberg zu neuer Bedeutung heran. Damit regenerierte sich das einstige Zentrum wenigstens für einen großen Teil des altpfälzischen Oberrheingebiets. Trotz politischer Trennung ist pfälzisches Zusammengehörigkeitsgefühl bis in unsere Tage lebendig und wird es auch weiterhin bleiben.

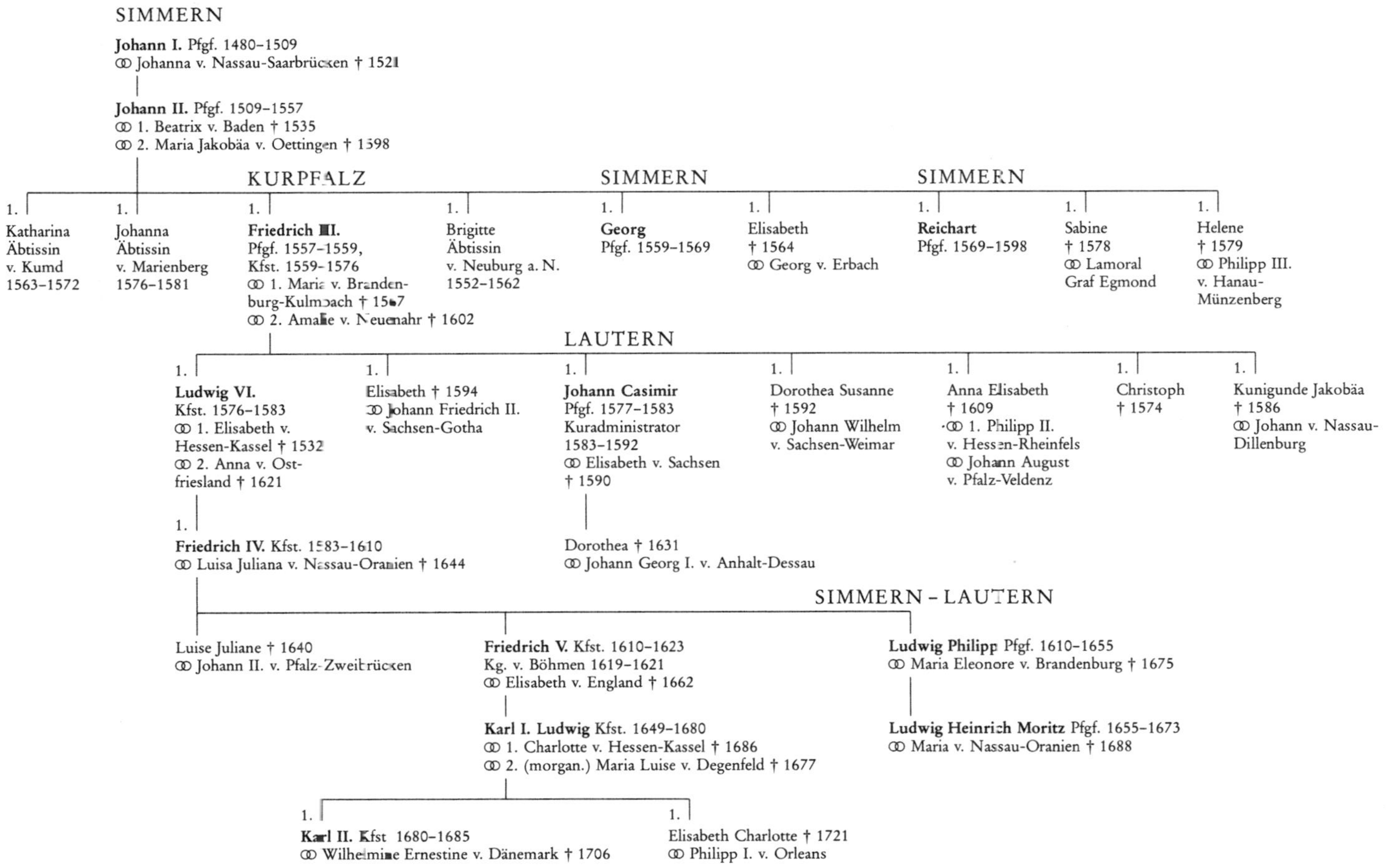

SIMMERN

Johann I. Pfgf. 1480–1509
⚭ Johanna v. Nassau-Saarbrücken † 1521

Johann II. Pfgf. 1509–1557
⚭ 1. Beatrix v. Baden † 1535
⚭ 2. Maria Jakobäa v. Oettingen † 1398

KURPFALZ

1.	1.	1.	SIMMERN	SIMMERN
Johanna Äbtissin v. Marienberg 1576–1581	**Friedrich III.** Pfgf. 1557–1559, Kfst. 1559–1576 ⚭ 1. Maria v. Brandenburg-Kulmbach † 1567 ⚭ 2. Amalie v. Neuenahr † 1602	Brigitte Äbtissin v. Neuburg a. N. 1552–1562	**Georg** Pfgf. 1559–1569	Elisabeth † 1564 ⚭ Georg v. Erbach

SIMMERN

1.	1.	1.
Reichart Pfgf. 1569–1598	Sabine † 1578 ⚭ Lamoral Graf Egmond	Helene † 1579 ⚭ Philipp III. v. Hanau-Münzenberg

1.	Katharina Äbtissin v. Kumd 1563–1572

LAUTERN

1.	1.	1.
Elisabeth † 1594 ⚭ Johann Friedrich II. v. Sachsen-Gotha	**Johann Casimir** Pfgf. 1577–1583 Kuradministrator 1583–1592 ⚭ Elisabeth v. Sachsen † 1590	Dorothea Susanne † 1592 ⚭ Johann Wilhelm v. Sachsen-Weimar

1.
Anna Elisabeth † 1609 ⚭ 1. Philipp II. v. Hessen-Rheinfels ⚭ Johann August v. Pfalz-Veldenz

1.
Christoph † 1574

1.
Kunigunde Jakobäa † 1586 ⚭ Johann v. Nassau-Dillenburg

Ludwig VI. Kfst. 1576–1583
⚭ 1. Elisabeth v. Hessen-Kassel † 1532
⚭ 2. Anna v. Ostfriesland † 1621

1.	Dorothea † 1631 ⚭ Johann Georg I. v. Anhalt-Dessau

Friedrich IV. Kfst. 1583–1610
⚭ Luisa Juliana v. Nassau-Oranien † 1644

SIMMERN – LAUTERN

1.	
Luise Juliane † 1640 ⚭ Johann II. v. Pfalz-Zweibrücken	**Friedrich V.** Kfst. 1610–1623 Kg. v. Böhmen 1619–1621 ⚭ Elisabeth v. England † 1662

Ludwig Philipp Pfgf. 1610–1655 ⚭ Maria Eleonore v. Brandenburg † 1675
Ludwig Heinrich Moritz Pfgf. 1655–1673 ⚭ Maria v. Nassau-Oranien † 1688

Karl I. Ludwig Kfst. 1649–1680
⚭ 1. Charlotte v. Hessen-Kassel † 1686
⚭ 2. (morgan.) Maria Luise v. Degenfeld † 1677

1.	
Karl II. Kfst. 1680–1685 ⚭ Wilhelmine Ernestine v. Dänemark † 1706	Elisabeth Charlotte † 1721 ⚭ Philipp I. v. Orleans

Stammtafel VII: Das Kurhaus Pfalz – Simmern

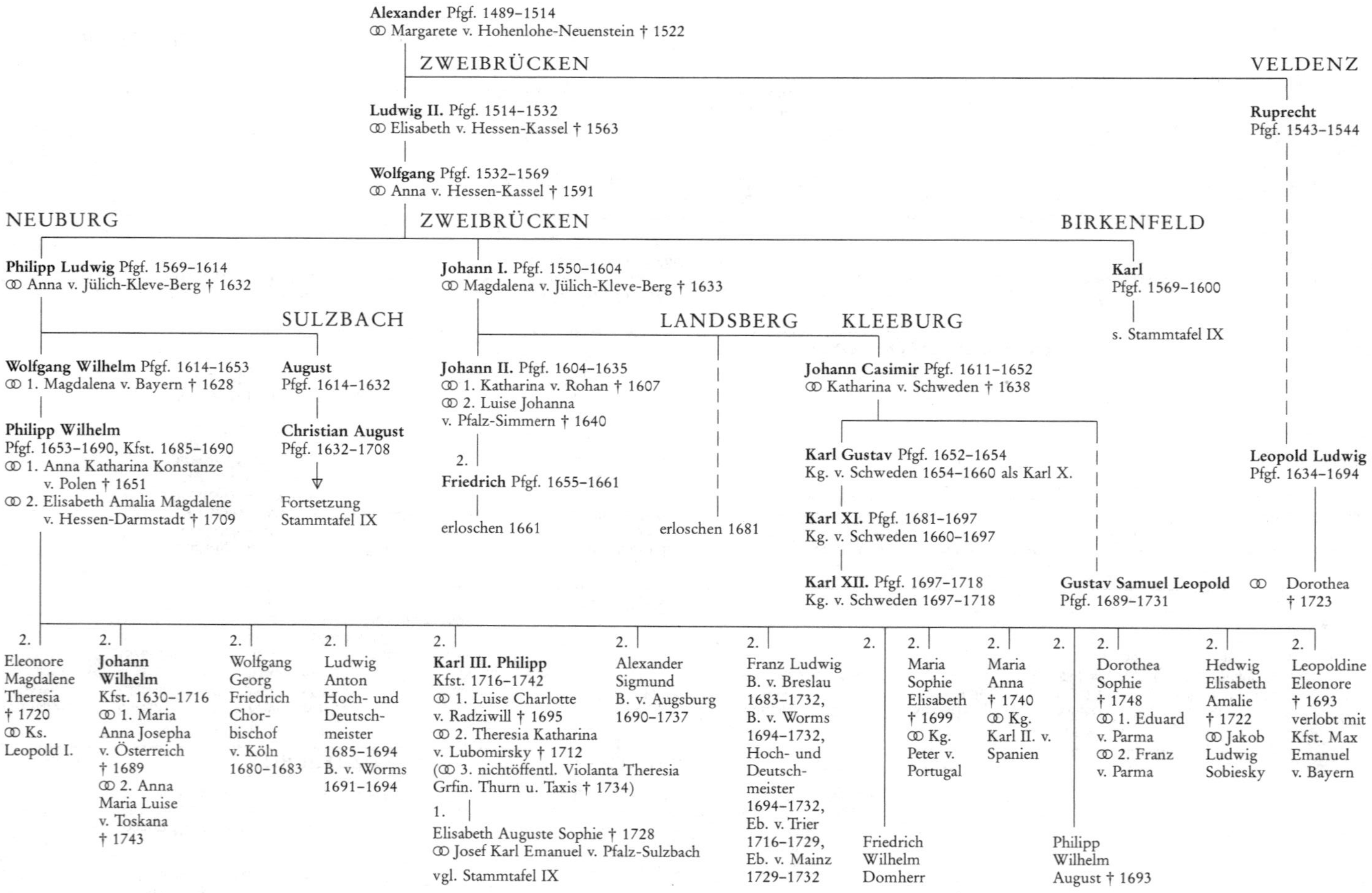

VELDEN

Ruprecht Pfgf. 1543-1544

ZWEIBRÜCKEN

Alexander Pfgf. 1489-1514
⚭ Margarete v. Hohenlohe-Neuenstein † 1522

Ludwig II. Pfgf. 1514-1532
⚭ Elisabeth v. Hessen-Kassel † 1563

Wolfgang Pfgf. 1532-1569
⚭ Anna v. Hessen-Kassel † 1591

ZWEIBRÜCKEN

Johann I. Pfgf. 1550-1604
⚭ Magdalena v. Jülich-Kleve-Berg † 1633

BIRKENFELD

Karl Pfgf. 1569-1600
s. Stammtafel IX

LANDSBERG

Johann II. Pfgf. 1604-1635
⚭ 1. Katharina v. Rohan † 1607
⚭ 2. Luise Johanna v. Pfalz-Simmern † 1640

2.
Friedrich Pfgf. 1655-1661

erloschen 1661

KLEEBURG

Johann Casimir Pfgf. 1611-1652
⚭ Katharina v. Schweden † 1638

Karl Gustav Pfgf. 1652-1654
Kg. v. Schweden 1654-1660 als Karl X.

Karl XI. Pfgf. 1681-1697
Kg. v. Schweden 1660-1697

Karl XII. Pfgf. 1697-1718
Kg. v. Schweden 1697-1718

erloschen 1681

Leopold Ludwig Pfgf. 1634-1694

Gustav Samuel Leopold Pfgf. 1689-1731 ⚭ **Dorothea** † 1723

NEUBURG

Philipp Ludwig Pfgf. 1569-1614
⚭ Anna v. Jülich-Kleve-Berg † 1632

Wolfgang Wilhelm Pfgf. 1614-1653
⚭ 1. Magdalena v. Bayern † 1628

SULZBACH

August Pfgf. 1614-1632

Christian August Pfgf. 1632-1708
→ Fortsetzung Stammtafel IX

Philipp Wilhelm Pfgf. 1653-1690, Kfst. 1685-1690
⚭ 1. Anna Katharina Konstanze v. Polen † 1651
⚭ 2. Elisabeth Amalia Magdalene v. Hessen-Darmstadt † 1709

2.
Johann Wilhelm Kfst. 1630-1716
⚭ 1. Maria Anna Josepha v. Österreich † 1689
⚭ 2. Anna Maria Luise v. Toskana † 1743

Wolfgang Georg Friedrich Chorbischof v. Köln 1680-1683

Ludwig Anton Hoch- und Deutschmeister 1685-1694 B. v. Worms 1691-1694

2.
Karl III. Philipp Kfst. 1716-1742
⚭ 1. Luise Charlotte v. Radziwill † 1695
⚭ 2. Theresia Katharina v. Lubomirsky † 1712
(⚭ 3. nichtöffentl. Violanta Theresia Grfin. Thurn u. Taxis † 1734)

Alexander Sigmund B. v. Augsburg 1690-1737

Franz Ludwig B. v. Breslau 1683-1732, B. v. Worms 1694-1732, Hoch- und Deutschmeister 1694-1732, Eb. v. Trier 1716-1729, Eb. v. Mainz 1729-1732

Maria Sophie Elisabeth † 1699 ⚭ Kg. Peter v. Portugal

Maria Anna † 1740 ⚭ Kg. Karl II. v. Spanien

Dorothea Sophie † 1748 ⚭ 1. Eduard v. Parma ⚭ 2. Franz v. Parma

Hedwig Elisabeth Amalie † 1722 ⚭ Jakob Ludwig Sobiesky

Leopoldine Eleonore † 1693 verlobt mit Kfst. Max Emanuel v. Bayern

2.
Eleonore Magdalene Theresia † 1720 ⚭ Ks. Leopold I.

1.
Elisabeth Auguste Sophie † 1728 ⚭ Josef Karl Emanuel v. Pfalz-Sulzbach
vgl. Stammtafel IX

Friedrich Wilhelm Domherr

Philipp Wilhelm August † 1693

Stammtafel VIII: Pfalz - Zweibrücken und das Kurhaus Pfalz - Neuburg

SULZBACH

Christian August
Pfgf. 1632-1708
vgl. Stammtafel VIII

Theodor Eustach
Pfgf. 1708-1732
∞ Maria Amalia v. Hessen-Rheinfels-Rothenburg † 1720

Johann Christian
Pfgf. 1732-1733
∞ 1. Maria Henriette Leopoldine de la Tour † 1728

KURPFALZ

Karl III. Philipp
Kfst. 1716-1742
vgl. Stammtafel VIII

1.

Elisabeth Augusta Sophie ∞ Josef Karl Emanuel August
† 1728   † 1729

Elisabeth Maria Aloisia Augusta † 1794

KURPFALZ - BAYERN

∞ 1. **Karl IV. Philipp Theodor**
Pfgf. 1733-1799
Kfst. z. d. Pfalz 1743-1777
Kfst. z. Bayern 1777-1799

2. Maria Leopoldine v. Österreich-Este † 1843

BIRKENFELD

Karl
Pfgf. 1569-1600

ZWEIBRÜCKEN

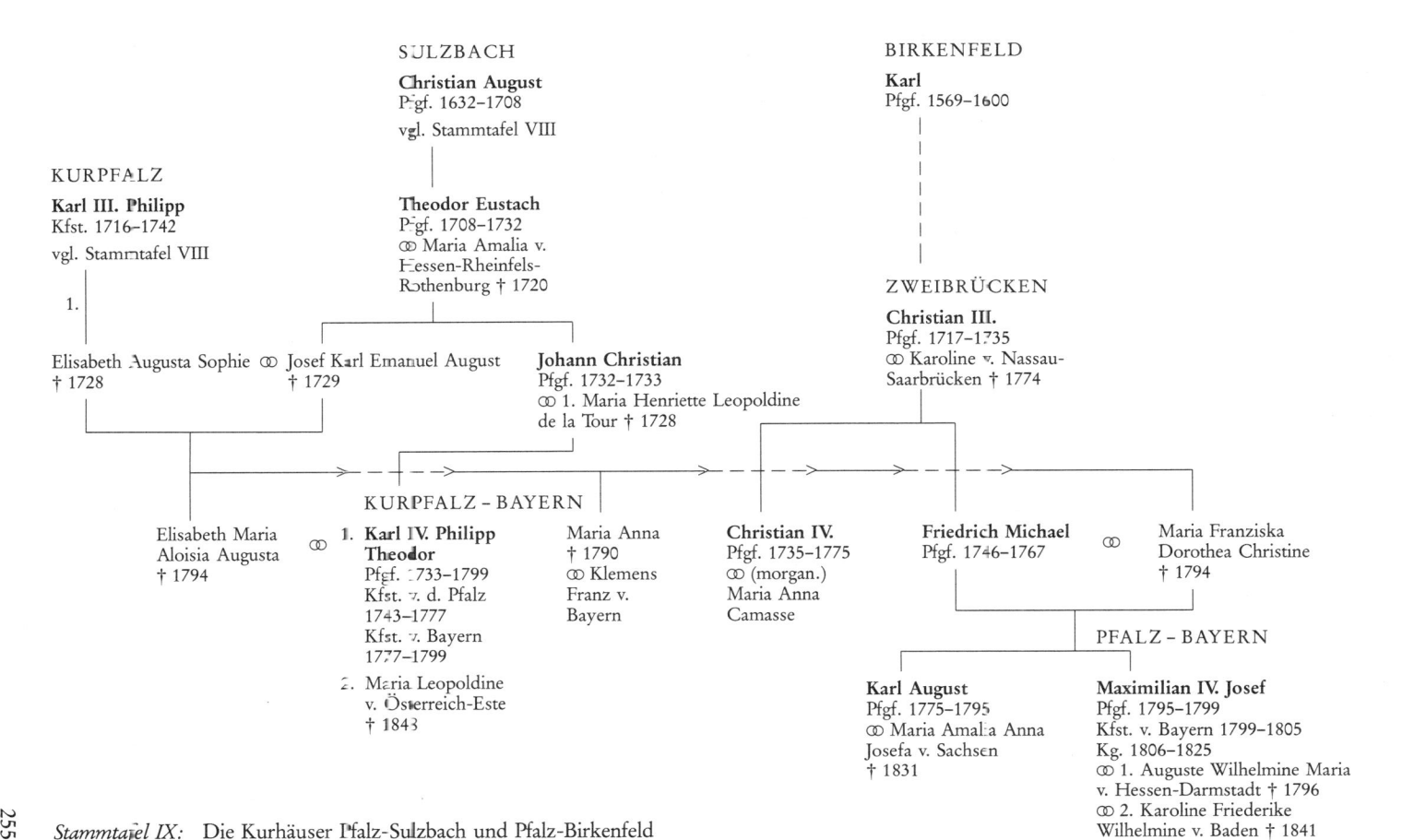

Christian III.
Pfgf. 1717-1735
∞ Karoline v. Nassau-Saarbrücken † 1774

Christian IV.
Pfgf. 1735-1775
∞ (morgan.)
Maria Anna Camasse

Friedrich Michael
Pfgf. 1746-1767
∞ Maria Franziska Dorothea Christine † 1794

Maria Anna † 1790
∞ Klemens Franz v. Bayern

PFALZ - BAYERN

Karl August
Pfgf. 1775-1795
∞ Maria Amalia Anna Josefa v. Sachsen † 1831

Maximilian IV. Josef
Pfgf. 1795-1799
Kfst. v. Bayern 1799-1805
Kg. 1806-1825
∞ 1. Auguste Wilhelmine Maria v. Hessen-Darmstadt † 1796
∞ 2. Karoline Friederike Wilhelmine v. Baden † 1841

Stammtafel IX: Die Kurhäuser Pfalz-Sulzbach und Pfalz-Birkenfeld

Literaturverzeichnis / Anmerkungen

Vorbemerkungen

Grundsätzlich gelten die Vorbemerkungen von Band 1, S. 226f. Auch die allgemeine Literatur ist dort bereits angeführt. Verwiesen sei eigens noch einmal auf die beiden wichtigsten Darstellungen von *Ludwig Häusser* und von *Wilhelm Volkert*. Grundlegend sind zum späten 16. Jahrhundert die Untersuchung von *Volker Press* über Calvinismus und Territorialstaat, für das 18. Jahrhundert die Monographie von *Hans Schmidt* über Karl Philipp und die von *Stephan Mörz* über Karl Theodor. Sie sind in den jeweiligen Kapiteln eingangs aufgeführt, können aber wie viele andere Werke nicht im einzelnen zitiert werden.

Siglen und Abkürzungen

A	Archiv
AdW	Akademie der Wissenschaften
fl	Gulden
FA	Fürstliches Archiv
GHAM	Geheimes Hausarchiv München
GLA	Generallandesarchiv Karlsruhe
HAB	Historischer Atlas von Bayern
HABW	Historischer Atlas von Baden-Württemberg
HBBG	Handbuch der bayerischen Geschichte
HStAD	Hauptstaatsarchiv Düsseldorf
HStAM	Hauptstaatsarchiv München
HStASt	Hauptstaatsarchiv Stuttgart
HZ	Historische Zeitschrift
KB	Kreisbeschreibung, vgl. Band 1
KO	Die evangelischen Kirchenordnungen des 16. Jahrhunderts, begründet von W. Sehling, Bd 13 Altbayern bearb. von M. Simon 1966, Bd. 14 Kurpfalz bearb. von J. F. G. Goeters 1968
LASP	Landesarchiv Speyer
MGBll	Mannheimer Geschichtsblätter
MIÖG	Mitteilungen des Instituts für österreichische Geschichtsforschung
NAGH	Neues Archiv zur Geschichte der Stadt Heidelberg und der einstigen Kurpfalz
NDB	Neue Deutsche Biographie
NHJbb	Neue Heidelberger Jahrbücher
QE	Quellen und Erörterungen zur bayerisch-deutschen Geschichte
QuF	Quellen und Forschungen
RhVjbll	Rheinische Vierteljahrsblätter
UBUH	Urkundenbuch zur Geschichte der Universität Heidelberg
VHOR	Verhandlungen des Historischen Vereins für die Oberpfalz und Regensburg
VKBW	Veröffentlichungen der Kommission für geschichtliche Landeskunde in Baden-Württemberg
VSWG	Vierteljahrsschrift für Sozial- und Wirtschaftsgeschichte

Walter, Mannheim I	F. *Walter*, Geschichte Mannheims, von den ersten Anfängen bis zum Übergang an Baden (1806). (Mannheim in Vergangenheit und Gegenwart, Jubiläumsausgabe, Bd. I) 1907.
Wolgast	E. *Wolgast*, Die Universität Heidelberg 1386–1986, 1986
ZGO	Zeitschrift für die Geschichte des Oberrheins
ZSRG GA	Zeitschrift der Savigny-Stiftung für Rechtsgeschichte, Germanistische Abteilung

Kap. 10: Vorsichtige Konsolidierung 1509–1545

Quellen

Kopialbücher Ludwigs V. GLA 67/828; 830 ad vitam I. u. III; 67/835 perpetuum III; 67/831–834; 936 f.; 840 Entscheide, Anlässe und Verträge; 67/916 Erbfolge in der Kurwürde; *P. Harer*, Wahrhaft und gründliche Beschreibung des Bauernkriegs, hg. v. *G. Franz*, 1936; *H. Th. Leodius*, Annalium de vita et rebus gestis illustrissimi principis Friderici II Electoris Palatini libri XIV (Frankfurt) 1624, hier zitiert nach der Neuauflage: Annales Palatini libri XIV ... (Frankfurt) 1665 und nach der deutschen Ausgabe: Spiegel des Humors großer Potentaten ... Nunmehr ins Deutsche vbergesetzt ... durch *H. M. Salinatorem* (Schleusingen) 1628; Deutsche Reichstagsakten, Jüngere Reihe Bd. I – Bd. VII, 1893–1935.

Literatur

V. Press, Calvinismus und Territorialstaat (Kieler Historische Studien 7), 1970; *Ders.*, Die Grundlagen der kurpfälzischen Herrschaft in der Oberpfalz 1499–1621. VHOR 117, 1977, S. 31–67; *M. Steinmetz*, Die Politik der Kurpfalz unter Ludwig V. Phil. Diss. (masch.) Freiburg 1939; *W. Eger*, Kurfürst Ludwig V. der Friedfertige (von Wittelsbach), Pfalzgraf bei Rhein. In: Der Reichstag zu Worms von 1521, Reichspolitik und Luthersache, 1971, S. 352–368; *G. Bossert*, Beiträge zur badisch-pfälzischen Reformationsgeschichte. ZGO 56, 1902, S. 37–89; S. 251–290; S. 401–449; S. 588–619; *H. Buszello*, Kurpfalz. In: H. Buszello, P. Blickle, R. Endres (Hg.), Der Deutsche Bauernkrieg (= Union Taschenbuch), 1984; *W. Alter*, Der Bauernkrieg in der Pfalz. Pfalzatlas, Karten 105 f., Textband III, 1983, S. 1363–1378; *W. Müller* (wie Kap. 11); *A. Kohler*, Antihabsburgische Politik in der Epoche Karls V. Die Reichsständische Opposition gegen die Wahl Ferdinands I. zum Römischen König und gegen die Anerkennung seines Königtums (1524–1534) (Schriften der Hist. Kom. bei der bayer. AdW 19), 1982; *A. P. Luttenberger*, Glaubenseinheit und Reichsfriede. Konzeptionen und Wege konfessionsneutraler Reichspolitik 1530–1552 (Kurpfalz, Jülich, Kurbrandenburg), 1982; *A. Hasenclever*, Beiträge zur Geschichte Kurfürst Friedrichs II. von der Pfalz (1544–1556) I–IX. ZGO 74, 1920, S. 278–312; ZGO 75, 1921, S. 259–294; ZGO 82, 1930, S. 470–482; ZGO 83, 1931, S. 425–458; ZGO 87, 1935, S. 359–383.

Anmerkungen

1 GHAM HU 2881; Press, Calvinismus, S. 169.
2 H. Weigel, Pfalzgraf Wolfgang der Ältere. ZGO 94, 1942, S. 358–381; G. Eiermann, Die Kellerei Waldeck, 1926.
3 GHAM HU 2890–91.
4 Ch. Hagenmayer, Die Entstehung des »Zwölfbändigen Buches der Medizin« zu Heidelberg. In: Beiträge zur mittelalterlichen Wissenschafts- und Geistesgeschichte, hg. von G. Keil, 1982, S. 538–544; J. Telle. Mitteilungen aus dem »Zwölfbändigen Buch der Medizin« zu Heidelberg. Sudhoffs Archiv 52, 1968, S. 310–340.
5 A. v. Oechelhäuser, Das Heidelberger Schloß, 8. A. 1987; Die Kunstdenkmäler des Großherzogtums Baden VIII, 2: Die Kunstdenkmäler des Amtsbezirks Heidelberg, 1913, S. 375–380.
6 GLA 67/1058; F. v. Weech, Die Lehnsbücher der Kurfürsten und Pfalzgrafen Friedrich I. und Ludwig V., 1886. F. X. Glasschröder, Zur Entstehungsgeschichte des Lehenbuchs Kurfürst Ludwigs von der Pfalz. ZGO 49, 1895, S. 670.
7 G. Fouquet, Kaiser, Kurpfalz, Stift: Die Speyerer Bischofswahl von 1513 und die Affäre Ziegler. Mitt. d. Hist. Vereins der Pfalz 83, 1985, S. 193–271.
8 Leodius III, S. 47; deutsch S. 66–68; Zu den Verhandlungen vgl. H. Wiesflecker, Kaiser Maximilian I., Bd. IV, 1981, S. 411.
9 GLA 67/911. Vgl. auch Justitia causae Palatinae ... ND. 1738, S. 17 ff.
10 B. Weicker, Die Stellung der Kurfürsten zur Wahl Karls V. im Jahr 1519 (Historische Studien 22), 1901; J. Arndt u. a., Das Wappenbuch des Reichsherolds Caspar Sturm (Wappenbücher des Mittelalters 1) 1985, S. 54 f. Vgl. Anm. 23.
11 GLA 67/832, S. 462–469.

12 G. Seebaß, Luthers Heidelberger Disputation. Heidelberger Jbb. 27, 1983, S. 77–88; K.-H. zur Mühlen, Die Heidelberger Disputation Martin Luthers vom 26. April 1518. Programm und Wirkung. In: Semper apertus I, 1985, S. 188–212.
13 V. Press, Ein Ritter zwischen Rebellion und Reformation, Franz von Sickingen (1481–1523). Bll. für pfälzische Kirchengeschichte und religiöse Volkskunde 50, 1983, S. 151–177 mit weiterer Literatur; A. Beyer, Die Politik des Franz von Sickingen. Heimatkundliche Schriftenreihe des Landkreises Bad Kreuznach 20, 1985, S. 69–89; K. W. Langbrandtner, Die Sickingische Herrschaft Landstuhl (Europäische Hochschulschriften, Reihe III, Bd. 469), 1991.
14 K. Hofmann, Die Erwerbung der Herrschaft Boxberg durch die Kurpfalz. NAGH 6, 1904, S. 78–99.
15 G. Franz, Quellen zur Geschichte des Bauernkriegs (Ausgewählte Quellen zur deutschen Geschichte der Neuzeit 2) 1963, S. 179–188.
16 P. Harer, S. 17f.; 25.
17 R. Kilian, Die Pfeddersheimer Bauernschlacht vom 23. und 24. Juni 1525. Pfälzische Familien- und Wappenkunde 5, 1965, S. 147f.
18 S. Englert, Der Mässinger Bauernhaufe, 1895.
19 R. Rusam, Der Bauernkrieg im Stift Waldsassen. Beitr. zur bayerischen Kirchengeschichte 4, 1898, S. 49–63; Götz. Bewegung (wie Kap. 11), S. 66.
20 A. Kohler, S. 118–120; S. 143–159.
21 F. Eymelt, Die rheinische Einigung des Jahres 1532 in der Reichs- und Landesgeschichte, 1967; F. Petry, Die rheinische Einigung des Jahres 1532 und ihr Verhältnis zu Habsburg. Geschichtliche Landeskunde 5/I, 1968, S. 97–108.
22 Die historischen Volkslieder der Deutschen, gesammelt von R. v. Liliencron Bd. IV, 1869, S. 243–245; G. Forsters Frische Teutsche Liedlein, hg. v. M. E. Marriage (Neudrucke deutscher Literaturwerke des 16. und 17. Jahrhunderts 203–206) 1903, S. 163; Die Inschriften der Stadt und des Landkreises Heidelberg, bearb. v. R. Neumüllers-Klauser (Die deutschen Inschriften 12) 1970, Nr. 245, S. 133.
23 K. Brandi, Kaiser Karl V., Bd. 1, 7. Auflage, 1964, S. 82–92; Bd. 2, 1941, S. 100–106; Leodius, III, S. 50–59; deutsch S. 72–87.
24 A. Grabner, Zur Geschichte des zweiten Nürnberger Reichsregiments (Hist. Studien 41), 1903; Leodius, V, S. 81–86; deutsch S. 126–131; H. Dannenbauer, Die Entstehung des Territoriums der Reichsstadt Nürnberg, 1928, S. 200.
25 Leodius VII–VIII, S. 117–129; 156–172; deutsch S. 197–211; 259–288. Vgl. A. Hasenclever, Ein Gutachten Pfalzgraf Philipps über den Türkenkrieg (1531), ZGO 82, 1930, S. 470–477.
26 Press, Calvinismus, S. 185.
27 GHAM HU 2993; Leodius, XIII, S. 259; deutsch S. 443.

Kap. 11: Lutherische Reformation 1545–1559

Quellen

Kopialbücher Friedrichs II. GLA 67/842 ad vitam; 67/989 Auszüge u. a. aus perpetuum; 67/841 Verträge und Schiedssprüche; 67/846 Tod Friedrichs II. und Regierungsübernahme durch Ottheinrich; Ottheinrichs GLA 67/971 Verhandlungen während des Exils in Weinheim; 67/843 Übergabe des Herzogtums Neuburg an Pfalzgraf Wolfgang; 67/844 perpetuum; 67/845 Verträge und Entscheide; *H. Rott* (Hg.), Die Schriften des Pfalzgrafen Ottheinrich. Mitteilungen des Heidelberger Schloßvereins 6, 1912, S. 21–191; KO 13 u. 14; *B. G. Struve*, Ausführlicher Bericht von der Pfälzischen Kirchen-Historie (Frankfurt) 1721. Bibliotheca Palatina. Ausstellungskatalog hg. v. *E. Mittler u. a.* 1986, Textband S. 221–232.

Literatur

R. Lossen, Die Glaubensspaltung in der Kurpfalz. 2. A. 1930; *E. W. Zeeden,* Kleine Reformationsgeschichte von Baden-Durlach und Kurpfalz, 1956; *Press* (wie Kap. 10); *W. Müller,* Die Stellung der Kurpfalz zur lutherischen Bewegung 1517–1525 (Heidelberger Abhandlungen zur mittleren und neueren Geschichte 68) 1937; *G. Bossert,* Beiträge zur badisch-pfälzischen Reformationsgeschichte ZGO 57, 1903, S. 193–239; S. 643–695; ZGO 58, 1904, S. 19–68; S. 571–630; ZGO 59, 1905, S. 41–89; *H. Rott,* Friedrich II. von der Pfalz und die Reformation (Heidelberger Abhandlungen zur mittleren und neueren Geschichte 4) 1904; *A. Hasenclever,* Die kurpfälzische Politik in der Zeit des Schmalkaldischen Krieges (Heidelberger Abhandlungen 10) 1905; *C. P. Classen,* The Palatinate in European History 1559–1680. Oxford 1963; *A. v. Reitzenstein,* Ottheinrich von der Pfalz, 1939; *B. Kurze,* Politik und Religion in der Pfalz 1556–1559 (Schriften d. Vereins f.

Reformationsgesch. 176) 1956; Ottheinrich, Gedenkschrift zur vierhundertjährigen Wiederkehr seiner Regierungszeit in der Kurpfalz 1556–1559, hg. v. *G. Poensgen* (Ruperto-Carola Sonderband) 1956; *J. B. Götz*, Die religiöse Bewegung in der Oberpfalz von 1520 bis 1560 (Erläuterungen und Ergänzungen zu Janssens Geschichte des deutschen Volkes X, Heft 1 u. 2) 1914.

Anmerkungen

1 Müller, S. 81.
2 Götz, Bewegung, S. 26.
3 Leodius, VII. S. 150 f.; deutsch S. 248–250.
4 F. v. Weech, Das Wormser Synodale. ZGO 27, 1875, S. 227–236; 385–454; H. Eberhardt, Die Diözese Worms am Ende des 15. Jahrhunderts nach den Erhebungslisten des »Gemeinen Pfennigs« und dem Wormser Synodale von 1496 (Vorreformationsgesch. Forschungen 9) 1919, S. 95.
5 GLA 67/417–418; G. Bossert, ZGO 56, S. 426 f.; 57, S. 660 f.; 684–695; L. Stamer, Kirchengeschichte der Pfalz, Bd. 2, 1949, S. 310–323.
6 Z. B. Schaab: Die Zisterzienserabtei Schönau (Heidelberger Veröff. zur Landesgesch. und Landeskde. 8) 1963, S. 122–126; G. Kaller, Wirtschafts- und Besitzgeschichte des Zisterzienserklosters Otterberg 1144–1561 (ebenda 6) 1961, S. 47 f.
7 M. Krebs, Quellen zur Geschichte der Täufer IV, Baden und Pfalz. Quellen und Forschungen zur Reformationsgeschichte 24, 1921; E. F. P. Güß, Die kurpfälzische Regierung und das Täufertum bis zum dreißigjährigen Krieg. VKBW B 12, 1960.
8 Nuntiaturberichte aus Deutschland. Erste Abt. 1533–1559, Bd. I, 1892, S. 495 f.
9 Götz, Bewegung, S. 27 f.; Bossert, ZGO 58, 1904, S. 575.
10 Götz, Bewegung, S. 14.
11 KO 14, S. 90–94.
12 KO 14, S. 94–102.
13 R. Raubenheimer, Paul Fagius. Veröff. d. Vereins f. pfälz. Kirchengesch. VI, 1957, S. 72–84.
14 A. Hasenclever, S. 147–149.
15 J. F. Hautz, Die erste Gelehrtenschule reformierten Glaubensbekenntnisses in Deutschland oder Geschichte des Pädagogiums zu Heidelberg unter dem Kurfürsten Friedrich III. von der Pfalz in den Jahren 1565–1577, 1855; F. Schneider, Der Ursprung des humanistischen Gymnasiums zu Heidelberg. Jber. des Kurfürst-Friedrich-Gymnasiums, 1957, S. 5–12.
16 H. Brunn, Wirtschaftsgeschichte der Universität Heidelberg von 1558 bis zum Ende des 17. Jahrhunderts. Phil. Diss. (masch.) Heidelberg 1950, S. 28; UBUH II, S. 1106 f.
17 W. Sillib, Zur Geschichte des Heidelberger Augustinerklosters. NAGH 4, 1901, hier S. 66–73; Wolgast, Universität, S. 32 mit weiteren Belegen.
18 G. A. Stumpf, Diplomatische Geschichte des Heidelberger Fürstenvereins 1533–1536. Zs. f. Bayern 2, 1817, S. 137–181; 265–303.
19 H. Rott, Schriften Ottheinrichs, S. 21–40; P. Zinsmaier, Ein Beitrag zur Jerusalemfahrt des Pfalzgrafen Ottheinrich. ZGO 86, 1934, S. 544–550.
20 H. Rott, Schriften Ottheinrichs, S. 160–185.
21 A. Horn, Die Bauten in Neuburg a. d. Donau und Grünau, in: Ottheinrich, 1956, S. 86–104; F. Kaeß u. H. Stierhof, Die Schloßkapelle in Neuburg an der Donau, 1977.
22 KO 13, S. 41–99.
23 KO 14, S. 113–220.
24 C. Schmidt, Der Antheil der Straßburger an der Reformation in Churpfalz. Drei Schriften Johann Marbachs mit einer geschichtlichen Einleitung, 1856; W. Horning, Dr. Johann Marbach, Pfarrer zu St. Nikolai, 1887; H. Strohl, Le protestantisme en Alsace, Strasbourg 1950, S. 77–88.
25 GLA 77/4277; G. Biundo, Bericht und Bedenken über die erste kurpfälzische Kirchenvisitation im Jahre 1556. Jb d. hess. kirchengesch. Vereinigung 10, 1959, S. 1–41.
26 H. Rott, Kirchen- und Bildersturm bei der Einführung der Reformation in der Pfalz. NAGH 6, 1905, S. 229–254. Der Befehl vom Februar 1557 nur in einem Brief des Fagius erwähnt (S. 237). Im Oktober erging ein neues Mandat gegen die Bilder (KO 14, S. 254 f.).
27 KO 13, S. 106.
28 Rott (wie Anm. 26), S. 240.
29 W. Selzer, Die Lorscher Bibliothek. In: Laurissa Jubilans, FS zur 1200-Jahrfeier von Lorsch, 1964, S. 92; R. Kunz u. P. Schnitzer, Die Prämonstratenser-Pröpste des Klosters Lorsch, in: Beiträge zur Geschichte des Klosters Lorsch 1978, S. 344 f.
30 E. Zahn, Die Heiliggeistkirche in Heidelberg. Veröff. des Vereins für evangelische Kirchengesch. in Baden 29, 1960, S. 51 f.; KB Heidelberg-Mannheim Bd. 2, 1968, S. 46 f.; 292.

31 Götz, Bewegung, S. 164–170.
32 Wolgast, Universität, S. 34–39.
33 GHAM HU Nr. 3007.
34 M. Hollerbach, Das Religionsgespräch als Mittel der konfessionellen und politischen Auseinandersetzung im Deutschland des 16. Jahrhunderts, 1982, S. 205–225.
35 F. Stein, Geschichte des Musikwesens in Heidelberg bis zum Ende des 18. Jahrhunderts, 1921; A. Layer, Pfalzgraf Ottheinrich und die Musik in: Archiv für Musikwissenschaft 15, 1958, S. 258–275; G. Pietzsch, Quellen und Forschungen zur Gesch. der Musik am kurpfälzischen Hof in Heidelberg bis 1622. Abh. der AdW in Mainz, geisteswissenschaftl. Kl. 6, 1963.
36 W. Paatz, Ottheinrich und die Kunst. Ruperto-Carola 8, 1956, S. 30–46.
37 H. Rott, Die Kunstbestrebungen Ottheinrichs, Mitt. z. Gesch. d. Heidelberger Schlosses 5, 1905, S. 216f.; Die Inschriften der Stadt Heidelberg (vgl. Kap. 10, Anm. 21), Nr. 294, S. 167f.

Kap. 12: Das Haus Pfalz-Simmern, Übergang zum Calvinismus 1559–1576

Quellen

Wichtigste Kopialbücher Friedrichs III. GLA 67/847 ad vitam; 67/848 perpetuum; 67/849 Verträge; Die Briefe Friedrichs d. Frommen, Kurfürsten von der Pfalz, hg. v. *A. Kluckhohn*, 2 Bde., 1868/72; *A. Kluckhohn*, Das Testament Friedrichs d. Frommen (Abh. d. Hist. Cl. d. AdW München, III. Abt. Bd. 12) 1874; KO 14 und *Struve* (wie Kap. 11); *H. Rott*, Neue Quellen zur Aktenrevision des Prozesses gegen Sylvan und seine Genossen. NAGH 8, 1910, S. 184–259; The Heidelberg Antitrinitarisme by *Chr. Burchill* (Bibliotheka Dissidentium XI) 1989.

Literatur

Clasen, Press, Lossen, Zeeden (wie Kap. 10 u. 11); *A. Kluckhohn,* Friedrich der Fromme, Kurfürst von der Pfalz, der Schützer der reformierten Kirche, 1559–1576, 1879; *Ders.,* Wie ist Kurfürst Friedrich III. von der Pfalz Calvinist geworden? Münchner Hist. Jb., 1866, S. 421–520; *J. B. Götz,* Die erste Einführung des Kalvinismus in der Oberpfalz 1559–1576 (Reformationsgeschichtl. Studien und Texte 60) 1933; *M. Weigel,* Die Anfänge des Kalvinismus in der Oberpfalz. ZBLG 8, 1935, S. 101–108; *W. Hollweg,* Der Augsburger Reichstag von 1566 und seine Bedeutung für die Entstehung der Reformierten Kirche und ihres Bekenntnisses (Beiträge zur Geschichte und Lehre der reformierten Kirche 17) 1964; *R. Wesel-Roth,* Thomas Erastus, Ein Beitrag zur Geschichte der reformierten Kirche und zur Lehre von der Staatssouveränität (Veröffentlichungen d. Vereins f. Kirchengeschichte in der evang. Landeskirche Badens 15) 1954; *C. Horn,* Johann Sylvan und die Anfänge des Heidelberger Antitrinitarismus. NHJbb. 17, 1903, S. 219–310; *C. J. Burchill,* Die Universität zu Heidelberg und der »fromme« Kurfürst. In: Semper apertus 1, 1985, S. 231–254; *G. A. Benrath,* Die geschichtlichen Voraussetzungen der pfälzischen Kirchenvereinigung. Bll. f. pfälz. Kirchengeschichte 36, 1969, S. 5–32; *W. Seeling,* Der sog. Calvinismus in der Pfalz. Bll. f. pfälz. Kirchengeschichte 37/38, 1970/71, S. 267–274; *B. Vogler,* Die Ausbildung des Konfessionsbewußtseins in den pfälzischen Territorien zwischen 1555 und 1619. In: FS E. W. Zeeden, hg. v. *H. Rabe* (Reformationsgesch. Studien und Texte, Supplement Bd. 2) 1976, S. 281–288.

Anmerkungen

1 Kluckhohn. Briefe I, S. 446; Die Devise HNDW auf seinen Bucheinbänden, vgl. Bibliotheca Palatina 1987, Abb. S. 167.
2 Bezold, Briefe (wie Kap. 13) Bd. 1, S. 25.
3 V. Press. Die Ritterschaft im Kraichgau zwischen Reich und Territorium 1500–1623. ZGO 122, 1974, S. 35–98.
4 V. Press, Die Grafen von Erbach und die Anfänge des reformierten Bekenntnisses in Deutschland. In: FS für W. Heinemeyer, hg. von H. Bannasch und H. P. Lachmann, 1979, S. 653–685.
5 Kluckhohn, Briefe I, S. 40; 53.
6 Kluckhohn, Briefe I, S. 100–102.
7 Struve, S. 82f.; Horn, S. 237.
8 Melanchthon, Werke in Auswahl, hg. v. R. Stupperich VI, 1955, S. 482–486.
9 Lossen, S. 53.
10 H. Sudhoff, C. Olevianus und Z. Ursinus, Leben und ausgewählte Schriften, 1857, auch zum Folgenden.
11 Kluckhohn, Friedrich der Fromme, S. 101.
12 KO 14, S. 243–376; W. Hollweg, Neue Untersuchungen zur Geschichte des Heidelberger Katechismus, 1961.

13 KO 14, S. 33–408.
14 Kluckhohn, Friedrich der Fromme, S. 106.
15 Hollerbach (wie Kap. 11, Anm. 34), S. 230–236.
16 Schon 1559 wollten die Pfälzer beim Kaiser wegen Verkürzung ihrer Rechte aus dem Religionsfrieden Einspruch erheben. Die Heidelberger Räte meinten dann aber doch, daß dieses Vorgehen der Pfalz eher nachteilig sei, weil sie sich schon weiter durchgesetzt hatte, als es ihr der Augsburger Religionsfriede zugestand. Siehe Kluckhohn, Briefe I, S. 66; 75–79 mit einer Darstellung der Konfessionsverhältnisse in sämtlichen Kondominaten.
17 Vgl. Schaab, Die Wiederherstellung des Katholizismus in der Kurpfalz im 17. und 18. Jahrhundert. ZGO 114, 1966, S. 152 f.
18 J. Bader, Die kirchliche Glaubensänderung zu Ladenburg, Badenia III, 1844, S. 192–208.
19 KB Heidelberg-Mannheim I, S. 285. Vgl. das Beschwerdeschreiben des Erasmus von Venningen an den Kurfürsten 1566 bei Kluckhohn, Briefe I, S. 685–687.
20 M. Schaab, Pfälzer Klöster vor und nach der Reformation. Bll. f. deutsche Landesgeschichte 109, 1973, S. 253–258; Th. Karst, Pfälzische Klöster im Zeitalter der Reformation. Mitt. Hist. Verein d. Pfalz 62, 1964, S. 36–58; W. Seibrich, Letzte Mönche, Nonnen und Kanoniker in kurpfälzischen Klöstern und Stiften vor der Reformation. Jb. z. Gesch. v. Stadt u. Landkreis Kaiserslautern 24/25, 1986/87, S. 265–285; Verzeichnisse der aufgehobenen Klöster bei Struve, S. 259–261 sowie GLA 77/4273 und 67/980, f. 40–50.
21 C. Büttinghausen, Beiträge zur pfälzischen Geschichte I, 1782, S. 378; J. D. Wundt, Magazin für Kirchen- und Gelehrtengeschichte II, 1790, S. 121.
22 Struve, S. 260; K. J. Villinger, Beiträge zur Geschichte des St. Cyriakus-Stifts zu Neuhausen, 1955, S. 14 f.; Rott NAGH 6, S. 245–251.
23 Hollweg, Reichstag, S. 47; 279.
24 Struve, S. 189. Vgl. dazu seinen Briefwechsel mit Calvin, Kluckhohn, Briefe I, S. 622; 682.
25 Bezold, Briefe I (wie Kap. 13), S. 12; Press, Calvinismus, S. 250.
26 Wesel-Roth, S. 66.
27 G. Horn NHJbb 17, S. 265.
28 Ebenda S. 273.
29 H. Rott NAGH 8, S. 236–248.
30 KO 14, S. 436–441.
31 Besold (wie Kap. 13) I, S. 17–35; 140–182.
32 J. Ney, Pfalzgraf Wolfgang Herzog von Zweibrücken und Neuburg, 1912, S. 75–92; B. Vogler, Die Rolle der pfälzischen Kurfürsten in den französischen Religionskriegen (1559–1592). Bll. f. pfälz. Kirchengeschichte 37–38, 1970–1971, S. 235–266; A. Wirsching, Konfessionalisierung der Außenpolitik: Die Kurpfalz und der Beginn der französischen Religionskriege (1559–1562). Historisches Jb 106, 1986, S. 330–360.
33 F. Walter, Geschichte Mannheims Bd. 1, 1907, S. 103 f.; Kluckhohn, Briefe II, S. 598–601.
34 Badische Weistümer und Dorfordnungen I, bearb. von C. Brinckmann, 1917, S. 12–17. Vgl. R. Lenz (wie Kap. 14, Anm. 23), S. 24–26.
35 K. Hofmann, Die Erwerbung der Herrschaft Boxberg durch Kurpfalz. NAGH 6, 1905, S. 78–99; 200.
36 V. Press, Das evangelische Amberg zwischen Reformation und Gegenreformation. In: Amberg 1034–1984. Ausstellung des Staatsarchivs Amberg, 1984, S. 122–125.
37 GHAM HU 3028 f. Gedruckt bei Kluckhohn, Testament.
38 GLA 67/1079, f. 37–39. Vgl. Press, Calvinismus, S. 269.
39 Kluckhohn, Briefe II, S. 1026 f.

Kap. 13: Gefährdung und Behauptung des Calvinismus, aktivistische Außenpolitik 1576–1618

Quellen

Kopialbücher Ludwigs VI. GLA 67/851 perpetuum; 67/852 ad vitam; 67/854 Verträge; 67/925 Beziehungen zu Johann Casimir; Kopialbücher Johann Casimirs GLA 67/856 perpetuum für Pfalz-Lautern; 67/855 perpetuum aus der Zeit der Administration; Kopialbücher Friedrichs IV. GLA 67/857 perpetuum; 67/859 ad vitam; 67/858 Verträge; Kopialbücher Friedrichs V. GLA 67/861 Vormundschaft; *Thesaurus Picturarum* (verfaßt v. Marx zum Lamb), Hess. Landesbibliothek Darmstadt; *F. v. Bezold*, Briefe des Pfalzgrafen Johann Kasimir mit verwandten Schriftstücken, 3 Bde., 1882–1903; *L. Häusser*, Tagebuch des Pfalzgrafen Johann-Casimir. QE 8, 1860, S. 363–414; *J. Wille*, Das Tagebuch und Ausgabenbuch des Churfürsten Friedrich IV. von der Pfalz,

ZGO 33, 1880, S. 201–295; *M. de la Huguerye*, Mémoires inédits, publiés par A. de Ruble, 3 Bde., 1877–1880; *C. Krollmann*, Die Selbstbiographie des Burggrafen Fabian zu Dohna, 1905; Bibliotheca Palatina (wie Kap. 11), S. 232–272; Briefe und Akten zur Geschichte des Dreißigjährigen Krieges in den Zeiten des vorwaltenden Einflusses der Wittelsbacher, hg. durch die Historische Kommission bei der Bayerischen AdW Bd. 1, 1870; Chur-Fürstl. Pfaltz Landts Ordnung, Heidelberg 1582; Churfürstlicher Pfaltz Landt Recht, Heidelberg 1582; KO 14, Struve (wie Kap. 11).

Literatur

Press (wie Kap. 10), *Lossen, Zeeden, Clasen* (wie Kap. 11); *P. Krüger,* Die Beziehungen der Rheinischen Pfalz zu Westeuropa. Die auswärtigen Beziehungen des Pfalzgrafen Johann Casimir 1576–82 (Phil. Diss. München) 1964; *M. Kuhn,* Pfalzgraf Johann Casimir von Pfalz-Lautern (Schriften zur Geschichte von Stadt und Landkreis Kaiserslautern 3) 1961; *D. Cunz,* Die Regentschaft des Pfalzgrafen Johann Casimir in der Kurpfalz 1583–1592 (Phil. Diss. Frankfurt) 1934; *L. Petry,* Pfalzgraf Johann Casimir 1543–1592. In: Pfälzer Lebensbilder 1, 1964, S. 43–66; *J. B. Götz,* Die religiösen Wirren in der Oberpfalz von 1576 bis 1620 (Reformationsgeschichtliche Studien und Texte, Heft 66) 1937; *E. Otto,* Beiträge zur Geschichte des Heidelberger Hofes unter Friedrich IV. Historische Vierteljahresschrift 4, 1901, S. 33–56; *K. Wolf,* Die Sicherung des reformierten Bekenntnisses in der Kurpfalz nach dem Tode Johann Casimirs. ZGO 87, 1935, S. 384–425; *Ders.,* Zur Geschichte des Kurfürsten Friedrich IV. von der Pfalz. ZGO 92, 1940, S. 275–314; *E. Gothein,* Die Landstände der Kurpfalz. ZGO 42, 1888, S. 1–76.

Anmerkungen

1 Über die Devisen der Kurfürsten gibt es keine spezielle Untersuchung. Sie werden insgesamt deutlich auf den Einbänden der Bibliotheca Palatina, wie sie die Heidelberger Ausstellung präsentierte.
2 Bezold I, S. 14.
3 Bibliotheca Palatina I, S. 249.
4 Kluckhohn, Briefe (wie Kap. 12) II, S. 1027 Anm. 2.
5 Bezold I, S. 31. Das stützt sich wie im analogen Fall des Calvinismus auf eigene Aussagen Friedrichs, vgl. Kluckhohn, Briefe I, S. 99.
6 KO 14, S. 63 f.; 113–220 Anmerkungen.
7 J. F. Hautz, Die erste Gelehrtenschule reformierten Glaubensbekenntnisses in Deutschland oder Geschichte des Pädagogiums zu Heidelberg unter dem Kurfürsten Friedrich III. von der Pfalz in den Jahren 1565–1577, 1855; Kuhn, S. 83 f.
8 W. Koch, Der Übergang von Pfalz-Zweibrücken vom Luthertum zum Calvinismus. Bll. f. pfälz. Kirchengesch. 27, 1960, S. 23–25.
9 GLA 67/980, f. 1–54; K. Hartfelder, Kirchenvisitation der Stadt Heidelberg 1582. ZGO 34, 1882, S. 239–256.
10 GHAM HU 3037.
11 Neuhaus, Die Rheinischen Kurfürsten, der Kurrheinische Kreis und das Reich im 16. Jahrhundert. RhVjbll 48, 1984, S. 138–160; W. Dotzauer, Der Kurrheinische Reichskreis in der Verfassung des Alten Reiches, Nassauische Annalen 98, 1987, S. 61–104. T. Malzan, Geschichte und Verfassung des oberrheinischen Kreises. Phil. Diss. (masch.) Mainz 1952.
12 P. Moraw, Das Casimirianum in Neustadt (1578–1584), 1963; G. A. Benrath, Das Casimirianum, die reformierte Hohe Schule in Neustadt an der Haardt (1578–1584). Ruperto-Carola 38, 1986, S. 31–37.
13 B. R. Kern, Das Pfälzer Landrecht und die Landesordnung von 1582. ZSRG GA 100, 1983, S. 274–283; J. Bärmann, Die kurpfälzische Landesordnung von 1582. Jb. f. d. Gesch. v. Stadt- und Landkreis Kaiserslautern 12/13, 1974/75, S. 205–218.
14 Über ihn vgl. F. Trautz, Nikolaus Kistner, Ein Lebensbild. Sonderausgabe der Schulzeitung des Nikolaus Kistner-Gymnasiums Mosbach 1969.
15 GHAM HU 3058–62.
16 Bezold II, S. 195 f.
17 Friedrich Schmidt, Geschichte der Erziehung der pfälzischen Wittelsbacher. (Monumenta Germaniae Paedagogica 19) 1899, S. XXXII–XLII.
18 Bezold III, S. 285.
19 Press, Calvinismus, S. 329.
20 Bezold II, S. 179.
21 KO 14, S. 510–515. Die entsprechende Entwicklung in der Oberpfalz bei Götz, Wirren, S. 137.

22 KO 14, S. 77–79; S. 333–408 Anmerkungen.
23 GLA 67/975, S. 897–899.
24 Press, Grundlagen (wie Kap. 10), S. 45; 60. Vgl. M. Schaab, Territorialstaat und Kirchengut bis zum Dreißigjährigen Krieg. Die Sonderentwicklung in der Kurpfalz im Vergleich mit Baden und Württemberg. ZGO 138, 1990, S. 241–258. Ders., Stato territoriale e beni ecclesiastici nella Germania Sud-Occidentale fino alla guerra dei Trent' anni. Annali dell' Istituto storico italo-germanico a Trento 26, 1989, S. 87–117.
25 UBUH I, S. 366.
26 Bibliotheca Palatina, Textband, S. 368f. zusammenfassend: E. Mittler, Die Kurfürsten von der Pfalz und die Bibliotheca Palatina. Eine Skizze zur Ausstellung »Bibliotheca Palatina« aus Anlaß der 600-Jahrfeier der Universität. Heidelberger Jbb. 30, 1986, S. 73–88.
27 H. Derwein, Handschuhsheim und seine Geschichte, 1933, S. 148–158.
28 GLA 67/973, S. 120–124.
29 E. Horn, Pfalzgräfin Elisabeth, Quellen und Forschungen zur Deutschen insbes. Hohenzollerischen Geschichte 5, 1909, S. 154–166, I. von Drygalski, Pfalzgräfin Elisabeth. Ruperto-Carola 5, 1953, S. 189f.
30 H. G. Sturm, Pfalzgraf Reichard von Simmern 1521–1598, Phil. Diss. Mainz 1968.
31 Press, Das evangelische Amberg (wie Kap. 12, Anm. 35), S. 127–131; Vgl. auch Götz, Wirren, S. 156.
32 W. Holtmann, Die Pfälzische Irenik im Zeitalter der Gegenreformation Theol. Diss. (maschinenschr.) Göttingen 1960; Press, Calvinismus, S. 515, Anm. 106; »Churfürstlicher Pfaltz Erklärung, Das Ihre Churfürstliche Gnaden die Papisten nicht verfolge, wie Deroselbigen ungütlich zugemessen wird.« Heidelberg 1608.
33 Thesaurus picturarum II, f. 184.
34 B. Pitiscus, Leichpredigt bey dem Begräbnus ... Fridrichen des Vierden ... Pfaltzgraven bey Rhein .. . Anno 1610, Heidelberg 1610.
35 Bezold III, S. 697f., Press, Calvinismus, S. 383f.
36 J. Krebs, Christian von Anhalt und die kurpfälzische Politik am Beginn des Dreißigjährigen Krieges, 1872; H. G. Uflacker, Christian I. von Anhalt und Peter Wok von Rosenberg, Phil. Diss. München 1926; F. H. Schubert in NDB 3, S. 221–225.
37 GHAM HU 3004.
38 GHAM Korrespondenzakten 1007.
39 Press, Calvinismus, S. 422, Anm. 7.
40 GHAM HU 3102.
41 GHAM HU 3110.
42 K. Wolf, Die Einführung der allgemeinen Wehrpflicht in Kurpfalz um 1600. ZGO 89, 1937, S. 638–704.
43 T. Wilckens, Merkwürdige Fahnen aus dem 17. Jahrhundert. Der deutsche Herold 42, 1911, S. 34f.; O. Neubecker, Die Feldzeichen des unterpfälzischen Heeres im Jahr 1620. Zs. f. historische Waffen- und Kostümkunde NF 7, 1942, S. 201–212.
44 Press, Graf Otto von Solms-Hungen und die Gründung der Stadt Mannheim. Mannheimer Hefte Jg. 1975, S. 9–23.
45 Ph. Kautzmann, Marquart Freher. MGBll. 7, 1906, Sp. 71–75; B. Schwan, Das juristische Schaffen Marquart Frehers (1565–1614) (Veröff. d. pfälz. Gesellschaft zur Förderung der Wissenschaften in Speyer, Bd. 74) 1984.
46 E. Gothein, Die Landstände am Oberrhein. In: Fünfundzwanzig Jahre der Badischen Historischen Kommission, 1909, S. 29–50; V. Press, Die Landschaft der Kurpfalz. In: Von der Ständeversammlung zum demokratischen Parlament, die Geschichte der Volksvertretungen in Baden-Württemberg, 1982, S. 62–71.
47 K. Köhle, Landesherr und Landstände in der Oberpfalz von 1400–1583, Sozialstruktur und fürstliche Repräsentanz eines frühneuzeitlichen Territoriums (Miscellanea Bavarica Monacensia 16) 1969, S. 105–186; V. Press, Fürst und Landstände in der frühneuzeitlichen Oberpfalz 1488–1628, 1707–1715. In: Gesellschaftsgeschichte, FS f. K. Bosl z. 80. Geburtstag I, 1988, S. 439–457.
48 J. Adam, Evangelische Kirchengeschichte der Stadt Straßburg bis zur französischen Revolution, 1922, S. 307–312; A. Meister, Der Straßburger Kapitelstreit und der Wetterauer Grafenverein. Nassauische Annalen 68, 1967, S. 127–155.
49 Briefe und Akten I, S. 69–93.
50 M. Ritter, Geschichte der Deutschen Union von den Vorbereitungen des Bundes bis zum Tode Kaiser Rudolfs II. (1598–1612), 2 Bde, 1867/73.
51 F. Neuer-Landfried, Die katholische Liga. Gründung, Neugründung und Organisation eines Sonderbundes 1608–1620, 1968; J. Bauer, Philipp von Sötern geistlicher Kurfürst zu Trier und

seine Politik während des dreißigjährigen Krieges, 2 Bde., 1897/1914; H. Weber, Frankreich, Kur-Trier, der Rhein und das Reich 1623-1635, 1969, S. 24-32; F. Walter, Mannheim, S. 137.
52 Aussführung, Kurtze vnnd gegründt, auss was erheblichen Vrsachen der ... Pfaltzgraff Friderich, Churfürst ... bewogen worden, den Newen Vestungs-Baw zu Vdenheim verhindern, abthun vnd niderlegen zu lassen. o.O. 1618; Bericht, Warhaffter, Was massen die Bischoffliche Speyrische Vestung zu Udenheim demoliert und geschleiffet worden. o.O. 1618.
53 E. Kossol, Die Reichspolitik des Pfalzgrafen Philipp Ludwig von Neuburg (1547-1614) (Schriftenreihe der Historischen Kommission bei der Bayerischen AdW 14) 1976; H. J. Roggendorf, Die Politik der Pfalzgrafen von Neuburg im Jülich-Klevischen Erbfolgestreit. Düsseldorfer Jb. 53, 1968, S. 1-211; G. v. Roden, Die Länder Jülich und Berg unter pfalz-neuburgischer und pfalz-bayerischer Herrschaft 1609-1806. In: J. Heider, Neuburg, die Junge Pfalz und ihre Fürsten. FS zur 450-Jahr-Feier der Gründung des Fürstentums Neuburg, 1955, S. 43-82.
54 Moerner (wie Kap. 17), Nr. 30, S. 67-71.
55 Press, Calvinismus, S. 482.
56 Press, Calvinismus, S. 498-501. 1612 war auch ein Vikariatsstreit mit Neuburg zu bestehen.
57 GHAM HU 3102; Korrespondenzakten 1014.
58 GHAM HU 3168.
59 K. Th. Heigel, Die Hochzeit Friedrichs V. von der Pfalz, 1883, S. 65-79; A. Chroust, Die Hochzeit des Winterkönigs (1613), 1939, S. 128-144.
60 Oechelhäuser (wie Kap. 10, Anm. 5), S. 15f., 63-79; Kunstdenkmäler Heidelberg (ebenda), S. 469-502.
61 L. Fehrle-Burger, Das Heidelberger Hoftheater (Anlage zu Ruperto-Carola 35) 1964.
62 S. de Caus, Hortus Palatinus a Friderico rege Boemiae electore Palatino Heidelbergae extructus, 1620; P. O. Rave, Gärten der Barockzeit. Von der Pracht und Lust des Gartenlebens, 1951, S. 7-37.
63 Kunstdenkmäler (wie Kap. 10, Anm. 5), S. 498f.; Inschriften Heidelberg (wie Kap. 10, Anm. 21), Nr. 601, S. 358f.

Kap. 14: Landesherrschaft und Untertanen im 16. Jahrhundert

Quellen

GLA 67/907; 913; 77/7700 (Staatshaushalt und Steuern); GLA 67/973-980 (Dokumente des Kirchenrats); *H. v. Jan,* Die Türkensteuerregister des kurpfälzischen Oberamtes Neustadt (Schriften zur Bevölkerungsgeschichte der pfälzischen Lande 2) 1962-1964; Einwohnerverzeichnis der Stadt Heidelberg vom Jahr 1588. Hg. u. erläutert von *A. Mays* und *K. Christ.* NAGH 1, 1890, S. 31-206; Einwohnerverzeichnis des Vierten Quartiers der Stadt Heidelberg vom Jahr 1600. Ebda 2, 1893, S. 1-260.

Literatur

Press, Calvinismus, wie Kap. 10; *Press,* Grundlagen, wie Kap. 10; *Press,* Die wittelsbachischen Territorien: die pfälzischen Lande und Bayern. In: Deutsche Verwaltungsgeschichte hg. K. G. A. Jeserich, H. Pohl, G.-Ch. von Unruh, Bd. 1, 1983, S. 552-575; *G. F. Böhn,* Beiträge zur Territorialgeschichte des Landkreises Alzey, 1958; *Th. Karst, Das* kurpfälzische Oberamt Neustadt (Veröff. zur Gesch. von Stadt und Kreis Neustadt a. d. Weinstr. 1) 1960; *W. Reifenberg,* Die kurpfälzische Reichspfandschaft Oppenheim, Gau-Odernheim, Ingelheim 1375-1618, Phil. Diss. Mainz 1968; *W. Dotzauer,* Die Vordere Grafschaft Sponheim als pfälzisch-badisches Kondominium 1437-1707/08, 1962; *W. Fabricius,* Das pfälzische Oberamt Simmern. Westdeutsche Zs. 28, 1909, S. 70-131; *E. Kauw,* Das Finanzwesen der Kurpfalz am Ausgang des 16. Jahrhunderts, Phil. Diss. Bonn 1914; *L. Blasse,* Die direkten und indirekten Steuern der Churpfalz, Phil. Diss. Heidelberg 1914; *A. Chroust,* Ein Beitrag zur Geschichte der kurpfälzischen Finanzen am Anfang des XVII. Jahrhunderts; ZGO 49, 1895, S. 29-41; *E. Gothein,* Die Landstände in der Kurpfalz; ZGO 42, 1888, S. 1-76; *V. Press,* Fürst und Landstände in der frühneuzeitlichen Oberpfalz (1488-1628, 707-1715). In: Gesellschaftsgeschichte FS f. Karl Bosl zum 80. Geburtstag, I, 1988, S. 439-457; Die reformierte Konfessionalisierung in Deutschland – Das Problem der zweiten Reformation. Hg. v. H. Schilling (Schriften des Vereins für Reformationsgesch. 195) 1986; *W. Alter, Das* pfälzische Oberamt Neustadt an der Haardt um das Jahr 1584. In: Pfalzatlas, Karte Nr. 69, Textband S. 1041-1055; *E. Christmann,* Dörferuntergang und -wiederaufbau im Oberamt Lautern während des 17. Jahrhunderts (Schriften zur Geschichte von Stadt- und Landkreis Kaiserslautern Bd. 1) 1960.

Anmerkungen
1 H.-W. Langbrandtner, Die Sickingische Herrschaft Landstuhl. Vom Reichsland zum ritterschaftlichen Kleinterritorium (Europäische Hochschulschriften, Reihe III, Bd. 469), 1991.
2 GHAM Korrespondenzakten 972; HU 3004.
3 UBUH II, Bd. 2, Nr. 1555 u. 1697.
4 GLA 67/868, f. 12–18
5 C. D. Vogel, Beschreibung des Herzogtums Nassau, 1843, S. 267–269.
6 GHAM Mannheimer Urk. 112/6 Weinsberg-Löwenstein 26.
7 Alle kaiserlichen Privilegien von 1518 ff. vereinigt in GLA 67/911.
8 K. Andermann, Leibeigenschaft im pfälzischen Oberrheingebiet während des späten Mittelalters und der frühen Neuzeit. Zs. f. historische Forschung 17, 1990, S. 281–303.
9 GLA 67/946, S. 315–616.
10 Übersicht über die Freizügigkeitsverträge in GLA 77/30.
11 GLA 67/834, f. 70.
12 M. Schaab, Geleit und Territorium in Südwestdeutschland. Zs. f. württembergische Landesgeschichte 40, 1980, S. 398–417.
13 A. Schäfer, Der Anspruch der Kurpfalz auf die Herrschaft über den Rhein von Selz i. E. bis Bingen. ZGO 115, 1967, S. 265–329; Schaab in KB Heidelberg-Mannheim I, 1966, S. 210 f. sowie Karte nach S. 208.
14 K. Christ, Eine Beschreibung der Rheininseln. MGBll. 4, 1903, Sp. 29–33; 63–68; 94–101; GLA 77/5711–5714; GLA H Rheinstrom Nr. 19; 24; 27. Auswertungen für den Verlauf des Stromes von H. Musall in Pfalzatlas, Karten Nr. 10; 11; 13.
15 D. Häberle, Das Rheingold, seine Herkunft, Gewinnung und Verwertung. Geographische Zs. 36, 1939, S. 385–409.
16 Z. B. in der Schriesheimer Zentallmend, Weistümer Zent Schriesheim, s. Bd. I, S. 242, Anm. 53; S. 37 f.; 43 f.
17 H. Hausrath, Geschichte des Waldeigentums im Pfälzer Odenwald. FS zum 65. Geburtstag Großherzog Friedrichs II., 1913.
18 KB Heidelberg-Mannheim I, S. 264–267; III, S. 833.
19 W. Frenzel, Die historischen Wälder der Pfalz. In: Pfalzatlas, Karte Nr. 21; Textband I, S. 265–276; D. Häberle, Das Reichsland bei Kaiserslautern, 1907. Übersicht über die Forstbezirke in GLA 77/5038.
20 E. Bauer, Der Soonwald, 1974.
21 Th. Karst, Oberamt Neustadt, S. 133–135.
22 Gesamtverzeichnis der Ämter: GLA 67/913; 77/7700; 6154; 6149. Vgl. die Literatur in Bd. I, S. 227, Kap. 1.
23 Vgl. Bd. I, S. 242 Anm. 53 sowie K. Kollnig, Die Zenten in der Kurpfalz. ZGO 88, 1936, S. 17–71. Ders., Die Zent Schriesheim. Ein Beitrag zur Geschichte der Zentverfassung in Kurpfalz (Heidelberger Abh. zur mittleren und neueren Geschichte 62), 1933 R. Lenz, Kellerei und Unteramt Dilsberg. Entwicklung einer regionalen Verwaltungsinstanz im Rahmen der kurpfälzischen Territorialpolitik am Unteren Neckar, VKBW B 115, 1989. Zu den Quellen vgl. Bd. I, S. 242, Anm. 53.
24 Alle weltlichen Zentralbehörden bei Press, Calvinismus, S. 27–110.
25 Press, Calvinismus, S. 64.
26 K. Bender, Die Hofgerichtsordnung Kurfürst Philipps (1476–1508), für die Pfalzgrafschaft bei Rhein. Jur. Diss. Mainz 1919.
27 Press, Calvinismus, S. 20 f.
28 Zusammenfassend Press in: Deutsche Verwaltungsgeschichte I, S. 560–574.
29 Über die einzelnen Versuche einer kurpfälzischen Ständeversammlung und die Regelung der Schulden immer noch grundlegend Gothein, S. 7–36.
30 Gothein, S. 24, Johann Casimir selbst schätzte die französischen Schulden wesentlich höher ein, vgl. oben S. 55.
31 Chroust, S. 33–35. In der Tendenz ähnlich Gothein, S. 68–72. Was bei Chroust fehlt, nach GLA 77/5292.
32 Press, Grundlagen, S. 61, kommt für die etwas spätere Zeit der Jahre 1608–1613 auf einen Durchschnitt von 44 000 fl, das sind 39% der Gesamteinnahmen des dortigen Kammermeisters.
33 Die Naturaleinkünfte sind bei der ganzen Abrechnung nicht in Anschlag gebracht, außer an den Hof selbst flossen sie in die verschiedenen Besoldungen mit ein. Konkrete Zahlen für einzelne Jahre sind wenig aussagefähig, da die Ernteerträge außerordentlich schwankten und die Einnahmen aus der Teilpacht sowie aus den eigenen Domänengütern unmittelbar vom Ernteergebnis abhängig waren, eine, auch wegen der Preisentwicklung nur annäherungsweise gültige

gebnis abhängig waren, eine, auch wegen der Preisentwicklung nur annäherungsweise gültige Umrechnung kommt für den Durchschnitt der Jahre 1590–1603 auf ein Jahresergebnis von 54000 fl. (Nach GLA 67/913 Ausgaben und Einnahmen der Ämter, auf die sich Kauw stützt. Die Umrechnung in fl beruht auf Wertangaben der Geistlichen Administration Ende des 16. Jahrhunderts GLA 67/6217.) 1618 war der Eingang von Naturalien doppelt so hoch als dieser Jahresdurchschnitt, zu einer Preisberechnung fehlt aber jede Handhabe.

34 Kauw, S. 93f., errechnet eine höhere Gesamtzahl als Gothein, der bei 1814787 fl bleibt.
35 Press, Calvinismus, S. 502.
36 Press, Grundlagen, S. 45, Anm. 64.
37 StA Amberg, Rentkammer Amberg R 1ff., R 30ff.
38 KB Heidelberg-Mannheim II, S. 47.
39 Über die Kirchenbehörden: Press, Calvinismus, S. 111–143.
40 GLA 63/5; 9; 63; 67/978.
41 KO 14, S. 333; 388; 411f.; 421–424; P. Münch, Zucht und Ordnung. Reformierte Kirchenverfassungen im 16. und 17. Jahrhundert (Tübinger Beiträge zur Geschichtswissenschaft 3), 1978.
42 H. Schüler, Die Konventsprotokolle der reformierten Klasse Bacharach, 1977.
43 KO 14, S. 437–441; 441–442; 446–450.
44 GLA 77/4369; 67/975, S. 897–899; KB Heidelberg-Mannheim I, S. 286; F. W. Cuno, Die reformierten Fremdgemeinden. Pfälz. Memorabilia 14, 1886, S. 1–210.
45 KO 14, S. 489–501. Übersicht über die wichtigsten Einnehmereien und Einnahmen 1611 in Schaab, Schönau (wie Kap. 11, Anm. 6), S. 120, Zur Verwaltungsgliederung im linksrheinischen Teil: LASP A 14.
46 Press in Deutsche Verwaltungsgeschichte I, S. 562–564.
47 Schaab (wie Kap. 13, Anm. 24), S. 256f.
48 So das Schatzungsregister von 1438/39 für das Amt Heidelberg, vgl. Bd. I, S. 242, Anm. 54.
49 GLA 77/7700.
50 Vgl. v. Jan und Fabricius im Literaturverzeichnis.
51 Häberle wie Anm. 19.
52 KB Heidelberg-Mannheim I, S. 344, demnächst KB Neckar-Odenwald.
53 Vorsichtige Schätzung zum Teil nach den gewiß heterogenen Angaben in: Deutsches Städtebuch, hg. von E. Keyser, Bd. IV,1 Hessisches Städtebuch, 1957; Bd. IV,2 Badisches Städtebuch, 1959; Bd. IV,3 Städtebuch Rheinland-Pfalz und Saarland, 1964; Bd. V Bayerisches Städtebuch, Teil 2, 1974 sowie zusätzlichen Einzelangaben.
54 G. Schröder-Lembke, Wesen und Verbreitung der Zweifelderwirtschaft im Rheingebiet, Zs. für Agrargeschichte und Agrarsoziologie 7, 1959, S. 1431.
55 Über die Weinerträge und Weinvorräte des Hofes gibt es erst Nachrichten aus der Zeit kurz nach dem Dreißigjährigen Krieg in GLA 77/8432; 8433. Im Schloß lagerten 1664 insgesamt 417 Fuder Wein, darunter 150 Fuder Heidelberger, 14 Fuder Wieslocher, 15 Fuder Weingartener, 15 Fuder Boxberger sowie 67 Fuder Neustadter, die allgemein dem Massenkonsum dienten. Qualitätswein, in kleinen Fässern aufbewahrt, stammte aus Kaub, Bacharach und von der Mosel, besonders erwähnt werden noch Traminer und Strohwein.
56 KB Heidelberg-Mannheim I, S. 270–273; II, S. 32–37.
57 V. Press, Amberg – Historisches Portrait einer Hauptstadt. VHOR 127, 1987, S. 28.
58 W. Silberschmidt, Die Regelung des pfälzischen Bergwesens (Wirtschafts- und Verwaltungsstudien 44) 1913, S. 35; 52; 59 67.
59 A. Sulzmann, Der Holzhandel am unteren Neckar in der Zeit vom 14. bis 18. Jahrhundert. Eine wirtschaftsgeschichtliche Studie, Phil. Diss. Heidelberg, 1931.
60 H. Heimann, Die Neckarschiffer, 2 Bde., 1907.
61 G. Kaller, Wallonische und niederländische Exulantensiedlungen in der Pfalz im 16. Jahrhundert. Entstehung und Stadterhebung, in: Oberrheinische Studien 3, 1975, S. 327–351; M. Schaab u. a., Neuzeitliche Gründungsstädte in Südwestdeutschland, ZGO 133, 1985, S. 103–155; die Literatur zu den Einzelorten dort S. 152–155.
62 C. E. Collofong, Die Entstehung der Lambrechter Wallonengemeinde. Bll. f. pfälzische Kirchengeschichte 39, 1972, S. 16–48; 1000 Jahre Stadt Lambrecht, hg. E. Collofong und H. Feil, 1987–88.
63 H. Schilling, Niederländische Exulanten des 16. Jahrhunderts, 1972; E. Bütfering, Niederländische Exulanten in Frankenthal, Neuhanau und Altona. Herkunftsgebiete, Migrationswege und Ansiedlungsorte. In: Niederlande und Nordwestdeutschland (Städteforschung A 15), 1983, S. 347–417. M. Krämer, Die Maler in Frankenthal. In: Die Renaissance im deutschen Südwesten (Ausstellungskatalog), Bd. 1, 1986, S. 226–232.
64 Kluckhohn, Briefe (wie Kap. 12) I, S. 603f.
65

Hefte, Jg. 1975, S. 9–23.
66 H. Eichelmann, Lixheim (Lothringische Ortschroniken 1) Metz 1909; H.-W. Herrmann, Pfalzburg und Lixheim. Zwei frühneuzeitliche wittelsbachische Städtegründungen am Rande der Vogesen, Bll. für pfälz. Kirchengesch. 47, 1980, S. 13–26.
67 P. Marchesi, La Fortezza Veneziana di Palma Nova (Castella 23), Rom 1980; P. Damiani, Palma Nova, in: Istituto Italiano dei Castelli, Palma Nova 2 Bde., 1987, Bd. 2 mit Vergleichsplänen dort auch die Zitadellen von Ferrara S. 57 und von Montferrato S. 29. Eine vermittelnde Rolle könnte das Werk von Antonio Lupicini, Dell'architettura Militar, Florenz 1582, gespielt haben. »Klar und lichtvoll wie eine Regel.« Planstädte der Neuzeit vom 16. bis zum 18. Jahrhundert (Ausstellungskatalog Karlsruhe) 1990, S. 72f., S. 164; S. 222f.
68 H. Bott, Gründung und Anfänge der Neustadt Hanau 1596–1620 (Veröff. der Historischen Kommission für Hessen und Waldeck 30, 1) 1970.
69 Walter, Mannheim I, S. 115–141.
70 KB Heidelberg-Mannheim Bd. 1, S. 299.
71 J. F. Hautz, Die erste Gelehrtenschule reformierten Glaubensbekenntnisses in Deutschland oder Geschichte des Pädagogiums zu Heidelberg unter dem Kurfürsten Friedrich III. von der Pfalz ihn den Jahren 1565–1577, Heidelberg 1855.
72 G. Blößner, Geschichte des Humanistischen Gymnasiums Amberg, 1921; M. Weigel, Beiträge zu einer Geschichte des kurfürstlichen Pädagogiums Amberg. Zeitschrift für bayerische Kirchengeschichte 14, 1939, S. 206–223.
73 N. Conrads, Ritterakademien der frühen Neuzeit (Schriftenreihe der historischen Kommission bei der bayerischen Akademie der Wissenschaften 21) 1982, S. 136–143; Villinger (wie Kap. 12 Anm. 22); GLA 67/973f. 1ff.
74 Wolgast, S. 32f.
75 H. Brunn, Wirtschaftsgeschichte der Universität Heidelberg von 1558 bis zum Ende des 17. Jahrhunderts. Phil. Diss. (masch.) Heidelberg 1950, S. 76; S. Gensichen, Das Quartier Augustinergasse – Schulgasse/Merianstraße – Seminarstraße in Heidelberg (Veröffentlichungen zur Heidelberger Altstadt 15) 1983, S. 7f.
76 J. F. Hautz, Geschichte der Universität Heidelberg Bd. 2, 1864, S. 425f.; Brunn, S. 164; Moraw (wie Kap. 13 Anm. 12); Die Inschriften der Stadt Heidelberg (wie Kap. 10, Anm. 21), S. 248f.
77 Zusammenfassend und mit den entsprechenden Literaturverweisen Wolgast, S. 46–51.
78 O. Taubert, Melissus Leben und Schriften, 1864; H. Entner, Opitz und der Späthumanismus, in: Acta Litteraria Academiae Scientiarum Hungaricae 26, 1984, S. 47–59; Ders., Der Weg zum »Buch von der Deutschen Poeterey«, in: Studien zur deutschen Literatur im 17. Jahrhundert, 1984, S. 11–144, v. a., S. 135f. F. Schnorr v. Carolsfeld, Zincgrefs Leben und Schriften. Archiv f. Literaturgesch. 8, 1879, S. 1–58; 446–490.

Kap. 15: Der Dreißigjährige Krieg 1618–1648

Quellen

M. K. Londorp, Acta publica D. i. Der röm. kaiserlichen Majestät Matthiae ... u. Ferdinandi Secundi ... Reichshandlung von Ursachen des Teutschen Kriegs durch Casparum Londorpium I–II, Frankfurt 1629–30. Die 2. A. 3 Vol. Frankfurt 1668 stand nicht zur Verfügung; *J. G. Lünig,* Das Teutsche Reichs-Archiv, Bd. V, Leipzig 1713; Theatrum Europaeum oder Beschreibung aller denckwürdigen Geschichten, die sich hin und wieder in der Welt ... vom Jahre Christi 1617 zugetragen. Hg. von *J. Ph. Abelin* u. a., 21 Bde., Frankfurt a. M. 1635–1738, hier die Bde. 1–5; Tagebuch *Christians des Jüngeren, Fürst zu Anhalt* aus dem Jahre 1620. Hg. *G. Krause,* 1858; *L. M. Baker,* The Letters of *Elizabeth, Queen of Bohemia,* 1953; Sammlung noch ungedruckter Briefe des Churfürsten *Friedrichs V.* von der Pfalz, nachmaligen Königs von Böhmen 1612 bis 1632. Hg. *J. Chr. v. Aretin,* 1806; *K. Bruckmann,* Archivalia inedita zur Geschichte des Winterkönigs, 1909; Die Berichte über die Schlacht am Weißen Berg bei Prag, zusammengestellt von *A. Gindely,* 1877; Briefe und Akten zur Geschichte des Dreißigjährigen Krieges in der Zeit des vorwaltenden Einflusses der Wittelsbacher, Bd. 1–12, vor allem Bd. 12, bearb. von *H. Altmann,* 1978; Dito Neue Folge: Die Politik Maximilians von Bayern und seiner Verbündeten 1618–1651, Bd. I, 1–2, Bd. II, 1–5, Bd. 8 u. 9, 1907–1986, vor allem Bd. 1,2 bearb. v. *A. Duch,* 1970; *Camerarii* Epistolae, Aliquot Selectae ... Is enim inter Principes fuit, qui seditiones escitavit ..., o. O. 1625; Mémoires et negociations secrètes de Mr. *de Rusdorf,* conseiller d'état de S. M. Frédéric V., roi de Bohème, électeur Palatin, pour servir à l'histoire de la guerre de trente ans. Redigées par *E. G. Cuhn.* 2 Bde., 1789; Die Westfälischen Friedensverträge, bearb. von *K. Müller* (Quellen zur neueren Gesch. 12/13) 2. A. Bern 1966.

Literatur

M. Ritter, Deutsche Geschichte im Zeitalter der Gegenreformation und des Dreißigjährigen Krieges (1555–1648), Bd. 3, 1908; *Press,* Calvinismus, wie Kap. 10; *M. Ritter,* Die pfälzische Politik und die böhmische Königswahl 1619. HZ 79, 1897, S. 239–283; *G. Parker,* The Thirty-Years-War. London – New York 1984; *J. G. Weiß,* Die Vorgeschichte des böhmischen Abenteuers. ZGO 92, 1940, S. 383–492; *Ders.,* Beiträge zur Beurteilung des Kurfürsten Friedrich V. von der Pfalz. ZGO 85, 1933, S. 385–422; *A. Tecke,* Die kurpfälzische Politik und der Ausbruch des Dreißigjährigen Krieges, Phil. Diss. Hamburg 1931; *F. Trautz,* England und Kurpfalz im 17. Jahrhundert. Ruperto-Carola 33, 1963, S. 170–176; *E. Weiß,* Die Unterstützung Friedrichs V. von der Pfalz durch Jakob I. und Karl I. von England im Dreißigjährigen Krieg (1618–1632) VKBW B 37, 1966; *H. Weigel,* Franken, Kurpfalz und der Böhmische Aufstand 1618–1620, Tl. 1, 1932; *D. Albrecht,* Die auswärtige Politik Maximilians von Bayern 1618–1635, 1962; *J. Steiner,* Die pfälzische Kurwürde während des Dreißigjährigen Krieges, 1618–1648, 1985; *K. Scherer,* Karten zum 30jährigen Krieg. in: Pfalzatlas, Karten Nr. 107f., Textband III, 1984, S. 1398–1410; *A. Egler,* Die Spanier in der linksrheinischen Pfalz 1620–1632, Invasion, Verwaltung, Rekatholisierung, (Quellen und Abhandlungen zur Mittelrheinischen Kirchengeschichte 13) 1971; *J. Heilmann,* Kriegsgeschichte von Bayern, Franken, Pfalz und Schwaben von 1506–1651, 2 Bde., 1861; *A. Gindely,* Friedrich V. von der Pfalz, der ehemalige Winterkönig von Böhmen seit dem Regensburger Deputationstag vom Jahre 1622 bis zu seinem Tode, 1885; *F. H. Schubert,* Ludwig Camerarius 1573–1651, eine Biographie, 1955; *F. Dickmann,* Der Westfälische Frieden. 4. A. 1977, vor allem S. 377–379, 398–400.

Anmerkungen

1 Tagesdaten jeweils nach dem alten von den Pfälzern und nach dem neuen von der gesamten katholischen Partei benutzten Kalender.
2 H. Sturmberger, Aufstand in Böhmen, 1959.
3 L. Ütterrodt Graf zu Scharffenberg, Ernst von Mansfeld (1580–1626), 1867. R. Reuß, Graf Ernst von Mansfeld im Böhmischen Kriege 1618–1621. Ein Beitrag zur Geschichte des Dreißigjährigen Krieges, 1865.
4 E. Weiß, S. 6.
5 Ritter, Geschichte III, S. 41 f. Zur politischen Konstellation insgesamt vgl. B. Erdmannsdörffer, Herzog Karl Emanuel von Savoyen und die deutsche Kaiserwahl 1619, 1862.
6 Gründtliche Anzeige Was zwischen Chur-Pfaltz und Bayrn in jetziger betrübten Böhemischen unnd durch dieselb fast im gantzen Heil. Röm. Reich ... Unruhe ein Zeitlang geschrieben, gehandlet und tractiert worden ... München 1621.
7 C. Oman, Elizabeth of Bohemia, London 1938, S. 172; vgl. auch J. Ross, The Winter-Queen, London 1979.
8 E. Weiß, S. 17 auch zum Folgenden.
9 Friedrich von Gottes Gnaden König von Böhmen, Pfalzgraf bei Rhein und Kurfürst, des Heiligen Römischen Reiches Erztruchseß, Herzog in Bayern, Markgraf in Mähren, Herzog in Schlesien, Markgraf der Ober- und Niederlausitz etc. z. B. Londorp I, S. 774. Bisweilen ist der Titulatur auch noch die Würde eines Herzogs von Lützelburg beigefügt.
10 G. A. Benrath, Die Selbstbiographie des Heidelberger Theologen und Hofpredigers Abraham Scultetus 1566–1624, 1966; J. Hemmerle, Die calvinistische Reformation in Böhmen, 1964, S. 243–276.
11 R. Brendel, Die Schlacht am weißen Berge bei Prag, den 8. Nov. 1620, 1875; J. Krebs, Die Schlacht am weißen Berge bei Prag, 1879; Zd. Kalista, Ein Bericht vom Weißen Berg aus dem Lager Tillys. Vojenský hist. sborník 7, 1938, S. 55–100.
12 F. H. Schubert, Camerarius, S. 86.
13 Egler, S. 47.
14 J. Staber, Die Eroberung der Oberpfalz im Jahre 1621. Nach dem Tagebuch des Johann Christian von Preysing. VHOR 104, 1964, S. 165–221; F. Lippert, Geschichte der Gegenreformation in Staat, Kirche und Sitte der Oberpfalz zur Zeit des Dreißigjährigen Krieges, 1901.
15 Die militärischen Operationen der Spanier am ausführlichsten bei Egler, die Tillys, der Pfälzer und ihrer Verbündeten bei H. Wertheim, Der tolle Halberstädter, Herzog Christian von Braunschweig, 2 Bde., 1929. Außerdem: K. Frhr. v. Reitzenstein, Der Feldzug des Jahres 1622 am Oberrhein. ZGO 60, 1906, S. 271–295; 624–641; ZGO 65, 1911, S. 267–282; ZGO 66, 1912, S. 52–69; M. Gmelin, Beiträge zur Geschichte der Schlacht bei Wimpfen, 1880; O. Sexauer, Zur Frage der Überlieferung von den 400 Pforzheimern. ZGO 92, 1940, S. 561–563; R. Reuß, Beiträge zur Geschichte des Elsasses im dreißigjährigen Kriege. Straßburg und die evangelische Union bis zur Auflösung derselben, 1618–1621. Nach gleichzeitigen Quellen dargestellt, 1868.

16 H. Wirth, Gleichzeitige Berichte des 30jährigen Krieges in Heidelberg. Archiv für die Geschichte der Stadt Heidelberg I, 1868, S. 26–33, Ders., Erstürmung Heidelbergs durch Tilly 1622. Ebenda II, 1869, S. 190–194.
17 Egler, S. 66–69; J. Wille, Stadt und Festung Frankenthal während des dreißigjährigen Kriegs, 1876.
18 L. Hammermayer, Zur Geschichte der »Bibliotheca Palatina« in der Vatikanischen Bibliothek. Römische Quartalschrift 55, 1960, S. 1–42; Ders., Neue Beiträge zur Geschichte der »Bibliotheca Palatina« in Rom. Ebenda 57, 1962, S. 146–174; E. Mittler, Raub oder Rettung. In: Bibliotheca Palatina (wie Kap. 11), S. 458–476.
19 Fuerstlich-Anhaltinische geheime Cantzley. Das Ist: Begruendte Anzeig der verdeckten undeutschen nachtheiligen Consilien, Anschlaeg und Practicken, welche ... durch die den 8. November ... in der Anhaltischen Cantzley in originali gefunden und der welt kundtbar worden. o. O. 1621.
20 Cancellaria Hispanica Adiecta sunt Acta publica, Hoc est: Scripta et Epistolae authenticae e quibus partim infelicis belli in Germania, partim Proscriptionis in Electorem Palatinum scopus praecipuus apparet. Freistadii 1622. (Verfasser: L. Camerarius, Erscheinungsort wahrscheinlich Leiden).
21 Albrecht, S. 136 f.; vgl. R. Bireley, Maximilian von Bayern, Adam Contzen S. J. und die Gegenreformation in Deutschland, 1975.
22 M. K. Londorp, Acta Publica, Das ist der Römisch Keyser – auch zu Hungarn u. Böhmen Königlicher Majestet Weyland Matthiae ... und ... Ferdinandi II und des hl. Römischen Reichs ... Chur- und Fürsten ... Reichshandlungen und Schriften VII, Frankfurt 1622, S. 65–76.
23 N. Mout, Der Winterkönig im Exil, Friedrich V. von der Pfalz und die Generalstaaten 1621–1632. Zs. f. historische Forschung 15, 1988, S. 257–272.
24 E. Weiß, S. 123.
25 Stein, S. 114.
26 Lünig V, S. 695–704.
27 Egler, S. 159, auch zum folgenden.
28 F. Walter, Mannheim I, S. 162.
29 D. Häberle, Der Rückzug der Spanier durch das Nordpfälzische Bergland im Mai 1632 nach zeitgenössischer Darstellung. Mitt. Hist. Ver. Pfalz 37/38, 1918, S. 53–64.
30 KB Heidelberg-Mannheim II, S. 24 u. S. 435; 1008 f.
31 J. Kretzschmar, Der Heilbronner Bund, 3 Bde., 1922, hier I, S. 45.
32 E. Weiß, S. 111–115.
33 Lünig V, S. 290–295; Kretzschmar (wie Anm. 31), I, S. 262–268; Ungedruckte Verhandlungen zwischen der Crone Schweden und Pfalzgrafen Ludwig Philipp, Vormund und Administrator der Churpfalz wegen Wieder-Einräumung der unterpfälzischen Lande, von den Jahren 1633 und 1634. Aus Originalen und beglaubigten Handschriften. Patriot. Archiv für Deutschland 12, 1790, S. 203–258.
34 E. Christmann, Kaiserslauterns Bevölkerung. In: Kaiserslautern 1276–1951. FS zur 675. Jahrfeier der Stadterhebung, 1951, S. 67–106.
35 Die Akten der bayerischen Verwaltung in Heidelberg soweit erhalten im Aktenbestand Bayerische Unterpfalz im Landesarchiv Speyer.
36 Egler, S. 90–112.
37 Die Kondominate Landeck und Altenstadt waren jedoch vollständig dem Bistum Speyer überlassen; J. Propst, Geschichte der Stadt und Festung Germersheim, 1898, S. 50–73. Landesregierungsarchiv Innsbruck, Germersheimer Akten.
38 F. H. Schubert, Die pfälzische Exilregierung im Dreißigjährigen Krieg. ZGO 102, 1954, S. 575–680; F. Krüner, Johann von Rusdorf, kurpfälzischer Gesandter und Staatsmann während des 30jährigen Krieges, 1876.
39 Über Eltern, die ihre eigenen Kinder verzehrten, Propst wie Anm. 42, S. 63 aus den Akten; J. P. Kayser, Historischer Schauplatz der alten berühmten Stadt Heidelberg ... beygefügt ... was sich in der Stadt und im dreissigjährigen Kriege in der gantzen Pfaltz begeben, Frankfurt a. M. 1733.; Vgl. Zur Anthropophagie des Dreißigjährigen Krieges. Bll. f. pfälzische Kirchengeschichte 2, 1926, S. 80.
40 Außer Kollnig und Christmann auch KB Heidelberg-Mannheim I, S. 345 und Huldigungsakten des Amtes Mosbach in GLA 166/120–123; Vgl. G. Franz, Der Dreißigjährige Krieg und das deutsche Volk 4. A. (Quellen und Forschungen zur Agrargeschichte 7) 1939, S. 45–47.
41 M. Schaab, Die Wiederherstellung des Katholizismus in der Kurpfalz. ZGO 114, 1966, S. 170–173; Egler, S. 128–131.

42 F. X. Remling, Urkundliche Geschichte der ehemaligen Abteien und Klöster im jetzigen Rheinbayern, 2 Bde., 1838, I, S. 48; 177; 213f.; 235f.; II, S. 19; 41–45; Schaab, Die Zisterzienserabtei Schönau (wie Kap. 11, Anm. 6), S. 127.
43 Katholisches Kirchenbuchamt Heidelberg.
44 Schaab, wie Anm. 41, S. 153; vgl. Egler, S. 130–154.
45 K. Hauck, Karl Ludwig, Kurfürst von der Pfalz, 1903, S. 37; Boutant (vgl. Lit. zu Kap. 16) S. 34; GHAM Korrespondenzakten 1045 III, fol. 49–52.
46 Lünig, V, S. 104–122.
47 Hauck, wie Anm. 45, S. 73–77; Das damalige Verhalten Karl-Ludwigs belastete auch später noch die Beziehungen zu seinem Vetter Karl II., vgl. ebda S. 250.
48 Stein, S. 179–187.
49 Instrumenta Pacis IV, § 5–19; S. 15–18.

Kap. 16: Wiederherstellung und neue Gefährdung, die Spätzeit der Linie Pfalz-Simmern 1649–1685

Quellen

Kopialbücher Karl Ludwigs GLA 67/902 (Verträge); 935–936 u. 963 (ad vitam); *K. Hauck,* Die Briefe der Kinder des Winterkönigs, 1908; *H. F. Helmolt,* Kritisches Verzeichnis der Briefe der Herzogin Elisabeth Charlotte von Orléans, 1909; *Ders.*, Briefe der Herzogin Elisabeth Charlotte von Orléans, 1924; *W. L. Holland,* Briefe der Herzogin Elisabeth Charlotte von Orléans, 6 Bde., 1867–1881; *Ders.*, Schreiben des Kurfürsten Karl Ludwig von der Pfalz und der Seinen, 1884; *E. Bodemann,* Briefwechsel der Herzogin Sophie von Hannover mit ihrem Bruder, dem Kurfürsten Karl Ludwig von der Pfalz, und des Letzteren mit seiner Schwägerin, der Pfalzgräfin Anna, 1885; *Sophie de Hanovre,* Mémoires et Lettres de voyage. Édités par *D. van der Cruysse,* Paris 1990; Justitia causae Palatinae. Das ist Grundliche Behauptung der Pfaltzgraffschafft bey Rhein, Regals des Wildfangs vnd der Leibeygenschaft... Auss dem Lateinischen ins Teutsche übersetzet. o. O. 1666, 2. A. Mannheim 1738, Struve (wie Kap. 11); Lünig (wie Kap. 15) Bd. V u. VIII.

Literatur

Press, Zwischen Versailles und Wien, ZGO 130, 1982, S. 223–231; *K. Hauck,* Karl Ludwig Kurfürst von der Pfalz, 1903; *V. Sellin,* Kurfürst Karl Ludwig von der Pfalz, Versuch eines historischen Urteils (Schriften der Gesellsch. der Freunde Mannheims ... 15) 1980; *F. J. Lipowsky,* Fürst von, Karl Ludwig Churfürst von der Pfalz und Maria Susanna Louise Raugräfin von Degenfeld, nebst der Biographie des Churfürsten Karl von der Pfalz, des letzten Sprößlings aus der Linie Pfalz-Simmern, 1824; *E. Gothein,* Bilder aus der Kulturgeschichte der Pfalz nach dem Dreißigjährigen Kriege, 1895; *Walter,* Mannheim I, S. 167–317; *G. Biskup,* Die landesfürstlichen Versuche zum wirtschaftlichen Wiederaufbau der Kurpfalz nach dem 30jährigen Kriege (1648–74). Ein Beitrag zur Wirtschaftsgeschichte der Pfalz, 1932; *K. Brunner,* Der pfälzische Wildfangstreit unter Kurfürst Karl Ludwig 1664–1667, 1896; *W. Dotzauer,* Der pfälzische Wildfangstreit. Jb. zur Geschichte von Stadt und Landkreis Kaiserslautern 12/13, 1974/75, S. 235–247; *Ders.*, Der kurpfälzische Wildfangstreit und seine Auswirkungen im rheinhessischen Raum. Geschichtliche Landeskunde 25, 1984, S. 81–105; *V. Sellin,* Die Finanzpolitik Karl Ludwigs von der Pfalz, Staatswirtschaft im Wiederaufbau nach dem Dreißigjährigen Krieg, 1978; *G. A. Benrath,* Die konfessionellen Unionsbestrebungen des Kurfürsten Karl Ludwig von der Pfalz († 1680), ZGO 116, 1968, S. 187–252, *G. Turba,* Johann Friedrich Reichsgraf von Seilern aus Ladenburg am Neckar als kurpfälzischer und österreichischer Staatsmann, 1923; *M. Schaab,* Die Pfalz und Frankreich zwischen Westfälischem Frieden und Wittelsbacher Hausunion. In: Pathos, Klatsch und Ehrlichkeit. Liselotte von der Pfalz am Hofe des Sonnenkönigs. Hg. von K. J. Mattheier und P. Valentin (Romanica et Comparatistica 14), 1990, S. 21–49; *D. Van der Cruysse,* Madame Palatine, Princesse Européenne, Paris 1988; Deutsch unter dem Titel »Madame seyn ist ein ellendes Handwerck«, 1990; *K. P. Decker,* Frankreich und die Reichsstände 1672–1675; 1981; *K. Tschamber,* Der deutsch-französische Krieg von 1674–75. Nach urkundlichen Quellen bearbeitet, 1906; *J. Wysocki,* Frankreich und die Kurpfalz von 1680–1688. Geschichtliche Landeskunde 2, 1965; *Ch. Boutant,* L'Europe au grand tournant des années 1680, la succession palatine, Paris 1986.

Anmerkungen

1 B. Anhorn, Eine im Jahr 1649 zur Feier der Rückkehr des Kurfürsten Karl Ludwig in die Pfalz... gehaltene Predigt. Mitgeteilt von K. Nüssle. Studien der evangelisch-protestantischen Geistlichen im Großhgtm. Baden 8, 1882, S. 93–110.
2 G. Christ, Der Bergsträsser Rezeß von 1650, MGBll. 16, Sp. 102–114, 127–133. Vgl. Schaab, Bergstraße und Odenwald, 500 Jahre Zankapfel zwischen Kurmainz und Kurpfalz. In: Oberrheinische Studien III, 1975, S. 263.
3 K. Dahl, Historisch-statistische Beschreibung des Fürstentums Lorsch, 1812, Urkundenanhang S. 41–46.
4 HStAM Kurpf. Urkunden 490; J. Vochezer, Geschichte des fürstlichen Hauses Waldburg in Schwaben. Bd. 3, 1907, S. 202; Historischer Atlas von Bayern, Teil Altbayern Heft 47, Neustadt an der Waldnaab/Weiden, S. 79f.; G. Neckermann, Geschichte des Simultaneums Religionis Exercitium im vorm. Herzogtum Sulzbach, 1897; H. Hoffmann, Tobias Clausnitzer und die Einführung des Simultaneums im Gemeinschaftsamt Parkstein-Weiden. Beiträge zur bayer. Kirchengesch. 29, 1960, S. 186–218.
5 A. Egler, wie Kap. 15, S. 181f.; Lünig V, S. 316.
6 W. Ludt, Von den Herzögen der jüngeren Simmernschen Linie. Jb. zur Geschichte von Stadt und Landkreis Kaiserslautern 1961/62, S. 88–104.
7 GHAM Korrespondenzakten 1024.
8 Sellin, Finanzpolitik, S. 52f.
9 M. Ashley, Rupert of the Rhine, 1976; H. R. Trevor-Roper, Ruprecht der »Cavalier«. Zs. für bayerische Landesgeschichte 44, 1981, S. 241–246.
10 R. Pillorget, Die Kinder Friedrichs V. von der Pfalz in Frankreich: Philipp, Eduard und Luise Hollandine, Äbtissin von Maubisson. Zs. für bayerische Landesgeschichte 44, 1981, S. 256–268.
11 A. Wendland, Sechs Briefe der Pfalzgräfin Elisabeth, Äbtissin von Herford, an ihren Bruder den Kurfürsten Carl Ludwig von der Pfalz, ZGO 73, 1919, S. 1–26; H. Otto, Pfalzgräfin Elisabeth, Fürstäbtissin von Herford, Zum Stand der Forschung. 55. Jber. d. Hist. Ver. f. d. Grafschaft Ravensberg, 1949, S. 50–71.
12 Louise, Raugräfin zu Pfalz, geborene Freiherrin von Degenfeld. (Verf. J. F. A. Kazner) 3 Teile, Leipzig 1798; L. Lange, Raugräfin Louise geb. Freiin von Degenfeld, 1908.
13 Holland, Schreiben Karl Ludwigs Nr. 21–23, S. 14f., anschließend auch zum Folgenden.
14 Louise, Raugräfin, wie Anm. 12, Teil II; Sophie von Hannover. Briefe der Kurfürstin von Hannover an die Raugräfinnen und Raugrafen zu Pfalz. Hg. von E. Bodemann (Publicationen aus den K. Preussischen Staatsarchiven Bd. 37), 1888.
15 R. Sillib, Stift Neuburg bei Heidelberg, 1903, S. 46; 67–86; vgl. GLA 229/118250.
16 HStAM Kasten blau 91/3; GLA 67/936, f. 158–161v.
17 Boutant, S. 50–55.
18 Kurtzer und Summarischer Bericht, dass das Vicariat in Landen dess Rheins, Schwaben vnd Fränckischen Rechtens, dess Herrn Pfalzgraffen vnd Vicarii Carl Ludwigen Churfürstl. Durchl. von Rechts wegen zustehen vnd gebühren thut, Heidelberg 1657; Lünig V, S. 326; K. Lory, Die Anfänge des bayerisch-pfälzischen Vikatiatsstreits (1657–1659) (Forschungen zur Geschichte Bayerns 7) 1899, S. 165–244; W. Hermkes, Das Reichsvikariat in Deutschland, 1968, S. 54–66.
19 Bökelmann ist der Verfasser der Justitia causae Palatinae (vgl. Quellenverzeichnis); A. Pagenstecher, Memoria Bockelmanniana, hinter Synopsis iuris publici Imperii Romano-Germanici, hg. v. A. A. Pagenstecher, 1698.
20 Laudum a dominis delegatis regiis in causa... electoris Moguntini... contra... electorem Palatinum Wildfangiatum... Heilbronnae 7./17. Februarij 1667... Auss dem Lateinischen ins Teutsche getreulich übersetzt. o.O. 1667.
21 Dazu zuletzt Langbrandtner wie Kap. 14, Anm. 1, S. 116–120.
22 Boutant, S. 50–55.
23 Sequestration der Gemeinschaft Ladenburg. Anno 1665. KB Heidelberg-Mannheim III, S. 619f.; GLA 77/7893.
24 H. Hahn, Geschichte des Böckelheimer Kirchspiels, der Burg Böckelheim und des Ursprungs der Sponheimer Grafen. 1900, S. 78f.
25 Lünig V, S. 722.
26 Sellin, Finanzpolitik, S. 194.
27 Ebenda S. 195.
28 Hauck, S. 95; Sellin, Finanzpolitik, S. 45f.
29 1664 eingeführt, GLA 77/6186; Biskup, S. 55.
30 Sellin, Finanzpolitik S. 137–139.

31 Sellin, Finanzpolitik S. 32-37, auch zum Folgenden.
32 M. Bensinger, Die Pest in Mannheim im Jahre 1666. MGBll 5, 1904, Sp. 5-10; 28-35; Walter, Mannheim I, S. 263f. Schutzmaßnahmen bei Hauck, S. 220f.
33 Walter, Mannheim I, S. 175.
34 Nach Sellin, Finanzpolitik, S. 99. Es handelt sich um eine sehr schwierige Schätzung, setzt man sie in Bezug zur Einwohnerzahl von 1577, so hätte die Pfalz ungefähr wieder die Hälfte des Vorkriegsstandes erreicht. Das ergibt eine Analogie zur Entwicklung im freilich ungleich größeren Württemberg, dessen Einwohner auf vor dem Krieg 450000 und 1679 264000 berechnet werden (vgl. G. Franz, wie Kap. 15, Anm. 40, S. 42).
35 Walter, Mannheim I, S. 292-297, auch zu den Sekten.
36 KB Heidelberg-Mannheim I, S. 321.
37 Schaab, Die Wiederherstellung des Katholizismus in der Kurpfalz. ZGO 114, 1966, S. 155f. Zu Wallstadt: KB Heidelberg-Mannheim III, S. 200.
38 GLA 63/12.
39 H. Schuchmann, Schweizer Einwanderer in Orten des Kraichgaus 1650-1750. Badische Familienkunde 9, 1966, S. 63-79; demnächst auch KB Neckar-Odenwald im historischen Kapitel Bevölkerung.
40 KB Heidelberg-Mannheim I, S. 307 auch zum Folgenden.
41 Walter, Mannheim I, S. 227-248.
42 GLA 67/1568, f. 19-23; 67/385. Eine Beschreibung aller Ämter und ihrer Gerechtsame von 1683, nur das verpfändete Germersheim fehlt. Es ist anzunehmen, daß die Ordnung noch auf Karl Ludwig zurückgeht. Vgl. K. Stuck, Personal der Oberämter Neustadt, Germersheim, Kaiserslautern, Alzey, Oppenheim vor 1685 (Schriften zur Bevölkerungsgeschichte der pfälz. Lande. F. 13) 1988.
43 Wichtigste Quelle der Kirchenratsdokumentenbücher GLA 67/973-980; demnächst ist eine Arbeit von Albrecht Ernst über den Wiederaufbau der reformierten Kirche in der Pfalz zwischen 1649 und 1685 zu erwarten.
44 Struve, S. 594-598; 658f.; H. E. Heyland, Grund-Stein der Lutherischen Kirche zu Heidelberg... Heidelberg (1659); C. B. List, Geschichte der Evangelisch-Lutherischen Gemeinde zu Mannheim, Mannheim 1767.
45 Vgl. Benrath; Hauck, S. 187f.; 202-204; Karl Ludwigs religiöse Haltung spiegelt sich wohl auch in den Überzeugungen seiner Tochter Liselotte, vgl. B. Lüder, Religion und Konfession in den Briefen Liselottes von der Pfalz (Schriften der Gesellschaft der Freunde Mannheims und der ehemaligen Kurpfalz, Heft 19) 1987.
46 GLA 67/936, f. 359-361v.
47 Bodemann, Briefwechsel mit Anna, Briefe von 1670, Juli 12; 14; Oktober 21; Dezember 20; 1671, August 7.
48 GLA 77/3705.
49 GHAM HU 3227-3253 1/2.
50 Boutant, S. 61-64; Versuch einer Geschichte des Lebens und der Regierung Karl Ludwigs, Kurfürst von der Pfalz. Genf 1786. Anhang S. 104 (Autor ist D. L. Wundt, Druckort Heidelberg).
51 Tschamber, S. 61-72.
52 K. Speyer, Die Herausforderung des französischen Marschalls Turenne durch den Kurfürsten Karl Ludwig von der Pfalz zum Zweikampf 1674. ZGO 79, 1927, S. 636-642; dazu K. v. Raumer, ZGO 80, 1928, S. 323.
53 HStAM Kasten blau 91/1.
54 H. Kaufmann, Die Reunionskammer zu Metz. Jb. der Gesellschaft für lothringische Gesch. und Altertumskde. 11, 1899, S. 1-314.
55 Kaufmann, S. 101; 111; 152-159; 233-236; GLA 77/8629.
56 GLA 77/256 comme nous sommes persuadés, que nous ne scavions procurer un plus grand bien à Nos Etats..., qu'en contribuant ce que depend de Nous à l'affermissement de la paix... rien... – est plus durable que le retablissement d'une parfaite intelligence avec la couronne de France.
57 F. v. Weech, Zur Geschichte der Erziehung des Kurfürsten Karl von der Pfalz und seiner Schwester Elisabeth Charlotte. ZGO 47, 1893, S. 101-119.
58 Kleine übersichtliche Darstellung der Wanderungen und Niederlassungen französischer, savoyischer und niederländischer Religionsflüchtlinge, besonders in Baden, 1894; E. Bellon, Zerstreut in alle Winde, 1685-1720. Wanderwege und Wanderschicksale hugenottischer Familien aus der Dauphiné in Piemont und der Schweiz, in Hessen und der Pfalz (Langenzell), in Franken (Wilhelmsdorf) und in Brandenburg, in Baden und Württemberg, 1977; Th. Kiefer, Die Waldenser, Kurzer Überblick über ihre Geschichte, (Deutsche Waldenservereinigung e.V. Ötisheim-Schönenberg) 1980.

59 F. Walter, Friedrichsfeld. Geschichte einer pfälzischen Hugenottenkolonie, 1903. Vgl. KB Heidelberg-Mannheim III, S. 129–134.
60 Eine moderne Untersuchung fehlt. Vgl. die in der Bibliographie für badische Geschichte, Nr. 6085–6087 sowie 35255 wiedergegebenen Titel.
61 HStAD Jülich-Berg II, 2211–2212; GLA 77/4117.
62 Struve, S. 687–696.

Kap. 17: Das Haus Pfalz-Neuburg, Pfalzzerstörung und Rekatholisierung 1685–1697 bzw. 1705/08

Quellen

Kopialbuch ad vitam Johann Wilhelms und Karl Philipps. GLA 67/987; Dekretenbücher GLA 67/999 (1686–1694); 1063 (1694–1698), Kirchenratsdokumentenbücher GLA 67/974–980; J. Ch. *Lünig* (wie Kap. 15). *Th. v. Moerner*, Kurbrandenburgs Staatsverträge v. 1601 bis 1700, 1867 (Neudruck 1965); *M. Immich*, Zur Vorgeschichte des Orléansschen Krieges, Nuntiaturberichte aus Wien und Rom, 1898. *Ch. de Chlingensperg*, Processus historico-juridicus in causa successionis ... Elisabethae-Charlottae ... contra ... Johannem Wilhelmum ... iuxta transacta pacis Ryswicensis formatis, conclusus, Ingolstadt 1711; *Struve* (wie Kap. 11).

Literatur

V. Press (wie Kap. 16), S. 231–245; Pfalz-Neuburg und seine Fürsten, Hg. v. *J. Heider*, Neuburger Kollektaneenblatt 109, 1955, S. 52; *G. v. Roden*, Die Länder Jülich und Berg unter Pfalz-Neuburgischer Herrschaft. In: Neuburg und seine Fürsten, S. 43–82; *G. Nebinger*, Das Fürstentum und sein Territorium. In: 475 Jahre Fürstentum Pfalz-Neuburg (Ausstellungskatalog Neuburg) 1980, S. 9–42; *R. H. Seitz*, Reformation und Gegenreformation im Fürstentum Pfalz-Neuburg. Ebenda S. 43–66; *H. Schmidt*, Die Kurpfalz unter den Häusern Neuburg und Sulzbach 1685–1799. Mannheimer Hefte Jg. 1962, S. 19–28; *Ders.*, Philipp Wilhelm von Pfalz-Neuburg (1615–1690) als Gestalt der deutschen und europäischen Politik des 17. Jahrhunderts, Bd. 1, 1973; *M. Braubach*, Johann Wilhelm Kurfürst von der Pfalz, Herzog von Jülich und Berg (1658–1716). In: Rheinische Lebensbilder 1, 1961, S. 83–101; *H. Kühn-Steinhausen*, Johann Wilhelm, Kurfürst von der Pfalz, Herzog von Jülich-Berg (1658–1716), 1958; *F. Lau*, Die Regierungskollegien zu Düsseldorf und der Hofstaat zur Zeit Johann Wilhelms (1679–1716). Düsseldorfer Jb. 39, 1937, S. 228–242 u. 40, 1938, S. 257–288; *G. Turba* (siehe Kap. 16); *J. Wysocki*, Frankreich und die Kurpfalz von 1680–1688. Geschichtliche Landeskunde 2, 1965, S. 46–108; *F. Textor* Entfestigungen und Zerstörungen im Rheingebiet während des 17. Jahrhunderts als Mittel der französischen Rheinpolitik (Rheinisches Archiv 13) 1937; *K. v. Raumer*, Die Zerstörung der Pfalz von 1689 im Zusammenhang der französischen Rheinpolitik, 1930; *W. Hartwich*, Die militärische Besetzung der Pfalz durch Frankreich unter König Ludwig XIV. (1688–1697). Pfalzatlas, Karte 109, Textband III, 1984, S. 1414–1429. *L. Petry*, Das Haus Neuburg und die Ausläufer der Gegenreformation in Schlesien und der Pfalz. In: Aus der Enge in die Weite. FS Georg Biundo, 1952, S. 87–106; 276; *E. E. Leidner*, Entwicklung der katholischen Religionsverhältnisse in der Kurpfalz von den Reunionen bis zur Kirchenteilung (1680–1707), Phil. Diss. München 1931; *J. Krisinger*, Religionspolitik des Kurfürsten Johann Wilhelm von der Pfalz. Düsseldorfer Jb. 47, 1955, S. 42–125; *M. Schaab*, Die Wiederherstellung des Katholizismus in der Kurpfalz im 17. und 18. Jahrhundert. ZGO 114, 1966, S. 147–205; *A. Hans*, Die kurpfälzische Religionsdeklaration von 1705. Ihre Entstehung und Bedeutung für das Zusammenleben der drei im Reich tolerierten Konfessionen, 1973; *P. Warmbrunn*, Simultaneen in der Pfalz. Jb. f. westdeutsche Landesgeschichte 14, 1988, S. 97–122.

Anmerkungen

1 Kurtze Deduction des Pfaltz-Veldentzischen Succession-Rechtens, zu der jüngst-erledigten Pfältzischen Kuhr, und dazu gehörigen Landen, Straßburg 1685.
2 HStAD Jülich-Berg II, 212, f. 83–98.
3 Press, Zwischen Versailles und Wien, S. 233f.
4 Moerner, Nr. 70, S. 136–141.
5 Moerner, Nr. 163, S. 288–294.
6 Moerner, Nr. 204, S. 349–359.
7 HStAM Kasten blau 49/1; Kühn-Steinhausen, S. 199.
8 R. H. Seitz und A. Lidel, Die Hofkirche Unserer Lieben Frau zu Neuburg an der Donau. Ein Kirchenbau zwischen Reformation und Gegenreformation, 1983.

9 HStAD Jülich-Berg II, 4010; H. Dahm, Verluste der jülich-bergischen Landmiliz im Dreißigjährigen Krieg. Düsseldorfer Jb. 45, 1951, S. 280–282.
10 HStAM Kasten blau 51/19.
11 HStAD Jülich-Berg II, 2211–12. In den Erbverhandlungen von 1683 ff. hat Philipp Wilhelm gegenüber dem Kaiser die »Perpetuierung der unkatholischen Bedienten« als »hart« bezeichnet, GLA 77/4117.
12 Struve, S. 701 f.
13 GLA 67/975, f. 789 ½. Der Kirchenrat konnte sich damit abfinden, weil das »extra respectu pontificis« geschah, und die Niederlande bereits vorangegangen waren, eingeführt auf 22. Februar 1686, GLA 77/4302.
14 HStAM Kasten blau 48/12; 44/9b; H[arless], W[oldemar], Die Vermälung der Pfalzgräfin Maria Sophia Elisabeth mit dem König Dom Pedro II. von Portugal im Juli 1687. Zs. d. bergischen Geschichtsvereins 15, 1879, S. 241–251.
15 Sellin (wie Kap. 13), S. 52 f.
16 Boutant (wie Kap. 16), S. 291.
17 Boutant, S. 326.
18 Boutant, S. 827; Wysocki, S. 92 f.; Memoire des raisons qui ont obligé le Roy à reprendre les Armes et qui doivent persuader toute la Chrestienté des sincères intentions de sa Maiesté pour l'affermissement de la tranquillité publique, Paris 1688.
19 GLA 77/3700.
20 H. Musall u. A. Scheuerbrandt, Siedlungszerstörungen und Festungswerke im späten 17. und frühen 18. Jahrhundert (1674–1714). HABW VI, 12, 1980, S. 1–21.
21 Zahlreiche zeitgenössische Titel in BbG I, Nr. 3474–3530.
22 GLA 77/3701; R. Salzer, Zur Geschichte Heidelbergs in den Jahren 1688 und 1689, 1878; Ders., Zur Geschichte Heidelbergs in den Jahren 1689 bis 1693, 1879; R. Vetter, Heidelberga deleta (Schriftenreihe des Stadtarchivs Heidelberg 1) 1989.
23 GHAM Korrespondenzakten 1077 u. 1080.
24 HStAM Kasten blau 44/4d; 44/7. Schreiben Johann Wilhelms an seine Schwester die Kaiserin, worin er sein Mißtrauen gegen die Seemächte ausdrückt und von seiner Ablehnung berichtet, für Ludwig XIV. zu vermitteln. Ebenda 12/12; 17/12 I.
25 Lünig I, S. 1069–1095; Struve, S. 671–674; Turba, S. 72 f.; Hans, S. 83–109.
26 Chlingensperg, S. 51–53; 225–236; HStAM Kasten blau 91/6–8 II; GLA 77/246.
27 Vorakten von 1686 f. HStAM Kasten blau 51/9; GLA 77/3307; 67/987, f. 111.
28 GLA 77/4505; KB Heidelberg-Mannheim II, S. 634 f. u. 914 f.
29 Struve, S. 728–733; H. v. Hymmen, Der erste preussische König und die Gegenreformation in der Pfalz, Phil. Diss. Göttingen 1904; E. Frh. v. Danckelmann, Kirchenpolitik Friedrichs III. von Brandenburg und Johann Wilhelms von Kurpfalz bis zum Ryswicker Frieden. Düsseldorfer Jb. 28, 1916, S. 105–156; Ders., Die kurbrandenburgische Kirchenpolitik und Kurpfalz im Jahre 1696. ZGO 70, 1916, S. 573–601.
30 Noch 1697 weigerte sich der reformierte Pfarrer von Neckargerach, einem kurfürstlichen Befehl nachzukommen und erklärte: »Er esse des Kurfürsten Brot nit, sondern der [geistlichen] Administration«, GLA 77/8456, S. 699.
31 K. Hägele, Die Chamoische Liste, ihre Bedeutung für die Pfalz und ihre Auswirkung in der kurpfälzischen Religionsdeklaration 1705, Phil. Diss. München 1932; vgl. GLA 77/3213.
32 HStAM Kasten blau 12/19.
33 Struve, S. 768.
34 Struve, S. 1028–1030.
35 Struve, S. 835 f., 843 f., 861 f.
36 Text bei Hans, S. 365–374; Teilungsprotokoll GLA 77/4326–4327.
37 HStAM Kasten blau 47/6.
38 Vgl. das von Heidelberg 1693. Kath. Kirchenbuchamt Heidelberg.
39 Statistische und soziale Einordnung bei Schaab, Wiederherstellung, S. 155–170; kartographische Darstellung in KB Heidelberg-Mannheim I, nach S. 352.
40 Schaab, Wiederherstellung, S. 200.
41 Abschriften der betr. vatikanischen Akten. GLA 65/1116, S. 13 ff.

Kap. 18: Absolutismus und Hochbarock, die Pfalz zwischen Kaiser und Frankreich 1698-1742

Quellen

Kopialbuch Johann Wilhelms und Karl Philipps. GLA 67/987; Reskriptenbücher der kurfürstlichen Regierung. GLA 67/1077 (1702-1708); 1000 (1707-1709); 1064-1069 (1711-1715); 1070-1076 (1717-1729); *Lünig* wie Kap. 17; *L. Bittner,* Chronologisches Verzeichnis der österreichischen Staatsverträge, 1903-1917, *Struve* wie Kap. 11; Die seuffzende Pfaltz oder Historische und doch wahrhafftige Erzehlung ... von denen ietzo in dem Churfürstenthum Pfaltz obschwebenden Religions-Strittigkeiten ..., Frankfurt a. M. u. Cassel 1720.

Literatur

Press, (wie Kap. 16), S. 245-250; *A. Hilsenbeck,* Johann Wilhelm, Kurfürst von der Pfalz vom Ryswicker Frieden bis zum spanischen Erbfolgekrieg 1698-1701, Phil. Diss. München 1905; *H. Kühn-Steinhausen,* Johann Wilhelm, wie Kap. 17, 1958; *Dieselbe,* Anna Maria Luisa de'Medici Elettrice Palatina, Florenz 1967; Anna Maria Luisa Medici Kurfürstin von der Pfalz. Ausstellungskatalog Düsseldorf 1988; *K. Müller,* Kurfürst Johann Wilhelm und die europäische Politik seiner Zeit. Düsseldorfer Jb. 60, 1986, S. 1-23; *H. Schmidt,* Kurfürst Karl Philipp von der Pfalz als Reichsfürst, 1963; *G. W. Sante,* Die kurpfälzische Politik des Kurfürsten Johann Wilhelm, vornehmlich im spanischen Erbfolgekrieg (1690-1716). Hist. Jb. 44, 1924, S. 19-64; *Ders.,* Die kurpfälzische Politik Johann Wilhelms und die Friedensschlüsse von Utrecht, Rastatt und Baden 1711-1716. Zs. des bergischen Geschichtsvereins 54, 1923/24, S. 1-51; *K. Th. Heigel,* Die Wittelsbachische Hausunion vom 15. Mai 1724. Sitzungsber. d. philos.-philolog. u. hist. Classe d. k. bayer. AdW München 1891/92, S. 255-310; *K. F. Krieger,* Bayerisch-pfälzische Unionsbestrebungen vom Hausvertrag von Pavia (1329) bis zur wittelsbachischen Hausunion vom Jahre 1724. Zs. f. Hist. Forschung 4, 1977, S. 385-413; *M. Henker,* Die jülich-bergische Frage in der wittelsbachischen Hausunion von 1724. Zs. für bayer. Landesgesch. 37, 1974, S. 871-877; *A. Rosenlehner,* Kurfürst Karl Philipp von der Pfalz und die jülichsche Frage 1725-1729, 1906; *P. C. Hartmann,* Geld als Instrument europäischer Machtpolitik im Zeitalter des Merkantilismus. Studien zu den finanziellen und politischen Beziehungen der Wittelsbacher Territorien Kurbayern, Kurpfalz, Kurköln mit Frankreich und dem Kaiser von 1715 bis 1740, 1978; *H. Rabe,* Pfälzische Reichs- und Außenpolitik am Vorabend des Österreichischen Erbfolgekriegs 1740 bis 1742, 1961; *F. Walter,* Mannheim I, S. 344-521.

Anmerkungen

1 GLA 77/8662, S. 68, vgl. Struve, S. 983.
2 Walter, Mannheim I, S. 354-363; L. Götz, Die Französische und die Pfälzer Colonie in Magdeburg zu Anfang des 18. Jahrhunderts. Geschichts-Blätter f. Stadt und Land Magdeburg 8, 1873, S. 83-100; 134-166; 219-244; 9, 1874, S. 74-82; F. Werwach, Kurpfälzische Kolonisten in der Mark Brandenburg, Familiengeschichtliche Blätter 21, 1923, S. 47-50; Pfälzische Kolonisten in Berlin. Mitteilungsblatt der Arbeitsgemeinschaft Kurpfälzischer Sippenforscher 1, 1927, S. 7; H. Jacob, Listes de Réfugiés vers 1700 dans le Margraviat de Bade-Durlach. Bulletin de la Société de l'histoire du Protestantisme français 83, 1934, S. 74-91.
3 HStAM Kasten blau 12/19.
4 GLA 67/975, S. 888f.
5 K. Lohmeyer, Geplante Umbauten und Verlegungen des Heidelberger Schlosses in der Barockzeit. Mitt. zur Gesch. des Heidelberger Schlosses 6, 1912, S. 1-20; J. Gamer, Matteo Alberti, Oberbaudirektor des Kurfürsten Johann Wilhelm von der Pfalz, Herzog zu Jülich und Berg etc. (Die Kunstdenkmäler des Rheinlandes, Beiheft 18), 1978, S. 115-184.
6 P. A. Riedl, Die Heidelberger Jesuitenkirche und die Hallenkirchen des 17. und 18. Jahrhunderts in Süddeutschland (Heidelberger kunstgeschichtliche Abh. NF 3) 1956; G. Stalecki, Neue Ableitungsmöglichkeiten der Grundriß- und Raumdisposition der ehemaligen Jesuitenkirche in Heidelberg. ZGO 134, 1986, S. 195-205.
7 F. Walter, Mannheim I, S. 210; 344-354; 363-375; 382-394; GLA 213/949, Umgestaltungsplan abgebildet in: KB Heidelberg-Mannheim III, S. 12.
8 Die Kunstdenkmäler des Amtsbezirks Schwetzingen, Stadt Schwetzingen bearb. v. H. Martin (Bad. Kunstdenkmäler X, 2), 1933; H. Gropp, Das Schwetzinger Schloß zu Anfang des 18. Jahrhunderts, 1930.
9 Gamer wie Anm. 5, S. 48-114; 198-207; L. Peter, Unbekannte Nachrichten zur Architektur-, Kunst- und Kulturgeschichte der Länder Kurfürst Johann Wilhelms von Pfalz-Neuburg RhVjBll 42, 1978, S. 209-239; T. Leberecht-Lahusen, Das Reiterdenkmal des Kurfürsten

Johann Wilhelm von Gabriel Grupello. Jb. des Wallraf-Richartz-Museum XXXIII, 1971, S. 125–160.
10 Korrespondenz haupts. HStAM Kasten blau, v. a. 20; 44–52; die mit der Kaiserin in 44.
11 HStAM Kasten blau 45/6; K. Th. Heigel, Über den Plan des Kurfürsten Johann Wilhelm von der Pfalz, die armenische Königskrone zu gewinnen (1698–1705). Sitzungsber. d. philos.-philol. hist. Classe der bayer. AdW Bd. 2, 1893, S. 273–319.
12 HStAM Kasten blau 17/17 u. 47/14; G. Schnath, Geschichte Hannovers im Zeitalter der achten Kur und der englischen Sukzession, 4 Bde, 1938–1984, III, 1978, S. 168.
13 HStAM Kasten blau 44/9a. Schnath IV, 1982, S. 199.
14 HStAM Kasten blau 59/15; 44/8; H. Fahrmbacher, »Kurfürst Johann Wilhelms Kriegsstaat im Spanischen Erbfolgekrieg 1700–1714«. Zs. des bergischen Geschichtsvereins 47, 1914, S. 11–84; 48, 1915, S. 105–195.
15 F. v. Apell, Der Versuch zum Entsatz Landaus und die Schlacht am Speyerbach bei Speyer, Dudenhofen und Heiligenstein am 15. November 1703, 1906.
16 Johann Wilhelm warf 1707 dem Wiener Hof vor, daß er nur beflissen sei: »dieses mein Gerechtsames auf die lange Bank zu verschieben« und wandte sich an Kaiserinwitwe Eleonore. HStAM Kasten blau 44/9a; tatsächliche Restitution: ebda 46/19; F. Feldmeier, Die Ächtung des Kurfürsten Max Emanuel von Bayern und die Übertragung der Oberpfalz mit der fünften Kur an Kurpfalz (1702–1708). Oberbayer. Archiv 58, 1914, S. 145–269. Schnath (wie Anm. 12), S. 404; 424.
17 J. C. Lünig, Die Teutsche Reichskanzlei, 8 Bde., Leipzig 1714, hier Bd. VII, S. 231–234; 242–244; 259f.; 287–292; 342–347.
18 Während man immer angenommen hatte, er sei in Düsseldorf bestattet worden, wurde sein Grab in der Ladenburger Bischofshofkirche St. Sebastian entdeckt. B. Heukemes, Die Entdeckung der unbekannten Gruft des Wormser Bischofs Ludwig Anton von Pfalz Neuburg (1691–1694) im Chor der St. Sebastianskirche. Der Lobdengau 23, Nr. 2, 1970. Alles spricht für ein heimliches Begräbnis, das man vielleicht schon mit der Furcht vor weiteren französischen Grabschändungen erklären kann.
19 HStAM Kurpfälzer Urkunden (Kasten rot) 1/436.
20 Ebda; GLA 67/987, S. 128.
21 GLA 42/143.
22 HStAM Kasten blau 47/1; Kurpfälzer Urkunden (Kasten rot) 1/222.
23 ZGO 24, S. 88; GLA 43 Sp/13a; 16.
24 W. Dotzauer, Die Vordere Grafschaft Sponheim als pfälzisch-badisches Kondominium 1437–1707/08, 1969, S. 68–78.
25 GHAM, Korrespondenzakten 1121 I.
26 Th. Schiemann, Luise Charlotte von Radziwil, Markgräfin von Brandenburg (Forschungen zur Brandenburg u. Preuß. Gesch. 3), 1890, S. 125–168.
27 K. Th. von Heigel, Das Projekt einer Wittelsbachischen Hausunion unter schwedischem Protektorat 1667–1697 (Quellen und Abhandlungen zur neueren Geschichte Bayerns), 1884; B. Kuczynski, Theodor Heinrich Altet von Stratmann. Ein deutscher Diplomat des 17. Jahrhunderts, 1934, S. 29f.
28 HStAM Kasten blau 13/14–20.
29 HStAM Kasten blau 44/8.
30 F. Walter, Karl Philipp als Statthalter von Tirol. MGBll 29, 1928, Sp. 28–46.
31 F. Walter, Karl Philipps Regierungsantritt und seine ersten Besuche in Mannheim. MGBll 2, 1901, Sp. 235–241.
32 Schmidt, S. 78f.
33 Lohmeyer wie Anm. 5.
34 Struve, S. 1369.
35 K. Borgmann, Der deutsche Religionsstreit 1719/20 (Abh. zur mittleren und neueren Gesch. 80) 1933; Struve, S. 1374–1453.
36 Struve, S. 1446f.; GLA 67/1640.
37 F. Walter, Das Mannheimer Schloß, 1922; M. Schaab, Das Mannheimer Schloß – Von der Residenz zur Universität. In: Die Universität Mannheim in Vergangenheit und Gegenwart. Hg. v. E. Gaugler u. a., 1976, S. 29–36.
38 Die Kunstdenkmäler der Stadt Mannheim I, bearb. v. H. Huth (Die Kunstdenkmäler in Baden-Württemberg) 1982, S. 157–455.
39 J. v. Kruedener, Wirtschaftsgeschichtliche Untersuchungen zum Mannheimer Schloßbau. Protokoll der Arbeitsgemeinschaft für geschichtliche Landeskunde am Oberrhein 93, 1968.
40 M. Huffschmid, Maria Violanta Theresia Gräfin von Thurn und Taxis, die dritte Gemahlin des Kurfürsten Karl Philipp von der Pfalz. MGBll 25, 1924, Sp. 87–98.

41 Schmidt, S. 93 f.
42 HStAM Kasten blau 13/1-3.
43 Schmidt, S. 152.
44 M. Henker, Die jülich-bergische Frage in der wittelsbachischen Hausunion von 1724. Zs. f. bayerische Landesgeschichte 37, 1974, S. 871-877.
45 Rousset, Receuil historique d'Actes, negotiations, memoires et traitez Bd. II 1728, S. 189-194.
46 GLA 43/781-783.
47 GLA 43/774; Rousset (wie Anm. 45) Bd. III 1728, S. 187-192; Der Vertrag von Fontainebleau GLA 67/987, S. 517; der mit den Jesuiten in Straßburg GLA 43/776.
48 GLA 77/3637; C. Speyer, Der Rheinübergang der Franzosen bei Mannheim im Mai 1734. MGBll 26, 1925, Sp. 226-232 (Berichtigung Sp. 262f.). Exkurs und Quellen über die pfälzisch-kaiserlichen Spannungen bei Schmidt, S. 325-348.
49 Walter, Mannheim I, S. 518-520; K. Th. Heigel, Der Österreichische Erbfolgestreit und die Kaiserwahl Karls VII., 1877.
50 Schnath (wie Anm. 12) Bd. III, S. 454.
51 G. H. Krieg von Hochfelden, Die Veste Zwingenberg am Neckar. Ihre Geschichte und ihr gegenwärtiger Zustand, 1843, S. 72-88; 114-141; vgl. demnächst KB Neckar-Odenwald I.
52 Vertrag mit der ober- und niederrheinischen Ritterschaft: GLA 43/807, mit Falkenstein: G. F. Böhn, Beiträge zur Territorialgeschichte des Landkreises Alzey (Mainzer Abh. zur mittleren und neueren Geschichte), 1958, S. 99.
53 GLA 43/808; Th. Gümbel, Geschichte des Fürstentums Pfalz-Veldenz, 1900, S. 336-344.

Kap. 19: Kulturelle Blüte und Aufklärung, Machterweiterung und Resignation 1742-1789

Quellen

C. M. von Aretin, Chronologisches Verzeichnis der bayerischen Staatsverträge, 1838; Receuil des Instructions données aux ambassadeurs et ministres de France depuis les traités de Westphalie jusqu'à la révolution française, vol. 7: Bavière, Palatinat, Deux Ponts, Paris 1889; Die äußerst umfangreichen archivalischen Quellen zur Regierungszeit Karl Theodors sind in der jüngsten Veröffentlichung von *Stefan Mörz* (s. u.) erstmalig in ganzer Breite verarbeitet und werden dort auch eingehend gewürdigt (S. 5-9). Im Vergleich dazu ist die meist nur auszugsweise gedruckte Memoirenliteratur von zweitrangiger Bedeutung und kann höchstens einen, freilich auch irreführenden ersten Zugang darstellen: *W. Köhler*, Die Denkwürdigkeiten des Geheimsekretärs *von Stengel*. Monatszeitschrift des Frankenthaler Altertumvereins 1-4/1908; *K. Th. Heigel*, Neue Denkwürdigkeiten vom pfalzbairischen Hofe unter Karl Theodor (Teilabdruck der Stengel-Memoiren). Zeitschrift für allgemeine Geschichte, Kultur-, Literatur- und Kunstgeschichte, IV,6 und IV,7, 1887, S. 433-455; 549-557; *K. Risbeck*, Über die Pfalz ums Jahr 1780. MGBll 7, 1906, Sp. 246-253; *F. Walter*, Riaucours Gesandtschaftsberichte als Quelle zur Geschichte des Kurfürsten Karl Theodor. MGBll 8/9, 1907, Sp. 213-220; - Grundsätzliche Orientierung über die Verwaltung bieten die Hofkalender (vgl. Kap. 20) und Gesetzessammlungen: Churpfälzische Verordnungen nach der Chronologie. Hg. v. *F. Janson*. Teil 1 (bis 1742), Teil II (1743-1768), Heidelberg 1793; Sammlung der Kurpfalz-Bairischen allgemeinen und besonderen Landesordnungen. Hg. v. *G. K. Mayr*, 6 Bde, München 1784-1799; GLA 67/1651-1656 Generalverordnungen und Erlasse, gesammelt bei den Verwaltungen Ladenburg und Schriesheim 1669-1802. Für das erste Jahrzehnt der Regierung Karl Theodors existiert ein Liber ad vitam, GLA 67/937. - Hinzu kommt noch eine ausführliche gedruckte zeitgenössische Dokumentation und Publizistik, besonders auf dem Gebiet der Kirchenpolitik, die ebenfalls bei Mörz aufgeschlüsselt ist.

Literatur

G. Ch. Gack, Geschichte des Herzogtums Sulzbach, 1847; *M. Piendl*, Herzogtum Sulzbach (Histor. Atlas von Bayern I,10), 1957; *F. J. Lipowsky*, Karl Theodor, Churfürst von Pfalz-Bayern ... wie er war, und wie es wahr ist, oder dessen Leben und Thaten, 1828; *F. Walter*, Mannheim I, S. 522-767; *F. Schnabel*, Die kulturelle Bedeutung der Karl-Theodor-Zeit (1924). In: Ders., Abhandlungen und Vorträge. Hg. von *H. Lutz*, 1970, S. 63-80; *P. Fuchs*, Kurfürst Karl Theodor von Pfalzbayern. In: Pfälzer Lebensbilder 3, 1977, S. 65-105; Karl Theodor und Elisabeth Auguste. Höfische Kunst und Kultur in der Kurpfalz. Katalog der Ausstellung des Kurpfälzischen Museums Heidelberg, 1979; *L. Hammermayer*, Bayern im Reich und zwischen den großen Mächten. In: HBG 2, S. 1043-1053; *G. Ebersold*, Rokoko, Reform und Revolution: Ein politisches

Lebensbild des Kurfürsten Karl Theodor, 1985; *J. Voss,* Kurfürst Karl Theodor von der Pfalz. In: Geschichte Baden-Württembergs. Hg. von *R. Rinker* und *W. Setzler,* 2. A. 1987, S. 168–176; *S. Mörz,* Aufgeklärter Absolutismus in der Kurpfalz während der Mannheimer Regierungszeit des Kurfürsten Karl Theodor (1742–1777) VKBW B 110, 1991; *H. Weber,* Die Politik des Kurfürsten Carl Theodor von der Pfalz während des Österreichischen Erbfolgekriegs (1744–1748), 1956; *D. Strauven,* Die Wittelsbachischen Familienverträge 1761–1779. Phil. Diss. Düsseldorf 1969; *E. J. Häberle,* Pfälzisch-bayerische Integrationsversuche in der zweiten Hälfte des 18. Jahrhunderts. ZGO 122, 1974, S. 283–310; *M. Olbrich,* Die Politik des Kurfürsten Karl Theodor von der Pfalz zwischen den Kriegen (1748–56) (Bonner Historische Studien 26), 1966; *H. Rall,* Kurbayern in der letzten Epoche der alten Reichsverfassung 1745–1801, 1952; *P. P. Bernard,* Joseph II and Bavaria. Two Eighteenth Century Attempts at German Unification, 1965; *K. O. von Aretin,* Die bayerische Staatsidee und die Tauschpläne des Kurfürsten Karl Theodor 1778–1799. In: Ders., Bayerns Weg zum souveränen Staat. Landstände und konstitutionelle Monarchie 1714–1818, 1976, S. 64–119; *V. Press,* Bayern am Scheideweg. Die Reichspolitik Josefs II. und der Bayrische Erbfolgekrieg, 1982; *A. Beer,* Zur Geschichte des bayerischen Erbfolgekrieges. HZ 35, 1876, S. 88–152; *J. Kallbrunner,* Zur Vorgeschichte des bayerischen Erbfolgekrieges. MIÖG, Erg.bd 11, 1929, S. 421–431; *Ch. Hess,* Absolutismus und Aufklärung in der Kurpfalz. ZGO 136, 1988, S. 213–245. Die Kunstdenkmäler des Stadtkreises Mannheim, Bearb. von *H. Huth* (Die Kunstdenkmäler in Baden-Württemberg) 2 Bde, 1982; *J. Gamer,* Schloß und Park Schwetzingen im 18. Jahrhundert. In: Sitzungsberichte der Kunstgeschichtlichen Gesellschaft zu Berlin, N. F. 19, 1970/71, S. 11–17; *J. A. Beringer,* Kurpfälzische Kunst und Kultur im 18. Jahrhundert, 1907; *L. Göller,* Beiträge zur Lebens- und Familiengeschichte kurpfälzischer Künstler und Kunsthandwerker im 18. Jahrhundert. NAGH 14, 1928; *K. Lohmeyer,* Die Baumeister des rheinisch-fränkischen Barocks; 1931; *O. Knaus,* Künstler am kurpfälzischen Hof, 1979; *W. Wegner,* Kurfürst Carl Theodor von der Pfalz als Kunstsammler (Schriften der Ges. der Freunde Mannheims ..., 6), 1960; *B. Grotkamp,* Die Mannheimer Zeichnungsakademie. Phil. Diss. Heidelberg 1978; *F. Walter,* Geschichte des Theaters und der Musik am kurpfälzischen Hofe (Forschungen zur Geschichte Mannheims und der Pfalz 1), 1898; *A. Kistner,* Die Pflege der Naturwissenschaften in Mannheim zur Zeit Karl Theodors, 1930; *P. Fuchs,* Palatinatus Illustratus. Die historische Forschung an der Kurpfälzischen Akademie der Wissenschaften (Forschungen zur Geschichte Mannheims und der Kurpfalz, N. F., 1), 1963; *R. R. Paulus,* 200 Jahre Pfälzische Meteorologische Gesellschaft. Mitteilungen der Deutschen Meteorologischen Gesellschaft, Heft 3, 1979, S. 57–63; *F. Trautz,* Die Kurpfälzische Akademie der Wissenschaften: Ein Überblick. In: Die Universität Mannheim in Vergangenheit und Gegenwart. 75 Jahre Universität Mannheim, 1982, S. 39–47; *H.-J. Zimmermann,* Die Kurpfälzische Akademie der Wissenschaften zu Mannheim, Ruperto-Carola 39, 1986, S. 39–51; *S. Pflicht,* Kurfürst Karl Theodor und seine Bedeutung für die Entwicklung des deutschen Theaters, 1976; *Ch. Hess,* Presse und Publizistik in der Kurpfalz in der zweiten Hälfte des 18. Jahrhunderts, 1987.

Anmerkungen

1 J. St. Tretzel, Aktenmäßige Geschichte des Cölnischen Vergleichs und des darauf eingeführten Simultaneums im Herzogtum Sulzbach, Leipzig 1797; Th. Lauter, Vorgeschichte und Einführung des Kölnischen Vergleichs von 1652. VHOR 46, 1894, S. 21–182.
2 K. Brunner, Der Konfessionswandel des Pfalzgrafen Christian August von Sulzbach. Beiträge zur bayerischen Kirchengeschichte 6, 1900, S. 133–139; H. Rall, Christian August von Pfalz-Sulzbach als regierender Herzog (1656–1708) und als Familienvater. In: Land und Reich, Stamm und Nation. FS zum 90. Geburtstag von M. Spindler, Bd 2, 1984, S. 181–194.
3 K. Reichlin von Meldegg, Herzog Theodor Eustach von Sulzbach. Bayernland 21, 1910, S. 243–245, 258f., 269–272.
4 H. Sturm, Neustadt an der Waldnaab-Weiden. Gemeinschaftsamt Parkstein, Grafschaft Störnstein, Pflegamt Floß (Flossenbürg) (Histor. Atlas von Bayern. Teil I, 47), 1978, S. 94.
5 Das Marquisat Berg-op-Zoom. MGBll 15, 1914, Sp. 212f.; 16, 1915, Sp. 24; 25, 1924, Sp. 253f.
6 S. Mörz, Kurfürst Karl Theodor – ein toleranter Herrscher? Katholischer Fürst in protestantischem Land. Pfälzer Heimat 37, 1986, S. 68–74.
7 K. Kreuter, Kurfürstin Elisabeth Augusta von Pfalz-Bayern (1721–1794). Ein heimatgeschichtlicher Beitrag zum siebenhundertjährigen Jubiläum des Anfalls der Pfalz an das Haus Wittelsbach, 1914.
8 A. Becker, Um die Geburt des Pfälzer Kurprinzen. 28. Juni 1761. MGBll 35, 1934, Sp. 171–180.
9 Aus den Briefen der Kurfürstin Elisabeth Augusta an ihren Schwager Clemens Franz. Hg. von F. Walter, MGBll 31, 1930, Sp. 244–248.
10 P. Fischer, Pater Frank, Phil. Diss. München 1944.

11 F. Walter, Die Familie von Bretzenheim. MGBll 1, 1900, Sp. 36–40; L. Göller, Genealogisches über Josepha Seyffert und ihre Kinder, die Bretzenheims. MGBll 25, 1924, Sp. 254–256; G. Nebinger, Die Nachkommen des Kurfürsten Karl Theodor von der Pfalz und Bayern. Bll. d. bayer. Ver. f. Familienkunde 42, 1979, S. 352–372.
12 Adalbert, Prinz von Bayern, Der Herzog und die Tänzerin, die merkwürdige Geschichte Christians IV. von Zweibrücken und seiner Familie, 1966.
13 C. Trost und F. Leist, Pfalzgraf Friedrich Michael von Zweibrücken und das Tagebuch seiner Reise nach Italien, 1892; H. Ammerich, Jugend und Erziehung Max I. Josephs. In: Wittelsbach und Bayern III, 1, 1980, S. 72–82.
14 F. Walter, Ein Konflikt zwischen Kurköln und Kurpfalz. MGBll 5, 1904, Sp. 122–129.
15 Aufzeichnungen von Wredes Privatsekretär unter der Bezeichnung »Rheinwaldiana« LASP B 6, 61.
16 F. Walter, Die Ernennung des Ministers von Oberndorff zum kurfürstlichen Statthalter 1778. MGBll 28, 1927, Sp. 1–5.
17 J. Schwab, Quatuor seculorum syllabus in Academia Heidelbergensi Bd. II, 1790, S. 223 f.
18 GLA 43/771
19 W. G. Rödel, Frankreich, Kurpfalz, Kurmainz und die Frage der Römischen Königswahl 1753–1755. In: Deutschland und Frankreich in der frühen Neuzeit. Hg. v. H. Durchhardt und E. Schmitt, 1987, S. 509–548. K. Oberdorffer, Die Reichsgrafschaft Falkenstein. In: Vorderösterreich, hg. v. F. Metz, 2. A 1967, S. 568–572.
20 K.-E. Müller, Karl Theodor und sein Hof beim Ausbruch des siebenjährigen Krieges (Phil. Diss. München 1905), 1913.
21 ADB 7, 1878, S. 627 (v. Janko).
22 E. Fromm, Die Kaiserwahl Franz' I. Ein Beitrag zur Geschichte des 18. Jahrhunderts. Phil. Diss. Jena 1883.
23 Widder (wie Quellen Kap. 20) Bd. II, S. 411; Ammerich (wie Kap. 20), S. 166.
24 Brettener Jb. 4, 1967, S. 193.
25 GLA 77/8255.
26 H. Rall, die Hausverträge der Wittelsbacher. Grundlagen der Erbfälle von 1777 und 1799. In: Wittelsbach und Bayern III, 1, 1980, S. 13–48.
27 Heiliges Römisches Reich. Ausgewählte Aktenstücke, hg. v. K. O. von Aretin, Teil 2, 1967, S. 17.
28 H. Mittelberger, Johann Christian von Hofenfels 1744–1787 (Münchener Historische Forschungen, Abt. 1, H. 8), 1934.
29 A. Unzer, Der Friede von Teschen. Ein Beitrag zur Geschichte des bayerischen Erbfolgestreits, 1903.
30 Vgl. Ebersold, S. 276–280.
31 F. W. Becker, Die Kaiserwahl Leopolds II. 1790, Phil. Diss. Bonn 1943; K. O. von Aretin, Heiliges Römisches Reich, Teil 1, 1967, S. 229–238; Ebersold, S. 314–318.
32 Karl Theodors Initiation zum regierenden Churf. von der Pfalz oder Regierungs-Grundsätze, wie sie 1742 zum Gebrauche desselben aufgesetzt wurden. Göttingisches Historisches Magazin Bd. 1, 1787, S. 648–682; Weisheit und Thorheit in einem Gutachten, so dem Churfürsten Karl Theodor bey Antritt seiner Regierung übergeben worden. (Aus beglaubigter Handschrift.) Ebenda Bd. 3, 1788, S. 322–355.
33 K. Th. von Heigel, Karl Theodor von Pfalz-Bayern und Voltaire. In: Essays aus neuerer Geschichte, 1892; H. A. Stavan, Kurfürst Karl Theodor und Voltaire (Schriften der Gesellschaft der Freunde Mannheims ... 14), 1978; Ders., Voltaire und Kurfürst Karl Theodor, Freundschaft oder Opportunismus? In: Voltaire und Deutschland. Quellen und Untersuchungen zur Rezeption der Französischen Aufklärung. Hg. von P. Brockmeier, R. Desné, J. Voss, 1979, S. 3–12.
34 Ein antiphilosophisches Experiment im 18. Jahrhundert: F.-J. Terrasse Desbillons. Hg. von G. Maag (Mannheimer Analytika Bd. 5) 1986.
35 P. Spieß, Die Gesetzgebung der Kurpfalz im 18. Jahrhundert. Mitt. des Hist. Vereins der Pfalz. 69, 1972, S. 197–237. Zusätzliche Hinweise verdanke ich Johann Mayer, Freiburg, der eine Dissertation über die Rechtsreformen in der Kurpfalz vorbereitet. Zur Folter GLA 77/7229, zur Kirchweih ebda 3426–28.
36 O. Bezzel, Geschichte des kurpfälzischen Heeres, 1925; J. Keiper, Sir Benjamin Thompson, Reichsgraf von Rumford. MGBll 11, 1910, Sp. 4–10; 27–30.
37 L. Hammermayer, Illuminaten in Bayern. In: Wittelsbach und Bayern III,1, 1980, S. 146–173.
38 GHAM HU, Nr. 889.
39 GLA 77/3722; A. P. Brück, Der Hl. Joseph, Schutzpatron der deutschen Katholiken und der kurpfälzischen Erblande. Archiv für mittelrheinische Kirchengeschichte 7, 1955, S. 159–168.

40 Fr. von Weech, Römische Prälaten am deutschen Rhein (Neujahrsbll. der Badischen Historischen Commission), 1898, S. 61.
41 Vgl. Schaab, Wiederherstellung. (wie Kap. 17) S. 175–179.
42 K. A. von Höffelein, Neueste Geschichte der Reformierten Kirche in der Unteren Pfalz, Dessau 1791; Kurze Übersicht über den Zustand des Churpfälzischen Reformierten Kirchenrates. Neues Göttingisches Historisches Magazin 1, 1792, S. 385–404.
43 Die neueste Religionsverfassung und Religionsstreitigkeiten der Reformierten in der Unterpfalz, Leipzig 1780; Th. J. Hunteln, Über und gegen die ›Neueste Religionsverfassung ...‹, Mannheim 1781; Systematische Darstellung der pfälzischen Religionsbeschwerden, Göttingen 1793.
44 GLA 77/3154 f.; 3158.
45 GLA 77/3159, Referat des Justizreferendars von Stengel, 28. 5. 1754.
46 GLA 77/3461; 3462; 3467.
47 KB Heidelberg – Mannheim I, S. 289; GLA 77/1643 f.; 1785 f.; 3466.
48 GLA 77/8684; 6229–46; 6270; A. Haas, Die Lazaristen in der Kurpfalz, 1960.
49 KB Heidelberg-Mannheim I, 1966, S. 260.
50 P. Béhar, La reprise et la modification des formes de l'art français dans l'Empire des XVII et XVIII siécles. In: Pathos, Klatsch und Ehrlichkeit. Hg. von K. Mattheier und P. Valentin, 1990, S. 96–105.
51 W. W. Hoffmann, Franz Wilhelm Rabaliatti, 1934.
52 Ch. Nebel, Der prächtige Tempel des neuen Jerusalem in der churfürstlichen Residenzstadt Mannheim angefangen von dem pfälzischen David Carolo Philippo, fortgeführt und glücklich vollendet von dem pfälzischen Salomon Carolo Theodoro, Mannheim 1760.
53 W. Heber, Die Arbeiten des Nicolas de Pigage in den ehemaligen kurpfälzischen Residenzen Mannheim und Schwetzingen, 2 Teile, 1986.
54 Fuchs, Palatinatus illustratus, S. 135; vgl. auch Bibliographie der badischen Geschichte I, 2, 1930, Nr. 6287; 6292; 6300.
55 K. Lochner, Schloß und Garten Oggersheim 1720–94 (Veröffentlichungen der pfälzischen Gesellschaft zur Förderung der Wissenschaften 41), 1960.
56 J. A. Beringer, P. A. von Verschaffelt, 1902; E. Hofmann, Anton von Verschaffelt, Hofbildhauer des Kurfürsten Carl Theodor in Mannheim, Phil. Diss. Mannheim 1982.
57 E. Eichner, Das kurpfälzische Porträt im 18. Jahrhundert, Phil. Diss. Heidelberg 1981; W. Wegner, Kurfürst Carl Theodor von der Pfalz als Kunstsammler (Schriften der Gesellschaft der Freunde Mannheims ... 6), 1960, Karl Theodor von der Pfalz: Zeichnungen aus der Sammlung des Kurfürsten Karl Theodor. Ausstellungskatalog München, 1984; Der Antikensaal in der Mannheimer Zeichnungsakademie 1769–1803. Ausstellung des Archäologischen Seminars der Universität Mannheim 1982 (Schriften der Gesellschaft der Freunde Mannheims ... 17), 1984.
58 W. Haenel, Die Sinfonie von Stamitz in ihrer gesellschaftlichen Bedingtheit, Phil. Diss. Freiburg 1976; B. Höft, Mannheimer Schule. Eine Bibliographie, 1978; E. K. Wolf, The Symphonies of Johann Stamitz. A study in the formation of the classic style, Utrecht 1981; P. Rummenhöller, Die musikalische Vorklassik. Kulturhistorische und musikgeschichtliche Grundrisse zur Musik im 18. Jahrhundert zwischen Barock und Klassik, 1983.
59 B. Höft, »Deutschheit mit welscher Anmuth colorirt«. Zum 200. Todestag des Komponisten Ignaz Jakob Holzbauer. Mannheimer Hefte, Jg. 1983, S. 80–86.
60 J. Fröhlich, Biographie des großen Tonkünstlers Abt Georg Joseph Vogler bei Inauguration des an seinem Geburtshause vom historischen Vereine von Unterfranken und Aschaffenburg am 5. August gesetzten Denksteines, 1945; H. Kreitz, Abbé Georg Vogler als Musiktheoretiker. Ein Beitrag zur Geschichte der Musiktheorie im 18. Jahrhundert, Phil. Diss. Saarbrücken 1957. Zur Kirchenmusik GLA 77/3444.
61 Das Mannheimer Mozart-Buch. Hg. von R. Würtz, 1979; W. A. Mozart, Briefe und Aufzeichnungen. Hg. von W. A. Bauer, O. E. Deutsch. 2 Bde, 1962, hier Bd II, S. 100–103.
62 C. M. Wieland, Sämtliche Werke. Hg. von der »Hamburger Stiftung zur Förderung von Wissenschaft und Kultur« in Zusammenarbeit mit dem »Wieland-Archiv«. Bd VI, 1984. Darin Bd 19 und 20, fotomechanischer Nachdruck der Ausgabe Leipzig 1796, Buch 1, Kap. 8, S. 74–84.
63 Stavan (1979) wie oben Anm. 33.
64 L. Stahl, Das Mannheimer Nationaltheater, 1929; W. Hermann, Die Gründung des Nationaltheaters Mannheim und die Familie Brandes. Unbekanntes aus den Theaterakten der Jahre 1778 bis 1780. Mannheimer Hefte, Jg. 1979, S. 70–78; F. Alafberg, Wolfgang Heribert von Dalberg als Bühnenleiter und Dramatiker (Berliner Beiträge zur Germ. und Roman. Philologie XXXII, Germ. Abt. Nr. 19), 1907.

65 Schillers Werke. Nationalausgabe. Hg. von J. Petersen und H. Schneider. Bd. 23, 1956, S. 128 und 137. Vgl. auch H. Stubenrauch, Mein Klima ist das Theater. Schiller und Mannheim o. J. (Bühnenblätter des Nationaltheaters Mannheim, Sonderausgabe 1954/55)
66 J. Voss, Ein Zentrum des französischen Buchhandels im Deutschland des 18. Jahrhunderts: Die Librairie Fontaine in Mannheim. In: F.-J. Terrasse Desbillons (wie Anm. 34), S. 50–65.
67 Ch. F. Schwan's Selbstbiographie. In: MGBll 2, 1901, Sp. 147–158; 170–192; 202–216; 227–235; J. Kreutz, Christian Friedrich Schwans Projekt einer internationalen Buchmesse in Mannheim im 18. Jahrhundert. (Mitteilungen der Gesellschaft der Freunde der Universität Mannheim e.V. 38), 1989, S. 55–63.
68 J. Voss, Universität, Geschichtswissenschaft und Diplomatie im Zeitalter der Aufklärung: Johann Daniel Schöpflin 1694–1770 (Veröff. des Histor. Instituts der Universität Mannheim 4), 1979.
69 Historia et commentationes academiae electoralis scientiarum et elegantiarum literarum Theodoro-Palatinae (fortgesetzt als Acta academiae Theodoro-Palatinae) Bd 1–7. Mannheim 1766–1790, ab Bd 3 nach den beiden Klassen geteilt.
70 LASP Akten Kurpfalz 111–113; Fuchs, Palatinatus illustratus, S. 136–145.
71 H. Merkel, Die geodätischen Arbeiten Christian Mayers in der Kurpfalz. Ein Beitrag zur Geschichte und Genauigkeit der Landesaufnahmen im 18. Jahrhundert, 1928; K. Kollnig, Christian Mayer, Hofastronom Karl Theodors. Mannheimer Hefte, Jg. 1983, S. 87–91.
72 A. Cappel, Johann Jakob Hemmer und die Societas Meterologica Palatina (1780–1795). Pfälzer Heimat 31, 1980, S. 124–129.
73 Ephemerides Societatis Meterologicae Palatinae, 12 Bde, Mannheim 1781–1795.
74 K. Krükl, Leben und Werke des elsässischen Schriftstellers Anton von Klein. Ein Beitrag zur Geschichte der Aufklärung in der Pfalz, 1901; E. Liebler, Die kurpfälzische Deutsche Gesellschaft in Mannheim, Phil. Diss. Freiburg 1921; B. Seuffert, Geschichte der Deutschen Gesellschaft in Mannheim. Anzeiger für deutsches Altertum und deutsche Literatur 6, 1880, S. 276–296 und 8, 1880, S. 167–168. Die vermißten Protokollbände der Gesellschaft sind neuerdings wenigstens teilweise im Mainzer Stadtarchiv wieder aufgetaucht.
75 R. Fendler, Johann Casimir von Haeffelin 1737–1827. (Quellen und Abh. zur mittelrh. Kirchengesch. 35). 1980.
76 [A. v. Klein] Denkmal der Ehre Karl Theodors und der Liebe seiner Unterthanen... Mannheim 1775, S. 28.

Kap. 20: Verwaltung, Landesökonomie und Gesamtlande im 18. Jahrhundert

Quellen

Das wichtigste Material bietet die Abteilung 77 Pfalz Generalia des GLA. Zitiert wurden daraus nur grundsätzliche Quellen, vor allem Akten mit größeren statistischen Angaben. *J. J. Moser*, Einleitung in das Churpfälzische Staatsrecht, 1762; Der pfälzische Hofkalender von 1734. MGBll 13, 1912, Sp. 131 ff.; 150 ff. Churpfälzischer Hof- und Staatskalender, Mannheim 1748, 1756, 1776, 1777; Pfalzbayerischer Hof- und Staatskalender 1778–1800 fast jährlich; *J. G. Widder*, Versuch einer vollständigen geographisch-historischen Beschreibung der kurfürstlichen Pfalz, 4 Bde. 1786; *K. Meisen*, Eine volkskundliche »Beschreibung« von Jülich und Berg aus dem 18. Jahrhundert, Annalen des Hist. Vereins für den Niederrhein 126, 1935, S. 77–107; *C. F. Wiebeking*, Beiträge zur Churpfälzischen Staatengeschichte vom Jahr 1742 bis 1792, vorzüglich in Rücksicht der Herzogtümer Jülich und Berg, 1793; *L. v. Westenrieder*, Erdbeschreibung der bayrisch-pfälzischen Staaten, 1784; *F. Braun*, Das kochertalsche Kirchenbuch in Amerika 1708–1719, mit einem Nachtrag bis 1729. Mitteilungen zur Wanderungsgeschichte der Pfälzer, Folge 1–4, 1952, S. 1–20; Folge 5–8, 1953, S. 25 f. und 33–44 sowie Folge 9, 1954, S. 45–53; *F. C. Medicus*, Von dem Bevölkerungsstand in Kurpfalz, vorzüglich in Mannheim, 1769; *Th. Traitteur*, Über die Größe und Bevölkerung der Rheinischen Pfalz, 1789; Kurze Vorstellung der Industrie in denen drey Haupt-Städten und sämtlichen Oberämtern der Churfürstlichen Pfalz [J. Fontanesi], 1775; *Ch. W. Dohm*, Einige Nachrichten von der Kurpfalz, vorzüglich der ... Manufakturen. In: Deutsches Museum 1778, 2. Stück S. 97–125. – Zur Quellenkunde der verschiedenen Statistiken besonders: *M. Schaab*, Die Anfänge der Landesstatistik im Herzogtum Württemberg, in den Badischen Markgrafschaften und in der Kurpfalz. Zs. f. Württ. Landesgesch. 26, 1967, hier: S. 103–112; *W. Dotzauer*, Beiträge zur Statistik der kurpfälzischen Oberämter am Ausgang des Ancien Régime... In: Geschichtliche Landeskunde 22, 1985, S. 1–27. – Mehr zu Pfalz-Zweibrücken als zu Kurpfalz: *J. Ch. von Mannlich*, Lebenserinnerungen, 1974; Ders., Histoire de ma vie: Memoires de Johann Christian von Mannlich (1741–1822), éd. par K.-H. Bender ... Trier 1989.

Literatur

KB Heidelberg-Mannheim I, S. 243–354; Press, die pfälzischen Territorien (wie Kap. 14), S. 564–599; *Mörz* wie Kap. 19; *Walter*, Mannheim I; *H. Bolle*, Der kurpfälzische Beamtenstab der linksrheinischen Gebiete in der 2. Hälfte des 18. Jahrhunderts. Ein Beitrag zur Verwaltungsgeschichte der Pfalz. Mitt. des Historischen Vereins der Pfalz 53, S. 87–223; *S. Mörz*, Verwaltungsstrukturen der Kurpfalz zum Zeitpunkt des bayrischen Erbfalls. Mitt. des Historischen Vereins der Pfalz 84, 1986, S. 403–461; *R. Lenz*, Kellerei und Unteramt Dilsberg VKBW B 115, 1989; *L. Blasse*, Die direkten und indirekten Steuern in Churpfalz, 1914; *M. Schaab*, Sozialstruktur der Gemeinden des pfälzischen Unterneckarraums im 18. Jahrhundert. In: Heidelberg und die Rhein-Neckarlande. FS zum XXXIV. Geographentag, 1963, S. 236–256; *H. Dewein*, Ein geschichtlicher und informatorischer Überblick zum Strukturwandel der Bevölkerung in der Pfalz, insbesondere in der Südpfalz, im 16., 17. und 18. Jahrhundert, 1985; *J. Heinz*, zur Bevölkerungsentwicklung im Kaiserslauterer Raum im letzten Drittel des 18. und ersten Drittel des 19. Jahrhunderts. Jahrbuch zur Geschichte von Stadt und Landkreis Kaiserslautern 20/21, 1982/83, S. 271–286; *D. Haeberle*, Auswanderung und Koloniegründung der Pfälzer im 18. Jahrhundert, 1909; *F. Trautz*, Die pfälzische Auswanderung nach Nordamerika im 18. Jahrhundert (Heidelberger Veröff. zur Landesgeschichte und Landeskunde 4), 1959; *K. Scherer*, Pfälzer – Palatines, Beiträge zur pfälzischen Ein- und Auswanderung sowie zur Volkskunde und Mundartforschung der Pfalz und der Zielländer pfälzischer Auswanderer im 18. und 19. Jahrhundert. Fritz Braun zu seinem 70. Geburtstag, 1976; *F.-K. Hüttig*, Die pfälzische Auswanderung nach Ost-Mitteleuropa im Zeitalter der Aufklärung, Napoleons u. d. Restauration (Wissenschaftliche Beiträge zur Geschichte und Landeskunde Ost-Mitteleuropas 31), 1958; *A. Scheuerbrandt*, Die Auswanderungen aus dem heutigen Baden-Württemberg nach Preußen, in den habsburgischen Südosten, nach Rußland und Nordamerika zwischen 1683 und 1811. HABW, Beiwort zur Karte XII, 5, 1985; *B. Kirchgässner*, Merkantilistische Wirtschaftspolitik und fürstliches Unternehmertum. Die dritte kurpfälzische Hauptstadt Frankenthal. In: Beiträge zur pfälzischen Wirtschaftsgeschichte, 1968, S. 99–174; *H. Hausrath*, Zur Geschichte der kurpfälzischen Forstorganisation. Forstwissenschaftliches Zentralblatt, 1908, S. 449–473; *J. Keiper*, Pfälzische Forst- und Jagdgeschichte, 1930; *B. Cloer*, Eisengewinnung und Eisenverarbeitung in der Pfalz im 18. und 19. Jahrhundert (Mannheimer geographische Arbeiten 18), 1984; *R. Loose*, Der Bergbau in der Wirtschaft der Pfalz. Historisch-geographische Aspekte der Integration montanindustrieller Unternehmungen in vor- und frühindustrieller Zeit. Jb. für westdeutsche Landesgeschichte 14, 1988, S. 123–156; *H. M. Karrer*, Manufaktur und Verlag in Kurpfalz am Rhein in der 2. Hälfte des 18. Jahrhunderts. Eine Untersuchung des großgewerblichen Unternehmens in spätmerkantilistischer Zeit, 1975; *A. Boegel*, Die Straßen der Pfalz 1700–92 (Archiv für Geschichte des Straßenwesens, Heft 6), 1980; *E. Wolgast*, Universität, S. 67–85; *J. Hashagen*, Bergische Geschichte, 1958; *K. Erdmann*, Der Jülich-Bergische Hofrat bis zum Tode Johann Wilhelms (1716). Düsseldorfer Jahrbuch 41, 1939, S. 1–121; *F. Lau*, Die Regierungskollegien zu Düsseldorf und der Hofstaat zur Zeit Johann Wilhelms (1679–1716) I. u. II. Düsseldorfer Jahrbuch 39 u. 40, 1937 u. 1938, S. 228–242 bzw. 257–288. *H. Croon*, Stände und Steuern in Jülich-Berg im 17. und vornehmlich im 18. Jahrhundert (Rheinisches Archiv 11), 1929; *R. Schuler*, Verkehrsverhältnisse und Handel in den Herzogtümern Jülich und Berg zur Zeit des Herzogs Carl Theodor, Kurfürsten von der Pfalz. Düsseldorfer Jahrbuch 29, 1918, S. 1–64; *J. G. Lehmann*, Vollständige Geschichte des Herzogtums Zweibrücken und seiner Fürsten, 1867; *H.-W. Herrmann*, Das Herzogtum Pfalz-Zweibrücken. In: Geschichtliche Landeskunde des Saarlandes, Bd. 2. Hg. von *K. Hoppstädter* und *H.-W. Herrmann*, 1977, S. 344–375; *K. Baumann*, Territoriale Entwicklung des Herzogtums Pfalz-Zweibrücken von 1444 bis 1777. In: Pfalzatlas, Karte Nr. 66, 1971, Textband II, S. 1213–1224, 1980; *H. Ammerich*, Landesherr und Landesverwaltung, Beiträge zur Regierung von Pfalz-Zweibrücken am Ende des Alten Reiches (Veröff. d. Komm. f. Saarl. Landesgeschichte XI), 1981; *K. E. Wild*, Die Hintere Grafschaft Sponheim als pfälzisch-badische Gemeinherrschaft (1437–1776). Mitteilungen des Vereins für Heimatkunde im Landkreis Birkenfeld 35, 1972, S. 3–32.

Anmerkungen

1 J. v. Kruedener, Die Rolle des Hofs im Absolutismus (Forschungen zur Sozial- und Wirtschaftsgeschichte 19), 1973.
2 GLA 67/1571, 1718 Februar 2; 77/1067. Sonst alles bei Mörz, Absolutismus und ders., Verwaltungsstruktur.
3 D. Rausch, Zum Jagdwesen an südwestdeutschen Fürstenhöfen im Barockzeitalter. In: Barock in Baden-Württemberg. Ausstellungskatalog Bruchsal, 1981. Bd. 2, S. 293–319.
4 GHAM Korrespondenzakten 1317/1–5.

5 E. v. Destouches, Geschichte des königlich-bayerischen St. Elisabeth-Ordens (Kleine Reihe für Freunde von Orden und Ehrenzeichen 18) o. J.
6 Vgl. die betreffenden Ortsartikel in KB Heidelberg-Mannheim II und III sowie die Lehensurkunden zu den betreffenden Familien in GLA 44.
7 Croon, S. 10–16.
8 A. J. Fineisen, Die Akzise in der Kurpfalz (Volkswirtschaftliche Abhandlungen der bad. Hochschulen 9, 1) 1906, S. 55–61; Croon, S. 110f.
9 HStAD Jülich-Berg II, 2225; GLA 77/6131; 6139.
10 Mörz, Absolutismus, S. 446f.
11 Amtsbeschreibungen bei Widder und außerdem bei F. P. Wundt, meist in den Vorlesungen der churpfälzischen physikalisch-ökonomischen Gesellschaft, so 1785 Boxberg, 1787 Bretten, 1788 Bacharach, 1789 Umstadt, 1791 Oppenheim.
12 G. Fouquet, Gemeindefinanzen und Fürstenstaat in der Frühen Neuzeit: Die Haushaltsrechnungen des kurpfälzischen Dorfes Dannstadt (1739–1797). ZGO 136, 1988, S. 247–291.
13 LASP Akten Kurpfalz 109–111.
14 GLA 145/364.
15 GLA 77/6148; 6150f.
16 Traitteur, S. 99f.
17 GLA 77/3906.
18 Häberle, S. 30.
19 GLA 77/9279, abgedruckt bei Mörz, Absolutismus, S. 441.
20 GLA 77/4212.
21 L. Löwenstein, Geschichte der Juden in der Kurpfalz, 1895; H. Arnold, Juden in der Pfalz, 1986.
22 GLA 77/1905; 1929.
23 GLA 77/1920; 1927f.
24 W. Kleinschmidt, Die Einführung der Kartoffel in der Pfalz und die Verbreitung von Kartoffelspeisen in der Westpfalz und in den angrenzenden Gebieten der ehemaligen Rheinprovinz. Rheinisch-Westfälische Zs. für Volkskunde 24, 1978, S. 208–230.
25 GLA 77/3937; 3940; 3942; 3945.
26 Anleitung für den Landmann, die vier Futterkräuter zu bauen, von der physikalisch-ökonomischen Gesellschaft zu Lautern, Mannheim 1770.
27 GLA 77/3943; 229/48797.
28 B. Scheifele, Seidenbau und Seidenindustrie in der Kurpfalz. NHJbb 16, 1910, S. 193–256.
29 GLA 77/6658; 6674f.
30 GLA 77/6969.
31 M. J. Funk, Der Kampf der merkantilistischen mit der physiokratischen Doktrin in der Kurpfalz. NHJbb 18, 1914, S. 103–200.
32 GLA 77/596; 600; 616.
33 J. Kraus, Die Errichtung der Porzellanmanufaktur zu Frankenthal. Monatschrift des Frankenthaler Altertumsvereins 1905, S. 6; 13; 22; 30; 34; 39; 41; 48; E. Heusser, Porzellan aus Straßburg und Frankenthal im 18. Jahrhundert, 1922, ND 1988.
34 Auch das folgende nach den Gewerbetabellen von 1775: GLA 77/2542; 1784: Westenrieder, S. 325 und 329; 1786: GLA 77/6184.
35 GLA 77/5277; 6354.
36 H. Heimann, Die Neckarschiffer, Bd. 1, 1907.
37 Vgl. die Kompetenzbücher GLA 61/1; 30–31; 33–35; 39; 144. Reformvorschläge und Maßnahmen für die Schulen ebenda 77/6081; 6101f.
38 Ch. Hess, wie Kap. 19, S. 209–211.
39 L. Mugdan, Jesuiten im Lehrerkollegium der Universität Heidelberg während des 18. Jahrhunderts, ZGO 112, 1964, S. 187–218; D. Drüll, Heidelberger Gelehrtenlexikon 1652–1802, 1991.
40 G. Merkel, Wirtschaftsgeschichte der Universität Heidelberg im 18. Jahrhundert VKBW B 73, 1973.
41 H. Webler, Die Kameral-Hohe-Schule zu Lautern (1774–1784). Mitt. d. Historischen Vereins der Pfalz 43, 1972, S. 5–168; O. Poller, Kameral-Hohe-Schule zu Lautern (1774–1784), Staatswirtschafts-Hohe-Schule zu Heidelberg (1784–1804), 1979.
42 HStAD Jülich-Berg II, 3810.
43 HStAD Jülich-Berg II, 5068; GLA HfK Hs. 416.
44 GLA 77/596.
45 Statistik wie bisher nach Wiebeking und zusätzlich HStAD Jülich-Berg II, 1798.
46 Düsseldorf. Geschichte von den Anfängen bis ins 20. Jahrhundert, Hg. von H. Weidenhaupt. Bd 2, 1988, S. 7–312 (K. Müller).

47 F. Lau, Jülich. Historische Topographie der Stadt (Quellen zur Rechts- und Wirtschaftsgeschichte D 2), 1932.
48 K. Bosl, Geschichte der Repräsentation in Bayern. Landständische Bewegung, Landständische Verfassung, Landesausschuß und altständische Gesellschaft, 1974. K. O. von Aretin, Bayerns Weg, wie Kap. 19.
49 F. J. Lipowsky, Geschichte der Landstände von Pfalz-Neuburg, 1827; H. A. Eikam, Landstandschaft und Landschaftskommissariat im Fürstentum Pfalz-Neuburg. Ein Beitrag zu den Rechtsformen und Institutionen des neuzeitlichen Ständestaates, Phil. Diss. Mainz 1978.
50 L. Ziehner, Der Kommerzialverband zwischen den Erbstaaten des Kurfürsten Karl Theodor von der Pfalz. ZGO 83, 1931, S. 552–565.
51 L. K. Kinzinger, Schweden und Pfalz-Zweibrücken, Probleme einer gegenseitigen Integration. Das Fürstentum Pfalz-Zweibrücken unter schwedischer Fremdherrschaft (1681–1719), Phil. Diss. Saarbrücken 1988.
52 HStAM Kasten blau 403/1.

Kap. 21: Das Ende der Kurpfalz 1789–1803

Quellen

»Triumph, die Freiheitsfahne weht...« Die Pfalz im Banne der Französischen Revolution (1789–1814). Eine Sammlung zeitgenössischer Stimmen. Hg. v. *E. Schneider*, 2. A., 1989; Geschichte der vereinigten Sachsen und Preußen während der Feldzüge 1793; zwischen dem Rheine und der Saar in Form eines Tagebuches von einem Augenzeugen, 1795, Nachdruck 1987, hg. v. *W. Fallot-Burghardt; E. Schneider,* Der Revolutionskrieg in der Rheinpfalz 1792–95 in der zeitgenössischen Publizistik und der Memoirenliteratur. Mitteilungen des Historischen Vereins der Pfalz, Bd. 75, 1977, S. 133–189; Denkwürdigkeiten des bayerischen Staatsministers Maximilian Grafen von Montgelas (1799–1817), im Auszug und übersetzt hg. v. *L. Graf von Montgelas,* 1887; Denkwürdigkeiten des Grafen Maximilian Joseph von Montgelas über die innere Staatsverwaltung Bayerns (1799–1817), hg. v. *G. Laubmann* u. *M. Doeberl,* 1908.

Literatur

Aretin, Ebersold und *Hammermeyer* (wie Kap. 19); *Walter,* Mannheim I, S. 769–914; *L. Maenner,* Bayern vor und in der Französischen Revolution, 1927; *R. Schrepfer,* Pfalzbayerns Politik im Revolutionszeitalter von 1789–1793, Phil. Diss. München 1903; Wittelsbach und Bayern, hg. von *H. Glaser,* Bd III/1,2: Krone und Verfassung. König Max I. Joseph und der neue Staat, Ausstellungskatalog München, 1980; *F. X. Remling,* Die Rheinpfalz in der Revolutionszeit von 1792 bis 1798, 2 Bde, 1865/66 Krieg gegen die Französische Revolution 1792–1797. Nach den Feldakten und anderen authentischen Quellen bearb. in der kriegsgeschichtlichen Abteilung des k. und k. Kriegsarchivs, 2 Bde, 1905; *F. Dumont* u. *L. Schütte,* Die Zeit der Französischen Revolution und Napoleons. I. Revolutionskriege und revolutionäre Bewegungen. In: Pfalzatlas, Karte 112, Textband III, S. 1458–1470, 1984; *H. G. Haasis,* Die Anfänge der Revolution in der Pfalz und die vergessene Republik Bergzabern: 1789 bis 1793. In: Vor-Zeiten. Hg. v. D. Lau ... Bd. 5, 1989, S. 149–164; *E. Weis,* Pfalzbayern, Zweibrücken und die Französische Revolution. In: Deutschland und die Französische Revolution. Hg. *J. Voss* (Beihefte der Francia, Bd. 12), 1983, S. 118–131; *J. Voss,* Die Kurpfalz im Zeichen der Französischen Revolution. In: Die Französische Revolution und die Oberrheinlande (1789–1798), Hg. *V. Rödel* (Oberrheinische Studien 9), 1991; *Adalbert, Prinz von Bayern,* Maximilian I. Joseph, 1957; *E. Weis,* Die Begründung des modernen Bayerischen Staates unter König Max I. (1799–1825). HBBG Bd. 4, 2. A., 1979, S. 3–86; *E. Weis,* Montgelas 1759–1799. Zwischen Revolution und Reform, 2. A., 1988. Maximilian Joseph Graf von Montgelas (1759–1838). Dokumente zu Leben und Wirken des bayerischen Staatsmannes. Ausstellungskatalog München, 1988; *K. D. Hömig,* Der Reichsdeputationshauptschluß vom 25. 2. 1803 und seine Bedeutung für Staat und Kirche, 1969; *H. Schlick,* Die wirtschaftlichen und kulturellen Zustände der rechtsrheinischen Pfalz beim Anfall an Baden. ZGO 90, 1932, S. 407–456.

Anmerkungen

1 GLA 77/3642; 3645.
2 Schneider, Triumph, S. 89.
3 K. Th. von Heigel, Die Übergabe der pfalzbayerischen Festung Mannheim an die Franzosen am 20. 9. 1795 und die Verhaftung der Minister Graf Oberndorff und Salabert am 23. 11. 1795

(Abhandlungen d. bayer. AdW 20) 1893, S. 515–519; Ders., Der angebliche Mannheimer Verrat von 1795 (Historische Bilder und Skizzen), 1897.
4 R. v. Du Moulin-Eckart, Der Waffenstillstand von Pfaffenhofen (Forschungen zur Geschichte Bayerns 6), 1898.
5 HStAM Kasten blau 195/19, auch andere Friedensfühler der Zweibrücker ab 1795.
6 Schneider, Triumph, S. 110f. Bestrafung der »meineidigen« Untertanen GLA 77/3642.
7 GLA 77/4127.
8 Ehevertrag bei von Aretin, Verzeichnis (wie Kap. 19), S. 477–482.
9 J. D. Wundt, Verzeichnis der in dem Kurfürstentum Pfalz ... noch bestehenden und seit dem Regierungsantritt des Durchleuchtigsten Hauses Neuburg neuaufgerichteten Männer- und Frauenklöster. In: Magazin für die Kirchen- und Gelehrtengeschichte des Kurfürstenthums Pfalz II, 1790, S. 9–30; GLA 77/3292; 8695.
10 GLA 77/3447; 4348; 4722.
11 GLA 77/4320; 1042; 6104.
12 GLA 77/8192f.
13 Abtretungspatent Maximilian Josefs vom November GLA 77/3377; Text des Reichsdeputationshauptschlusses bei E. R. Huber, Dokumente zur deutschen Verfassungsgeschichte, 1. Bd.: Deutsche Verfassungsdokumente 1803–1850, 1961, S. 1–26.

Berichtigungen zu Band 1

S. 62	Erzbischof Siegfried II. statt Siegfried I.
S. 81	Erzbischof Siegfried III. statt Siegfried II.
S. 110	Sauerthal statt Sauerbronn
S. 116	Waldangelloch statt Gauangelloch
S. 153	Anna von Berg, nicht von Kleve
S. 158–160	Thundorf statt Thurndorf
S. 163	Waldershof statt Walderdorf
S. 191	Talzent statt Talrent
S. 213	Stammtafel: Ottheinrich heiratet Susanne von Kulmbach 1529, nicht 1528
S. 215	Karte: Ingolstadt gehört zu Bayern-München, nicht zu Pfalz-Neuburg
S. 218	Karte: Gemeinschaft Altenstadt dunkelgraue Balken statt helle Balken = verbliebenes Territorium, nicht Verlust
S. 224	Stammtafel: Pfalzgraf Philipp der Streitbare 1505–1541, nicht 1504

Foto- und Quellennachweis

Tafeln

Amberg, Stadtmuseum (Seite 67)
Badische Landesbibliothek, Karlsruhe (Seite 68)
Bayerische Verwaltung der Staatlichen Schlösser, Gärten und Seen, München, Schloß Nymphenburg (Seite 71)
Walter Ehrenstorfer, Amberg (Seiten 66/67)
Foto Gärtner, Heidelberg (Seite 69)
Robert Häusser, Mannheim (Seite 191)
Walter Klein, Düsseldorf (Seite 189 unten)
Kurpfälzisches Museum, Heidelberg (Seiten 72, 187, 188)
Landesbildstelle Baden, Karlsruhe (Seite 70)
Landesdenkmalamt Baden-Württemberg, Karlsruhe (Seite 186)
Reiss-Museum, Mannheim (Seite 190)
Hermann Pennig, Elsdorf (Seite 185)
Staatliche Graphische Sammlung, München (Seite 189 oben)
Staatliche Münzsammlung, München (Seite 65 oben und unten)
Wittelsbacher Ausgleichsfonds, München (Seite 192)

Textabbildungen

Heimatmuseum Neuburg a. d. Donau (Seite 167)
Kurpfälzisches Museum, Heidelberg (Seiten 36, 110, 111, 152, 215)
Matthäus Merian, Topographia Germaniae, Rheinpfalz 1672 (Seiten 54, 79, 102, 105, 120, 127)
Nordrhein-Westfälisches Hauptstaatsarchiv, Düsseldorf (Seite 237 oben)
Adolf von Oechelhäuser, Das Heidelberger Schloß, Verlag Brigitte Guderjahn, Heidelberg 1987, Nr. 18 (Seite 34)
Reiss-Museum, Mannheim (Seiten 175, 205)
Stadtgeschichtliches Museum, Düsseldorf (Seite 163)
Wolfram Waldschmidt, Kulturbilder aus dem Leben der Pfalzgrafen bei Rhein, Jena 1909 (Seite 57)

Abkürzungen zu den Registern

Bf., Bfe.	Bischof, Bischöfe
Bg.	Burg
Btm.	Bistum
Dep.	Department
Ebf., Ebfe.	Erzbischof, Erzbischöfe
Ebtm.	Erzbistum
Frhr.	Freiherr
frk.	fränkisch
frz.	französisch
Fst., Fstn., Fstin.	Fürst, Fürsten, Fürstin
Fstm.	Fürstentum
Gem.	Gemahl bzw. Gemahlin
Gf., Gfn., Gfin.	Graf, Grafen, Gräfin
Gfscht.	Grafschaft
Hg., Hge., Hgin.	Herzog, Herzöge, Herzogin
Hgtm.	Herzogtum
Hschft.	Herrschaft
Kfst., Kfstn., Kfstm.	Kurfürst, Kurfürsten, Kurfürstentum
Kg., Kge., Kgin.	König, Könige, Königin
Kl.	Kloster
Lkr.	Landkreis
Mgf., Mgfn., Mgfin.	Markgraf, Markgrafen, Markgräfin
Mgfscht.	Markgrafschaft
N., n.	Norden, nördlich
O., o.	Osten, östlich
Pfgf., Pfgfn., Pfgfin.	Pfalzgraf, Pfalzgrafen, Pfalzgräfin
Prov.	Provinz
Rhld.	Rheinland
S., s.	Süden, südlich
Stkr.	Stadtkreis
W., w.	Westen, westlich

Landkreise im Kerngebiet der Kurpfalz

AZ	Alzey-Worms
DÜW	Bad Dürkheim
ERB	Odenwaldkreis (Erbach)
GER	Germersheim
HD	Rhein-Neckar-Kreis (Heidelberg)
HN	Heilbronn
HP	Bergstraße (Heppenheim)
KA	Karlsruhe
KH	Bad Kreuznach
KIB	Donnersbergkreis (Kirchheimbolanden)
KL	Kaiserslautern
KUS	Kusel
LU	Ludwigshafen
MOS	Neckar-Odenwald-Kreis (Mosbach)
MZ	Mainz-Bingen
OG	Ortenaukreis (Offenburg)
SIM	Rhein-Hunsrück-Kreis (Simmern)
SÜW	Südliche Weinstraße

Namenregister

Vorbemerkungen

Aufgenommen sind alle Orts- und Personennamen, weitere geographische Namen nur, soweit es sinnvoll und in einem Bezug zum Thema war. Die Ortsnamen sind nach heutiger Verwaltungszugehörigkeit lokalisiert. Im Kerngebiet der Kurpfalz wurden zur Angabe der Landkreise die üblichen Autokennzeichen verwendet. Die Personen sind nach den Familiennamen eingeordnet, der niedere Adel, wo es möglich war, bei den Orten, nach denen er sich nannte, der Hochadel bei den großen Geschlechtern (etwa Luxemburger) oder bei den Fürstentümern und Herrschaften, nach denen er sich nannte, die Pfalzgrafen alle unter Pfalz, rheinische, denn unterteilt nach den jeweils regierenden Kurlinien und den großen Seitenlinien. Alle Herrscher stehen beim jeweiligen Land oder Reich, die deutschen Kaiser und Könige unter Römisches Reich, die Päpste unter Rom bzw. Avignon und Pisa. Sachbegriffe, die mit einem geographischen Namen verbunden sind, kommen im Namenregister, etwa Augsburgische Konfession, Westfälischer Friede usw., die übrigen Sachbegriffe, nur soweit sie für die pfälzische Geschichte besonders wichtig sind, im anschließenden Register ausgewählter Sachbegriffe.

Aachen 20f., 24, 34, 62, 64, 67f., 124, 136, 139f., 143, 212
– Reichswald 22
Abtsteinach, HP
– Zent 191
Achern, OG 137
Affenstein, Wolf von, kurpfälz. Rat II 28
Ägypten, Sultan al Kamil 72
Agricola, Rudolf, Humanist 210f.
Ahr(e), Gfn. von 29
Ahrgau, Rhld. 21
Aibling (heute Bad Aibling), Lkr. Rosenheim 74
Aichach, Lkr. Aichach-Friedberg 69, 74
Akkon, Palästina 171
Alacci, Leo, päpstl. Bibliothekar II 115
Alba, Hg. von II 46
Alberti, Maria, Gf. von, Architekt II 163
Albig, AZ 50
Alflen, Lkr. Cochem-Zell 33
Alken, Lkr. Mayen-Koblenz 86
Alsenborn, Eukenbach-Alsenborn, KL 50
Altdorf, Lkr. Nürnberger Land 125, 158–160, 163, 214, II 21
Altena, Märkischer Kreis II 77
Altenbamberg (Altenbaumburg), KH 116f.
Altenstadt bei Weißenburg, Unterelsaß 188f., 218, II 169
Alting, Heinrich, Theologe II 107
Altrip, LU 84
Alzey 18, 20f., 25, 40, 49–51, 55, 57, 74, 79f., 85, 88f., 91, 93, 96, 102, 104f., 108f., 112, 140f., 146–148, 181, 188, 203f., 216, II 24, 28, 30, 82, 90, 99f., 121, 128, 134, 150, 152, 158, 170, 218, 222f.
– Burg 89
– Fiskus 51
– Gericht 49
– Stadtplan 88f.
– Truchsessen von 50f., 55
– Weistum 49, 55
– Zurno von 86
Amberg 75, 89, 91, 93, 104, 110, 117, 125, 140f., 145f., 158, 160–168, 176f., 183, II 14, 21, 23, 25, 47, 51, 58, 60, 62–64, 66, 88, 90, 98f., 106, 112, 247
– Pädagogium II 60
– Vitztum 118, 151f., 177, 207
Amerika, Auswanderung nach II 221
Amorbach, Lkr. Miltenberg II 250
– Kl. 40, 54f.
– Gotthardsberg (Frankenberg) 54f.
Andechs-Meranien, Gfn. von 70–72
Andernach, Lkr. Mayen-Koblenz 30, 39, 71, 140, II 218
Andreae, Jakob, Theologe II 30, 41, 52
Anhalt, Fstm. II 61, 76
Anhalt-Bernburg, Christian, Fst. von II 64, 73–76, 78, 80, 88, 110–114
Anhalt-Dessau, Johann Georg I., Fst. von II 253
Anjou, frz. Gfscht.
– von
– – Heinrich II 46

289

– – Karl 76
Annweiler, SÜW 105f., 148
– Markward von 85
Ansbach 140, **II** 29, 249
Appenheim, MZ 50
Appenweier, OG 137
Appenzeller Krieg 135
Aragon, Kge. von
– Isabella 132
– Martin 132f.
Arenberg, Lkr. Ahrweiler
– Henrietta Fstin. von, Großmutter Karl-Theodors **II** 182
Armagnaken 172
Armenien **II** 164
Armsheim, AZ 187
Arnold, Gabriel, kurpfälz. Rat **II** 29
Arnoldsweiler, Düren 24
Arpaden s. Ungarn, Kge. von
Asam, Egid Quirin, Maler **II** 176, 204
Aschaffenburg 140
Aschhausen, Schöntal, Hohenlohe-Kreis Bg. 116f.
Asfeld, Claude François Bidal de, Marschall **II** 179
Atscher Wald, ö. Aachen 24
Auelgau, Rhld. 18f., 21
Auerbach in der Oberpfalz, Lkr. Amberg-Sulzbach 89, 91, 158, 160f., 167
Augsburg 74, 100, 124, 127, 140, 176, **II** 27, 30, 177
– Allianz (Liga) **II** 149f.
– Augsburgische Konfession (Confessio Augustana) **II** 25, 38–40, 44, 58
– Bfe.
– – Alexander Sigmund von Pfalz-Neuburg **II** 169, 255
– – Ulrich 18
– Domkapitel 155
– Reichstag **II** 43
Auhausen, Lkr. Donau-Ries, Kl. **II** 76
Austrasien, geplantes Königreich **II** 141
Avignon, Dep. Vaucluse
– Päpste 100, 123, 132
– – Benedikt XIII. 130, 132f., 143
– – Clemens VII. 120
– – Johann XXII. 91

Babenberger, Hochadelsgeschlecht 31, 72
– Agnes (Salierin), Gem. Leopolds III. 222
– Friedrich der Streitbare 72f.
– Heinrich Jasomirgott s. Pfalzgfn., alte
– Leopold III. 222
– Margarete, Gem. Kg. Konrads IV. 72
Bacharach, MZ 21, 30, 32, 38f., 51, 55–57, 60f., 74, 79, 85, 91, 93, 96, 104f., 108f., 111f., 117, 119, 121, 140f., 146f., 156, 188, 204, 216, 218, **II** 31, 98–100, 117f., 121, 150, 158, 170, 218, 222f.
– Viertäler 112 (s. a. Diebach, Manubach, Oberdiebach, Steeg)

Baden
– Großhgtm. **II** 251, 253
– Mgfn. von 62f., 100, 103, 107, 132, 134, 136, 171, 176, 178, 181, 189, 217, **II** 15, 18, 41, 44, 84, 134, 169, 194, 244, 248, 250
– – Beatrix s. Pfalz-Simmern
– – Bernhard I. 135, 149
– – Elisabeth, Pfgfin., Gem. Philipps I. 224
– – Georg Friedrich **II** 115
– – Hermann V. 62
– – Hermann VII. 83
– – Hesso 83
– – Karl I. 179
– – Karoline Friederike Wilhelmine s. Pfalz, Kurlinie
– – Ludwig Wilhelm **II** 153, 166f., 169
– – Mechthild 153
– – Philibert **II** 50
– – Philipp I. 224
– – Rudolf I. 83
Baden-Baden, Mgfn. von **II** 133, 242f.
Baden-Durlach, Mgfn. von **II** 75f., 122, 161, 227
Baden-Baden, Stadt **II** 174
Baden, Kt. Aargau 140, **II** 168
Baden-Württemberg **II** 251
Bärnau, Lkr. Tirschenreuth 158f., 163
Baesweiler, Lkr. Aachen 99
Baiertal, Wiesloch, HD **II** 41f.
Ballenstedt, Lkr. Quedlinburg, Gfn. von 19, 21, 31, 38, 63
– – Albert 28
– – Siegfried 29–31
– – Wilhelm 31, 65
Balsbach bei Limbach, MOS **II** 42
Ballenberg, Stadt Ravenstein, MOS **II** 18
Bamberg 32, 178
– Btm. u. Bfe. 87, 117, 161
– – Lamprecht 101
– Zisterzienserinnenkl. 35
Bancorbo de Apola, Unternehmer **II** 228
Barmen, Stadt Wuppertal **II** 235f.
Barr, Unterelsaß 137, 146f., 188, 218
Basel 56
– Domstift 179
– Konzil 151f., 172, 185, 210
Baudouin (Balduinus), François, Jurist **II** 32, 107
Bayern, Hge., Kfstn. und Kge. von 94, 96, 98, 129, **II** 15, 21f., 26, 76, 82, 114f., 118, 121–123, 125f., 131, 149, 157, 161, 166–168, 176–180, 187, 192f., 195f., 200f., 203, 210, 228, 238–240, 245–247, 251
– Agnes, Gem. Ottos I. 223
– Elisabeth Isabeau, Kgn. von Frankreich 132
– Heinrich (1023) 25
– Heinrich der Löwe 60f., 69, 221f.
– Heinrich XIII., Hg. von Niederbayern 73–77, 89, 223
– Heinrich XV. 91
– Karl Theodor s. Pfalz, Kurlinie

- Karl Albrecht s. Römisches Reich, Kge. und Ksr.
- Klemens II 179, 183, 255
- Leopoldine Eleonore, Gem. Max Emanuels s. Pfalz-Neuburg
- Ludwig s. Pfalz, Kurlinie
- Ludwig I., Kg. II 250
- Ludwig II. s. Pfalz, Kurlinie
- Ludwig der Bayer s. Römisches Reich, Kge. und Ksr.
- Magdalena, Gem. Pfgf. Wolfgang Wilhelms s. Pfalz-Neuburg
- Maria Anna von Pfalz-Sulzbach, Gem. Hg. Klemens' II 195, 201, 255
- Max Emanuel II 163, 167, 178, 255
- Max Josef s. Pfalz, Kurlinie
- Maximilian II 77, 111, 113, 115–117, 119, 122
- Maximilian III. II 195, 239
- Otto I. 69, 223
- Otto II. s. Pfalz, Kurlinie
- Susanna, Gem. Kfst. Ottheinrichs II 29
- Stephan, Sohn Ludwigs des Bayern 96
- Wilhelm II 20, 29

Bayern-Ingolstadt 135
- Hge. von
- - Ludwig 127, 150

Bayern-Landshut 150, 158, 161, 189, 206, 213–216
- Hge. von
- - Elisabeth, Tochter Georgs des Reichen 212–214, 216, 224
- - Georg der Reiche 212–214, 217
- - Heinrich (XVI.) der Reiche 155f., 213
- - Johanna, Tochter Heinrichs des Reichen, Gem. Pfgf. Ottos I., s. Pfalz-Neumarkt und -Mosbach
- - Ludwig IX. 159, 179, 213
- - Margarete, Gem, Pfgf. Philipps des Aufrichtigen s. Pfalz, Kurlinie

Bayern-München 156, 158, 160, 163, 213–216
- Hge. von
- - Albrecht (1505) 216
- - Albrecht III. 213
- - Albrecht IV. 213
- - Beatrix s. Pfalz-Neumarkt u. -Mosbach
- - Ernst 150
- - Sibylle s. Pfalz, Kurlinie
- - Susanne s. Pfalz, Kurlinie
- - Wilhelm 150
- - Wilhelm IV. 213

Bayern-Straubing 161
Bayern, Pfgfn. von 17, 68
- Otto von Wittelsbach (Graf von Scheyern) 31, 34, 68

Bayern, von, Söhne Friedrichs I. v. d. Pfalz
- Friedrich 176, 224
- Ludwig 176, 224

Bayrischzell, Lkr. Miesbach, Kl. 69
Beaulieu, Frankreich, Friede von II 55
Beckers, Heinrich Anton von, Minister II 184
Behaim, Albert, päpstl. Legat 68, 73
Behaim, Barthel, Maler II 67

Beerfelden, ERB
- Zent 191
Beilstein, Lkr. Cochem-Zell, Bg. 116f.
Beilstein, HN 178
Beinheim, Unterelsaß 181, 188f., 204
Belderbusch, Johann Theodor von, General II 200, 247
Belgrad II 151
Bell, Lkr. Mayen-Koblenz 33
Bellheim, GER II 156
Benrath, Schloß bei Düsseldorf II 189, 206, 238
Bensberg, Bergisch Gladbach, Rheinisch-Bergischer Kreis II 163
Bensheim, HP 53, 78f., 82, 84, 187, II 86, 98, 100, 125, 223
Bentheim, Lkr. Grafschaft Bentheim II 61
Berg, Hgtm. II 61, 76–78, 146f., 177–179, 234–236, 249
- Hge. von 135
- - Anna, Pfgfin., Gem. Wilhelms (irrtüml. von Kleve) 153
- - Beatrix, Gem. Pfgf. Ruprechts I. 223
Bergen ob Zoom, Niederlande II 182, 2?
Bergheim, Erftkreis 21, 24
Bergheim, Stkr. Heidelberg 57, 63
II 100, 161
Bergisches Land II 228
Bergisch-Gladbach, Rhein`   ˌscher Kreis II 77, 235
Bergzabern (heute ˝   ˎÜW 107, 177, 182, 244, 246, ˮ   ˎ
Berlin II 172
Bern, Kanto
Bernkaste˒   ˌstel-Kues, Lkr. Bernkastel-Wit˙ˎ
Berth˖   ˍline, Hochadelsfamilie 32, 34, 83 (v˛ ˍlohenberg-Lindenfels)
Besançon, Dep. Doubs II 126
Besigheim, Lkr. Ludwigsburg 181, 188, 217f.
Bethune, François, frz. Gesandter II 140
Betzenstein, Lkr. Bayreuth 158
Beutterich, Peter, kurpfälz. Rat II 53, 59
Beza, Theodor, Reformator II 33, 45
Bibiena, Alessandro Galli da, Architekt II 175, 204f.
Biblisheim, Unterelsaß, Kl. 137
Bibra, Lorenz von s. Würzburg, Bfe.
Bidenbach, Balthasar, Propst II 52
Bielefeld II 77
Bildhausen s. Maria Bildhausen
Billigheim, Billigheim-Ingenheim, SÜW 106, 147, 188, 218, II 94, 98, 158, 170, 223
Billikan, Theodor, Reformator II 16
Bilstein, Lennestadt, Lkr. Olpe, Gfscht. 114f.
Bingen, MZ 30, 35, 55, 61, 81, 85, 108, 178, 203f.
Birkenau, HP
- Zent 191
Birkenfeld II 243
Bischweiler, Unterelsaß II 243
Bitsch, Lothringen II 150
- Gfn. von 172

291

Blandrata, Georgio, siebenbürg. Reformator II 45
Blankenberg, Hennef (Sieg), Rhein-Sieg-Kreis II 235f.
Blindheim, Lkr. Dillingen an der Donau II 167
Bochetel, Bernardin, frz. Gesandter II 37
Bochum II 77
Böblingen II 18
Böblinger, Matthäus, Baumeister 210
Böchingen, SÜW II 213
Böckelheim an der Nahe, KH 182, 187f., 218, II 53, 134, 169f.
Böhmen, Kge. von 67, 80, 95, 125, 168, 206, 214, II 90, 109–114, 116f., 119, 123, 165f., 194f., 197
– Georg Podiebrad 158f., 162, 177, 185
– Matthias Corvinus 159, 212
– Ottokar 66, 73, 76f.
Bökelmann, Friedrich, Jurist II 129, 131
Bönnigheim, Lkr. Ludwigsburg 140
– Bg. 116
Bogen, Lkr. Straubing-Bogen
– Gfn. von 70
Bolanden, Kirchheim-Bolanden, KIB 98, 105, 107, 147–149, II 170
– Bg. 116
– Werner von 50f.
Bologna 127, 138
Bonn 140, II 56
– Bonnburg 22
Bonngau 18f., 21f.
Boppard, SIM 107, 123, 140
Boquin, Peter, Theologe II 32, 52, 107
Bottwar, Großbottwar, Lkr. Ludwigsburg 181
Botzelaer, Wylich, Frhr. von, preuß. Gesandter II 156
Bouillon, Hge. von II 78
Bourbon, Hg. von, Heinrich III. Julius II 130
Bourbonen, frz. Königsdynastie II 168, 181
 (s. auch Navarra)
Bourges, Dep. Cher II 39
Boxberg, Main-Tauber-Kreis, Bg. 116, 183, II 17, 27, 46, 82, 98, 158, 170, 223
Bozen, Südtirol 128
Brabant, Gfsscht., Hgtm. 28, 125
– Hge. von
– – Anton 126, 135f.
– – Maria, Gem. Kfst. Ludwigs II. 75f.
Branchweiler(hof), Neustadt a. d. Weinstraße
– Spital 102
Brandenburg, Mgfn. und Kfstn. von 95, 125, 185, 206, II 15, 60f., 75–78, 114, 116, 128, 141, 146, 150, 155f., 161
– Albrecht der Bär 24
– Friedrich III. II 172
– Friedrich Wilhelm II 146, 172, 185
– Georg Friedrich II 58
– Johann Georg s. Straßburg, Bfe.
– Johann Sigismund II 76f.
– Ludwig II 172
– Ludwig (Wittelsbacher) 94f.
– Luise Charlotte geb. Radziwill s. Pfalz, Kurlinie
– Maria Eleonore s. Pfalz, Kurlinie
– Sigismund II 146
– Woldemar (der Falsche W.) 95, 102
 (s. auch Hohenzollern)
Brandenburg-Ansbach, Mgfn. von II 76
Brandenburg-Kulmbach, Mgfn. von II 47, 76
– Albrecht Alkibiades II 29, 35
– Maria s. Pfalz, Kurlinie
– Susanna s. Pfalz, Kurlinie
Braubach, Rhein-Lahn-Kreis 32, 140
Braunau am Inn, Oberösterreich 216, II 195
Brauneck, Creglingen, Main-Tauber-Kreis
– Bg. 116f.
Braunschweig, Hgtm. und Hge. von 134, 136, 216, II 214
– Christian II 115
Braunschweig-Hannover s. Hannover
Braunschweig-Lüneburg, Fstn. von 72, 131
– Johann Friedrich II 130
– Wilhelmine Amalie, s. Römisches Reich, Kge. und Ksr.
Braunschweig-Wolfenbüttel, Fstn. von
– Elisabeth Christine, s. Römisches Reich, Kge. und Ksr.
Braunshorn, SIM 91
Brauweiler, Pulheim, Erftkreis Kl. 20–22, 24–28, 31, 41, 60
Breda-Aachen
– Friedensvertrag II 140
Brederode, Amalie von s. Pfalz, Kurlinie, A. von Neuenahr
Breisig (heute Bad B.), Lkr. Bad Neuenahr-Ahrweiler 20f.
Breitenfeld bei Leipzig, Schlacht II 113
Bremen II 61
Bremm, Lkr. Cochem-Zell 33
Brennerpaß 129
Brenz, Johannes, Reformator II 16, 30, 39, 41
Brescia, Lombardei 128
Breslau II 39, 112, 114
– Bfe. von II 168
– – Franz Ludwig von Pfalz-Neuburg s. Pfalz, Kurlinie
Bretten, KA 105, 107, 146f., 188, 203, 214, 218, II 30, 38, 80, 98, 121, 150, 152, 158, 170, 194, 223
– Bg. 116
Bretzenheim, KH
– Herrschaft II 171, 206
– Karl August, Fst. von II 183, 204
Breunig, Johann Adam, Baumeister II 162
Brieg, Schlesien II 172
Bristol, England II 128
Brixen, Südtirol 128
Brohl, Lkr. Cochem-Zell 33
Bronnbach, Wertheim, Main-Tauber-Kreis
– Kl. 54
Bruchsal, KA 27, 203, II 18f., 121, 150, 170
Bruck in der Oberpfalz, Lkr. Schwandorf 158, 160
Brühl, HD 84, II 169

Brücken (Pfalz), Lkr. Kusel II 194
Brünn II 112
Brüssel, Belgien II 21, 35, 182, 196 f.
Brumath, Unterelsaß 101
Bruneck, Südtirol 128
Bubenheim, MZ 33
Bucer, Martin, Reformator II 16, 25 f., 38
Buch, Christian von s. Mainz, Ebfe.
Buchen (Odenwald), MOS 204
Buckingham, Jacob, Berater Karls I. von England II 117
Bucquoi, Gf., Karl Bonaventura von Longueval, General II 113
Budweis, Böhmen 103, II 113
Büren, Gf. Max von II 26 f.
Bürge, Wald sö. Jülich, Lkr. Düren 21 f., 24
Bürstadt, HP 84
Bulach s. Neubulach
Burgen, Lkr. Mayen-Koblenz 33
Burghausen, Lkr. Altötting 215, II 239
Burglengenfeld, Lkr. Schwandorf 74, 87, 89, 91, 93, 140, 156, 158, 215, 217, II 147
Burgtreswitz, Moosbach, Lkr. Neustadt an der Waldnaab 158 f.
Burgund, Hge. von 132, 135, 172 f., 177, 206 f., II 21, 51, 74, 103
– Johann 126
– Karl der Kühne 185, 212
– Maria, Tochter Karls des Kühnen 212
– Maria, Tochter Philipps des Kühnen 173
– Philipp der Gute 184, 210
– Philipp der Kühne 173
Bursfelde, Münden. Lkr. Göttingen Kl. 182, 186, 211
Buttersheim, abgeg. bei. Mosbach, MOS 111

Cadolzburg, Lkr. Fürth 140
Caffaro, Paß sw. Trient 128
Calais II 143
Calvin, Johannes, Reformator II 32, 38 f., 41, 107
Calw, Gottfried, Gf. von s. Pfgfn., alte
Camasse, Maria Anna, morganat. Gem. Christians IV. von Pfalz-Birkenfeld-Zweibrücken II 255
Camerarius, Ludwig, kurpfälz. Rat II 116 f., 119
Cammin, Hinterpommern
– Bt. von 131
Campoformio, Frieden von II 248
Canisius, Petrus, Gegenreformator II 33
Cannabich, Christian, Musiker II 207
Cannstatt (heute Bad C.) Stkr. Stuttgart 140
Canterbury, England
– Bf.
– – George Abbot II 112
Caorle, Prov. Venedig 128
Carpentarius, Johann, Propst in Lorsch II 31
Carrara, Prov. Padua
– Franz von, italien. Heerführer 128 f.
Cartheyser, Wolfgang s. Schönau, HD, Abt
Casale Monferato, Prov. Alessandria II 103

Castell, Gf. von II 143, 147, 148, 213
Caus, Salomon von, Gartenarchitekt II 80
Celle, Niedersachsen 62
Celtis, Konrad, Humanist 211
Cervola, Arnold von, Erzpriester 98
Cham 74, 89, 158, 160, 162, 166
– Gfscht. II 167, 246
Chamlay, Jules Louis Marquis de, Generalstabschef II 151
Chamoy, Louis, frz. Gesandter II 156
Charlottenburg, Berlin, Vertrag von II 177 f.
Chevreau, Urbain, kurfürstl. Sekretär II 140
Chumbd, Kl. bei Simmern, SIM 55, 173
Cirler, Stephan, Sekretär Friedrichs III. II 30, 40
Cisnerus, Nikolaus s. Kistner
Cividale, Prov. Udine 131
Cleeberg, Langgöns, Lkr. Gießen
– Bg. 116 f.
Clignet, Heinrich, Stadtdirektor in Mannheim II 136, 138
Coburg 20, 27
Cochem, Lkr. Cochem-Zell 21 f., 27 f., 31, 33 f.
Colin, Alexander, Bildhauer II 33
Collini, Cosimo Alessandro, Sekretär der Pfälz. Akademie der Wissenschaften II 199, 209
Colloredo, Gf. II 195
Colmar, Oberelsaß 105, 137, 147, 188, 218
Comburg, Schwäbisch Hall, Kl. 29, II 168
Condé, Henri Jules Prince de, Duc d'Enghien, Marschall II 55
Cordoba, Fernandez de, span. Feldherr II 114 f.
Corelli, Arcangelo, Komponist II 164
Cornelimünster s. Kornelimünster
Cornwall, Richard von 67, 75 f. (s. a. Römisches Reich, Kge. und Ksr.)
Creglingen, Main-Tauber-Kreis 29
Cronberg s. Kronberg
Crollius, Georg Christian, Gelehrter II 209
Croy, Gfn. von s. Pfalz-Zweibrücken-Veldenz
Cumberland, Hge. von
– Ruprecht s. Pfalz, rheinische
Custine, Adam Philippe, frz. General II 246

Dänemark (s. auch Schweden)
– Kge. von II 26, 116
– – Christian II. II 21, 27
– – Christian III., Hg. v. Holstein, II 21 f., 116
– – Christoph 151, 156, 206, II 70
– – Dorothea, Gem. Pfgf. Friedrichs II. 224, II 21, 25
– – Erich von Pommern 133, 151
– – Katherina, Gem. Pfgf. Johanns 150
– – Wilhelmine Ernestine s. Pfgfn., Kurlinie
Dahn, Lkr. Pirmasens 188 f.
Daimbach, Kl. bei Alzey 28
Dalberg, KH II 83
– Bg. 116
– Kämmerer von Worms, genannt D.
– – Heribert von, Theaterintendant II 208 f.
– – Johann 145, 184, 210 f.

Dallau, MOS II 96
Dalsheim, Flörsheim-Dalsheim, AZ 146
Damaskus, Syrien 171
Damiette, Ägypten 72
Darmstadt 203
Dassel, Lkr. Northeim
- Rainald von 39, 60 (s. a. Köln, Ebfe.)
Dathenus, Petrus, Theologe II 40, 46
Daxweiler, KH II 229
Degenfeld, Gfn. von
- Ferdinand II 129
- Luise, Raugräfin, morganat. Gem. Kfst. Karl Ludwigs II 129f., 139, 253
Deggendorf, Niederbayern 74
Den Haag II 64, 114, 119, 125, 129
Desbillons, François Terasse, Jesuitenpater II 199
Descartes, René, Philosoph II 128
Dett, Clara, morganat. Gem. Friedrichs des Siegreichen 176, 224
Dettingen am Main, Karlstein, Lkr. Aschaffenburg
- Schlacht II 193
Deutscher Orden 124, 170, 185, II 169
- Deutschmeister 127, 192, 205
- - Philipp von Bickenbach 113
- - Siegfried von Venningen 101
Deutschland, Kge. und Ksr. s. Römisches Reich
Dexheim, MZ 107
Dhaun, Hochstetten-Dhaun, KH 116
Dhronecken, Lkr. Bernkastel-Wittlich
- Bg. 116
Diebach, Bacharach, MZ 55 (s. a. Viertäler)
Dieblich, Lkr. Mayen-Koblenz 33
Diedesheim, Mosbach, MOS 63
Dielheim, HD II 42
Diepoldinger, Hochadelsgeschlecht 88
Dietkirchen, Bonn, Kl. 21
- Mathilde, Äbtissin 26
Diez, Rhein-Lahn-Kreis, Gfn. von 35
Diller, Michael, Reformator II 30, 39
Dilsberg, Neckargemünd, HD 83, 96, 107, 110f., 140, 146f., 188, 190, 218, II 46, 98, 114f., 117f., 150, 160, 170, 187, 217, 223
Dillingen (an der Donau)
- Gfn. von
- - Heylwig s. Pfalz, Alte Pfgfn.
Dinkelsbühl, Lkr. Ansbach 140
Dirmstein, DÜW II 169
Disibodenberg, Odernheim am Glan, KH
- Kl. 216, II 121
Döffingen, Grafenau, Lkr. Böblingen
- Schlacht 100, II 18
Dohna, Burggfn. von
- Achaz II 78, 113
- Christian II 78
- Fabian II 60
Dôle, Dep. Jura, Universität II 50
Donauwörth, Lkr. Donau-Ries 76, 140, 178, II 76
Donellus (Doneau), Hugo, Jurist II 107

Dornheim, abgeg. bei Käfertal, Stkr. Mannheim 84
Dortmund 65
- Dortmunder Rezeß II 76
Dossenheim, HD 83f., II 96, 125
Dresden II 194
Dromersheim, Bingen, MZ 50
Düren, Nordrhein-Westfalen 22, 24, II 77, 147, 234–236, 238
Dürer, Albrecht, Maler II 103
Dürn-Dilsberg, Gfn. von 83
Düsseldorf II 77, 132, 146f., 162f., 168, 170, 172f., 176, 178f., 184f., 194, 196f., 206f., 211, 214, 234–238, 240, 247
- Vertrag II 146
Duisburg 25, 27, 65, II 77
Duras, Jacques Henri, Duc de, frz. Marschall II 151
Durazzo (heute Dures), Albanien
- Karl, Mgf. von 98
Durlach, Stkr. Karlsruhe 203, II 150, 174
Dyck, Anthonis van, fläm. Maler II 206

Eberbach, HD 63, 83, 105f., 140, 148, 153, 190, II 86, 98, 100, 150, 218
- Bg. II 85
- Zent 106, 159, 191f.
Eberbach, Hattenheim, Eltville am Rhein, Rheingau-Taunus-Kreis II 222
- Kl. 81
Eberbach, Klaus Heinrich von II 64, 74
Ebernburg, Bad Münster am Stein, KH II 17, 153, 194
Eberstein = Alteberstein, Stkr. Baden-Baden bzw. Neueberstein, Gernsbach, Lkr. Rastatt
- Herren u. Gfn. von 98, 103, 107
Ebrach, Lkr. Bamberg, Kl. 35
Echternach, Luxemburg, Kl. 27f., 64
Eckberte, Grafenfamilie, Speyerer Hochstiftsvögte 51
Edenkoben, SÜW II 97
Edigheim, Ludwigshafen am Rhein 52, 84
Edingen, Edingen-Neckarhausen, HD 83f., II 143, 213
Egell, Paul, Bildhauer II 176, 205
Eger, Böhmen 95
Egmond, niederländ. Gf. II 38, 253
Ehem, Christoph, kurpfälz. Beamter u. Kanzler II 30, 40, 44, 47, 51, 53, 59, 107, 109
Ehrenburg, Brodenbach, Lkr. Mayen-Koblenz
- Bg. 38
- von 38
Ehrenfriede s. Ezzonen
Eichelsheim, abgeg. Bg. bei Mannheim 76, 85
Eichstätt, Btm. 161
Eichtersheim, Angelbachtal, HD
- Bg. 116
Eifelgau 19
Einarzhausen, Unterelsaß 137, 146f., 174, 188f., II 102f. (s. auch Pfalzburg)
Einbeck, Lkr. Northeim 62
Einhard, Biograph Karls d. Großen 53

Einöllen, Lkr. Kusel **II** 194
Einrich, Gericht bzw. Vierherrengericht 19, 32, 114f.
Einsenhut, Pfarrer **II** 19
Elberfeld, Wuppertal **II** 77, 147, 235f.
Elfingen, Maulbronn, Enzkreis 52
Ellwangen (Jagst), Ostalbkreis 140
- Kl. und Stift 117
Elmstein, DÜW 51, 56, **II** 85
Elsaß, Landvogtei 95, 98–100, 105f., 133, 137, 142–147, 149, 171f., 174, 176, 182f., 212, 214, 217f., **II** 18–20, 33, 82, 86, 114, 117–119, 122, 149, 153, 166, 177, 242
Elsenzgau 49, 52
Eltville am Rhein, Rheingau-Taunus-Kreis 95
Eltz, Burg bei Wierschem, Lkr. Mayen-Koblenz 166f.
Emichonen, mittelrhein. Grafengeschlecht 49
Engelstadt, MZ 50
Engelthal, Lkr. Nürnberger Land, Kl. 150
Engers, Neuwied 19
Engersgau 19, 21
Engländer, wilde 100, 102
England, Kge. von 103, 131, 138, **II** 15, 22, 27, 76, 90, 95, 110, 112, 114–116, 122, 129, 140, 155, 166, 178, 194, 230, 249
- Blanka s. Pfalz, Kurlinie
- Eduard III. 94
- Elisabeth Gem. Pfgf. Friedrichs V. s. Pfalz, Kurlinie
- Elisabeth I. **II** 55, 109
- Georg I. **II** 129
- Heinrich III. 75
- Heinrich IV. 131f.
- Heinrich V. 142, 170
- Jakob I. **II** 80, 112f., 116f.
- Karl I. (Charles) **II** 80, 117, 125
- Karl II. **II** 128
Ensdorf, Lkr. Amberg-Sulzbach Kl. 87, 146, 158, 160
Ensheim, AZ 50
Enzgau 49, 52
Eppelheim, HD 83f.
Eppingen, HN 174, 181, 187, **II** 19, 25, 98, 220, 223
- Eppinger Linien **II** 150, 153
Erast (Liebler), Thomas, Arzt und pfälz. Rat **II** 32, 40, 44f., 52, 107
Erbach, ERB 54, 91, 114f., **II** 83
- Schenken und Gfn. von 54, 80, 82f., 108, 204f., **II** 37f., 82
- - Eberhard **II** 38
- - Georg **II** 27, 38, 254
- - Valentin **II** 38
- Zent 191
Erbes-Büdesheim, AZ **II** 82
Erfurt **II** 40
- Universität 121
Erlbach, Markt Erlbach, Lkr. Neustadt an der Aisch-Bad Windsheim 140
Erligheim, Lkr. Ludwigsburg, von 101
Eschenbach in der Oberpfalz, Lkr. Neustadt an der Waldnaab 89, 158–160, 163f.
Eschlkam, Lkr. Cham 89
Eschwege, Werra-Meißner-Kreis 134
Eschweiler, Lkr. Aachen **II** 235f., 238
Essen
- Damenstift 20f., 26, 39
- - Theophanu, Äbtissin 26f.
Esslingen am Neckar 140, 210, **II** 15
Ettenheimmünster, Ettenheim, OG, Kl. 184
Ettlingen, KA **II** 150
Euskirchen, Nordrhein-Westfalen **II** 234f.
Eußerthal, SÜW, Kl. 112, **II** 42, 121, 142, 159
Ezzonen, Hochadelsgeschlecht 18–21, 25, 28, 49, 114
- Adelgunde, Gem. Ehrenfrieds I. 220
- Adelheid, Äbtissin in Nivelles 26, 220
- Ehrenfried I. 18, 220
- Ehrenfried II. 18f., 21, 220
- Heilwiga, Äbtissin in Neuß 26, 220
- Hermann 220
- Hermann, Ebf. von Köln 26f., 220
- Hezelin 19, 27, 220
- Hezelinides 19, 21, 27f.
- Ida, Äbtissin in Gandersheim und in St. Marien im Capitol, Köln 26, 220
- Konrad 26
- Kuno, Hg. von Kärnten 27, 220
- Ludolf 25, 220
- Mathilde, Gem. Pfgf. Ezzos 20, 220
- Mathilde, Äbtissin in Dietkirchen und Vilich 26f., 220
- Richeza, Kgn. von Polen 26f., 47, 220
- Richwara, Gem. Ehrenfrieds II. 220
- Sophia, Äbtissin in St. Marien in Mainz 26, 220
- Theophanu, Äbtissin in Essen 26f., 220

Fagius, Paul, Reformator **II** 26, 106
Fahrenbach, MOS **II** 42, 139
Falkenburg bei Wilgartswiesen, Lkr. Pirmasens 105f., 116, 148
Falkenstein, Lkr. Cham 163
Falkenstein, KIB **II** 133, 180, 194
- Herren von 85, **II** 83
Ferdinandsdorf, abgeg. bei Mülben, Waldbrunn, MOS **II** 160, 226
Ferrara 127, **II** 103f.
Feudenheim, Stkr. Mannheim 83f.
Flamersheimer Wald, sö. Euskirchen 21f.
Flehingen, Oberderdingen, KA **II** 25
Flinner, Johannes, Theologe **II** 30
Florenz 127–129
Floß, Lkr. Neustadt an der Waldnaab 73, 156, 158, 215, 217, **II** 181
Flossenbürg, Lkr. Neustadt an der Waldnaab 163
Fontanesi, Josef, kurpf. Beamter **II** 200, 229
Fosse, Louis Remi de la, Architekt **II** 175
Fränkisches Reich, Kge.
- Brunichildis 16
- Fredegunde 16
- Karl der Einfältige 18

295

– Ludwig der Fromme 17
Frangipani, Kommandant von Frankenthal II 126
Frank, Peter, Jesuit II 183
Franken, Hgtm. 18, 32, 64f., 67
Frankenberg s. Amorbach
Frankenthal (Pfalz), Kl. und Stadt 84, 147, 188, II 39, 42, 45, 48, 53, 55, 74, 80, 94, 98, 101–103, 105, 114–118, 121, 126, 129, 150, 153, 158, 160, 170, 199, 213, 217, 222f., 229f., 240f.
Frankfurt am Main 22, 37, 56, 67, 76, 78f., 94, 101, 124, 130, 139f., 142, 184, 203f., II 16, 100f., 131, 154, 177, 198, 232
– Frankfurter Union II 193
– Messe 155, 202, II 231
Frankreich, Kge. und Ksr. von 103, 123, 130–132, 144, 172, 177, 183, 212, II 15, 27f., 33, 46, 51, 55, 60, 75f., 89, 95, 117f., 122, 124, 126, 128, 130–132, 134, 140, 142, 144–146, 149, 151–155, 157, 164, 166–168, 172, 177–180, 192–195, 198, 231, 239, 242, 244–246, 248, 250
– Eleonore von Portugal, Gem. Franz I. II 21
– Franz I. II 15, 21f., 26
– Heinrich II. II 33
– Heinrich III. II 55
– Heinrich IV. II 76f.
– Ingeborg 61
– Isabeau von Bayern 132
– Ludwig XIV. II 140–142, 145, 148–153, 155f., 159, 253
– Napoleon I. II 248f.
– Philipp August 61
Frauenalb, Marxzell, KA, Kl. 135
Frecht, Martin, Reformator II 16
Freher, Marquard, Jurist II 74, 107
Freiburg im Breisgau II 43, 168
Freinsheim, DÜW 189, II 158, 170
Freising
– Btm. und Bfe. 69, 72, 74
– – Heinrich, Pfgf. 224
– – Otto 35, 37, 69
– – Philipp, Pfgf. 224
– – Ruprecht, Pfgf. 224, II 13
Frettenheim, AZ 50
Freundsburg s. Fröndsburg
Freystadt, Lkr. Neumarkt in der Oberpfalz 150, 158–160, 217
Friedberg (Hessen), Wetteraukreis 134, 140
Friedrichsburg (heute Neuschloß), Lampertheim, HP 214
Friedrichsfeld, Stkr. Mannheim 180, II 143
Friesenheim, Ludwigshafen am Rhein 84
Fröndsburg (Freundsburg), Bg. nw. Lembach, Unterelsaß 116f.
Froimont, Clemens, Architekt II 175
Fürstenau, Bg. bei Steinbach, Michelstadt, ERB 83
Fürstenberg, Bg. bei Bacharach, MZ 85, 112
Fürstenberg, Wilhelm Egon von, s. Straßburg, Bfe.

Fürstenfeld, Fürstenfeldbruck, Kl. 75, 78
Fürstenstein s. Zwingenberg, MOS
Fürth, HP 82, 84, 108, 187
– Zent 191
Füssen, Lkr. Ostallgäu II 193
Fugger, Ulrich II 62
Fulda II 40
– Kl. 55, 108, 140
Furth im Wald, Lkr. Cham 74

Galean, Karl Hyazinth, Hg. von II 211
Galizien II 222
Gamburg, Werbach, Main-Tauber-Kreis 54
Gammelsdorf, Lkr. Freising
– Schlacht 79
Gandersheim (heute Bad G.), Lkr. Northeim
– Äbtissin Ida 26
Garampi, Giuseppe, Gf. von, Nuntius II 201
Gardner, Madern, Bildhauer 210
Gau-Heppenheim, AZ 50
Gau-Odernheim, AZ 25, 99, 105, 107, 136, 173
Geilweiler (heute Geilweiler Hof), Siebeldingen, SÜW II 18
Geisfurt, Lkr. Kleve 19
Geispitzheim, Cranz von II 78
Geldern, Lkr. Kleve
– Hgtm., Hge. von 136, 182, II 166
– – Margarete, Gem. Pfgf. Friedrichs von Simmern 225
Gelnhausen, Main-Kinzig-Kreis 140, 173, 205, II 82
– Konrad von, Dompropst von Worms 102, 121
Gemar, Oberelsaß 135
Gemmingen, HN
– Bg. 116f.
Genf II 38, 45
Gengenbach, OG 137, 147, 188, 214, 218
– Kl. 137
Gensingen, MZ II 134
Gent, Flandern II 55
Germersheim 63, 93, 95, 100, 106, 119, 140f., 146f., 159, 173, 188, 203, 218, II 18, 82, 90, 98, 118, 121, 133, 141f., 144, 149f., 153, 158f., 170, 177, 212, 222f.
– Bg. 114
– Herrschaft 132
Geroldseck, Bg. bei Seelbach, OG 184, 202, 214
Gerresheim, Düsseldorf
– Kl. 19, 21
Gestel, Brabant II 240
Giengen an der Brenz, Lkr. Heidenheim 179
Gießen 29, 140
Gimmeldingen, Neustadt an der Weinstraße 51
Gladbach, Mönchengladbach 19
Gleiberg, Gfn. von s. Luxemburg-Gleiberg
Glogau, Niederschlesien, Hgtm.
– Anna, Hgin. von 76
Gnadenberg, Oberölsberg, Berg bei Neumarkt, Lkr. Neumarkt in der Oberpfalz
– Kl. 150, 158, 160, 217

Gnesen, Polen 26
Gochsheim, Kraichtal, KA
- Bg. 116
Godramstein, Landau in der Pfalz 106
Göllheim, KIB 78f.
Göppingen 140
Görlitz II 112
- Elisabeth von, Mgfin. 126
Görz, Friaul-Julisch-Venetien
- Gfn. von 128
Göttingen 62
- Universität II 232
Götz, Sebastian, Bildhauer 69, II 69f.
Gollenfels, Bg. bei Stromberg, KH 116
Goltstein, Johann Ludwig Anton Gf. von, Minister II 184, 199
Gondershausen, SIM 33
Gonzaga, italien. Hochadelsgeschlecht 129
- Anna von Gonzaga-Nevers, Gem. Pfgf. Eduards s. Pfalz, Kurlinie
Gorze, Lothringen Kl. 28
Goslar 62
Gotfried, Gf. und Pfgf. 18
Gothofredus (Godefroy), Dionysius, Jurist II 107
Graben, Graben-Neudorf, KA 171, 203
Grafenwöhr, Lkr. Neustadt an der Waldnaab 158, 160, 163
Graubünden, Kanton II 61f.
Graufthal, Unterelsaß, Kl. II 28, 82
Grenzau, Höhr-Grenzhausen, Westerwaldkreis
- Bg. 33, 116
Gressenich, Stolberg (Rhld.), Lkr. Aachen 21
Griesheim, Offenburg, OG 137
Groh, Friedrich, Hofprediger II 23
Großsachsen, Hirschberg an der Bergstraße, HD 63, 83f.
Groß-Umstadt, Lkr. Darmstadt-Dieburg 55
Grün, Johann Christoph von der, Kanzler II 119
Grünau, Neuburg an der Donau, Lkr. Neuburg-Schrobenhausen
- Schloß II 29
Grünrade, Otto von, kurpfälz. Rat II 58, 63f.
Grumbach, Lkr. Kusel
- Bg. 116
Grupello, Gabriel de, Bildhauer II 163, 185
Gruterus, Jan, Philologe und Bibliothekar II 107
Gundersheim, AZ 50
Guttenburg (Guttenberg), Bg. sw. Bad Bergzabern, SÜW 105f., 116, 148, 189
- Herrschaften II 242

Haardt, Neustadt an der Weinstraße 51
Haardter Schloß, s. Winzingen
Habern, Wilhelm von, kurpf. Marschall II 19
Habitzheim, Otzberg, Lkr. Darmstadt-Dieburg 153
Habsburg, Kt. Aargau
- Gfn. von, Hge. und Ehge. von Österreich 125, 127–129, 134f., 184, 212, 216, II 15f., 40, 60, 73, 82, 88, 109–111, 146, 161, 165, 168, 178, 181, 193, 195–197, 199, 245–249
- - Albrecht, Statthalter der Niederl. II 114
- - Albrecht II. 152
- - Albrecht III. 96, 103
- - Albrecht VI. 173, 184, 224
- - Anna, Tochter Hg. Albrechts II. 152
- - Eleonore II 21
- - Elisabeth, Tochter Albrechts II. 152
- - Elisabeth, Pfgfin., Gem. Friedrichs IV. 127, 136, 224
- - Friedrich 136
- - Friedrich IV. 127, 224
- - Friedrich mit der leeren Tasche 143f.
- - Karl II 247
- - Leopold 79, 127f., II 119
- - Maria, Kgn. von Ungarn II 21, 27
- - Maria Anna Josefa, Gem. Pfgf. Johann Wilhelms s. Pfalz, Kurlinie
- - Mechthild, Pfgfin., Gem. Albrechts IV. 184, 224
- - Mechthild, Tochter Kg. Rudolfs I., Gem. Pfgf. Ludwigs II. 223
- - Philipp der Schöne II 21
- - Rudolf 77
- - Sigismund, Hg. von Tirol 212
 (s. auch Römisches Reich, Kge. und Ksr.)
Hachenburg, Paul, Rhetor II 143
Hacke, Ludwig Anton von, Oberjägermeister II 213
Haeffelin, Johann Kasimir, Hofkaplan II 209
Händel, Georg Friedrich II 164
Hagenau, Unterelsaß 95, 105, 137, 140, 147, 188, 203, 218, II 153
- Forst 106
Hagenbach, GER 107, 146f., 188, 218, II 194, 223, 243
- Herrschaft 132
Hahnbach, Lkr. Amberg-Sulzbach 158, 174
Hahnheim, MZ 50
Haimburg, Sindelbach, Berg, Lkr. Neumarkt in der Oberpfalz 217
Halberstadt 30
Halle an der Saale, Universität II 232
Hamm II 77
Hammelbach, Grasellenbach, HP
- Zent 191
Hanau, Main-Kinzig-Kreis 140, II 103f., 221
- Gfn. von 108, 155, 173, 205, II 16, 38, 61
Hanau-Münzenberg, Gfn. von
- Margarete, Pfgfin., Gem. Reinhards 225
- Philipp III. II 254
- Reinhard 225
Handschuhsheim, Stkr. Heidelberg 83f., 210, II 62, 96, 125, 151, 247
- von 53, II 64, 212, 227
- Lorscher Hof II 62
Hannover, Hge. von II 141, 166–168, 174, 176f., 179, 196, 214
- Ernst August II 129f.
- Georg Ludwig II 177

297

- Sophie, s. Pfalz, Kurlinie
Hanong, Paul Anton, Keramiker II 229
Harer, Peter, kurfürstl. Sekretär und Chronist II 18 f.
Harfenburg, Bg. bei Heddesbach, HD 91, II 85
Harlem, Niederlande II 128
Hartenstein, Lkr. Nürnberger Land 159, 163
Hartmanni (Hartmann) d. Ä., Kanzler II 25, 56
Hasbach, abgeg. bei Mosbach, MOS 111
Haßloch, DÜW 178, II 97
Haßmersheim, MOS II 231
Hastenbeck, Hameln, Schlacht bei II 194
Hattgau, Unterelsaß 137
Hattstatt, Söldnerführer II 22
Hattuariergau, Niederrhein 18 f.
Hatzenport, Münstermaifeld, Lkr. Mayen-Koblenz 33
Hatzfeldt, Melchior, kaiserl. Feldmarschall II 122
Hauberat, Guillaume de, Architekt II 175
Hauenstein, Laufenburg (Baden), Lkr. Waldshut 49
Hausach, OG 203
Hechingen, Zollernalbkreis 153
Heddesheim, HD 84
Heidelberg 43, 45, 52–60, 63, 69 f., 72, 74, 78, 80, 83 f., 91, 96, 102, 104, 109–112, 117, 119, 129, 140–143, 146 f., 152 f., 155, 171, 174–176, 179, 181, 183, 186, 188, 192, 196, 203, 207–210, 216, 218, II 21, 25, 27, 29, 31, 38, 44 f., 51, 74, 79 f., 86 f., 90, 93–96, 98–100, 103, 105 f., 108, 110, 112, 114 f., 117–119, 125, 128 f., 133, 139 f., 142, 147–153, 157 f., 161–163, 167, 170, 173, 176 f., 193, 200, 203, 215, 217, 220, 222 f., 225, 227, 229–233, 240, 248, 250 f., 253
- Bibliotheca Palatina II 29, 33, 62, 115
- Casimirianum II 40, 44, 62, 162
- Collegium Sapientiae II 28, 52, 59, 94, 106
- Heiliggeiststift 121, 141, 171, 179, II 25, 31 f., 34, 39, 45, 52, 59, 79, 115, 153, 162, 173 f., 215
- Hofgericht II 14
- Jesuitenkolleg II 215
- Katechismus, II 173 f.
- Klöster II 16, 26, 28, 51 f., 106, 121, 159, 203, 215, 233, 249
- Mönchhof, Schönauer II 60, 94
- Pädagogium II 28, 52, 59, 106
- Postillen 130
- Schloß (Burg) 57, 69, 84, 110, 146, 202, 207–209, II 14, 23, 25, 33, 70, 79, 87, 110, 115, 118, 151–153, 173, 214
- Universität 48, 100, 102, 104, 110, 120–122, 130, 138, 141, 171, 185 f., 210, II 16, 20, 23, 28, 32, 38, 52 f., 55, 58, 60, 73, 106–108, 129, 139 f., 144, 151, 162, 202, 232 f.
- Vitztum 188
Heidelsheim, Bruchsal, KA 106, 146, 179, 181, 187, II 98, 121, 223
Heilbronn 32, 100, 113, 140, 203–205, II 75, 82, 114, 133 f., 150

- Vertrag von II 118 f.
Heiligenberg, Neuenheim, Stkr. Heidelberg
- Klöster 53 f., 84, 187
Heiligenkreuz, Kl. bei Woffenheim, Oberelsaß 144
Heiliger Forst bei Hagenau, Unterelsaß 95
Heiligkreuzsteinach, HD
- Zent 191
Heilsbruck, Kl. bei Edenkoben, SÜW 112, 146
Heimerich, Hermann, Oberbürgermeister von Mannheim II 251
Heinsberg (Rhld.)
- Philipp von 39
Helfenberg, Bg. bei Parsberg, Lkr. Neumarkt in der Oberpfalz 146, 158 f.
Helfenstein, Bg. bei Geislingen an der Steige, Lkr. Göppingen
- Gfn. von II 18
Helmstadt, HD (Adel auch -statt)
- Bg. 116 f.
- von
- - Pleickhart II 113
- - Raban 138, 141, 145, 170 f., 174 (s. auch Speyer, Bfe.)
- - Wiprecht 146
Hemau, Lkr. Regensburg 93, 156, 158
Hembyze, Jan von, Aufrührer in Gent II 55
Hemmer, Johann Jakob, Metereologe II 209
Hemsbach, HD 83, 108, 140, 148, 156, II 125, 225
Henneberg, Lkr. Meiningen
- Gfn. von 40
- - Bertold 53
- - Boppo 53
- - Irmengard, Gem. Konrads von Hohenstaufen 40, 222
Heppenheim, HP 53, 82, 84, 187, 203, II 86, 98, 125, 223
- Zent 191 f.
Heppenheim an der Wiese, Worms 50
Herborn, Lahn-Dill-Kreis II 51
Herford, Stift II 128
Heringen, Lothringen II 82
Heristal, Belgien 18
Hernbertus, Gf. und Pfgf. 18
Herrenalb (heute Bad H.), Lkr. Calw, Kl. 60, 113, 135
Herrenhausen, Schloß bei Hannover
- Vertrag von II 178
Herrstein, Lkr. Birkenfeld II 243
Hersbruck, Lkr. Nürnberger Land 91, 125, 150, 156, 162 f., 214 f., II 21
Hersfeld (heute Bad H.), Lkr. Hersfeld-Rothenburg 140
Herzogstein, abgeg. Bg. gegenüber Oberwesel am Rhein 110
Heshusen, Tilemann, Theologe II 32, 34, 38–41, 94, 107
Hessen
- Landgfn. von 131, 134, 136, 177 f., 189, 214, 216 f., II 15–17, 20, 41, 52, 84, 125, 193, 248, 250

298

– – Elisabeth, Pfgfin., Gem. Wilhelms III. 224
– – Philipp der Großmütige II 26 f., 50
– – Wilhelm II. von Niederhessen 211
– – Wilhelm III. von Oberhessen 211, 224
– – Wilhelm IV. II 51, 59
Hessen-Darmstadt
– Landgfsch. und Landgfn. von II 192, 221
– – Auguste Wilhelmine Maria s. Pfalz-Bayern
– – Elisabeth Amalia, Gem. Pgf. Philipp Wilhelms. s. Pfalz, Kurlinie
Hessen-Kassel
– Landgfsch. und Landgfn. von II 61, 76, 111
– – Anna, Gem. Pfgf. Wolfgangs von Zweibrücken s. Pfalz-Zweibrücken
– – Charlotte, Gem. Pfgf. Karl Ludwigs s. Pfalz, Kurlinie
– – Elisabeth, Gem. Pfgf. Ludwigs VI. s. Pfalz, Kurlinie
– – Elisabeth, Gem. Ludwigs II. von Pfalz-Zweibrücken, s. Pfalz-Zweibrücken
– – Friedrich II 167
Hessen-Marburg, Landgfn. von
– Ludwig II 58
Hessen-Rheinfels, Landgfn. von
– Maria Amalia s. Pfalz-Sulzbach
– Philipp II. II 253
Heunsburg, n. Neumarkt in der Oberpfalz 146, 158–160
Heydeck, Josepha, Gfin. von (geb. Seifert) II 183 f.
Hezeliniden s. Ezzonen
Hilpoltstein, Lkr. Roth II 181, 240
Hilsbach, Sinsheim, HD 91, 104, 146, 153, II 233
Hiltersried, Schönthal, Lkr. Cham 151
Hirsau, Calw, Kl. 28–30
Hirschau, Lkr. Amberg-Sulzbach 91, 158, 160, 162 f.
Hirschberg, Bg. bei Leutershausen, Hirschberg an der Herzstraße, HD II 212
– von 53
Hirschberg, Beilngries, Lkr. Eichstätt
– Gfn. von 161
– Landgericht 93, 161
Hirschhorn (Neckar), HP II 212
– Herren von 109, 159, 217, II 179
– – Hans 145
Hoche, Lazare, frz. General II 246
Hochheim, Stkr. Worms, Kl. II 42
Hochstaden, Eifel
– Gfn. von 29
Hockenheim, HD 84, 148, II 97
Höchst, Frankfurt am Main 135, II 115
Höchstadt an der Aisch, Lkr. Erlangen-Höchstadt 32
Höchstädt, Lkr. Dillingen an der Donau II 147, 167
Hördt, GER, Kl. II 121, 159
Hofenfels, Christian von, pfalz.-zweibr. Minister II 195 f.
Hohenberg, Bg. bei Schörzingen, Schömberg, Zollernalbkreis 107

Hohenberg-Lindenfels, Gfn. von 51
– Bertholde 40
– Bertholf, Vogt von Lorsch 64
Hohenburg, Bg. bei Wingen, Unterelsaß 189
Hoheneck, Bg. bei Dillweißenstein, Stkr. Pforzheim
– Johann, Nix von, Bf. von Speyer 205
Hohenecken, Stkr. Kaiserslautern II 180
Hohenfels, Lkr. Neumarkt in der Oberpfalz
– Bg. 158–160
Hohenhardt, Baiertal, Wiesloch, HD
– Bg. 116
Hohenlohe, Gfn. von 173
Hohenlohe-Neuenstein, Gfn. von
– Margarete, Gem. Pfgf. Alexanders von Zweibrücken s. Pfalz-Zweibrücken
Hohenmölsen an der Unstrut, Sachsen-Anhalt
– Schlacht 29
Hohensachsen, Weinheim, HD 83 f.
Hohenstaufen, abgeg. Bg. bei Hohenstaufen, Göppingen
– Staufer, Hochadelsgeschlecht 17, 31, 35–37, 40, 49, 62, 65, 68, 70–74, 161, 204 (s. a. Schwaben, Hge. von, und Römisches Reich, Kge. und Ksr.)
Hohenzollern, Bg. bei Zimmern, Bisingen, Zollernalbkreis 153, 155
– Gfn. und Fstn. von 65, 67, 69, 79, 82, 124, 128 f., 135, 161, 179, 181
– – Albrecht Achilles 177–179, 184
– – Albrecht Alkibiades 213
– – Dorothea s. Pfalz-Neumarkt
– – Eitel Fritz 153
– – Elisabeth 104, 127, 148, 223 f.
– – Friedrich, Burggf. von Nürnberg 76, 126 f., 138, 142
– – Friedrich der Oettinger 153
– – Johann 150
(s. auch Brandenburg, Mgfn. von, Nürnberg, Burggfn. von, und Preußen, Hge. und Kge. von)
Holland, II 76, 80, 95, 141, 155, 166, 179, 221
– Wilhelm von 67, 73 (s. auch Römisches Reich, Kge. und Ksr.)
Hollenberg, Bg. bei Pegnitz, Lkr. Bayreuth 159 f.
Holnstein, Bg. bei Berching, Lkr. Neumarkt in der Oberpfalz 150, 158–160
Holstein, Christian, Hg. von II 21
Holzbauer, Ignaz, Musiker II 207
Holzheim, sw. Neuß 21
Holzweiler, Erkelenz, Lkr. Heinsberg 20
Homburg, Saar-Pfalz-Kreis II 133 f., 149 f., 243 f.
Hompesch, Franz Karl von, Minister II 184, 199
Hondschoote, Westflandern II 101
Honnef (heute Bad H.), Rhein-Sieg-Kreis 19
Horn, SLM 110
Hornbach, Lkr. Pirmasens, Kl. 107, 112, 148
Hornberg, Kirchberg an der Jagst, Lkr. Schwäbisch Hall

- Bg. 155
Horneck, Bg. bei Gundelsheim, HN 140, 185, 205
Hubertusburg, Friede von II 194
Hüningen, Oberelsaß II 149
Huguerye, Michel de la, Diplomat II 55
Huismann s. Agricola
Hundelding, Gerichtsbezirk um Trier 39
Hundheim, Ferdinand Frhr. von II 213
Hunolstein, Morbach, Lkr. Bernkastel-Wittlich
- Bg. 116
Huosi, bayer. Hochadelsgeschlecht 69
Hus, Johannes, Reformator 123, 143, II 34
Hussiten 150, 152, 170
Hutten, von, fränk. Adel 217
- Georg Ludwig II 63f.
- Ulrich II 16
Huy an der Maas, Gfscht. 18

Ibersheimer Hof, Stkr. Worms 190, II 224
Iffland, August Wilhelm, Schauspieler II 208
Illertissen, Lkr. Neu-Ulm 240
Illyricus, Flaccius, Theologe II 30, 33, 41
Ilvesheim, HD 52, 63, 83f., II 213
Ingelheim am Rhein, MZ (auch Ober- und Niederingelheim) 51, 69, 105, 107, 134, 136, 146, 199, 216, 218, II 14, 212
Ingelheimer Grund 99f., 107, 188
Ingersheim (Groß- und Klein-), Lkr. Ludwigsburg 176
Inghen, Marsilius von, Theologe 120–122
Ingoldstadt 73f., 140, 215, II 19, 26f.
Innsbruck 128, 140, II 170, 172f., 175, 207
Innviertel II 197
Isenburg-Büdingen, Prinz von II 183
Ittre, Albert Joseph, Marquis de II 184, 211

Jägerhof, Schloß bei Düsseldorf II 238
Janson, Barthel, Festungsbaumeister II 199
Jerusalem 171
Jettenbach, Lkr. Kusel II 242
Jourdan, Paul, frz. General II 247
Jülich, Lkr. Düren II 76f., 197, 238, 249
- Gfscht. und Hgtm. 22, II 61, 75, 78, 146f., 178f., 234, 236, 238, 240
- Gfn. und Hge. von 114, II 168
- - Gerhard 99
- - Wilhelm II. 22
Jülich-Berg, Hgtm. II 146, 173, 177f., 184, 193f., 199, 201, 206, 210, 214, 216, 234, 238
- Hge. von
- - Magdalena s. Pfalz-Zweibrücken
Jülichgau 18
Jülich-Kleve, Hgtm. II 75, 145
- Hge. von II 76
- - Anna, Gem. Philipp Ludwigs v. Pfalz-Neuburg s. Pfalz-Neuburg
- - Eleonore II 76
- - Johann Wilhelm II 76, 146
Jütland II 222

Kaan, Polch, Lkr. Mayen-Koblenz 33

Käfertal, Stkr. Mannheim 83f., II 230
Kärnten, Hge. von
- Anna, Gem. Pfgf. Rudolfs II. 223
- Kuno 27
Kaimt, Zell (Mosel), Lkr. Cochem-Zell 38
Kairo 71
Kaisersgrund, Bg. bei Kaiserslautern 110
Kaiserslautern 29, 51, 55f., 96, 98, 100, 105, 107, 110, 136, 140, 146f., 173, 188, 203, 218, II 30, 45, 48, 53f., 98–100, 114, 121, 126, 133, 150, 152, 158, 170, 222f., 229f., 233, 248
- Kl. II 121
- Reichsland 133
Kaiserswerth, Düsseldorf 19, 25, 27, 107, 119, 121, 153
- Kl. 25f.
Kallmünz, Lkr. Regensburg 156
Kalmar, Schweden
- Union von 133
Kaltenengers, Lkr. Mayen-Koblenz 33
Kamin s. Cammin
Karcher & Co., Siamoisfabrik in Kaiserslautern II 230
Karlsberg, Schloß bei Homburg, Saar-Pfalz-Kreis II 244
Karlsruhe II 174, 251
Kassel II 125, 129
Kastellaun, SIM II 243
Kastl, Lkr. Amberg-Sulzbach, Kl. 150, 158, 162f., 174
Katzenelnbogen, Rhein-Lahn-Kreis
- Gfn. von 35, 118, 174, 205
- - Heinrich II. 32
- - Johann Philipp 179
- - Ottilie 189
- - Philipp 189
Kaub, Rhein-Lahn-Kreis 80, 85f., 91, 93, 96, 104f., 119, 146f., 156, 188, 204, 216–218, II 16, 31, 98, 100, 118, 216, 232
- Bg. 114
Kaunitz, Wenzel Anton, Fst. von, Kanzler Maria Theresias II 195
Kaysersberg, Oberelsaß 105, 137, 147, 188, 218
Kehl, OG 203
Kehrig, Lkr. Mayen-Koblenz 33
Keldachgau, Niederrhein 19, 21
Kelheim, Niederbayern 72–74
Kemnath, Lkr. Tirschenreuth 89, 91, 125, 146, 158, 160, 162–164
- Matthias von, Chronist 210
Ketsch, HD 84
Kettig, Lkr. Mayen-Koblenz 33
Keuler, Matthias, Rektor der Universität Heidelberg II 32
Kiew, Großfstn. von 26
- Gertrud, Gem. Isjaslaws I. 220
- Isjaslaw I. 220
Kirchberg (Hunsrück), SIM 188, 218, II 62, 98, 150, 170, 223
- Gfn. von 35
Kirchen, Johannes, Protonotar 138
Kirchheim, Stkr. Heidelberg 52, 83f.

– Zent 191 f.
Kirchner, Timotheus, Theologe **II** 59
Kirkel, Saar-Pfalz-Kreis 147 f.
Kirschgartshausen, Sandhofen, Stkr. Mannheim 190
Kislau, Schloß bei Bad Schönborn, KA **II** 19
Kissingen (heute Bad K.) 32
Kistner (Cisnerus), Nikolaus, Jurist **II** 56
Kitzbühel, Tirol 215, **II** 196
Klauber, Gebrüder, Kupferstecher **II** 205
Klausen, Südtirol 128
Klebitz, Wilhelm, Diakon **II** 39 f.
Kleeburg, Unterelsaß **II** 243
Klein, Anton von, Schriftsteller **II** 209 f.
Kleinbockenheim, Bockenheim an der Weinstraße, DÜW 178
Kleinfrankenthal s. Frankenthal (Pfalz)
Kleve, Hgtm. **II** 61, 76, 78, 146, 194, 234
– Gfn. und Hge. von 114
– – Adolf 224
– – Agnes, Pfgfin., Gem. Adolfs 224
– Hauptlandvergleich **II** 146
Klingenmünster, SÜW, Kl. 112, 186, **II** 82, 159
Klopstock, Friedrich Gottlob, Dichter **II** 209
Klosterneuburg, Niederösterreich 77
Klotten, Lkr. Cochem-Zell
– Forst 21 f., 27, 33
Knebel, Tham, pfälz. Rat 146
Knittlingen, Enzkreis, Steige 202
Koblenz 30, **II** 248
Köln 22, 27, 124, 132, 140, 185, 216, **II** 15, 55 f., 151, 175, 214, 238
– Ebtm. und Ebfe. 25, 27 f., 31 f., 37, 39, 55, 65, 67, 79, 85 f., 95, 104, 111 f., 117, 123, 127, 138, 142, 155, 185, 206, **II** 75, 132, 171
– – Adolf von Altena 68
– – Anno von Steußlingen 27 f.
– – Clemens August von Bayern **II** 177, 179, 184
– – Dietrich 170
– – Engelbert 72
– – Friedrich 128
– – Gebhart Truchseß von Waldenburg **II** 55 f.
– – Hermann 26 f., 41
– – Reinald von Dassel 39, 60
– – Ruprecht 177, 181 f., 185, 224
– – Wolfgang Georg Friedrich von Pfalz-Neuburg **II** 234
– Kirchen 51
– Klöster und Stifte 20
– – St. Andreas 32
– – St. Gereon 20
– – St. Maria im Capitol 26 f., 41
– – – Äbtissin Ida 26, 41
– – St. Mariengraden 27
– – St. Simeon 38
– Universität 121
Köln an der Spree (= Neukölln), Berlin **II** 146
– Vergleich **II** 182
Königsbach, Königsbach-Stein, Enzkreis 140
Königshofen, Lauda-Königshofen, Main-Tauber-Kreis

– Schlacht **II** 19
Kötzing, Lkr. Cham 89
Koler, Konrad, Theologe 130
Kondelwald, n. Kröv, Lkr. Bernkastel-Wittlich 21 f.
Konradiner, frk. Hochadelsfamilie 18
Konstantinopel **II** 45
– Philipp, Ksr. von 98
Konstanz 140
– Friede von (1509) 217
– Konzil 123, 131, 143, 170 f.
Konzen, Monschau, Lkr. Aachen 22, 24
Kopenhagen 133
Kornelimünster, Aachen, Kl. 20 f., 24, 85
Kottenforst, w. Bonn 22
Krahe, Lambert, Maler **II** 189, 205 f.
Kraichgau 49, 52, 56, **II** 37, 60, 212
– Adel **II** 173
– Ritterschaft **II** 42, 46, 73
Krakau, Matthäus von, Rektor der Universität Heidelberg, Bf. von Worms 122, 130
Kremer, Christoph Jakob, Historiker **II** 209
Kreuznach (heute Bad K.) 30, 137, 149, 186–188, 203, 218, **II** 48, 85, 98–100, 177–121, 133 f., 143, 150, 158, 169 f., 223, 229, 232
Kröv, Lkr. Bernkastel-Wittlich
– Kröver-Reich 27
Kronberg (Taunus), Hochtaunuskreis 101
Kübelberg, Schönenberg-Kübelberg, Lkr. Kusel 204, **II** 194
Küstrin an der Oder **II** 114
Kufstein, Tirol 73 f., 128, 140, 215–217, **II** 196 f.
Kumbd s. Chumbd
Kusel 32, 149, **II** 180, 243, 248
Kyrburg, Kirn, KH 116

Laach-Ballenstedter, Hochadelsfamilie 19, 29–31, 114
Lachen(-Speyerdorf), Stkr. Neustadt an der Weinstraße **II** 213
Ladenburg, HD 52, 63, 83 f., 99, 102, 105, 108 f., 140, 148, 187 f., 203, 210 f., 218, **II** 42, 45, 98, 114 f., 117, 121, 134, 155, 158, 167, 169 f., 222 f.
– Stahlbühl, Grafschaftsmittelpunkt 52, 63
Lahnstein (auch Ober- und Unterlahnstein), Rhein-Lahn-Kreis 19, 33, 107, 124
Lambsheim, LU 182, 189, **II** 223
Lamey, Andreas, Historiker **II** 208
Lamezan, Adrian von, kurpfälz. Beamter **II** 193
Lampertheim, HP 63, 84, **II** 97, 169
Lancaster, engl. Hochadelsfamilie 131
Landau an der Isar 74, 203
Landau in der Pfalz 106, **II** 17, 149 f., 153, 166, 168, 221, 246
– Vertrag von **II** 83
Landeck, Klingenmünster, SÜW **II** 42, 169
– Bg. 116
Landsberg, Obermoschel, KIB

– Bg. 217
Landschad s. Steinach, Landschad von
Landsehr, abgeg. Bg. bei Obrigheim, MOS 91
Landshut, Niederbayern 71, 73f., 171, **II** 239
– Krieg 205, 213–216, **II** 15, 20, 75
Landskron, Oppenheim, MZ
– Bg. 107
Landstuhl, KL **II** 17, 133f.
Langenzell, Wiesenbach, HD **II** 143
Langhanns, Johann Ludwig, Kirchenrat **II** 143f., 148
Langmantel von Radau, Hans 100
Latisana, Prov. Udine 128
Laubach, SIM 110
Lauda, Lauda-Königshofen, Main-Tauber-Kreis 140, 148, 153, 155f., 203, 217, **II** 17
Laudenbach, HD 83f., 108, **II** 125
– von 53
Laudert, SIM 110
Lauf an der Pegnitz, Lkr. Nürnberger Land 91, 95, 150, 160, 162f., 214f., **II** 21
Lauffen am Neckar, HN
– Gfn. von 52
Lauingen (Donau), Lkr. Dillingen an der Donau 140, 215, **II** 147
Lauterburg, Unterelsaß 203, **II** 150
Lauterecken, Lkr. Kusel **II** 170, 223, 242
Lauterhofen, Lkr. Neumarkt in der Oberpfalz 160
Lebertal, Oberelsaß 189
Lechler, Baumeisterfamilie
– Caspar 210
– Lorenz 210
– Moriz 210
Leiden, Niederlande **II** 182
Leimen, HD 83–85, **II** 24, 96, 213, 229
Leiningen, abgeg. Bg. in Altleiningen, DÜW **II** 83
– Gfn. und Fstn. von 35, 49, 51, 76, 101, 106, 114f., 118, 170, 177f., 182, 189, 204f.
Leiningen-Dagsburg 187, 217
– Hesso, Landgf. 181
Leiningen-Hardenburg 181, **II** 250
– Emich VI., pfälz. Hofmeister 142
– Emich VII., Vitztum von Amberg 177f.
– Emich VIII. 216
Leiningen-Westerburg 187, 217
Leipzig 87
Leodius, Hubert Thomas, Sekretär Friedrichs II. **II** 20f., 26
Lessing, Gotthold Ephraim **II** 209, 233
Leuchtenberg, Lkr. Neustadt an der Waldnaab
– Landgfn., Landgfsct. 88, 95, 126, 161, 163, 214, **II** 239
Leutershausen, Hirschberg an der Bergstraße, HD 84, **II** 212f.
Lichtenberg, Unterelsaß 137
– Gfn. von 177
Lichteneck, Rimbach, Lkr. Cham 125
Lichtenstern, Löwenstein, HN, Kl. 187
Liebenau, Worms, Kl. 155, **II** 42
Liebeneck, Bg. bei Würm, Stkr. Pforzheim 163

Liebenzell (heute Bad L.), Lkr. Calw 107
Liegnitz, Schlesien, Hschft. **II** 172
Lienz, Tirol 128
Limbach, MOS **II** 42
Lennep, Stkr. Remscheid **II** 234, 236
Limburg bei Bad Dürkheim, DÜW, Kl. 146, 186, 189, 216, **II** 83, 121, 125, 166, 168, 177
Limburg-Styrum, August von s. Speyer, Bfe.
Limpurg
– Bg. bei Schwäbisch Hall
– Friedrich Schenk von **II** 51
Lindelbol (Lindelbrunn), Bg. im Pfälzer Wald ö. Dahn
– Ritter von 85
Lindenfels, HP 54, 63, 83f., 91, 93, 96, 102, 105, 108, 110, 140, 146f., 188, 218, **II** 98, 170, 216, 223
– Gfn. von 53
Lindenschmidt, Raubritter 212
Lippe **II** 61
– Gfn. von 216
Litauen **II** 172
Lixheim, Lothringen,
– Kl. **II** 28, 82, 86, 94, 223
– Stadt **II** 98, 103, 105
Lobdengau 49, 52, 57, 61, 63, 83, 108, 153
Lobenfeld, Lobbach, HD 63
– Kl. 186, **II** 137, 160
Lobenstein, Kunreuth, Lkr. Forchheim 163
Lodi, Prov. Mailand 38
Loefenius, Michael, kurpfälz. Rat **II** 64
Löwen, Brabant
– Gfn. von 28
– – Adela, Gem. Ottos von Orlamünde 221
– Universität 121, **II** 182
Löwenstein, HN 105, 108, 148, 174, 176, 181, 187f., 216, 218
– Gfn., Gfscht. 146f., 155, 173, 224, **II** 145
Lohrbach, Mosbach, MOS 153, **II** 85
London **II** 80, 125, 221
Lonnig, Lkr. Mayen-Koblenz 33
Loon, Gfn. von 69
Loon-Rieneck Agnes, Gfin. von, Gem. Ottos I. von Bayern 223
Lorsch, HP 82, **II** 125
– Abtei 30, 37, 40, 51, 62, 80–82, 84, 89, 108, 112, 114, 134, 187, 216, **II** 31, 33
– Äbte und Pröpste 39, 80
– – Benno 64
– – Johann Carpentarius **II** 31
– Codex **II** 208
– Vogtei 40, 53–55, 61, 72, 80–82
Lothringen, Hge. u. Hgtm. 10, 20, 64f., 67f., 83, 107, 133, 148, 152, **II** 53, 60, 82, 105, 117, 128, 132f., 153, 179, 194
– Karl s. Straßburg, Bfe.
– Karl I. 127, 135, 138
– Margarethe, Pfgfin., Gem. Hg. Karls I. 224
– Mathilde, Gem. Pfgf. Heinrichs 28, 220
Lothringen, Pfgfn. von 18f. (Fortsetzung s. Pfalz, rheinische)
– Gotfried 18

- Hernbertus 18
- Wigerich 18

Louvois, François Michel, frz. Kriegsminister II 151f.
Luder, Peter, Humanist 210
Ludwigsburg II 174
Ludwigshafen am Rhein II 251, 253
Lübeck 135, 139
Lüttich 31, II 35
- Btm. II 196
Lützelburg, Unterelsaß, Herrschaft II 82
Lützelsachsen, Weinheim, HD 84
Lützelstein, Unterelsaß 105, 137, 146–148, 172, 174, 177, 188f., 202, 214, 218, II 180, 242–244
- Jakob, Gf. von 177
Luhe, Luhe-Wildenau, Lkr. Neustadt an der Waldnaab 162
Luitpoldinger, Hochadelsgeschlecht 69
Lußheim, Altlußheim, HD 84
Luther, Martin II 16, 24, 40
Luxemburg, Hgtm. Gfscht., Hge. und Gfn. von 25, 30, 79, 86, 99, 116, 126, 129, 132, II 149, 153, 166, 168, 197
- Elisabeth, Tochter Karls IV. 96
- Elisabeth von Görlitz 136
- Maria, Tochter Kg. Heinrichs VII. 223
- Wenzel 98f. (s. auch Römisches Reich, Kge. und Ksr., Görlitz, Mähren)
Luxemburg-Gleiberg, Gfn. von 29
Lyon, Konzil 73

Maastricht, Kl. 21, 28
Madenburg, Bg. bei Eschbach, SÜW 189
Mähren, Mgfn. von II 112, 137
- Jobst 103, 126, 142
- Prokop 126
Magdeburger Konzert II 150
Mai, Franz Anton, Mediziner II 233
Mailand 39, 127–129
- Hge., Hgtm. 124–126, 132
Mainz 30, 37, 49f., 55, 61, 65, 101, 107, 127, 140, 170, 181, 203f., II 15, 42, 84, 100, 118f., 121, 123, 150, 152f., 169, 231, 246–248
- Akzeptationen 152
- Domkapitel 62, II 171
- Ebtm. und Ebfe. 32, 37, 62, 67, 72f., 76, 78f., 81–83, 89, 95, 98, 100, 103, 108f., 113, 117, 131, 133, 144, 155, 176f., 181, 183–185, 187, 206, 213, II 26, 125, 132f., 136, 166, 168, 196
- - Adolf I. 100f.
- - Adolf II. von Nassau 179, 181, 185
- - Albrecht II 17
- - Arnold von Seelhofen 35, 38
- - Berthold von Henneberg 212f
- - Christian von Buch 38
- - Dieter von Isenburg 178f., 181, 185
- - Franz Ludwig von Pfalz-Neuburg s. Pfalz-Neuburg
- - Gerlach von Nassau 98, 110
- - Johann von Nassau 100f., 103, 123f., 131, 134, 136, 140, 142f.
- - Johann Philipp von Schönborn II 132, 134
- - Konrad 61
- - Siegfried II. 62 (irrtümlich Siegfried I.)
- - Siegfried III. 81 (irrtümllich Siegfried II.)
- Hochvogt
- - Johann Philipp II 139
- Kloster
- - St. Maria, Äbtissin Sophia 26
- Stift
- - St. Stephan 21, 32
Mallersdorf, Mallersdorf-Pfaffenberg, Lkr. Straubing-Bogen, Kl. 81
Malsch, HD 18, 115
Malta, Großpriorat II 172
Mannheim 76f., 81, 83–85, 91, 96, 119, 140, 146f., 204, II 46, 63, 74, 76, 94, 98f., 103–105, 114f., 117f., 121, 129, 135–138, 142, 150f., 153, 158, 160–162, 164, 167f., 170, 174–176, 178, 180–184, 187f., 196–202, 204, 206, 208–210, 217, 222–225, 228–234, 239–241, 245–247, 249–251, 253
- Eichelsheim, Schloß II 105, 144
- Eintrachtskirche II 131, 139, 148
- Jesuitenkirche II 201, 204f.
- Klöster II 202f.
- Mannheimer Schule (Musikstil) II 207
- Neu-Mannheim II 162
- Schloß II 174f., 189f., 197, 206f.
- Rheinhausen, Bg. II 105
Mansfeld, Lkr. Hettstedt (Sachsen-Anhalt)
- Gfn. von
- - Agnes II 55
- - Ernst II 110, 114–116
- - Hoyer 30
Mantua, Lombardei 127, 129
Manubach, MZ 55 (s. auch Viertäler)
Marbach am Neckar, Lkr. Ludwigsburg 181, 217
- Bund 126, 134f.
Marbach, Johannes, Reformator II 30
Marburg 140
Marchfeld bei Dürnkrut, Niederösterreich
- Schlacht 77
Maria Bildhausen, Münnerstadt, Lkr. Bad Kissingen, Kl. 35
Maria Laach, Glees, Lkr. Ahrweiler
- Abtei 29, 31, 33, 42, 60
Mariapforten (Marienpforter Hof), Kl. bei Waldböckelheim, KH II 28
Marienberg, Festung bei Würzburg II 19
Mariengraden s. Köln
Mark, Gfscht. II 76–78, 146, 234
Markt Erlbach, s. Erlbach
Marlborough, John, Hg. von II 167
Marly, Lothringen, Vertrag von II 178
Masburg, Lkr. Cochem-Zell 33
Matrei am Brenner, Tirol 128
Maubisson, Dep. Val d'Oise
- Herren von II 213
- - Karl II 229
- Kl. II 129

Maudach, Ludwigshafen am Rhein II 169, 213
Mauer, HD
– Bg. 116f.
Mauersmünster, Unterelsaß, Kl. und Mark 137, 146f., 174, 188, 218
Maulbronn, Enzkreis, Kl. 32, 52, 105, 113, 134f., 143, 146f., 174, 188, 204, 214, 217f., II 26, 41
Mauthen, Kärnten 128
Mayen, Lkr. Mayen-Koblenz 19, 33
Mayenfeld 19, 21, 29, 32–34, 49, 86, 117
– Gfscht. 61, 114f.
Mayer, Christian, Astronom II 209, 233
Mayr, G. K., Jurist II 199
Mazarin, Jules, Kardinal II 146
Meckenheim, DÜW 85
Meckesheim, HD
– Zent 106, 191f., II 46, 83, 97
Mecklenburg 60, 195
– Hg. von 216
Medici, Anna Maria Luisa s. Pfalz, Kurlinie
Medicus, Friedrich Casimir, Hofrat und Botaniker II 209, 220, 233
Meisenheim, KH 149, 182, II 243
Meißen II 229
– Mgfn. von 126, II 27
Meistersel, SÜW
– Bg. 116
Melac, Ezechiel, Gf. von, frz. General II 151, 153
Melanchthon, Philipp, Reformator II 18, 25, 30, 32f., 38f., 106f.
Melanchthon, Sigmund, Mediziner II 44
Meldensee, bei Graudenz
– Friede von 170
Melun, Dep. Seine-et-Marne 170
Mendig, Lkr. Mayen-Koblenz 33
Mergentheim (heute Bad M.), Main-Tauber-Kreis 140, 155, 203f., II 151
Merian, Matthäus d. Ä., Kupferstecher II 54, 105, 120, 127
Merseburg, Thietmar von 20, 65
Merven, von der, Gouverneur von Heidelberg II 115
Merz, Martin, Artillerieexperte 202
Mesenich, Lkr. Cochen-Zell 33
Metternich, Heinrich von, Gouverneur Heidelbergs II 119
Mettmann, Stkr. Düsseldorf 19
Metz II 118, 141f.
– Btm. 184
– Bfe.
– – Georg von Baden 179, 181
Metzler, Jörg, Bauernführer II 18
Meurer, Noe, kurpfälz. Rat II 56, 85
Michelfeld, Auerbach in der Oberpfalz, Lkr. Amberg-Sulzbach, Kl. 150, 158, 160
Michelstadt, ERB 54, 83
– Bg. 116
– Zent 191
Micyllus, Julius, Kanzler II 52, 56, 59, 106f.
Mieg, Johannes Ludwig, Reichstagsgesandter,
 Kanzler II 135, 138
Mies, Egerland 150
Miltenberg 81, 203
Minfeld, GER
– Bg. 116, II 243
Mingolsheim, Bad Schönborn, KA II 115
Minneburg, Neckarkatzenbach, Neunkirchen, MOS 153
Mitterteich, Lkr. Tirschenreuth 163
Möckmühl, HN 173f., 176, 181, 187f., 216–218, II 20
– Zent 191
Mönchengladbach II 77, 235f.
Mörlenbach, HP 82, 84, 187
Minckwitz, Erasmus von, Kanzler II 38, 40
Mindelheim, Lkr. Unterallgäu II 195, 240
Moers, Lkr. Wesel, Herrschft. II 234
Mörsch, Frankenthal (Pfalz), 84
Mörsfeld, KIB II 229
Molbach, Nordeifel, Gfscht. 21, 114f.
Molkenkur, Stkr. Heidelberg 57
Monschau, Lkr. Aachen, Reichswald 22, 24, II 235f., 238
Monsheim, AZ
– Bg. 116
Montecuccoli, Raimund, Gf. von, kaiserl. General II 118
Montferato s. Casale Monferato
Montgelas, Maximilian, Gf. von, Minister II 249
Mont Royal, Festung bei Traben-Trabach, Lkr. Bernkastel-Wittlich II 149f., 152
Monzernheim, AZ 50
Monzingen, KH II 223
Mocker Heide, Gefecht II 46
Moreau, Jean Victor, frz. General II 247, 249
Morel(l), Abbé und Gesandter II 148f.
Morlautern, Stkr. Kaiserslautern II 246
Mosbach 63, 93, 105f., 111, 140, 148, 153–156, 188, 203, 218, II 30, 86, 90, 98f., 118, 121, 125, 139, 157f., 170, 218, 223, 229f., 250
– Kl. u. Stift 112, 121, 155f., II 42
– Zent 106, 191f.
Moschellandsburg s. Landsberg
Mozart, Wolfgang Amadeus II 207
Muckental, Elztal, MOS II 160
Mudau, MOS
– Zent II 139
Mühlburg, Stkr. Karlsruhe 171, 203
Mühldorf am Inn, Oberbayern
– Schlacht 80, 91
Mühlgau 18f.
Mühlhausen, Elsaß 105, 137, 147, 188, 218
Mühlhausen, Thüringen 66
Mülheim, Mülheim-Kärlich, Lkr. Mayen-Koblenz 33, II 235, 238
München 15, 73–75, 79, 129, 140, II 181, 184, 192, 197, 203, 212f., 220, 239–241, 245, 247
– Jesuitenkirche II 147
– Pinakothek II 163
Münster, Bad Münster am Stein-Ebernburg, KH 49

Münsterdreisen, Kl. bei Dreisen, KIB II 28
Münstereifel (heute Bad M.), Lkr. Euskirchen 19, II 147, 234, 236
Münstermaifeld, Lkr. Mayen-Koblenz 33
Mundenheim, Stkr. Ludwigshafen II 169
Murach, Lkr. Schwandorf
– Bg. 146
Murbach, Oberelsaß, Kl. 51
Murrhardt, Rems-Murr-Kreis 187
Mußbach, Neustadt an der Weinstraße 51, II 97, 229

Nabburg, Lkr. Schwandorf 89, 91, 146, 150, 158, 160, 162 f.
Nahegau 49
Namur, Belgien II 196
Nancy, Dep. Meurthe-et-Moselle 135, 212, II 35
Nantes, Dep. Loire-Atlantique
– Toleranzedikt II 149
Nassau, Gfn. von 135, II 64, 74, 82 f.
– Adolf s. Römisches Reich, Kge. und Ksr.
– Heinrich II 46
– Johann VI. II 62, 74, 106, 253
– Johann VII. II 63, 106
– Ludwig II 46
– Mechthild, Gem. Pfgf. Rudolfs I. s. Pfalz, Kurlinie
– Ruprecht 120–130
Nassau-Dillenburg, Gfn. von II 61
Nassau-Oranien, Gfn. von II 47, 64, 138
– Luisa Juliane s. Pfalz, Kurlinie
– Maria s. Pfalz-Simmern
– Moriz II 73, 80, 112
– Wilhelm II 55, 64, 74
Nassau-Saarbrücken, Gfn. von
– Johanna, Gem. Pfgf. Johanns I. s. Pfalz-Simmern
Nassau-Usingen, Fstn. von II 250
Naumburg, Bg. bei Kirn, KH 188, 218
Navarra, Heinrich von II 55, 73
Neapel 76
– Königreich 131
– Kge. von 172 f.
– – Ludwig 173
– – Margarete 173
Neckarau, Stkr. Mannheim 52, 83 f., II 97, 179
Neckarelz, Mosbach, MOS 63, 153, II 96
– Bg. 116
Neckargemünd, HD 63, 83 f., 106, 148, II 98, 100, 114, 160, 187, 223
Neckarhausen, Edingen-Neckarhausen, HD II 213
Neckarsteinach, HP
– Bg. 116 (s. a. Steinach)
Neckarsulm, HN 98, II 19
Neidenfels, Bg. bei Lambrecht (Pfalz), DÜW 110
Neubulach, Lkr. Calw 107, 148, 155
Neuburg, Stkr. Heidelberg
– Kl. 53, 186, II 129, 147
– Jesuitenkolleg II 71, 147
Neuburg, Unterelsaß, Kl. 137
Neuburg am Rhein, GER 107, 132, 146, 176, 217
Neuburg an der Donau, Lkr. Neuburg-Schrobenhausen 74, 215–217, II 26, 29, 31, 33, 143, 151, 153, 162, 167, 173, 184, 240, 244
Neudahn, Dahn, Lkr. Pirmasens
– Bg. 116
Neuenahr, Bad Neuenahr-Ahrweiler, Lkr. Ahrweiler
– Gfscht. 29, 114 f.
– – Amalie von s. Pfalz, Kurlinie
Neuenburg s. Neuburg
Neuenhain, Main-Taunus-Kreis II 83, 135
Neuenheim, Stkr. Heidelberg 53, 63, 83 f.
Neuenstadt am Kocher, HN 176, 188, 216, 218, II 20
Neuhaus, Igersheim, Main-Tauber-Kreis
– Bg. 116 f.
Neuhausen (bei Worms), Stift 140, II 43 f., 52, 60, 83, 106, 169
Neuhofen, LU 84, 110
Neuleiningen, DÜW 181, 187
Neumagen, Neumagen-Dhron, Lkr. Bernkastel-Wittlich
– Bg. 116
Neumarkt in der Oberpfalz 87, 89, 93, 125, 140, 148, 157–161, 164, 166, 215, II 47, 62, 98 f., 240
Neunburg vorm Wald, Lkr. Schwandorf 91, 148, 151, 158, 160, 162 f., 167, 215, II 53
Neuser, Adam, Pfarrer II 45
Neuss 184
– Äbtissin Heilwiga 26
Neustadt an der Weinstraße 51, 55–57, 74, 76, 80, 85, 91, 93, 96, 101 f., 104 f., 110, 112, 117, 140, 146 f., 188, 203, 218, II 18, 48, 53, 55, 90, 98–100, 117, 121, 133, 150, 152, 158, 170, 222 f., 229, 232, 251
– Stifte 102, 110, 121, II 42
– Vitztum 118
Neustadt an der Waldnaab 74, 89, 91, 95
Neuwolfstein, Wolfstein, KUS 100
Nickenich, Lkr. Mayen-Koblenz 33
Niederbayern, Hge. von s. Bayern, Hge., Kfstn. und Kge. von
Niederflörsheim, Flörsheim-Dalsheim, AZ 146
Niederheimbach, MZ 107
Niederlahnstein, Lahnstein, Rhein-Lahn-Kreis 38, 76
Niederlande II 26–28, 46, 50, 55, 61, 74, 78, 89, 95, 103, 114, 122, 136–138, 167 f., 195–197, 214, 227
Niederschwaben, Landvogtei 98
Niehl, Lkr. Bitburg-Prüm 19
Nierstein, MZ 107
Nittenau, Lkr. Schwandorf 89, 91, 162 f.
Nitz, Lkr. Daun 33
Nivelles, sö. Brüssel, Kl.
– Äbtissin Adelheid 26
Nördlingen, Lkr. Donau-Ries 140

305

– Schlacht von II 118f.
Nörvenich, Lkr. Düren
– Gfn. von 22, 29, 31
Nohfelden, Lkr. St. Wendel II 243
Nordelsheim, Wüstung bei Undenheim, AZ 50
Nordgau, bayerischer 125, 160
Northeim 62
– Gfn. von
– – Gertrud 30f., 221
– – Heinrich 221
– – Richenza, Gem. Lothars von Supplinburg 31, 221
Nottum, Festungsingenieur II 162
Nürings, Bg., Hochtaunuskreis
– Gfn. von 49
Nürnberg 78, 87, 95, 124, 126f., 139, 141, 168, 217, II 15, 21, 29, 47, 76, 128
– Burggrafen s. Hohenzollern
– Landgericht 178
– Reichstag 178, 185, II 20
– Schiedsspruch 134
Nußdorf, Landau in der Pfalz II 18
Nußloch, HD 83–85, II 24, 96
Nymwegen, Niederlande II 142, 149, 153

Oberehnheim, Unterelsaß 105, 137, 147, 188, 218
Obereisesheim, HN II 115
Oberfell, Lkr. Mayen-Koblenz 33
Obergimpern, Bad Rappenau, HN II 213
Oberingelheim, MZ II 98, 233 (s. auch Ingelheim)
Oberlahnstein, Lahnstein, Rhein-Lahn-Kreis 140
Oberlausitz, Mgfscht. II 112
Oberlothringen
– Dietrich, Hg. von 25
Oberndorff, Gfn. von II 213
– Albert II 184, 199, 247
Oberösterreich II 117
Oberpfalz 134, 139, 145f., 148, 152, 160–169, 174, 177, 186, 189, 206, 217, II 12, 19, 25, 32, 35, 47, 50f., 53, 58, 60–63, 67, 73, 75, 86–90, 92, 95f., 98, 110, 112, 114, 117, 122f., 126, 157, 166–168, 194, 239–241
Oberrödern, Unterelsaß
– Bg. 116
Oberschefflenz, Schefflenz, MOS II 96
Oberviechtach, Lkr. Schwandorf 158, 160, 163
Oberwesel, SIM 19, 110
Obrigheim, MOS 63, 83, 91, 102, II 96
Ochsenstein, Unterelsaß 146
Ochtendung, Lkr. Mayen-Koblenz 33
Ockstadt, Friedberg (Hessen), Wetteraukreis
– Bg. 116f.
Odernheim am Glan, KH 216, II 158, 194, 223
Österreich, Gfn., Hge. und Erzhge. von s. Habsburg
Österreich-Este, Maria Leopoldine s. Pfalz, Kurlinie
Ötting, Altötting, Oberbayern 74

Oettingen in Bayern, Lkr. Donau-Ries
– Gfn. von
– – Irmgard, Gem. Pfgf. Adolfs s. Pfalz, Kurlinie
– – Maria Jakobäa s. Pfalz-Simmern
Öttlinger, Konrad, Vitztum 79
Offenbach am Main 140
Offenburg 105, 137, 140, 147, 188, 203, 214, 218
Oggersheim, Stkr. Ludwigshafen 91, 93, 173, II 98, 183, 206, 223, 249
Okkham (Ockham), Gfscht. Survey, England,
– Wilhelm von, Theologe und Philosoph 122
Olevianus, Caspar, Reformator II 39f., 43–45, 51, 64, 107
Opladen, Stkr. Leverkusen II 235
Oppau, Stkr. Ludwigshafen 52, 60, 63, 84
Oppenheim, MZ 51, 78, 99, 105, 107, 119, 123, 134, 136, 140f., 146f., 173, 176, 188, 203, 210, 218, II 16, 90, 139
– Bg. 114, II 80, 94, 98–100, 117f., 123, 152, 158, 170, 200, 212, 218, 222f., 231, 242 (s. auch Landskron)
Oppenheimer, Familie II 225
– Emanuel II 174
Oranien s. Nassau-Oranien
Orban, Pater Ferdinand S.J., Beichtvater II 166
Orlamünde, Lkr. Jena, Gfn. von
– Adela, Gem. Ottos 221
– Adelheid, Gem. Pfgf. Hermanns und Pfgf. Heinrichs von Laach 28–30, 220f.
– Otto 221
Orléans, Dep. Loiret
– Hge. von 132, II 142
– – Elisabeth, Tochter von Elisabeth Charlotte und Philipp I. II 130
– – Elisabeth Charlotte (Liselotte) s. Pfalz, Kurlinie
– – Ludwig 132, 135
– – Philipp I. II 130, 140, 149, 254
– – Philipp II. II 130
Ortenau, Reichslandvogtei 106, 135–137, 146f., 184, 188f., 214, 217f., II 246
Ortenberg, OG 137
Ortenburg, Lkr. Passau
– Gfn. von 17
Ory, Israel, Armenier, russ. Offizier II 164
Osiander, Andreas, Reformator II 29f.
Osning s. Waldgrafschaft
Ossa, Wolf Rudolf von, kaiserl. General II 118
Ostfriesland II 61
– Anna von s. Pfalz, Kurlinie
Osthofen, AZ 187, II 158
Ostrog, Theresia Katharina Fstin. von s. Pfalz, Kurlinie
Otterberg, KL, Kl. 112, 119, 146, II 42, 53, 94, 98, 101, 105, 121, 126, 223
Otto, Gf. (1023) 25
Otzberg, Lkr. Darmstadt-Dieburg 54, 104f., 108, 146–148, 153, 173f., 188, 216, 218, II 16, 170

Paderborn
- Bf. 131
Padua 127–129, 138, 210
Palästina 86, II 29
Palma Nova, Prov. Udine II 103 f.
Paracelsus, Theophrastus Bombastus, Mediziner II 107
Pastoir, Gerhard, Vizekanzler II 138
Pareus, David II 107
Paris II 46, 142, 149, 166, 207
- Nationalversammlung II 247
- Universität 120 f., 185
Parkstein, Lkr. Neustadt an der Waldnaab 73, 87, 91, 95, 150, 158, 160, 163, II 182 f.
- Gfin. von II 183
- - Caroline geb. Verneuil II 183, 194
Parkstein-Weiden, Gemeinschaft 150, 158, 160 f., 217, II 125 f., 181
Parma, Hge. von II 148
- Dorothea Sophie von Pfalz-Neuburg, Gem. Eduards und Franz' II 254
- Eduard II 254
- Franz II 254
Parsberg, Lkr. Neumarkt in der Oberpfalz
- Heinrich von 151
Passau 68, 73 f., 169, II 28 f.
- Bfe.
- - Leopold II 77
- Dompropst 73
- Passauer Vertrag II 32
Passavant, Johann, Unternehmer II 138
Pavia, Vertrag von 91, 104
Pelagius, päpstl. Legat 71
Pellenzgericht bei Mayen 34
Pennsylvanien II 221 f.
Perglas, Herren von II 213
Persien II 164
Perugia 127
Peterstal, Stkr. Heidelberg II 226
Pfaffendorf, Koblenz 20
Pfaffenhofen an der Ilm 74, 140
Pfaffenhofen, Kastl, Lkr. Amberg-Sulzbach 158, 167, II 247
Pfalz, rheinische, Pfgn. und Kfstn. von
- Alte Pfalzgrafen und jeweilige Kurlinie
- - Adolf 44, 91, 104, 223
- - Agnes, Tochter Konrads von Staufen, Gem. Heinrichs d. Ä. 60–62, 222
- - Agnes, Tochter Heinrichs I., Gem. Ottos II. 45, 62 f., 71 f., 74, 222 f.
- - Agnes, Tochter Ruprechts III. 224
- - Alexander Sigmund, Sohn Philipp Wilhelms, Bf. von Augsburg II 169, 254
- - Amalie von Neuenahr, Gem. Friedrichs III. II 46, 253
- - Anna, Tochter Rudolfs II., Gem. Ksr. Karls IV. 94, 223
- - Anna, Tochter Konrads von Schlesien, Gem. Ludwigs II. 75, 223
- - Anna von Kärnten, Gem. Rudolfs II. 223
- - Anna, Tochter Ruprechts II., Gem. Wilhelms von Berg 224

- - Anna von Gonzaga-Nevers, Gem. Eduards II 128, 130
- - Anna von Ostfriesland, Gem. Ludwigs VI. II 253
- - Anna Elisabeth, Tochter Friedrichs III. II 253
- - Anna Henriette Julie, Tochter Eduards II 130 f., 140 f.
- - Anna Katharina Konstanze von Polen, Gem. Philipp Wilhelms II 255
- - Anna Maria Luisa Medici, Gem. Johann Wilhelms II 163–165, 254
- - Augusta Wilhelmine von Hessen-Darmstadt, Gem. Max Josefs II 255
- - Beatrix von Berg, Gem. Ruprechts I. 223
- - Beatrix von Sizilien, Gem. Ruprechts II. 223
- - Benedikte Henriette Philippine, Tochter Eduards II 130
- - Blanka, Tochter Heinrichs IV. von England, Gem. Ludwigs III. 132, 136, 146, 171, 224
- - Charlotte von Hessen, Gem. Karl Ludwigs II 129, 130, 253
- - Christoph, Sohn Friedrichs III. II 131, 143, 253
- - Dorothea von Dänemark, Gem. Friedrichs II. 224, II 21, 25, 47, 53, 66 f.
- - Dorothea, Tochter Johann Casimirs II 253
- - Dorothea Susanne, Tochter Friedrichs III., Gem. Johann Wilhelms von Sachsen-Weimar II 253
- - Eduard, Sohn Friedrichs V. II 128, 130
- - Eleonore Magdalena Theresia, Tochter Philipp Wilhelms, Gem. Ksr. Leopolds I. II 146, 254 (s. auch Römisches Reich, Kge. und Ksr.)
- - Elisabeth, Tochter Rudolfs II., Gem. Ksr. Karls IV. 80
- - Elisabeth, Tochter Ottos II., Gem. Kg. Konrads IV. 72–74, 223
- - Elisabeth, Tochter Ruprechts III. 127, 136, 224
- - Elisabeth, Tochter Philipps d. Aufrichtigen, Gem. Wilhelms III. von Hessen und Philipps von Baden 224
- - Elisabeth, Tochter Friedrichs III., Gem. Johann Friedrichs von Sachsen-Gotha II 253
- - Elisabeth, Tochter Friedrichs V., Äbtissin in Herford II 128, 130
- - Elisabeth von Namur, Gem. Ruprechts I. 102, 223
- - Elisabeth von Hohenzollern, Gem. Ruprechts III. 148, 150, 171, 223 f.
- - Elisabeth von Bayern-Landshut, Gem. Ruprechts (Sohn Philipps des Aufrichtigen) 224
- - Elisabeth von Sponheim, Gem. Ruprecht Pipans 137, 149, 194, 224
- - Elisabeth von Hessen, Gem. Ludwigs VI. II 50, 58, 253

- – Elisabeth von Sachsen, Gem. Johann Casimirs II 62, 253
- – Elisabeth (Stuart) von England, Gem. Friedrichs V. II 80, 110f., 113 f., 128, 130, 253
- – Elisabeth Amalia von Hessen-Darmstadt, Gem. Philipp Wilhelms II 146, 165, 255
- – Elisabeth Augusta Sophie, Tochter Karl Philipps, Gem. Karl Emanuels von Pfalz-Sulzbach II 176, 254 f.
- – Elisabeth (Maria Aloisia) Auguste von Pfalz-Sulzbach, Gem. Karl Theodors II 179, 182–184, 206, 212, 215, 249, 256
- – Elisabeth Charlotte („Liselotte"), Tochter Karl Ludwigs, Gem. Hg. Philipps von Orléans II 129 f., 140–142, 145, 148 f., 153 f., 253
- – Ezzo 19 f., 25–28, 41, 64, 220
- – Franz Ludwig, Sohn Philipp Wilhelms, Ebf. von Trier, dann Mainz, Bf. von Breslau und Worms II 157, 177 f., 254
- – Friedrich I. der Siegreiche 173–190, 192, 196, 206 f., 209 f., 214, 217, 224, II 16, 21, 33, 70, 79, 88, 125, 145, 209, 241
- – Friedrich II. 165, 168, 216, 224, II 13, 15, 19–32, 35, 38, 40, 52, 66 f., 70, 75, 88 f., 106
- – Friedrich III. II 35–47, 50 f., 59, 62, 64, 70, 83, 89 f., 92–94, 101 f., 106 f., 109, 143, 253
- – Friedrich IV. II 37, 50 f., 58 f., 62–64, 69 f., 73–75, 78, 80, 87, 89, 92, 106, 128, 253
- – Friedrich V., der Winterkönig II 78, 80, 82, 87, 110–118, 128, 135, 253
- – Friedrich Wilhelm, Sohn Philipp Wilhelms II 254
- – Georg, Sohn Philipps des Aufrichtigen, Bf. von Speyer 224, II 15, 18 f.
- – Gertrud von Hohenstaufen, Gem. Hermanns von Stahleck 32, 35, 222
- – Gottfried von Calw 22, 30, 34, 64, 221
- – Heinrich, Sohn Hezelins 28, 220
- – Heinrich, Sohn Philipps des Aufrichtigen, Bf. von Worms, Utrecht und Freising 224, II 16
- – Heinrich I. d. Ältere (Welfe) 57, 61 f., 70, 72, 85, 222
- – Heinrich II. d. Jüngere 44, 62, 222
- – Heinrich Friedrich, Sohn Friedrichs V. II 128, 130
- – Heinrich Jasomirgott 31, 36, 65, 221 f.
- – Heinrich von Laach 21, 29, 33, 42, 47, 49, 51, 64, 221
- – Henriette Maria, Tochter Friedrichs V. II 129 f.
- – Hermann (Ezzone) 18 f., 220
- – Hermann (Hezelinide) 28
- – Hermann von Stahleck 21, 32, 34–36, 38 f., 51, 55, 65, 86, 114, 149, 221 f.
- – Heylwig von Dillingen, Gem. des Ezzonen Hermann 220
- – Irmengard von Henneberg, Gem. Konrads von Staufen 60
- – Irmengard, Tochter Heinrichs I., Gem. Mgf. Hermanns V. von Baden 62 f., 222
- – Irmgard von Oettingen, Gem. Adolfs 223
- – Johann, Sohn Philipps des Aufrichtigen, Bf. von Regensburg 224, II 13
- – Johann Casimir II 40, 45–51, 53–60, 62–64, 73, 76, 78, 89, 92, 94 f., 101–103, 106, 109, 253
- – Johann Wilhelm II 146, 153–157, 160–170, 172, 176, 179, 182, 185, 206, 211, 214, 216, 228, 233–236, 239, 242, 255
- – Karl II. II 129–131, 142–144, 147, 149, 198, 253
- – Karl Ludwig II 72, 122–126, 128–144, 148 f., 161 f., 168, 174, 218, 228, 234, 241, 253
- – Karl Philipp II 157, 168, 170–180, 182, 186 f., 193, 202, 204 f., 208, 212–214, 218, 227 f., 235, 254 f.
- – Karl Theodor 180, II 178 f., 181–184, 188–190, 192–196, 198–213, 215, 219 f., 225, 228 f., 233–235, 238 f., 241, 245–249, 255
- – Karoline Friederike Wilhelmine von Baden, Gem. Max Josefs II 255
- – Konrad von Staufen 38–40, 47, 49, 51–63, 65, 67, 70, 101, 109, 190
- – Kunigunde Jakobäa, Tochter Friedrichs III., Gem. Johanns VI. von Nassau II 253
- – Leopoldine Eleonore, Tochter Philipp Wilhelms II 255 f.
- – Ludmilla von Böhmen, Gem. Ludwigs I. 46, 70, 223
- – Ludwig I. 44–46, 63, 69–72, 80, 222 f.
- – Ludwig II. 47, 65, 70, 72–78, 80, 82 f., 85, 89, 223
- – Ludwig III. 126 f., 132, 136 f., 142–149, 152, 156, 170–176, 193 f., 205–207, 210, 213, 224, II 34
- – Ludwig IV. 152, 171–173, 175, 178, 213, 224
- – Ludwig V. 69, 199, 213 f., 216, 224, II 13–20, 23 f., 65, 80, 106
- – Ludwig VI. 47, 50, 52 f., 55–60, 68, 88 f., 95 f., 106, 253
- – Ludwig, Sohn Rudolfs I. 223
- – Ludwig, später Ludwig I., Kg. von Bayern, Sohn Maximilian Josephs II 192, 250
- – Ludwig der Bayer s. Römisches Reich, Kge. und Ksr.
- – Ludwig elegans, Sohn Ludwigs II. 73, 223
- – Ludwig Anton, Sohn Philipp Wilhelms, Deutschmeister, Bf. von Worms II 147, 168, 172, 254
- – Luisa Juliane von Nassau-Oranien, Gem. Friedrichs IV. II 64, 73, 92, 253
- – Luise Charlotte von Brandenburg geb. Radziwill, Gem. Karl Philipps II 172, 254
- – Luise Hollandine, Tochter Friedrichs V., Äbtissin von Maubisson II 128–130

– – Luise Juliane, Tochter Friedrichs IV., **II** 253
– – Luise Maria, Tochter Eduards **II** 130
– – Margarete, Tochter Ruprechts III., Gem. Karls I. von Lothringen 224
– – Margarete von Bayern-Landshut, Gem. Philipps I. 212f., 224
– – Margarete von Savoyen, Gem. Ludwigs IV. 172f., 175, 178, 187, 224
– – Margarete von Sizilien, Gem. Rudolfs II. 223
– – Maria von Brabant, Gem. Ludwigs II. 223
– – Maria von Brandenburg-Kulmbach, Gem. Friedrichs III. **II** 35, 38, 44, 253
– – Maria Anna, Tochter Philipp Wilhelms, Gem. Kg. Karls II. von Spanien **II** 148, 254
– – Maria Anna Josefa von Habsburg, 1. Gem. Johann Wilhelms **II** 146, 164f., 254
– – Maria Leopoldine von Österreich-Este, Gem. Karl Theodors **II** 249, 255
– – Maria Sophia, Tochter Philipp Wilhelms, Gem. Kg. Peters II. von Portugal **II** 148, 254
– – Maximilian Joseph **II** 184, 192, 249f., 255
– – Mechthild, Tochter Ludwigs III., Gfin. von Württemberg, Erzhgin. von Österreich 173, 177, 209, 224
– – Mechthild von Habsburg, Gem. Ludwigs II. 76f., 83, 223
– – Mechthild von Nassau, Gem. Rudolfs I. 78, 80, 91, 223
– – Mechthild von Savoyen, Gem. Ludwigs III. 173f., 224
– – Moritz, Sohn Friedrichs V. **II** 128, 130
– – Ottheinrich 213, 224, **II** 13, 21, 26, 29–35, 38, 42, 46, 65, 70, 73, 87–89, 93f., 106f., 109, 145, 242
– – Otto (Ezzone), Hg. von Schwaben 26, 220
– – Otto I. von Salm-Rheineck 31, 34, 221
– – Otto II. von Wittelsbach 63, 68–73, 78, 80f., 222f.
– – Philipp, Sohn Philipps I., Bf. von Freising 224
– – Philipp, Sohn Friedrichs V. **II** 128, 130
– – Philipp der Aufrichtige 69, 159, 173, 175f., 182–189, 199f., 205, 209, 211–213, 216, 224, **II** 13, 21
– – Philipp der Streitbare, Sohn Ruprechts 213, 224, **II** 13, 21, 29
– – Philipp Wilhelm **II** 144–149, 153–155, 159, 163, 165, 167, 171f., 179, 182, 234, 254
– – Rudolf I. 48, 77–80, 91, 110, 145f., 223
– – Rudolf II. 93–96, 101f., 145, 223
– – Ruprecht, Sohn Ludwigs III., Ebf. von Köln 177, 181f., 185, 224
– – Ruprecht, Sohn Philipps des Aufrichtigen, Bf. von Freising, Hg. von Bayern-Landshut 212–214, **II** 13
– – Ruprecht, Sohn Friedrichs V., Hg. von Cumberland **II** 114, 128, 130f.
– – Ruprecht gen. England, Sohn Ludwigs III. 171, 224
– – Ruprecht I. 48, 91, 93–96, 98–102, 107–113 119f., 176, 190, 217, 223, **II** 70, 137
– – Ruprecht II. 48, 91, 93, 95f., 100–104, 110, 121, 123, 174, 176, 223
– – Ruprecht III., Kg. 44, 96, 98, 103f., 122–145, 149f., 152, 159, 161, 173, 184, 186, 193f., 199, 207, 213, 223–225, **II** 13, 209
– – Ruprecht Pipan, Sohn Ruprechts, III. 104, 132, 137, 145, 192, 224
– – Sibylle von Bayern, Gem. Ludwigs V. 213, 224, **II** 15
– – Siegfried I. von Ballenstedt 29f., 32, 221
– – Siegfried II. von Ballenstedt 221
– – Sophie, Tochter Friedrichs V., Gem. Ernst Augusts von Hannover 129f., 141
– – Susanna von Bayern, Gem. Ottheinrichs 213, **II** 29
– – Theresia Katharina von Lubomirsky, Fstn. von Ostrog, 2. Gem. Karl Philipps **II** 172, 254
– – Violanta Theresia, Gfin. von Thurn und Taxis, 3. Gem. Karl Philipps **II** 176, 180, 254
– – Wilhelm von Ballenstedt 32, 34, 221
– – Wilhelmine Ernestine von Dänemark, Gem. Karls II. **II** 130, 143, 253
– – Wolfgang, Sohn Philipps des Aufrichtigen **II** 13
Nebenlinien des Hauses Wittelsbach
– Pfalz-Birkenfeld-Zweibrücken **II** 180, 192, 242–244, 255
– – Augusta Wilhelmine von Hessen-Darmstadt, 1. Gem. Max Josefs s. Kurlinie
– – Christian III. **II** 255
– – Christian IV. **II** 184, 244, 255
– – Friedrich Michael **II** 179, 184, 194, 199, 244, 255
– – Karl **II** 242, 254f.
– – Karl August **II** 184, 195, 244, 255
– – Karoline von Nassau-Saarbrücken, Gem. Christians III. **II** 255
– – Maria Amalia Josefa von Sachsen, Gem. Karl Augusts **II** 255
– – Maria Franziska von Pfalz-Sulzbach, Gem. Friedrich Michaels **II** 256
– – Maximilian Joseph s. Kurlinie
– Pfalz-Kleeburg **II** 242, 244, 255 (s. auch Pfalz-Zweibrücken und -Veldenz)
– Pfalz-Landsberg **II** 242
– Pfalz-Lautern **II** 48, 50, 53f., 59, 63, 73, 78, 96, 123
– Pfalz-Neuburg und -Sulzbach 215, 217, **II** 21, 29, 61, 73, 76–78, 116, 125f., 132, 161, 165, 177, 180, 182, 197, 201, 212, 216, 234, 238–240, 242, 255
– – Anna von Jülich-Berg, Gem. Philipp Ludwigs 76, 144f., 255
– – August von Sulzbach **II** 181, 255

309

– – Christian August von Sulzbach II 125, 181, 254f.
– – Dorothea Sophie, Gem. Eduards und Franz' von Parma, s. Parma
– – Elisabeth Auguste, Gem. Josef Karls von Sulzbach, s. Kurlinie
– – Elisabeth Augusta, Gem. Karl Theodors s. Kurlinie
– – Johann Christian von Sulzbach II 125, 181f., 255
– – Johann Friedrich von Hilpoltstein II 181
– – Josef Karl Emanuel von Sulzbach II 176, 254f.
– – Leopoldine Eleonore II 254
– – Magdalena von Bayern, Gem. Wolfgang Wilhelms II 255
– – Maria Amalia von Hessen-Rheinfels, Gem. Theodor Eustachs II 255
– – Maria Anne von Sulzbach, Gem. Hg. Klemens' von Bayern II 179, 256
– – Maria Franziska von Sulzbach, Gem. Friedrich Michaels von Pfalz-Birkenfeld II 179, 256
– – Maria Henriette de la Tour, Gem. Johann Christians II 182, 255
– – Philipp der Streitbare s. Kurlinie
– – Philipp Wilhelm s. Kurlinie
– – Philipp Ludwig II 64, 73f., 76, 78, 242, 255
– – Theodor Eustach von Sulzbach II 176, 178, 182, 255
– – Wolfgang Georg Friedrich s. Köln, Ebfe.
– – Wolfgang Wilhelm II 52, 71, 76f., 145f., 181, 242, 255
– Pfalz-Neumarkt und -Mosbach 148, 152–160, 166, 172, 187–189, II 35, 73
– – Albrecht, Sohn Ottos I., Bf. von Straßburg 159, 225
– – Amalie, Tochter Ottos I., Gem. Philipps von Rieneck 225
– – Beatrix von Bayern-München, Gem. Johanns von Neumarkt 225
– – Christoph, Kg. von Dänemark 151, 156, 206, 225
– – Dorothea von Brandenburg, Gem. Kg. Christophs 225
– – Johann von Neumarkt 133, 148, 150, 152, 175, 224f.
– – Johann, Sohn Ottos I., Dompropst in Augsburg 225
– – Johanna von Bayern-Landshut, Gem. Ottos I. 155f., 213, 225
– – Katharina von Pommern, Gem. Johanns 133, 150, 225
– – Margarete, Tochter Ottos I., Gem. Reinhards, Gfn. von Hanau-Münzenberg 225
– – Otto I. 145, 147f., 151, 158, 171, 174f., 184, 197, 212f., 224 f.
– – Otto II. 151, 155, 158–160, 186, 198, 213, 217, 225
– – Ruprecht, Sohn Ottos I., Administrator des Btm. Regensburg 225

– Pfalz-Simmern 148f., 160, 172, 177, 187, 217, II 35, 42, 48, 53, 63, 73, 78, 82, 85f., 92, 96, 109, 118, 123, 126f., 131, 133, 142, 149, 164, 169
– – Anna von Veldenz, Gem. Stephans 148f., 225
– – Beatrix von Baden, Gem. Johanns II. II 253
– – Brigitte, Tochter Johanns II., Äbtissin von Neuburg II 253
– – Christoph II 46
– – Elisabeth, Tochter Johanns II., Gem. Georgs von Erbach II 253
– – Friedrich 149, 178, 225
– – Friedrich III. bis Friedrich V. s. Kurlinie
– – Georg II 253
– – Helene, Tochter Johanns II., Gem. Philipps von Hanau-Münzenberg II 254
– – Johann I. 225, II 253
– – Johann II. II 35, 253
– – Johann Casimir s. Kurlinie
– – Johanna, Tochter Johanns II., Äbtissin von Marienberg II 253
– – Johanna von Nassau-Saarbrücken, Gem. Johanns I. 225, II 253
– – Katharina, Tochter Johanns II., Äbtissin von Kumbd II 253
– – Ludwig Heinrich Moritz II 126, 134, 253
– – Ludwig Philipp II 73, 118, 123, 125f., 253
– – Luise Johanna s. Pfalz-Zweibrücken und Veldenz
– – Margarete von Geldern, Gem. Friedrichs 225
– – Maria von Nassau-Oranien, Gem. Ludwig Heinrich Moritz' II 253
– – Maria Eleonore von Brandenburg, Gem. Ludwig Philipps II 253
– – Maria Jakobäa von Oettingen, Gem. Johanns II. II 253
– – Reichart II 47, 52, 62–64, 74, 253
– – Sabine, Gem. Lamoral Gf. Egmonds II 253
– – Stephan (Simmern-Zweibrücken) 145, 147–149, 156, 170, 173, 176, 224f., II 35
– Pfalz-Sulzbach II 125, 187–180, 182, 216, 238, 240f., 255
– Pfalz-Veldenz II 78, 82, 102, 142, 180, 242, 243f., 254
– – Dorothea, Gem. Gustav Samuel Leopolds von Pfalz-Zweibrücken II 254
– – Johann August II 253
– – Leopold Ludwig II 180, 254
– – Ruprecht II 254
– Pfalz-Zweibrücken und -Veldenz 217, II 35, 39, 41, 61, 75f., 78, 82f., 145, 180, 184, 192, 194f., 197, 226, 234, 240–247, 254f.
– – Alexander 149, 177, 216, 225, II 254
– – Anna von Hessen-Kassel, Gem. Wolfgangs II 254
– – Dorothea von Pfalz-Veldenz, Gem. Gustav Samuel Leopolds II 254
– – Elisabeth von Hessen-Kassel, Gem. Ludwigs II. II 254

- – Friedrich II 254
- – Gustav Samuel Leopold II 180, 242, 244, 254
- – Johann I. II 52, 125, 242, 254
- – Johann II. II 73 f., 78, 112, 254
- – Johann Casimir II 254
- – Johanna von Croy, Gem. Ludwigs I. 225
- – Karl von Pfalz-Kleeburg, Karl XI. von Schweden II 254
- – Karl von Pfalz-Kleeburg, Karl XII. von Schweden II 242, 254
- – Karl Gustav von Pfalz-Kleeburg, Karl X. von Schweden II 242, 254
- – Katharina von Rohan, Gem. Johanns II. II 254
- – Katharina von Schweden, Gem. Johann Casimirs II 254
- – Leopold Ludwig von Pfalz-Veldenz II 255
- – Ludwig I. der Schwarze 149, 177 f., 181 f., 187, 225
- – Ludwig II. II 254
- – Luise Johanna von Pfalz-Simmern, Gem. Johanns II. II 254
- – Magdalena von Jülich-Berg, Gem. Johanns I. II 254
- – Margarete von Hohenlohe-Neuenstein, Gem. Alexanders 225, II 254
- – Philipp Ludwig II 145, 242 s. Pfalz-Neuburg
- – Ruprecht von Pfalz-Veldenz II 254
- – Wolfgang II 46, 73, 145, 242, 254
- Pfalz-Bayern II 181, 246–250
- – Auguste Wilhelmine Maria von Hessen-Darmstadt, 1. Gem. Maximilian Josefs s. Pfalz, Kurlinie
- – Karoline Friederike Wilhemine von Baden, 2. Gem. Maximilian Josefs s. Pfalz, Kurlinie
- – Maximilian Josef s. Pfalz, Kurlinie
- Pfalzburg s. Einarzhausen
- Pfalzgrafenstein, Bg. bei Kaub, Rhein-Lahn-Kreis 86, 91, 110
- Pfeddersheim, Worms 178 f., 187, II 19, 32, 98, 223
- Pfeffingen, abgeg. bei Bad Dürkheim, DÜW
- – Gfscht. 49, 187
- Pflug von Rabenstein, Hintschik 151
- Pfreimd, Lkr. Schwandorf 161
- Pforzheim 52, 60, 63, 181, 203 f.
- Philippsburg, KA (bis 1615 Udenheim) 107, II 76, 118, 124, 126, 142, 150–152, 179
- Piasten s. Polen, Hge. und Kge. von
- Pichegru, Charles, frz. General II 247
- Pielenhofen, Lkr. Regensburg, Kl. 150
- Pigage, Nicolas, Architekt II 189 f., 205 f.
- Pillig, Lkr. Mayen-Koblenz 33
- Pilsen II 114
- Pisa 130 f.
- – Konzil 136
- – Päpste
- – – Alexander V. 131
- – – Johannes XXIII. 123, 143 f.
- Plaidt, Lkr. Mayen-Koblenz 33

Plankstadt, HD 83 f.
Plauen II 60
Plech, Lkr. Bayreuth 167
Pleystein, Lkr. Neustadt an der Waldnaab 150, 158, 160, 163
Plieningen, Stkr. Suttgart
- Dietrich von 210
Plöckenpaß 128 f.
Polch, Lkr. Mayen-Koblenz 33
Polen, Hge. und Kge. von 26, II 117, 137, 146, 148, 172, 179
- Anna Katharina Konstanze, Gem. Philipp Wilhelms s. Pfgfn., Kurlinie
- Boleslaw 26
- Gertrud, Gem. Isjaslaws von Kiew 220
- Hedwig Elisabeth Amalie von Pfalz-Neuburg, Gem. Jakob Sobieskis II 254
- Jakob Sobieski II 172, 254
- Kasimir I, 27, 220
- Mieczyslaw (Miesko II.) 26, 220
- Richeza, Gem. Belas von Ungarn s. Ungarn
- Richeza, Pfgin., Gem. Mieskos II. 220
Pommern, Hge. von
- Erich, Kg. von Dänemark s. Dänemark
- Katharina, Gem. Pfgf. Johanns s. Pfalz-Neumarkt und -Mosbach
Poppberg, Birgland, Lkr. Amberg-Sulzbach 156, 161
Poppelsdorf, Bonn 182
Pordenone, Region Friaul-Julisch-Venetien 128
Portugal, Kge. von
- Eleonore V. II 21 (s. a. Frankreich Kge.)
- Maria Sophie Elisabeth von Pfalz-Neuburg, Gem. Kg. Peters II. II 254
- Peter II. II 148, 254
Prag 87, 159, II 110–114, 119
- Friede II 122
- Hradschin II 110
- Schlacht am Weißen Berg II 113
- Universität 120, 122
Pressath, Lkr. Neustadt an der Waldnaab 158, 160, 163, 174
Preußen, Hge. und Kge. von II 136, 156 f., 161, 174, 177–179, 181, 193–195, 197, 244–246, 248 f. vgl. auch Brandenburg
- Albrecht II 76
- Friedrich II. der Große II 179, 201, 210
- Friedrich III. (als Kg. Fr. I.) II 172
- Friedrich Wilhelm 178
Prob, Christoph, Kanzler II 25, 40, 47
Proles, Andreas, Vikar der sächsischen Augustinerprovinz II 16
Prowin, Nikolaus, Rektor der Universität Heidelberg 130
Prüm, Lkr. Bitburg-Prüm, Kl. 18
Pufendorf, Samuel von II 139 f., 143

Quedlinburg 30

Raballiati, Franz Wilhelm, Baumeister II 204 f.
Radevormwald, Oberbergischer Kreis II 235 f.
Radziwill, lit.-poln. Adelsgeschlecht II 172

Rainbach, Neckargemünd, HD 110
Ramburg, Ramberg, SÜW
- Bg. 116
Ramsen, KIB, Kl. 52
Ramung s. Speyer, Bfe.
Ramus, Petrus (de la Ramée), Philosoph II 107
Randeck, Mannweiler-Cölln, KIB
- Bg. 116
Rappoltsweiler, Oberelsaß 173, II 240, 244
Rappolstein, Oberelsaß II 242
Rastatt 171, II 168, 174, 248
- Kongreß II 250
Ratingen, Lkr. Mettmann II 234–236
Rattenberg, Tirol 73, 217, II 196
Raugrafen, Raugrafschaft 49, 55, 107, 114 f., II 129 f., 143, 145
Ravengiersburg, SIM, Kl. 51, 137, 148
Ravensberg II 76 f., 147, 234
Ravensburg, Sulzfeld, KA
- Bg. 116 f.
- Göler von II 179
Ravenstein, Niederlande, Herrschaft II 76 f., 146, 177 f.
Regen, Niederbayern 74
Regensburg 71–74, 87, 140, 168, II 26 f., 47, 125 f., 129, 132, 134, 149, 151
- Berthold von, Prediger 73
- Bfe. 155, 161
- - Johann, Pfgf. 224, II 13
- - Ruprecht, Pfgf., Administrator 225
- Burggrafen 88
- Diözese 87
Reibeld, Anton von, Minister II 184, 213
Reichartshausen, HD
- Zent 106, 148, 191 f., II 83
Reichelsheim (Odenwald), ERB
- Zent 191
Reichenbach, Lkr. Cham, Kl. 150, 158, 160
Reichenhall (heute Bad R.), Lkr. Berchtesgadener Land 74
Reichenstein, Niederheimbach, MZ
- Bg. 85, 91, 93, 108
Reichenstein, abgeg. Bg. bei Neckargemünd, HD 63
Reidenberg, abgeg. bei Dilsberg, Neckargemünd, HD 110
Reilingen, HD 84, 148
Reims, Dep. Marne 22, 32, 51, II 142
- Btm. 149
- Vögte 65
Reipoltskirchen, KUS, Hschft. II 171, 194
Remagen, Lkr. Ahrweiler 27, 31, II 235
Rembrandt, R. Harmensz (van Rijn) II 206
Remigiusland (um Kusel) 32, 51, 177
Remscheid II 235 f.
Reuber, Justus, kurpf. Rat und Kanzler II 56, 58, 60, 64
Reuchlin, Humanisten
- Dionysius 211
- Johannes 211
Reutlingen 140 (s. auch Rüdelingen)
Rhein

- dominium Rheni 49
- Friedensschutz 93 (s. auch Zoll, Sachregister)
Rheinbach, Rhein-Sieg-Kreis 19
Rheinberg, Lkr. Wesel
- Bg. 116
Rheinböllen, SIM 91, II 229
Rheineck, bei Bad Breisig, Lkr. Ahrweiler
- Bg. 21, 30, 34, 39
- Otto I. von, Pfgf. 30 f., 34
- Otto II. von, Praetendent 34
Rheinfels, St. Goar, SIM II 150
Rheinfranken 37
Rheingrafenstein, Bg. bei Bad Münster am Stein-Ebernburg, KH 116 f.
Rheinhausen, abgeg. Bg. bei Mannheim 63, 76, 83 f., 91, 143
- Herrschaft 85
Rheinland-Pfalz II 251
Rheinpfalz II 251, 253
Rheinstrom, Reichsritterschaft am II 132
Rhens, Lkr. Mayen-Koblenz 76, 124, 140
- Kurverein 93, 96
Rhodos, Griechenland 171
Richelieu, Armand Jean du Plessis, Kardinal II 122
Riebe, Dänemark 133
Rieden, Lkr. Amberg-Sulzbach 146
Riedenburg, Lkr. Kelheim 74
Rieneck, Lkr. Main-Spessart
- Gfn. von 69, 155
- - Amalie, Pfgfin., Gem. Philipps 225
- - Philipp 225
- - Reinhard 156
Rigal, Jean Pierre, Unternehmer II 230
Rischer, Johann Jakob, Baumeister II 162
Ritter, Heinrich Josef, Frhr. von, pfälz. Gesandter II 195
Robern bei Limbach, MOS II 42
Rockenhausen, KIB 50, 146 f., 188, 218, II 98, 117, 150, 170
Roding, Lkr. Cham 91, 158, 160
Römisches Reich, Kge. und Ksr. II 216, 242
- Adolf von Nassau 78 f., 106
- Albrecht 66, 77–79, 83, 88
- Alfons von Kastilien 67
- Anna Maria von Spanien, Gem. Ferdinands III. II 165
- Eleonore, Tochter Kfst. Philipp Wilhelms, Gem. Ks. Leopolds II 146, 164 f.
- Elisabeth, Tochter Pfgf. Ottos II., Gem. Kg. Konrads IV. 72
- Elisabeth Christine von Braunschweig-Wolfenbüttel, Gem. Karls IV. II 165 f.
- Ferdinand I. II 15, 20 f., 33, 41, 43
- Ferdinand II. II 110–113, 116 f., 121 f., 125
- Ferdinand III. II 128, 131, 165
- Ferdinand IV. II 128, 131
- Franz I. Stephan II 165, 193
- Franz II. II 165
- Friedrich I. (Barbarossa) 17, 35 f., 38–40, 53, 55, 60 f., 69, 222
- Friedrich II. 62 f., 67, 71–74, 81

- Friedrich der Schöne 79
- Friedrich III. 172, 176, 178, 181f., 184, 210
- Heinrich I. 18, 22, 63
- Heinrich II. 25, 87
- Heinrich III. 26
- Heinrich IV. 28, 64, 222
- Heinrich V. 20, 30, 40
- Heinrich VI. 44, 61f., 68
- Heinrich (VII.) 67, 72
- Heinrich VII. 48, 78–80
- Heinrich Raspe 67, 73
- Josef I. II 164–166, 168
- Josef II. II 165, 194–196, 210
- Karl der Große 69, II 14, 70
- Karl IV. 94–96, 98–100, 109, 111, 120, 125, 159, 161f., 223
- Karl V. II 15, 20 22, 21, 26f., 29, 56, 76
- Karl VI. 130, 132, II 155, 165f., 168, 176–179
- Karl VII. (Albrecht) II 179f., 193
- Konrad III. 31f., 34, 37, 51
- Konrad IV. 67, 72–74, 87, 223
- Leopold I. II 132, 134, 141, 146f., 150. 164f.
- Leopold II. II 165, 196, 202
- Lothar von Supplinburg 30–32, 34, 37, 40, 65
- Ludwig IV. der Bayer 44, 77–80, 83, 85f., 91, 93–96, 100, 106, 108–110, 219, 223, II 70
- Maria Theresia II 165f., 178, 193, 195
- Matthias II 109f., 112
- Maximilian I. 211f., 214, 216, II 15f., 132, 136
- Maximilian II. II 45, 83
- Otto der Große 18, 67, 220
- Otto II. 20, 47, 220
- Otto III. 20, 25f., 220
- Otto IV. 62, 67, 72
- Philipp von Schwaben 62, 66f.
- Richard von Cornwall 67, 75f., 82
- Rudolf I. von Habsburg 76f., 82f., 85, 106, II 70
- Rudolf II. II 74–76, 109
- Ruprecht s. Pfalz, Kurlinie, Ruprecht III.
- Sigismund 44, 123, 126, 129, 138, 142–144, 170, 173, II 62
- Wenzel 99f., 103, 123–126, 132, 136, 138, 140, 184
- Wilhelm von Holland 67, 73
- Wilhelmine Amalie von Braunschweig-Lüneburg, Gem. Ksr. Josefs I. II 165

Rohan, Katherina von, Gem. Johanns II. von Pfalz-Zweibrücken s. Pfalz-Zweibrücken
Rohrbach, Stkr. Heidelberg 83f., II 96, 250
Rolandswerth, Remagen, Lkr. Ahrweiler, Kl. 65
Rom 79, II 115, 203
- Päpste 68, 72f., 80, 100, 103, 122, 127, 129f., 136, 152, 176, 179, 211, II 116, 154, 157, 160, 164, 196, 203
- - Bonifaz IX. 121, 125, 130, 132
- - Eugen IV. 172
- - Felix V. 172f.
- - Gregor IX. 81
- - Gregor XII 130f., 143
- - Gregor XIII. II 55
- - Innozenz II. 66, 68
- - Innozenz VIII. 129
- - Julius III. II 28
- - Leo IX. 27
- - Martin V. 144
- - Nikolaus V. 172, 185
- - Pius II. 179, 185
- - Pius VII. II 203
- - Urban VII. 120
  (s. auch Avignon und Pisa, Päpste)
- St. Sabina 48
Rosenberg, MOS II 212
- Herren von 183, II 82
- Albrecht II 27, 46
- Melchior II 17
Rosenberg, Sulzbach-Rosenberg, Lkr. Amberg-Sulzbach 125, 156
Rosheim, Unterelsaß 105, 137, 147, 188, 218
Roßbach, Lkr. Meersburg, Schlacht II 194
Rotenberg, Rauenberg, HD 179, 187f., 217f.
Rothenberg, Schnaittach, Lkr. Nürnberger Land 159, 163
Rothenburg ob der Tauber, Lkr. Ansbach 126, 135, 140
- Hg. von, Friedrich 39
Rottenburg am Neckar, Lkr. Tübingen 209
Roxheim, Bobenheim-Roxheim, LU 63
Rubens, Peter Paul II 206
Rübenach, Koblenz 33
Rüdelingen 140 (s. a. Reutlingen)
Rüdt, von II 144
Ruhrgau 19, 21
Rurikiden s. Kiew, Großfstn. von
Rusdorf, Joachim von II 119
Rußland II 195f., 222, 249, 250
- Zar II 164
Ryswyk
- Friede von II 153f., 242
- Johann von, Festungsbaumeister II 103
- Klausel von II 154f.

Saalfeld (Saale), Thüringen 25, 27
Saarbrücken
- Gfn. von 39f., 52
- - Agnes 38
- - Simon 52
Saarland II 251
Saarwerden-Falkenstein
- Gfn. von 103
Sabershausen, Dommershausen, SIM 33
Sachsen, Hge. und Kfstn. von 17, 66–68, 123–126, 142, 152, 173, 184, II 16, 27, 30, 33, 44, 47, 61, 75f., 78, 109, 111, 116, 151, 195f., 246
- August II 51, 172, 178f.
- Christian II 60
- Elisabeth, Gem. Pfgf. Johann Casimirs s. Pfgfn., Kurlinie
- Friedrich der Weise II 15
- Heinrich der Löwe 60f., 69, 221f.

313

- Johann Friedrich II 27, 253
- Moritz II 28
- Maria Amalia Josefa s. Pfalz-Birkenfeld
- Rudolf 95, 102

Sachsen-Weimar, Hge. von
- Johann Wilhelm II 253

Sachsen, Pfgfn. von
- Friedrich (von Sommerschenburg) 32, 34

Sachsenhausen, Frankfurt am Main 140

Saffenberg, Bg. bei Mayschoß, Lkr. Bad Neuenahr-Ahrweiler
- Gfn. von 29

Salabert, Pierre, Abbé und Minister II 247

Salier, Hochadelsfamilie (s. a. Römisches Reich, Kge. und Ksr.) 37, 49, 51
- Konrad der Rote 37
- Otto 37
- Erbe 40
- (jüngere) Linie 40

Salm, Luxemburg, Gfn. und Fstn. von
- Herren von
- - Hermann 29
- - Karl Theodor II 130
- - Otto 30

Salz, Lkr. Rhön-Grabfeld 20, 27

Salzburg 74, 171, II 166, 197
- Ebtm. und Ebfe. 70, II 171, 196f.

San Daniele, Prov. Udine 128

Sandhausen, HD 84

Sandhofen, Stkr. Mannheim 53, 63, 83f.

St. Blasien, Lkr. Waldshut
- Bernold von 29
- Kl. 28

St. Cloud, Dep. Hauts-de-Seine II 149

St. Gallen
- Abt 135

St. Gereon s. Köln

St. German s. Speyer Stifte

St. Goar, SIM 32

St. Goarshausen, Rhein-Lahn-Kreis 107

St. Ilgen, Leimen, HD 84
- Kl. 186

St. Jakobsberg, Kl. bei Mainz 182

St. Lambrecht (Pfalz), DÜW, Kl. 85, 146, II 28, 53, 94, 101, 105

St. Lamprecht, Dominikanerinnenkloster s. Lambrecht (Pfalz), DÜW

St. Leon, St. Leon-Rot, HD, Kl. 179

St. Maximin s. Trier

St. Pantaleon, Kl. bei Weißenburg, Unterelsaß 182

St. Stephan s. Mainz

Sanuto, Marino, venezianischer Gesandter 206

Sardinien, Königreich II 168

Sauerbronn s. Sauerthal

Sauerthal, Rhein-Lahn-Kreis 110

Saulheim, AZ 50

Savorgnan, Germanico, Festungsbaumeister II 103

Savoyen, Gfn. und Hge. von 206, II 53, 143
- Amadeus VIII. s. Rom, Päpste, Felix V.
- Imanuel II 110f.
- Eugen, Prinz II 167, 187

- Margarethe s. Pfalz, Kurlinie und Württemberg, Gfn. und Hge. von
- Mathilde (Mechthild), Gem. Ludwigs III. 171–174, 224

Sayn, Gfscht. 29, 114f.

Schadeck, Runkel, Lkr. Limburg-Weilburg
- Bg. 116

Schärding, Oberösterreich 74, II 195

Schar (= Scharhof), Sandhausen, Stkr. Mannheim 53, 81, 84

Scharfenberg, Bg. bei Annweiler am Trifels, SÜW
- Konrad von, Reichskanzler 67

Scharfeneck, Albersweiler, SÜW
- Bg. 116, 176

Schauenburg, Dossenheim, HD, Bg. und Hschft. 178, 187, II 125, 169

Schaumburg, Rhein-Lahn-Kreis
- Bg. 116, II 243

Schechsius, Johann, Hofprediger II 51, 59

Schede (Melissus), Paul, Dichter II 108

Schefflenz (Ober-, Unter-, Mittel-Sch.), MOS 155

Scheinfeld, Lkr. Neustadt an der Aisch-Bad Windsheim
- Lupold von 62, 80

Scheyern, Lkr. Pfaffenhofen an der Ilm
- Gf. von
- - Otto 69
- Kl. 69

Schiffenberger Wald bei Gießen 29

Schiller, Friedrich II 208f.

Schlesien, Hgtm. II 112, 114, 179, 227
- Anna, Tochter Konrads von Schlesien 75

Schlettstadt, Elsaß 105, 137, 147, 188, 218

Schlichten, Johann Philipp von der, Maler II 187

Schmalkalden, Thüringen II 25

Schmidburg, Nikolaus Schenk von II 51

Schmidmühlen, Lkr. Amberg-Sulzbach 89, 156

Schnaittenbach, Lkr. Amberg-Sulzbach 89, 163

Schnepf, Erhard, Reformator II 16

Schoch, Johannes, Baumeister II 70, 80

Schönau, HD
- Kl. 44, 52–54, 60, 62, 71, 81, 102, 104, 112, 119, 141, 186, II 32, 39, 53, 94, 101, 121, 223
- - Wolfgang Cartheyser, Abt II 32

Schöneck, Bg. bei Boppard, SIM 34, 116f.

Schöntal, Hohenlohekreis, Kl. II 162

Schönthal, Lkr. Cham, Kl. 150

Schöpflin, Johann Daniel, Historiker II 208

Schönburg, Schonenburg, Oberwesel, SIM
- Bg. 116f.
- Elisabeth von 101 (s. auch Schomburg)

Schomburg, Herren von
- Karl II 142
- Meinhard II 129

Schongau, Lkr. Weilheim-Schongau 140

Schott, Lutz, Amtmann 178

Schottland II 27

Schriesheim, HD 83f., 116f., 148, 156, 182, 187, II 98

– Zent 191f., II 121, 223
Schuttern, Friesenheim, OG, Kl. 184
Schwaben
– Hgtm. und Hge. von 68, 74
– – Agnes (Salierin), Gem. Friedrichs I. 222
– – Agnes von Saarbrücken, Gem. Friedrichs II. 222
– – Friedrich II. 38, 40, 55, 222
– – Friedrich III. 222
– – Gertrud, Gem. Hermanns von Stahleck 32, 35, 222
– – Judith von Bayern, Gem. Friedrichs II. 38, 222
– – Judith (Clarissa), Tochter Friedrichs II., Gem. Ludwigs von Thüringen 38, 222
– – Konrad, Halbbruder Barbarossas s. Pfalz, Kurlinie
– – Konradin 74, 76f., 87
– – Otto (Ezzone), s. Pfalz, Kurlinie (s. auch Römisches Reich, Kge. und Ksr.)
Schwaben, Pfgfn. 17
Schwabenheim an der Selz, MZ 84
Schwabsburg, Nierstein, MZ 107
Schwäbisch Gmünd, Ostalbkreis 138
Schwäbisch Hall, SHA II 27, 144
– Hallischer Rezeß II 144, 148, 154f., 157, 173
Schwan, Christian Friedrich, Buchhändler II 208f.
Schwandorf, Oberpfalz 74, 89, 125, 156, 162
Schwarzach, Rheinmünster, Lkr. Rastatt, Kl. 113
Schwarzburg, Lkr. Rudolstadt
– Günther, Gf. von 94f., 102, 126
Schwarzerd, Brettener Schultheißenfamilie II 38 (vgl. Melanchthon)
Schweden (s. auch Dänemark) II 116–119, 122, 124, 131f., 181, 242
– Kge. von
– – Christine II 242
– – Gustav Adolf II 117f., 125
– – Karl X. Gustav s. Pfalz-Zweibrücken und Veldenz
– – Karl XI. s. Pfalz-Zweibrücken und Veldenz
– – Karl XII. s. Pfalz-Zweibrücken und Veldenz
– – Katharina s. Pfalz-Zweibrücken und Veldenz
Schweinfurt 140
– Mgfn. von 87
Schweiz (Eidgenossen) 129, 135, 137, 143, 177, 212, II 32, 38, 61, 122, 137
Schwetzingen, HD 83f., 190, II 129, 162, 170, 191, 200, 206–209, 242
– Kl. II 202
Sckell, Ludwig von, Gartenarchitekt II 206
Sebastiani, Hofschauspieler II 207
Scultetus, Abraham, Hofprediger II 113
Seckenheim, Stkr. Mannheim 81, 83f., 102, 179–181, 205, II 97, 125, 143, 213
Sedan, Dep. Ardennes II 78, 80, 115, 143
Seedorf, Pater Franz S. J., Beichtvater II 182f.

Seelhofen, Arnold von s. Mainz, Ebfe.
Seiffert, Josepha, s. Heydeck, Gfin.
Seilern, Heinrich von, Diplomat und Minister II 155
Selgerbusch, Forstbezirk in der NW-Eifel 24
Seligenporten, Kl. im Lkr. Neumarkt in der Oberpfalz 150
Seligental, Kl. bei Landshut 46
Seligmann, Aaron Elias, Hoffaktor II 213
Selz, Unterelsaß 137, 140, 146f., 176, 188f., 218, II 52, 106, 177, 194, 223, 243
Senlis, Dep. Oise
– Friede von 212
Sèvres, Dep. Hauts-de-Seine II 229
Sickingen, Oberderdingen, KA
– von 137
– – Franz II 16f., 82
– – Schwarz Reinhard, 146, 174
– – Wilhelm II 173
Siebeldingen, SÜW 106
Siebenbürgen II 45, 116
– Fstn. von
– – Henriette Maria s. Pfalz, Kurlinie
– – Sigmund Rakoczy, Gem. Henriette Marias II 129f.
Siegenstein, Wald, Lkr. Cham 163
Siegburg, Rhein-Sieg-Kreis, Kl. 19, 21f., 27f., II 77, 235
Simmern 102, 104f., 107, 146, 148, II 48, 98, 100, 121, 126f., 133, 150, 158, 170, 223
Sinai 171
Sinsheim, HD 63, 93, 105f., 140, 148, 153, 155, 174, 203, II 141, 158
– Kl. 112, 186, II 43f., 106, 150, 223
Sinzig, Lkr. Ahrweiler 19, 22, 140, II 77
Sizilien 76
– Kge. 96 (s. a. Neapel)
– – Beatrix, Gem. Pfgf. Ruprechts II. 223
– – Manfred, Sohn Friedrichs II. 76
– – Margarete, Gem. Pfgf. Rudolfs II. 223
Sobernheim, KH 158, 223
Soest, Westfalen 130
– Konrad von, Theologe 170
Sötern, Philipp Christoph von s. Speyer, Bfe.
Solingen II 147, 234–236
Solms-Braunfels, Albrecht, Gf. von II 73, 111, 119
Solms-Hungen, Gfn. von
– Johann Albrecht II 64, 74
– Otto II 74
Soltau, Lkr. Soltau-Fallingbostel
– Konrad von 122
Sommer(e)schenburg, Lkr. Oschersleben 17
– Friedrich von 32, 65
Sonderscas (= Waldgrafschaft) 18, 22
Sondra, Lkr. Eisenach 134
Spanheim (s. auch Sponheim)
– Gfn. von 35, 61, 101, 107, 109
– – Simon 109
– – Walram 98, 109
Spanien II 21, 46, 55, 74, 78, 103, 113–117, 119, 121f., 126, 149, 165, 168

– Kge. von
– – Anna Maria s. Römisches Reich, Kge. und Ksr.
– – Karl II. **II** 254
– – Maria Anna von Pfalz-Neuburg, Gem. Karls II. s. Pfalz, Kurlinie
Specklin, Daniel, Festungsbaumeister **II** 103 f.
Speinshardt, Lkr. Neustadt an der Waldnaab, Kl. 87, 150, 160
Speyer 37, 56, 63, 84, 100 f., 113, 121, 127, 135, 140, 143, 152, 170, 189, 203, 205, 210, **II** 15, 19, 24, 30 f., 41 f., 52, 82, 84, 137, 152
– Btm. und Bfe. 27, 40, 51, 55, 76, 100, 113, 117, 127, 131, 138, 172, 176, 185–187, 189, 217, **II** 23 f., 26, 83, 132, 169, 175, 246
– – August von Limburg-Styrum **II** 203
– – Georg, Pfgf. 224, **II** 15
– – Johann 179, 205
– – Matthias Ramung 210
– – Philipp Christoph von Sötern **II** 76
– – Raban 141, 145, 170, 174
– Jesuitenkolleg **II** 121
– Reichstag **II** 20, 25
– Stift St. German 170, **II** 46, 84
Speyergau 51, 93, 95, 106, 112, 146, 176, 187
Spiesheim, AZ 50
Spinola, Ambrosius, General **II** 114
Spinoza, Baruch, Philosoph **II** 139
Sponheim, KH
– Vordere und Hintere Gfscht. 149, **II** 35, 42, 44, 78, 85, 126, 149, 169, 244
– Hintersponheim **II** 169, 242 f.
– Vordersponheim 115, 137, 171, 173, 181, 187, 217, **II** 14, 126, 133, 138, 142, 155, 157, 160, 194
– Gfn. von 35, 61
– – Elisabeth, Gem. Pfgf. Ruprecht Pipans s. Pfalz Kurlinie
– Kl. 186, 211
– – Johannes Trithemius, Abt 211
Springgiersbach, Kl. bei Bengel, Lkr. Bernkastel-Wittlich 21, 31, 60
Stablo(-Malmedy), Belgien
– Kl. 21
– – Poppo, Abt 26
Stade 62
– Albrecht von 67
Stadecken, Stadecken-Elsheim, MZ 116, **II** 117, 180, 242 f.
Staden, Florstadt, Wetteraukreis
– Bg. 116 f.
Stadtlohn, Lkr. Borken **II** 122
Stahlberg, Bg. bei Bacharach, MZ 85, 111
Stahlbühl, Gfscht. im Lobdengau s. Ladenburg
Stahleck, Bg. bei Bacharach, MZ 21, 32, 55, 110
– von
– – Eberhard 55, 57
– – Goswin 32
– – Hermann s. Pfalz, Kurlinie
Stamitz, Johann, Musiker **II** 207
Starhemberg, Maximilian Laurentius, Gf. von, kurpfälz. Rat **II** 147 f.

Starkenburg, Heppenheim (Bergstraße), HP
– Bg. 53 f., 187, 218, **II** 170
Starkenburg, Bg. im Lkr. Cochem-Zell 149
Staufer s. Hohenstaufen
Stauffenberg, Bg. bei Hechingen, Zollernalbkreis
– Schenken und Gfn. von 102
Steffani, Agostino, Musiker und Diplomat **II** 163
Stefling, Nittenau, Lkr. Schwandorf 162 f.
Steeg, Bacharach, MZ 55 (s. a. Viertäler)
– Winand von 195
Steiermark 70
Stein, Biblis, HP
– Bg. 148, 188, 216, 218, **II** 16
– Kellerei **II** 134, 169 f.
Steinach (=Neckarsteinach), HP, Landschad von **II** 31, 212
– Johann 216
Steinbach, Michelstadt, ERB, Kl. 53 f.
Stein-Kallenfels, Gfn. von **II** 143 f., 148
Steinsberg, Bg. bei Weiler, Sinsheim, HD 91, 104, 116 f., 140, 146, 153, 155
Stengel, von **II** 213
– Johann Georg, Kabinettssekretär und Staatsrat **II** 193, 209, 229
– Stefan, Kabinettssekretär und Vizekanzler **II** 193, 209
Stetten, Albisheim (Pfrimm), KIB
– Bg. 116
Steußlingen (= Altsteußlingen), Ehingen (Donau), Alb-Donau-Kreis
– Anno von s. Köln, Ebfe.
Stierberg, Betzenstein, Lkr. Bayreuth
– Bg. 159
Stockheim, Usingen, Hochtaunuskreis
– Gericht **II** 82
Stoll, Heinrich, Hofprediger, Universitätsrektor **II** 23, 30
Stolzeneck, Schwanheim, Schönbrunn, HD
– Bg. 83, 116
Stolberg (Rhld.), Lkr. Aachen **II** 236
Strahlenberg, Schriesheim, HD
– Bg. 116 f., 140, 182, 190, 216
Strahlenfels, Simmeldorf, Lkr. Nürnberger Land 159
Straßburg, Elsaß 56, 98, 101, 127 f., 135 f., 138, 140, 203 f., **II** 23, 30, 38, 76, 140, 148 f., 151, 153, 231, 242
– Btm. und Bfe. 68, 135–137, 155, 185, **II** 26, 60, 75, 132
– – Albrecht, Pfgf. 159, 225
– – Johann Georg von Brandenburg **II** 75
– – Karl von Lothringen **II** 75
– – Leopold **II** 77
– – Wilhelm Egon von Fürstenberg **II** 151
Straßenheim, Wallstadt, Stkr. Mannheim 63
Straubing, Niederbayern 74, **II** 195, 239
Streichenberg, Stebbach, Gemmingen, HN
– Bg. 116 f.
Stromberg, KH 91, 93, 140, 146–149, 188, 218, **II** 48, 62, 98, 133, 150, 158, 170, 223

- Berthold von 51
- Bg. 50f., 116
Stromer, Ulmann, Nürnberger Patrizier 141
Stuart, schott. Hochadelsgeschlecht und engl. Königshaus II 128
- Elisabeth, Gem. Pfgf. Friedrichs V. s. Pfalz, Kurlinie
Stüber Zent s. Reichartshausen
Sturm, Jakob, Stettmeister von Straßburg II 23
Stuttgart 181, II 174
Succow, Georg Adolf, Mathematiker und Naturwissenschaftler II 233
Südlingen, Merzkirchen, Lkr. Trier-Saarburg 39
Sulzbach, Weinheim, HD 84, II 176, 194, 201
Sulzbach, Sulzbach-Rosenberg, Lkr. Amberg-Sulzbach 91, 125, 140, 156, 158, 161f., 166–168, 215, 217, II 201, 240
- Gfn. von 87
Sulzburg, Walter Senfft von, pfälz. Rat II 30
Sunderscas s. Sonderscas
Supplinburg, Süpplingenburg, Lkr. Helmstedt
- von
- - Gertrud, Gem. Heinrichs des Löwen 221
- - Lothar s. Römisches Reich, Kge. und Ksr.
- - Richenza von Northeim, Gem. Lothars 221
Sylvan(us), Johannes, Theologe II 45

Tallard, Camill, Gf., Marschall II 167
Talzent (irrtüml. Talrent), Zent 191
Tarent, Apulien 71
Taus, Böhmen 151
Tännesberg, Lkr. Neustadt an der Waldnaab 158f.
Teschen, österr. Schlesien, Friede von II 195
Tessé, René, Gf. von, Stadtkommandant von Heidelberg II 151
Thierhaupten, Lkr. Augsburg, Kl. 81
Thompson, Sir Benjamin, Militär II 200
Thüringen 28, 68
- Ludwig, Landgf. von 38f., 222
Thundorf in Unterfranken, Lkr. Bad Kissingen 158–160
Thurandt s. Turon
Thurn, Gfn. von II 110, 114
Thurndorf s. Thundorf
Tilly, François Bonavantura Marquis de, frz. Gesandter II 184
Tilly, Johann Tserclaes, Gf. von, Feldherr II 113–115
Tirol 70f., 212, II 172, 174
- Hge. von s. Habsburg
Tirschenreuth, Oberpfalz 160, 162f.
Tolmezzo, Prov. Udine 128
Tomburg, Wormersdorf, Rheinbach, Rhein-Sieg-Kreis
- Bg. 21f., 25, 27
Torgau II 60
Toscana, Großhg. von II 164
Tossanus, Daniel, Hofprediger II 49, 51, 53, 59

Tour, Maria Henriette de la s. Pfalz-Sulzbach
Tours, Dep. Indre-et-Loire 16
- Gregor von 16
Traitteur, Theodor von, Hofbibliothekar II 220f.
Trarbach (heute Traben-Trarbach), Lkr. Bernkastel-Wittlich II 243
Trausnitz, Lkr. Schwandorf 163
Trebur, Lkr. Groß-Gerau 37
Trechirgau 19, 32, 34, 49
Treis, Treis-Karden, Lkr. Cochem-Zell
- Bg. 21, 30, 34, 86
Tremelius, Emanuel, Theologe II 39, 52, 107
Trient, Trentino – Tiroler Etschland 128
- Konzil II 26f., 40
Trier 22, 37, 39, 61, 140, II 16, 18
- Domkapitel 38
- Ebtm. und Ebfe. 30, 34, 37–39, 61, 67, 79, 86, 95, 117, 123, 131, 142, II 16, 26, 39, 131f., 160, 168
- - Albero 34
- - Arnold 86
- - Balduin 48
- - Franz Ludwig von Pfalz-Neuburg II 157, 177
- - Jakob 172
- - Kuno 98
- - Raban 171, 175
- Hochstiftsvogtei 21, 30f., 38, 61
- St. Maximin 21f., 25f., 30, 32, 51
- Stadtrecht 39
- Vogthof 39
Trifels, Annweiler am Trifels, SÜW
- Bg. 93, 106, 110
Trimbs, Welling, Lkr. Mayen-Koblenz 33
Trippstadt, KL II 213
Trithemius, Johannes, Abt s. Sponheim
Tubalgau 18f.
Tübingen 209
- Gfn. von 17
Türkei 124
Türken II 21, 63, 149f., 164, 172
Türkheim, Oberelsaß 137
Türnich, Kerpen, Erftkreis 21
Turenne, Henri de la Tour d'Auvergne, Gf. von, Marschall II 142
Turon (Thurandt), Bg. bei Alken, Lkr. Mayen-Koblenz 86, 91, 109, 112
Tuttlingen, Schlacht bei II 166

Udenheim s. Philippsburg
Ülversheim, MZ 50
Uffhofen, Flonheim, AZ 49
Ulm 140, 169, II 76, 113, 151, 166
Umstadt, Groß-Umstadt, Lkr. Darmstadt-Dieburg 104f., 108, 140, 146–148, 153, 173f., 188, 216, 218, II 16, 98, 158, 223
- Zent 191
Undenheim, MZ 50
Ungarn 98, 126, II 21, 114, 165, 221
- Kge. von 26

317

– – Bela 220
– – Ludwig 98
– – Maria s. Habsburg
– – Matthias Corvinus 159, 212
– – Richeza von Polen, Gem. Belas 220
– – Sigismund s. Römisches Reich, Kge. und Ksr.
Unterelsaß, Landvogtei II 82
Unterlausitz, Mgfscht. II 112
Unteröwisheim, Kraichtal, KA 140
Unterschüpf, Boxberg, Main-Tauber-Kreis 183, II 17
Urmitz, Lkr. Mayen-Koblenz 33
Ursinus, Zacharias, Reformator und Theologe II 39f., 44, 53, 63, 107
Usingen, Hochtaunuskreis II 82
Utrecht, Niederlande II 168
– Btm. und Bfe. 127
– – Heinrich, Pfgf. 224

Vallendar, Lkr. Mayen-Koblenz 33
Valmy, Dep. Marne, Kanonade von II 246
Veere, Horatius, General II 113
Vehe, Matthias, Diakon II 45
Velburg, Lkr. Neumarkt in der Oberpfalz 156, 158, 163
Velden, Lkr. Nürnberger Land 158, 160, 163, 214f.
Veldenz, Lkr. Bernkastel-Wittlich II 153, 170, 216, 242
– Gfn. von 51
– – Anna, Gem. Pfgf. Stephans s. Pfalz-Simmern
– – Friedrich III. 149
Venedig 127–129, 171, II 116, 151
Vener, Job, Protonotar 130, 138
Venzone, Prov. Udine 128
Verden (Aller)
– Btm. und Bfe. 122, 127, 131, 133, 138
Verdugo, Wilhelm, span. Gouverneur II 119
Verdun, Dep. Meuse
– Btm. 149, II 142
Verneuil, Caroline s. Parkstein, Gfin. von
Verona, Venetien 76, 127, 129
Versailles, Dep. Yvelines II 141, 149
Verschaffelt, Peter Anton von, Bildhauer II 191, 204–206
Viechtach, Lkr. Regen 89, 174
Vieregg, Matthias von, Minister II 184, 249
Vierherrengericht auf dem Einrich 32
Viernheim, HP 82, 84, II 97, 125
Viertäler zu Bacharach 112 (s. a. Diebach, Manubach, Oberdiebach, Steeg)
Vilich, Bonn, Kl. 20f.
– Mathilde, Äbtissin 26
Villars, Louis Hector, Duc de, frz. Marschall II 167f.
Ville, Vorgebirge w. Bonn 22, 24
Villmar, Lkr. Limburg-Weilburg 116
Vilseck, Lkr. Amberg-Sulzbach
– Bg. 87, 174
Vilshofen, Lkr. Passau

– Vertrag von 77
Vincennes, Dep. Val-de-Marne II 122, 149
Virneburg, Lkr. Mayen-Koblenz, Gfscht. 33, 114f.
Virtú, Gfn. von 127 (s. Visconti)
Visconti, oberital. Grafen- und Fürstenhaus 127–129, 132
– Giangaleazzo 127, 129
Vogler, Georg Joseph, Abbé und Musiker II 207
Vohenstrauß, Lkr. Neustadt an der Waldnaab
– Bg. 87, 89, 91, 160f., 163, 215
Voltaire, François Marie, Philosoph II 198, 207
Vorarlberg 135
Vorderösterreich II 172, 197 – Herrscher s. Habsburg
Vorholz, Wald bei Alzey, AZ 49f.

Wachau, Niederösterreich 93
Wachenheim, AZ II 98, 223
– Bg. 116
Wachenheim an der Weinstraße, DÜW 85, 91, 93, 189
Wadgassen, Lkr. Saarlouis 148
Wagenschwend, Limbach, MOS II 42
Waghäusel, KA II 139
Waiblingen, Rems-Murr-Kreis 181
Waibstadt, HD 106
Waidhaus, Lkr. Neustadt an der Waldnaab II 114
Waitz, Heinrich, Historiker 15
Walburg, Unterelsaß
– Kl. 137
Waldangelloch, Sinsheim, HD
– Bg. 116 (irrtümlich Gauangelloch), 117
Waldburg, Lkr. Ravensburg, Truchsessen, Gfn. und Fstn. von
– Georg II 18f.
Waldeck, Gondershausen, Rhein-Hunsrück-Kreis
– Bg. 116, 188, 218
Waldeck, Kemnath, Lkr. Tirschenreuth
– Bg. 146
Waldeck, Lorchhausen, Lorch, Rheingau-Taunus-Kreis 110
Waldeck, Heiligkreuzsteinach, HD
– Bg. und Herrschaft 113, 116, 148, II 13, 160
Waldeck, Lkr. Waldeck-Frankenberg, Gfn. von 134
Walderbach, Lkr. Cham
– Kl. 150, 158
Waldershof, Lkr. Tirschenreuth (irrtümlich Walderdorf) 163
Waldgrafschaft, NW-Eifel 22, 25, 29
Waldmichelbach, HP II 96, 229
– Zent 191
Waldmünchen, Lkr. Cham 151
Waldsassen, Lkr, Tirschenreuth, Kl. 88, 150, 160, 162f., 166, 215, II 19, 47
Walldorf, HD 83f., II 96f.
Wallertheim, AZ 50
Wallhausen, abgeg. bei Miltenberg, Unterfranken 54f., 81f., 89

318

Wallstadt, Stkr. Mannheim 63, 83f., II 160
Wambolt, Philipp von, Hofmeister II 53, 62f.
Wassenach, Lkr. Ahrweiler 33
Wasserburg am Inn, Lkr. Rosenheim 73f.
Wegelnburg, Nothweiler, Lkr. Pirmasens
– Bg. 105f. 147, 188, 218
Weidas, Kl. bei Alzey II 28
Weiden in der Oberpfalz 89, 91, 95, 158, 160, 162, 164, 166f., 215, II 98, 182, 240
Weikersheim, Main-Tauber-Kreis 155
Weil der Stadt, Lkr. Böblingen 113
Weilerbach, KL II 96
Weiler-Bettnach, Lothringen, Kl. II 142
Weimar II 39
– Bernhard, Hg. von II 117, 122
Weingarten (Baden), KA 148, 153, 155, 217
Weinheim, HD 53, 79, 82–85, 89–91, 96, 102, 105, 108f., 140, 146, 187, II 29, 31, 98–100, 121, 150f., 155, 158, 161f., 222 f., 232, 249
– Schloß II 162
– Vertrag von II 169
Weinolsheim, MZ 50
Weinsberg, HN 152, 155, 173, 176, 178, 187f., 216, 218, II 18, 20
– Konrad von 155
Weiskirchen, Lkr. Merzig-Wadern
– Bg. 116
Weißenburg, Unterelsaß 105f., 113, 137, 140, 147, 183, 203, 218, II 248
– Kl. 37, 51, 182f., 186–189
Weißenburg in Bayern, Lkr. Weißenburg-Gunzenhausen 140
Weißenohe, Lkr. Forchheim, Kl. 150
Weißhaupt, Johann Adam, Theologe und Illuminat II 201
Welfen, Hochadelsfamilie 61, 70, II 166
– Heinrich der Löwe, Hg. von Bayern und Sachsen 60f.
(s. auch Pfalz, Kurlinie)
Weltersburg, Westerwaldkreis
– Bg. 116
Wernberg, Wernberg-Köblitz, Lkr. Schwandorf 162
Werberg, Henne Nothaft von 126
Werden, Essen, Kl. 19, 34
Wersau, abgeg. Bg. bei Reilingen, HD 63, 84, 91, 140, 148, 156, 179, II 85
Werth, Johann von, General II 118
Wertheim, Main-Tauber-Kreis
– Gfn. von 205
Wesseling, Erftkreis 21
Westerburg, Westerwaldkreis
– Bg. 116
– Herren und Gfn. von 117, 181, 217
Westfälischer Frieden II 124–126, 131, 142, 144, 154, 156, 181
Westfalen, Gfn. von II 61
Westhofen, AZ 146
Westpreußen II 222
Wettiner, Herrscherfamilie 17
Wetterau, historische Landschaft und Reichslandvogtei 49, 100, 107, 133, 173, II 61

– Landfrieden 133
– Reichsgrafenkollegium 124, II 47, 55, 63f., 74, 103
Widder, Johann Goswin, Geograph II 209
Wieblingen, Stkr. Heidelberg 52, 84
Wied, Westerwaldkreis
– Gfsch. 29, 114f.
Wieland, Christoph Martin, Dichter II 207, 209
Wien 67, 72, II 21, 110, 150f., 177
– Universität 120
Wiesbaden 140
Wiesensteig, Lkr. Göppingen II 240
Wiesloch, HD 53, 63, 80, 83f., 89, 91, 102, 140, 147, 153, 187, 203, II 98, 100, 118, 150, 158, 223, 229, 232
– Bg. 89
Wigerich, Gf. 18
Wildberg, Lkr. Calw 105, 147, 153
Wildenburg, Kempfeld, Lkr. Birkenfeld
– Bg. 116
Wildenstein, Leibertingen, Lkr. Sigmaringen
– Bg. 102, 109, 148, 155
Wildenstein, Dietfurt an der Altmühl, Lkr. Neumarkt in der Oberpfalz
– Martin von 151
Wildgrafschaft 49, 114f.
– Linie Daun 113, 117
– Linie Kirburg 137
Wilenstein, Bg. bei Trippstadt, KL
– Bg. 116f.
Wilhelmsfeld, HD II 226
Wimpfeling, Jakob, Humanist 210, II 23
Wimpfen (heute Bad W.), HN 56, 63, 72, 83, 98, 113, 121, 203–205, II 82, 85, 115, 150
Windeck, abgeg. Bg. bei Weinheim, HD 190, II 235f.
Windsheim (heute Bad W.), Lkr. Neustadt an der Aisch-Bad Windsheim 140
Windstein, Unterelsaß
– Bg. 117
Winneburg, abgeg. Bg. bei Cochem, Lkr. Cochem-Zell 116
Winnendal, Herrschaft in Belgien II 182, 240
Winterburg, KH II 243
Winzingen, Neustadt an der Weinstraße, DÜW, Bg. (Haardter Schloß) 51, 56
– Herren von 51
Wipperfürth, Oberbergischer Kreis II 77, 234–236
Wiser, Franz Melchior, Gf. von II 166, 173, 179, 212
Wittelsbach, abgeg. Bg. bei Aichach, Lkr. Aichach-Friedberg 69
Wittelsbacher, Hochadelsfamilie s. Bayern, Hge., Kfstn. und Kge. von s. Pfalz, rheinische, Pfgfn. und Kfstn. von
Wittenberg II 16, 25, 32, 39, 45
Wittgenstein, Bg. bei Berleburg, Lkr. Siegen
– Gfsch. II 61
– Ludwig, Gf. von II 47, 64
Wöllstein, AZ

319

- Bg. 116
Wörth am Rhein, GER 137
Wohlau, Niederschlesien, Hschft. II 172
Wohlzogen, Andreas Christoph von II 138
Woldemar, falscher 95, 102
Wolfratshausen, Lkr. Bad Tölz-Wolfratshausen 74
Wolfsburg, Bg. bei Neustadt an der Weinstraße, DÜW 56
Wolfsheim, MZ 50
Wolfstein, Lkr. Kusel 96, 107, 140, 146, 188, II 98, 170, 223
Worms 34, 37, 47, 50, 52, 55f., 72, 76, 80, 84, 113, 121, 135, 140, 172, 189, 203, 205, 211, 213, II 16, 32, 41, 82, 137, 150, 152, 225
- Btm. und Bfe. 37, 63, 76, 83, 100f., 108, 113, 117, 121, 131, 138, 156, 172, 176, 181, II 16, 19, 23f., 26, 43f., 85, 121, 125, 132, 134, 160, 169, 203
- - Burkhard II. 102, 109, 120
- - Eckhard von Dersch 45
- - Franz Ludwig von Pfalz-Neuburg II 157, 168
- - Friedrich 174
- - Heinrich, Pfgf. 224
- - Heinrich 45
- - Johann von Dalberg 184, 210f.
- - Ludwig Anton von Pfalz-Neuburg II 254
- - Lupold von Scheinfeld 62
- - Matthäus von Krakau 122
- Burggrafschaft 52
- Domkapitel 113
- Dukat 40
- Hochstiftsvogtei 40, 51f., 61, 76, 80, II 42
- Jesuitenkolleg II 121
- Reichstag II 16, 33
Wormsgau 49, 51
Wrede, Heinrich Ernst Wilhelm von, Minister II 184, 194
Württemberg, abgeg. Bg. bei Rotenberg, Untertürkheim, Stkr. Stuttgart, Gfn. und Hge. von 17, 103, 113, 172, 181, 186, 202, 205, 211, 214, 216f., II 15, 27f., 30, 41, 52, 56, 75f., 83, 88, 93f., 113, 117, 122, 230, 241, 251
- Christoph, Hg., II 28, 30, 39, 41
- Eberhard II. der Greiner 98
- Eberhard III. 100
- Eberhard V. im Bart 173, 212
- Eberhard VI. 212
- Ludwig, Hg. II 58
- Ludwig I. 173, 175
- Margarete von Savoyen, Gem. Ulrichs V. 224
- Mechthild, Pfgfin., Gem. Ludwigs I. 172, 177, 224

- Ulrich, Hg. 214, II 17, 20, 26
- Ulrich V. 173, 178f., 224
Württemberg-Stuttgart 177
Württemberg-Urach 177, 211
Würzburg 40, 56, 140, II 19, 247
- Btm. und Bfe. 27, 55, 183, 214, II 15, 26, 148, 154, 159, 160, 169
- - Lorenz von Bibra II 14
- Marienburg II 19
Würzweiler, KIB 50
Wundt, Friedrich Peter, Kameralist und Historiker II 202
Wunnenstein, abgeg. Bg. bei Winzerhausen, Großbottwar, Lkr. Ludwigsburg 116
Wunsiedel, Oberfranken 168
Wurmser, Dagobert von, General II 246
Wusterhausen
- Vertrag von II 178

Xanten, Lkr. Wesel II 77f.
- Vertrag II 146

Yrsch, von II 173, 213

Zähringen, abgeg. Bg. bei Wildtal, Gundelfingen, Lkr. Breisgau-Hochschwarzwald
- Rudolf, Hg. von 38
Zanchi(us), Hieronymus, Theologe II 52f., 107
Zeisolf – Wolfram, Gfn. 49
Zell, Kirchheimbolanden, KIB, Stift II 28
Zell am Harmersbach, OG 137, 147, 188, 214, 218
Zetwitz, Peter Emanuel von, Minister II 184
Ziesenis, Johann Georg, Maler II 188
Zincgref, Julius Wilhelm, Dichter II 108
Zülpich, Lkr. Euskirchen 22f., 29
Zülpichgau 10–20, 27
Zürich II 38, 44f.
Zütphen, Niederlande 20
- Gfn. von 20, 25, 27, 40
- - Mathilde, Gem. Ludolfs 220
Zuleger, Wenzel, Kirchenrat II 40, 44, 46, 64
Zweibrücken 105, 149, II 184, 240, 243f.
- Gfn. von 52, 107, 147f.
Zweibrücken-Bitsch, Gfn. von II 82
Zwingenberg, MOS
- Bg. 109, 153, 159, 217, II 170, 179, 183f., 226
- Herren von II 42
Zwingenberg, HP
- Zent 191, II 171
Zwingli, Huldrich, Reformator II 39

Ausgewählte Sachbegriffe

Akzise II 135, 214
Arrogation 174–177, 185, 205
Ausfauthei 50

Bastardfälle II 132
Bede 82, 203
Bibliothek, pfälzische 210 f.

Classicalkonvente II 45
comes palatinus, Titel 16, 29, 38
Confessio Augustana s. Namenregister, Augsburg

dominium Rheni s. Namenregister Rhein
Dukat
– Wormser 37 f.
– salischer 49

Erbfall 63 (s. auch Teilungen)
Erzämter 45, 67 f., 76, II 176
– Erzamtsstreit II 179
Erzschatzmeisterwürde II 126, 168, 177
Erztruchsessenamt 45, 64, 66–68, 87, 95, 212
II 22, 126, 167, 179
Exulantenstädte II 96, 100 f., 103 (s. auch Refugianten, Religionsflüchtlinge)

Fahnlehen 65
Feme 134, 201

Geleit 114, 155, 162, 202–205, II 13 f., 84, 132, 231
– auf dem Rhein 49
Goldene Bulle 66, 95 f., 103, 124, 142, 152, 175, 192, II 11, 21, 58, 149
Grafschaftsdörfer 137

Hagestolzenrecht II 132
Haushalt s. Staatshaushalt
Hausunion s. Wittelsbachische H.
Hegemonialsystem 189, 205, II 41
Hof, pfalzgräflicher 110, 118, 122, 142, 175, 185, 187, 208–210, II 26, 116, 119, 129, 142, 183, 199, 211 f., 216, 229, 241, 249
– Heidelberg II 37, 45 f., 58, 64, 84, 87, 89, 91 f., 95, 98, 209
– Innsbruck II 173
– Mannheim II 176, 181, 184, 198, 200, 204, 206, 245, 247
– München II 220
Hofbistum II 203
Hofgericht 192, 201, II 88
Hofkapelle (Musik) II 202
Hofkirche II 174
Hofmeister 174, 207
Hofprediger II 40
Hubertusorden s. Orden
Huldigung 174, 189, 204, 206

Interim II 27
Italienzug 26, 30, 61, 64 f., 71, 73 f., 76, 79, 127–129, 131, 139–141, 145
ius episcopale II 139

Juden 102, 121, 139, 202, 211, II 42, 137, 219, 225, 250
– Schutz 107

Kaiserkrönung 61 f., 79, 129
Kaiserwahl II 135, 194
Kameralhochschule II 217, 233
Kanzlei, Kanzler, pfälzische 118, 138, 141, 174, 184, 207, 210, II 25, 40, 47, 52, 60, 64, 87, 106, 119, 138
Kirchendisziplin s. Kirchenzuchtordnung
Kirchenordnung II 25, 28–30, 40, 52, 59, 93
Kirchenteilung II 157 f., 174
Kirchenvermögen 186
Kirchenzuchtordnung II 45, 51, 60 (s. auch Sittenzucht)
Königsleute 114, 201, 204, II 83, 96
Königswahl(recht) 66–68, 75 f., 78–80, 83, 95, 99 f., 105, 142 (s. auch Kaiserwahl)
Königtum, deutsches 68
Kommissariat II 64, 75, 78, 90, 92, 135
Konkordienformel II 50, 56, 73
Konstitution, Rupertinische 104, 174, 205, II 56
Konzil 123, 131, 143, 151 f., 170–172, 185
Konziliarismus 122, 185
Kunkellehen 39
Kur, Kurfürsten, Kurkollegium 64, 95, 103, 119, 124, II 21, 27, 116, 122, 124, 126, 157, 166, 177, 179, 241
Kurpräzipuum 96, 104, 146 f., 152, 159, 166, 174, II 11, 47, 88

321

Kurstimme 68, 77, 79, 93, 96, 98, II 166, 196
Kurwürde 66, 71, 77, 95f., 144, 167, 183, 217, II 26, 116f., 122, 131, 153, 168, 176

Landesfundus II 213
Landesteilung 73, 76f., 93, 104, 118f., 141f., 145–147, 174f., 190, II 47, 78
Landrecht II 56
Landstände 176, 205f., 217, II 89
- Oberpfalz 206 (s. auch Kommissariat)
Landtag II 16, 214
Landvogtei s. Namenregister: Elsaß, Ortenau, Wetterau
Leibeigenschaft 190, 204f., II 82f., 132
Lizent II 214

Mennoniten II 219, 222, 224
Mündigkeit zur Kur 96

Neuböhmisches Territorium 95, 125, 159, 161, 163
Neugliederungsfrage II 252
Notspeicher II 62

Orden II 212, 234

Palatium 16
Pest 120, II 136
Pfalzgrafengericht 17 (s. auch Richteramt)
Pfalzgrafentitel 75 (s. auch comes palatinus)
placita 16
Presbyterialverfassung II 143
Primogenitur 93, II 73, 78, 242
Privilegium de non appellando 96, 192

Realteilung II 12
Refugianten II 53, 96, 161 (s. auch Religionsflüchtlinge, Exulantenstädte)
Regalien 65, 96, 206
Regentschaft 174
Recht, fränkisches 65
Reichsdeputationshauptschluß II 250
Reichsgut 24, 79, 93, 143
Reichslandvogtei s. Namenregister: Elsaß, Ortenau, Speyergau, Wetterau
Reichslehen 65, 96
Reichspfand(schaften) 93, 96, 98–100, 106–108, 110–112, 134, 136f., 144, 146–148, 161, 204, II 33, 86, 89, 137
Reichsreform 152, 184
Reichsritterschaft II 179
Reichsvikar(iat) 17, 64–66, 76f., 96, 98–100, 103, 127, 142, 152, 213, II 13, 78, 131, 167, 176f., 193, 196 (s. auch Vikariatsstreit)
Religionsdeklaration II (1705) 157, (1799) 249
Religionsflüchtlinge II 33, 39, 49, 81, 94, 142f., 226 (s. auch Refugianten, Exulantenstädte)

Reunionen II 142, 150f., 153, 155
Rezeß
- Bergsträßer II 125, 139
Richteramt 64–66, 96
Romreise, -zug s. Italienzug
Rupertinische Konstitution s. Konstitution

Sachsenspiegel 17, 65–68
Schatzung 201, II 89–92, 135f., 214, 216
Schisma 100, 102f., 120, 123, 130f., 134
Schlegler, Rittergesellschaft 103
Schwabenspiegel 65f., 76
Schwäbischer Bund 212, 214, II 15–17
Siegel 174, II 87f., 218
Simultangebrauch, Simultaneum II 125f., 156f.
Sittenzucht II 62, 93 (s. auch Kirchenzuchtordnung)
Staatshaushalt II 90–92, 136
Städtekrieg 177
Stände 119, II 47, 74, 88, 176, 178, 193, 195, 214, 234, 239
Stempeltaxe II 135
Synode II 202

Thronvakanz 65 (s. auch Reichsvikariat)
Truchseß des Reiches s. Erztruchsessenamt

Union, protestantische II 76
Unteilbarkeit II 56, 149 (s. auch Primogenitur)

Vikariat s. Reichsvikariat
Vikariatsstreit II 136
Vitztum, Vitztumamt 207 (s. auch Namenregister: Amberg, Heidelberg, Neustadt a. d. W.)

Waldenser II 143
Wappen II 133, 234
Wildfang(recht) 51, 204f., II 13, 56, 83f., 96, 132, 140, 169, 179
Wittelsbachische Hausunion II 195, 242
Wittum 83, 132, 141, 148, 153, 175

Zent 106, 148, 190f., 202, II 86, 169, 218
- Zentallmenden II 97
- Zenthoheit II 42, 83
- Zentgrafen 217
- Zentobrigkeit II 41, 46
Zentralbehörden 190, 208
Zoll 76, 85f., 93, 107, 202, 204, II 13, 89, 91, 132, 136, 216
- Guldenzoll 204
- Mainzoll 65, 135
- Neckarzoll 119
- Oberpfalz 169
- Rheinzoll 55, 117, 119, 121, 124, 135, 139, 156, 177, 206

Kohlhammer

Meinrad Schaab
Geschichte der Kurpfalz
Band 1: Mittelalter
244 Seiten mit 40 Karten,
21 Abb., 10 Abb., 37 Karten
Leinen DM 59,–
ISBN 3-17-009800-4

Band 1 widmet sich der Zeit der eigentlichen Herausbildung des Territorialstaates: dem fränkischen Ursprung der Pfalzgrafenwürde, der staufischen Hausmachtbildung am Oberrhein und dem Aufstieg der Wittelsbacher. Nach dem vergeblichen Griff der Pfälzer nach der Königskrone setzten sie sich für die Kirchen- und Reichsreform des Spätmittelalters ein und betrieben bald eine rücksichtslose Machtpolitik, die in der Katastrophe des Landshuter Krieges endete.

Verlag W. Kohlhammer
Postfach 80 04 30
7000 Stuttgart 80

Kohlhammer

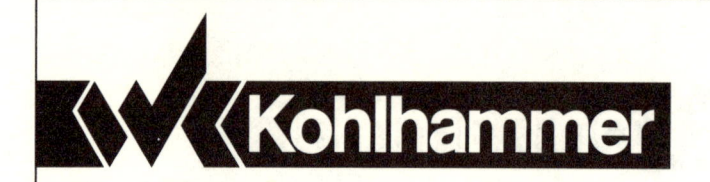

Meinrad Schaab (Hrsg.)
Oberrheinische Aspekte des Zeitalters der Französischen Revolution
292 Seiten. Kart. DM 39,80
ISBN 3-17-010725-0
Veröffentlichungen der Kommission für geschichtliche Landeskunde in Baden-Württemberg, Reihe B, Bd. 117

Die Vorgeschichte der Großen Revolution von 1789 reicht weit über Frankreich hinaus. Weniger bekannt sind jene oberrheinischen Intellektuellenzirkel, in denen die Menschenrechte als naturrechtliches Postulat längst ausformuliert waren, ehe sie im revolutionären Frankreich durch Mirabeau und den Abbé Gregoire in den politischen Kampf eingeführt wurden.
Der Kreis um den Schweizer Iselin ist hier ebenso zu nennen wie der Elsässer Pfeffel und die Philanthropische Gesellschaft in Straßburg; auch Illuminaten und Freimaurer gehören in diesen Zusammenhang.

Die Kommission für geschichtliche Landeskunde hat sich 1988 auf einer Tagung mit diesen Frühformen revolutionären Gedankenguts beschäftigt, und der vorliegende Sammelband vereinigt die damals gehaltenen Referate mit ergänzenden Arbeiten zur Vor- und Wirkungsgeschichte der Französischen Revolution am deutschsprachigen Oberrhein.

Kohlhammer Verlag   Postfach 80 04 30
W. Kohlhammer   7000 Stuttgart 80